# 各國人事制度

### 傅肅良編著

學歷：中央政治學校畢業

經歷：人事管理專員、科長、專門委員、處長
　　　、參事、司長、副局長等人事職務

現職：政府機關公職
　　　中興大學、文化大學兼任教授

三 民 書 局 印 行

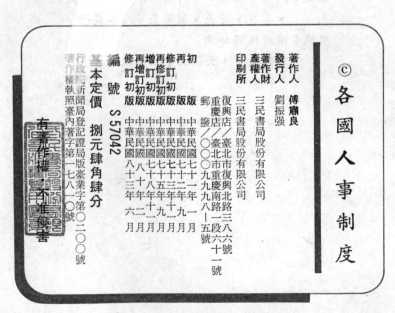

ⓒ 各國人事制度

著作人　傅肅良

發行人　劉振強

著作財產權人　三民書局股份有限公司

印刷所　三民書局股份有限公司
　　　　復興店　臺北市復興北路三八六號
　　　　重慶店　臺北市重慶南路一段六十一號
　　　　郵撥／○○○九九九八─五號

初版　中華民國七十一年一月
再版　中華民國七十二年三月
修訂初版　中華民國七十三年五月
增訂初版　中華民國七十八年九月
再修訂版　中華民國八十二年六月
修訂再版　中華民國八十三年十一月

編　號　S 57042

基本定價　捌元肆角肆分

行政院新聞局登記證局版臺業字第○二○○號

著作權執照臺內著字第一七八一○號

有著作權．不准侵害

ISBN 957-14-0236-2 (平裝)

# 四修訂版序

　　各國人事制度，自民國七十八年十一月三修訂以來，距今已有四年餘，在此期間，各國人事制度又有若干變革，國內學者專家對某些國家之人事制度亦頗有介紹，人事行政主管機關對法、韓、德、奧地利、日等國家的公務員法亦有完整譯本印行，再中共人事制度亦有重大改進，為保持本書內容之合時，乃作第四次的修正，其修正重點如下：

　　一、法國、奧地利、韓國人事制度，根據各該國家公務員法之內容，作大幅修正。

　　二、瑞士、阿根廷人事制度，參照宋仁主編之「國家公務員法律知識手冊」一書中有關各該國文官法資料重新改寫。

　　三、英、法兩國人事主管機關內容，參照許南雄「各國人事主管機關的組織原理與體制」一文予以修正；英、法、德三國公務員訓練內容，參照鐘昱男等「英法德公務人力培訓考察報告」予以修正。

　　四、中共人事制度，根據中共「國家公務員暫行條例」之內容，重新改寫。

　　保持各國人事制度之合時，並非易事，作者學識能力亦屬有限，只得盡力而為，其中疏誤仍屬難免，還望各界先進原諒並指正。

傅肅良　八十三年三月於臺北市

# 三修訂版序

　　各國人事制度，自民國七十五年九月再修正以來，距今已有三整年，在此前後作者曾赴菲律賓、新加坡、紐西蘭、泰國、法國、德國、意大利、美國、日本等國家考察人事制度，另從有關方面獲得英國、澳大利亞等國之新近部分人事制度資料，經與本書之原有內容比較研究後，發現部分內容已有改變。爲保持各國人事制度之合時，乃作第三次修正，其修正重點如下：

　　一、增加澳大利亞、紐西蘭兩個國家之人事制度，使國別增爲二十一個，包括亞、歐、美、非、澳五大洲，在地域上已更爲完整。

　　二、法國人事制度部分，作全面的較大幅度的修正。

　　三、美國人事制度之退休部分，根據現況重新改寫。

　　四、德國人事制度之參與協商部分、日本人事制度之考試及俸給部分、韓國人事制度之服務部分、泰國人事制度之人事機關及考試部分、意大利人事制度之人事機關及人事體制部分，均作局部的修正。

　　五、英國及美國之公務員人數及俸表，德國及日本之公務員人數，均依最近資料予以修正。

　　保持各國人事制度之合時，雖爲作者心願，但因本書包括二十一個國家，資料取得及翻譯不易，且各國人事制度又在經常改變，致保持合時殊多困難，再加作者學識能力有限，其中疏誤或應修正而未修正之處，在所難免，還望各界先進原諒，並請不吝指正。

　　本三修本再蒙三民書局出版，併此致謝。

傅肅良　七十八年十一月於臺北市

# 修正三版序

本書自七十一年一月出版後，因部分國家的人事制度已有若干改變，爲使本書內容能保持合時，乃決定予以修正。其要點如下：

一、英國部分：英國人事主管機關，自1981年起又有改變，部分人事事項亦有修正，本書第二章乃予配合修正。

二、美國部分：美國人事主管機關的組織，自1982年起已有調整，部分人事規定亦有改變，本書第三章乃作適度改正。

三、德國部分：德國公務員法，於1982年有相當幅度的修正，爲配合該法的新內容，本書第五章乃作必要的修正。

四、韓國部分：韓國公務員法，於1981年曾有重大的改變，本書第七章第一節，亦須作配合的修正。

五、南非聯邦共和國，與我國邦交極爲密切，爲了解其人事制度，乃根據該國1982年修正的公務員法，在第十章內增列第三節，以爲介紹。

以上修正所依據的資料，主要係以馮信孚、趙其文、陳炳生、徐樹旺、曾正國、吳三靈、楊百島諸先生出國訪問、研究、考察所攜回者，及南非聯邦人事官員來我國訪問所贈送者爲準，作者特此對各位先生致謝，其中如仍有錯失，自當由作者負責。

本書蒙三民書局同意修正出版，特此致謝。又因匆促修正，審閱不週，疏誤之處仍所難免，還請各界先進原諒，並請不吝指正。

傅 肅 良

七十三年八月於臺北市

# 自　序

　　由於國與國間各種交往之頻繁，使國與國間之關係極為密切，因而國與國間之相互依賴與影響作用亦更為明顯。一個國家之人事制度，固需適應國情及當時需要，但為期能隨着時代進步而不斷謀求改進，並以人事革新帶動行政革新與經濟發展，則研究外國人事制度並酌採取其優點，自有需要。故各國人事制度，不僅為研究及從事人事工作者所應了解，更為人事主管機關於策劃人事制度時所應重視。

　　多年來，作者就有撰寫各國人事制度之願望，此一願望直到今天才算初步實現，其時間之所以一再被拖延，一為蒐集資料不易，蒐集合時資料更屬不易；二為文字上之困難，如法文、德文等均非作者所能了解；本書在今天之所能完成，實由於親友之鼎力協助。如作者岳父羅萬類先生，對各國人事制度提供資料最多，鼓勵最大，指導亦最多；丁中江先生提供美國人事管理局組織及一九七八年文官改革法資料，馮信孚先生贈送韓國人事制度資料，吳經國先生提供英國人事制度資料，歐育誠先生致送日本人事院各國人事制度資料，許毓圃先生借閱新加坡、菲律賓、泰國人事制度資料；均在此深致謝意。本書稿成之時，三民書局董事長劉振強先生即慨允出版，亦特此致謝。

　　各國之人事制度，可謂經常在變，本書內容，作者雖已盡最大努力以保持合時，但其中不免仍有已屬明日黃花者；再成書匆促，審閱不週，疏誤之處亦難避免；併請各界先進，不吝指正。

傅肅良　七十一年一月於士林

# 各國人事制度　目次

## 第三章　美國人事制度

## 第四章　法國人事制度

## 第五章　德國人事制度

## 第六章　日本人事制度

## 第七章　亞洲其他國家人事制度

## 第八章　歐洲其他國家人事制度

## 第九章　美洲其他國家人事制度

## 第十章　非洲國家人事制度

6 各國人事制度

# 參　考　書　目

# 第一章　前　言

## 第一節　生態理論與人事制度

### 第一項　生態理論之起源

生態理論係由環境系統理論演變而來，而環境系統理論又是以系統理論為根據。茲簡說如下：

一、**系統理論：**所謂系統（姑稱為本系統），係指具有規律化的交互作用或相互依賴關係的若干事物（稱為部分或因素），為達成共同目標所構成的整體。但構成此一整體之若干事物，每一事物本身又自成為一個系統（姑稱為次級系統），每一事物同樣是由具有規律化的交互作用或相互依賴關係的若干次級事物，為達成共同目標所構成的次級整體，故本系統係由各次級系統所構成。再本系統亦不是孤立的，它又與其他具有規律化的交互作用或相互依賴關係的同層次事物，為達成共同目標構成一範圍更大的系統（姑稱為上級系統），故本系統與其他同層次系統又成為上級系統的部分或因素。若此，本系統之內有次級系統，

本系統之外有上級系統；甚至次級系統之內又有更次級系統，上級系統之外又有更上級系統；此種層層的交互作用與相互依賴的關係就稱爲系統理論。

　　**二、環境系統理論：**係指吾人研究或瞭解某種問題時，必須考慮到外界環境因素，而外界環境又有一般社會環境因素及特定任務環境因素之別，前者如文化環境、教育環境、科技環境、政治環境、法律體制、經濟環境、自然資源、人口特質等；後者如願意的喜好、設備及物料供應情況、公眾的態度、所採用之技術等。此種外界環境因素，與擬予研究或瞭解的問題之間，均具有交互作用與相互依賴的關係，故爲研究或瞭解問題時所不可疏忽。

　　**三、生態理論：**生態理論原係應用於研究生物與環境的關係者，卽發現與瞭解何種自然環境有利於何種生物之成長，如氣溫、土質、水分、濕度等，對生物的成長均有重大影響；雖屬同樣的生物，如在不同的氣溫、土質、水分、濕度的自然環境中，其成長形成亦有不同，如俗語云，「淮河以南的橘，移植至淮河以北則會變成枳」。我國南方宜於生長稻谷，故民食亦以米爲主；北方宜於生長麥子，故民食亦以麵爲主。

## 第二項　生態理論應用至行政學術之研究

　　生態理論原只應用於研究生物與環境關係的理論，但後來漸被延伸應用至行政學術與環境的研究，且大放異彩。茲簡說如下：

　　**一、高斯 (John Gaus) 之開端：**高氏於一九三六年曾發表論著「美國社會與公共行政」，於一九四七年又發表「政府的生態學」。在政府的生態學中，認爲政府組織與行政行爲必須考慮生態環境的因素，換言之，在不同的生態環境中，應有不同的政府組織型態與行政行爲，以

適應生態環境。

二、雷格斯 (F. Riggs) 之發揚: 雷格氏所著的「公共行政生態學」中，建立一套能解析各種類型社會的行政模式，更創「農業型行政模式」、「工業型行政模式」及「過渡型行政模式」的理論，認為在這三種不同的社會中，各有着功能上及結構上不同的行政模式。如農業型的社會，無太多的分工，象徵農業社會中的功能與結構的混雜一體的現象，其情形與光線在投射稜鏡前之白光一樣；工業型的社會則分工精細，表現出各種功能與結構的高度分化，其情形正如光線透過稜鏡後呈現出各種不同光譜一樣；至過渡型的社會，則在功能與結構上表現出下列三種特徵，即㈠異種並存(Heterogeneity)，指在一個社會中，同時呈現了不同的制度及不同的行為與觀點，既有農業社會的特性也有工業社會的特徵，既有高樓大廈也有古老平房，既有科學思想也有陳腐觀念，有人主張節育有人主張多產，形成一種新舊皆有傳統與現代兼容的社會；㈡形式主義 (Formalism)，指理論與實際的脫節，如一方面有冠冕堂皇的法律制度，但不太發生規範作用，傳統的特性在形式上雖已被摒棄，但事實上仍發生了影響力；㈢重叠性 (Overlapping)，指組織上及結構上的重叠，傳統社會的結構與現代社會的結構，彼此重叠存在，如一方面設立目標明確分工精細的眾多機關，一方面又保存了目標籠統的同鄉團體。

## 第三項　生態理論與人事制度

生態理論既可應用至行政模式的研究，似亦可適用至人事制度的研究；如適用至人事制度的研究，則宜注意下列各點:

一、擴大人事制度研究領域: 研究人事制度，不但要研究人事制度的本身，更需包括人事制度的四周環境，如考試為人事制度的一個環

節，但研究考試問題時，尚需考慮及其他與考試有關之環境因素，如人力供需情況、教育水準、應攷人之心態、社會對公務員的態度等。根據此種擴大範圍後所研究與設計出來之人事制度，才是適合的制度。

　　二、人事制度需適合國情：各國的國情常有不同，往往有其獨特的文化傳統、政治制度、經濟基礎、社會風俗、民族性格、教育水準等，由於國情的不同，自會影響及人事制度的設計。再人事制度需在國內推行，為維護機關用人與推動業務所必需，自與國情發生密切關係，欲求人事制度推行順利自需適合國情。人事制度既需適合國情，而各國國情又多有不同，故一個國家的人事制度需在國內慢慢生長而成，不可能突然間產生一種嶄新的制度；同樣的理由在他國行之有效的人事制度，如將之移植至國情不同的另一個國家，自不能同樣的行之有效，甚至不可能生根滋長。故有怎樣的環境就有怎樣的人事制度，環境影響人事制度的力量大，而人事制度影響環境的力量反而較小。

　　三、人事制度需權變運用：環境是多變的，為期人事制度能推行順利，人事制度需具有相當彈性，包括實質規定的彈性與程序的彈性，如任用資格雖為實質的規定，但仍需具有彈性，以期於特殊情況下無法依正常任用資格羅致人員時，允許降低資格作臨時性的任用；再如考試手續，係程序性規定，如能保持彈性，則可視情況需要作不同的運用。

## 第四項　各國人事制度之共同性與差異性

　　人事制度有其基本的目標，及達到目標時所應採取的各種措施，各國的國情雖有不同，但人事制度的目標，卻有較多的共同性，而為達成目標所採取的措施，則差異性甚大。如

　　一、需有健全之人事制度：此為各國人事制度的共同目標，但在措施上，有者中央及地方適用同樣的制度，有者中央與地方分別適用不同

的制度；有者將人事制度明定於憲法，有者則以法律規定，更有者僅以行政規章規定。

**二、需有主管人事制度之機關：** 此雖爲各國共同的目標，但在措施上，有者設委員會主管，有者設首長制機關主管；有者由同一機關主管，有者分由若干機關共管；有者主管機關權力甚大，有者主管機關權力甚爲有限。

**三、需建立體制以爲運作人事行政之依據：** 但建立體制之程序，有者極爲繁複，有者甚爲簡易；有者體制架構甚爲精細，有者體制架構簡單；有者以工作之性質及職責程度爲準建立架構，有者以人員身份地位爲準建立架構；有者體制架構需隨業務變更而經常調整，有者體制架構可脫離業務而獨立。

**四、遴選優秀人員：** 亦爲各國之共同目標，但有者嚴格採用考試用人，有者考試與甄選方法並用；有者將一小部分人員不列入考試用人範圍之內，有者有相當部分人員可不經考試進用；更有者以考選通才爲原則，有者以考選專才爲原則；有者考試程序極爲嚴密，有者考試程序極爲簡單；有者偏向任用考試即考即用，有者偏向儲備考試候缺遞補；有者嚴限應考資格，有者不作應考資格限制。

**五、任用適當人員執行職務：** 此雖爲各國之所同，但有者本爲事擇人原則而任用，有者本因材器使而任用；有者力求專才專業，有者只求適才適所，有者仍是通才通用；有者調任範圍嚴加限制，有者盡量擴大調任範圍，有者事在人在事廢人去，有者人並不因事之存廢而去留；有者重視人員之勝任現職，有者重視人員之永業發展。

**六、建立合理俸給制度：** 又爲各國所共同努力之目標，但有者以所任職責爲依據設計俸給，有者以人員資歷爲依據設計俸給，更有者以生活費用爲依據設計俸給；有者公務員俸給較一般民營企業爲高，有者較

一般民營企業為低，有者力求與民營企業取得平衡；有者一個職務只有一個俸級，有者設數個俸級，有者可多達二十個俸級以上；有者設若干個俸等每一俸等再設若干俸級，即上下俸等之俸級不予重複，有者設數十個俸等，每一俸等再設若干俸級，但上下俸等之俸級有四分之三重複；有者以俸額代表俸級，有者以指數代表俸級而每一指數點折算幣值標準另以行政命令規定；有者俸給外之各種津貼為數極少，有者各種津貼之所得額可能超過俸給額。

　　七、根據考績優劣給予適當獎懲：此雖各國之所同，但對考績之原則程序等則差異甚大，有者考績係統一規定，有者讓由各機關自訂政績辦法辦理；有者根據考績結果加薪，有者係依例加薪如考績成績優異另予獎勵；有者考績以考核公務員發展潛能是否合於晉升為重點，有者考績以考核對現職工作能否勝任為重點；有者需訂定工作標準以為考績依據，有者只憑主管判斷；對考績等次之區分及各等次之獎懲情形，各國亦多有不同。

　　八、公務員在職期間應享有權利、遵守義務及違反義務時需予懲處：此又為各國之所同，但應享之權利為何，應遵守之義務內涵，各國卻不盡相同，違反義務所予之懲處種類亦有差異，有者需經嚴密的程序以示保障，有者懲處程序甚為簡單，有由第三者獨立機關懲處，有者由各主管機關懲處；公務員對所受懲處如有不服，有者需向懲處機關或行政法院申訴，有者可向普通法院申訴，有者規定公務員不得參加政治活動，有者並未予禁止。

　　九、使管理當局與員工間建立起良好關係：此雖為各國所共同努力的目標，但所採取的措施則又頗多不同，有者採透過公務員與代表管理當局之代表雙方組織協議會方式，有者採透過工會方式；採協議會方式者對得以協商之事項範圍並不一致，採工會方式者對得以協商或交涉之

事項範圍亦有差別；有者允許有適度的罷工權，有者只允許勞工有罷工權而不允許公務員有罷工權；當工會與管理當局之交涉事項無法取得一致時，有者可交第三者獨立機關仲裁，有者仍需由主管機關決定。

　　十、增進公務員福利：此亦爲共同目標之一，但有者退休撫卹經費係全由政府負擔，有者則以基金方式由政府與公務員共同分擔，至分擔之比例又有區別；退休之條件有者以年齡爲主，有者以年資爲主；給予退休撫卹金之方式與計算標準亦各有不同；除退休撫卹外，有者尚建立保險制度，有者另建立有災害賠償制度；雖同樣建立有保險或災害賠償制度，但其保險項目、應繳保費、所享保險給付、及賠償的項目與標準，又有差異。

## 第二節　研究各國人事制度之需要

　　吾人研究各國人事制度，由於人事制度之重要性、人事制度內涵之多變性及供作改進我國人事制度之借鏡，有其需要，茲分項簡述如後。

### 第一項　就人事制度之重要性言

　　政府公務，必須透過公務員去規劃與執行；民眾的需要與願望，必須經由政府的施政來獲得滿足與實現。因此政府公務員素質之良窳、能否安心工作、能否激發其工作意願與發揮其潛能，勢將影響政府公務之成敗，故人事制度實屬爲民服務政府所首需重視者。人事制度需：

　　一、透過制度能從各階層人員中羅致優秀：政府公務員需經由制度從社會各階層人員中，遴選最優秀者擔任，此即考選制度。如遴選人員失敗，則全盤人事行政皆輸；如選遴人員成功，雖在以後環節中發生缺陷，仍可設法補救。故有效的考選制度又爲健全人事制度之首要。

　　二、公務員能透過制度作靈活的運用：有了優秀的公務員，更需對之作靈活的運用，以期人盡其才及事竟其功，此卽任用制度。如只有了優秀的人才，而不能作靈活的運用，公務員的才能在工作上無從發揮，或公務員之專長與所任職務未能配合，均將影響公務之有效推行。故除有效的考選制度外，尚需有靈活的任用制度。

　　三、公務員能在制度保障下安心工作：有了優秀的公務員，有了靈活的運用外，尚需使公務員能在制度保障下安心工作，此卽俸給福利及保障制度。如公務員在職期間，生活未能保持適當的水準，職位未予適當的保障，福利方面未予應有的注意，不僅將影響工作情緒降低工作效率，更會見異思遷甚而求去，若果如此則遴選工作等於落空。故合理的俸給、福利及保障，亦爲健全人事制度所不可缺。

　　四、運用制度能激勵工作意願及發揮潛能：公務員的意願提高及公務員潛能在工作上的發揮，均有賴於各種激勵措施的採取，此卽激勵制度。一個優秀的公務員，如不能提高其工作意願，則其工作效率與平庸者無異；一個才能出眾的公務員，如在工作上不能發揮其潛能，則其工作攷績與才能平庸者相同。故有效的激勵制度，亦爲健全人事制度所不可缺。

## 第二項　就人事制度之內涵言

　　研究各國人事制度，對人事制度之各種原則、程序、技術與方法可有更多的瞭解，對其靈活的運用可有更多的體會。其情形爲：

　　一、人事主管機關之設計：各國人事制度之主管機關，其地位、性質及權責多有不同，在何種國情下宜用何種設計方爲有效，從研究中可獲端倪。

　　二、人事體制（架構）之精粗：公務員體制應採精細的架構抑粗廣

的架構，常為吾人所難以決斷者，因架構之精粗各有利弊，而重要者需
瞭解在何種情況下宜採較精細之架構，在何種情況下宜採較粗廣之架構。
對各國人事制度之研究，有助於文官架構精粗與當時情況關係之瞭解。

　　三、遴選人員方式與方法之選用：公開競爭考試用人，固為各國進
用人員之原則，但仍有例外。應在何種情況及對何種人員可以例外，如
予例外，則應用何種方式來代替，頗值吾人探討。因如嚴格及一律採用
公開競爭考試用人，反而有碍於人才之羅致，如准從寬進用人員，則將
降低公務員素質。再如遴用人員之方法，亦會影響及遴選之確實性，為
期遴選合格之人員確屬優秀之人員，及在將來工作上確為績效優異者，
對遴選人員之程序與方法，亦有深入探討之必要。

　　四、公務員永業發展之設計：永業發展係指自學校畢業進入政府機
關服務之年輕公務員，使其願意視公務員為終身職業，及在政府機關內
能繼續的在知能及工作職位方面獲得發展；永業發展可使公務員精神上
獲得寄託，不會見異思遷，樂於終身從事公職。但此種永業發展的設
計，亦非對任何機關均可適用，因此何種機關之何種公務員宜重視永業
發展的規劃，亦需從各國人事制度之研究中去尋求解答。

　　五、俸給福利及保障之規劃：俸給福利及保障，影響公務員之情緒
可能最大，因此亦特別值得重視。惟俸給之規劃牽涉甚廣，規劃之基礎
亦多有不同看法，與民間企業之待遇應保持何種關係亦值得斟酌。又如
福利，其範圍可大可小，且與俸給之高低具有關係，如俸給水準甚為理
想，則福利的重要性將會降低，如俸給水準過低，則只有運用福利來彌
補，因而福利範圍大且種類繁多。再如保障，如保障不夠，公務員無法
安心工作，如保障過分又將發生弊端。究應如何設計俸給、福利與保障
制度，方能適應當時當地的需要，值得推敲之處甚多，對各國俸給福利
及保障之研究，自有助於此一問題之處理。

六、激發工作意願與潛能之運用：激勵公務員之工作意願與發揮公務員之潛能，同為各國所重視，但運用之方法卻不盡相同。有者以鼓勵意見參與與溝通作為主要的方法，有者根據人羣關係理論運用，有者以運用各種可用的獎勵方法為主，有者以高俸給來引誘，有者實施獎勵建議制度作為發揮公務員潛能的主要措施。這些方法應如何運用，對何種公務員應採用何種方法較為有效，這些方法需否作因時因事因地制宜的選擇運用，從外國人事制度之研究，當可獲得若干啟示。

## 第三項　就改進我國人事制度言

一、我國國情在轉變中：由於經濟的發展，國民所得的提高，民主憲政的施行，國民知識水準的提高，很明顯的我國已由開發中的國家邁向已開發的國家。故我國國情，不論是經濟的、政治的、文化的、社會的各方面，均在轉變之中，此乃研究人事制度者所不可忽視的事實。

二、只知我國人事制度應改進但不知如何改進：由於國情的轉變，為適應當今情況需要，大家都知道我國人事制度應作適度的改進，以求與當今情況的配合，但究應如何改進，則言人人殊。就以職位分類制與簡荐委制而言，有者認為應恢復簡荐委制，有者認為應取銷簡荐委制，有者認應採兩制之長，去兩制之短而將兩制合一；如予兩制合一，究應如何合一，又有多種看法。凡此對公務員及主管人事制度機關，均將引起困擾。

三、研究各國人事制度有助於改進：　各國之國情固與我國有所不同，但並非完全不同，而只是部分的不同；我國與甲國所不同之部分，可能與乙國又屬相同。因此當吾人研究各國人事制度時，對何種國情的國家採用何種內涵的人事制度，運用何種有效的技術與方法，均有所了解以後，對我國人事制度長遠目標的設定，改進措施的採取，有效技術

與方法的運用，當有所助益。

# 第三節　各國人事制度國別之選擇

　　根據生態理論，各國人事制度由於各國情況之不盡相同，有甚大差異，且世界國家爲數一百數十，自無法一一研究，因而退而求其次，如將各國人事制度，去其小異求其大同，則亦未嘗不可將之歸納爲若干類型，每一類型內包括有若干國家大同而小異的人事制度，再在每一類型中選出一個或兩個國家的人事制度作爲代表性而加以敍述，亦名之爲各國人事制度。茲就一般學者所選擇情形，及本書對各國人事制度國別之選擇情形，分項簡述如後。

## 第一項　英　　國

　　凡著述外國人事制度者，大都將英國作爲被選國之一，其原因爲：

　　**一、英國人事制度有其特點：**　如人事制度多由各種規章命令所構成，並無完整的法典；設有惠特利協議會以溝通管理當局及公務員間意見；普通行政人員之分類極爲廣泛；中央與地方人事制度各有不同，公務員帶有貴族色彩且素質很高，可謂均屬社會精英；考試重視一般敎育程度及一般知識與發展潛能；俸給甚爲優厚；考績注重受考人之發展才能；限制公務員參與政治活動等。

　　**二、英國人事制度有其歷史：**　遠自一七〇〇年卽通過有澄淸吏治法 (The Act of Settlement)，明定凡接受皇家薪資及年金的官吏，除各部部長及國務員外均不得爲國會下議員，從此乃有政務官與事務官之分；一八五五年成立文官委員會，辦理各機關公務員考選事宜；一八五八年國會通過養老金法(The Superannuation Act)，並規定非持有文官

委員會之證書者，不得領受年金等，均表示英國人事制度發展甚早。

**三、人事制度與英國相類似之國家甚多：**在第二次世界大戰前，英國在海外之屬國屬地甚多，故有「日不落國」之稱，及後各屬國及屬地紛紛獨立，但其人事制度仍多少沿用英國本土之規定或精神，如在亞洲之印度、巴基斯坦、緬甸、斯里蘭卡、馬來西亞；在澳洲之澳大利亞、紐西蘭；在非洲之迦納、奈及利亞、肯亞、南非共和國等。

## 第二項　法　　國

法國人事制度，亦被學者列為被選國之一，其原因為：

**一、法國人事制度亦有其特色：**如採中央集權制度，各級地方政府的公務員亦置於全國人事制度體制之下，不得各自為政及自由處理，但主管人事制度之機關則甚為眾多，採分工合作方式管理；公務員法規之規定甚為完整；公務員頗具官僚色彩，考試任用與訓練能密切配合；各機關設有行政管理委員會及人事委員會，由公務員代表參加，商討人事工作條件及懲處等問題；俸給以指數表示，指數折合法郎幣值另以命令規定等。

**二、人事制度與法國相類似之國家甚多：**法國在海外屬地甚廣，其後各屬地雖多紛紛獨立，但政治制度仍多模仿法國，故人事制度亦不例外。如非洲之象牙海岸、摩洛哥、突尼西亞、幾內亞、尼日、查德；亞洲之黎巴嫩及陷入共黨統治前之越南。

## 第三項　美　　國

美國人事制度，亦均被學者列者被選國之一，其原因為：

**一、美國人事制度有其顯著特色：**實施職位分類，將公務員職位根據其工作性質及職責程度，區分為職系與職等，並訂定職系說明、職等

標準及辦理職位歸級之分類標準；根據職位工作需要，以考試方法遴選
具有擔任職位所需專門學識技能及能力之人員，而後按成績先後依序分
發任用；根據所任職責決定俸給，以實現同工同酬；根據工作標準辦理
考績；地方政府人事制度中央不予過問；退休撫邮經費一向由公務員與
政府共同負擔；及重視勞工關係等；均可謂美國人事制度之顯著特色。

　　二、美國國力富強儼然爲自由世界之領導者：美國雖不若第二次世
界戰前之英、法，屬地遍佈全球，但卻由於國力富強，無形中成爲自由
世界的領導者，故其人事制度亦極受人注目。再美國一向的作風是有外
國有要求其援助者，常喜歡將其人事制度推薦於要求援助的國家，因而
他國仿照美國人事制度亦甚常見，如亞洲的菲律賓、泰國、韓國、日
本，均作徹底的或有限度的實施職位分類；再如美洲的加拿大，其人事
制度亦深受美國影響。

## 第四項　其他被選國

　　除前述三國係研究各國人事制度之學者所共同選用之外，至其他被
選國，則不盡相同，如：

　　一、德國：在日本人事院所編之「諸外國人事制度」，則將德國人
事制度列入；美國國會圖書館所編之選擇性的外國人事制度，亦有德國
人事制度之敍述；聯合國國際行政科學院 (International Institute of
Administrative Sciences) 出版之文官制度，亦列有德國人事制度。

　　二、意國：美國國會圖書館所編「選擇性的外國人事制度」中，列
有意國人事制度。

　　三、加拿大：美國國會圖書館所編「選擇性的外國人事制度」中，
亦列有加拿大人事制度。

　　四、拉丁美洲及非洲國家：聯合國國際行政科學院出版之文官制

度，列有拉丁美洲及非洲國家人事制度。

**五、共產國家**：聯合國公共行政部門所出版之文官法與實務手冊，及國際行政科學院所出版之文官制度中，均列有共產國家之人事制度。

我國學者所著述之各國人事制度，係以英國、美國、法國、德國及日本爲主，或再加上本國、韓國、泰國。

## 第五項　本書對國別之選擇

本書對各國人事制度之國別，以外國人事制度爲限（本國人事制度，作者已另在「考銓制度」專著中敍述），並基於下列原則選擇：

**一、人事制度本身之特性**：凡人事制度有其較顯著之特性的國家，優先予以選擇，如英國、法國、美國人事制度，均有個別特性，故予敍述。

**二、地區之分佈**：國情常因地區之不同而異，如在非洲地區之國家，其人事制度雖有採英國或法國人事制度之精神者，但其國情究與英國或法國不同，故對外國人事制度之敍述，其國別尚需顧及地區之分佈。如非洲的迦納、象牙海岸、南非聯邦；美洲的加拿大、巴西、阿根廷；歐洲的意國、瑞士、奧國、德國；澳洲的澳大利亞及紐西蘭，均屬其例。

**三、國家政治之特性**：目前世界各國之政治，大致可分自由民主與共黨專政兩大陣營，因而對外國人事制度之國別選擇，除多選擇自由民主國家如英國、美國、瑞士等外，對共黨專政國家亦應略有兼顧，乃選擇中共，略作敍述。

**四、對亞洲國家特予重視**：亞洲國家與我國有較多的共同性，其人事制度值得我國借鏡者亦較多，故在選擇國別時，除日本外，尚包括菲律賓、新加坡、韓國、泰國及中共。

以上共計二十一個國家。

# 第四節　各國人事制度之敍述方式

本書對被選各國人事制度之敍述方式，簡說如後。

## 第一項　重要國家專章敍述

**一、凡重要國家且其人事制度內容較爲完整者予以專章敍述：** 如英國、法國、德國、美國、日本五個國家及中共人事制度，均列爲專章。

**二、章內各節之主題盡量求其一致以利比較：** 各章以分十節左右爲原則，並盡量分別以人事機關、人事制度演變、人事體制（架構）、考試、任用、俸給、考績、訓練、服務與懲戒、管理與職員關係、退休撫邮爲主題予以討論。

**三、節內分項盡量保持彈性：** 各節內之分項多寡，則視其內容予以增減，凡所包括內容較多者其分項亦較多，否則分項較少。

## 第二項　一般國家專節敍述

**一、凡一般國家或其人事制度內容較爲簡單者予以分節敍述：** 如前述之二十一個國家，除英國、法國、德國、美國、日本及中共外，其餘十五個國家，則按地區歸併爲五章，每章分二節至四節，每節敍述一個國家之人事制度。

**二、節內分項盡量保持彈性：** 如共產國家人事制度之敍述，因人事制度資料有限，其分項較少，而韓國、新加坡、菲律賓、泰國之人事制度資料甚爲完整，其分項較多。凡分項較多者，其各項之討論主題，仍盡量以人事機關、人事制度演變、人事體制（架構）、考試、任用、俸給、考績、訓練、服務與懲戒、管理與職員關係、退休撫邮等爲準區分。

# 第二章　英國人事制度

## 第一節　人事機關及機構

英國人事行政主管機關，原為主管考試之文官考選委員會及主管人事行政之財政部人事局，於1968年設文官部，掌理人事行政，並將考選委員會併入，至 1981 年改為管理及人事局，至 1987 年又改為文官部長辦公處，到 1993 年又改為公職及科技局（Office of Public Service and Science, OPPS），此即現行的人事行政主管機關。其餘與人事制度有關之機關，尚有財政部、惠德利協議會（Whitley Council）、上訴機關及文官仲裁法院(Civil Service Abitration Tribunal)，至各部則多設有人事機構，依照主管機關所定政策及法規，辦理所在部及所屬的人事工作。茲分項簡述如下：

## 第一項　公職及科技局

英國於 1993 年成立公職及科技局，仍隸屬於內閣秘書處，由內閣秘書長督導其業務。公職及科技局之組織如下：

**一、便民服務處**（Citizen's Charter Unit）

**二、人力處**（Establishment Offices Group）

三、科技處 (Office of Sciences and Technology)

四、高等文官處 (Senior and Public Appointments Management)

五、管理發展處 (Management Development Group)

六、高層管理處 (Top Management Programme)

七、安全處 (Security, Conduct, Dicipline, Machinery of Government)

八、文官考選委員會 (Office of Civil Service Commission)

九、資訊處 (Information Management)

十、效率處 (Efficiency Unit)

十、文官學院 (Civil Service College)

以上各單位主要職掌，包括公務員考試、人力管理、高等文官管理、人事行政（財政部所主管部分除外）、行政效能、服務績效、公務員安全、公務員行為與紀律、管理發展、及人事行政之科技化與資訊化等事項。

## 第二項　財政部

財政部之內部單位中，有

（一）文官管理與俸給局 (Civil Service Management and Pay)，主管公務員的分類與任免政策等有關人事行政工作。

（二）人事與組織局 (Establishment and Organization)，主管各機關之員額編制與俸給福利等有關人事行政工作。

## 第三項　惠德利協議會

**一、起源與區分**：英國由於勞資爭議的發生與頻繁，於一九一七年先有勞資關係調整委員會的設置，以惠德利 (J. H. Whitley) 為主席，於一九一九年改稱為惠德利協議會，並分別設置全國惠德利協議會 (National Whitley Council) 及各部惠德利協議會 (Departmental Whitley Council)。

二、組織: 全國及各部惠德利協議會，均由代表官方與職員之委員所組成。在全國惠德利協議會，代表官方的委員，就主要部之常務次長與公職及科技局高級職員中任命之; 代表職員之委員則由職員團體選舉之，雙方委員人數各爲22名。

爲加強協議會之職員代表部分與職業工會間的配合與聯繫，自1980年五月起,職員代表部分已由公務員工會會議(Council of Civil Service Unions) 所代替，且代表名額也擴增爲 63 人，由國內各主要公務員工會推選組成。各部之惠德利協議會，其職員代表部分，同樣由各公務員工會所代替。

協議會之主要作用，在官方代表與職員代表對某些問題之協議，今職員代表雖由公務員工會所代替，但協議時仍須有官方代表參加，得以協議的事項仍大致如舊，故惠德利協議會仍可存在。

三、職掌: 惠德利協議會對下列事項得參與策劃:

（一）運用公務員思考及經驗方策之立案;

（二）對勤務條件之決定與遵守，及給予公務員較大發言權與責任方策之立案;

（三）有關徵募、工作時間、晉升、懲處、任期、俸給、年金等一般原則的研討;

（四）公務員再教育、訓練及進修與獎勵;

（五）對事務機構及其組織改善之檢討;

（六）對與公務員地位有關問題，經雙方協議獲得一致意見後，則可進行。

全國惠德利協議會只討論一般原則性問題，而不涉及個案。經部惠德利協議會討論一致同意的決定，部應予實施；部惠德利協議會討論事項涉及兩部以上時，應送全國惠德利協議會討論。

## 第四項　上訴機關與仲裁機關

**一、公務員上訴委員會** (Civil Service Appeal Board)：公務員受提前退休或免職之懲處時，如有不服可向公務員上訴委員會提出申訴。上訴委員會受理申訴案後，通常要經過調查、辯論等程序，而後再向原處分機關提出建議，但此種建議對原處分機關並無拘束力。

**二、實業法庭** (Industrial Tribunal)：係屬行政法院性質，公務員受提前退休或免職之懲處時，除得向公務員上訴委員會上訴外，並得向實業法庭提出上訴。實業法庭對上訴案的裁決，對原處分機關有拘束力。

**三、文官仲裁法院** (Civil Service Arbitration Tribunal)：凡政府與公務員間，因俸給、津貼、給假及工作時間等問題所發生之爭議，如惠德利協議會不能解決時，得由政府或公務員團體提請文官仲裁法院審理，但年金及編制案件不得提付仲裁。仲裁委員會對裁定事項，習慣上多係先徵得雙方同意而後再行判決，故在實施上並無困難。文官仲裁法院之判決，除由國會可以推翻外，即具有確定的效力。

## 第五項　各部人事機構

各部均設有人事處或人事單位，依人事主管機關之政策及規定，辦理各部及其所屬單位之人事工作。人事處或單位之主管，均由各部首長自行任命，但文官部長辦公處經常召開人事會報，以加強協調、聯繫，及商討有關人事問題。

# 第二節　人事制度之範圍、演變與特性

## 第一項　公務員之範圍

**一、公務員之意義:** 依照官方手册「一九七五年不列顛」的說明，公務員是國王的僕人（不包括政務官及法官），其俸給全部由國會通過之經費中直接支付，並在政府各部中擔任文職工作。

**二、公務員之範圍:** 英國公務員包括非實業公務員與實業公務員（實業公務員與公營事業人員相似）。由於工黨主政時期，政府經濟與社會政策的發展，擴大了政府的公務，因而公務員的人數亦逐漸在增加，又因經濟之不景氣及保守黨執政期間之緊縮公務人力，公務員人數乃有減少趨勢。如在一九七一年為 702,000 人，一九七五年為 693,900 人，一九七九年為 733,200 人。一九八三年為 642,800 人。至一九八七年的人數而論，則為:

㈠非實業人員: 共為 506,707 人。其中人數較多之機關為

　　1.衛生及社會安全部: 95,809人

　　2.國內稅務署: 68,391人

　　3.房屋部: 34,535人

　　4.關務署: 25,312人

　　5.人力服務委員會: 23,181人

㈡實業人員: 92,733人

以上共計599,440人。

## 第二項　人事制度之演變

**一、一八五○年前:** 在一八五○年前，政府公務員係基於私人關係而任用，且程序陳舊，職權衝突。雖有如麥高來（Macauley）等人提出

改革的要求，均未有結果。

二、納可推夫揚（Northcote-Trevelyan）報告提出後之改進：上述報告係於一八五四年提出，對英國人事制度的改革有重大貢獻，該報告對當時人事制度的批評，認爲是能力差、品德及體格不合要求的人，被任爲公務員，拿好待遇，少工作或從事例行工作，於老年或身體失去健康時並可獲得生活的保障。

在該報告中，曾提出下列三項具體的改革建議，即㈠用適當的考試制度，遴選高效能者充任公務員。㈡使公務員瞭解依功過受賞罰，如在任職期間具有功績，即可獲得晉升。㈢減少因人事制度分裂而引起之弊端，使公務員的初任適用同一的基礎，並將初任後的晉升範圍，擴大至各部之間，使文官制度得到相當的統一。

基於此一報告之建議，在人事制度中曾作下列的改革：

㈠於一八五五年設立文官委員會 （Civil Service Commission），審查各部擬任人員之資格，以認定其是否適任。

㈡一八七〇年起，除若干例外，規定所有公務員進用應經由公開競爭。

㈢一九二〇年起，將公務員分爲下列三大類，其進用需經公開競爭考試：

1. 書記類：應考人年齡需爲 16 至 17 歲，考試水準爲相當初中畢業程度。

2. 執行類：應考人年齡需爲 18 至 19 歲，考試水準爲相當高中畢業程度。

3. 行政類：應考人年齡需爲 22 至 24 歲，考試水準爲大學畢業程度。

自同年起，授權財政部主管考試以外之人事行政事宜，以該部之一

位常務次長爲公務員的首長，該部有權訂定管制政府機關之員額編制，及常任與臨時公務員之分類、報酬及服務條件之規章。

㈣一九五〇年起，各部獲得較大授權處理本部的職位與職員分類事宜。

由上可知，納可推夫揚報告，確實奠定了英國一百年來人事制度之基礎，對美國及其他國家人事制度亦發生強有力影響。

三、福頓 (Fulton) 報告：一九六六年成立福頓委員會(The Fulton Committee)，由蘇塞克斯大學校長 (Chancellor of the University of Sussex) 福頓 (Lord Fulton) 主持，經過二年研究，於一九六八年提出報告。

該報告對當時人事制度曾作下列批評：

㈠將行政官看作業餘者(即非專家)，及透過在各種職務間的短期任用與輪調，以培養成能處理各種問題之通才的觀念，會發生不良的後果。

㈡嚴格的與過多的分類（如現有的 47 個一般的類，及 1,400 個以上各部的類），亦有不妥。如行政類的普通行政人員制訂政策時，不包括科學家、工程師、及其他特殊類的成員，致英國文官缺少一種「多技術」(Polytechnicien) 的品質，卽缺少一種旣懂技術又懂行政的品質。

㈢卽使行政類人員，對管理的任務亦未獲得良好的訓練，他們多只把自己看作是政策的顧問，而非看作是一個單位的經理。

㈣公務員與外界的接觸不够，不瞭解政府機關以外的情況，及學校中所發展出的新觀念與新方法，此乃公務員永業制的缺陷之一，致公共利益受着損害。

㈤人才培植與永業制，多只限於行政類人員，工作指派甚爲隨便，未顧及個人的才能，對創造力未有足够獎勵，晉升仍多憑年資。

甚於以上批評，在報告中乃提出下列建議：

㈠成立文官部，負責前財政部所負責辦理之人事及員額編制方面的職掌，並將原有文官委員會併入文官部。

㈡文官部由首相親自指揮監督，日常事務則由他人負責處理，該部之常務次長即爲文官首長，乃眞正負責處理人事工作之人員。

㈢非實業公務員 (Non-indutrial Service)，歸併爲一大類。

㈣對一般類（如行政類及執行類）的公務員，應培養其專長，其專長並爲財經與行政兩種。

㈤對各部授予較大的遴選人員之權。

㈥設立公務員學院，負責辦理職前及在職訓練工作。

㈦加強各部及分支機構間人員之內外互調，以培養整體觀念。

㈧加強實施目標管理。

㈨各部設置設計單位，其職權僅次於常務次長，爲部長之主要助理。

㈩在技術部門增設總工程技術助理職位。

基於上列建議所作之改革，除當時卽成立文官部，並由首相親自指揮監督及成立公務員學院外，隨後尚有:

㈠採用較具彈性之行政與組織型態，使專家有擔任較多管理工作機會，及使公務員可處理新的任務。

㈡擴大公務員的工作指派範圍，以期充分運用其才能，高級公務員之進用途徑予以放寬，只要具有特優才能者，不論其是否爲專家的背景或進用時是否爲考試，均可羅致擔任。

㈢將主要擔任高級管理與政策之高級公務員，區分爲三等，卽常務次長 (Permanent Secretary)、副次長 (Deputy Secretary) 及司長 (Under Secretary)。

㈣其餘公務員，則以俸級與職等之結構及職業羣爲基礎予以分類；凡屬同一類的公務員，有其共同的人事管理與進用的規定。

（五）對初任考試、晉升政策等，亦發生了若干影響。

四、一九八一年的再改變：主要是人事主管機關再改組爲管理及人事部，其職權亦有調整，此卽爲現狀。

## 第三項　人事制度之特性

英國人事制度的特性，，可概括爲下列各點：

一、分權制：中央與地方人事制度並不完全相同，各地方政府也不一致。此乃由於島嶼彼此隔離、人民生活習慣不一、法律亦多係不成文法，故無統一規定，及中央政府對地方政府之干預亦甚爲微小所致。

二、貴族化：深受以往貴族政治的影響，政府機關瀰漫着貴族化的成分、階級、身份與地位的觀念，且劃分亦甚嚴格。

三、廣汎分類：將公務員依其教育水準之不同，區分爲廣汎的若干大類（與社會上的主要階層大致相平行）。

四、各類人員間轉任有限制：此種限制原甚嚴格，自民主制度盛行後，已有放寬。

五、具有特權：高層公務員均屬傑出，故具有特權。

六、高度保障：防止政治干擾人事制度，對公務員給予高度保障。

七、重視年資：文官晉升，主要以年資爲主。

八、言行要求：對公務員的言行要求，雖無成文法規定，但極爲嚴格。

九、組織工會：准許公務員組織工會，並透過工會爭取公務員的利益。

## 第三節　人事體制

## 第一項　分類之基礎

一　兩種分類之基礎：人事經由分類而建立起體制（亦卽人事制度

的架構）。但分類的基礎通常有兩種，卽一爲根據公務員所任工作之性質、繁簡難易、責任輕重、及所需資格高低爲分類基礎，吾人稱爲職位分類 (Position Classification) 或工作列等 (Rank-in-job)，此可以美國的人事體制爲代表； 一爲以公務員個人所具資格條件（含資格水準高低及專長類別）爲分類基礎，吾人可稱爲資格分類（Qualification Classification）、或職團列等 (Rank-in-corps)、或人員列等(Rank-in-man)，以往的英國人事體制可作爲代表。

**二、分類之精粗有別**：依據職位分類基礎而建立之體制，其架構較爲精細，建立體制之過程甚爲繁複，且架構需隨著機關業務的變動而調整，但其優點爲可做到人事適切配合及實現同工同酬。依據資格分類基礎而建立之體制，其架構較爲粗廣，建立體制之過程較爲簡單，且架構甚爲穩定，但其缺點爲不易做到人事適切配合，亦不能實現同工同酬。

# 第二項　英國公務員之分類

英國中央政府公務員的分類，自一九七〇年以後有重大的改變，在精神上已由純粹的資格分類，演變爲含有職務之性質與職責程度的分類，多少已接受了美國職位分類的若干原則。至英國地方政府公務員之分類，更有採工作評價方法列等者。其情形如下：

**一、依職務性質區分職羣、職等與職級**：將中央政府公務員，除政務官外常任文官之各種職務，區分爲下列各職羣、職等及職級，卽

㈠開放架構 (Open Structure)：亦可稱高級主管職羣，凡行政性專業性之各種高級主管職務，均包括在此一職羣之內，其人員來源，除部分由行政職羣人員晉升外，其餘均可從有關機關或事業機構之專業及科技人員中調任，其資格之限制寬，主要目的在便於高級行政主管人員的進用與調度。在此職羣之職務，依其職責程度區分爲若干職等，至一九

八七年，將原屬行政職羣之若干職務，亦改列入開放架構中，因而其職等已增為七個，每一職等之職務，則自成為一個職級。如一等為常務次長職、二等為副次長職、三等為司處長職、四等為副司處長職、五等為助理司處長職、六等為資深科長職、七等為科長職。以上四等至七等之職務，卽係最近數年將已往行政職羣改列至開放架構者。其情形如次頁圖示。

　　㈡行政職羣 (Administrative Group)：擔任此一職羣職務之人數，乃屬最多者，依其職務之職責程度，區分為五個職級，自上而下其名稱為：1.資深執行官 (SEO)：在科長監督下，擔任管理與專門性工作，並兼任個案工作，擔任此種職務之人員，多由高級執行官晉升而來。2.高級執行官 (HEO)：在資深執行官監督下，擔任人員管理、個案工作、調查研究及專門性工作，擔任此種職務之人員，多由執行官晉升而來。3.執行官 (EO)：在上級人員監督下，擔任個案工作、執行工作及專門性工作，擔任此種職務之人員，可經由外選而來，亦可由書記官晉升而來。4.書記官 (CO)：在上級人員監督下，處理運作的、案例的、文書的及財務的工作，擔任此種職務人員之來源，可經由簡單測驗而進用，亦可由助理書記官晉升而來。5.助理書記 (AC)：在上級人員監督下，擔任例行性、重複性的工作，及由法規詳細規定其處理程序方法之工作，其人員經由簡單測驗而進用。其情形如次頁圖示。

　　㈢社會安全職羣 (Social Security Group)：區分為一等地方官、二等地方官兩個職級。

　　㈣國內稅務各職等 (Inland Revenue Grades)：區分為視察官、高級稅務官、稅務官、稅收員、助理稅收員五個職級。

　　㈤科學職羣 (Science Group)：區分為資深科學官、高級科學官、科學官、助理科學官四個職級。

(六)專業及技術職羣(Professional and Technology Group): 區分為資深專業及技術官、高級專業及技術官、專業及技術官三個職級。

(七)外交官職羣 (Diplomatic Service Group): 區分為高級外交官、參事、一等秘書、二等秘書、三等秘書、科員等職級。

開 放 架 構

```
一等: 常務次長 (Permanent Secretary)
二等: 副次長 (Deputy Secretary)
三等: 司處長 (Under Secretary)
四等: 副司處長 (Deputy Under Secretary)
五等: 助理司處長 (Assistant Secretary)
六等: 資深科長 (Senior Principle)
七等: 科長(Principle)
```

行 政 職 羣

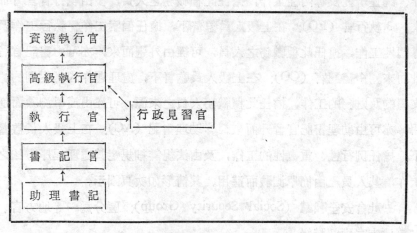

四、地方政府之工作評價制度: 英國為期地方政府之人事制度能趨於較為一致起見，設有國家聯合協議會 (National Joint Council)，以協調倫敦地區以外各地方政府之行政的、專業的、技術的及文書的公務員之人事管理，在該會所設計之方案中有工作評價方案一種，用以評定各行政、專業、技術及書記職務之價值的高低，再根據價值高低決定其

應屬職等及應支俸給。

　　工作評價係採因素評分法，　就各職務之工作說明表　（Job Description）　內容，用九個因素評定其應得分數，　根據分數換算爲職等及應支俸給。其因素評分之標準如下：

| 分數程度<br>因素 | 一 | 二 | 三 | 四 | 五 | 六 | 七 | 八 | 九 |
|---|---|---|---|---|---|---|---|---|---|
| 監 督 責 任 | 16 | 24 | 32 | 40 | 48 | 56 | 64 | 72 | 80 |
| 所 作 決 定 | 20 | 30 | 40 | 50 | 60 | 70 | 80 | 90 | 100 |
| 所 受 監 督 | 12 | 18 | 25 | 31 | 37 | 43 | 50 | | |
| 工 作 複 雜 性 | 20 | 30 | 40 | 50 | | 70 | 80 | | |
| 特 種 工 作 環 境 | 20 | | | | | | | | |
| 與 人 接 觸 | 10 | 20 | 30 | 40 | 50 | 60 | 70 | 80 | |
| 創 造 性 工 作 | 10 | 20 | 30 | 40 | 50 | 60 | 70 | 80 | |
| 所 需 教 育 | 10 | 20 | 30 | 45 | 55 | 85 | 105 | 115 | 125 |
| 所 需 經 驗 | 20 | 40 | 60 | 80 | 100 | 120 | 140 | 150 | 160 |

　　以上各因素各程度之內容，另以文字作簡明之敍述，以便辦理評價時有所依據。爲期評價工作客觀確實，於辦理各職務之評價時，需組織評價小組爲之。各地方政府於施行此一制度時，可請全國聯合協議會予以指導協助。至職等與分數幅度的配置，則由各地方政府自行決定。

# 第四節　考　　試

## 第一項　考試制度之緣起

　一、東印度公司先探考試用人制度：一八〇七年，倫敦敎會會長毛

利遜 (Morrison)，至東印度公司擔任譯員工作，並編製中文辭典，對中國考試制度敍述甚爲完備，至一八三二年，東印度公司首先採用中國考試制度，作爲遴選新進人員之依據。

二、英國本土採用考試制度：一八三五年，英國政府與學術界，曾廣泛討論是否將中國考試制度普遍應用至英國本土問題，至一八五五年，英國國會通過法案，正式採用公務員考試制度。

三、考試制度日趨完備：一八七〇年，英國考試制度更日臻完備，歐洲各國亦起而仿效。

## 第二項　考試制度之特點

英國公務員考試制度之特點，主要有：

一、以選拔通才爲原則。

二、與教育制度能密切配合。

三、以公開競爭爲主。

四、易於吸收較有能力的人才至政府機關服務。

五、考取被任用後，卽視其所任公務爲終身職業。

六、考試標準及科目，注重於一般教育程度及知識，而不著重於特殊或專門技術與經驗。

七、經由考試所吸收的人員，多半限於社會上某種特殊階級，貴族化的色彩甚濃，與民主精神不無違背。

## 第三項　現行考試之一般規定

英國現行考試制度，係就原有加以改進而成，茲分述如下：

一、考試機關：舉辦考試之機關爲管理及人事部之文官委員會，但對書記官職級或與之相當之職級以下人員之考試，已委由各部辦理。管

理及人事部文官委員會內，分設兩個常設機構，一為考試委員會，主持公務員學識考試及個人智力性向測驗；一為決選委員會，主持公務員考試之口試及面談。

二、考試種類：考試分公開競爭考試與甄選兩種，前者多適用於新進人員之考試，後者多用於現職人員之升職、轉任或進用非常任人員之考試；其情形為：

㈠公開競爭考試：如以行政職系之職務而言，多適用於助理書記、書記官、執行官及行政見習官之進用考試，其應考資格及年齡均有限制；如相當初中畢業且年齡在 16 至 19 歲者，可應助理書記及書記官職級之考試；相當高中畢業且年齡在 16 歲至 19 歲者，可應執行官職級之考試；大學畢業年齡未滿28歲者，可應行政見習官或與之相當職級之考試。自一九八三年起，助理書記及書記，已改由各機關辦理。

㈡甄選：現職人員之晉升或不同性質職務之轉任，多需經由甄選，參加甄選者除年齡、任職年資及考績之條件外，有時尚需具有一定的學歷。如在年齡方面，多定在 21 歲至 32 歲；任職年資因職級而不同，有者規定為三年，有者規定為四年，有者不予限制，考績成績需優異，並認為有晉升的潛能；如晉升至需較高學歷（如行政見習官職級需大學畢業）之職級時，尚需具有較高的學歷；再有時在俸給方面亦有限制，即需已支原職級之最高俸給時方得參加晉升的甄選。

對經由公開競爭考試在時間上係屬不可能時，對臨時性職務人員及需特殊才能始能擔任職務之人員，亦得以甄選進用，但均需先獲得文官部人事委員會的許可。

三、考試程序：在舉辦考試前，多先由各部對下年度需補充之名額先作預估，再送由文官部按職系及職等分析並確定所需之人數後，有者由文官部集中辦理考試，有者委託由各部自行辦理。在辦理考試之過程

中，通常分下列四個程序：

（一）學識能力筆試：主要用以測驗應試者的組織、綜合、創設性思考及統計應用的能力，爲時一天半。

（二）心理測驗：由考試委員會舉行心理、性向、智力等測驗及面談，爲時約二天。

（三）語文能力測驗：目前僅外交官用之。

（四）決選：決選由文官委員會之委員一人擔任主席，公職及科技局以外人員二人及高級文官二人爲委員，並以面談方式進行，爲時約三十五分鐘，對錄取與否及成績先後之排名作最後的決定。

以上考試程序，係對一般大學畢業應考行政見習官職級之考試時所用者，如係低職級人員（如助理書記、書記官職級）之考試，則多予簡化，如只注重筆試，或只注重口試等。如應外交官或重要職務之考試者，尚須接受一個爲期兩天的觀察（A Two-Day Close Look/House Party/Weekend)的程序，考核其領導、演講、辯論、開會、見解、表達及與人相處等能力，並藉以瞭解其觀念、品德、儀態、風度及行爲等。此一程序，目前僅用於外交官的考試。

如以甄選代替考試時，則通常由各部自行辦理。首先公告職位出缺，而後由部任命人事處長及其他部內有地位與經驗之職員數人組織晉升甄選委員會辦理之。

# 第五節　任　　用

英國公務員之任用，有其一定權責與條件；考試及格者均予分發任用，任用程序分試用與正式任用，任用後再依年資及成績作晉升或調任；行政職系人員之培養與高級主管職務之開放及行政見習官制度之建立，亦有其特色，茲分項紋述於後。

## 第一項　任用權責與條件

**一、任用權責：**大致而言，司長職級以上人員之任用，由管理及人事部擬報首相核准，以英王名義任命之；副司長職級以下人員，則由各部人事處長擬報常務次長核定後，以部長名義任命。由於對公務員的晉升、調任與進用，均有其一定程序，各部能自由裁量決定之處並不多，故人事處長及常務次長之用人權並不大。

**二、國籍條件：**任用公務員，除需經考試或甄選及格外，尚需具有國籍之條件，而國籍之取得，或爲在英國地域出生，或爲經由歸化。

**三、基於安全保障所定之消極條件：**與國家安全保障具有密切關係之職務，對其有下列情事之人員不得任用，卽㈠爲共產黨或法西斯黨之黨員者；㈡信賴共產黨員或法西斯黨員並與之交往者。

## 第二項　分發與試用

**一、考試及格人員之分發**

㈠分發機關：凡由各部自行辦理考試者，考試及格人員由各部自行分發用人單位任用。凡由文官委員會統一辦理考試者‧考試及格人員由管理及人事部分發各部任用。

㈡分發順序: 辦理分發時，按錄取分數之高低，按序分發，錄取分數高者先分發，分數較低者後分發。

㈢按缺分發: 分發之人數按職缺而定，一職分發一人，故用人單位並無選擇權。

㈣分發定有限期: 考試及格人員必須當年分發，如無特殊理由，不能保留至下一年度，故分發之有效期間通常爲一年。

二、試用

㈠初任時需爲試用: 考試及格人員，由各部任用，各部對初次任用之人員，均爲試用。有關試用之規定則由管理及人事部訂定。

（二）試用定有期間: 試用期間，通常定爲一年，但遇及特殊情況時，其試用期間得經部長洽商管理及人事部同意後延長之。

㈢試用作用: 在英國認爲試用是測驗的一部分，在試用期間內，初任者經由在特定職級上的工作實情，證明其是否適任常任公務員職務（Permanent post in the Civil Service）; 於試用期滿時，其任用需予正式的認可或予以解職。

㈣試用與訓練之結合: 試用期間之工作，多含有訓練學習意義，如執行官職級人員在試用期間之工作，大致可分爲四個階段，第一階段爲翻閱指定的檔案及卷宗，並囑其將內容及原委作摘要; 第二階段則指定對較重要的檔案及卷宗，根據自己看法提出分析與批評意見; 第三階段囑對現正處理中或新發生案件，試擬批評與製作決定; 第四階段始指派正式的工作，並由其負責。

## 第三項 任用與晉升

一、正式任用: 各部試用人員，試用期滿經部長考核認爲適任者，則予以正式任用。在用語上，初任稱爲第一次任用，正式任用稱爲第二

次任用，中間隔着試用期間。

二、晉升：晉升制度的建立，與文官的永業發展 (Career Development) 有密切關係；所謂文官的永業發展，即希望一個自學校畢業經由考試進入機關擔任文官後，即能以文官爲終身職業，不見異思遷，因此爲期鼓勵文官久任，必須建立內部的晉升制度，使文官覺得有發展前途。茲就晉升之若干重要規定簡述如下：

㈠晉升之條件：公務員的晉升，通常需具一定的條件，即具有一定的任職年資，具有一定的考績等次，並需經面試通過，始能獲得晉升。就以行政職羣 (Administrative Group, 由原有執行類、文書類及助理文書類合併而成) 各職級間的晉升而言，其晉升所需之年資如下頁表所示：

㈡晉升程序：公務員晉升須經過甄選，其程序通常爲：

1.設置辦理晉升之委員會：如屬司長以上人員之晉升，由管理及人事部所設高級任用遴選委員會(Senior appointment selection Committee) 辦理，以管理及人事部之常務次長爲主席，其他各部之常務次長及高級專業人員爲委員，負責討論各部高級人員之升遷與任命等事項。

如係副司長以下人員之晉升，則由各部設晉升委員會 (Promotion Board) 辦理，通常以人事處長爲主席，司長及副司長二人爲委員。

2.審核任職年資：一般職務之晉升，多定有年資，如未滿應有年資者，不予晉升，故審核年資爲第一步。

3.審核考績：對年資合於規定者，應再審核其考績，在辦理時，多要求主管對受考績人宜否晉升案提供意見，故在任職期間考績的等次與宜否升職之評語，均需加以審核。

4.面試：經審核考績結果，認爲可以考慮晉升者，始由晉升委員會主持口試，經口試後始能決定需否晉升。

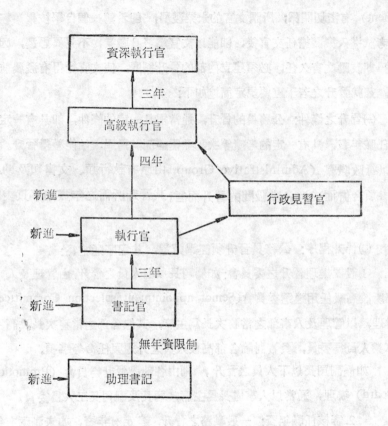

註: 書記官及助理書記職級的新進，爲初中畢業考試及格，執行官的新進
爲高中畢業考試及格，行政見習官的新進，爲大學或專科畢業考試及
格，科長的新進，多爲調派。

如係爲高級專業技術人員之晉升，則在管理及人事部常務次長之
下，設各種專業委員會辦理。

## 第四項 調 任

公務員採調任而進用者,人數甚少（約佔全部員額五分之一左右）, 其調任進用之方式又有下列三種:

**一、未經公開競爭直接進用者:** 各部部長可直接自外界進用人員擔任私人秘書職務,且其晉升亦較爲快速。經由此種途徑進用之人員,其學歷大致與其等級相當的公務員相當,屬於牛津或劍橋大學的畢業生比例甚低。對此種進用途徑的看法,有下列兩種:

㈠支持的看法: 認爲具有外界經驗的人來擔任公務員時甚爲有益; 公務員不僅需要剛從大學畢業的人,但同時遴用年在 30 歲左右並具有相當期間之眞正社會或公共工作經驗的人亦屬需要。

㈡反對的看法: 由此途徑進用公務員,將造成假公濟私、偏袒、及不效率; 如此對經由公開競爭進用的公務員而言係屬不公, 故非屬戰時緊急情況下不宜應用; 此種進用將會受到公務員團體及管理及人事部等之反對。

**二、經由專業、科學及技術各職級人員調任進用者:** 專業、科學及技術各職級人員,爲期獲得晉升機會,亦可轉任至行政職級公務員（在轉任的同時往往獲得晉升）; 此種轉任的人數,以高級公務員爲例,各部情況不一,有者只爲 5 %,有者達16%; 一般人士認爲如專業科學及技術人員, 確證明其具有行政才能,不應阻止其轉任至行政職務。

**三、經由其他地區及類別轉任進用者:** 如由印度文官及北愛爾蘭文官（指以前）, 及外交界轉任行政職務者,其人數更少,此種人員多係原經參加與英國相當的公開競爭考試及格者。

## 第五項 行政職群與開放架構

一、**行政職羣之需要**： 由於政府業務日趨擴增， 及行政者的工作日趨複雜與相互依賴，在制訂政策時需與各部及政府以外各種組織間洽商，深感行政工作者有加強團結以增進瞭解的必要，因而有將原有的執行類、文書類、助理文書類人員，合併成爲行政職羣的需要。

二、**行政職羣之任務**：包括管理及專門性工作，使政府業務得順利推展，及經費、公務人力及其他資源的有效應用。

三、**行政職羣之人數**：在一九八七年，屬於行政職羣的公務員，自資深執行官至助理書記，五個職級，共有 231,097 人，每一職級均包括著幅度極廣的工作與活動，故行政職羣是文官人數中最多的一個職羣。

四、**開放架構之組成**： 開放架構 (Open Structure) 係屬高級的行政主管羣， 由科長以上七個職等之職務所組成， 包括常務次長、 副次長、 及司處長、副司處長、助理司處長、資深科長、科長等各種行政類型的職務；其人數亦極爲可觀，如在一九八七年一月，一等常務次長三九人，二等副次長一三六人，三等司處長四八九人，四等副司處長一七〇人，五等助理司處長二、一〇八人，六等資深科長三、七三四人，七等科長一一、八九二人。其有三個職級特別值得重視者爲：

㈠科長： 科長的職責極爲廣泛，有者於部本部任職，有者於地區分支機構任職；科長需管制較大的經費開支，或控制、鼓勵及管理一羣職員；有些科長職務，需具高度的智力、分析技術及想像力，有些科長職務需要說服、協調其他各部、 商業工會或地方政府的能力， 或需要成熟、領導的經驗與才能，以管理多數職員；更有些科長職務需要有效使用巨額經費購置的設備（如電腦）之技術或技能；在部內的科長需領導部分職員從事政策文件的分析，諮商文件的草擬，立法案的準備，委員會工作及其他相當的任務；在本部以外的科長職務，大多爲對人員及資源的管理。

㈡司處長: 為科長之直接主管，其職責比科長更為廣泛，所管轄之業務、人員、經費，比科長更為繁多，因而需更高度的智力、分析力與想像力，並需經常協助部會首長制訂決策，準備法案，並協調各有關機關推行政策。

㈢常務次長: 英國的各部會首長，多由國會議員兼任，只管政策，不管業務，因此各部會日常業務之推行，部內人事、財務、效率等之管理，則全由常務次長負責，因此常務次長不但是最熟悉業務與管理的資深高級公務員，且其俸給亦可高於部會首長，他亦是常任公務員中職務最高者。

## 第六項　行政職群中之行政見習官

**一、設置行政見習官之緣起:** 政府中的行政工作日趨需要，及行政工作漸趨複雜與相互依賴，因此需尋求高水準的通才（All-round ability）來擔任公務員，並需訂定一套有關智力與人品之嚴密的規範，作為遴選具有擔任多數高級職務潛能的人員；因具有此種條件之人並不多，如政府需與其他僱主相競爭，則需設置一特別進用新人的職級，並使具有特殊才能者可很快晉升至科長職務，及使其更大發展潛能者，經由特別發展的安排，使其具有足夠的廣泛的經驗以應擔任高級公務員之需，乃於福頓報告及設置文官部後，又設置行政見習官職級（Administrative Trainee）並簡稱為 AT。

**二、AT 計劃之目標:** 設置 AT 計劃之目標，在遴選一適當數目的高素質的大學畢業生，作為將來高級公務員的主要來源，強化中層管

理，及提供有才能的現職人員加速發展的機會。

三、AT 人員之遴選: 凡具有大學或專科畢業學歷者，或曾任公務員二年以上者，均得應 AT 職級人員的考試；其程序爲先用筆試；經筆試合格後，再由考試委員會 (Civil Service Selection Board) 作再次的遴選，需時約爲數天，包括書面測驗、面談及集體討論；通過此一程序後，再由決選委員會 (Final Selection Board) 舉行面談，以決定是否錄取。

在前述整個考試程序中，約有四分之三，包括書面的作業，從智力測驗到代表性行政問題的解決等； 其餘四分之一， 包括口頭的面談；此種考試制度之主要特性， 係從多種方法， 對候選人的才能作全面的 (All-round) 及均衡的評估。

三、AT 人員之訓練與升遷: AT人員在AT職級通常需停留二年至四年時間，輪流擔任若干試驗其才能的職務，每一職務期間約爲九個月至一年；在此期間尙需在公務員學院經過二次的訓練，每次約十星期，訓練期間所研讀的課程，包括統計學、經濟學、公共行政及人事管理。

在前二年亦是試用期間，如試用期滿對工作情況認爲滿意，則正式賦予 AT 的地位，若此卽可適用快速升遷 (Fast Streamed) 途徑的規定， 卽在今後二至三年內,可晉升至高級執行官A,並可望晉升至科長職級，對認爲不適用快速升遷的 AT，可於第三年後隨時轉適用一般升遷途徑； AT 經過至少三年可晉升至高級執行官。AT 在原職級停留期間不得逾四年，如屆滿四年則需晉升至高級執行官 A 、或晉升至高級執行官，對在高級執行官晉升委員會未獲通過之AT， 則轉任至執行官。

在制訂計劃之初， 原希望 AT 適用快速升遷途徑者能達到三分之一， 但由於遴選進入 AT 的人員素質均高，在 1971、1972、1973 年的統計，適用快速升遷途徑的 AT 人數，高達 80%。

四、對AT 計劃之批評與改進: AT 計劃自 1971 年實施以來，各方甚有批評，如有者認爲設置 AT 計劃的目標均未有達到; 有者認爲旣有執行官職級的進用人員，則不再需AT 計劃; 同時AT 計劃甚爲浪費，對經由 AT 晉升至高級執行官的人選亦不夠滿意; 有者認爲 AT 計劃尙不足以吸引眞正有才能的人員; 有者認爲 AT 計劃妨碍了其他公務員的晉升機會; 有者認爲經由短期任職並輪調方式，無法眞正培訓人才; 有者對訓練方式感到不滿。

以上各種批評，雖非全屬事實，但亦有頗爲中肯者，因而正依下列重點準備逐漸改進中:

㈠應吸引適當數量、高度能力與潛能的大學畢業生或其他具有同等能力的人員，至政府擔任行政工作。

㈡所用的遴選方式，必須使公眾、候選人及現職公務員均感到公平與有效。

㈢對具有高度潛能的現職人員，不論其原有的或教育的資格如何，應早期認定其是否適用永業發展及給予快速升遷機會。

㈣經被選爲快速升遷的現職人員，應透過工作經驗與正式訓練的結合，給予適當的發展機會，以期早日擔任科長職務及在中年前晉升至更高級的職務。

㈤對未被選爲適用快速升遷的現職人員，亦應早期訂定永業發展計劃，以幫助其發展。

㈥認定現職人員個人能否適用快速升遷的程序，應經濟而有效; 對最適合擔任某種職務的人員，不應妨碍其擔任該職務。

㈦快速發展才能的安排，應具有足夠彈性，以適應人力供需情況的變動。

# 第六節　俸　　　給

## 第一項　俸給政策

**一、英國對公務員俸給之看法：**向有三種不同意見即：

㈠英國政府需是一個模範的僱主（意即應給予公務員較優的俸給）。

㈡俸給只要能發揮羅致到適合人員任職及留住原有職員所必需者爲已足（意即如超過此一水準，則俸給已屬偏高）。

㈢俸給應做到與外界人員待遇相比時感到公平即可，因此所謂俸給，其範圍甚廣，除通常所謂俸給外，尚需考慮及年金權利、假日津貼等。

由此三種不同看法，均可產生不同的俸給政策。

**二、制訂俸給政策需考慮之問題：**訂定公務員的俸給，在政策上需要考慮的問題，至少包括：

㈠所定俸給，必須能吸引優秀人員進入政府服務及留住優秀人員處理政府所交付的任務：如俸給制度無法吸引優秀人員進入政府任職，或無法留住優秀人員繼續任職，則將失去俸給的作用。

㈡顧及民眾要求政府節約的願望：在民主時代，民眾有權利要求政府對俸給的開支需節約，如俸給定得過高，則屬浪費，政府有義務應予防止。

㈢公務員的俸給需與民營事業人員相比較：如公務員俸給顯較民營事業人員爲高卽屬浪費，如顯較民營事業人員爲低，則無法吸引新進及留住原有人員。惟此處所謂比較，其比較的範圍應不限於俸薪一項，其他有關給與的項目及獎金等亦應包括在內。

## 第二項　俸給制度

在訂定公務員的俸給制度時，需注意下列三點，卽第一、考慮週全

的俸給標準；　第二、　訂定各俸給的主管機關與程序；　第三、　俸給的調整。茲說明如下：

**一、俸給標準的條件：**一種考慮週全與合理的俸給標準，需符合下列三種條件：

㈠包括性：指俸給標準訂定後，其適用範圍應予擴大，除適用於一般公務員外，公營及民營事業人員報酬亦應與公務員俸給取得大致的平衡，如事業人員報酬偏高而有影響及公務員的俸給制度時，政府應出面干預；同時凡政府機關基於職權可以處理的工作，不宜另設立牛官方的機構來處理，以免此種機構人員的俸給逃避公務員俸給制度的約束。

㈡綜合性：俸給制度除俸表外，常有加給（Aditions）及津貼（Allowances）等之補充規定，甚致此種加給及津貼的數額超過了俸表所定的數額，致原有俸給制度變質。俸給制度的綜合性，不在俸表的綜合（因俸表原來就是綜合的），而在俸表以外各種加給與津貼等的綜合。

通常所謂加給及津貼，其名稱及項目甚爲繁雜，如特種加給、海外加給、激勵加給、地區加給、加班加給等，及旅行津貼、服裝津貼、生活費用津貼、辛苦津貼、眷屬津貼、責任津貼、房租津貼、語言津貼、熟練津貼等。

俸表之外的各種加給與津貼，應作檢討，如能依照俸表調整俸給時包括在內，則不應再保留加給或津貼，必須保留的加給或津貼，應以情形特殊且屬臨時性之措施爲限。

㈢適合性：俸給制度的適合性，包括內在與外在兩方面：

1.內在的適合性：卽俸給制度必須與公務員的體制（架構）相配合，卽公務員區分爲若干等，等內又區分若干級，則每一等應有其俸給幅度，等內每一級應有其俸級。同時俸給的高低與差別，需與各等公務員所需與所具資格的高低相配合；再行政人員與技術類人員俸給亦應相

等。

2.外在的適合性：卽俸給制度需與外界環境相適合，如俸給足以吸引外界優秀人員任職，足以留住原有職員不致外流。再者，公務員固希望政府對其工作予以保障，但公務員之願望不僅只是給予保障而已，更需過着合理的生活水準，及不受通貨膨脹幣制貶值而影響及生活水準；公務員的貪污或低效率，多由於未能滿足需要而產生，而需要之未能滿足，又多因俸給未達合理水準而起。

二、訂定俸給之主管機關與程序:

㈠訂定俸給，通常由人事制度主管機關與財政部商討後而擬訂，在商討及擬訂時自需考慮到民間事業人員待遇（高度開發國家更是如此），一般生活水準及政府財力負擔等因素，因此必要時需作外界人員待遇實況之調查，作爲擬訂俸給的參考。

㈡與惠德利協議會協商，爲英國訂定公務員俸給時所需注意者；惠德利協議會對公務員俸給問題亦極爲重視，會內並設有俸給研究小組，經常搜集民間事業人員俸給資料，以作爲與政府有關機關協調公務員俸給時之重要參考。

三、俸給之調整: 不僅民間事業人員待遇會影響及公務員的俸給，公務員的俸給亦同樣會影響及民間事業人員的待遇；故公務員與民間事業人員間俸給之維持平衡，已爲訂定公務員俸給之重要因素。由於經濟的不斷發展，國民所得的繼續成長，故公務員的俸給需定期作調整，在經濟穩定時也許可每隔若干年調整一次，如經濟情況變動快速時，則需考慮每年調整一次。至調整幅度，如英國在一九四七、一九五二、一九五六、一九六〇年的四次調整，俸給平均增加 140%。

爲期俸給調整之方便，通常俸表不訂入法律，以便主管機關可根據需要適時調整。

**四、公務員俸給:** 依據有關資料顯示，其情形如下:

㈠政務官俸給，適用於內閣閣員及政務次長等人員，每等只有一個俸級。

㈡開放架構之高級公務員，以一九八七年一月起爲例，其年俸給，如下表:

| 俸給　年月<br>職　等及職級 | 1987年 |
|---|---|
| | 英鎊 |
| 一等常務次長 | 62,100 |
| 二等副次長 | 41,500—43,500 |
| 三等司處長 | 32,350—35,350 |
| 四等副司處長 | 28,935—30,475 |
| 五等助理司處長 | 23,730—27,065 |
| 六等資深科長 | 18,020—24,302 |
| 七等科長 | 14,318—19,465 |

㈢行政職羣公務員，1987年1月1日之年俸給爲:

| 職　級 | 俸給（英鎊） |
|---|---|
| 資深執行官 | 11,639—14,629 |
| 高級執行官 | 9,430—11,961 |
| 執行官 | 5,250—9,452 |
| 書記官 | 3,507—6,791 |
| 助理書記 | 3,157—5,499 |

㈣科學、專業及技術人員及外交人員之俸給,則另行規定, 其標準比行政人員爲高。

## 第三項 晉 俸

一、各職等內多設有若干俸級: 英國公務員各職等之俸給幅度甚大,尤以最低之三個職等爲然,因此每職等中又區分爲若干俸級, 以備晉俸之用, 如一年加俸一級計算, 則有些職業的公務員, 可有二十年以上的按年加俸之機會,此亦爲鼓勵久任之方法。凡俸給幅度較小的職等,上下職等間之俸級無重疊,如俸給幅度較大時, 則上下職等間之俸級有重疊現象。

二、晉俸之意義: 在英國文官制度中, 認爲晉俸不一定即晉等或加重職責; 最初認爲晉俸是對服務的獎勵,故需取得服務成績書面證明後始得晉俸,但後來由於員工及管理者對考績的不太信任,逐漸演變爲按年自動的晉俸,主管對所屬職員除非不同意其加薪, 否則一律晉俸, 故在意義上已認爲晉俸是正常的事, 而非屬獎勵, 但對具有特殊事功的,亦有給予額外的晉俸者。

三、每年晉俸有限額: 各職等人員每年加薪之數額,通常定有限額,如 (1975) 年曾規定,中間職等以下公務員每年之加薪, 不得超過313.2鎊。

## 第四項 加給與津貼

英國公務員之加給與津貼, 主要分下列各種:

一、倫敦加給: 在倫敦地區任職者給與之, 其中分內倫敦加給、中

倫敦加給與外倫敦加給，均以定額支給。

二、**超時勤務加給**：對勤務超過正規時間者給予之，依原支俸給之高低，適用下列方式之一支給，即㈠按比列增加的超時加給；㈡不按比例增加的超時加給；㈢超過勤務時間三小時者，對超過時間部分不按比例增加的超時加給。

三、**假日勤務津貼**：假日勤務者或改在他日休息，或按原有給與標準加倍支給假日勤務津貼。

四、**夜間勤務津貼**：在午後八時後或午前六時前勤務者，按小時計予以加給津貼。

五、**責任津貼**：其中又分監督津貼，對監督清潔員、電話交接員工作者給與之；秘書津貼，對部長及高級主管之秘書給與之。

六、**技能津貼**：又分熟練津貼，對打字工作者給與之；ＡＤＰ津貼，對處理電子資料者給與之。

# 第七節　考　　績

## 第一項　考績之根據與作用

一、**考績之根據**：英國對公務員的考績，並無特別法規定，而係根據主管對所屬職員應作考評報告的要求下，實施考績。當主管考評所屬職員時，需應用一定的考評表格，經由一定的程序辦理。

二、**考績之作用**：英國公務員的考績，其主要作用不在決定需否晉俸（因為晉俸多是按年按例的，雖對工作表現完全不合格不得加薪，但很少有發生，故晉俸與考績並無密切關係），而在考評是否適任現有職務，及有無尚待發揮的潛能與宜否晉升職等或職務。

## 第二項　考評報告制度概要

**一、規定通用之考評報告表：** 辦理考評報告 (Staff Reports) 所用之報告表，共分兩種，甲種適用於書記官 (Clerical officers) 以上副司長 (Assistant Secretary) 以下的文官；乙種適用助理書記 (Clerical assistant) 以下的職員；甲表較爲複雜，乙表較爲簡化。

**二、考評程序：** 對所屬人員的考評報告表，由受考人的直接主管負責初評，並塡寫應塡及應評之各欄；而後再由直接主管之上一級長官覆評。直接主管初評後上級長官覆評前，通常由上級長官邀請受考人作一次面談，在面談時雙方可就工作本身、工作改進及如何執行職務等方面交換意見。當受考人要求知道考評報告之內容時，主持面談者可酌情以口頭說明方式，告知有關工作考評及晉升可能性部分的內容（有關發展潛能部分的考評不得告知）。經面談後，再由上級長官在考評表上覆評（亦即對初評意見表示自己的看法，是同意或不同意，並註明何部分不同意及應如何修正）。此種考評通常每年辦理一次。

**三、永業發展面談** (Career Development Interviews)：永業發展面談，範圍較考評報告爲廣，故通常由人事單位主持，其目的在除考評報告之資料外，希能藉着此種面談發現職員對事業的抱負、喜好及資質等，並與職員討論有關彼等事業前途、工作機會、工作計畫及訓練等，以期更能有效運用人員的才能及發揮其潛能。此種永業發展面談，通常爲每三年至五年舉行一次。

**四、考評報告要點：** 考評報告制度，包括下列要點：

㈠瞭解職員的工作現況並評估工作表現：對工作的評估，依其表現優劣分爲六種評語，即最優者爲「傑出」，依次爲「優良」、「尚佳」、「普通」、「不良」、「劣」。

㈡從工作表現去分析及考評受考人的各種能力之高低：需予分析及考評的能力，包括見解、洞察力、判斷力、文字表達能力、口頭表達能力、責任心、衝勁和決心等十多項，對每種能力的高低分Ａ、Ｂ、Ｃ、Ｄ、Ｅ、Ｆ六個程度，自最高之Ａ到最低之Ｆ間，考評選定一種以表示之。

㈢訓練需求：根據以上考評意見，提出受考人需否參加某種訓練。

㈣需否調整工作：根據以上考評意見，提出受考人需否調整工作及如何調整的意見。

㈤晉升的可能性：提出是否適合晉升等意見，如特別予以晉升、值得晉升、適於晉升、將來可能晉升、不宜晉升等。

㈥長期潛能：提出有無發展潛能及可發展至何種程度的意見。

㈦綜合短評：根據以上各方面考評意見，再提出綜合性的短評。

# 第三項　考評報告表

**一、甲種考評報告表：**包括項目如下

㈠一般項目：主要包括下列各目，即受考人姓名、受考評之起迄期間、現任職級等。

㈡現有職務：主要包括

　1.工作說明：按職責輕重逐一列出考評報告期間之工作項目，並註明每項工作佔全部工作時間之百分比（此部分之說明，初評人需取得受考人的同意）。

　2.評估工作表現：需說明每一工作項目的進度及其工作績效，而後再在「傑出」、「優良」、「尚佳」、「普通」、「不良」、「劣」六種等次的評語中，勾劃一適當的答案，作為上述所有之工作項目的總評。

㈢受考人能力分析評估：對受考人需予分析評估的能力，共有十五

項，卽見解（推測力）、洞察力（眼光）、判斷力、創造力（產生建設性意見之能力）、文字表達能力、口頭表達能力、數字能力（如果工作需要）、與他人相處能力、責任心、對屬員的管理（如果工作需要）、可以承擔壓力的能力、衝勁和決心、專業科技知識（如果工作需要）、專業科技知識的應用（如果工作需要）、專業科技技術的運用（如果工作需要）；其中部分條件如非現任工作所需要時，則可免列；如認爲尚有漏列者，可自行加入。分析評估時，對每一項就 A、B、C、D、E、F 六種程度中，勾劃出評分等次。

㈣訓練需求（本項需考慮受考人的意見）：

　　1.從前面的考評中，如認爲受考人的工作表現或潛能可從訓練中得到改進，應加說明。

　　2.如認爲受考人的工作表現或潛能，無法從工作中訓練得到改進，有無其他可行辦法，應加說明。

㈤調整工作看法（本項需考慮受考人的意見）：

　　1.下年度需否調整至同職等的其他職位工作？如需調整，應說明理由。

　　2.下年度需否調整至同職等其他類別工作？如需調整，應說明理由。

㈥晉升的可能性：

　　1.受考人很適合或適合或不適合晉升至何職等，應說明理由。

　　2.受考人需作特別的晉升（如調升行政見習官，以加速晉升或轉升至其他類職務，應說明理由。

㈦發展潛能：照目前情況看來，受考人是不可能再進步？或祇可能有再昇高一職等的潛能？或祇可能再昇高二、或高三個職等的潛能？或有異常的潛能？

㈧綜合考評: 請提供任何附帶有關的資訊，並着重於任何特殊的優缺點。註明受考人在初評人監督下已工作的期間，而後再由初評人簽名。

㈨覆評人考評報告: 肯定初評人的考評意見爲眞實，或提出與受考人面談後意見不同之處；並說明與受考人接觸的次數，及對工作的考評是否已引起受考人的注意。如對受考人的工作表現考評爲「不良」或「劣」者，需與受考人聯繫。註明受考人在覆評人監督下已工作的期間，而後再由覆評人簽名。

**二、乙種考評報告表:** 包括項目如下

㈠一般項目: 包括受考人姓名、考評報告所包括的工作起迄期間、現任職級、到職日期等。

㈡現有職務:

　1.工作說明: 按職責輕重順序，列出考評報告期間主要的工作項目（本項叙述需取得受考人的同意）。

　2.工作表現的評估: 就受考人在工作上的實有表現，在「傑出」（工作表現特別有績效）、「優良」（工作表現績效良好但並非傑出）、「尚佳」（大致上工作表現績效尚稱良好）、「普通」（工作表現平平無重大失誤）、「不良」（有明顯缺點無法順利完成工作）、「劣」（顯然未能勝任其職責）六個程度中，勾劃出一個適當答案，作爲上述各工作項目的總評。並指出可能影響受考人工作表現的任何特殊因素。

㈢受考人能力分析評估: 就下列各項能力條件，給予評語及等次:

| 評　　　語 | X | 適合 X | 傾向 X | 傾向 Y | 適合 Y | Y |
|---|---|---|---|---|---|---|
| | 理解力快 以率直及有條理方式處事 完成工作量大 | | | | | 領悟慢 工作態度隨便 工作成果低 |

| 一直保持正確 | | | 經常犯錯 |
| 願擔負責任 | | | 逃避責任 |
| 與他人工作愉快 | | | 難與他人共事 |
| 口頭、書面表達能力良好 | | | 表達能力差 |
| 精於數字且能明智使用 | | | 不精於數字 |
| 好的主管 | | | 無法控制部屬 |
| 能與各型人員打交道 | | | 不適合與人交往 |
| 本國語言能力良好 | | | 語言能力不佳 |
| 聰明整潔 | | | 不注重外表 |
| 愉快親切 | | | 滿腹牢騷 |

㈣訓練需求（本項需考慮受考人的意見）：

　　1.從前述工作表現評估中，如認為受考人的工作表現或潛能可從訓練得到改進，應加說明。

　　2.如認為受考人的工作表現或潛能無法從工作中的訓練得到改進，有無其他可行辦法？應加說明。

㈤未來任用與晉升可能性：

　　1.受考人目前是很適合或適合或可能適合或不適合晉升至何職等，如認很適合，則說明理由。

　　2.受考人需否調整職位？如認為需調整，則說明理由。

　　3.如認為受考人有特殊的潛能，如需作超等晉升或改調升至其他類職務，則說明理由。

㈥綜合考評：提供任何有關的資訊，並注重任何特殊的優缺點。註明受考人已在初評人監督下工作的期間，並由初評者簽名。

㈦覆評人考評報告：肯定初評人的考評為眞實，或提出覆評人與受考人面談後意見不同之處；說明覆評人與受攷人接觸的次數，並敍述**考**

評報告中對工作評估是否已引起受考人注意等有關意見。如對工作表現考評列爲「不良」或「劣」，需與受考人聯繫。註明受考人在覆評人監督下工作的已有期間，最後由覆評人簽名。

## 第四項 考績結果之處理

**一、考績資料的處理：**公務員考績之結果，並不公佈，主要只作爲處理受考人需否參加訓練、原有職位需否調整、及是否適合於晉升等問題的重要參考。

**二、考績之通知：**原則上，凡考績列爲「劣」等者，應將結果通知受考人，或將受考人可以補救的缺點通知受考人，使受考人知道改進。

# 第八節 訓練與培育

## 第一項 訓練的需要

**一、公務員考試係以學校課程爲主：**英國公務員考試等級，與學校教育等級甚爲配合，如助理書記及書記官，以初中畢業應考，執行官以高中畢業應考，高級執行官及行政見習官則以大學或專科畢業應考，而考試之科目，亦以一般性的課程爲主，故考試及格者，只能表示具有豐富的一般學識及相當水準的智力而已，並不表示其已具有爲處理工作所需要的知能。

**二、一般學識與工作知能間有相當的差距：**一般學識是偏向於學術性的，而工作知能則偏向於應用性的，二者間有相當的差距；同時具有一般學識不一定卽具有工作知能，具有工作知能亦不一定卽具有一般學識。復因業務不斷更新，處理方法技術不斷改進，對原具有工作知能

者，亦需繼續進修，方能勝任工作。

三、工作知能需經由訓練而取得：處理工作所需之知能，多認為應經由訓練而取得，故對經參加公務員考試及格者，在正式擔任職務前，應參加訓練，使其在此期間能具備處理工作所需的知能，故公務員的訓練及進修有其需要。

## 第二項　訓練的實施

**一、訓練種類**：英國公務員的訓練，大致可區分為二種如下：

(一)部內訓練(Internal Training)：由各部自行設置訓練機構，訓練本部及所屬單位之公務員。

(二)部外訓練(External Training)：由各部選派人員，到大學選修有關課程，或委託各大學開設課程代為訓練；各大學有日校、夜校、及函授學校；參加訓練的公務員，其學費及書籍費均由服務機關負擔，甚至可休假支薪接受訓練；每年接受訓練者約有二、三萬人。

**二、訓練機構**

(一)文官學院：隸屬於公職及科技局係。英國中高級公務員的訓練機構，設有兩個訓練中心。1.為倫敦訓練中心，但無住宿設施，因此短期及課程密集之班次，多在此中心舉行。2.為聖甯德訓練中心，住宿容量五百人，各種教學設備及康樂活動設施極為齊全，訓練期程長的住宿班訓練，多在此舉行。

(二)訓練對象及班別：主要有下列四類，其他則視需要而定：

1. 高級公務員管理發展訓練：其課程之設計，主要在使高級公務員獲得新近管理知能，了解及因應國家政策的變革，認清國際事務及能運用最新資訊等。訓期約為五天。

2. 中高級行政主管行政管理訓練：如現有的員工管理班，主要

在傳授現今管理與領導的新理論，賦予評鑑與發展知能以加強其領導能力。訓期約爲三至四天。

3. 高級執行官一般行政管理訓練: 如現設的人際關係與溝通技巧班，主要在協助學員了解溝通之對象，善用工作環境的有效加強其溝通能力。訓期爲四至五天。

4. 行政見習官快速升遷訓練: 此係本爲年青富有潛能者而開辦之訓練，訓期較長。學員結訓後分發任職，前二年爲試用期間，需歷練各種職務以考驗其才能，試用期滿經高級執行官晉升委員會審核通過者，始正式賦予 AT（卽行政執行官）地位，於今後二、三年內快速晉升至高級執行官地位。

以上文官學院每年所開辦的班別，並非一成不變，而均經過需求調查，而以各機關人員的訓練需求作爲訂定訓練計畫的依據。

（二）其他訓練機構: 如皇家公共行政學院；人事管理學院；蘇格蘭職業教育局等。

## 第三項　培育的實施

英國近來對公務員的培育 (Staff Development/Career Development)很受到重視，尤是對中高級人員的培育。對具有發展潛力、具有資格升任最高職位（常務次長）的公務員就列爲受培育人員，除循快速升遷途徑升遷外，往往調派擔任各部大臣的私人秘書，亦有部分被派爲首相私人秘書，或調至內閣、財政部或外放在歐洲共同市場總部歷練。受培育人員，每調任一新職位，卽建立一份簡單的管制資料，包括個人基本資料、現職、年資、專長及經歷，特別適合何種等級職務、預定何時可晉升、及調升之際需要何種訓練或歷練或再教育等。此種資料列爲機密檔案，實施以來極具效果。

# 第九節 服務、懲處與申訴

## 第一項 工作時間與假期

**一、每週工作時數:** 每週工作時數,因任職地區及職等高低略有不同;原則上倫敦地區為每週四十一小時,其他地區為每週四十二小時;至信差、守衛、博物館引導、及監視等職務人員,為每週四十二小時。

**二、每週及每天工作時數:** 每週工作日為自週一至週五,每天工作時數為八小時十五分至八小時四十五分;並多自上午八時卅分至下午四時四十五分工作,其間有一小時休息午餐。在倫敦地區並鼓勵採行彈性辦公時間。

**三、放假日:** 一年中之放假日,除星期日外,包括節日、聖誕節、女王誕辰日等,共有九天,放假日仍為出勤日,可支俸給。如放假為星期日,可另擇日代充放假日,如於放假日奉命出勤工作者,得改日放假,不能改日放假者,得加支俸給。

**四、假期:** 英國文官的假期包括下列各種

㈠休假: 休假期間長短,因任職年資與職務高低而有不同,其情形為 1. 低職等人員為每年四週,經任職七年者為四週又兩天,任職十七年者為五週,經任職廿七年者為六週; 2. 中間職等人員為每年四週又兩天,經任職十年者為五週,經任職廿年者為六週; 3.高職等人員為每年五週,經任職十年者為六週; 4.更高職等人員為每年六週。未使用之休假得延至下年度使用,但以五天為限,超過五天未使用之休假不再補償。

㈡病假: 經合格醫師證明短期內不能工作者可給予病假,一年內病假在六個月以下者支全俸給,超過六個月時支半俸給;四年內病假超過

十二個月者停支俸給；經與醫藥顧問商談認為不能服務而退職者，就年金或半俸額二者中之較多者，給與之。女性公務員生產假期算入病假內。

㈢特別假：又有有給特別假與無給特別假之分

1.有給特別假：如①為維持良好職員關係而參加活動時（如出席惠德利協議會）；②家庭發生急迫事故時（家庭發生不幸事故可給假三日、結婚可給假六日）；③參加軍事訓練；④參加民間防衞課程；⑤參加公務員考試；⑥參加公務員團體事務；⑦因調職而遷移住所；⑧研究休假及特別研究休假；⑨接受繼續教育；⑩參加青年指導員研究課程；⑪出席法庭為證人或陪審員；⑫參加為地方議員候選人；⑬參加運動競賽；⑭參加無給之公共服務。

2.無給特別假：由各部自行衡量，在不妨礙公務利益之原則下行之。

## 第二項　應盡義務

英國公務員在任職期間，其應盡義務有：

**一、忠誠、高尚、倫理：**即公務員對國家負有忠誠之義務；公務員應留意行為的高尚，且合於倫理，以期輿論的讚賞。

**二、服從命令：**對長官之命令應予服從。

**三、保持信用：**國家對於公務員，不但得要求其誠實，且得要求不受嫌疑，故對公務員課有更高度的言行準；一般國民期待公務員有誠實、堅定及廉潔之行為。

**四、保守機密：**公務員從職務上獲得之圖畫、照片、計劃、模型、物品、保結書、文書、秘密用語、暗號、情報等，不得無理由予以發表或保存，違者應受處分。

**五、不得兼業及營利：**凡需要自上午十時起至下午六時之間服務之

協會、貿易、工業或金融關係之公司行號，常任文官不得兼任其職務；又於服務時間外兼業者，仍不得從事於有害公務之活動，不得從事於違反本部利益或與其地位不一致之業務。高級文官於離職後二年內，在與政府有契約關係、或接受政府補助金、或政府為其股東、或接受政府貸款或其他財政援助、或與政府有特別關係、或半公營之機關任職者，應經許可。

**六、限制政治活動：**所謂政治活動，係指下列而言，即㈠為國會議員候選人，㈡擔任政治團體職務並從事全部的或主要的國家政黨政治工作，㈢對國家政治爭論事項向公眾發表演說，㈣在全國政治事務上，在致報館的信函中，書本、論文或小冊子中表示意見，㈤為國會議員助選。

英國公務員，依其職等高低區分為下列三類，對每類公務員的政治活動限制，作不同的規定：

㈠實業公務員及次要的與擔任操作技藝工作之非實業公務員，得自由參加政治活動，不予限制。

㈡中間職等（如助理書記、書記官職等）公務員，經由本部的核准，除不得為國會議員候選人外，可參加政治活動。

㈢高職等公務員（即執行官職等以上），根據任職部之特殊責任，可參加地方性的選舉，但在國家的選舉中仍不得參加任何政治活動。

**七、安全顧慮：**為了國家安全理由，將某些職位認定為敏感職位，凡認為對國家安全有顧慮的人員，均不得擔任此種敏感職位，如原已擔任此種職位者，若此人為編制人員，得予以調派他職，如為非編制人員，則得予以免職。

## 第三項 懲　　處

**一、受懲處之事由：** 英國公務員如有不適格、非法行為、破產、不誠實、不名譽行為、賭博、洩漏公務機密、不注意遺失公物達三次以上、逃避兵役、收受賄賂、違反紀律（如不服從、工作期間醉酒）等情事時，均為構成受懲處的原因。至其他如不經請假而不到公、經常遲到或在辦公室內虛耗時間、或服務成績低劣等，亦可構成懲處。

**二、懲處之種類：** 公務員因違反規定而受懲處時，視情節輕重給予之懲處，有申誡、停薪或減薪、罰金或恢復原狀、調職、停薪並停職、降職、提前退休、免職等。

**三、懲戒之程序：** 對違反規定而情節輕微者，由其直接長官以口頭譴責；如情節較為嚴重時，則應由各部之懲處委員會確定事實、調查證據並作成結論後，報請部長予以懲處。如違反規定情節重大時，應即依下列程序進行：

㈠通知：對受懲處者，應於懲處前將違法失職內容及事由，以文書通知其知悉。

㈡答辯：受懲處者接受通知文書後，應於限期內以文書提出答辯，並有權利要求會見直接長官以外之本機關其他職員，並得以口頭陳述自己的立場，在口頭陳述自己立場時，並得接受友人或同事或公務員協議會代表的協助。

**四、停職：** 公務員通常於違法失職情節重大時，或在調查程序進行中時，或在刑事或懲處程序中時，或為司法機關羈押時，得予以停職；在停職期間通常只給津貼，其數額約為俸給之一半至四分之一。一般認為除非懲處有到達免職之可能，否則不應輕易濫用停職，以免影響公務員之權益。

**五、懲處之權責：** 對違反規定公務員之懲處權責，為各部之首長所保有。

六、刑先懲後之程序：當公務員違反規定而涉及刑事責任時，或於懲戒程序進行中司法機關因涉及刑責而作司法偵查時，懲戒程序應卽停止，俟刑事責任部分確定後再行處理。

七、非懲處性之免職：公務員考績成績列爲不良時、機關改組時、因機關業務緊縮而員額超過時、公務員身心有故障而不能執行職務時，亦得予以免職；服務成績不良者，亦得予以降職。

## 第四項　申　訴

一、得提出申訴之不利益處分：公務員因品行、工作效率等原因而受免職或提前退休之處分時，有處分權者在決定處分前，應將事實及理由以書面通知受處分者，並接受其答辯。

二、受處分者之上訴：公務員受一般懲處者，可向上級長官或公務員工會申訴；如受免職或提前退休懲處（因身心故障而免職除外）時，如任職已達五十二週以上又未達領取年金之最低年齡者，可向公務員上訴委員會提出上訴；上訴委員會卽根據上訴案之事實及理由，以書面通知原處分機關答覆；必要時並得命雙方到庭爲言詞辯論。

如上訴委員會作成不需免職或提前退休之建議時，則原處分機關應卽對原處分需否仍予維持作決定。如原處分機關拒絕上訴委員會的建議時，則上訴委員會可建議原處分機關對提前退休人員加發俸給。

受懲處人員如仍不服時，可再向實業法庭 (Industrial Tribunal) 提出上訴。

# 第十節　公務員團體與協議

## 第一項　公務員團體之承認與交涉

**一、公務員團體之任務：** 英國公務員有參加團體的自由，各機關亦鼓勵所屬公務員參加團體。此種公務員團體，有者稱爲協會，有者稱爲工會，其名稱可於辦理團體登記時自行選定，如選用工會的名稱，則可獲得若干法定的益處，如可擁有財產、管理基金及納稅等。

㈠用協會名稱之團體：其名稱以參加人員之身份而定，如參加者均屬某職等或某種職務之公務員時，則稱某某協會，如書記官協會、郵務長協會等。惟自一九八〇年後，多已改稱爲工會。

㈡用工會名稱之團體：以參加人員所屬之職業名之，如郵務人員工會，實業文官所參加之團體，多以工會名義行之。

一個團體可自行繫屬於職業工會聯合會（Trade Union Council）或某一政黨。

**二、對公務員團體之承認：** 政府對公務員團體的態度因時間的演進而不同，如最初期認爲公務員團體企圖限制政府的管理權，是不允許的；而後演進爲對公務員團體的容忍，再後演進爲鼓勵與聯繫公務員團體，在管理方面作各種協商，及利用公務員團體以減少人事程序的觝擱與繁復（如不協商，可能要對人事程序作極爲嚴密的規定來約束）故今日公務員團體之能成爲強有力、具有適合性、有影響力、並繼續具有責任心，實爲理所當然。

**三、公務員團體之交涉：** 凡與某一公務員團體成員有切身利害關係之問題，均可借重團體的力量，推選代表與管理當局交涉。如交涉未獲結果，則成爲爭議，循着爭議之協調途徑謀求解決。

## 第二項　爭議之協商

**一、協調爭議之含義:** 公務員之爭議，經由惠德利協議會來協議。惠德利協議會有全國惠德利協議會（協商涉及各部公務員爭議事項），各部惠德利協議會（協商涉及該部公務員爭議事項）。惠德利協議會由代表僱主的政府及代表公務員協會雙方派員組成。

**二、可予協商之爭議事項:** 下列爭議事項，通常可送請惠德利協議會協商:

㈠管制服務條件之一般原則: 如徵募、工作時間、保障及俸給原則等。

㈡晉升案例之討論: 以涉及破壞晉升原則者爲限。

㈢懲處案例之討論: 以涉及懲處原則者爲限。

凡未涉及原則之個案則不在討論之列。

**三、協商之程序:** 惠德利協議會討論爭議事項，並不採用投票表決方式，而是採用將同意或不同意的意見予以記錄方式處理。如經獲得雙方同意，則就同意事項提報內閣或報請部長核可後即可實施。

## 第三項　協商不成之仲裁

**一、提付仲裁:** 公務員爭議事項，在惠德利協議會中如無法獲得協議時，政府機關的部或公務員協會得請求將爭議事項，提付仲裁。就一般而言，有關俸給待遇、工作時間、給假等事項，可以提付仲裁; 年金、員額編制等問題,不得提付仲裁; 再仲裁時只考慮集體的爭議事項。

**二、仲裁機構:** 擔任仲裁任務的機構，稱爲文官仲裁法院，係獨立性的機構，由委員三人組成，其中一人由仲裁法院院長或庭長擔任，一人爲文官部代表，一人爲惠德利協議會代表。

三、仲裁效力：仲裁法院對仲裁事項，爲期政府與公務員雙方均能接受，習慣上均徵得雙方同意後再行作成判決；經仲裁法院判決事項，在法律上雖無約束政府當局的力量，但除國會可予推翻外，政府對判決事項應予遵守。

## 第十一節　年金與災害補償

### 第一項　年金制度的特色、管理與適用範圍

英國公務員的退休年金，係根據一九七二年退休年金法（Superannuation Act）辦理，該法於一九七八年又有部分修正，茲擇要簡述如下。

一、制度之特色：依一九七二年退休年金法及其一九七八年之修正案，已將原有退休年金制作相當幅度的改變。依新制，除寡婦年金、鰥夫年金及廢疾遺族年金，尙需由公務員繳納相當的攤付金外，公務員不需繳納攤付金，所需退休經費，均由國庫負擔。再除特定場合年齡仍爲退休之要件外，在一般情形下已不再受年齡限制。

二、制度之管理：年金制度由國家直接管理，但爲統轄全盤制度的政策，有關原則由惠德利協議會決定，對請求案的處理及給付的裁定，則由財政部負責。

三、適用範圍：除下列人員外，年金制度適用至所有從事常勤或非常勤公務的職員；除外人員指㈠臨時職員；㈡其報酬以契約規定之人員；㈢海外地區僱用之非常任職員；㈣適用其他年金制度之職員；㈤每週工作不滿十八小時之非常勤職員；㈥不適用公務員退職年金協定之僱用職員。

## 第二項　年金種類、支給條件與支給標準

英國公務員年金共分九種，各有其支給條件與支給標準，其中退休年金與退休一次金可併行給與。其情形如下：

### 一、退休年金

㈠支給條件：對符合下列條件之一者支給之，1.一九七八年四月五日以前退職，任職五年以上且退休時已達退休年齡以上者；2.一九七八年四月六日以後退休，退休時已達退休年齡以上者。

在英國所稱退休年齡，原則上為六十歲，但年滿六十歲時任職未滿二十年者，可於任職滿二十年或年滿六十五歲時退休。

㈡支給標準：1.一般退休者，其退休年金為平均俸給額乘$\frac{1}{80}$，再乘任職年資所得之數，最高並以 40/80 為限，但特殊情況者可至 45/80。

以上所稱平均俸給額係指退休前之年俸給與經常給與之平均數額；任職年資如在亞洲、非洲、美洲地區之他國、共產國家者，得按實際任職期間乘一點五倍計算。

2.因廢疾而退休者，任職年資未滿二十年時，以二十年與退休加五年的年數二者間較短的年數，作為任職年資計算。

### 二、退休一次金：

與退休年金之支給條件同。其金額為平均俸給額乘$\frac{3}{80}$再乘任職年資所得之數。

### 三、短期服務一次金

㈠支給條件：對一九七八年四月六日以後達到退休年齡而退休，其任職年資為二年以上五年未滿者支給之。

㈡支給標準：其金額為平均俸給額乘3/80再乘任職年資所得之數。

### 四、結婚一次金

㈠支給條件：對一九七二年六月一日以後辭職之女性職員並具有下列各要件者支給之，即1.一九七一年六月一日以前已開始勤務者；2.一

九七二年五月三十一日已任常任職者；　3.一九八二年六月一日前辭職者；　4.辭職時常任勤務已滿六年者；　5.辭職理由為結婚並於結婚後三個月內請辭者。

㈡支給標準：依下列兩種計算方式所得數額中之最高者，作為一次金額：

　1.按常任職每任職一年給年金基礎給與一月份之標準，但最高以一年份為限。

　2.按全部任職年資，最初五年每年給一星期年金基礎給與份，次五年每年給二星期份，以後每年給四星期份之標準，但最高以一年份為限。

五、死亡一次金

㈠支給條件：職員在職死亡者對其遺族支給之；又領受退休年金期間死亡而已受領之給付總額未滿一年分者，亦予支給。

㈡支給標準：按死亡的最終給與之一年份給予，但如死亡看作退休而可得較多之退休一次金時，按退休一次金標準給予；領受退休年金人員死亡時，給予已受領退休年金總額與最終給與一年份之差額。

六、寡婦年金

㈠支給條件：　1.在職員方面需任職五年以上而在職死亡，或領取退休年金、傷病年金或保留年金人員於退休後死亡而留有適格之寡婦者；　2.在寡婦方面需職員死亡時與職員已結婚，或職員退休後死亡而在職期間已結婚者。

㈡支給標準：支給寡婦年金之期間，為自職員死亡之日起至寡婦死亡之日止，但寡婦再婚或與他人同居者立即停止支給。寡婦年金之年額為其夫之年金基礎給與 $\frac{1}{80}$ 乘（A／3 加 B／2）所得之數，其A為一九七二年以前經支付攤付金之任職年數，B為支付攤付金之全部任職年數。

七、鰥夫年金

㈠支給條件：對符合下列各條件者支給之，即1.一九七二年五月卅

一日已爲適用原一九六五年退休年金法之女性職員； 2.選擇此一年金者需爲具有年金資格之女性職員； 3.選擇此一年金後已依規定繳納分攤金者，分攤金自一九七三年後爲俸給之$1\frac{1}{2}$%。

㈡支給標準：比照寡婦年金額之規定。

### 八、孤兒年金

㈠支給條件：對符合下列各條件者支給之，卽 1.任職五年以上在職死亡或具領退休年金、傷病年金或保留年金人員於退休後死亡，而留有適格子女者； 2.所稱適格子女係指職員或其妻之子女、職員已死亡之兄弟姊妹或子女之子女、職員之未滿 16 歲或在接受教育中之弟妹。

㈡支給標準：不詳，但不需付分攤金。

### 九、廢疾遺族年金

㈠支給條件：對符合下列各條件者支給之，卽 1.任職五年以上而死亡或領受退休年金、傷病年金或保留年金人員退休後死亡，而留有符合孤兒年金中所稱之子者； 2.該子需在永久廢疾狀態、完全或大部分受生前職員扶養； 3.職員生前於（一九七三年）六月一日實施指定之日起，經依規定定期繳納分攤金 2 %者。

㈡支給標準：支給廢疾遺族年金之期間，原則上爲自職員死亡之日起至廢疾遺族死亡之日止。其支給年額爲職員年金基礎給與的1/80乘（A／3 加 B／2）所得之數（A與B之意義與寡婦年金額中所指之A、B同）。

## 第三項　年金與社會保險之關係

**一、兩制可同時適用**：適用退休年金制度者,亦適用社會保險制度,在職期間並支付社會保險制度之攤付金。

**二、兩制年資可有條件之併計**：退休年金制度之任職年資，在社會

保險制度中可以併計，但社會保險制度之任職年資不能計入退休年金制度。

三、兩制給付可以併給：本人的退休年金可與社會保險制度中之老年給付併給，老年給付開始後需作一部分減額，但遺族的給付則完全併給。

## 第四項　災害補償

英國公務員之災害補償，係依據財政部所定規則辦理，並由其負責實施，其情形如下：

一、所稱災害：凡公務員在執行職務中受傷或死亡時，因職務原因而疾病致死亡或致廢疾時，在職務所在地因市民騷動而致死亡或受傷時，持病赴國外工作致病情惡化而死亡或受傷時，直接因被僱用者或事務所管理者有責任之死亡或受傷時，均得請求災害賠償。但受傷或疾病係因公務員重大過失或因不注意而致惡化者，不包括在內。

二、補償種類：主要有下列四種

㈠傷病給付：以年金或一次金支給，其數額因傷亡情況及任職年資而不同，支年金者爲年金給與的 15% 至 85%，支一次金者爲 $1\frac{1}{2}$ 月起至六個月份止。

㈡寡婦給付：對因職務事故或疾病死亡之職員之妻，按其夫年金給與之 45% 支付年金；又丈夫未受領傷病給付之一次金時，支付相當三個月份一次金。

㈢子女給付：因職務事故或疾病以致死亡之職員，對受其扶養之子女支給之；對幼兒期及就學中子女，於受領權之妻存在時，每人給年金之10%，否則爲20%，最多以四人爲限，並均爲年金。

㈣其他受扶養者給付：對死亡者母親或父親（以母親之死亡者爲

限）之給付，妻存在時，為年金之20%，否則為45%；對幼兒期或在學中之兄弟姊妹每人之給付，妻存在時，為年金之10%，否則為20%，並以四人為限。並均為年金。

以上㈡至㈣支給額之合計數，不得超過職員年金給與之 100%。

三、與其他補償之關係：如受災害者可依其他法規獲得補償者，災害補償應予減額支給。

# 第三章　美國人事制度

## 第一節　人事機關及機構

美國聯邦政府人事主管機關, 原為聯邦文官委員會 (簡稱 USCSC), 但近年來對文官委員會的存廢頗多議論。

**一、主張維持者:** 其主要論點為, (一)獨立的人事機關所推行的人事方案, 係經由各有關機關的參與及根據政府的目標而作成者, 故一般人對文官委員會的批評是不適當的; (二)文官委員會的委員, 仍由行政首長任命, 許多現代的委員會事實上仍是行政系統的一部分; (三)各文官委員會都設有執行長, 他是人事機關的行政首長, 僅受文官委員會的政策指導, 而對人事政策的執行則負有大部的責任; (四)有許多政府首長歡迎獨立性的文官委員會的存在, 用以防止恩惠的掠奪者。

**二、主張廢止者:** 其主要論點為, (一)行政首長為期負責所管任務之成敗, 需能有效管制人事政策與程序; (二)文官委員會對日常行政的需要與行政業務的變動情形甚少接觸; (三)文官委員會過於保障公務員的利

益，致與政府機關的有效性不符；㈣每一機關首長，應有一個人事主管向其負責，此一人事主管應負責所有的人事職能，但首長所作的人事決定應依照功績制的原則。

再有人認為，文官會有着雙重的面孔，其任務之間存着混淆與矛盾，如一方面為扮演着警察、檢察官的任務，另一方面又扮演着保護者、法官的任務，此種不同性質的任務，能否由同一機關作有效的執行，抑需分由兩個機關執行，實值得考慮。

三、主管機關之改組：在一九七八年，終於制定了文官改革法(Civil Service Reform Act of 1978)，原則上並自一九七九年一月起實施。依該法之規定，原有聯邦文官委員會撤銷，改設為人事管理局、功績制保護委員會、聯邦勞工關係局三個機關，至其餘與人事行政有關之聯邦政府機關，如審計局、管理及預算局、平等任用委員會等則未有調整；至原文官委員在各地區所設之分會或辦事處亦有改稱。茲分項簡述如後。

## 第一項　人事管理局

**一、人事管理局之高層組織：** 人事管理局 (Office of Personnel Management)，設局長一人，任期四年，屬行政首長二等職；副局長一人，屬行政首長三等職；均由總統任命，並需經參議院同意；次局長五人，屬行政首長五等職。

**二、人事管理局之任務：** 人事管理局的基本任務為：

㈠負責積極的人事管理，其主要職掌包括 1. 在聯邦人事管理及勞工與管理當局關係上，充任總統左右手的角色；2.協助各機關對人事資源作有效的運用，以期更好的完成任務與方案；3.推行文官法律、規則及規章；4.授予各機關人事權限，但仍受既定標準的約束並受人事管理局的監督。

㈡制訂有關文官制度的規則與規章時，需1.受行政程序法之制訂規則程序之限制；　2.所擬定的規章需張貼至各機關及通知有關的團體；　3.所訂定的規章需受功績制保護委員會的審查，如有引致被禁止的人事措施時，功績制保護委員會可使其無效。

人事管理局可參與功績制保護委員會所進行的聽審程序或尋求司法機關的審查，但僅限於人事管理局長認為功績制保護委員會將會犯錯及其決定將與文官法律發生抵觸時為限。

三、人事管理局之內部組織與職掌：依一九七八年國會所批准的第二號重組計畫規定，原有聯邦文官委員會職掌，大部移轉由人事管理局掌理。依一九八二年該局之規定，其內部組織及職掌分配情形如下：

㈠幕僚單位：共設七室

1.法律顧問室 (Office of the General Counsel)。

2.國會關係室 (Office of Congressional Relations)。

3.聯邦薪資諮詢委員會 (Federal Prevailing Rate Advisory Committee)。

4.政府道德室 (Office of Government Ethics)。

5.公共事務室 (Office of Public Affairs)。

6.計畫及評估室 (Office of Planning and Evaluation)。

7.檢察長室 (Office of the Inspector General)。

㈡業務單位：共設五處一室

1.任用處 (Staffing Group)：下分五室，分別掌管行政法律審查、政策分析及發展、人事研究及發展、標準發展、及一般任用等事項。

2.查核處(Compliance and Investigation Group)：下分三室，分別掌管人力資訊、機關查核評估，及人事查核等事項。

3.人力有效及發展處(Workforce Effectiveness and Development Guoup)：下分一院五室，分別掌理聯邦主管訓練、勞工管理關係、訓練、考績及生產力管理、行政及管理發展及僱用方案等事項。

4.俸給處（Compensation）：下分七室，分別掌管財政控制及管理、待遇計畫發展、保險計畫、保險精算、待遇及福利政策、待遇方案及退休方案等事項。

5.行政處（Administration Group)：下分五室，分別掌理機關間統合、行政人員管理、人事及平等任用機會、財政及預算及一般管理等事項。

6.各地區分局聯繫室（Field Coordinator)：掌理人事管理局在各州所設十個分局間之聯繫事項。

人事管理局之組織系統表如下頁所示。

### 美國聯邦人事管理局

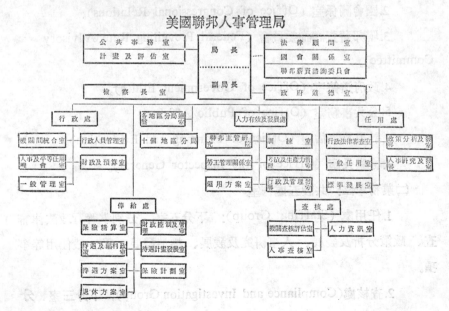

## 第二項 功績制保護委員會

一、**功績制保護委員會之高層組織**: 功績制保護委員會 (Merit Systems Protection Board) 設主席一人，屬行政首長三等職; 委員二人，屬行政首長四等職，以兩黨為基礎任命之，任期七年，期滿不得連任，非有正當理由不得中途解職。功績制保護委員會另設特別檢察官一人，屬行政首長四等職，任期五年，非有正當理由不得中途解職。

二、**功績制保護委員會及特別檢察官之任務**:

㈠委員會具有下列任務:

1.準司法性的任務，包括⑴聽審及決定申訴案; ⑵基於特別檢察官的請求，委員會的任一委員對涉及被禁止的人事措施，得停止該人事措施為期十五日，並可再延長卅日; 委員會於獲得特別檢察官的同意，可延長至認為適當的任何期限; ⑶遇及下列情況時，委員會基於特別檢察官的請求可命令原有人事措施予以改正，即於相當期間後機關不按特別檢察官的建議採取行動以改正被禁止的人事措施時，或某種被禁止的人事措施而其所涉及的事項係不能向委員會申訴時。

2.監視功績制的任務，包括⑴進行文官及其他功績制的特別研究，並將所得與建議向總統及國會提出報告; ⑵審查人事管理局之規則與規章; ⑶向國會提出年度工作報告，包括對人事管理局活動之審查意見。

3.執行及特別權力，包括⑴委員會對特別檢察官所舉發的公務員，可予以懲處，其處分包括免職、降等、停止任用 (但期間不得超過五年) 、停職、申誡、或處一千元以下罰金; ⑵如不依照委員會命令行事者，得令停發俸給; ⑶可代表委員會出庭，但最高法院除外; ⑷對某種案件可獎予俸給及律師費; ⑸會同委員會向國會及總統提出委員會預算及立法建議。

㈡特別檢察官具有下列任務:

1.調查的任務, 包括(1)負責調查有關下列事項的控訴, 卽被禁止的人事措施（包括反抗執法者)、被禁止的政治活動, 在新聞自由法下獨斷的或任性的封鎖新聞, 從事爲其他文官法、規則或規章所禁止的活動, 涉及被禁止的歧視; (2)可請求委員會停止涉及被禁止人事措施之人事行動; (3)參與機關官員反抗執法者案件的訴訟。

2.起訴的任務, 包括於特別檢察官經過調查後, 或於拒絕遵行委員會命令後, 對違法公務員向委員會提出懲處的控訴。

3.改正行動, 包括(1)如特別檢察官發現被禁止的人事措施而需予改正時, 可將改正的需要連同建議向委員會、機關及人事管理局提出報告; (2)可在委員會之先, 主動採取改正行動, 如在相當期間後機關對特別檢察官的建議尙未採取改正行動者, 或當特別檢察官相信該被禁止的人事措施, 而其所涉及之事項係不能向委員會提出申訴者。

三、功績制保護委員會之內部組織及職掌: 功績制保護委員會除設主席、副主席及委員外, 並另設獨立的特別檢察官及副檢察官, 依一九八二年的規定其內部組織與職掌爲:

㈠委員會本身部分: 在主席之下

1.設管理處長及副處長。

2.處長之下, 設七室, 分別掌理一般法律顧問、上訴、行政法裁判、功績制之檢察及研究、立法顧問、秘書、及行政等事項。另在各州設十個地區辦公室。

㈡特別檢察官部分: 設特別檢察官及副特別檢察官, 下設一室兩處, 分別掌理行政管理、訴追及調查等事項。另在各州設十個地區辦公室。

㈢功績制保護委員會組織系統表如下:

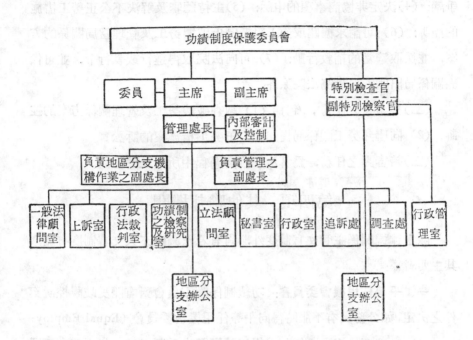

## 第三項　聯邦勞工關係局

一、聯邦勞工關係局之高層組織: 聯邦勞工關係局(Federal Labor Relation Authority)設主席一人，屬行政首長四等職; 委員二人，屬行政首長五等職; 均以兩黨爲基礎任命之，任期五年（各人之任期係間隔屆滿），非有正當原因不得中途解職。另設檢察長一人，屬行政首長五等職，以五年爲一任期。關係局內另設聯邦公務員僵局陪審團 (Federal Service Impasses Panel)。

二、聯邦勞工關係局、檢察長及陪審團之任務與權力:

㈠關係局之任務與權力，包括⑴決定適當的交涉單位; ⑵監督選舉及證明獨有的交涉代理人; ⑶解決有關授與國家協商權及政府協商權的

爭議；(4)決定非協商事項的申訴；(5)主持聽審及解決不公正勞工措施的控訴；(6)可請求機關或勞工組織停止破壞勞工及管理當局關係的方案，並採取適當的補救行動；(7)可向法院取得遵行或執行令，並可代表關係局出庭，但最高法院除外。

(二)檢察長之任務，包括(1)調查破壞勞工及管理關係方案的控訴；(2)向聯邦勞工關係局提起不公正勞工措施案的訴訟。

(三)陪審團之任務，爲解決在協商過程中所遇及的僵局。

## 第四項 其他聯邦機關

除上述機關係主管文官制度外，尚有若干機關亦與文官制度有關，其主要者爲：

**一、平等任用機會委員會**：功績制保護委員會對有關受歧視控訴案件之決定，如公務員有不服時得向平等任用機會委員會 (Equal Employment Opportunity Commission)提出請願請求重新考慮，如平等會不同意保護會的決定可將案件退回保護會，或認爲保護會之決定爲不當時亦可自行作成決定，保護會如不接受平等會之決定時，則由保護會、平等會各派代表一人及由總統任命之主席一人，組成三人委員會作最後的決定。

**二、政府審計局**：政府審計局 (Government Accounting Office)於每年向總統及國會提出報告時，其報告內應包括對功績制保護委員會及人事管理局重要活動的審查意見；政府審計局需審查考績制度以認定是否與法定條件相符。

**三、管理及預算局**：人事管理局需會商管理及預算局 ( Office of Management and Budget) 後，將高級行政主官職位數分配至各機關，爲期二年，並報告至國會。

## 第五項　人事管理局及保護會之地方機關

**一、人事管理局之地方機關**: 人事管理局將美國各州劃分為十個區，每區設分局及職員，受人事管理局之指揮監督，執行人事管理局之所有方案及業務，並為所管轄地區內人事管理局之最高代表；內部分五科辦事，科設科長並指導及推行轄區內聯邦政府機關之人事業務；業務較繁地區之分局，並得設分局工作站，負責各該地區之人事調查及考試等工作。十個區之名稱及其地點與轄區如下：㈠新英格蘭（New England）區，分局設波士頓，轄麻薩諸塞等六州。㈡東（Eastern）區，分局設紐約，轄紐約等兩州。㈢中亞特蘭蒂克（Mid-Atlantic）區，分局設費城，轄賓夕法尼亞等五州。㈣東南（South East）區，分局設亞特蘭大，轄喬治亞等七州。㈤大湖（Great Lakes）區，分局設芝加哥，轄依利諾等六州。㈥中大陸（Mid-Continent）區，分局設聖路易，轄密蘇里等七州。㈦西南（South West）區，分局設達拉斯（Dallas），轄德克薩斯等四州。㈧西北（North West）區，分局設西雅圖（Seattle），轄華盛頓等五州。㈨洛機山（Rocky Mountain）區，分局設丹佛，轄科羅拉多等五州。㈩西（Westerns）區，分局設舊金山，轄加里福尼亞等三州。

**二、功績制保護委員會之地方機關**: 功績制保護委員會，亦在上述十個地區分別設置分會，其所轄之地區亦與上述相同。

## 第六項　各機關人事機構

美國自一九三〇年以後，就將人事業務視為首長管理任務的一部分，在一九三八年總統的第七九一六號行政命令，在聯邦政府之十個部及十三個獨立機關中，設立人事監督處，此即為設置重要人事機構之始，其

後在其他各機關亦陸續設立人事單位，其人員之任免及考核權均由機關首長行使，此乃部內制之人事機構。至各人事機構之一般任務與職掌如下：

　　**一、人事機構的一般任務：** 主要包括㈠規劃本機關的人事政策；㈡根據人事政策發展各種書面指示；㈢建立與解析各種人事標準；㈣訓練各業務單位基層主管，使其充分瞭解人事責任；㈤聯繫高層主管與公務員代表雙方解決共同問題；㈥與工會協商及交涉時代表管理當局說話；㈦從事某些直接與公務員福利有關的服務；㈧對人事業務作某些程度及範圍的管制。

　　**二、人事機構的主要職掌：** 包括：

　　㈠規劃人事行政方面各種政策與指示，報經管理當局核准後予以公佈週知。

　　㈡辦理工作分析與評價：如協助主管了解新設或經變動的職位之事實，依照分類標準辦理職位評價，規劃或解析分類標準，及對組織問題之分析提供意見。

　　㈢遴用職員：如為徵募目的決定需用職員之類別及數量；會同中央人事機關建立資格及測驗標準，規劃及推行本機關特有專業人員之測驗，參與規劃合格候選人的來源，建立合格人員名單；調查候選人之本機關外的工作經歷；保持現職人員的資格節錄資料，會同其他機關查核候選人資料，遇及職位出缺時提供候選人；協助考選及任用官員評選候選人；處理任用、晉升及其他人事工作，並使符合法律及規章的規定；與對任用有興趣的申請人或職員面談及函件聯繫；經由追蹤查詢評價任用的成效。

　　㈣薪資行政：如於獲得授權時作薪資的研究以為訂定俸表的基礎，解析及執行與待遇有關的法律規定；召開及指導與職員工會有關俸給事

項之協商；對滿意服務者、績效優異者、任職不同地區者、生活費用特高者、工作具有危險者、及調動工作者,給予特別的獎金、加給或津貼。

㈤職員服務與工作條件：如對影響及職員工作意願與士氣的所有行政事項向管理當局提供建議；與職員及主管諮商人羣關係問題；主持獎勵建議方案及其他激勵職員參與工作改進之措施；安排有益健康的服務；維持安全教育方案，便利傷害補償；檢查工作環境之適合性；建立處理申訴的機構及作公正的運用；解析給假的政策；協助或提供康樂及其他服務。

㈥工作標準及評價：如協助主管作職員工作執行情況之客觀的考評與記錄；指導及協助設定工作標準；指導職員集中心力於工作執行的發展與改進；運用各種方式來認可職員的工作成就。

㈦職員訓練與發展：如分析及認定訓練的需要，進行訓練方法的研究；會同主管改進工作上訓練的技術，組設團體訓練及評價訓練成效；計劃及進行引導，辦理主管及文書訓練；與外界教育機關保持有關職前訓練課程及補充在職訓練等事項之聯繫；準備訓練資料。

㈧離職：如舉行離職面談；對行將退休人員提供意見；依照政策及規則辦理職員資遣；在懲處性的停職及免職事項上向主管提供意見。

㈨職員的權利與義務：如使職員充分瞭解各種有關其任用地位的權利與義務。

㈩工會交涉及合約：如保持有關協商工作所需之資料；預測可能發生的爭議及向管理當局提供解決爭議的意見；舉行會議時如有必要代表管理當局出席；參與會同工會起草協議書；代替管理當局監視協議書的遵守。

㈠記錄與報告：如保持有關員額、異動率及調職的統計資料；保持職員工作經歷的檔案；對影響及人力資源及機關士氣的各種發展情況，

向管理當局、主管及職員提出報告。

㈡人事研究: 如舉行職員態度調查; 研究測驗、面談及評分方法之有效性; 分析離職面談、異動率、缺勤及怠工情形; 改進表報及程序。

㈢公共關係: 如向公眾提供各種人事作業的新聞; 對詢問者提供有幫助的答覆。

# 第二節　人事制度演變及公務員範圍

## 第一項　人事制度之發展

美國人事制度的發展, 約略可分為五個時期, 每期均有其特點, 茲簡說如下:

**一、發展時期:** 自一七八九至一八二九年; 在此期間, 華盛頓總統建立了兩個任命官員的標準, 卽品格與資格條件, 故在其任內所任命之官員, 皆出身紳士, 能力強且忠誠可靠。

**二、分贓時期:** 自一八二九至一八六五年; 傑克遜總統在一八二九年致國會之國情咨文時曾謂:「行政人員工作極為簡單, 舉凡具有普通智慧的人均可勝任, 在職人員雖因久任會獲得寶貴經驗, 但反而造成行政機關的僵化, 可謂得不償失」, 此可謂以分贓方式給予政府工作機會換取他人為黨服務的理論根據, 自後分贓制度盛行, 流弊日顯, 最主要的流弊為:

㈠為了報償政治債務或為黨賣力出錢的人, 增設不必要的職位予以安插, 致組織日趨龐大、行政費用增加及行政效率低落。

㈡政治權力一旦轉移, 卽引起大批人員的免職, 致影響在職人員安全感, 鼓勵了貪贓枉法風氣。

㈢分贓制度所任用之人員，資格條件差，影響人員素質。

㈣總統往往爲謀事者所困擾，如未予安置卽導致謀職者之不滿與憤恨。

㈤總統往往以工作機會來交換國會對其議案的支持，引致總統與國會間之私相授受。

三、**改革時期**：自一八六五至一八八三年；由於分贓制度弊端之日趨嚴重，乃自一八六五年以後，曾有議員多人提出建立人事制度以考試方法進用人員之法案，但未有成功；直至一八七一年，先在撥款法案中增列一條款，其內容爲「有關人民之參與文官制度，用以促進效率，國會授與總統以充分權力，制定有關新進人員年齡、健康情形、品格、智識程度與工作能力等之法規；對總統更授以權力任命適合人選，規定人選之職掌權限，及其執行服務之各項法規」。根據此一規定，當時總統乃成立七人顧問委員會，隨後卽演變爲文官委員會。

其後葛費德（Garfield）總統被謀職未遂靑年所刺殺，使全國皆爲之憤怒，國會乃於一八八三年通過文官法（Civil Service Act of 1883），通稱爲潘德頓法案（The Pendleton Act），其中規定成立三人委員會，負責推動功績制度及從事人事案件之調查；舉行公開競爭考試，並按考試成績高低順序任用；任用前需經試用；在聯邦政府任職者，應按地區人口平均分配；對退役軍人依法給予優待；嚴禁行政人員向政黨捐獻等。

四、**永業時期**：自一八八三至一九三五年；自此之後，適用文官法的範圍，由原僅達聯邦政府公務員的十分之一，逐漸擴大；根據文官法成立文官委員會後，使聯邦公務員受到文官法的保障，不再受政權轉移的影響，使文官制度步入永業的時期。

五、**專業時期**：自一九三五至一九七八年；在此時期，由於政府功

能之不斷擴張，公務員工作之不斷專業化，政府權力之繼續集中，政府
機關結構之整體化，使得文官制度不再以防止分贓爲目標，而以積極的
提供服務與解決問題爲要務，因而在文官制度方面，又轉向於提高行政
首長權力，重視公務員的永業與發展，重視行政專才的進用與培養，擴
大政務官範圍以消除用人瓶頸，及採用各種技術加強功績制之推行等。

## 第二項　一九七八年文官改革法

一九七八年，國會制訂了文官改革法 (Civil Service Reform Ac$^t$
of 1978)，除其中部分條款外，其餘均於法律制訂後九十日（亦卽自一
九七九年一月起）生效。至此，美國文官制度又進入了一個新的時期。
茲就引起文官制度再改革之原因及其主要內容，簡說如下：

**一、引致改革的原因：** 由於政府業務的擴增及公務員受到甚多的保
障，致公務員人數不斷增加，而行政效率卻反而降低，此中情況在一九
七八年三月七日出版之時代雜誌上，有甚多的報導，茲節略數段於後以
窺其餘：

㈠美國的公務員，自然有很多是勤奮稱職的，但其中也有相當高的
百分比，對不起老百姓納稅支付給他們的俸給，有一些公務員簡直是白
吃白喝不做事。

㈡一個公務員只要保持其職位，每年皆自動增加俸給，由於一再的
晉俸，使聯邦公務員皆已進入高待遇階層，速記員的年俸已達九千六百
元。

㈢對一個公務員如要使其不自動加俸，一定要對他的工作考列不佳，
此乃任何主管均要深思熟慮的問題；主管如要將考績分數打少，須對受
考人在九十天前予以預告，在此期間受考人可對其主管的指控，提出一
連串的上訴，因而舉行大規模聽證，拖延數月不決；主管爲避免此種麻

煩，就對每一部屬打上一個及格分數算了。

㈣要免職一個人那就更困難了，主管如因某屬員未有效做好工作而要免職，需在三十天前以書面向受考人說明，受考人可向上級提出申訴，如被駁回可再向聯邦公務員上訴局要求舉行聽證，如裁決仍對其不利，還可再向聯邦法院提出控訴。主管要想免職一個屬員，常需六至十八個月期間，平均每天得花費四分之一到一半的工作時間，估計將浪費納稅人十萬美金。

㈤如果公務員不能被免職，那麼可否從一個機關裏調出去呢？調職必須向文官委員會提出，案件到了那裏，常是如石沉大海而沒有下文，爲了消除不稱職人員，主管只有將此種人送到所謂「火雞園」部門，那是指一個不做太多事，也不會發生大紕漏的單位，政府機關中有很多這種「火雞園」，養着大批閒人。

㈥若有一個職位出缺，補進一個人也要費很長時間，從要求分發到新人實際報到，平均需要 58.6 天，職位愈重要所需的時間愈長。

二、文官改革法主要內容：文官改革法，根據此一改革計劃負責人韋福德（H. Wellford）的說法，是使公務員重歸於爲民服務的道德要求，讓機關首長在進用、開革和遷調人員時更爲容易，而對績優人員，能給予金錢報酬以資激勵。其主要內容，除機構改組在第一節已有敍述外，其餘爲：

㈠制法的目的：在改進美國政府之績效，並使管理權力與公務人員之保護兩者取得平衡，並使工作優良與管理有方者予以重大獎勵。

㈡揭示功績制的原則：卽聯邦政府的人事措施及其處理，必須合於下列之原則：

　　1.人員的增補，必須取材於社會各階層；其選用與晉升，均需基於才能、知識與技巧，以實施公正公開之競爭。

2.一切人事管理事項，無分政治、種族、膚色、宗教、祖源、性別、婚姻、年齡、或殘障情況，其處理均應公正而持平，且應適當尊重其個別之私密與憲定權利。

3.同等價值的工作，需給予同等的待遇；不論全國或地區之私企業薪俸額，均應參酌；對於服務成績優異者，並應加以激勵與表揚。

4.對於廉正、品行、及公益心，應取高度的標準。

5.聯邦人力之運用，必須經濟而有效。

6.凡屬工作良好者應繼續予以任用；工作情形未盡適合者應予改正；不能或不求符合工作標準者應予免職。

7.應運用有效之教育與訓練，以達改善工作之目的。

8.應確保公務員勿受專斷處分、偏私不公、或政治迫害。

9.公務員所為合法之揭露應保護之，以對抗所遭受之報復。

㈡嚴限濫用人事權限：具有人事權限之人員，一律禁止有下列情事：

1.歧視任何公務員或申請人。

2.對於請求為某種人事處理或其人事處理正在研議中之個人，促成或考慮與其有關之任何推荐；但推荐內容為該個人之工作情形、能力、性向、資格、品性、忠貞以及適任力之評估者，不在此限。

3.利用職權，強迫推展政治活動、要求政治捐獻，或對拒不照辦者施予報復。

4.對於任何個人，就其參與競爭以取得聯邦職務之權利，予以故意欺騙或阻撓。

5.對於任何個人施予影響，使其退出競爭考試，至其目的究在改善或惡化任何其他申請人之情況，均非所問。

6.超越法定職權，對於職位申請人或職員許以任何特殊優惠待遇或利益。

7.在本機關內任用、進用、調升或晉敍其親屬。

8.藉採取或不採取人事措施，作為對於行使申訴權、拒絕從事政治活動、或合法揭露違反法規、管理不當、浪費公帑、濫用職權、或公共衞生或安全上所具實質與特別危險之職員之報復手段。

9.除上述者外，對於其他人事行動予以採取或不採取，致違反直接與功績制原則有關之法規。

㈣改進考績：廢止原有統一的考績制度，另由各機關自行研究創訂適合本機關的考績制度，並於一九八一年起付諸實施；考績結果，作為獎懲公務員之依據，建立工作標準得由屬員參與；經機關以工作不良而擬予免職人員，倘工作情形好轉，且好轉情形達一年時，原有工作不良紀錄應自機關檔案中剔除。

㈤改進申訴程序：公務員受免職、停職、降等或減俸之不利處分者，均得向功績制保護委員會申訴，公務員經參加工會團體者得請求工會進行斡旋；公務員不服功績制保護委員會之命令或工會斡旋者，均得向聯邦上訴法院上訴，但與俸給有關之案件則向權益爭訟法院上訴。公務員因受歧視所提之控訴案，應視案情分向功績制保護委員會（如受免職或降等之處分）提出申訴（亦得由機關斡旋），及平等任用機會委員會（如關於晉升或工作條件之受歧視）提出申訴，如不服決定時，均有權向聯邦地方法院提出告訴。

除上述受理申訴案之機關有調整外，對得提起申訴之限期及受理申訴機關作成決定之限期，亦較原規定為短。

㈥改革勞工關係：為澄清勞工團體地位與責任，並擴大該等團體公務人員之參與權利，特就原有勞工關係，作部分的改革；如確認聯邦公務員有組織、參加及協助勞工團體之基本權利，但禁止罷工、怠工及派人阻止業務之正常推行；所有的管理措施，除基於特定之管理外，均可

作爲集體交涉之事項。

(七)俸給、退役優待及主管人員管理之改進：如因精簡員額或再分類而降等之人員，得保留原職等任用二年；退役軍人之優待，對曾受與軍中服役有關之傷殘且其傷殘程度已達百分之三十以上者，給予較多的優待，自一九八〇年十月一日起，對少校以上退伍軍人而未曾受有傷殘者，終止其優待；新任主管人員在正式任用前，應經試用，試用不合者得轉任與原任職務相當之職位；高級主管人員俸給之晉敍，直接以工作成績爲基礎，而非僅憑年資辦理；設置高級行政主管羣，對其人員來源、調任、俸給及調免等，均作特別規定。

(八)其他：各機關可推行少數民族進用計劃 (Minority Recruitment Programs)，以協助消除少數民族在聯邦公務員中偏低情勢；與教育計劃有關之工作，允許學生以不支俸方式擔任之，但不得因而減少職員工作機會；因裁員而離職者，得予轉調其他機關繼續任職；至一九八一年元月止，行政部門文職公務員之總額，應以一九七七年九月卅日之現職人數爲限（郵政人員不併計在內）；公務員年滿五十歲任職二十年，或不論年齡而任職滿二十五年者，於大規模改組、調職或裁員時，得選擇提早退休；人事管理局應就其所舉辦之競爭考試通知聯邦就業局，各機關亦應對人事管理局及聯邦就業局提供關於需從外補人之職位情形；政府機關間互調人員法，適用範圍已予擴大，聯邦人員接受此項工作指派者，將仍應再返聯邦政府服務；人事管理局得將其部分職權授予其他機關首長行之，但仍需依該局之標準辦理並接受其審核；聯邦文職人員之薪俸與其軍職退休俸相加之和，不得超過行政首長職五等俸；人事管理局所訂功績制標準，於各機關通用之，並爲對州及地方政府核給補助之人事條件。

## 第三項　公務員範圍

美國由於人口之不斷增加，戰時與平時政府業務經常變動，故聯邦文職公務員之人數亦常有增減，茲以一九八八年行政部門之公務員人數，按性質及地位高低，列表如下：

1. 機關首長及其他由總統任命之人員：500 人
2. 高級行政主管羣：7,100 人
3. 高級外交官：1,200 人
4. 十六至十八職等及其他與之相當之人員：1,200 人
5. 十三至十五職等，以績效決定俸給之主管人員：132,000 人
6. 十三至十五職等之其他人員：89,000人
7. 一至十二職等人員：1,254,000 人
8. 適用工資制度人員：379,000 人
9. 適用其他俸給制度人員：134,000 人

註：以上人員，不包括中央情報局、國家安全局及郵政人員。

## 第三節　人事體制

### 第一項　公務員體系

美國聯邦文職公務員之體系，其情形如下：

**一、體系區分：**

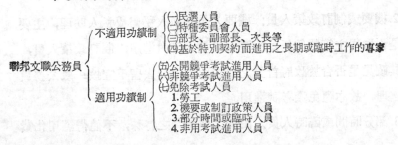

聯邦文職公務員
- 不適用功績制
  - (一)民選人員
  - (二)特種委員會人員
  - (三)部長、副部長、次長等
  - (四)基於特別契約而進用之長期或臨時工作的專家
- 適用功績制
  - (五)公開競爭考試進用人員
  - (六)非競爭考試進用人員
  - (七)免除考試人員
    1. 勞工
    2. 機要或制訂政策人員
    3. 部分時間或臨時人員
    4. 非用考試進用人員

**二、各種人員之特性:**

㈠民選人員: 如總統、副總統、州長、市長、縣長等, 均爲政府官員, 但屬民選, 故不適用功績制。

㈡特種委員會人員: 爲應特種需要而設置特種委員會者, 爲期易於羅致人員任職, 常有將其列爲不適用功績制者。

㈢部長等: 其任用需由總統提名經參議院同意後任命之。

㈣根據契約進用之專家: 其與機關間之關係爲僱傭契約關係, 與一般公務員與政府之情形不同, 故不適用功績制。

㈤公開競爭考試人員: 此爲文官之主要部分, 人數較多, 此種人員之進用不但需經由競爭, 且需公開的與他人競爭, 通常所謂考試進用卽指此種考試而言。

㈥非競爭考試人員: 此種人員雖亦屬考試進用, 但其考試並不相互競爭, 凡經由證件審查認爲合格或再經口試認爲合適而進用者, 亦包括在內; 但對非競爭考試人員, 需具有兩個條件, 卽 1.所任職位具有高度技術性, 具有此種條件者僅屬少數人; 2.某種職位基於某種理由無法應用競爭考試而羅致所需人員者。

㈦免除考試人員: 此類人員不需經由考試, 且不需其他條件, 對用人最爲靈活, 又分下列四種:

1.勞工: 勞工之性質與一般公務員不同, 故不宜適用遴選公務員之方式。

2.機要或制訂政策人員: 機要人員如私人秘書或私人助理, 主要條件爲是否取得主管的信任, 故需讓由主管自由進用; 制訂政策人員, 主要以其政見是否合於政府首長之要求而定, 其去留不宜按一般公務員之規定處理, 故亦應免除考試進用。

3.部分時間或臨時人員: 由於工作時間之特殊, 不值得應用化費

甚多的考試方法進用; 同時如經由遴選程序, 亦不易羅致合格者來擔任此種工作, 因眞正具有合格條件者, 多不願擔任部分時間或臨時性的工作。

　　4.非用考試進用人員: 由於少數職位工作性質之特殊, 無法經由考試程序羅致到合適人員, 故亦予免除考試。

　　由於適用功績制人員, 究應經由公開競爭考試、或非競爭考試、或免除考試進用, 依一般人事法律規定, 多係授權由中央人事主管機關或各機關首長決定, 因而難免有被濫用情事, 原應公開競爭考試進用或非競爭考試進用者, 被放寬爲非競爭考試或免除考試進用, 對功績制的精神難免受到影響。

## 第二項　適用職位分類之職位

　　**一、適用分類之職位:** 大致而言, 凡適用功績制人員之職位, 除有特別除外之規定外, 均適用職位分類之規定; 經由職位分類而建立起分類結構, 即爲美國文官制度之主要體制。

　　**二、除外之規定:** 依一九四九年職位分類法之規定, 某種機關及職位, 不適用分類之規定如, ㈠郵政部之軍郵人員; ㈡聯邦國務院所屬之國外機構人員; ㈢退伍軍人機關之醫師、牙醫師、護士及醫藥與外科部門之其他職員; ㈣教員、學校職員及首都教育局職員; ㈤市政府警察局警官及警員、首都消防隊官員、聯邦公園警察及白宮警察; ㈥海防燈塔管理人員、燈船及船舶上之文職人員; ㈦經核可之手藝業或其他機械技工, 或熟練、半熟練、不熟練之手工業人員; ㈧船舶官員及員工; ㈨政府印刷局員工; ㈩海軍研究院校之教授、副教授、講師及助教; ㈠在州或首都外佔有職位之外國人或非聯邦公民; ㈡田納西河谷管理局; ㈢內河水道公司; ㈣阿拉斯加鐵路局; ㈤聖母島公司; ㈥中央情報局; ㈦原

子能委員會；㈥生產信用公司；㈦聯邦信託銀行；㈧臨時或間斷任用之專家或顧問；㈨暫時或緊急或短期或按季節任用之員工；㈩按費率或契約或計件爲準而計酬之人員等。

## 第三項　職位分類之意義與作用

**一、職位分類之意義:** 職位分類，係將一機關內各工作人員所擔任的工作，根據其任務、責任與所需資格，歸納爲類；分類的主題是所執行的或需執行的工作，程序是經由分析與評價，其成果是將各種工作歸納爲類。

**二、職位分類的緣起:** 在第一次世界大戰期間，同工同酬的觀念極爲濃厚，各大企業均透過工作分析來激勵工作熱忱；工作評價逐漸的爲大眾所接受，並認爲是決定薪資及工作與工作比較時最堅實的基礎，因爲職位分類不僅使合理俸給奠定基礎，對其他各種人事管理工作，亦提供了很大的幫助。

**三、職位分類的作用:** 主要可區分爲三方面

㈠有助於其他人事目標的達成: 如將同等職責程度的各類列爲同一俸給水準，對俸給可作合理的管制；將各種不同的職業與職位，歸納爲爲數甚少的類，凡屬同一類的各職位人員的徵募、資格要求、考試及遴選等，可用同一標準處理；明定職位的內容，以便與現職人員所執行的工作相比較；舉辦新進人員引導及其他在職訓練時，可提供可靠的職位內容資料；表明各職位間的上下關係，以利任用及晋升制度的建立；使主管與職員對工作與待遇有共同的瞭解，以增進職員與管理當局間的關係，及有助於對工作的激勵。

㈡對機關的幫助: 如運用標準的類的稱謂，可建立統一的工作術語；根據任務的敍述，可澄清每個職位的責任；將統一的分類名詞應用至財

務行政，使編列預算更爲順利；根據職位內容資料，有利於組織問題的分析。

㈢對政府的特有價值：如國民及納稅者瞭解政府薪俸經費支出與公務員所提供服務間的關係；對決定公務員薪俸時，可保障免受政治及私心等影響。

## 第四項　職位分類之程序

辦理職位分類的程序，大別有下列四個，前三個爲計劃，後一個爲實施。

**一、分析及紀錄職位的任務與有別於其他職位的特徵：**欲了解職位的內容，不能祇憑個別職位，需同時了解職位所在單位之權責系統及各職位間的關係；而搜集各職位職責內容之方法，通常爲先用書面調查方式，如遇有職位之職責內容不夠時，則以實地調查方式補充之。

**二、將性質及職責程度相似的職位歸納爲類（職級）：**作歸納時需先作職位的分析與評價；大致而言，同性質的職位，其職責程度是否相當，在政府機關多用判斷，在工廠則多用評分，凡分數幅度相近者則歸納爲一類；評分方法看甚爲科學，但事實上仍非科學，借重於判斷之處仍多；故評價並非精確的科學，只是將混亂的職責情形作有系統的與邏輯的安排而已。

**三、制訂類說明書（職級規範）：**每一個類，均應制訂類說明書，或稱分類標準，類說明書內容，通常區分類之稱謂、類之特徵、職位工作舉例、所需資格及專門知能等項；當類說明書制訂後，卽可作爲其他職位辦理歸類之根據。

**四、實施職位分類：**在此程序中最重要的工作，卽爲辦理職位歸類（歸級），亦卽將一個機關內的各職位，根據其職責內容，分別歸入適當的類，若此各職位人員的人事管理基礎卽已建立，如對職位人員的遴

選，依該職位所屬類別之所需資格及專門知能爲準；職位人員的俸給，依該職位所屬類別所列之職等爲準；職位人員的考績訓練等，亦可依該職位所屬類別之職責內容訂定工作標準及訓練課程，以爲辦理考績及訓練之依據。

當職位的歸級決定後，如遇及職位職責內容有變動時，自需再調整歸級，以保持職位職責內容與所歸類別相一致。

## 第五項　現行職位分類結構

**一、性質區分：** 美國職位分類，自性質區分而言，自一九七七年七月起，計共分二十二個職組，每組再分爲若干職系，共計四三七個。其職組名稱及所包括職系數爲：㈠雜職組，二十八職系；㈡社會科學、心理學及福利職組，二十九職系；㈢人事管理及勞工關係職組，十六職系；㈣一般管理及文書事務職組，四〇職系；㈤生物學職組，三十三職系；㈥會計預算職組，二十職系；㈦醫療、醫院、齒科及公共衞生職組，四十六職系；㈧獸醫學職組，三職系；㈨工學職組，三十一職系；㈩法律職組，二十四職系；㈠美術工藝職組，二十一職系；㈡商業及工業職組，二十五職系；㈢著作權、特許及商標職組，十職系；㈣自然科學職組，二十六職系；㈤司書、紀錄、保管職組，五職系；㈥數理及統計職組，十職系；㈦裝置、設備及設施職組，九職系；㈧教育職組，七職系；㈨調查職組，二十六職系；㈩品質管理及檢查職組，四職系；㈠採購職組，八職系；㈡運送職組，十六職系。

**二、程度區分：** 美國職位自程度區分言，分爲十八等，各等之職責程度水準，在一九四九年分類法定有明文，其情形爲：

㈠第一職等：其職責係在直接監督下，甚少或不需自行運用獨立判斷以從事者。

㈡第二職等：在直接監督下，運用有限之自行獨立判斷，以從事機關中之例行工作；或在專業、科學或技術方面限定範圍內，擔任略需訓練或經驗之較爲次要的工作。

㈢第三職等：在直接或一般監督下，從事機關中略爲困難及稍具責任之工作；或在專業、科學或技術方面限定範圍內，擔任需要某種訓練或經驗並運用少許獨立判斷之較爲次要的工作。

㈣第四職等：在直接或一般監督下，從事機關中之中等困難與責任之工作；或在專業、科學、或技術方面擔任較爲次要的工作，並需適度的訓練及略具監督性或其他經驗，且需良好工作知識及運用獨立判斷。

㈤第五職等：在一般監督下，從事機關中頗爲困難並負有責任之工作；或在專業、科學、或技術方面擔任較爲次要的技術工作，並需相當之訓練與監督性或其他經驗，且需廣博工作知識及運用獨立判斷。

㈥第六職等：在一般監督下，從事機關中甚爲困難並有責任之工作；或在專業、科學、或技術方面較爲次要的技術工作，並需相當之訓練與監督性或其他經驗，且需原理上的廣博工作知識及相當程度的獨立判斷。

㈦第七職等：在一般監督下，從事機關中專門技術或監督之相當困難並具有責任之工作，或在專業、科學、或技術方面擔任較爲次要的技術工作，並需要相當專門的或監督的訓練與經驗，業務較爲複雜，且需原理上的工作知識及運用相當程度的獨立判斷。

㈧第八職等：在一般監督下，從事機關中甚爲困難及有相當責任的工作，並需相當專門的或監督的訓練與經驗，且需原理上廣博與貫通的工作知識，及運用相當範圍的獨立判斷。

㈨第九職等：在一般監督下，從事機關中甚爲困難及有相當責任的工作，並需範圍略廣的專門訓練及獨立工作與獨立判斷的能力。

㈩第十職等：在一般監督下，從事機關中高度困難及責任的工作，並需範圍略廣的專門性或行政性之訓練與經驗，且具健全獨立的工作能力及能運用相當自由的獨立判斷。

㈠第十一職等：在一般行政監督下，運用較廣的獨立自由判斷，從事機關中有關專門技術的、監督的或行政的特別困難與有責任的工作，並需廣博的專門、監督、行政的訓練與經驗，且具健全獨立措施及作重要決定之才能。

㈡第十二職等：在一般行政監督下，運用頗廣的自由獨立判斷，從事機關中專門技術、監督或行政方面極高度困難及有責任之工作，並需廣博的專門、監督、行政的訓練與經驗，且具有領導能力，並表現有高度的成就。

㈢第十三職等：在行政指示下，運用頗廣的自由獨立判斷，從事專門的、監督的、行政的異常困難與有責任之工作，並需專門、監督、行政的訓練與經驗，且具有領導能力及表現有特別成就。

㈣第十四職等：在一般行政指示下，運用頗廣的自由獨立判斷，從事專門的、監督的、行政的特別困難與具有責任之工作，並在此方面表現有領導能力及異常成就。

㈤第十五職等：在一般行政指示下，運用頗廣的自由獨立判斷，從事專門的、監督的或行政的特殊困難與責任的工作，並在此方面表現有領導能力及特殊成就。

㈥第十六職等：在一般行政指示下，運用甚為自由之獨立判斷，從事專門的、監督的、或行政的特殊困難與責任之工作，並在此方面表現有領導能力及特殊成就。

㈦第十七職等：1.充任機關首長，其職責與權限之複雜與困難程度達於高度者；2.計劃並主持或計劃與執行特殊困難、有責任及具全國意

義之專業的、科學的、行政的、財務的或技術研究的工作；並需廣博知識與訓練，及表現有特殊領導能力與成就。

㈥第十八職等： 1.充任機關首長，其職責與權限之複雜與困難達於特殊之程度者； 2.計劃並主持或計劃並執行特殊困難、具有全國意義且係首創或無前例可循之工作，包括專業的、科學的、行政的、財務的或技術研究的業務；需要廣博的訓練與經驗，並具有優異領導能力與成就。

三、分類標準（職級規範）： 訂有分類標準者計二百八十七職系，其他職系則以十三種分類指南規定；分類標準及分類指南，即為辦理職位歸類之依據。職位歸列第十六、十七、十八三個職等者，由中央人事機關辦理，其名額由總統以命令規定；其餘第一至第十五職等之歸類工作，則由各部自行辦理。大致而言，各部之司處長可歸列第十八職等，副司處長歸列第十六職等，科室主管歸列第十五職等，高級非主管歸列第十二至十四職等，中級非主管歸列第五至十一職等，技術員歸列第五至八職等，書記及低級助理與技術人員，歸列第一至五職等。

# 第六項　職位分類技術之改進

一、改進的緣起： 美國自實施職位分類以來，雖有數十年之久，但亦不無受人批評之處，如：

㈠手續過繁： 辦理職位歸級手續甚繁，自寫作職位說明書起，經過一定的程序始能將之歸入適當的職級，遇及職位之職責有變動時，又需調整歸級，致人事人員及業務主管均感手續過於繁瑣。

㈡歸級困難： 職位係根據職位說明書與分類標準相比較後，將職位歸入與其職責內容充份相似的職級，但分類標準的敘述，內容甚為抽象，且多由形容詞堆砌而成，致分類人決定應歸之職級時，甚感困難；即使決定歸級後，當事人亦每有異議或內心感到不服，致一再要求歸級

的復審。

㈢分類標準需經常修正：分類標準是業務內容的反映，遇及業務有重大變動，即需修訂原有分類標準；因政府業務的變動性甚大，故分類標準的修正亦甚頻繁。

二、改進方向：對職位分類既有批評，則究應將職位分類予以放棄抑在原有的基礎上作方法及技術的改進，此乃首需考慮者。對此，美國於一九七〇年曾制訂有工作品評政策法，旋即依據該法成立了工作品評與待遇檢討工作小組，該小組經檢討職位分類之結果，於一九七一年三月向眾議院提出期中初步報告，其中有五項基本原則與六點認識如下：

㈠五項基本原則：

1.健全的職位分類制度，對於維持優良的人事制度至爲重要，因適當合理的職位分類，有助於遴選有能力的人員、安排有意義的訓練課程、建立合理的晉升制度及實施公平的俸給制度。

2.職位分類制度應隨時研究改進，以期切合時宜、適應社會變遷需要、及改善機關組織型態。

3.現有聯邦各種不同的職位分類制度（如文官委員會、郵政部、田納西河谷管理局、原子能委員會等，各有其不同的職位分類制度），應予歸併簡化，使員工易於了解。

4.職位分類應具有彈性，以期運用靈活。

5.俸給制度應與職位分類制度密切配合。

㈡七點認識：

1.工作品評方法與分類標準，需研究改進。

2.職位分類與職位等級，爲聯邦政府人事管理所必需。

3.工作品評與等級，應爲良好人事管理之基礎，但許多人未能如此做。

4.職位分類與等級缺乏彈性,致難適應聯邦政府快速變遷的需要。

5.因聯邦政府中存有各種不同的職位分類與等級制度, 致造成混亂, 使許多相似的職位適用不同的考選、任用、升遷、工作條件與待遇。

6.對許多專業性職位, 因品評方法或等級不同, 致在待遇、資格條件及其他人事措施方面, 均不一致。

由上可知, 所謂職位分類的改進, 係在既有的職位分類原則下, 求其品評方法的改進, 不同制度的統一及發揮職位分類在人事管理上應有的功能。

三、初期改進情形: 一九七七年以前之改進, 其重點為先將職位區分為六大羣, 再各別規定其品評程度高低之制度卽:

㈠高級行政職品評制度(Executive Evaluation System or EES): 對負有計劃、發展、指揮與管理整個機構之責的職位適用之; 品評時以整個職位考量, 不再區分因素; 所列職等卽為第十六、十七、十八職等。

㈡主管與管理職品評制度 (Supervisor and Manager Evaluation System or SAMES): 對負有監督或管理責任之職位適用之, 並依照工作的基本程度、監督的職掌、監督的責任、及工作業務範圍四個因素評分之, 再依分數高低換算為職等。

㈢行政、專業及技術職品評制度 (Administrative, Professional and Technological Evaluation System or APTES): 對自然科學、社會科學、行政管理人員以及支援專業職之準專業或技術職適用之; 並依所需知能、工作困難程度、責任輕重、與人接觸、以及其他因素評分之, 再依分數高低換算為職等; 所列職等為第七至第十五職等。

㈣書記、機器操作與技術職品評制度 (Clerical, Office Machine Operation and Technicial Evaluation System or COMOTES): 對文

書、書記、辦公室機器設備操作職及技術職適用之；並就所需知能、工作困難程度、責任輕重、與人接觸、及所需體力與工作環境等因素評分之，根據分數換算為職等。

㈤統合聯邦工資職品評制度(Coordinated Federal Wages System or CFWS)：對技藝與用手操作職及其監督職適用之；並根據技藝與知識、責任輕重、所需體力、及工作環境等因素綜合考慮後，決定其職等。

㈥特殊職業品評制度 (Special Occupation Evaluation System or SOES)：對特種職業職如醫藥衞生人員、律師、教師、外交官等適用之；並根據人員之教育程度、服務能力、才能聲譽、及在專業中之地位，評定其職等。

依據以上計劃，各羣職位可用不同的因素及品評標準來辦理評價，同時可將若干不同的分類制度，結合至同一分類架構（十八個職等）之內。

**四、因素評分方法舉例：**此次改進品評制度中所應用之因素，凡屬於同一職羣者其因素雖大致相同，但各因素之程度區分、各程度之配分、及品評總分換算職等之標準，仍可因職系之不同而分別規定，茲舉公文收發及檔案管理職系職位之列等方法如下：

㈠選定本職系之標準職位，每一標準職位有其經認可的職位說明書；標準職位之名稱為1.一等、二等、三等、四等檔案書記；2.二等、三等、四等收發書記；3.二等、三等、四等收發及檔案書記。

㈡本職系之各職位，應根據與前述標準職位之比較，決定其應有之職位名稱及職等。

㈢如無法用前述方法決定應屬職等時，則應用下列因素評分標準評定分數，再根據所得分數換算職等：

　　1.公文收發及檔案管理職系職位因素評分標準表

| 因素 \ 內容及分數 程度 | 第 一 程 度 | | 第 二 程 度 | | 第 三 程 度 | |
|---|---|---|---|---|---|---|
| 所 需 知 識 | (內容略) | 50分 | (內容略) | 200分 | (內容略) | 350分 |
| 所 予 監 督 | (內容略) | 25分 | (內容略) | 125分 | (內容略) | 275分 |
| 所 循 例 規 | (內容略) | 25分 | (內容略) | 125分 | | |
| 工 作 複 雜 性 | (內容略) | 25分 | (內容略) | 75分 | (內容略) | 150分 |
| 影 響 範 圍 | (內容略) | 25分 | (內容略) | 75分 | | |
| 接 觸 之 人 員 | (內容略) | 10分 | (內容略) | 40分 | | |
| 接 觸 之 目 的 | (內容略) | 10分 | | | | |
| 工 作 環 境 | (內容略) | 5分 | | | | |
| 體 能 要 求 | (內容略) | 5分 | (內容略) | 20分 | | |

2.品評總分換算職等標準，爲 250 分以下者，一等；255 分至 450 分者，二等；455 分至 650 分者，三等；655 分以上者，四等。

五、新近改進情形：自一九七七年後，爲期簡化按職羣分訂評分因素及評分標準之繁瑣，乃又將分類因素統一規定爲下列九個，分別區分程度及配分，並依評分結果換算職等。即㈠職位所需之知識：指擔任職位工作所需了解之知識，包括觀念、原則、理論、政策、規章、實務、程序等，及應用這些知識之技能。區分爲幾個程度，配分自50點至1850點。㈡監督的管制：指主管人員對所屬之直接或間接的管制，對所屬之責任及對所屬工作之審核。區分爲五個程度，配分自25點至 650 點。㈢所循例規：指應用知識時所需遵循之各種例規及應用這些例規時所需之判斷。區分爲五個程度，配分自 25 點至 650 點。㈣工作複雜性：指作業、步驟、程序、方法之數量變化性與錯綜複雜性，及運用與處理時所遇及之困難。區分爲六個程度，配分自25點至 450 點。㈤範圍與效果：指所任工作之廣度與深度，及工作成果在機關內外所發生之效果。區分爲六個程度，配分自25點至 450 點。㈥與人接觸：指工作人員與指揮監督系統以外人員之面對面，或電信接觸情形。區分爲四個程度，配分自10點至 110 點。㈦接觸之目的：指接觸是從最簡易之交換資料，至困難之爲不同觀點、目的而辯護。區分爲四個程度，配分自20點至 220 點。

㈧所需體格: 指擔任工作在體格上所需具有之體能、體力方面之條件。區分為三個程度, 配分自 5 點至50點。㈨工作環境: 指工作人員在工作場所所感受到之危險性、不舒服, 及需遵守之安全規章。區分為三個程度, 配分自 5 點至50點。

凡第一至第十五職等之職位（自第十六至第十八職等職位, 已列入高級行政主管羣, 不再評分）, 依評分所得總分, 分別按下列標準換算為職等。即第 1 職等190-250分, 第 2 職等255-450分, 第 3 職等455-650分, 第 4 職等 655-850 分, 第 5 職等 855-1100分, 第 6 職等1105-1350分, 第 7 職等1355-1600分, 第 8 職等1605-1850分, 第 9 職等1855-2100分, 第10職等2105-2350分, 第11職等2355-2750分, 第12職等2755-3150分, 第13職等3155-3600分, 第14職等3605-4050分, 第15職等4055以上。

# 第四節　考　試

## 第一項　人力計劃

**一、人力計畫之需要:** 引誘社會上各階層人士向機關來應徵, 要比自機關中排除無能力或工作績效低劣的人, 更為重要; 由於人力市場的緊迫與人才之不易羅致, 使人力計畫有其需要。

**二、研擬人力計畫之方法:** 當研訂人力計畫時, 需先對下列各點作基本的考慮, 即㈠搜集所需資料, 包括與社會經濟有關的資料、機關本身的各種資料; ㈡根據過去各種資料, 預測今後業務的發展; ㈢根據業務發展預測, 作年度的與長期的人力預測, 此種預測並應根據新資料作延年的預測, 同時對原有的預測作必要的修正; 有時業務工作量、工作標準, 及與其他性質相似機關現有人力的比較, 亦可作為預測人力的根

據；再人力預測時尚需考慮及質的因素，如需用何種技能及具備至何種
程度技能的人力等；㈣再估計人力的損失率，如因辭職、退休、死亡等
而損失之人力，而後按職組分別預估某一定期間內所需新增的人力；㈤
根據所需新增人力的預估，考慮所需人力從何處來供應，如從學校或訓
練機構可提供多少，從轉業而來者有多少；如所需人力與可能提供人力
兩相比較後尚有缺少時，則需用增加訓練或重新設計工作以擴大現有人
力運用，或加速徵募等方式來補足。

## 第二項　徵　　募

一、消除徵募上之困難：徵募人員，看起來凡符合條件者均會前來
應徵，但事實上有許多因素會影響及徵募工作之是否順利，如社會對公
務員的觀感，現有的待遇水準，及擔任公務員時有關國籍、年齡、教
育、性別、居住地等之限制，均會使徵募工作發生困難。因此，如先能
解決此種困難或放寬或解除此種限制，將有助於徵募的推動。

二、加強徵募之宣導：運用各種方法加強宣導，為不可疏忽之工作，
如㈠透過新聞紙類、電臺、電視等提供政府的工作機會；㈡與學校、工
會、職業諮商處、各種專業的技術的工商的團體加強聯繫；㈢對具有潛
能的個人，去信告知有關考試及用人等消息；㈣與教員、作者、具有影
響力的專家及勞工領導們，建立長期間的良好關係；㈤對機關內每種專
業，設計簡明而有說服力的小冊子，分送有關人員參考；㈥對需羅致大學
畢業生擔任之職位，編製永業發展情況的說明，分送各大學擔任輔導就
業的教師參考；㈦定期赴各學校訪問、展覽，使對政府工作有興趣之學
生能因而增進了解；㈧在各種有眾多人員參加的集會、展覽會，舉行有
關政府公務員永業發展的資料；㈨與展覽內容有關的機關，定期開放供
人參觀；㈩向有關學校的高年級生發送私人函件；㈠使用觀光局的鴬

料，如小册子、地圖等；㈢舉行公開比賽，以引起對政府機關及工作的興趣。

三、接受申請：當應徵者前來申請時，應從速認定其是否合格，因此對申請書之設計，內容應簡單，並能從申請書所填事項中很快瞭解申請者是否符合應具之條件；再對各種職務之申請書宜適用同一表式，對經審查認爲不合格者，應准其提出申訴，處理申訴時應有機關以外之人參加處理。

## 第三項　考試之一般原則

二、訂定應考人之基本條件：應考人應具有之基本條件，多爲法律所規定；就美國而言，其主要之基本條件，包括㈠學歷，此在美國本不重視，但近年來對某種全國性的考試（如文官入仕考試 CSEE），均規定以大學畢業爲應考資格；㈡公民，擔任各級政府公務員者，依規定需具有美國公民資格；㈢居住，應考者多規定其需在其轄境內居住達一定期間，但近年來有逐步取銷及放寬的趨勢；㈣年齡，通常規定最低年齡需在 18 歲以上，最高年齡需在 65 歲以下；㈤性別，由於工作性質之特殊，亦偶有規定限於某種性別人員始能應考；㈥家庭成員任公職之人數，對同一家庭任公職之人數原有限制，超過限額者則不得應考，但此種限制現已取銷。

二、規定各種職務之資格標準：資格標準與考試之目的有關，目前所注重者爲遴選有發展潛能之人，以期遇晉升機會時不致發生困難；資格標準需經由工作分析而認定，並以所需專門知能表示之，但此種專門知能又常轉換爲教育、經驗或訓練，認爲具有此種教育、經驗或訓練者卽可具有該種專門知能；因爲此種轉換並不正確，故對教育、經驗或訓練之規定，宜酌予降低。

三、注意考試之客觀性、有效度與可信度：為期考試確實，應注意㈠客觀性，即對考試成績之評定，應有客觀標準而不受個人主觀的影響；㈡有效度，認定效度的方法有兩種，即一為對現有人員予以測驗，如公認為績效優異者可得高分，績效差者只能得低分，則表示該測驗為有效；二為對測驗結果之優者與劣者，追蹤其任職後之工作績效，如發現原先測驗成績優者現在工作績效亦優，原先測驗成績低者現在工作績效亦差，則表示該測驗為有效；㈢可信度，測驗可信度之方法有三種，即一為將同樣的測驗對同一人在前後兩個不同期間舉行，就前後兩次所得測驗成績間的相似性來認定其可信度；二為將同樣的測驗內容用不同的形式表示，就此兩種測驗成績間的相似性來認定其可信度；三為將測驗分為兩部分，對同一人作測驗，根據此兩部分成績間的相似性來認定其可信度；同時應注意者，考試不能過份依賴某一測驗，最好能若干種技術並用，以此之長補彼之短，再加上合理的判斷，將會得到較為確實的結果。

四、考試以公開競爭為原則、甄選為例外：所謂公開競爭，實包括下列六種意義，即㈠要有足夠的宣傳，使大眾均能知悉政府辦理公務員考試；㈡要給予充分時間的報考機會；㈢訂定資格標準時要切合實際情形；㈣對參加考試者，應不分黨派、種族、膚色、血統、宗教、性別，一視同仁；㈤任用職務的高低，要依其所具有資格條件與工作能力來區分；㈥競爭考試結果必須公佈，使大家都能了解並可查詢。凡適用功績制之職位，其人員進用多適用之。

所謂甄選，係指由各機關就具有基本條件之人員中自行甄別選用。於採用競爭考試應考人數不足時、遴用技術人員時、內部晉升或調職轉任時多適用之。再對機要人員、臨時人員，可不經考試進用。

五、選用適當考試方式、注意測驗內容：考試時所用的方式有多

種，每種均有其主要作用，亦有其適用的對象，如考試方式選用錯誤，則會使考試發生問題；同時一種用以測定某種才能極為有效的測驗，可能完全不適於測定另一種才能。測驗的內容，自需依執行職務所需的知能為主，但此種知能究應包括些什麼，亦需事先有所決定，始能據以選用考試方式與設計測驗題。

## 第四項　考試方式與測驗內容

**一、考試方式**：大致而言，有下列五種：

㈠學經歷審查：對應考人之學歷、經驗與訓練事項的審查，仍需注意客觀與效度，必要時應先訂定審查標準。

㈡書面測驗：多用以測驗智力、性向與成就（即學識技能）者，又分1.自由答問式之測驗，此種測驗為命題易評分難，適用於注重文學之職務；2.簡答式之測驗，此乃命題難評分易，多用於心理測驗及具體知識的測驗。

㈢實地考試：係實地工作的表現，需運用工具之職務多用之。

㈣口試：用以瞭解應試者對某種問題的了解與觀點，觀察其人格與一般行為、自若的態度、領導能力、機警、對社會情況的了解、口才、一般的反應，及其他難用他種方式測定的事項。口試以囑若干應考人談論某種問題，主試人從旁了解其相互間互動的情況最為有效；口試不宜只作惟一的遴選方法，而宜作為經過其他考試方式的應考人，經由口試去淘汰不合適者或去發掘具有特殊才能者為妥。

㈤調查訪問：應考人雖通過筆試等程序，但仍有些條件為任職所不可缺少且為以上各種考試方式所難以測定者，此時可用調查訪問方式；使用此種方式時，宜先設計若干問題，以信函或親自向應考人之長官、朋友、熟人等，作調查或訪問，但搜集資料需有系統有價值且可以評價，

此種資料可作爲評分的一部分或作爲考試中的淘汰程序之一。舉行調查訪問的時機，有者在考試後試用期間進行，但最好能在考試或任用前舉辦，以免任職後淘汰時發生困擾；再此種方式需時長用費多，故通常只對重要的技術或管理職且人數甚少之應考人適用之。

　　二、應測驗之內容：　在遴選人員時應行測驗之內容，約有下列五種：

　　㈠一般能力：通稱爲智力，各心理學家對智力看法雖有不同，但一般認爲聰明、伶俐、機警、很快適應新環境的能力均屬之；經有相當證明智力測驗結果與教育成就之間有密切關係，又有許多調查發現智力的高低與行業成就間有關係，不僅有許多行業的成就智力爲其重要因素，且智力與職業相配合時，可減少人員的異動率；因此，擔任某種行業人員，對其智力的最高限與最低限似可予以限定。從智力測驗結果對應考人將來在職務上成就的預測，可能比知識測驗的預測還要來得重要，故智力測驗已成爲現今考試用人中最普通的方法；智力測驗的內容，包括語言能力、抽象推理、數字推理、空間推理等。

　　㈡特種能力或性向：　近年來又發展出特種能力測驗，如機械、數字、記憶、文字流暢及手指靈活等性向測驗；性向測驗有者測驗單一性向，有者爲將數種性向聯結在一起測驗，用以預測應考人對某種作業或工作的將來成就；有些作業對應考人的某種性向需在多少分以上。

　　㈢成就：　較早的文官測驗卽屬此種測驗，其測驗內容多以經由學校所學的學識、訓練所得的技藝、使用工具的熟練等。此種測驗對專業及管理行業人員，已少應用，其理由爲學識並不是推測最後潛能的指標，而智力與性向測驗對潛能的推測則更有意義；換言之,工作人員的發展，主要決定在基本才能的具備與運用，而非決定在對某專業方面知識有多少。

㈣健康與體力：此種條件只限於少數需要特殊體能的工作，爲使應考人將來能作較久的任職，不使退休經費負擔過重，對健康要求應屬必要。

㈤人格與情緒：某種性格與情緒，已爲工作所必需，此乃一般人所承認者，但對人的性格與情緒的認定卻極爲困難，因此至今人格測驗並不普遍，應用更需愼重；情緒的穩定，對行政工作更爲重要；事實上行政者的失敗，由於情緒未能合理調節者多，由於缺少工作知能者少；故有些機構對人員的晉升，需考慮其情緒的穩定性。

# 第五項　考試之擧行

一、**考試機構**：凡屬全國性之考試，多由中央人事主管機關自行辦理，爲適應某機關需要所擧辦之考試，多由中央人事機關授權由各機關辦理，惟需遵守中央人事機關所定的標準並接受其監督，但各機關係在華盛頓地區者，亦多由中央人事機關辦理。在各州地區之中央機關需進用人員時，則由各地區之人事管理分局辦理，如與分局相距甚遠時，亦可由各所在地區或就近地區之考試工作站辦理（美國聯邦在十個地區之人事管理分局，另在不同地區共設有八百多個考試工作站）。

二、**獲得其他機關的協助**：各機關擧行考試，常需借助他力始能完成，尤其在測驗題方面更需獲得公私機構的協助或向其購買服務。

三、**安排考試程序**：如一種考試包括若干的部分時，對其使用的先後順序應安排妥當；一般而言，各個程序均應具有淘汰作用，且效度高的測驗排列在前，以便早淘汰眞正需要淘汰的人。

四、**決定及格標準**：及格分數如予以固定，多無意義，需從應考人數及需用人數來考慮，以期一方面能適應各機關用人的需要，另方面又能眞正達到選優的目的。

五、應用科技處理資料: 尤其是大規模的考試，如舉行全國性的考試，應考人可達300萬人，對其資料之處理需應用電腦，尤其對下列工作，如㈠通知應考人考試日期及時間；㈡摘錄應考人學經歷；㈢書面測驗資料的保存；㈣測驗成績的評定；㈤應考人考試成績的通知；㈥考試及格人員的分發；㈦考試及格人員各種情況的追蹤等。

## 第五節　任　　　用

### 第一項　任用消極條件

一、消極條件之意義: 任用消極條件，係指任用爲公務員時不得具有之條件。

二、消極條件之內涵: 依一般法令規定，凡具有下列情事之一者不得任用爲公務員:

㈠因怠忽職務或不當行爲而免職者。

㈡心身不適合擔任公務員者。

㈢曾有犯罪、不顧廉恥、非道德或極不名譽行爲者。

㈣於考試或任用時，有故意虛僞陳述或欺騙行爲者。

㈤過度飲用酒精飲料者。

㈥不忠誠於美國而有確實證據者。

㈦具有法律所定不得擔任公務員之情事者。

㈧除特別職務外，不具備美國公民資格者。

㈨依規定應提供情報或證言而拒絕提供者。

### 第二項　外選任用

美國政府機關公務人員，除可免予考試進用之勞工、機要及政策制

訂人員、部分時間或臨時性工作人員，及不適於舉辦考試之人員外，其餘人員的進用均需經由考試；惟所謂考試又有公開競爭的考試與非競爭的考試（甄選）之別，凡經考試及格者，需列册、分發任用，亦即外選任用。其情形如下：

**一、編列考試及格人員名册**：考試及格人員名册，通常按考試類別及考試成績順序分別編列，因考試及格人員在不斷增加，故需不斷的編入名册；如原有名册內人員經一年至三年未有分發任用者，卽需從名册中删除。

**二、分發任用**：通常經三個程序，卽由用人機關提出申請；分發機關分發；用人機關任用。但因考試及格人員，對有些擔任工作所需要的條件（如創造力、人格、外表等），可能在考試時並未予以測定，且此種條件影響及職務的成敗甚大，故在分發時多按下列辦理：

㈠分發機關按順序多分發三或更多的人，由用人機關考慮決選：有者認為如此可能引起徇私用人，需按一缺分發一人者，但分發較多人員決選的優點，超出一缺一人的分發；再分發時有將同分數者同時分發（如此則不一定只多三人），亦有將與分發三人分數相同之其他人員亦同時分發者，更有根據效度高的考試成績高低為準分發者；凡此均屬一缺分三人的原則之彈性運用。除上述外，又有作選擇性的分發者，卽從及格人員總名單中選擇最能符合用人機關所提條件之人員予以分發，以減少分發名册的類別及分發人數；再如遇及名册中人數已不多時，卽將整個名册送由用人機關選用。

**三、無合適人員分發時或應緊急業務需要時之暫時任用**：如分發機關無適當考試及格人員可資分發時，可准由用人機關自行遴選人員作暫時任用，但其期間有限制，以便在限期內由考試機關建立考試及格人員名册後卽分發任用；再遇及臨時工作之職位或遇及緊急任務時，可由用

人機關作臨時任用或緊急任用，均不需分發考試及格人員。

四、**對退役軍人之優待**：對退役軍人之考試及分發任用，美國定有優待之規定，其需予優待的理由及優待之內容如下：

㈠需予優待的理由：軍人冒生命危險捍衞國家，故需給予優待，至優待的方法不外給錢或給工作或二者均給，給工作者卽由政府機關對其任用予以優待；故在人事政策上難免發生矛盾，卽一方面根據功績制精神羅致最優秀者任職，另一方面又要給退役軍人給予特別優待。至如何給予優待，在理論上又有兩種看法，卽一為報酬論，認為政府應以工作與金錢同樣的作為報酬，故在優待範圍及時間上無有限制，對功績制影響甚大；二為調整論，認為軍職人員期能迅速適應文職生活及工作，故在轉任時應予以優待，但轉任後卽不再優待，故其範圍及適用期間係屬有限。

㈡優待的方式：多為下列三種，卽 1.考試加分，如退役軍人及其妻或寡婦於考試時加五分，對殘廢之退役軍人則加 10 分；2.分發列前，退役軍人分發時，不論分數多寡均列在分發名單之前，但對專業職位不在此限；3.資遣列後，卽因業務緊縮或削減經費需裁減人員時，具有退役軍人身份者，其資遣順序列在無退役軍人身份者之後。

在一九五三年前，對退役軍人是加分而後再決定是否錄取（如此本不錄取者，加分後可成為錄取）；一九五三年以後，需先錄取後始能加分；再以往係對戰時退伍軍人始予優待，一九六六年退伍軍人福利調整後，平時退役的軍人亦予以優待。

㈢對優待的新規定：文官改革法自一九七九年實施後，退伍軍人曾經受有與軍中服役有關之傷殘且傷殘程度已達30％以上者，則另予下列的優待，卽 1.毋須經過競爭考試卽得任用，且有權轉任常任職；2.於裁員時有較其他優待資格之人員優先留用之權利。

又前述傷殘人員，對於下列情事有預先獲得通知及針對任何決定而爲反應之權利，卽 1.由於某職位體能條件之限制而認爲該等人員不適於擔任； 2.就分發名單中選用人員時該等人員未被選用； 3.由於所任職位體能條件之限制而於裁員時認爲該等人員不適於繼續留任。

再自一九八〇年十月一日起，少校以上之退役軍人而未曾受有傷殘者，將終止其優待之規定。

# 第三項　內選任用

職位出缺，除從外選任用外，亦可內升或遷調任用；所謂內升係指公務員從一職位調升至適用同一俸表之較高職等職位，或從適用某一俸表的職位調升至適用另一俸表較高俸額職位。內升又常涉及遷調，遷調係指公務員從一職位轉調至同職等或其俸額與原職務相同之職位。美國爲期內升符合要求，遷調發揮效果，其要點如下：

一、內升政策與原則：內升涉及調升與調職，影響士氣甚大，爲期現有人力獲得最大運用，需重視下列政策與原則：

㈠政策：爲保證各機關選用最合適的人員，保證公務員均有依其才能在工作上發展機會，應 1.促使各機關經常注意選用高度合適的候選人； 2.使公務員在晉升機會來臨時，均可獲得公正與適當的考慮； 3.公務員人力獲得最大限度的運用； 4.鼓勵公務員改進其工作的處理，並發展其學識、技能與能力； 5.向公務員提供有引誘力的晉升機會； 6.遇有職缺時，應保持外選與內升機會的平衡。

㈡原則：選拔人員內升時，需 1.最低限度的候選人範圍考慮必須適當，使機關可在足夠的高度合適的候選人中考慮內升； 2.內升所用之最低限度的資格標準，需爲中央人事機關所定的標準； 3.凡符合最低限度資格標準的公務員，均應評爲合於擬升規定之人員； 4.有關工作的審評

必須予以應用，以便從合於內升的人員中區別何者爲最合適的人選； 5.
年資的重要性，在內升中應盡量避免，同時應避免偏私，不應有一般的
常人均可晉升至高級職務的想法； 6.爲求內升合理，應增加在職訓練機
會，對缺少教育的人員應調整其訓練計劃以期適應。

二、辦理內升：需注意程序，破除歧視，規定候選人範圍，愼重遴
選，及使未獲內升者安心工作等。其情形如下：

㈠辦理程序：通常包括 1.公佈職缺，對擬用內升補人的職位出缺，
可用佈告、廣告、公告、通知等方式，使公務員瞭解； 2.規定應徵者最
低限度的資格條件， 使公務員自行衡量需否列爲候選人； 3.評選候選
人，由評選人或評選委員會，對各候選人超過最低限度資格條件部分的
資格與條件加以審評，以便決定候選人的高低順序； 4.列出最合適的候
選人 3 至 5 人，送由用人首長自行決定需予晉升之員名。

㈡破除歧視：如對性別、種族等偏見之破除。

㈢規定候選人範圍：影響及候選人範圍的因素，最重要者爲同性質
業務範圍及出缺部門組織規模的大小，擬升人員所需資格之寬嚴，可內
升之職等或類別的限制，可用的內升方法及調任政策等；如將候選人範
圍縮小，則所選到的人並非爲最好者，各單位間的內升機會不等，內升
人員缺乏對整個組織的了解；但縮小候選人範圍亦有其理由，如可減少
阻力，增加單位內人員內升機會，內升人員能勝任本單位工作等； 故範
圍小與範圍大，均有其利弊，問題在如何權衡得失；大致而言，低級人
員的內升，候選人範圍可予縮小，而高級人員的內升，則範圍宜擴大。

㈣愼重遴選：當候選人甚多且均符合最低限度之資格條件時，則需
加以遴選；當遴選時應注意各候選人超過最低資格條件部分的條件，並
擬定審評標準予以審評，如係由非主管調升主管或調升至性質不甚相同
的職務時，可考慮並用筆試，以發現各候選人間在條件上的差異。

　　為期審評確實，亦有設立審評中心或審評委員會辦理審評者，即由若干審評人對若干候選人作集體的審評，為期1日至3日，集中審評8至12人；所用方法有工作模擬練習、管理遊戲、問題測驗、模擬面談、發現事實樣例等，必要時並加入書面測驗；各審評人對各候選人的審評意見予以集中，以考慮何人為最適當的候選人；再精神狀態的測驗，對外選新進人員固有不便，但對高級人員之內升則有其必要，以測驗其情緒的成熟與適應能力。

　　**三、使未獲內升者繼續安心工作：**在採取內升行動時，未被內升之候選人，難免會因而受到心理的挫折，為期其能繼續的安心工作，應給予適度的慰勉，或作其他較為有利於該等人員之遷調或調整工作指派，或給予訓練或進修機會，使下次辦理內升時增加其內升的機會。

　　**四、辦理遷調：**當某一候選人內升後，其所遺職缺除由外選進補外，需由其他人員調補，調補後的遞遺職缺可能又需由其他人員調補，故一次的內升可能牽連到一連串的調補措施。不僅此也，為適應業務變動的需要，為擴增工作經驗，為調劑工作情緒，為免因久任而產生本位主義或其他弊端，即使未有內升亦需辦理遷調，故遷調實為日常的人事措施。

　　遷調既與內升有別，故在辦理時不需與內升同樣的形式化，其競爭亦較小。但採取遷調措施時，亦可能遇及若干障礙，如在不同地區調動時，會涉及員工生活的安定及機關經費的支出；其他如宿舍、子女教育等亦可能因調職而發生問題，故在決定調職之前，這些問題應先謀解決。

# 第四項　任用方式與程序

　　**一、任用方式：**考試及格人員之任用方式，大約有下列四種：

　　㈠任為臨時人員：任用期限為一年，不能晉升及調派，更不能享受

退休制度的福利。

㈡任爲定期工作人員：任用期限爲一至四年，大多爲完成特定工作計劃而任用，除不能享受退休制度福利外，其餘待遇與常任人員同。

㈢任用爲有條件的常任人員 (Career Conditional)：此種任用爲期約一年，以考核其工作能力，如不能勝任即予解職，任用期滿，即轉任爲常任人員。

㈣任用爲常任人員 (Career Employee)：經有條件任用期滿任爲常任人員後，其升遷調退均受法律保障，除具有正當理由而予免職外，係屬終身職。

各機關任用人員之方式，除上述外尚有臨時任用之規定，即分發機關無考試及格人員可資分發時，各機關得自行遴選人員作暫時任用 (Provisional Appointment)；對臨時職務，各機關可自行遴選人員作臨時任用 (Temporary Appointment)，及對緊急任務（如救火），各機關可自行作緊急任用 (Emergency Appointment)。

## 二、任用程序

㈠試用：當初任爲常任人員者，均需經過試用程序；規定試用的用意，在考驗擬任人員是否眞正具有執行職務的能力；試用之目的，在使主管及人事官有機會去考核不易察覺的及無法測驗出之人的品質，同時亦可經由試用補救不適合的任用措施。試用在理論上的觀點是以試用這段期間的表現來預測今後長期的表現，故並非絕對可靠；再試用期間，通常爲一年，在此期間主管人員多缺少積極的規劃，來促使試用人員對機關及任務的了解，對試用人員疑問的澄清，舉辦訓練改進工作缺失，補救任職的缺陷及淘汰不適合的試用者，故在事實上試用的作用並不很大。爲強化試用的功能，有者規定經試用期滿如主管人員未有表明試用者確可勝任工作時，則自然的解除試用而離職。

依據一九七九年文官改革法的規定，首次擔任監督人員與主管人員者，於其任命經最終確定前，亦需經一段試用期間，其不能合格完成試用者，准予重新擔任在俸額及職等方面均不較其就任監督管理性職務以前爲低之職位；在以往對首次擔任監督人員與主管人員而不合格者，係循不利處分程序而去職；在新制之下，對此類試用期間表現不佳者，可逕行免除其監管性職務，不需循以往之繁複程序處理。

㈡正式任用：經試用期滿後，卽予正式任用。

## 第五項　激勵工作意願

**一、激勵之需要：**假如認爲人是需要工作及可從工作中獲得滿足的，則管理問題的重心是使員工個人目標與機關目標相調和，完成機關目標成爲員工個人的極大報償；如認爲創造力是分佈在大衆的人，則管理問題的重心是如何使員工的才智能獲得充分的運用。

**二、激勵之意義：**激勵因生活環境與條件的不同而異，沙漠中的渴者以水爲第一願望，貧窮社會以金錢收入爲第一願望；在富裕社會則將金錢列爲第二以下的願望，而將重視於認可、挑戰性工作、團體的認同、自由作決定、保障公正而同等的晉升機會及監督的氣氛等；士氣是使一羣人堅決的持續的結合在一起去追求共同目標的能力，故士氣與以工作爲中心的激勵，係現代人事行政中最重要者；機關內健全的人際態度與關係，主要依賴於高尚的期望與標準，一個沒有被告知其工作可以做得如何好的人，他就沒有成就的感覺；一個成熟的、有自己意志的、能自動的人員，他需要成就及享受成就，而工作本身不但是一種激勵，且更可在工作上獲得成就。

**三、激勵之方法：**美國一般機關對所屬公務員的激勵方法爲：

㈠重新組織與設計工作：工作簡化（除適用低級技能的人力外）已

被擴大工作範圍所代替，近來認爲人需要運用其才能，且事實證明基於此種假設的管理帶來較高的成就，故擴大職員的工作範圍，給予多變化或挑戰性工作，只要體力能够負擔，均會發生激勵作用。

㈡給予制作決定的權限：在此權限內，職員可運用及發展出更高的才能。

㈢實施工作輪換：可增加經歷，對新工作產生了新刺激，可激發出新的抱負與新的努力。

㈣參與管理：主管就所主管工作經常與屬員會商，指導屬員制作決定，使屬員運用自己的智慧而非只接受指示，以教導的氣氛代替命令的氣氛；並鼓勵職員就工作程序、方法及效率等方面，提供改進建議，對其建議經採納者，並給予適當的獎勵。

㈤善用領導方法：領導並無一成不變的方法，良好的領導，包括有一定的條件，除高的智慧、想像力、創造力、能說善道、有衝勁、忍熟、健康體格外，尚需具有技術性學識知識、人際關係及想像力，愈是高級主管愈需要後兩種條件。

㈥加強意見溝通：意見溝通是機關的血液循環，是雙方的溝通；溝通包括發送、接受、了解與做，越能自由的溝通越可減少溝通的阻碍。

㈦解決個人的問題：如酗酒、婚姻、生育、迫害、家庭費用或債務、小兒照顧、房屋、娛樂的欠缺、職業的期望等，均屬個人問題，此類問題均會影響及職員的工作與人際關係；因此，請專家與職員密談，並協助其解決所生困擾乃屬必要；再根據調查發現，大部分員工對工作的失敗，由於缺乏知能者少由於情緒混亂者多，此種知能與情緒的均衡，對高級職務尤爲重要。

㈧處理寃屈：受屈會影響及情緒與工作，不論是如何好的管理，職員終會有不滿之時，若干不滿的職員結合在一起就會使不滿擴大，破壞

了工作意願；如人際的不和諧、誤解、不友好、妒忌，又如不合適的任用、不公平的待遇、無效的工具、工作指派的錯誤、供應物品的遲延、環境的不理想等，均會使職員產生不滿；有些不滿固易爲主管發現，但有者不易發現；當職員產生不滿或受屈時，必需有處理此種不滿與受屈的程序，如就不滿或受屈情形向主管提出，如案涉及主管時則可向再上級主管提出，或向聽審官或受理申訴委員會提出。

㈨態度調查：係以書面或面談式方，由管理當局主動向職員調查，以了解員工有些什麼困擾、想些什麼、需要什麼激勵，能使職員工作上感到滿意的是什麼、不滿意的是什麼；經調查發現使職員感到滿意的措施，應予繼續並加強，感到不滿的措施，應卽改善或廢止。

## 第六項　永業制度

美國文官制度常提到永業制度，且爲功績制人事制度所追求者，茲就其要點簡說如下：

**一、永業之意義：** 永業，係指個人在其一生的可用之年中，能使其在工作中不斷的進境；換言之，在人事制度中，應創造各種條件，對各級學校畢業經由審愼遴選進入政府機關的年輕人，提供眞正永業發展的機會，以留住其在機關中作終身的服務。

**二、永業制度之類型：** 永業制度可從不同觀點區分類型

㈠以方案或機關爲範圍的永業制度：公務員在同一方案之業務範圍內繼續遷調與發展時，係以方案爲準的永業制度；公務員可在某一部門或某一機關或某些機關間繼續遷調與發展者，稱爲以機關爲準之永業制度。惟眞正的遷調範圍，常受着待遇及專業等影響，如前後職務間待遇或福利措施有顯著不同時，職員自不願因遷調而喪失原有待遇或福利；如遷調時需重新考試及格時，亦將影響及職員遷調的意願。

㈡封閉的與開放的永業制度：如一機關採取封閉的永業制度，則除基層職務出缺可從外選任用外，其餘職務出缺均需內升；如一機關採取開放的永業制度，則該機關各階層的職務出缺，均可從外選任用，但並非謂卽無內升，而只是強調各階層職務均可外選而已；美國一般機關多以採開放的永業制度爲原則。此兩種永業制度均各有其優點與缺點。

㈢以工作爲中心與以人員爲中心的永業制度：以工作指派的調整及使職員配合工作者，稱爲以工作爲中心的永業制度，此種永業制度常會打破部門或機關或方案的界限，職位分類制的採行，卽與此種永業制度相配合；以職員的身份爲準，來指派工作、施行訓練、運用人力、認定地位者，稱爲以人員爲中心的永業制度，而職員地位的高低，並非基於所任職位職責的程度高低認定，而係基於服務年資的長短及與其他同身份職員間的關係認定，此種永業制度多少與封閉的永業制度有關。以工作爲中心的永業制度是較爲現代的產物，凡曾接受美援的他國亦多少含有以工作爲中心的永業制度的精神。

就任用資格與俸給而言，以工作爲中心的永業制度，重視工作列等的觀念，亦卽職責繁重的工作列等高，因而擔任此種工作的人員所需資格水準要求亦高，所得待遇亦高；以人員爲中心的永業制度，重視人員的地位，亦卽學歷高年資久者列等高，因而所得待遇亦高。

以工作爲中心的永業制度，可實現同工同酬，人與事配合；但遇及工作有變動時，常需採取升等或降等措施，尤其降等措施，因涉職等的降低與待遇的減少，易生困擾。以人員爲中心的永業制度，不能實現同工同酬，人與事不易配合；但遇及工作有變動時，因工作與人員身份地位無必然關係，故不需跟着採取升等或降等的措施，自可減少若干困擾。

由於此兩種永業制度各有利弊，故近年來常有設法調和的論調，如在工作爲中心的永業制度，遇及因工作變動而降等時，原有人員仍可維

持原有職等及待遇；在人員爲中心的永業制度，應進一步研究人與事的如何配合，以增進效率。此種構想，對高級職務尤爲重要。

三、**永業制度的趨向**：不論採用何種永業制度，在永業制度中職員得以遷調的機關或業務或方案的範圍，均有逐漸擴大的趨勢；如就以機關言，不但在上級機關與所屬機關間得以遷調，更希望在各級政府間亦得調任，甚至政府與公營事業及民營事業人員間亦得相互交流。

## 第七項　高級行政主管羣制度的建立

美國是個實施職位分類的國家，亦可說是採用以工作爲中心的永業制度，此種制度對一般職務自可適應，但對高級行政主管職務而言，在適應上卻有困難；因而在若干年前，即參照英國開放架構的作法，以行政命令規定，對高級行政主管的升遷調度，作了若干特別的規定；至一九七八年文官改革法制訂後，即依法正式建立起高級行政主管羣(Senior Executive Service 簡稱 SES) 的制度。茲就其內容簡說如下：

一、**一般說明**：SES,包括行政部門所屬第十六職等至行政首長四、五等職或與其相當等級的主管人員,自文官改革法制定後九個月生效:五年後，國會有六十日時間的考慮，可採取決議方式停止此一制度的實施。

二、**SES 之員額**：根據各機關方案的需要，由人事管理局洽商管理及預算局後，將職位員額分配至各機關，爲期二年，並報告至國會，在此二年期間，人事管理局亦可增加或減少分配的名額。政府各機關在任何時候的高級行政主管總員額，不得超過人事管理局在該二年內所分配總員額的 105%。有關總員額的特別規定，尚有：

㈠將現有第十六至第十八職等的管理職位及第三一三號公法所定科學管理職位，併入此總員額。

㈡廢止其他分配員額至各個別機關的規定。

㈢高級行政主管群及第十六至第十八職等的職位合計，以 10777 個為最高限額；　非列等的，非管理的、科學的及專業的職位而在 SES 以外並從事研究與發展工作的職位，以 517 個為最高限額。

㈣人事管理局決定及公布　SES　以外，於制定文官改革法當日之行政主管職位的員額，在一九八○年一月底前，總統應告知國會決定行政主管職位的計劃。

三、SES 之結構

㈠包括兩類職位：即第一類為保留常任的職位，係基於保證政府的公正及公眾信任的需要，此類職位只能由具有常任資格的人員擔任，此類職位佔全部 SES 職位的數額由人事管理局決定，大致為 45%。第二類為一般的，可由常任的或非常任的人員擔任，或由擔任定有期限的或緊急任用的人員擔任。

㈡有四種任用方式：即第一為常任任用，根據功績制用人的程序，其資格標準由人事管理局核准。第二為非常任任用，即不經由功績制程序選用；其總人數不得超過 SES 總員額 10%，及不得超過該機關 SES 員額 25%，但現已超過此一數額的機關暫維現狀；此類人員的名額百分比，每年由人事管理局分配之。第三類為定有期限的任用，任用期限最多為三年，期限屆滿即行終止，不得再任。第四類為定有期限的緊急任用，必須因緊急事務而任用，期間最長為十八個月，期限屆滿不得再任。上述第三、第四類人員之任用，其員額不得超過各機關 SES 員額的5 %，且需經人事管理局的核准。

四、SES 之進用

㈠資格標準：對特種職位的資格標準，由各機關依照人事管理局的指示自行訂定。

㈡常任任用的程序: 由各機關運用行政主管資源委員會 (Executive Resource Board) 予以徵募與審評; 由人事管理局運用資格審查委員會審評候選人之管理性的資格條件; 當初任 SES 職務時需經一年的試用; 有關退役軍人的優待不適用於 SES 的任用。

㈢非常任任用、定有期限的任用、定有期限的緊急任用: 由各機關自行決定擬任人員的資格標準。

㈣服務年資條件: 在不超過 SES 總名額 30%範圍內, 可由任現職不滿五年之人員擔任。

㈤初次轉任 SES 的程序: 由機關指定轉爲 SES 的職位; 被指定爲 SES 職位的現任人員, 有 90 日期間選擇轉任 SES 或仍留任原有的任用及保留原有的待遇與福利, 但此種人員不得再有晉升或調任的資格, 但可遷調至非 SES 職位; 初次轉任爲 SES 職位人員, 不需具有爲人事管理局所核定的管理性資格條件, 亦不需經過試用。

**五、在 SES 內重新指派工作及調任:** 行政主管可能被重新指派至本機關的 SES 職位,但如屬常任任用之人員,需於 15 日前告知; 新機關首長到任後120天內, 對常任任用的SES人員不得作非自願的重新工作指派; 行政主管可選擇調任至希望任用他的機關,但不得作非自願的調任。

**六、SES 之待遇與福利**

㈠基本俸給: 分爲五等, 自最低之第十六職等最低俸級, 至最高之行政首長四職等俸給; 總統每年調整此種基本俸給並公布之, 同時報告至國會; 機關首長決定 SES 人員所支之俸級; 每一 SES 人員每年只能調整一次; 如常任任用的SES人員需減低俸給時, 應於15日前告知。

㈡對常任任用 SES 人員之考績獎賞: 對考績認爲完全成功者, 每年得獎給一次獎金, 其數額最高以基本俸給 20% 爲限, 且並非每年繼續給與; 各機關每年給予獎金的人數,不得超過該機關SES員額的50%。

㈢常任任用 SES 人員的等次：各機關列爲績優 (Meritorious) 的行政主管，每年不得超過 SES 員額 5%，每人可獲一萬元的獎金；1%的 SES 人員，可列爲卓越 (Distinguished)，並給予二萬元獎金；在五年內只能有一次列爲同樣的等次；此種等次及獎勵，需由機關提名，人事管理局推薦由總統核獎。

㈣福利：機關首長對任職十年者可給予休假以便從事研究，期間最長爲 11 個月；對假期的累積使用，並無限制。

## 七、SES 之考績

㈠各機關自行規劃考績制度：考績項目係以個人及所領導機構的績效爲基礎，如對效率的改進、工作產量、工作素質、文書的簡化、經費的效能、處事的適時性及積極行動目標的達成等，均需考慮。

㈡考績由機關考績審評委員會審查：對常任任用 SES 人員的考績，考績審評委員會的委員必需過半數爲常任任用人員；考績每年舉行，但在新首長到任後 120 天內不予考績。

㈢考績等次：分爲特優、很滿意、滿意、勉予滿意、不滿意五等，考列前三等者可接受獎金，考列後兩等者將予調職。

## 八、SES 職務之免除

㈠常任任用人員：如在試用期間因工作不勝任而免除職務者，應安置至非 SES 職位（如非由外選任用時）。於試用期間後，如考績有一次不滿意者，需重新指派工作或調任至其他 SES 職位，如在五年內有二次考列不滿意，或在三年內有二次考列勉予滿意或不滿意者，需予免除 SES 職務。如試用後因考績不合格而免職者，可要求功績制保護委員會舉行非正式聽審會，同時有權轉任非 SES 之第十五職等或第十五

職等以上的職位; 或具有二十五年任職年資或年滿 50 歲並具有二十年年資者，可選擇退休。當新任機關首長就職後 120 日內，不得因考績不良而免職，但考績在新任首長到職已經辦理且依規定需予免職時，不在此限。因違法失職對 SES 人員採取懲處行動者，其懲處程序與申訴權利與競爭任用之職員同（卽30日前告知，有申辯權，並可向功績制保護委員會提出申訴等）。

（二）非常任任用及定有期限任用之 SES 人員: 可由機關首長任意免職，被免職者無申訴權利。

## 第六節　俸　　給

### 第一項　訂定俸給之一般考慮

**一、訂定俸給之原則**: 主要在下列三個法律中有所明定:

（一）依 1962 年聯邦俸給改革法規定，訂定俸給應依照平列原則（Alignment Principle）與比較原則（Comparability Principle），平列指工作量相等者待遇亦應相等; 比較指聯邦政府公務員俸給，應比照民營企業薪資水準訂定。基於上述兩原則的應用，可使若干種俸表之俸給，透過相互比較而趨於一致。

（二）依 1970 年聯邦薪給比較法規定，研議俸給時應遵守下列三原則，卽1.同工同酬: 相同質量的工作給予同等的報酬; 2.政府各職等公務員之俸給，應與民間企業相當職務之薪給水準，保持平衡; 3.聯邦政府各類公務員之法定俸給，保持相互間的平衡一致。

（三）依1978年美國文官改革法中對功績制之九個原則，亦列有俸給之原則，卽同等價值的工作，需給與同等的待遇，不論全國或地區之私

營企業俸薪，均應參酌；對於成績優異者，並應加以激勵與表揚。

　　二、訂定俸給之程序：美國聯邦各種公務員俸給之訂定與調整，乃以一般俸表（GSI-18）爲依據，當一般俸表之俸給訂定或調整後，再根據平列，比較等原則，來訂定與調整其他俸表之俸給。至一般俸表俸給之訂定與調整，則依下列程序進行：

　　(一)由人事管理局長、勞工部長及預算管理局長共同組成總統的俸給小組，來主導年度俸給調整計畫的擬定。

　　(二)由勞工統計局蒐集民間薪資調查資料，提供技術性建議。

　　(三)由聯邦公務員代表組成待遇諮商委員會，提出俸給看法與建議。

　　(四)由總統之俸給小組，依民間薪資調查資料與聯邦公務員俸薪水準作成比較，向總統提出調整方案。

　　(五)俸給小組之方案亦可請由專家學者組成之顧問委員會諮詢。

　　(六)總統採納俸給小組依聯邦薪給比較法所擬待遇調整方案施行。

# 第二項　俸給類別

　　一、俸給表：美國公務員俸表類別甚多，除行政首長、高級行政主管群、及分類職位公務員定有俸表外，其餘特種公務員亦各別訂有俸表，茲簡說如下：

　　(一)行政首長俸表：除總統、副總統等外，其餘自部長至司處長，共分五等，分定年俸支給。

　　(二)高級行政主管羣俸表：共分爲六等，分定年俸支給。

(三)分類職位公務員一般俸表: 一九八九年一月之標準為:

| 職等＼俸額＼俸級 | 每五十二週晉一級 | | | 每一〇四週晉一級 | | | 每一五六週晉一級 | | | 10 |
|---|---|---|---|---|---|---|---|---|---|---|
| | 1 | 2 | 3 | 4 | 5 | 6 | 7 | 8 | 9 | |
| GS-1 | 10,213 | 10,555 | 10,894 | 11,233 | 11,573 | 11,773 | 12,108 | 12,445 | 12,461 | 12,780 |
| GS-2 | 11,484 | 11,757 | 12,137 | 12,461 | 12,601 | 12,972 | 13,343 | 13,714 | 14,085 | 14,456 |
| GS-3 | 12,531 | 12,949 | 13,367 | 13,785 | 14,203 | 14,621 | 15,039 | 15,457 | 15,875 | 16,293 |
| GS-4 | 14,067 | 14,536 | 15,005 | 15,474 | 15,943 | 16,412 | 16,881 | 17,350 | 17,819 | 18,288 |
| GS-5 | 15,738 | 16,263 | 16,988 | 17,313 | 17,838 | 18,363 | 18,888 | 19,413 | 19,938 | 20,463 |
| GS-6 | 17,542 | 18,127 | 18,712 | 19,297 | 19,882 | 20,467 | 21,052 | 21,637 | 22,222 | 22,807 |
| GS-7 | 19,493 | 20,143 | 20,793 | 21,443 | 22,093 | 22,743 | 23,393 | 24,043 | 24,693 | 25,343 |
| GS-8 | 21,590 | 22,310 | 23,030 | 23,750 | 24,470 | 25,190 | 25,910 | 26,630 | 27,350 | 28,070 |
| GS-9 | 23,846 | 24,641 | 25,436 | 26,231 | 27,026 | 27,821 | 28,616 | 29,411 | 30,206 | 31,001 |
| GS-10 | 26,261 | 27,136 | 28,011 | 28,886 | 29,761 | 30,636 | 31,511 | 32,386 | 33,261 | 34,136 |
| GS-11 | 28,852 | 29,814 | 30,776 | 31,738 | 32,700 | 33,662 | 34,624 | 35,586 | 36,548 | 37,510 |
| GS-12 | 34,580 | 35,733 | 36,886 | 38,039 | 39,192 | 40,345 | 41,498 | 42,651 | 43,804 | 44,957 |
| GS-13 | 41,121 | 42,492 | 43,863 | 45,234 | 46,605 | 47,976 | 49,347 | 50,718 | 52,089 | 53,460 |
| GS-14 | 48,592 | 50,212 | 51,832 | 53,452 | 55,072 | 56,692 | 58,312 | 59,932 | 61,552 | 63,172 |
| GS-15 | 57,158 | 59,063 | 60,968 | 62,873 | 64,778 | 66,683 | 68,588 | 70,493 | 72,398 | 74,303 |
| GS-16 | 67,038 | 69,273 | 71,508 | 73,743 | 75,473 | 76,678 | 78,869 | 81,066 | 82,500 | |
| GS-17 | 76,990 | 79,556 | 82,122 | 82,500 | 83,818 | | | | | |
| GS-18 | 86,682 | | | | | | | | | |

註: 聯邦公務員俸給調整提高至表列水準——但實支最高限額仍保持75,500元, 卽行
政首長五等之俸額75,500元。

　　一般而言, 高中畢業者, 可自一等或二等起敍俸級, 大學畢業者可
自五等或七等起敍俸級, 得有碩士或博士者, 分別可自九等或十一等起
敍俸級, 博士再有二年經驗者, 可敍至十二等。

　　(四)其他俸表: 美國公務員俸表, 除前述兩種外, 較爲重要者尚有:

　　　1.郵政人員俸表: 其結構區分爲十二個職等, 第一至五職等每等
設二十個俸級; 第六至第八職等每等設十九個俸級; 第九至第十職等每
等設十八個俸級; 第十一職等設七個俸級; 第十二職等設六個俸級。

2.外交人員俸表：外交人員俸給分爲三種，卽(1)使館館長俸表，共分四等，每等只定一個俸級；(2)外交官俸表，共分八個職等，以第一職等爲最高，設三個俸級；第二至第八職等每等設七個俸級；(3)外交人員俸表，共分十個職等，亦以第一職等爲最高，各等均設十個俸級。

3.其他公務員俸表，如聯邦檢察官俸表，國家情報機關人員俸表，原子能委員會人員俸表，田納西河谷管理局人員俸表，退伍軍人管理局醫藥人員俸表，適用三一三公法案之科技及專業人員俸表等。

**二、加給及津貼**：公務員俸給除依俸表之規定外，尙有各種加給及津貼，較爲重要者有：

㈠地區加給：在環境條件具有危險之處所服務者，或在國外或偏僻地區服務者，得支給附加俸給額 25% ；在各州服務而地區之生活費較哥倫比亞特區爲高者，得支給相當基本俸額 20% 至 25% 之加給。

㈡加班費：十五職等以上人員不支給加班費，其餘人員如工作超過正規勤務時間者，按時計算給與基本俸額之一倍半。

㈢夜勤津貼：凡擔任之職務，其正規工作時間自午後六時至翌日午前六時者，按正規時間俸額增加 10%。

㈣假日給與：在假日服勤務者，如在正規時間支普通俸給之二倍；若超過正規勤務時間時，並支給加班費。

㈤其他津貼：如危險津貼、國外生活費津貼、待命津貼等。

### 第三項　俸給之支給與晉敍

公務員俸給之支給與晉敍，在正常情況下，爲自職位所列職等之最低俸級起支，而後再依考績、或依年資、或依事蹟晉敍；但遇及特殊情況時，則作特別的處理。茲簡說如下：

**一、正常情況之支俸與晉敍**：如以分類職位公務員俸給言，初任人

員自職位所歸職等之最低俸級起支；以後即依據年資晉敍，如各職等之第一、二、三、各級，每隔 52 星期晉敍一級；第四、五、六各級，每隔 104 星期晉敍一級；第七、八、九各級，每隔 156 星期晉敍一級；故自第一級晉敍至最高級約需十八年。

**二、特殊情況之支俸與晉敍：** 其情形有下列各種

㈠對某種特殊人才當時依正常俸給難予羅致者，可設定特殊超過俸給（職等仍照舊），可支較高俸給，當特殊原因消滅時或俸給調整增加時，再適用原俸表之俸給；或遇及上述情況時，得自最低俸級起提高若干級支給，並得在原職等延伸俸級若干級（合計仍爲十級）。

㈡對工作成績特優者縮短晉敍俸級期間：依一九六二年俸給改革法規定，對工作成績特別優異者，可給予額外的晉級，但此種額外晉級，每 52 星期只能有一次，以免浮濫；如此可縮短晉敍俸級之期間。

㈢降等任用者可暫支原俸給：依一九七八年文官改革法規定，公務員因裁員或因職位調整歸級而降低職等者，在自降等之日起在二年內有權仍以原職等任用並支原俸給，但該公務員任原較高職等需爲期已達一年以上。於兩年後，公務員將以較低職等任用，其待遇亦改在較低職等之相當俸級支給；如原支俸給超過較低職等最高俸給時，得仍支原俸給，但最高以較低職等最高俸給之150％爲限，遇及年度待遇調整時，只調整增加50％，直至較低職等俸給與現支待遇相等時，始全額增加。

前述保留原職等任用之人員，遇有下列情況時不再保留，即任職年資中斷一日以上時，因個人原因受記過處分或公務員自行請求時，被安置至同職等或較高職等之職位或對上述安置而拒絕時，以書面要求停止此種福利優待時。又當遇有下列情事時不再支給原俸給，即任職年資中斷一日以上時，可以支領與保留俸給相等或較高俸給時或拒絕接受可支此種俸給之職位時，因個人原因受記過處分或公務員自行請求時。

人事管理局，可要求各機關辦理下列事項，卽報告可用以安置降等任用人員之職位出缺，採取行動使降等任用人員獲得資格轉任適當職位，以減少此種特殊條款的適用；對降等任用人員建立優先任用的方案，安置卽使在其他機關任職的此種降等人員。

降等任用人員，對因拒絕接受與原職之職等及俸給相等職位，致所在機關終止此種優待的條件時，得向人事管理局提出申訴；對調整歸級及資遣人員案件，法律或人事管理局規章所定之申訴權仍得行使。

以上各種規定，自一九七七年一月一日起繼續任職的公務員，對一九七七年一月一日以後所採取之資遣或調整歸級案件，亦可適用。

三、主管人員及監督人員之功績加俸：依一九七八年文官改革法之規定，十三職等至十五職等之主管人員與監督人員，其俸給之晉敍，將直接以其工作成績爲基礎，而非逕憑年資辦理。主管人員及監督人員之功績，依其個別工作成績及其管轄下的單位之差異而不同，並依據正式的評審決定之；核發功績俸時應考慮之因素，包括費用效率、處事之適時性、及工作或服務情形、成果數量與品質之改進等。

## 第四項　健康安全與福利

爲期公務員能安心工作，除俸給問題外尚需注意其健康安全與福利。茲就美國一般政府機關所推行者簡說如下：

一、健康維護：維護公務員健康是國家的責任，健康保險爲有效辦法；舉辦健康及治療計劃的目的，不外㈠獲得與協助身體健康者作適當的任用；㈡訓練員工注意個人的健康與衞生；㈢減少工作時的損失；㈣保持公務員心理的平靜。欲達到這些目的，一方面需採取任用前的體格檢查與任用後發生事故時之處理，並推行健康教育；二方面訂定集體保險計劃以保障公務員及其眷屬的健康。工作上所採取的健康措施，包括

㈠體格檢查，除進用前檢查以淘汰不適格者外，進用後亦需定期檢查，如發生缺陷應調整其工作，健康檢查資料應集中保管以備參考；㈡意外事故處理，應設置緊急事故診治室，配備醫護人員；根據統計因病所受之時間損失比意外事故為多；因病及異動所受之經費損失比維護健康所需費用為大；㈢其他尚有加強健康教育以預防公務員的缺勤。團體健康保險之最大承保機關，為藍十字及藍盾醫療保險組織，幾乎所有聯邦公務員均加入團體健康保險，保險費除由政府負擔一部分外，餘由公務員在其俸給內扣繳一部分。

二、意外防範與安全：安全計劃，包括災害防範與減輕及防火與保障。前者包括經常查報災害情形及主管機關之派員調查；災害的發生不外工作條件不理想、機器故障及公務員的疏忽等，有者需由工程司改善，有者需由人事單位負責，如推行安全教育、成立安全委員會、運用各種方法強化意見溝通、舉行競賽，以引起對安全的警覺；為減少意外傷害，除採取預防措施外，更需加強急救措施。後者的防火與保障，應有完善的器材及逃避通道與安全門；受傷者應給予補償。自一九七四年起，公務員因意外事故受傷療養期間，在四十五日內可支全俸，並享受一些其他利益。

三、改善工作環境：如空氣流通，包括適當比例的氧氣，保持溫度及濕度在舒適範圍之內，沒有灰塵、臭味及過多的細菌，及空氣的有效循環；注意空氣不僅為了減少疲倦與增加效率，更是為了健康。再如燈光，亮度差會使眼睛緊漲，引起疲勞並損耗視力，引致降低效率及提早退休；適當的亮度需經由實驗決定，人為燈光盡量與日間光相近，直接光與間接光並用比單用一種為優，日光燈比白日光為好；牆壁及天花板的顏色亦會影響及亮度。又如噪音，可用聲音標準表來控制與改進，用地毯、選適當的打字機，均可減少噪音；牆壁用吸音板，將機器房隔離

亦爲有效方法。至設備及空間亦應注意，多人在一房間內工作，會影響
及注意力，對擔任研究及寫報告之工作極不相宜；小的靜的房間最好一
人一間；並注意坐姿，使坐姿可自由轉換；再清潔的地板、牆壁、窗
戶、飲水等，亦需注意。

　　四、福利及合作措施：如團體生命保險，政府允許公務員購買；保
險內容包括某種意外事故，數額因俸給而定，費率低，由俸給中扣取一
半外其餘一半由政府補助。信用貸款，自一九三四年信用聯合社法實施
後，甚爲普遍；其方法爲合作性質，由會員出資認股後可以貸款，利息
很低，並有分紅。其他福利設施，則有如餐廳、咖啡室、娛樂設施等。
總之，凡有助於公務員生活改善的措施，同樣的將有助於工作的改善。


# 第七節　考　　　績

## 第一項　考績的作用與問題

**一、考績的作用：** 考績的主要作用爲

　　㈠考績需是積極的而非消極的：亦即考績需能積極的維護工作及改
進工作，而非使工作更退步。考績需能發現屬員工作上的缺點，進而協
助屬員改進其缺點，使工作更進步；而非使屬員增加心理負擔，視考績
爲畏途，因考績而受到挫折，反而使工作退步。

　　㈡考績是監督權者對工作有效性之最後認定：屬員工作之是否有
效，需由監督權者來認定，而認定工作是否有效的時機即爲辦理考績之
時，故考績不但爲監督權的運用，且爲對屬員工作的最後評定。

　　㈢考績需公平並保持人際關係中的自尊：考績如有偏私，則成爲監
督權的濫用；考績更需保持人際關係中的自尊，不使屬員因考績成績差

而受挫折感或引起不滿，致有損人際關係的和諧。

二、考績上值得考慮之問題：考績欲眞正發揮作用，對下列各問題值得考慮與改進：

㈠考績的目標問題：考績目標應爲澄淸工作的希望是什麼（規定滿意工作的標準），加強及改進屬員的工作（認定屬員工作的優缺點），改進人事標準（作爲查核原定資格條件、考試等是否正確的依據），建立人事措施的客觀基礎（作爲晉升、核獎及資遣等之基礎）。目前辦理考績的方式是要求主管對所屬工作作定期的考核，提出書面考核報告，再會商屬員，而後提向上級轉至人事單位，以備將來參考；此種方式能否達成前述目標，似尙需考慮。事實上，欲以一年一度的一張考績報告，達成上述目標殆無可能，因而如遇缺需內升時，通常需另作升遷考核，並非完全根據以前的考績報告。根據過去考績成績來預測將來成就，是憑考績晉升的想法，但如過去工作上根本無發展潛能的機會時，則此種想法有了問題，故在拔擢優秀時配以性向或智力測驗甚有價值，或在晉升前要求主管對屬員潛能單獨作一考核亦屬可行，至考核者自應由熟悉被考核者工作的人擔任。

㈡定期考績問題：一年一度的考績，主管人員只注意及考績時屬員的工作，而疏忽考績前的工作，故不够確實；改進方法，有者認爲索性改爲五年一考；有者認爲當遇及某種事項時始予考績，如調主管時、調職時、屬員工作有變動時、考慮晉升時等；有者認爲應於有特優或特劣事蹟時始予考績，平時不再考績。

㈢全面考績問題：所謂全面考績指就屬員各項工作的考核結果作成總評，以便與他人相比較，此乃考績之又一缺點；因爲在某方面工作上有缺陷的屬員，可能在其他方面有表現，善於文筆的屬員不一定就有口才，對考績作總評時則會抹煞了此種缺點與優點；再一般屬員會接受部

分缺點的批評，但不會接受整個無能或無用的總評；故考績於分項考評後，不宜作成總結，而仍保留各種優點缺點的資料，作爲指派或調整工作的參考。

㈣需考績些什麼：以往考績重點偏向於屬員的條件及特性，而非屬員在工作上的表現與成就；現今則趨向於考核屬員在工作上的具體成就或工作上所表現出的行爲，而非屬員的人格特徵；其方法爲考績表按工作類型或性質分別規定以利應用，並特別重視工作的具體事蹟，如工作數量、工作素質等。

㈤考績的客觀性與有效度：根據涉及工作成敗的因素訂定工作標準，考績時以實有工作情況與既定工作標準相比較定其優劣，此種考績方法具有客觀性與效度，惟工作標準的制定應使員工參與；保持考績公平的最有效方法，是嚴謹的遴選主管人員，及對主管經常的給予監督技術的訓練；再就屬員的參與言，如屬員對考績沒有了解、沒有參與或沒有接受，則任何的考績方法均屬無價值；參與應自訂定工作標準時開始，在開始考績時（並非考績辦結時）主管應卽與屬員洽商，在考績報告中應包含有主管與被考核者雙方的意見在內，當考績越具體對屬員工作的改進作用越大；同時主管人員在考績時所表現的行爲，應與日常工作時行爲一樣。

㈥考績需否公開：以往考績資料均屬機密，但考績如對屬員保持機密，則屬員工作將無法因考績而獲得改進；對屬員潛能的考核需否公開則更是問題，目前認爲潛能的考核只是一種意見，需與其他項目的考核配合運用始有其意義。

㈦考績程序：考績程序需簡化而迅速，並減輕主管的負擔，同時需訓練考核官員保持客觀與熟悉考績程序，坦白的承認考績的限度與缺點；並使各級主管參與考績制度的規劃與審查，將可增加各級主管對考

續的了解與合作。

# 第二項　考績方法

在理論及技術上可用的考績方法，在美國大致有下列各種:

**一、生產記錄法**: 對工作產量可以明確計算及訂出產量標準之工作多可適用，但應用時除考慮數量外，尚需顧及素質。

**二、相互比較法**: 由考核者就所屬人員中，先選出何一因素係何人最好、何人最差、何人中等，而後再將各屬員的此些因素情形，分別與各因素之最好、最差及中等之人相比，以定其考績之優劣；此種方法之缺點為偏向於人的特質的比較而非工作的比較；同時所選之特質與所比較之人，是否與工作均有關聯亦易發生疑問。

**三、評分法**: 先選定若干因素，再將各因素區分為若干程度或再配以分數，屬員在各因素所得分數之總和，即代表其考績成績；此種方法之缺點為不能適應各別需要，同時考績表格內容過於繁複，不為主管所樂用。

**四、圖示考評法**: 先找出與工作成敗有密切關係的因素，用圖表示出各該因素的強弱，即以此圖示作為辦理屬員考績的依據；主管人員認為某屬員之某因素與圖示上何位置相當時，即在該位置處作記號，同一屬員在各因素圖示的位置關係，即代表該屬員的考績成績；此種方法之缺點為不易將考績結果的素質轉化為數量。

**五、重要事故法**: 首先決定擔任職務需要做到的條件（因各種職務而不同），而後由主管對屬員工作上的重要事故隨時予以記錄，以認定其成績之優劣；此種方法之缺點會使主管過於重視屬員的異常行為 。

**六、自由敍述或報告法**: 由主管對所屬工作情形作自由的敍述或報告，作為檔案資料，不予評分或定等次；此種考核對屬員將來的任職及

增進主管與屬員間的瞭解，甚爲有益。

**七、指導性考核法：** 主要在透過主管與屬員間良好關係，去瞭解屬員的工作情況，並經常加以指導與協助其改進，但不評分；此種方法與其說是考核，毋寧說是監督。

**八、集體或自我或相互考核法：** 有者由多數人或一個團體來考核個別的屬員，對主管人員的考核多採此種方式；考核後將資料送由上級主管，再由上級主管與受考者洽談，指出其業務上之優缺點及宜改進之處，並指導受考核者的發展方式，如參加訓練、授予較大權力、職務輪調、參與會議等。又有自我考核者，對自己工作成效作嚴格的評估，並發現需予改進之處；爲期自我考核有效，需參加考核訓練。又有由同事考核再加上主管的考核者，即一單位的員工，一方面由主管予以考核，另一方面由同事相互考核（即每一職員受到其餘同事的考核），將此兩種考核資料彙合後，可得到較爲客觀的結果。

## 第三項　新考績制度

依一九七八年文官改革法規定，聯邦政府各機關自行研訂其本機關的考績制度，並需自一九八一年十月一日起實施，其要點爲：

**一、建立新考績制度之目的：** 各機關建立新的考績制度，其目的在㈠以便定期考核屬員的工作執行情況；㈡鼓勵屬員參與工作標準的制訂；㈢將考績結果作爲採取該屬員人事措施的基礎。

**二、工作標準與新考績制度：** 先是建立工作標準，以憑與工作有關的客觀尺度爲基礎，實施正確的考績；再將職員職位的工作標準與關鍵因素通知各該職員知曉；此種通知時間，在第一次辦理新考績時爲不得遲於一九八一年十月一日，辦理以後各次考績時爲考績期間開始之時；以後在考績期間，即以此工作標準作爲考核職員工作執行情形的依據。

依美國聯邦人事管理局於一九八〇年對制訂工作標準及辦理考績之指示，其要點如下：

(一)工作標準之特性：工作標準包括下列三個特性，卽 1. 工作因素，如工作程序、工作成果及所提供的服務等，此乃構成一個人員工作之重要部分； 2. 工作標準，對每一因素規定其應行達到的水準或要求； 3. 決定性因素，指對一個人員工作極爲重要的因素，如對此種因素不能達到最低限度的水準或要求，需卽採取補救措施，甚至對人員要採取不利的行動。

(二)工作因素：考績時應考慮之工作因素，包括下列各型式，如工作成果、服務素質、工作程序、若干任務或作業之總合等，對一個人員所處理之各種工作自不需全部列舉，但對重要的及主管人員在考績年度內需予瞭解的工作，應予包括在內。上述各種型式的工作因素可歸納爲兩類，卽組織上的因素與個人工作的因素， 1. 所謂組織上的因素，指涉及組織的工作與責任及人員管制的各種因素，如訂定計畫、監督他人執行工作等；組織上因素根據政策、計畫及方案而來。 2. 所謂個人工作的因素，指由個人所負責並直接處理之因素，不能再授由他人處理；個別因素根據職位說明書、工作的特性、個人的發展目標、及主管人員所給予的指示而來。

(三)工 作 標 準：係指對所處理工作應行達到之水準或要求的書面說明，工作標準可從應達到之數量、素質、完整性、所化時間、所獲得效果等觀點來敍述。主管人員對工作標準有最後決定權，但最好能要求工作人員先就所擬定之各工作因素，提出工作標準之初稿，而後再由主管與工作人員商討擬定。

對各工作因素應行達到之水準或要求，在程度上需作五種區分，卽不滿意 (Unsatisfactory)、最低滿意 (Minimally Satisfactory)、完全成

功 (Fully Successful)、 超過完全成功 (Exceed Fully Successful)、特優 (Outstanding)。當擬訂工作標準時，應先從「完全成功」的程度開始； 所謂完全成功， 指所執行工作成果， 完全符合主管對工作者的期望,如工作者對各種工作因素均能達到此種程度,即應在原職等內晉俸。比完全成功程度爲低的即爲「最低滿意」， 對工作成果只能達到此種程度的工作者，對其工作成果雖可勉予接受，但對該工作者應即考慮需否採取教導、訓練或重新指派工作之適當措施，再如對決定性因素未能達到最低滿意程度時，可能會引致對工作者的懲處。比最低滿意爲低的程度即爲「不滿意」，對此一程度通常不再作書面說明。程度最高者爲「特優」，何種情況始爲特優，宜作較爲明確的敍述，必要時並得列舉若干實例。在工作標準中當有了完全成功與特優之敍述後，則對「超過完全成功」的程度亦可免再說明。因此在工作標準中，對各因素只需作「最低滿意」、「完全成功」及「特優」三個程度的敍述已够。對某些情形特殊的工作因素，並無特優或超過完全成功之情況時，則在工作標準上亦可免再敍述。工作標準內容應求簡明，同時工作標準內容不宜過於硬性，應使之略具彈性，在此彈性範圍內由主管人員自行判斷。

　　㈣認定決定性因素: 從工作標準所列之各因素中，應認定何者爲決定性因素。決定性因素係指對工作成敗極爲重要的因素，如工作者對一個或數個決定性因素尚未達到最低滿意程度時，主管人員對工作者應即採取行動， 並可能引致對工作者之懲處， 如降等、重新指派工作或免職。在工作標準中至少要指定一個決定性因素，對每一決定性因素均應有「最低滿意」的程度說明。

　　如工作者不同意所擬訂的工作標準（包括工作因素、工作標準及指定決定性因素），應盡可能獲致協議，如無法獲致協議，則應由再上一級主管作最後決定，經決定後工作者不得提出申訴，工作標準決定後應

即送一份給工作者。

㈤保持考核記錄: 主管人員對所屬工作者訂定工作標準後, 於考績年度開始後應即作考核與記錄, 主管人員對每一屬員應有考核手摺, 凡工作者在工作上之表現而與工作標準有關者, 均應予以摘要記錄, 並成為官方紀錄的一部分。

㈥定期舉行考核檢查: 考核檢查一年分三次辦理, 即考績年度之前九個月中, 每三個月由主管人員舉行考核檢查一次 (第四次考核檢查係併入年度考績辦理)。 考核檢查時應就工作者的工作表現資料及手摺上的記錄, 與工作標準相核對, 並使工作者瞭解其工作實況與工作標準之比較情形, 更應使工作者瞭解到何方面的工作尚未達到工作標準的要求, 以期在年度考績前有所改進; 同時亦可利用考核檢查來考慮原定工作標準是否適當及需否修正。 經考核檢查發現有可作為一般工作者模範的或不合工作標準要求的情況, 主管人員應即作反應使有關人員知悉。 經考核檢查結果, 應即填寫考核檢查表, 並交由工作者簽名, 如工作者拒絕簽名應將情形報告再上一級主管, 並予加註。

㈦辦理年度考績: 年度考績是考績年度內最後一次的考核檢查, 包括填寫書面的考績表, 及與受考人有關考績評定等次及應採取行動的商談。 年度考績表是主管人員對屬員考績的書面記錄, 在填寫年度考績表前, 應搜集該年度各次考核檢查的資料, 及檢查考核手摺上所記錄之各種事實 (包括最後一季的資料), 而後在各工作因素中分別評擬U (代表不滿意)、 M (代表最低滿意)、 F (代表完全成功)、 E (代表超過完全成功)、 O (代表特優), 必要時並將有關文件作為考績表的附件; 凡評擬列在低於或高於完全成功之程度時, 應敍明事實及理由。 主管人員於考績表內尚需說明應採取的追蹤行動, 此種追蹤可只為某一因素或某類因素而採取, 如調整工作指派、 舉行諮商會談、 參加訓練、 調

至其他單位、指派更重要工作以加速發展等。

當考評完畢後，應即訂定時間與所屬工作者商談，主要目的在1.使工作者瞭解，在主管人員心目中的工作優點與缺點在何處；2.提出工作上之問題，使工作者有機會提供改進的意見；3.商討主管人員對工作者擬採取的行動。此種商談應是雙向的意見溝通，主管人員應主動的尋求工作者對考評的反應，並取得其對擬採取行動的支持，同時亦告知工作者對考評如有意見可用書面提出。

**三、考績在人事管理上之應用：**考績的結果，將作為下列各種人事措施的基礎：

㈠裁減人員：遇及需裁減人員時，如最近的考績對各工作因素均評列特優者，則可增加年資四年（年資愈久者愈最後裁減）；如最近考績對各工作因素均評列超過完全成功或較超過完全成功為好者，可增加年資二年。

㈡試用期間：在試用期滿時，可憑考績決定其正式任用或解除職務；如在試用之一年中，對部分工作因素考績評列比完全成功為低時，主管人員應即考慮將試用者免職。

㈢重新指派工作、降等或免職：如工作者之考績評列不能接受時（即對一個或數個決定性因素考評不滿意），主管人員應即協助工作者改進工作，協助改進的方式，有1.就應行改進之點與工作者商談，在改進時工作者應做些什麼，及容許工作者改進之限期；2.如工作者缺乏執行工作所需之知識技能時，應提供工作上訓練或設班訓練機會，3.克服改進工作的障礙，如更換不適當的工具或避免經常的被中斷；如工作者經主管人員上述的努力後，在工作上仍繼續表現出不能接受時，主管人員可採取重新指派工作、降等或解除職務等措施。一般而言，如採取解除職務之措施，應先考慮可否經由調整工作（包括職位的重組，使工作者

的學識技能及能力可得到更好的運用）而解決，或將工作者降至較低職等的職務而解決。如將工作者予以降等或解職，需在三十日前以書面通知工作者，此三十日並應自採取協助措施而仍無效之日起算。

　　㈣考績檔案：　各機關對因工作考 列不滿意而擬予 降等或免職之人員，如其工作情況好轉且其好轉情況持續一年時，原有考績不滿意之記錄應自機關檔案中剔除。

　　四、對新考績制度之監督：人事管理局與管理及預算局，對新考績制度具有監督之責，對各機關所訂定的新考績制度需加審核，以認定其是否符合上述的原則規定。

　　五、主管及管理人員之功績俸與獎金：對分類職位第十三至十五職等之主管及管理人員，需自一九八一年十月一日實施功績俸與獎金制度，其要點為：

　　㈠功績俸：　1.增加功績俸，係用以獎勵工作執行品質之認可；　2.對此部分人員，原有等內之俸級不再適用，而可支領各該等內自最低俸額至最高俸額間之任何俸額；　3.至少將俸給增加額之半數需自動的成為功績俸的晉俸，人事管理局尚可准予為較多的功績俸之晉俸；　4.所需經費，其中一部分來自公務員年度晉俸的餘額，另一部分則以原定普通晉級與績優晉級之經費轉用；　5.各級主管每年應對所屬人員之成績予以評定，以便決定應給功績俸之數額；　6.給予增加功績俸的人員，需就其工作單位及個人就下列各因素為基礎評定之，卽⑴在效率、產量、服務或工作品質方面之改進，包括文書工作的減少或簡化；⑵費用的效率；⑶處理工作的適時性；⑷所屬人員在效果、產量、工作品質方面之其他表現。

　　㈡獎金：　1.機關首長及總統，對提供建設、發明、工作上有特殊成就、改進政府機關作業、減少文書工作、為公眾利益有特殊行動或貢獻者，均可發給獎金，其限額通常為 10,000 元，但人事管理局可核准或建

議提爲 25,000 元; 同一成就亦可分別獲得機關首長及總統的獎金。

## 第八節　訓　　練

### 第一項　訓練之需要

從各種不同觀點, 均可看出公務員訓練有其需要如:

**一、從管理上看:** 以往「認爲在功績制下所進用之人員, 已經是能勝任工作的人, 在選用前已受有訓練, 如進用後再需訓練, 則表示遴選工作有缺失」的看法已經落伍; 在管理上言, 各機關公務員並非爲擔任某一工作而遴選, 而是爲較爲廣泛的工作而遴選; 機關業務並非不變, 有些知能無法從學校中獲得, 各種行業亦在進步, 故以訓練來發展人才比遴選優秀還要重要; 有許多訓練資料及工具, 對職員具有激勵之效, 使職員能瞭解整個機關情況並增進相互尊重與認識; 同時各機關均有其特性, 亦需靠訓練來適應。

**二、從培植人才看:** 訓練對新進人員具有高度啟發作用, 使職員能趕上行業所需的知能, 及儲備職員擔負更重要責任所需知能, 故訓練將是永無結束的時候。

**三、從學習觀點看:** 吾人學習不是某一期間的事而是一生的事, 工作本身就是一種很有效的訓練, 對職員予以授權與信任卽是很有效的訓練方法, 介紹新的甚至相異的意見給職員, 在訓練上言將有益處。故從學習觀點, 職員事實上是在不斷的接受訓練。

### 第二項　訓練之發展

美國公務員訓練的發展, 大致情形如下:

**一、政府機關方面:** 包括

㈠一九三八年，以行政命令授權當時文官委員會與各部會及公私訓練團體合作，建立實用的分類公務員訓練課程，並授權各部會設立人事機構。

㈡一九五八年，通過政府公務人員訓練法，授權廣泛應用外界教育研究機構辦理聯邦公務員訓練。

㈢一九六七年，以行政命令確認當時文官委員會及各部有繼續教育聯邦公務員的責任；並規劃高級人員訓練。

㈣一九六八年，成立聯邦主管研究院。

㈤一九七〇年，各級政府人事法律規定擴大州及地方公務員的訓練，各種課程由當時文官委員會指導編製，規劃在大都市中之大學設訓練中心的方案，在工作時間外提供聯邦、州及地方政府公務員有關管理及技術的訓練。

**二、學校方面:** 學校教育的課程，亦有走向爲擔任公務員而準備的趨向，如公共行政學系的設置卽屬其例，又如預算行政、人事管理、組織與方法分析、電腦操作、財產管理、採購、行政研究、公共情報發展等課程，多爲適應政府機構而設置；又如在考試方面，如聯邦新進人員考試 (F. S. E. E.)、專業及行政人員永業考試 (P. A. C. E.)，係羅致能接受各方面知識、重視價值、富有行政潛能者任職，使其不僅可擔任管理方面工作，亦可擔任現代政府中未規定的或未想到的新任務；美國原是講求專業分工的國家，但近年來以舉辦職務上訓練及報送專家至學校發展行政才能方式，使專業的知識能與廣泛的行政才能之間取得調和，同時使學校的技術教育可不致過於狹窄與專門。

# 第三項　訓練計劃與目的

　　一、訓練政策: 美國公務員訓練之政策有三，卽㈠增進政府之經濟與效率，發展提高公務員執行公務之知能，保持政府工作品質水準，有效運用現代科學技術知識; ㈡鼓勵及協助公務員之自我敎育上進訓練，以發展其知識、能力與技術; ㈢訓練應爲恒久不懈之努力，以做到革新公務管理、減低公務成本、節用公帑，組成並保持優秀之工作幹部陣容，降低公務員之離職率。

　　二、訓練計劃: 舉辦訓練應先瞭解訓練的需要，當某種事實出現時卽表示有舉辦訓練的需要; 如低的生產力、遲延的服務、人事不夠機動、監督不得法、缺少聯繫協調、申訴案甚多等，均表示管理或技術上有問題，需舉行訓練。

　　三、自辦或委辦訓練: 需予舉辦之訓練，有者可由各機關自行舉辦 (多限於較爲專門或限於某部會之特殊業務人員之訓練)，有者宜委託由機關外之學校或敎育機關辦理，如哈佛大學的公共行政研究院，乃具有國際聲譽的訓練機構; 至訓練課程通常由訓練官與人事官協調規劃。

　　四、訓練之方法: 主要有下列三種，卽㈠有計劃的調整工作指派或實施基層主管之定期調任; ㈡分發讀物; ㈢集體會商或討論。由於參與及自由交換意見對發展效果甚大，設班訓練亦爲此種集體會商或討論方法的應用; 請人演講亦爲最常用的方法，雖受批評爲只是單向溝通，但仍有其價值; 小組討論及成立任務編組研擬方案，亦爲有效的訓練方法。

　　五、訓練之推行: 訓練工作的推行，主要由訓練官負責，他是訓練計劃的顧問與協調者，需爲敎育哲學的碩士，其任務包括調查訓練的需要性、設計課程及內容、聯繫講師、準備訓練資料、協調外界機構支援訓練、避免訓練的重複與脫節、及指導訓練的評價; 其次爲講師，他需了解所講課程的理論與實務、知道如何表達意見及熟悉敎學工具的運

用；再其次爲辦理訓練成效的評價，通常爲向受訓者調查或於受訓者回任工作後再舉行面談，或訪問受訓者的主管及其他人員，從所搜集資料中大致可了解訓練有無效果；最後需注意者，乃受訓者於受訓後的工作是否確有改進，服務水準有無提高，及訓練的目的有無達成。

六、訓練之目的： 美國舉辦公務員訓練，其目的有四，即㈠引導新進人員，使新進人員對機關組織、任用情形、所任工作及將來發展情形，有充分的瞭解；必要時可再作工作的實習，將各種工作結合爲訓練的課程，使實習者了解機關的業務範圍及自己永業發展的方向；㈡改進工作的執行，注意新法規的了解，新技術方法的學習與應用；㈢擴大人力運用，擴大職員的運用面，不使限於處理某種業務，並研究改進監督方式，使將來可擔任較重要的責任；㈣發展高級主管，如聯邦行政主管研究院的設置，即屬如此。

## 第四項　對訓練之行政支援

美國公務員訓練，除法令制度甚爲齊備外，尚有有力的行政支援，其重要者爲:

一、主管人員之支持: 各機關首長及單位主管，對公務員之訓練與幹部之發展均非常重視，除高級人員勤於學習新知、率先踴躍接受訓練以開倡導之風外，平時更能留意本機關人員訓練的需要，每年將其調查研判所得通知訓練機構，作爲設計開課之依據，使機關與訓練機構之間能合作無間。

二、配置專業訓練發展人員: 各機關均配置有受過專業訓練的訓練發展人員，各訓練機構也不斷培養此方面繼起人才，使訓練需要的確定、計劃的訂定、課程設計、人才鑑選、統計分析、教學設計、考核評價等方面，有專人負責，訓練工作乃得有效推動。

三、注重效益與實用：訓練注重效益與實用性，不作無謂之浪費活動，更不爲訓練而訓練，訓練單位已發展出訓練成本分析模式；此種分析模式，可供各機關確定派人受訓之全部成本、訓練之預期成效、及對於機關之價值；因而各訓練單位班次之開設、課程之安排、時間之長短等，皆以實用爲主要着眼。

四、部際訓練機構採收費制：如聯邦高級主管研究院，每期爲時七週收費三千元（尚有兩週實地考察未計在內）；各訓練中心每期五天，收費一百至一百五十元（膳宿自理）；各機關派人受訓時，需自審有無經費及是否值得後，始選派人員參加；訓練機構則採作業預算成本中心制，有如自給自足之訓練事業經營；訓練機構絕不開辦不受歡迎或不合機關需要之班課，在辦理前尚需作深入的市場調查及廣告招徠，辦理後則作澈底檢討，嚴若企業管理。

五、訓練機構多設在郊區：除華盛頓之部際訓練中心設於市區外，其餘訓練機構均遠離市區設於寧靜之郊外或大學城，既可使學習者專心學習，更可充份的與學術機構合作，致效率大爲提高。

六、管理發展訓練爲期一至二月：屬於管理發展之主管人員訓練，其期間約爲三至七週，爲使學員得以學習在一起及生活在一起，一律採住校制，膳宿清潔管理等事務均發包由當地餐旅社代辦，提供最經濟有效之服務；訓練機構不雇事務管理員工，故用人精簡，成本降低。

七、教學人員多爲專任：訓練機構教學人員，絕大部分爲專任，只有專題演講課程，偶而聘請外界學者專家主講；訓練教學人員均受過專門教學技術方法訓練；課程之安排設計由教學人員一體參與，並採用系統設計考核，故教學目標明確，課程內容相互配合，絕無重覆脫節情事，教學效果比大學研究所有過之而無不及。

八、住宿訓練：除上課時間之學習外，對學員間之相互學習（卽輪

流作專題報告）與課外研讀亦極重視，學員臥室均陳列有經過訓練機構
精選的參考書，以供夜間自行研閱之用。

## 第五項　訓練組織體系

關於美國公務員訓練之組織，除中央人事機關內設有訓練專責機
構，以主管全般性公務員在職訓練之規劃設計、協助指導州及地方政府
之公務員訓練、及協調並指導各類訓練之執行外，並設有不少實際從事
訓練敎學之機構，茲依其層次簡說如下：

一、**聯邦主管研究院** (Federal Executive Institute)：爲隸屬於中
央人事機關之最高訓練機構，於一九六八年在維吉尼亞州查祿斯維成
立，設有下列三種班次：

㈠高級主管敎育班(Senior Executive Education Program)：選訓第
十六職等以上司處局室正副主管、高級科學專業人員參加，每期七週，
每次 60 人；訓練課程包括國家建設目標、國防、外交、經濟發展、都
市發展、司法行政、國會關係、管理程序、預算、決策、組織發展、領
導行爲、計劃管制、人性分析等；至一九七六年已訓練 2,000 人。

㈡主管領導管理班(Executive Leadership Management Program)：
選訓第十六職等新任主管，給予三週的訓練；課程包括公共行政研究、
領導方法、組織與管理、政策形成與管理、行政管理、組織行爲、國家
建設目標等。

㈢特別研究班：係屬一週之短期研習，依需要開辦，如常務次長、
助理次長國家政策班，組織團隊發展班，計劃考核班，目標管理班，國
家需要研究班等。

二、**主管人員研究中心** (Executive Seminar Center)：係供第十二
至第十五職等主管人員修習管理知能及專業組織之訓練機構，全國設有

四所，訓練期間爲一至三週，開辦班次有下列三種：

㈠新任主管研究班 (Seminar of New Managers)：由第十二職等以上新任主管參加，爲期三週，課程包括有效的組織管理（含授權行政責任、管理協調交涉、公務機關之環境因素、主管人員之角色），計劃與決策（含目標訂定、生產力改進、計劃管理、問題解決及決策過程），領導行爲（含組織用人、管理溝通、勞動關係、人事管理、革新行政、人事政策、自我發展），三大單元。

㈡主管人員深造班 (Seminar for Advancing Managers)：選訓第十四至十五職等由主管職務調升更高主管職務之人員，給予兩週深造訓練；課程有個人評估與管理發展，變遷中之當代主管角色，組織理論與外界環境，組織計劃與資源支配，目標管理，團隊形成與激勵，管理情報系統，工會關係，管理溝通，人事管理政策，時間管理，分層負責，問題解決與決策，財務管理，屬員訓練發展，當前重大行政問題等。

㈢特別研究班：作一至二週之專題研究，如環境品質與天然資源班，科學技術與公共政策班，預算財務班等。

三、地區訓練中心 (Regional Training Centers)：美國聯邦政府將近三百萬公務員，遍佈全國各地，故中央人事機關在全國十個地區分局各設有訓練中心，負責該地區公務員訓練事宜；舉辦班次眾多，爲期自三日至兩週不等；在已辦之班次中，有監督要領，英語修辭，電腦管理入門，秘書業務，研究發展業務，管理程序，勞工關係，服務技能，組織變革管理，速讀，教學訓練，行爲科學，人類行爲了解，目標管理，公文程式，組織發展，面談要領，有效的文書管理，簿記，會計，統計，事務管理，女性工作人員管理，管理規劃，時間管理，成本計算，抽樣技術，系統分析，報告寫作，簡報技術等。

四、華府部際訓練中心 (Inter-Agency Training Centers)：所有聯

邦部會總機構均在華府，華府地區之聯邦公務員約卅五萬人，爲辦理部際訓練，中央人事機關卽在華府設了六個專業訓練中心，卽自動資料處理訓練中心，一般管理訓練中心，管理科學訓練中心，溝通與公務技術訓練中心，勞工關係訓練中心，人事管理訓練中心；各中心每年分別舉辦各類有關之訓練一百班次以上，期間自兩天至兩週，經常不斷。

　　五、各機關自設訓練機構：除共同性之訓練由人事機關辦理外，各部會爲因應其業務需要，大多自行設立專業性之訓練機構，如農業部之研究院，人口統計局之訓練班，內政部地政局之訓練班，墾務局工程研究中心，勞工部之人力訓練教育中心，郵政總局訓練所，國家公園管理局訓練所等；訓練期間短者數日，長者逾年，班次及課程內容各有不同。

　　以上五大訓練體系，每年約爲九十萬公務員提供訓練進修機會，平均每年每三人中卽有一人參加訓練。

## 第九節　服務、懲戒與保障

### 第一項　工作時間與給假

　　一、工作時間：卽爲公務員每星期工作時間之長短，通常爲每星期工作 35 至 44 小時，一般爲 40 小時，每日 8 小時，星期六不辦公，將來亦可能改爲每星期工作四天，惟需輪班工作者其工作時間仍以五日爲限。加班在政府機關亦屬難免，加班費按日常俸給 150% 計算，但十五等以上人員不予支給；加班時間過久時，員工雖可獲得較多的俸給，但究屬有礙身心健康，自宜盡量減少。休息時間雖法無明文規定，但所有機關均有上下午的咖啡時間十分鐘，問題在如何防止濫用，使工作意願低者利用十分鐘的咖啡時間作半小時的擅離職守。工作時間的彈性，

尤其對養育小兒的婦女，如每日工作半日（俸給亦折半），則其人力可大加運用；彈性工作時間雖亦試辦並有相當成效，但仍未成爲定制或普遍施行。

二、準時出勤：由於專業分工、運用機器、團隊工作等的發展，使準時出勤極爲重要；如有人未能準時到公，不僅該職員的時間有損失，且更影響到其他員工的工作、機器的停頓、程序的終止，甚至影響及士氣，故需予重視。未能準時出勤的原因，不外㈠爲個人原因，如因病、殘疾、家庭糾紛、煩惱、疲勞、私務繁忙等；㈡爲機關外界的原因，如交通阻塞，公衆對機關態度不良等；㈢爲機關內部的原因，如人際關係不好，有別人撐腰而有恃無恐，工作環境不良，訓練不够等；以上各種原因，有者機關可設法補救，有者則非一機關之力所能改善。

用以管制出勤的措施，不外㈠爲訂定及公佈管理出勤的規章；㈡爲設立出勤記錄及登記，以爲進一步管理之基礎；㈢爲採取措施降低缺勤，其方法需看職員的態度（經由態度調查）而定。如使職員感到他們是組織的重要部分，他們對組織目標有着重大的貢獻，則缺勤將可降低；如情形嚴重時，則應改善用人政策，改進遴選技術，訓練主管人員，增加職員對工作設計的參與，規劃諮商，及迅速處理申訴等。

三、休假及病假：年度休假，從職員身體健康與心理健康觀點，均有其需要，大部分的州及市均規定每年有二至四星期的休假；聯邦政府則規定任職未滿三年者給休假 13 天，任職三至十五年者給休假 20 天，任職員十五年以上者給休假 26 天；到職 90 天內請假者不給薪，累積休假至下年用者不得超過 30 天，離職人員對未經使用之休假得請發不休假俸給。所有缺席，除病、出庭、服兵役等外，應在休假中扣減；休假的起迄期間可由職員自己擬定，但需經主管核准，如應業務需要主管可要求職員分期或分批休假。職員的休假需加管理，如申請、登記等。

病假為維護身體健康所必需，在州及市大都為每年 12 至 15 天，病假不用時可延至下年使用，累積可至 90 天，但亦有規定只能累積 60 天，或可累積至 150 天或無限制者。

**四、其他假期：**除休假及病假外，凡出庭作證者給出庭假，參加預備軍訓練給訓練假，因特殊事故者可在十二個月範圍內給特別假，在國外工作二年以上者可給回國假，船員上陸者給上陸假，近親死亡者給喪葬假 3 日，懷孕生產給產假等。

## 第二項　義務與行為

美國公務員在任職期間，其應遵守的義務與持有的行為，主要包括下列三方面：

**一、在職時應行遵守之義務：**主要包括㈠公務員應正直、受信賴、具有責任感、良好品性、對政府忠誠；㈡遵守誓言，如遵守憲法、不以罷工暴力對付政府；㈢服從上級命令；㈣保持信譽，如保持行為之正直、高潔、公平之高度水準，取得國民對政府的信賴與尊敬；㈤保守機密；㈥專心於職務等。

**二、公務員之社會行為：**主要有

㈠忠誠與安全：在民主國家，個人的尊嚴與價值乃是至高無上的，個人的自由、民權及由民眾同意的政府來統治，亦係基於此一哲學而來；在民主國家方法與目的是同樣重要的，不若非民主國家之只講目的而不擇手段。在以往對反叛者係處罰其行為而非處罰其信仰，法律亦未塑造出社會行為的模式，而只處罰明顯的反社會行為。聯邦政府對公務員忠誠與安全方面所採取之措施，先自一九四七年以行政命令規定「聯邦調查局對聯邦現任及將任公務員者需作調查，調查所得資料，送由機關首長對涉嫌反叛組織的公務員，作為審核與採取行動的基礎」。一九

五三年，將忠誠與安全合訂爲一個制度，以行政命令公布「政府公務員的安全條件」，調查工作主要由中央人事機關擔任，機關首長仍負責對所屬個別職員制作決定，人事機關只調查事實而不作評論，如發現有不忠誠之個案，則將資料送聯邦調查局參考；此一命令只適用至直接涉及國家安全之業務或職位。至一九六八年，聯邦人事機關發佈爲各機關共同適用之統一規定，對敏感性的分類職位之申請人及現任公務員，均應作就地調查，對不忠誠的認定需爲實質而非影子，需爲事實而非外表。

　　㈡政治活動：在民主國家，對公務員是尋求侵害個人自由與維持公共信任兩者間的平衡；當公務員遇有判刑或重大不良行爲時，雖並不失職仍需構成免職。在一九六五年曾以行政命令規定「保持公務員高水準的誠實、完整、公正及基於精明的判斷，對政府公務的執行，與民眾對其政府的信心與尊敬的維護，均極爲重要」；因而公務員之政治活動，政府多加以若干的限制。

　　限制公務員政治活動的方式，通常有下列三種，即㈠不得爲候選人：幾乎所有機關均規定禁止公務員爲黨的政治職務，除非先行辭職；對擔任地方選舉非政黨性的職務則可允許，但擔任該種職務時不得影響執行聯邦政府任務的時間；㈡不得競選：包括自己競選及爲他人競選；常任公務員被禁止積極參與政黨的競選，包括演說、組織與指導政治性遊行，出版與分發競選資料，但參加政治性集會則屬允許；㈢不得募捐：禁止向公務員募捐，或公務員從事政治性的募捐，對強迫募捐者應予懲處。故公務員雖亦爲公民，但顯然受着較一般公民爲多的約束。一九七四年聯邦競選法修正後，對競選費用有嚴格的規定，如禁止利用職務權力來影響或干預選舉結果，禁止強迫公務員作捐獻，在舉行黨選舉時禁止爲候選人，但將聯邦公務員對州及市地方選舉的競選活動限制則予放寬。

三、**道德行為**：公務員的道德行為，愈屬低級及專業者愈與民間企業人員相若，愈是高級的行政人員，由於權限廣泛，對其道德的行為要求愈為嚴格與重要。較為重要的道德行為，包括：

㈠民主的氣度：政府執行職務，需 1. 向所有民眾提供同等的公正的服務； 2. 此種服務需在尊重與依賴民意機關下來完成； 3. 機關的內部行政需與此種模式相調和，如尊重人格、個人尊嚴與價值，機關的健全決定在職員以工作為驕傲，將個人目標與機關目標相一致，有充分的參與機會以貢獻知能達成任務。

㈡限制過於專業： 過於專業會使職員懶於思考， 公務員制作決定時，不僅要基於價值原則，還需基於民眾的需要與目標，更需基於整體與將來的考慮。

㈢忠於領導： 如制作決策時，需經一定的程序並有多人參與，當自己意見與上級意見不一致時，應細心考慮是否自己意見有偏私及是否已經基於大多數利益的考慮；再如個人利益與團體利益衝突時，應以團體利益為優先。

㈣防止利益的衝突： 如一九六五年行政命令規定公務員行為的標準， 包括禁止接受饋贈， 政務職及受指定的常任公務員需報告個人財產，禁止利用公家處所獲取私利、對某機關或某人作優先治療、阻礙政府效率或經濟、喪失行動的完全獨立與公正性、在官方途徑以外作成政府決定、使民眾喪失完整性的信心等。

## 第三項　懲　　處

一、**懲處事由與懲處權所屬**：公務員具有下列情事之一時，通常需構成懲處，即㈠身體的或精神的不適格；㈡有犯罪、不名譽、違背道德等行為；㈢在考試或任用時作虛偽之陳述；㈣違反公務員法規有關證

言之規定；㈤過度飲酒；㈥不忠誠；㈦其他公務上之不道格；㈧參加罷工；㈨向上司作餽贈；㈩效率低及工作怠慢。至公務員之懲處權，係屬於各機關首長，由首長自行行使，但首長多將權力下授，有時對懲處權的行使需受人事機關的審查。

二、懲處種類：主要有下列六種

㈠警告或申誡：爲懲處中之最輕微者，但給予警告或申誡時需顧及當事人的自尊（卽譴責其某種不法行爲或事實，而非譴責整個人），如此可使其在原有工作上有新的展望與更忠誠於工作。

㈡調整工作或降級：亦爲懲處方式之一，有者更將受懲處者調至較差地區或環境的工作；調整工作需根據適合性原則辦理，以期調整後在工作上發揮績效，降級時降其俸級一級。

㈢停職不支薪：此乃主管人員（並非機關首長）所能使用之最重的處分，不會受到上級的否准；停職期間通常以 30 日爲最高，停職的最大用處是當公務員的工作上不良行爲需將其暫時隔離，或犯罪案情尚在偵查期間時，最快最好的懲處方式卽爲停職不支薪。

㈣降職：降調至較低地位或職等之職務，降調需使當事人在降調職務上比原職更能有效運用其才能。

㈤免職：　此種處分甚爲普遍，　使不法者在其他環境中重新做事做人；免職人員有時尚限制其在一定期間內不得在政府機關任職，有者甚至永久不能再任；受免職人數每年約爲全體公務員人數1％至1.5％。機關將公務員免職時，可能引起的困擾是職員工會在處理程序上採取防衞或阻撓，增加處理的複雜，使首長避免引用此種懲處；同時首長亦不太願意採取此種懲處，而改用「明升暗降」或「改調至無所事事單位」，或「不重視久任者的過失」等方法；除此之外，採取免職懲處尚有若干障礙，此卽漫長的程序。

㈥其他懲處：除上述五種外，尚有已較爲過時及不多用的兩種處分，卽 1. 記過，列入人事資料，將會影響及晉升的期間；2. 扣薪。

三、懲處程序：當採取公務員懲處時，通常需經過一定程序，卽需予懲處時，應㈠先以書面通知受懲分人，敍明處分原因、事實與法令根據；㈡准當事人提出申辯；㈢再決定懲處。對較爲嚴重的懲處如降等或免職，公務員尚有申訴權。

## 第四項 申 訴

自一九七八年文官改革法施行後，有關申訴亦有了新的規定，其情形如下

**一、一般不利處分之申訴：**

㈠申訴的事由與申訴的機關：公務員因考績的不能接受、個人原因及其他理由，而受免職、14 天以上之停職、降等或減俸，及 30 天以內的停職不支薪等不利處分，均得向功績制保護委員會提出申訴；公務員係屬職員工會之成員時，亦得依談判所達成之協議，請求工會進行幹旋而不向功績制保護委員會提出申訴。如不服功績制保護委員會之決定者，得向聯邦上訴法院提起上訴；倘案情與俸給有關者，則應向權益訴爭法院提起上訴。

㈡申訴之決定：在申訴程序中，職員有權擧行聽證；而機關則負有擧證的責任，對於非因工作不良而受懲處者，更需有充分的證據。

如因工作不良而受懲處，而機關亦證明職員所任工作之一項或更多項之關鍵因素確不符合工作標準時，對原機關之懲處決定應予維持；但如原機關處懲之決定有下列情事之一時則應予駁回，卽 1. 其決定係基於程序上的錯誤且應歸責於機關者；2. 其決定係基於「被禁止的人事措施」者；3. 其決定爲不合法者。如機關之決定遭駁回時，受理申訴機關

認有必要時，可責由原懲處機關對有關人員支付合理數目的律師費，如涉及「被禁止的人事措施」案件時，即屬如此。

二、包括受歧視的申訴：下列程序，適用至得向功績制保護委員會申訴之各種案件及涉及非法歧視案件之申訴：

㈠當機關遇及此類案件時，有 120 天時間謀求解決。機關所作之決定，除非職員在限期內向功績制保護委員會提出申訴，在行政程序上即算完成。

㈡功績制保護委員會應於受理一般申訴案及歧視案後 120 天內作決定，在此程序中平等任用機會委員會並不參與；功績制保護委員會的決定，除非職員於收受決定通行後 30 日內請求平等任用機會委員會再考慮，即代表機關的最後行動。

㈢平等任用機會委員會於接到請求後，有 30 天時間以決定需否再考慮功績制保護委員會的決定；如決定需再行考慮，則有 60 天時間來舉行聽證或送回功績制保護委員會於 60 天內再舉行聽證。如同意功績制保護委員會之決定，則該決定代表機關的最後行動。如不同意功績制保護委員會之決定，則將案件交回該會。如平等任用機會委員會需自行作成不同的決定時，則以下列情形者為限，即 1. 功績制保護委員會的決定將構成對法律、規則、規章或政策命令之不正確的解析，而此種法規係受平等任用機會委員會管轄者； 2. 功績制保護委員會決定所依據的證據不足，

㈣功績制保護委員會可有 30 天時間考慮平等任用機會委員會的決定，可接受其全部或一部；如認有下列情事時可維持原來所作的決定，即 1. 平等任用機會委員會將構成文官法、規則、規章或政策命令之不正確解析時； 2. 所作決定所依據的證據不足。

㈤如功績制保護委員會不接受平等任用機會委員會的決定，則於五天內通知特別委員會（係由功績會與平等會各派一代表為委員及由總統

提名經參議院同意任命之政府以外一人為主席，任期六年，非有正當理由不得免職），委員會有45天時間審查全部處理過程，並作成決定，此種決定即為最後的決定。

㈥職員如遇有下列情事時，得依據有關法律向法院提起訴訟，即1.機關未於120天內作成決定時，（遇此情形，職員亦得向功績制保護委員會提出申訴）；2.功績制保護委員會自受理日起未於120天內作成決定時；3.平等任用機會委員會於受理日起未能於180天內對功績制保護委員會的決定作成最後決定時。

## 第五項　保　障

**一、保障之意義:** 以功績制為基礎的保障，係指免職只能基於個人的工作或行為的原因，只能為了業務的利益而非為了隱秘的或黨的利益，只能經過一定的程序方可。工作保障並非指職員有保有職位之絕對的權利，亦非指管理當局不能作不顧職員行為及業務需要的免職。一般而言，在功績下，當職員的行為或不行為或機關工作的條件表明終止職務係屬需要時，自可予以免職，遇此情況所謂保障只是需依程序進行而已，亦即保證該職員對免職已有辯護機會，以防止管理者的偏私、獨斷或惡意的決定；如保障超過此一原則，則對功績制的基礎將發生動搖。雖然如此，對機關首長已發生了重大的遏阻作用，首長如採取免職行動時，需經過繁複的程序，承受管理訴訟機關裁決的壓力，致寧願容忍職員的缺點而不願去惹免職的麻煩。

**二、對職員保障之規定:** 在以往法律對公務員的保障並不完整，如在一九四四年以前，所謂保障只重視人員的進用而非免職；一八八三年文官法只規定不得因不為黨捐獻或提供服務而免職；及一九一二年拉福來脫法（LaFollette Act）規定得為提高公務效率而免職，且並非需要說

明理由；至一九四四年退役軍人優待法施行後，對退役軍人給予較多的保障。至一九七八年文官改革法，對公務員保障則有較嚴密的規定，其重要者有：

㈠經機關以工作不良而擬予降等或免職人員，具有下列權利：卽1.有權於機關採取降免措施之前 30 天，收到書面通知；2.有權委請律師或其他代表；3.有權在適當期限內進行口頭或書面答辯；4.有權收到敍明懲處理由之書面決定書。

㈡機關所屬人員有下列之被控情事時，由特別監察官偵訊之：卽1.涉及「被禁止的人事措施」時（如對弊端揭發人施以報復）；2.參與被禁止的政治活動；3.無故引據新聞自由法扣阻新聞；4.違法偏私；5.從事其他任何文官法規所禁止之活動。特別監察官就以上情事經調查後，如證據顯示有觸犯法禁之可能時，得卽向功績制保護委員會將有關人員提起懲處之訴，從而該有關人員將受到懲處。

㈢對弊端揭發人由特別監察官保護：所謂弊端揭發人，係指對於有相當理由信其為違反法規、或構成不當管理、浪費公帑、濫用職權、或危害公共衞生或安全之情事，而挺身加以揭發之公務員或職位申請人；但對法律或行政命令特為禁止揭發者，則不予保護。特別監察官對各機關對弊端揭發人施以報復之案件，調查時不得洩漏揭發人之身份，並得向功績制保護委員的任何委員提出請求，請在該案調查期間停止其有關的人事作業，調查結果應告知弊端揭發人。弊端揭發人所指控之事項，特別監察官得要求被指控機關進行調查並提出報告，此種報告應經特別監察官審核，以決定報告內容是否充實及合理，報告抄本應分送總統、國會及指控人。

㈣保留原職等原俸給之特別規定：由於精簡員額或調整歸級而不得不予降調較低職等職位人員，倘任現職達一年，得自降調之日起，保留

現任職等二年，並仍支原俸給。

　　㈤被裁公務員之轉調或退休：由於裁員而應去職之人員，得予轉調其他機關繼續任職。公務員年滿五十歲任職二十年，或不論年齡而任職滿二十五年者，於大規模改組、調職或裁員之時，得選擇提早退休。

# 第十節　管理者與工會間之關係

## 第一項　工會制度之發展

　　**一、工會制度之來源：** 組織工會，是員工感到有運用團結的力量來爭取良好工作條件及待遇的需要所致；只要運用合理，確可防止管理當局對此方面的疏忽；工會組成後其作用當然可據以保持所爭取到的既得利益。除以上者外，尚有下列事實亦為發展工會的重要原因，即㈠工會可使員工對立法部門及管理當局表明他們自己的意見；㈡管理當局如欲瞭解員工對某些問題的看法，如透過工會來尋求要比透過指揮系統從低級下情上達並經多次的過濾後所獲意見為迅速與真實；㈢工會是屬於員工自己的，工會所尋求的與所做的，都是員工自己的事；㈣由員工自願所組成的工會，可使員工之自然的社交的熱望有了寄託，而此在辦工廳工作中係無法找到的。

　　**二、公務員工會之發展：** 美國較大的工會，有郵務工會、國家郵差協會、美國郵差聯盟；在一般公務員方面，有美國政府公務員聯盟，聯邦公務員國家聯盟，政府公務員國家協會。除上述外，尚有以促進福利為目的之專門職業工會。再如田納西河谷管理局，鼓勵員工參加工會，有關待遇與工作條件等重要問題，主動提出與工會代表商討，以取得雙方對這些問題的協議。

三、政府對工會之政策：在一九六二年，總統發布聯邦政府的工會政策（一九六九年有修正），其主要內容包括㈠爲求積極的好處，宣布公務員參與人事政策的規劃；㈡確認公務員有參加或不參加工會的權利；㈢設立聯邦勞工關係會議，推行政策、決定重要政策性規定，並處理有關代表問題及工會合格性與協商主題等之申訴案；㈣設立聯邦公務員僵局陪審團，處理協商事項的僵局；㈤對協商的安排僅適用於能完全代表單位員工的工會；㈥有關書面契約的規定；㈦有關機關任務、預算、組織、員額、工作技術及內部的安全，不在協商事項之內；㈧禁止罷工、停工、怠工或派糾察員阻止職員上班；㈨規定工會的行爲標準與機關公正處理勞工實務的標準；㈩指定勞工部助理次長決定工會的合格性、工會選舉及工會的代表單位，並指定人事主管機關透過技術性勸告、訓練與工作視察，以指導與協助各機關處理工會事務。

以上十項規定，主要適用於各部會內部涉及人事政策之事務而言，如申訴制度、工作輪值、假期安排、安全設施、對員工的各種服務、工作條件、某種監督實務、晉升制度、裁員程序等而言；至所有政府機關均應遵守的政策，自不能因此而廢棄。

至各州及市的公務員工會，其發展較聯邦工會爲遲；爲配合工會的發展，州政府亦有在法令中規定集體協商的安排，有者更用法律規定對異議事項的強制仲裁，同時各州亦多制訂了嚴正的法律禁止公務員的罷工。

四、工會化之影響：由於工會的發展與政府對工會的政策，致工會在政府機關發生了若干的影響；如促使管理當局及立法當局制訂進步的人事政策，有時更支持國家公務員聯盟促使立法團體及公眾支持所需要的人事政策，分類法與退休法的制定即爲其例。發生影響更大的爲建立管理當局與公務員工會間之正式的與法律的關係，其情形與民營事業及員工間的具體交涉甚爲相似，而且正式的代表、協商、交涉及契約的協

議等，已成爲處理許多人事政策的日常方法。

因政府機關與民營事業情況究有不同，如政府所制訂的法律，適用於管理當局與員工雙方；職員的報酬來自預算，而預算需由民意機關通過或由法律訂定，不允許由管理當局與職員約定；又如政府的一方需有權訂定各種法規，故政府並不是普通的僱用者；人事政策的許多方面，目前使用法律規定；能運用管理當局與職員工會雙方協商解決的事項，其範圍遠較民營事業爲小；協商及交涉的程序亦與民營事業不盡相同。因此由於工會化的結果，在政府機關亦會發生若干缺點，如由於過份的援用工會主義結果，使㈠工作相同或大致相似的職員需獲得同等的待遇，而少考慮生產力的高低、員工的努力、主動及工作態度；㈡工作標準改以可能完成的最低限爲準而非最高限爲準；㈢年資成爲晉升的主要根據。更有進者，職員工會過於重視任用保障及會員的防衞，常不支持爲維護紀律所採取之合理的措施，而採取認爲政府所採取的任何懲處均屬錯誤的態度。

## 第二項　集體協商與交涉

一、須雙邊會商之需要：對職員而言，工會代表的發言可使管理當局更爲重視，所表示之意見比職員個人意見更受保證與有權威感。對管理當局而言，亦可更容易的獲得職員集體的意見；管理當局更可經常試探職員對某些政策問題的意見，尋求職員對將來人事政策的看法，以避免由管理當局單獨行動時所遭遇的陷阱；與職員會商常可產生較好的了解及易使職員接受改革，更可因此而獲得由職員主動提出的積極性建議，經由相互的討論以增進雙方間的和諧及避免或減少可能發生的衝突。故管理當局如與職員工會經常保持會商，可使工會成爲積極的資產，不但可替職員擬定健全的人事政策及良好的工作條件，更可向管理當局

保證所擬定的人事政策與工作條件，能獲得職員的了解與接受。

二、協商及交涉之發展：　雙方間的協商與交涉，在聯邦政府言，TVA（田納西河谷管理局）是發展此種制度最早者，其主要原因爲㈠TVA 員工中以藍領工人居多，一向有工會觀念，並對有關政策提供初步意見；㈡在法規上所受約束較一般聯邦機關爲小，故有較大幅度的自由協議與交涉，同時 TVA 堅持一個原則，即管理當局只與能代表全TVA 員工的工會交涉，目前每年有一次協議會，每年對待遇及其他有關事項的協議訂約一次，與白領階級的職員亦同。郵政人員亦有悠久的協商歷史，一九七〇年郵政重組法中規定有完整的交涉程序，基本薪資基準亦包括在交涉範圍之內，但一般性的人事法律仍適用於郵政人員（如退休、災害補償及退除役軍人優待等法），有關爭議事項最後由仲裁決定。國防部所屬之事業性單位，均經由與工會協商後訂定工人的計時薪資；同時將晉升程序、申訴處理、安全條件、超時工作及假期安排、工會的代表性與代表的責任及工作條件等，均列在交涉事項之內。

在地方政府方面，多定有協商時所遵循的條件與程序的法律，有者更規定交涉的程序及書面的協議書，主要目的在保證給予公務員工會的交涉權及保障管理當局對不負責任的公務員行動的對抗；當管理當局與工會間無法達成協議時，多有調停的規定，調停時多給機關首長或立法團體以最後決定之權。

三、交涉制度之若干重點：　管理當局與工會在交涉過程中，下列重點需由雙方予以注意：

㈠決定交涉所代表的單位：　工會方面參與交涉的代表，究係代表整個機關或只代表機關內某種專業的公務員等應予決定；如發生爭議時，應用仲裁、或由第三者官員決定、或由法院決定，依聯邦規定，此種爭議之最後決定權係授予勞工部的助理次長。

㈡應由何一工會代表: 如遇有若干工會競相代表或發生疑問時, 最好用投票方法由職員自行決定由何一工會代表自己的團體。

㈢管理當局由何單位或人員代表: 通常由與交涉事項關係最為密切與職掌有關之單位, 代表管理當局與工會交涉。因此遇管理當局無法或無時間出席交涉時, 多由人事單位代表參加; 亦有特設一單位處理此種事務者。

㈣得以交涉之事項: 下列事項多可作交涉, 如晉升政策、假期與加班時間的安排、安全措施、考績、訓練機會、申訴處理程序、工作條件等; 但俸給基準、工資、福利等多不列入交涉範圍之內, 惟公務員工會可運用政治方法活動有關團體以達到目的。

㈤徵詢公眾意見: 管理當局在進行交涉時, 需顧及公眾的意見, 如於交涉前安排機會邀請員工團體以外的有關人員表示意見, 以供交涉時重要參考; 但安排時需注意邀請人員範圍宜稍廣確可代表各界意見, 盡量公開舉行, 必要時可將與工會的交涉分為二個段落進行, 即第一段落為暫定協議, 於徵求各方意見後再進行第二段落的交涉。

㈥書面契約: 政府機關對交涉之結果, 並非與民營事業同樣的必需訂定契約, 但如訂定契約時其內容不得與政府法規相抵觸。

㈦違反協議之處理: 雙方經由交涉成立協議後, 如一方違反協議時則另一方可提出申訴, 如對協議內容有不同解析時亦可提出申訴, 如申訴未能獲得解決, 則由外界第三者予以仲裁, 此種仲裁機關可能是政府機關或專業團體。

㈧對管理當局不公正行為的禁止: 為期協議事項能予遵守, 禁止管理當局有下列行為, 即 1.干預法律、命令所賦予公務員的權利; 2.發動或干預或壟斷公務員組織團體; 3.對公務員工會給予經費支援; 4.使工會成員沮喪; 5.對提出申訴者予以懲分; 6.拒絕承認合格的工會; 7.拒

絕工會善意提出的交涉或協商；　8.違反經由交涉而達成協議內容。

　　㈨對工會不當行為的禁止：　包括 1. 引誘管理當局強制員工向着工會的領導；　2.強制員工加入工會；　3.對會員依協議書行使權利時工會拒絕代表出席；　4.拒絕參加與管理當局作善意的協商與交涉；　5.對會員因膚色、種族、性別、年齡、種源、宗教而有歧視；　6.進行為法律所禁止的罷工、停工或怠工；　7.違反經由交涉而獲致的協議內容。

　　**四、對交涉之若干看法**：有者認為經由交涉所獲協議並非真正良好的協議，有者以為在交涉中管理當局只是對工會的要求採取防守態度，亦有人認為交涉是獲致明智與公平的公共行政之完善的答覆。為期雙方交涉能真正發揮功用，工會方面固可以增加待遇、改善福利等為主要要求，但管理當局亦應主動積極的提出增進效率、提高工作品質、取銷或降低年資在晉升中重要性等要求，與工會進行交涉，如此也許會有較好結果。管理當局更應深切了解自己任務，與其他機關的管理者保持接觸、洽商，及利用教育設施參與訓練，以增加經濟、法律、心理方面的知識，以利協商與交涉。

## 第三項　管理當局與工會關係

　　**一、組織成員與工會會員**：一般事業的成員是否即為工會會員？其情況有下列三種，即㈠事業用人需由工會推荐；㈡所進用的員工需加入工會；㈢員工不論是否加入工會，均需從俸給中扣繳會費。政府機關情形則不甚相同。再主管人員是否加入工會仍在演變之中，有者完全開放，有者准基層主管加入工會，有者將基層主管作為工會中的一個部分，有其單獨的代表。再專業人員如工程師、律師、醫師、科學家等，多不喜加入工會，至少不願擔任領導工作，但他們需要交涉權及尋求他們自己專業團體的認可；他們所困擾的是一方面希望在涉及他們福利的事項

中參與制作決定，另一方面他們尋求的利益、期望、需要又與其他專業團體不同。有識之士認為，對工會會員的來源給予保障，對公眾目的並無益處，亦不會因此即建立起健全的管理當局與工會間的關係。

二、工會與功績制：管理當局與工會的交涉，可能是採用功績制基礎的任用，工會至少仍談功績制；但另一方面有些管理當局與工會卻在做許多有碍功績制原則與技術的事，如將年資作為晉升及資遣後再任的主要因素，對交涉的員工給予優先晉升的機會，允許協議內容效力超過功績制規定。對此一問題的一般看法，認為進用新人及拔擢原有人員應不屬於交涉的範圍， 對晉升的程序、 認定資格的方法 、 認定才能的方法、建立競爭的方法，則可以商談，但不是談晉升應以年資代替功績或決定擔任某職位需具有何種技能及知識；管理當局如在這些方面亦於交涉中讓步，則是放棄了管理的責任；工會的建議雖亦可採納，但並不是交涉。總之，進用、晉升及人力運用，必需為公共管制下的工具。

三、處理爭議之程序：在交涉中如無法獲致協議時即成為爭議，而處理爭議之程序有下列四種，即㈠為調停，由第三者從中調停，其結果需以雙方願意接受為原則；㈡為聽證，如調停不成則進至「發現事實」的程序， 由第三者舉行聽證會， 並作其他必要的查詢 、 澈底的分析情況，最後作成應如何處理的建議，此種建議在法律上雖無拘束性，但透過公意對雙方仍有着接受的壓力；㈢為自願的付諸仲裁，亦即是否付諸仲裁由雙方決定，如願付諸仲裁則對仲裁之決定應予接受；㈣為強制仲裁，即雙方之爭議必須付諸仲裁，並受仲裁決定的約束。

處理前述仲裁事務者，或為專家或為政府官員（如法官）或為立法團體所訂定之法律或通過之決議；強制仲裁可使雙方產生協議的動機，自願仲裁中由第三者所提的建議，可作為雙方獲致協議的引誘。再運用仲裁時，如仲裁者能從雙方所提的最後意見中作選擇，可促使雙方早日

得到協議；如仲裁者先作成初步仲裁，並規定一猶豫時間讓雙方再作交涉，如雙方無法在限期內獲致協議則原仲裁生效，亦有助雙方交涉的進行。

四、訴諸罷工：對罷工仍是一爭論的問題，有者認為如不承認有罷工權則會使公務員的地位成為奴隸；有者認為罷工權是維護集體交涉所必需的；有者認為公務部門的罷工是可以接受的，除非證明此種罷工會使公眾福利遭受嚴重損害；有者認為以法律禁止罷工是次要的，眞正重要的是對員工的保證公平相待；有者認為應將政府業務區分為重要與非重要兩類，對非重要業務人員可給予與民營事業人員一樣的罷工權。但一般機關均認為罷工這一武器，在管理當局與工會關係上言實過於可怕。

自一九四六年，聯邦法律對罷工仍都採禁止規定，如有從事罷工或維護罷工或屬於罷工團體的成員，應受刑事處罰。一般機關多認為「政府公務員應有組織工會、集體交涉及依申訴程序處理申訴之權，但他們不可有用癱瘓公共利益達到目的之權」。政府用以應付罷工之方法，一為訂定應付發生罷工時之臨時措施（如加強與各級主管之聯繫、對部分工作人員延長工作時間以免影響業務等）；二為對罷工者予以處罰；三為研究代替的方式，如「非停止工作的罷工」，卽在爭論僵持期間，規定雙方需按日或按星期繳納若干費用作為基金，以供福利等之用；又如「畢業的罷工」，卽罷工者應逐漸減少工作，直至不影響公共利益之最低限度的工作為止。

五、各方對雙方關係之看法：各方對管理當局與工會關係的看法頗有不同，如㈠工會方面，大都支持集體交涉，並尊重政府機關的功績制，但希望在規定俸給及其他任用條件方面工會有與管理當局同樣的發言權；有者更希望用交涉方法訂定公共政策；有者認為罷工權是與生俱來的；

有者反對強制的仲裁；再有者贊成由聯邦對集體交涉作標準化的立法。
㈡美國協會方面（由哥倫比亞大學指導召開，每年二次，討論公共政策
者）：認爲「當工會用盡各種強迫的仲裁程序之後，可運用有限度的罷
工，但如罷工危害及公共健康或安全時，需由法院予以禁止或限制」；
又「集體交涉多少限制了文官制度，但如這種趨勢爲不可避免時，則依
據功績制進用人員之原則不可予以取銷，政府機關人員的俸給應與民營
企業人員待遇同樣的方法達成，而非經由傳統的文官程序」。㈢都市國
家聯盟認爲，運用工會與交涉不可使有關健康、安全及社會福利的公務
中斷，罷工應予禁止，俸給與工作條件需留由市政府管理當局決定，有
關市府公務員的工作條件應不受聯邦法律影響。㈣各機關人事政策顧問
委員會認爲，公務員團體需由管理當局認可，機關公務員與管理當局關
係需適用與民營事業不同的方式，在關係法中應明定集體交涉的架構，
對工會代表及管理人員需加以適當教育與訓練以便推行此種關係，協議
需經由管理當局批准後實施，管理當局對某些事項應不予協商，應以法
律禁止罷工，設立解決雙方關係中「僵局」（Impasses）的機構，對罷工
者應予處罰，解決僵局的方法應有多種，仲裁只是最好用的一種方法。

## 第四項　管理當局與勞工關係之改革

依一九七八年文官改革法，對勞工關係已有若干新的規定，目的在
澄清勞工團體的地位與責任，並對參加該團體的公務員之權利予以相當
程度的擴充，其要點如下：

**一、確認參加工會之權利**：聯邦公務員有組織、參加及協助勞工團
體之權利或不如此作之權利，惟禁止罷工、怠工及派人阻止業務之正常
進行。以上所稱勞工團體，不包括參加抵抗美國政府之罷工的團體，或
從事、協助或參加此種罷工之任務或義務的團體。

　**二、得交涉之事項**：勞工團體得與管理當局進行交涉之事項，包括人事政策、涉及工作條件之各種措施，但仍受法律的限制及不包括整個政府所適用的規章及爲該機關所迫切必需的規章；主管機關發佈整個政府所適用的規章時需與工會協商。

　管理當局有下列權限，卽㈠得予交涉但並非必需交涉的事項，包括有關分配至各單位、計劃之員額、職位或人員的類別與職等，或工作之臨時調派；及執行工作的技術、方法及工具。㈡禁止交涉的事項，包括機關的任務、預算、組織、員額、及內部安全（保防）措施；管理當局對所屬人員之進用、工作指派、指揮、裁員與留任權，及所採取之停職、免職、降等或降俸、或其他的懲處權；對所屬人員之分配工作、外借；對空缺職位的任用；及遇及緊急時所採取之必要行動。

　**三、交涉程序**：對得以交涉事項之進行程序，可經由工會進行斡旋，或依照申訴程序進行，但兩種只能選用一種，不能兩種同時並用。

　**四、其他重要規定**：包括㈠某一事項是否爲可予交涉之事項，機關首長應於四十五天內決定之；㈡聯邦勞工關係局之決定及命令，可由法院強制執行；對於不公正之勞工措施，並得加以司法審核；㈢職員遭致不公或不當人事處分，依規定可予補薪及支領律師費；㈣應工會之請並基於職員之自動認捐，得代爲扣繳款項；㈤在正規上班時間，職員得以公務時間代表工會進行交涉。

　所稱不公正之勞工措施，包括㈠干與勞工關係法所賦予勞工之權利；㈡鼓勵或打擊工會的會員；㈢贊助或管制勞工團體；㈣對提出申訴之人員給予報復；㈤拒絕交涉；㈥因被禁止的理由而歧視；㈦工會阻礙職員的生產力；㈧要求或從事罷工、怠工或派員阻止政府作業的進行；㈨違背勞工關係方案之規定；㈩對處理僵局之程序及決定，未能合作或拒絕合作；㈠強化與協議相抵觸的本機關規章。

# 第十一節　退休、補償與裁員

美國聯邦工作人員退休制度,已經歷若干次的改變。除退休制度外,尚有因公傷病補償制度、健康福利制度,裁員之措施亦與退休有關。茲分項簡述如後。

## 第一項　退休制度之沿革

一、一九五六年前: 聯邦政府自一九二〇年起,即有公務員退休制度,惟其內容較爲單純,公務員受益亦不大。

二、一九五六年後: 一九三六年美國國會制定了社會安全法,原有公務員退休制度爲配合社會安全制度,乃作大幅的修正,並制定文官退休制度( Civil Serivce Retirement System) 施行, 直至一九八六年底, 始爲聯邦工作人員退休制度( Federal Employees Retirement System) 所代替(簡稱 FERS) 。

三、一九八四年後: 依美國公法 98-2 號規定,一九八三年十二月三十一日後, 進用之工作人員, 應適用社會安全制度; 又依美國公法 98-165號規定,在一九八四年一月一日至一九八六年一月一日,爲過渡時期,對一九八三年十二月三十一日以後雇用之工作人員,同時適用文官退休法及社會安全福利法;依一九八六年十二月三十一日制定之公法第99-335號,乃建立了聯邦工作人員退休制度。

## 第二項　退休制度

依聯邦工作人員退休制度規定, 其主要內容包括三部分, 其情形如下:

**一、社會安全福利** (Social Security Benefits)

㈠社會安全: 指對工作人員及其眷屬之老年、遺族及殘廢之福利給付，以期對工作人員因退休或殘廢，或死亡致減少收入時之一種補償。此種給付，對低收入者之補償要比高收入者爲大。同時對年滿65歲以上者，於因病就醫時，尚可補償一部分醫療費用。

㈡享受社會安全福利給付之條件: 包括

　　1.工作人員年滿62歲而退休者，退休人員及其退休期間之配偶與合法子女，可支領月福利金。

　　2.工作人員殘廢者，工作人員及其殘廢期間之配偶與合法子女，可支領月福利金。

　　3.工作人員死亡者，其合法遺族可支領月福利金。

　　4.工作人員死亡時，可支領一次福利金。

㈢社會安全稅: 工作人員在每年所得限額內，應繳納社會安全稅，聯邦政府亦繳納同數額的補助款，一九八六年之繳納社會安全稅之所得限額爲 42,000 元。繳納稅額屬於醫療保險 (Medicare Hospital Insurance) 者爲所得額之 1.45%，屬於老年、遺族及殘廢部分者，其繳納額，則按年分別規定，其情形爲 1986 及 1987 年，爲所得額5.70%，1988 及 1989 年，爲所得額6.06%，1989年以後爲所得額 6.20%。

**二、基本福利計畫** (Basic Benefits Plan)

㈠參加人員: 一九八六年十二月三十一日以後雇用之人員，適用基本福利計畫之規定，原已參加文官退休制度者，可自願改選參加本計畫。

㈡繳納款: 工作人員之繳納款爲本俸 (Basic Pay) 7％減去社會安全福利已繳納款之差數，即在1987年爲1.30%（即7%—5.70%），1988及1989年爲 0.94%（即7%—6.06%），1989年以後爲 0.80%（即7%—

6.20%)。

㈢退休福利金: 有三種福利退休金可供選擇

1.中途退休福利金: 具有下列條件之一者, 可選領之, 即

①任職5年以上年滿62歲退休者, ②任職20年以上年滿60歲退休者, ③任職30年以上年滿55歲者。

2.提早退休福利金: 工作人員非自願的離職、或因組織變更或裁減人員自願離職, 並具有下列條件者, 可選領之, 即①任職20年以上年滿50歲者, ②任職25年以上者。

3.延後退休福利金: 工作人員任職5年以上而離職, 並具有下列條件之一者, 可於下列年齡時選領之, 即①任職5年以上年齡達62歲時, ②任職20年以上年齡達60歲時, ③任職30年以上年齡達55歲時。

退休福利金計算公式: 爲最高三年本俸之平均俸額之1%, 乘以任職年資即爲退休福利金額。如任職任20年以上於62歲時退休者, 則以平均俸額之1.1%代替1%。除退休福利金外, 如合於下列特定條件者, 尙可領特別退休加給 (Special Retirement Supplement), 即①任職30年以上提早退休者, ②任職20年以上於60歲退休者, ③非自願退休者, 其特別退休加給可領至62歲止。

㈣遺族福利金 (Survivor Benefits)

1.配偶福利金: ①任職十八個月以上亡故者, 配偶一次福利金爲15,000元 (可按生活指數調整) 加上工作人員亡故時年俸二分之一, 或加上最高三年平均年俸二分之一, 如任職10年以上亡故者, 配偶每年尙可領工作人員應領退休福利金之50%。

②工作人員退休後死亡者, 以原有年退休福利金之50%, 作爲配偶之年退休福利金。

2.子女福利金: 任職十八個月以上亡故或已退休人員死亡者, 具

有下列條件之未婚之子女，可領年福利金，即①年滿18歲者，②年滿22歲尚在求學者，③不論年齡而在18歲以前成爲殘廢者。至子女福利金之金額，因年度及子女數而不同。如1986年，子女在三人以內者，每一子女可得2,800元，如爲孤兒則爲3,400元。

　　3.殘廢福利金（Disability Benefits）：任職十八個月以上殘廢者，其第一年之殘廢福利金爲最高三年本俸平均俸額60%，減去社會安全殘廢福利金之所得。自第二年起至年滿62歲，如因殘廢而不能執行職務亦不合支領社會安全殘廢福利金者，則殘廢福利金爲最高三年本俸平均俸額40%；如合於支領社會安全殘廢福利金規定者，則除三年平均俸額40%外，可再領社會安全殘廢福利金40%（即將社會安全殘廢福利金減額60%）。如殘廢之退休人員，在工作年所得已達原任職時年所得80%時，則殘廢福利金將停止。

　　㈤生活指數調整金（Cost of Living Adjustments）：退休人員年滿62歲以上者，或遺族及殘廢退休人員，均可獲得生活指數調整金，其標準爲1.物價指數高漲至2%，生活指數調整金亦爲2%；2.物價指數高漲至3%及以上者，生活指數調整金之百分比爲"物價指數高漲百分比減1%"。

　　**三、儲蓄計畫**（Saving Plan）：係工作人員可領俸給申稅前扣繳部分款項予以開戶儲蓄，政府亦補助部分款項存入工作人員之儲蓄帳戶。此一計畫係由聯邦退休節約投資委員會（Federal Retirement Thrift Investment Board）主管。其情形如下：

　　㈠適用人員：凡一九八七年一月一日適用聯邦工作人員退休制度之人員，及原適用文官退休制度之人員，均適用之。

　　㈡儲蓄款：政府自動繳納工作人員本俸1%，存入工作人員儲蓄帳戶，工作人員是否存儲款，完全自行決定，如需自存款，則最高以本俸

10％爲限，而政府補助款則爲，1.自儲款之前3％，政府同額補助；2.自儲款之次2％，政府補助 $\frac{1}{2}$ ；3.超過本俸5％之自儲款，政府不再補助。換言之，工作人員之自儲款爲5％時，則政府之補助額連同自動繳之1％，合計亦爲5％。

㈢儲蓄款之投資：工作人員儲蓄帳戶之款項，可作下列各種之投資

1.政府公債投資： 此種投資係由政府所保證， 無風險其利率不高，凡工作人員未指定儲金之其他投資者，均作此種投資。

2.固定收入投資：此種投資由銀行出具證明，亦有保險，在一定期間內可享有固定的利率收入。

3.一般股票投資： 此係較爲長期性的投資， 因爲股票價格有漲跌，故其利率的收入是常有變動。

㈣儲蓄款之取回：工作人員自參加儲蓄計畫後，遇有下列情事之一時，可取回儲蓄款，卽1.退休時；2.成爲殘廢時；3.死亡時；4.參加聯邦工作人員基本福利計畫後離職時。取回儲蓄款之方式，可以年金方式取回，或以一次金方式取回，或以轉移至個人退休金帳戶方式取回。

㈤儲蓄款之借用：自一九八八年一月一日起，當工作人員遇有下列財務上特別需要時，可自儲蓄款中借用，但最高以借用自繳款之總額爲限，卽1.購置住宅時；2.在健康保險外尚需支付醫療費用時，3.支付自己或眷屬之教育費用時；4.財務上有困難時。

**四、對特種工作人員之規定：** 對聯邦之救火人員、執法官員、航空運輸管制人員、後備軍事技術人員、部分時間工作人員、國會議員等，或因其工作性質特別，或因其身分有別，對其適用聯邦工作人員退休制度時，有若干較爲特別的例外規定，如任職年資及年齡之降低、各種福利金計算標準之差別等，以期適應各別的需要。

# 第四項　災害補償

　　為期公務員因執行公務而遭受傷害時有所補償，特別訂有聯邦公務災害補償法，凡聯邦政府之立法、行政、司法部門文職公務員均適用之。其補償種類及補償金額如下：

　　**一、醫療給付**：因執行職務而受傷者，支給醫療給付，包括傷病診療、住院、醫療器具及其他供給物之提供等。

　　**二、災害補償**：因執行職務受傷致永久殘廢無法恢復工作時，得接受職業災害補償、職業諮商、職業援助，及 100 元以內附加補償金。

　　**三、殘廢補償**：

　　㈠完全損失就業能力：因執行職務致傷病而完全喪失就業能力者，在喪失能力期間支給月俸額 $66\frac{2}{3}\%$ 之每月補償金。兩手、兩腕、兩足、兩腳不能使用時，或兩眼失明時，認為完全殘廢，終身支給上述補償金。

　　㈡損失部分就業能力：因傷病只保有部分就業能力者，在部分殘疾期間，以獲得報酬能力與$66\frac{2}{3}\%$間之差額為準，支給每月補償金。如某甲因傷病仍保有獲得報酬能力50%，則其每月補償金為$16\frac{2}{3}\%$。

　　㈢身體殘障：因傷病致身體器官之機能喪失並成永久殘廢者，視殘廢情形支給一定期間月俸額$66\frac{2}{3}\%$之補償金，其標準如下頁表所示。

　　㈣形狀損傷：如職員因面部、頭部、頸部之傷殘，有影響及繼續任職時，依前定標準在不超過 3,500 元之範圍內，支給補償金。

　　㈤補償金之加給：依前述㈠㈡㈢規定支給補償金者，如有需予撫養之家屬時，其補償金得增加至75%。成為殘廢的職員需人侍候時，補償金之外每月得支給不超過 300 美元之附加補償金。

　　㈥補償金之再計算：傷病時因未成年領取補償金者，其後就業能力

| 殘　　　廢　　　情　　　形 | 支給補償金週數 |
|---|---|
| 喪失手腕 | 312 |
| 喪失腳 | 288 |
| 喪失手 | 244 |
| 喪失足 | 205 |
| 喪失眼 | 160 |
| 喪失親指 | 75 |
| 喪失人差指 | 46 |
| 喪失足指 | 38 |
| 喪失中指 | 30 |
| 喪失指藥 | 25 |
| 喪失親指以外足指 | 16 |
| 喪失小指 | 15 |
| 完全喪失一耳聽力 | 52 |
| 完全喪失兩耳聽力 | 200 |
| 兩眼視力喪失或一眼喪失視力80％以上 | 160 |
| 喪失手足一指之二指骨以上 | 與完全喪失一指同 |
| 喪失手足一指之一指骨以上 | 為完全喪失一指之 $\frac{1}{2}$ |
| 切斷腕手首關節之上部 | 312 |
| 切斷腳足首關節之上部 | 288 |
| 手足二指以上或各指一指骨以上不能使用 | 視不能使用之原因及程度而定 |
| 一器官永久完全不能使用 | 與喪失器官同 |

增加者，應再予檢查並計算其應得補償金；傷殘職員年滿 70 歲，其就業能力因年齡而減退時，應再予檢查並計算其應得之補償金。

　　**四、遺族補償**：因執行職務以致傷病亡故留有遺族者，以職員月俸

額乘下列比率即為遺族補償金額，即㈠無子女而有寡婦或鰥夫者為45%；㈡有子女及寡婦或鰥夫者，每一子女為15%，寡婦或鰥夫為40%，但合計不得超過75%；㈢無寡婦或鰥夫時，如為一子女給35%；如為多子女則每人15%，但合計不得超過75%；㈣寡婦或鰥夫或子女不存在時，由雙親支領；雙親只有一方時支領25%，雙親均在時各支領20%；寡婦或鰥夫或子女均存在時，對這些人之補償金未超過75%者，得在不超過範圍內支給雙親補償金；㈤寡婦、鰥夫、子女或受扶養雙親不在時，對兄弟妹姊、祖父母及孫子女支給之；這些人有一人支領者為20%，二人以上支領時為30%並平均分配；存有寡婦等人而支領未達75%者，在不超過範圍內由兄弟姊妹等支領補償金。

**五、殯葬費及運輸費：** 因執行職務傷病致亡故者，支給 800 元範圍內之殯葬費；居住地離辦公場所甚遠或在國外亡故者，支給遺體運輸費。

## 第五項　健康福利制度

聯邦工作人員健康福利計畫 (Federal Employees Health Benefits Program)，係辦理此種健康福利之依據，其要點為：

**一、自由參加：** 舉辦健康福利計畫之目的，在協助解決工作人員及其眷屬遭遇疾病或意外事故時所需費用之困難，至是否參加此種健康福利計畫，則由員工自行決定。如在職時已參加此種計畫，則退休後，可以繼續參加，如在職時未有參加，則退休後不得參加。自願參加時，亦可選自己個人參加或自己及家屬參加。

**二、參加人員之利益：** 包括

㈠選若干種參加之：健康福利計畫有許多種，可由工作人員自己選擇最適合需要者若干種參加之，且參加時不需事前作體格檢查，且不拘

年齡、身體健康現況及以前之醫療情況。

㈡醫療費用負擔：參加健康福利計畫後，其中最大六種計畫所需費用之60％，由政府負擔，其餘費用則由參加人員在俸給內扣繳。

㈢付費方式及享受醫療服務：一為按醫療所需付費方式，採此種方式時，在醫療時可自選醫師及醫院作醫療服務；一為預付費用方式，採此種方式時，可在一定區域內各醫院及醫師接受醫療服務。

## 第六項　裁　員

**一、裁減人員之需要：**由於機關業務的變動或財政經費的困難，裁員乃常有發生；如因某部門裁撤或某種業務結束，則裁員只限於該部門或該種業務之人員；如因整個性業務的緊縮或預算的削減，則其裁員情形又將不同。人事管理的一般原則為對適任者應予留任，因此如對某部分職員有裁減必要時，應先設法改調至需用人的職位上，如一方面裁員另方面又向外界徵募人員，殊為不智。

**二、裁員時需考慮之因素：**主要因素為年資與工作成績，而年資的原則更為工會所重視，亦常被採用，年資最久者最後裁減，執行亦最方便；但留優汰劣亦為人事管理的原則，故裁減人員時亦需顧及工作成績；因而有者係將近年來成績差者先裁，而後再按成績低高順序裁減。聯邦裁員的順序，依文官規則規定，需考慮年資及工作成績，現行的辦法如下：

㈠如需裁員，應先決定何類工作可予取銷而對方案影響最少。

㈡再考慮擔任該類工作的人員範圍（即此類人員可相互調換者），在此範圍內人員，具常任任用之身份者最後裁，對任用定有期間最先裁，在試用期間之常任人員列為中間。

㈢以上三種人員，每種人員再分為二小類，即具有退役軍人優待資

格與未具此種資格者二小類，未具優待資格者先裁。

㈣每小類職員中，再按任職年資排列，年資短者先裁，但對考績優異者可予加分（卽延後裁）。

㈤如職員認爲裁減人員有不公時，可向功績制保護委員會提出申訴，管理申訴機關所作之建議，各機關有接受義務。

**三、其他應有措施**：爲期增加人力運用，對裁員應作下列措施：

㈠調任：對裁減者應盡量給予他調的機會，但所調之職位需與擬裁減者之資格相當，以期不影響業務。

㈡再任：對經裁減之人員，仍予列入薪餉册，爲期數月或直至新職位再任爲止，此種方法頗有儲備人才之意。

㈢提早退休：如年滿 50 歲任職二十年以上，或不論年齡而任職二十五年以上者，可提前自願退休，領終止服務年金。

㈣辦理失業保險：各州對失業者均舉辦有失業保險，一九五五年起聯邦公務員亦有失業保險，同時聯邦政府與州政府取得協議，在聯邦機關離職人員可轉入該地區之地方政府機關，在未轉入任職前或在某一定期間內，州政府將按星期給予適當的報酬。

# 第四章　法國人事制度

## 第一節　人事機關及機構

　　法國人事制度之主管機關，自 1945 年即設有文官局，至 1959 年改為行政及文官局，至 1981 年又改為文官部，至 1988 年又改為公職及行政改革部，至 1993 年又改為公職部（Ministere de La Fonction Pub-Lique），此即現行的人事制度主管機關。

### 第一項　公　職　部

　　法國公職部，其內部組織分為行政部門與訓練部門，行政部門設文官局，訓練部門維持原已設置之國家行政學院、國際行政研究院。公職部除部長外，尚有政務次長、秘書長。公職部之主要職權為一般人事行政職權及行政革新事項，其文官局之組織如下：

　　文官局設局長（為政務官）一人，副局長三人，分別掌管一個處，

處內分科辦事。其名稱及職掌如下:

㈠法規處: 設二科, 分別掌管法規之研擬與協調, 現有法規之搜集、整理與綜合事項。

㈡編制及訓練處: 設二科,分別掌管公務員考選及訓練,人員編制及設計事項。

㈢現代化素質處: 設四科, 分別掌管公務員俸級及退休, 公務員現代化, 各種人事資料管理及統計, 社會事務事項。

㈣其他: 設有局長辦公室,另設總務及經費科,隸屬於局長。文官局職員合計約一百二十五人。

## 第二項　評　政　院

**一、組織:** 評政院 (Council of State) 即爲最高行政法院,是管制人事制度之最有權力的機構之一, 在行政法院的體系中居於最高地位。評政院由評事組成,它並非總理的政府的一部分, 故它具有超然獨立的地位, 作公共利益的保護者, 及爲有關公共利益之上訴機關。

**二、職權:** 評政院的職權,主要爲㈠依照憲法規定,審核各種規章草案, 對政府命令需受諮商, 及考慮政府命令是否與法律相牴觸;㈡對文官事務有廣泛的調查權, 由於法國對法院的尊重, 更使調查權力發揮效用;㈢受理公務員對政府任用人員不公所提出的上訴案。

## 第三項　預　算　局

**一、組織:** 預算局 (Budget Directoate), 係財政部所屬單位之一,設局長及職員。

**二、職權:** 預算局之職權,除依法編製預算決算等外,又依文官法的規定, 凡涉及財務預算之人事法令需經財政部長的簽名或副署, 因而

預算局對有關俸給、員額編制、公務員升等與晉俸等之人事政策及日常人事行政的決定，有著強力的干預。

## 第四項　協議會

協議會在法國人事制度中佔有重要地位，其情形為：

**一、協議會之種類**：協議會共有三種，卽（一）最高人事制度協議會，（二）人事管理協議會，（三）行政管理協議會，必要時並得設（四）其他協議會；除最高人事制度協議會只有一個外，人事管理及行政管理協議會，中央各部會甚或其所屬機關均可設置，地方政府亦可設置。

**二、協議會之特性**：各種協議會之特性，值得稱道者有三，卽㈠組成協議會之委員，均由官方任命及職員團體所推選，且代表官方與代表職員之委員人數，原則上係屬相等；除正委員會外，尚有預備委員，任期均為三年。㈡各有職掌，如最高人事制度協議會，係以參與人事制度之規劃及受理部分申訴案為主要職掌；人事管理協議會，係以審查有關人事管理之規定、措施、晉升及懲處等為主要職掌；行政管理協議會，則以審議行政管理及效率等為主要職掌。㈢充分鼓勵職員參與文官制度、人事管理及行政管理事務，以加強職員與管理當局間的意見溝通與協調合作。

## 第五項　國家行政學院

**一、組織**：國家行政學院（ENA: Ecole Nationale d'Administration），設院長負責一般行政事務，內設若干所，各所置所長，分別負責各種人員之考試訓練事宜；講座多為卓越資深行政專家、大學教授及資深公務員，分別由各所所長聘任。

**二、職權**：負責政府高級行政人員（卽A類行政人員）之考選及錄

取人員之訓練，訓練之宗旨爲培養學識、經驗均屬豐富之高級人才，將來在各部會擔任各種重要職務；訓練期間爲二年半。

## 第六項　人事機構

**一、人事機構之設置：** 法國各部會各有其人事機構的設置，其名稱不一，有者爲人事處，有者爲人事科，有者更與主管其他業務的單位合併設置，如人事及會計處，人事及物料處等。在規模大的部，甚至在部內的各一級單位各自設立人事機構，如財政部內分設有總務處、直接稅署、間接稅署、關稅司、印花稅及註册司、國營事業司等一級單位，每一單位內均各自設有人事科。人事機構之主管，均由部長派任。

**二、人事機構之職掌：** 一般人事機構的職掌，主要爲：

㈠辦理公務員考試、任用、資格審查等事項。

㈡公務員服務情形及經過之詳確記載，並妥爲保管。

㈢協助各部人事管理協議會辦理每年公務員之晉升事宜。

㈣向主管提供意見及資料，以爲調職、復職及獎懲的參考。

㈤編造公務員薪餉名册送財政部備用。

㈥辦理公務員給假、出勤、給郵及選定獎章式樣等事項。

## 第二節　公務員範圍與制度演變

法國公務員的範圍，與一般國家不盡相同；人事制度亦經過若干階段的改變，並有其一般特性；公務員與政治亦具有特殊關係。茲分項說明如後。

## 第一項　公務員範圍

**一、公務員之意義**: 依法國評政院的判例，所謂公務員係負有確保符合一般利益的任務; 在執行自己所擔任的職務時，須遵守法令、保持中立、及全力專心爲之。又依國家公務員法規定，適用國家公務員法之公務員係指在各機關擔任編制內職務被任命爲常任官員者，但不包括軍事人員、法官、及公營事業所用之人員。

**二、公務員之人數**: 依一九八六年統計，法國中央政府公務員約爲 2,500,000人，此外尚有非編制內的公務員318,000人。另地方政府公務員約爲1,200,000人。另有醫院人員約800,000人。

## 第二項　人事制度改革經過

**一、二次世界大戰前**: 法國在大革命（一七八九年）之前，用人行政全依地主諸侯之意獨斷專行，自無制度可言; 自大革命成功，於一七九一年〈人權宣言〉第四條明定:「所有公民在法律上之地位一律平等，政府官吏之任用亦應平等，除以才能品德爲根據外，不應受其他條件之限制。」此乃法國揭示人事制度目標的開始。

於第一次世界大戰後，法國政府頒佈法令，規定各地方政府公務員的選拔、升遷及懲戒等辦法; 至中央政府公務員的選拔、分類、俸給、升遷、懲戒等事項，並無完整的規定，多由各部自以行政命令處理。惟行政命令評政院對之有最後解析及決定權，以防止各部對人事法令的破壞與濫用，期對公務員有適當的保障與損害的救濟。

**二、二次世界大戰後**: 自第二次世界大戰後，法國情勢有了大的改變，對文官制度亦有了澈底的改革，其重點爲:

㈠設立有關機構: 主要者有一九四五年十月九日令，設置文官局，

以爲推行人事政策的常設機構。另創設國家行政學院，以遴選及訓練培養高級行政人員；及設置最高人事制度協議會，以爲人事行政糾紛之協調與仲裁。

　　(二)公布文官法：一九四六年公布文官法，至一九八三至一九八四年間，又重新整理制定爲公務員基本權利法，中央公務員法及地方公務員法，合稱爲國家公務員法，以爲革新人事制度及推行人事行政之依據。

　　(三)將公務員重行分類：建立新的人事體制，確立各類公務員相互間的等級關係，以爲運行人事制度及訂定俸給之基礎。

## 第三項　主要特性

　　法國現行人事制度，其主要特性可歸納爲下列各點：

　　一、兼顧集權與彈性：由於公務員法的公佈與施行，使人事制度逐漸走向中央集權，不若以往之由各部自行管理；惟由於傳統多年的慣例，各部對日常公務員事務的監督及一般公務員事務的政策，仍保有相當的權限，各部對所屬低級公務員的遴用與考選，仍保有以往的權限。

　　二、有適度保障：各部對人事法規的應用，受非行政機關（如評政院）的嚴密監視，使公務員權益獲得適度的保障；法國公務員多能表現出團結、有秩序，且確爲具有高度智慧的一羣；由於公務員之公正與嚴正的執法，不易受外界的干預，如部長想變更部內的成規，常會引起高級公務員的頑強抵抗；再由於遴選程序的嚴密與永業化的型態，亦使公務員與外界相當的隔閡。其優點能使行政工作按序運行，保持安定，不受政潮的影響；但其缺點則與外界環境有脫節，難以適應外界情況作機動的調整。

　　三、職務與工作能大致配合：對公務員的職務，只按其性質與職責及擔任職務所需一般資格，區分爲大類，在大類內再依其所需特定資

格，　區分爲職羣，　在職羣內再區分職等，　使職務與工作能大致配合。但另一方面，一個公務員必要時可派其處理其他任務；一個離職的公務員，　仍可將其名字列入預備公務員名單之內，　必要時亦可回任繼續工作。

四、公務員自成一體：　公務員有其專用的法規，有其獨特的法律地位，公務員走向永業化；公務員並非爲某一職位而服務，而是爲國家而服務。

五、參與管理：　公務員對人事制度的訂定及人事個案的處理，有較多的參與管理機會，如最高人事制度協議會、各機關的人事管理協議會及行政管理協議會，均有公務員職業工會的代表參加在內，直接參與人事制度、人事政策及人事行政事務與人事個案案件的協調、審查及提供建議，此亦可謂人事管理的民主化。

## 第四項　政治對人事制度的影響

法國在第三、第四共和時代，由於國會的過於民主，致使政治不安定，內閣及部長經常更易，如在第四共和時期，部長們的平均任期只有八點四個月，而司處長們的平均任期卻爲四點三年，足可證明司處長並不因部長的更易而變動，因而各部日常業務的處理甚爲穩定具有效率，但因過於重視安定，致遭受未能革新與改變的批評。

但自第五共和時期，情況又有了改變，卽

一、增加總統權力：　第五共和增加了總統的權力，部長們需辭去議員職務，減少議會對政治的困擾，使部長有較多時間處理行政工作。

二、部長由多數黨產生：　議會中議員人數多的政黨，可對部長們產生大的影響力，部長亦由多數黨所產生，故相互間意見較爲一致；同時部長們亦受到總統與總理的較嚴格的管制，且總理對人事制度亦保有大

權，可給予各部長較大的支持。

三、高級公務員轉任政務職: 部分高級公務員轉任政務職，由於他們了解行政，因而對行政及人事制度，亦發生了較大的影響力。

由於以上三種情況的產生，致使人事制度逐漸受著政治的影響，與以前政治與人事制度之不相干與情形，已有改變。

## 第三節　人　事　體　制

人事體制，包括公務員的分類、架構，係屬運轉人事制度的基礎。茲簡述如後。

### 第一項　從是否適用公務員法分類

法國公務員有依規定需適用公務員法者，有不適用公務員法者，其區分情形如下:

一、**適用公務員法之公務員**: 主要有下列五大類

㈠超類公務員: 其地位在Ａ類公務員之上，可由政府自由任命（與通稱之政務官相當），不需經由考試或一定資格，其所任職務，包括 1.政務參與長官，2.高等政務參與官，3.政務參與官，4.常務次長，5.各部之司長，6.各部之處長，7.大使、公使，8.知事，9.警察所總務長官，10.特任行政監察官，11.大學區總長等。

㈡Ａ類公務員。

㈢Ｂ類公務員。

㈣Ｃ類公務員。

㈤Ｄ類公務員。

在前述適用公務員法之公務員中，又有全面適用與部分適用之別。

所謂部分適用，係指雖適用公務員法但准許可作特別規定者，如訴政院職員、會計檢查院職員、外交官領事官、教育機關職員、警察機關職員及技術職員等。在適用公務員法之人員中，除部分適用之人員外，其餘均係全面適用公務員法之規定。

**二、不適用公務員法之公務員**：主要包括法官、武官、公營事業人員、根據契約僱用之人員等。

## 第二項　從是否常任分類

**一、常任公務員**：係擔任編制內職務 (Established Post) 的公務員，進用資格較嚴，但亦較有保障，即使原任職務取銷，仍可保有常任公務員身份。

**二、非常任公務員**：係擔任非編制內職務 (Unestablished Post) 的公務員，進用資格較寬，但亦較少保障，如原任職務取銷，通常需解除公務員身份。非常任公務員主要有下列三種：

㈠**臨時人員**：進用臨時人員之原意，是在協助編制人員在一定的限期內辦理特殊而緊急的工作，其薪資則由國會所通過之總經費內支應。久而久之，臨時人員甚多已繼續任職多年，所任工作亦多成為永久性工作，按理應將此種職位改設為常任職位，但事實上仍以臨時工作由臨時人員擔任之。其原因為：㈠多數臨時人員均不具公務員所必需的條件，如將原有工作改設為常任職位，則原有人員因不合資格而去職，致受不利影響；㈡臨時人員並不享有編制人員權益，俸薪甚低，維持起來比較經濟。在一九四五年規定臨時人員年滿三十五歲以上，任職滿十年者，得列為補充人員，其職位具有常任性質，享有一般公務人員權益；至一九四六年又規定，政府得以命令將中央政府各部門永久性業務中之臨時職位轉換為編制職位，但此種職位不得再補用臨時人員，而應以文書人

員、打字員、速記打字員等正規人員補用之。

㈡**暫任人員**: 進用暫任人員，目的在暫時塡補常任職位，其未來去留以其職位爲轉移，且無論何時，均得因公務上之利益而被免職。

㈢**約聘人員**: 政府習慣上有進用所受教育與職業經驗方面均與編制內正常所用人員不同之人員以爲協助，如具有科學研究專長之人員，在政府實驗場所擔任某一期間的工作，此種人員多以契約方式進用，且可獲得較正常進用人員爲高的俸薪。

## 第三項　體制架構

適用公務員法之常任公務員，在體制上有其一定架構，且按架構分別規定其一般任務、應具資格條件及其俸給。茲說明如後:

### 一、將公務員依其職務之性質區分爲四大類 (Category)

㈠**A類**: 包括行政職務及中學與大學教師，屬行政類職務者，其主要任務爲: 1.使行政業務與政府一般政策相配合，2.擬具法令草案，3.對法令之實施作成必要的指示，4.公務進行中缺點的糾正與改善，5.對主管業務行使固有之決定權，6.對所屬人員行使考核監督權，7.行政機構的組織及管理。

凡屬此類之新進人員，其進用時之競爭考試，需以測試廣泛之普通與技術知識爲著眼，並需觀察是否具有適當之才能與品德; 此種考試尙應注重具有大學畢業之學歷。

此類人員，在一九八六年的法國公務員人數中佔28％。

㈡**B類**: 包括執行性職務及小學教師，屬行政執行職務者，其主要任務在執行法令，遇及法令中之原則性的規定，應作個案的解析。因此，擔任此類任務之人員，需具有創意、品評、解析、甚至制作決定的能力，其進用時之競爭考試，仍需維持有相當學士資格者爲準。

此類人員，在一九八六年的法國公務員人數中佔32%。

㈢C 類：其主要任務爲一般較簡易工作的處理及技術性工作的操作，不容個人有太多自由斟酌之餘地。通常需經專門訓練，如書記、打字員、速記員等。此類人員進用時之競爭考試，應以具有初級學校畢業學歷者方得應考。

此類人員，在一九八六年的法國公務員人數中佔34%。

㈣D類：其任務之執行，不十分需要或全不需要專門訓練，如公文信差、廳舍管理員等。此類人員進用時，並無一定學歷之限制。

此類人員，在一九八六年的法國公務員人數中佔6%。

二、每一類中區分職羣及職等：A、B、C、D各大類，類內得再區分職羣（Corps）（相當於職系，惟其範圍比職系爲小）。每一職羣得再分職等，其人員之考選、訓練及晉升等，多各有特別的規定。其情形如下：

㈠A類之區分職羣與職等：A類是法國公務員中最重要的一個類，歸屬此類之職務，除中學及大專敎師外，再依其職務的特性及所需特定資格之不同區分爲職羣，其較爲主要者有：

1.行政大職羣（Ves Grand Corps de l'Etat）：爲國家行政學院畢業生所最嚮往者，國家行政學院畢業成績列在前面25%者，均被選爲擔任此一職羣之各種職務。行政大職羣中，主要包括：⑴行政法院職羣，又依其職責不同區分四個等，其職務爲評事（最高）、審理官、一級聽審官、二級聽審官，⑵主計職羣，亦分爲四個等；⑶財政監導職羣，區分爲五個等。各等均有其職務，並依次晉升。

2.行政官職羣及地方官職羣：國家行政學院畢業生，大部分均被選爲擔任此兩職羣之職務，行政官職羣依其職務職責之不同，區分爲三個等；地方官職羣之職務，依其職責亦區分爲三個等。各等均有其職務，

並依次晉升。

3.技術大職羣 (Technical Grand Corps): 國家技術學院 (Ecole Polytechnique) 提供Ａ類各技術職羣人員所需要之數學及科學方面之知能，國家技術學院畢業者，發給技術證書，並分別被選爲擔任土木工程師職羣、礦冶工程師職羣、電訊工程師職羣、鄉區工程及水土森林工程師職羣之各種職務，及其他以數學爲主之經濟與統計、保險檢查、氣象等職羣之各種職務。各職羣之職務得依職責之不同再區分職等。

4.Ａ類之其他行政及技術職羣：歸入Ａ類之職羣，除上述外，尚有其他行政及技術之職羣。如行政方面之行政幫辦職羣，依其職務之職責再區分爲行政幫辦及高級幫辦二個等；技術方面之公共工程師職羣等。

以上Ａ類所區分之職羣，在一九八九年有五百多個。

㈡Ｂ類之區分職羣與職等：歸入Ｂ類之職務中，除小學教師外，依其性質區分職羣，羅致具有相當學士資格人員擔任，如行政方面之中央行政秘書職羣，科技方面之都市及住宅職羣，工業及研究職羣。各職羣之職務並依其職責之不同，區分爲二個等，其中一個等之職務名稱，常因部會之不同而異，另一個等之職務，其名稱則多以股長稱之。

以上Ｂ類所區分之職羣，在一九八九年有五百多個。

㈢Ｃ類之區分職羣：歸入Ｃ類之職務，其任務甚爲廣泛，包括各種文書的秘書的工作，依其職務性質之不同，區分爲職羣，作爲分別規定俸給標準之依據。

以上Ｃ類所區分之職羣，在一九八九年有五百多個。

㈣Ｄ類之區分職羣：歸入Ｄ類之職務，其任務以手工的工作爲主，依其職務性質之不同，各區分爲二個職羣，並各分三個職等，作爲分別規定俸給標準之依據。以上Ｄ類所區分之職羣，在一九八九年爲六個。

Ａ、Ｂ、Ｃ、Ｄ四類合計有一千七百個。

三、**職務之歸類與列等**：公務員職務之歸類與列等，係由各部會自行辦理，其情形為：

㈠由各部會歸類列等：依公務員法規定，各部會應將所屬各職務，依其性質及職責歸入適當的類、職羣與職等，既無嚴格的標準可作依據，亦不需由人事主管機關統一核定。

㈡各部會歸類列等頗有差異：因職務之歸類列等，並無較嚴格的標準，亦不需人事主管機關統一核定，致使同樣性質及職責的職務，其歸類列等結果並不一致，存有甚大差異。且多有提高歸類列等之趨向。

# 第四節　考　試

法國公務員的考試，屬Ａ類者由國家行政學院辦理，屬Ｂ、Ｃ、Ｄ類者，由各機關自行辦理，但Ｂ類亦有集中辦理者；又Ａ、Ｂ、Ｃ類的考試，均採競爭考試方式，而Ｄ類則多採甄選方式。再專業及技術人員，其進用不需透過考試，通常為先登廣告，應徵者提出申請後，即給予簡單的口試，通過口試即可錄用，其情形與行政人員有別。茲分項簡述如後。

## 第一項　Ａ類人員之考試

一、**考試機關**：Ａ類行政人員考試之初試及再試，均由國家行政學院辦理，舉行考試時，其主考人員由內閣總理任命資深行政人員及大學教授擔任之。

二、**考試種類及應考資格**：Ａ類考試分初任考試與升類考試兩種，應考資格及應試科目亦有不同，總錄取名額之三分之一至二分之一，保留由升類人員。

㈠初任考試之初試：係爲大學畢業生而設置之考試，應考者需年在二十五歲以下，大學畢業具有學士稱號或畢業證書者，男女不拘；但具有同等資格經國家行政學院認可者，亦得應考；再當事人能提出其研究或工作成果證明，經國家行政學院院長聽取學院管理會議之意見後，得授予特別應考資格。應試科目，以一般性的學識及理論爲主。

㈡升類考試之初試：係爲擔任較低各類之現職文官晉升至Ａ類而設置之考試，應考者需年齡在三十五歲以下，在政府任職滿五年以上或任編制之職務三年以上，男女現職文官。應試科目及其內容，以對在職者較爲實際的知識爲重。至再試則於訓練實習完畢後舉行。

三、Ａ類初任考試之初試情形：初試分第一試與第二試，考試時間爲二十五小時：

㈠第一考試：共分四個部分，其中一部分爲測驗，三部分爲申論式的筆試。

1.第一部分，主題在申論十八世紀中葉之政治、社會和經濟發展史，目的在測驗應試者是否具備一般知識，或是否具有分析能力，並不重視細節的記憶。

2.第二部分，主要討論世界各大國之政治制度或法國之行政法。

3.第三部分，主要討論政經問題。

4.第四部分，爲三小時之語言測驗，由應試者就德文、英文、西班牙文、意大利文、俄文、阿拉伯文任選一種測驗之。

經通過初試後，始得參加第二試。

㈡第二試：主要在測驗應試者之專業知識，在考試前，先由應試者就一般行政、財務行政、社會行政及外交四種工作範疇中選定一種，於考試時亦分四個部分舉行：

1.第一部分爲筆試：以考試行政法、財稅法、社會經濟、及一八

一五年後國際關係等爲對象。

2.第二部分爲口試：先給應試者一個廣泛的題目，使其事先加以思考，然後再進行口試。

3.第三、第四部分亦爲口試：其口試內容因應試者所選工作範疇之不同而異，如選一般行政者，則口試有關社會問題和財稅立法；選財務行政者，則口試社會問題、經濟問題及人文地理等問題；選社會行政者，則口試社會學、人口學及財稅立法等問題；選外交者，則口試國際公法、經濟地理及人文地理等問題。

**四、A類升類考試之初試情形：** 升類考試亦分第一試與第二試：

㈠第一試爲筆試：其情形與初任考試之第一試相似，分四個部分：

1.第一部分：與初任考試之第一部分同。

2.第二、第三部分：以筆試政治經濟、政治制度及行政法爲主，惟其命題以考應試者之實際工作經驗爲主。

3.第四部分：不採語言測驗，而要求應試者在四小時內，將一份冗長的公文報告，摘要爲一千字的報告。

第一試及格後，再參加第二試。

㈡第二試：分三部分，除第一部分爲專業科目之筆試外，餘爲口試。

**五、體格檢查：** 參加初任或升類考試人員，均需通過體格檢查，體檢之項目，包括跑、跳、爬高、游泳及舉重等。

經初試及格者，卽參加國家行政學院之訓練。

# 第二項　B、C、D類人員之考試

**一、B類人員之考試：** 參加B類職務考試者，應考人需具有相當於學士資格之甲種文憑爲準，但大學畢業應考者亦不乏其人；應試科目由各機關視需要定之。B類人員之考試原則上由各機關自行辦理，但亦有

將各機關之 B 類人員考試予以集中辦理，以節省經費與人力者。

二、C 類人員之考試：參加 C 類職務考試者，需具有初級學校畢業或同程度之學歷，又具有一年以上專業技術之見習者，亦得參加；應試科目由各機關視需要定之，C 類人員之考試，均由各機關自行辦理。

三、D 類人員：D 類人員之進用，不需一定學歷，亦不需經由考試，可由甄選方式進用，應甄資格可由各機關自行規定，凡符合應甄條件者，由用人主管經過口試或體能測驗認為滿意時，即可進用。

## 第三項　辦理考試之一般程序

法國公務員考試之程序，通常包括下列各種：

一、決定考試種類、地點及日期：公務員考試的種類，多係應任用之需要而舉行，各類考試錄取的人數亦多寡不一，何時舉行何種考試，多由各部自行決定之；考試地點，則多在巴黎舉行，至中央機關在各地區需用之人員，則指定地點分期舉行考試。

二、考試公告：當考試的種類、日期、地點決定後，應即予以公告，使一般人能了解其內容，以便具有應試資格者前來參加。公告的方式有兩種，一為刊登政府公報，一為政府的正式布告，張貼於通衢、城門及布告處。對各種考試的應考資格、應試科目、錄取人數及將來可支俸給等，亦多在考試公告中說明。

三、辦理報名：應試者辦理報名時，須呈繳：㈠出生證明書，㈡畢業證書，㈢良好品德證明書，㈣軍職地位證明書，㈤向考試機關指定醫師接受體格檢查並取得體格檢查證明等文件。

四、審查應試者資格：凡應考資格不合、身體缺陷、道德不良或有犯法情事者，均不得應考；經審查合格者，應通知其參加考試，並附送考試科目、時間、地點、記分方法及注意事項等資料；經審查不合格

者，應發還原件並敍明不能應考之原因。

　　**五、組織考試委員會**：舉行考試時，由各部臨時組織考試委員會主持之，　委員有各部人事單位代表一人，　部分學者專家，　及部內之有關司、處長及其他現職人員。

　　**六、考試**：考試通常採兩試制，初試爲筆試，復試爲口試；初試及格者方得參加復試。

　　**七、分發任用**：考試錄取者，　應按成績高低之順序，　作成候用名冊。爲使當正取名冊上所記載者已任用完畢，而必須以他人任用且爲了在舉行第二次公開競爭考試前，補充員額之職缺，得作成按成績高低順序排列之備取名冊。依備取名冊而任用爲公務員之數日，不得超過法令所定錄取比率所提供之人數。備取名冊，自舉辦下次公開競爭考試之始日或該名冊作成後逾一年者，其效力自動消失。任用應依正式錄取名冊及備取名冊所記載順序，依序爲之。

## 第四項　甄選或遴用

　　任用權者除對D類人員得以甄選方式進用外，尚有：

　　一、由內閣基於政策或酬庸而任用：如政務官及類似政務官之超類公務員屬之。

　　二、各部之內閣人員：各部各有其部的內閣，人數爲十人左右，可逕行遴用，協助部長制訂政策。

　　三、保留職位給特定人員任用者：　對該特定人員任用至特定職位時，可免考選。

## 第五節　任用與升遷

　　法國公務員的任用，情形甚爲複雜，如任用爲公務員者，應具有一

定之條件，公務員由有任用權者任用，並需經一定的程序，重視公務員的調派與晉升的發展，公務員任用機會均等，但亦有例外，遇有公務人力不足時，亦有其補救辦法。茲分項敍述如後。

## 第一項　任用之條件

任用條件包括消極資格條件及積極資格條件，前者為不得有之條件，後者為應具有之條件。

**一、消極資格條件**：依國家公務員法規定，任何人有下列情形之一者，不得擔任公務員：（一）未具有法國國籍者。（二）經褫奪公權者。（三）有犯罪記錄，而在第二類通報上對其所記載之評語顯示其不適宜擔任公職者。（四）依國民兵役法無服役之資格者。（五）不符合執行公務所需之體能條件者。

因此擔任公務員者，需具有法國國籍，需未經褫奪公權，需具有個人之良好道德行為，需已經服完兵役或經正式免役，需經證明未患有結核性癌症性或神經性之疾病，或曾染此類疾病，但已治癒。

**二、積極資格條件**：依國家公務員法，A、B、C類人員，需經考試及格；D類人員可經甄選或逕行遴用；如係技術人員亦需經甄選合格。

## 第二項　任用權限與程序

**一、任用權限**：法國公務員之任用權，因職務高低而不同；各部司處長級以上公務員之任用權歸屬於總統；其他職務人員之任用權歸屬於各部會首長，低級職務人員之任用則由部會首長委任所屬行使。

**二、任用程序**：對常任公務員在作常任任用之前，通常需經過一年的試用。對低級人員而言，所謂試用期間乃為工作上的訓練；對中級人員而言，所謂試用期間只是一種形式。

## 第三項　兼職、調派、外調與休職

法國國家公務員法，對經任用之公務員，又有兼職、調派、外調與休職之規定，其身分及權益亦有區別。其情形爲：

**一、兼職**：指一方面被視爲留於原官職，繼續領取該官職之俸給，另一方面執行其他機關勤務之公務員狀態。兼職須得到原任職機關之同意，且在業務上有必要者爲限，兼職人員所執行之職務應與原任職機關之職務相當。一般而言，凡追求一般公益之機關、公益性協會之職務，可以兼職方式用人。

**二、調派**：指被指派至原任職類別以外之官職，而同時保有繼續升遷及退休年金權利之公務員身分。調派得基於公務員之申請或由首長依職權爲之，但依職權爲之時，應先諮詢人事管理協議會之意見。調派可分長期調派與短期調派。調派期滿，應回任原官職。

**三、外調**：係基於公務員申請，將其調派至沒有行政機關或公營企業之一般退休年金制度之官職或國際機關之官職，但仍在行政機關或公營事業中，繼續執行勤務之公務員身分，具此身分之公務員，停止其原有升遷及退休年金之權利，而改用外調機關之身分制度及退休年金制度。外調公務員得回任原職。

**四、休職**：指公務員處於原機關以外身分，具有此種身分時，停止其升遷及退休年金之權利。休職得依公務員之申請，或長期病假休假期滿時，由首長依職權爲之。休職公務員請求回復其職位，但連續遭到三次拒絕者，得於聽取人事管理協議會之意見後，將其免職。

## 第四項　晉　　升

**一、永業晉升與發展之關係**：永業指擔任公務員者能視公務員爲永

業，不輕易離開及轉業；晉升指公務員所擔任之職務，能不斷的調整，以期職務逐次高升，職責漸次加重，所得待遇逐漸增加；發展指公務員感到自己有前途，聰明才智能不斷增進，對國家的貢獻能逐次增大。此三者之意義雖有不同，但卻有相互依賴關係，如三者缺少任何一種，則其他二種無法獲得發揮。一個正確的文官制度，就需使永業、升遷、發展三者，獲得同等的重視與發揮。

二、晉升之方式：各職羣人員之晉升，各有其規定，但大致有下列三種：

㈠晉俸：指在同職羣同職等內之晉俸，此乃最常見的晉升；晉俸之決定主要基於年資，亦即對任職至相當期間（通常為一年，長者可達三年）者予以晉俸一級，以晉至本等最高俸級為限。

㈡升等：指在同類同職羣內晉升至較高的等及在同類內晉升至較高職羣之職務，升等通常亦會獲得晉俸，升等不僅需具有較長的任職年資（但並非必須支俸至本等的最高級），較優的工作績效，更需經由一定的甄選程序。即公務員在升等之前，需先將其姓名列入升等名單，而升等名單係由有關行政單位按年準備，再提報人事管理協議會（此時人事管理議協會乃執行晉升委員會的任務），經人管會全盤考慮並作必要的建議後，再轉送部長。部長雖不受人管會意見的拘束，但如連續兩年拒絕人管會建議的人選，或對未列在晉升名單中之人員予以晉升，則該當事人或人管會可向最高文官制度協議會提出申訴。

㈢升類：指升入較高的類，如D類升至C類，C類升至B類，B類升至A類；升類需經由競爭考試，故升類亦可看作是再次的新進任用。一般言之，經由升類考試及格而升類任用者，其人數約為初任考試及格進用者 25% 至 50%。但亦有若干特別的規章規定，對經任職五至十年者，經過甄選合格或列入升類名單後獲得晉升，但其人數通常只有高類

出缺的百分之十，此乃升類需經競爭考試及格之例外。

　　由上說明，晉俸係屬同類同職羣同職等內之晉升，多係按年辦理；升等係屬同類同職羣不同職等之晉升或同類內較高職羣之晉升，需經由甄審程序；升類乃不同類間之晉升，需經競爭考試及格。

## 第五項　國家行政學院對晉升之貢獻

　　國家行政學院，為法國遴選及訓練培養高級行政人才的學府，經由國家行政學院畢業者，在仕途上有很好的發展機會。其情形如下：

　　**一、高材生有更好之前程：**國家行政學院畢業的前十二至二十名，可入選為擔任行政大職羣（Grand　Corps）中職羣之職務，如擔任財政監察官、主計官，或在國務院及外交部任職；如法國前總統季斯卡、及若干內閣總理與部長們，均為國家行政學院出身者。

　　凡技術人員在國家技術學院畢業的高材生，亦有類似的前程。

　　在公務員永業發展中的最高職務，為政府各部中主管一重要行政部門的局司處長，局司處長由部長遴選，經由總統及內閣總理的署名發佈命令，各局司處長事實上都從現任公務員中遴升，而非從公務員之外遴選。

　　擔任局司處長職務者，應具的條件通常為：㈠屬於行政大職羣的成員，㈡有豐富的專業知識，㈢曾任若干個部之重要職務，及㈣曾參加部長的私人內閣工作。

　　對法國公務員最理想的永業發展途徑，為大學畢業後考入國家行政學院，如係學生於二十五至二十七歲進入行政大職羣，如係原任公務員於三十至三十五歲進入行政大職羣；擔任該職羣的任務至五年，再在其他任務上擔任二年，被任用為一部門的助理主管或主管，再轉調至行政職務（仍保有大職羣成員的身份），而後擔任部長的私人內閣工作（部

長的私人內閣，係由十個以上擔任部長之私人行政助理的人員所組成），至此卽可保證會調任局司處長職務。

　　二、一般畢業生之前程: 未被入選行政大職羣之畢業生，卽成為A類的行政人員職羣，此乃行政方面次高的常任公務員，但他們不易晉升至最高的職務。在A類中，比行政人員職羣為低的尚有幫辦職羣。大學畢業而原擔任B類職務者，如經參加國家行政學院考試及格，亦可獲得較好的前程。

　　三、製造晉升機會: 各部為增加晉升機會，常對同一類之各職羣，再區分為若干職等（A、B類之各職羣更是如此），以增加公務員之升等機會。

## 第六項　機會均等原則與限用職位之例外

　　一、機會均等原則: 依法國公務員法規定，對公務員之任用，不得因男女性別之不同而有所限制；換言之，任用機會是需要均等的，只問其有無擔任職務所需要之知能，不問其性別如何，種族、膚色如何，宗教信仰如何，均不得因知能條件以外之因素而受到歧視，各民主國家的文官制度，基本上都要將候選人置於相同的基礎上，以使此項原則受到尊重，藉可確保用人主管機關能夠公平行事。

　　二、限用職位之例外: 在原則上雖有機會均等之規定，但亦定有限用職位之例外，意卽就政府機關中保留某部分職位，限予情形特殊人員之任用，而不適用機會均等之原則。所謂情形特殊人員，卽對國家在戰爭中有特殊貢獻之在鄉軍人，或在戰爭中受到特別苦難者，國家為報功及體恤，乃給予優先任用。如一九二三年曾規定了若干限用職位（Restricted Positions），藉以優先遴用傷殘人員、遺孀及孤兒。一九四六年又通過法律，規定凡入營服役人員，其後均有權擔任限用職位。在

第二次世界大戰期間，按照限用職位進用之人員，爲數已達二十萬人，其中十五萬爲遺孀、孤兒與傷殘人員，五萬爲正規的退役人員。嗣因人數過多遭受各界嚴厲批評，自一九五九年法律實施後，對限用職位得隨時以命令修正，並爲顧及擔任職務所需之資格條件，對其考試標準亦得予以提高。

## 第七項　人力不足與補救辦法

　　**一、人力不足時可能發生之情況**：當政府機關缺乏合格人員可資進用時，通常會發生下列四種情況，卽(一)將法定所需資格條件予以降低；(二)非法的進用不合格的人員；(三)將不合條件的現職人員予以晉升遞補；(四)使部分的出缺空懸不補。以上所敍四種情況，均會影響及文官制度的正常運行。

　　**二、補救辦法**：爲避免此種情況的發生，必需有適當的政府用人的人力計畫，以便早日按需用人力計畫預爲考選及培訓，使政府機關出缺時，隨時可分發任用。

## 第六節　俸　　給

　　依國家公務員法規定，公務員於執行職務後，有請求俸給之權利。所稱俸給包括薪資、房屋津貼、眷屬津貼，以及其他法令規定設置之津貼。俸給有其目的與性質，俸給之建立俸表、依規定晉敍，俸給需適度調整，規定加給及津貼支給標準，茲分項簡述之。

## 第一項　俸給之目的與性質

　　**一、俸給之目的**：俸給是爲了吸收適當的人才並使他們願意繼續留

在公務界服務; 過低的俸給如不足以維持公務員之合理水準生活時, 自會影響及服務的情緒及會離職他去; 但過高的俸給, 又將引致公務員生活奢侈, 亦同樣會影響及服務情緒。

　　**二、俸給之性質**: 公務員的俸給與民間工資不同, 不能認爲是公務員勞動的代價, 而是使公務員確保與其官職相稱之社會地位的生活水準; 因此, 公務員俸給的高低, 需視職務所屬類、職羣及等別的高低, 及各該職務人員爲保持其社會地位的生活水準高低而定。

## 第二項　俸表之結構

　　俸表結構有下列特點:

　　**一、按職羣及等分別規定俸級**: 各類之內, 設有職羣, 各職羣又區分等, 每等再定其俸級, 同一等之俸級多在八級至十級之間。各類內各高低職羣, 職羣內各高低職等之俸級, 均有部分重疊。

　　**二、各俸級之俸額用指數表示**: 如在一九八七年, 各俸級俸額之指數, 自 D 類最低之 205 至 A 類最高之 1015, 至類內各職羣, 各職羣內各等之俸級之指數, 則在各類各職羣之指數幅度內, 依俸級作適當的配置。如科學研究職羣, 在A 類中分三個等, 每等之俸級及指數如下:

A類一等科學研究職

　　俸級　5————————————指數 1015

　　　　　4————————————966

　　　　　3————————————901

　　　　　2————————————801

　　　　　1————————————701

A類二等科學研究職

　　俸級　9————————————指數 801

　　　　　8————————————750

　　　　　7————————————701

　　　　　6————————————659

　　　　　5————————————612

　　　　　4————————————882

　　　　　3————————————546

　　　　　2————————————508

　　　　　1————————————473

A類三等科學研究職

　　俸級11————————————指數 750

　　　　10————————————710

　　　　　9————————————674

　　　　　8————————————641

　　　　　7————————————607

　　　　　6————————————582

| | |
|---|---|
| 5 | 550 |
| 4 | 523 |
| 3 | 494 |
| 2 | 463 |
| 1 | 438 |

　　**三、指數乘以基數所得之數卽爲俸給**：指數可視需要調整，基數更可視需要調整，當各俸級之指數乘以基數後所得之數，而爲各俸級之俸額。

　　茲以一九八七年八月之俸給情形，舉數例如下：

　　㈠科學或高等學校教員職羣最低等最低年俸額爲85,030法朗，最高等最高俸級年俸額爲221,635法朗。

　　㈡公務員之最低年俸額爲50,413法朗,公務員之平均年俸額爲8,450×12＝101,400法朗。

　　**四、政務官及部分高級人員之俸給**：除上述A、B、C、D類之俸表外，尚有25,000人之俸給，高於上述各類人員之俸給，此25,000人，可分爲 A、$B_1$、$B_2$、C、D、E、F、G 八羣，D、E、F、G 四羣爲政務官，共500人，其餘20,000人，分屬於 A、$B_1$、$B_2$、C 四羣。

## 第三項　俸級之晉敍

　　依國家公務員法之規定，俸點之晉升，係由一級接續一級，循序往上晉升之。俸點晉升之結果增加其俸給。

　　俸點之晉升，依其服務年資及職務上能力之考績與評等決定之。惟有的機關應感到考績手續之過繁及認爲考績結果之不甚可靠，索性依年資晉級，如每年晉一級。

## 第四項　俸給之調整

法國公務員俸給之調整，通常有下列兩種方式：

**一、調整各俸級之指數**：如以 D 類最低俸級之最低指數至 A 類最高俸級之最高指數而言，在一九六五年之前，為自 100 至 650；一九六五年四月調整為自 100 至 760；一九六八年調整為自 100 至 800；一九八七年又調整為 205 至 1015。

**二、調整基數**：其調整更為頻繁，幾乎各年均有調整。

**三、調整時需考慮之因素**：調整俸給時需考慮之主要因素，為(一)可以編列的預算及財力負擔能力；(二)與民營企業人員俸給的平衡；(三)保持公務員內部間的差異。

## 第五項　俸給以外之加給與津貼

公務員每月所得待遇，除俸給外尚包括：

**一、地域加給**：將全國劃分為三等，按俸給 6％、4％、3％ 加給。

**二、眷屬津貼**：分眷屬扶養補助費及眷屬津貼兩種，均對義務教育期間終了後六個月內，受公務員扶養之子女給予之，但對修習技能之子女可延長支給至18歲，對繼續就學之子女或體質虛弱、慢性疾病不能就業之子女，可延長支給至20歲。其支給標準為(一)眷屬扶養補助費，子女一人時 15 法郎與二人時40法郎及未經課稅之俸給3％，三人時60法郎與未經課稅之俸給 8％，四人以上時另加 20 法郎與未經課稅之俸給 6％。(二)眷屬津貼，適用一般社會保險規定，有二人者為俸給23％，有三人者為俸給41％，有四人者為俸給37％，五人以上者為俸給35％。

**三、超時津貼**：支給超時津貼之人數，不得超過各機關員額15％，其數額視超時工作期間長短而定。在夜間工作可支較優厚的夜間津貼，

在休假日工作者，可支較優厚的休假日津貼。

**四、房屋津貼**：對有眷者，給予房屋津貼。

**五、殘障補助金**：公務員因執行職務中發生事故或因職業病，而導致減少百分之十以上之永久生活能力之重度殘障時，得請求一併給予俸給及殘障之暫時補助金。殘障暫時補助金之金額，依公務員俸薪表中最低俸薪額與殘障之比例定之。

規定殘障補助金發給之條件，及其認可、清償、給付及修正之方法，及何者係因其職務而引起之疾病，經諮詢評政院後另以命令定之。

# 第七節　考　績

依國家公務員法規定，有關公務員之一般考績與評等而顯示其職業才能者，應告知公務員，特別法不得規定考績制度。公務員考績，由機關首長行使決定公務員職務上能力考績及綜合評語之權限。人事管理協議會，有受考績及綜合評語之通知的權利，人事管理協議會，基於公務員之聲請，得建議修正考績。施行考績之方法，經諮詢評政院後以命令定之。依現行規定，考績之目的、應有之條件、考績項目、考績成績與獎懲、及考績程序，特分項簡述之。

## 第一項　考績之目的

**一、評估公務人員的成績，以便將公務人員作最佳的運用**：亦即根據考績之結果，去發現公務人員本身及其在工作上所表現之優缺點，以期盡量運用其優點，使能對機關及國家作更多的貢獻。

**二、使公務人員間能相互加深認識，藉以發揮彼此觀摩改進之效**：透過考績的運用，使受考者瞭解考核者對他的希望是什麼，使考核者瞭

解受考者的能力及工作績效的實情如何，應如何改進等。

三、建立機關組織各層級間之相互信賴：透過考績的運用，使機關內部上下層級間，對工作的目標與實績，具有更深切的了解，使上下層級工作人員間，增加了人際關係的和諧與相互的信任。

## 第二項　良好考績應有之條件

一、考績應為一種價值判斷：考績不僅為受考人工作績效的判斷，更是受考人個人因素的判斷，如受考人的性格、才能、品德等，均包括在考績判斷之內，如完全以數字資料作為根據，並不表示是良好的考績。

二、考績必須要負責：不負責的考績，等於是沒有考績，不僅是浪費考核者的時間，不僅在考績中無法表示受考人的真正工作績效與個人因素，甚至各人考績內容多屬千篇一律，毫無作用。

三、考績不能感情用事：感情用事的考績，亦即是徇私的考績，憑考核人主觀好惡的考評，就是不確實的考績，因而亦無法從考績中去發揚受考者優點與補救受考者的缺點。

四、各受考人之考績結果應有不同：各受考人的工作績效與個人因素，經考績結果，應表現出有所不同，而非大家一樣或是非常接近，如各人考績結果均屬一樣，那只是敷衍，而未作真正的認真的考績。

## 第三項　考績項目

一、一般考績項目：法國公務員的考績，多就各受考人處理工作所需條件方面來考慮，通常用以考績的項目，不外下列十四個，即㈠身體的適合性，㈡專門知識，㈢遵守時間，㈣條理及整潔情形，㈤應用力，㈥協調性，㈦服務精神，㈧積極性，㈨工作速度，㈩工作方法，㈪洞察

力，㈥組織力，㈥指揮監督力，㈣統制力。

**二、按需要選用：**當辦理考績時，由考核者與受考者，就前十四個項目中，選擇與現任工作關係較爲密切者六個使用之。

**三、考績項目之簡化：**鑒於原有考績項目之過於複雜，隨後乃予以簡化，並按A、B、C、D類分別規定如下：

㈠A類公務員：適用職務上之知能、職務上之一般敎育程度（必要時得以領導能力代替）、效率、及公正感四個項目。

㈡B類公務員：適用職務上之知能、組織能力與工作方法、效率、勤惰四個項目。

㈢C類公務員：適用職務上之知能、工作上之審愼、效率、勤惰四個項目。

㈣D類公務員：適用適任能力、工作上之審愼、勤惰、職務上之行爲四個項目。

又前述四類公務員之考績項目中，必要時得再增加一個或兩個項目，如受考人之職務具有與公衆接觸之性質，則考績項目中應包括「對外關係」一項。

## 第四項　考績成績與獎懲

考績結果，仍以受考人對所選定各考績項目之得分多寡，及實有工作績效或表現有無超過所定標準來表示，並根據考績結果予以獎懲。其情形如下：

**一、考績成績的分數表示：**考績成績之高低，自一分至二十分的分數表示。一分爲最低分，二十分爲最高分，十分爲及格。公務員之考績成績多在十三分至十八分之間。

**二、考績之獎懲：**

㈠考績成績優秀者，得參照以前服務成績，縮短晉俸期間，提前予以晉敍俸級。

㈡考績成績及格者，得依俸給制度規定，按期晉敍俸級。

㈢考績結果不及格者，應予免職。

㈣考績結果，除依前述規定外，並得作為調職之參考。

## 第五項　考績程序

辦理考績的程序，可分下列四個：

**一、直接主管初評報告：**各受考人的考績，均由直接主管人就商其上級主管後作初評報告；這亦是直接主管之每年的責任。在報告中包括概括的考評及按考績項目的分別考評，考評係用既定公式的記分方式，分數的多寡可決定受考人晉俸的快慢。在報告中特別需敍明專業的適合性、效率與組織力、及適合於晉升至何種職等及類的有關資料。

**二、通知受考人：**受考人會接到有考績評分的通知，如遇及人事管理協議會請求時，亦可接到一般的考評結果。

**三、人事管理協議會審議：**考績需送人事管理協議會審議，如認為考評不公平，可要求修正。

**四、首長核定：**考績報告由各部首長核定。考績報告雖不是決定是否列入晉升名單的因素，但當準備晉升名單時，考績報告明顯的是重要資料之一。

## 第八節　訓　　練

法國對公務員的訓練極為重視，訓練種類甚多，國家行政學院在文官訓練中扮演極重要的角色，行政人員訓練中心及工業技術學院，對公

務員訓練亦有貢獻。茲分項簡述如後。

## 第一項　訓練種類

公務員訓練，主要有下列三種:

**一、準備考試訓練:** 由公職及行政改革部主辦， 現職公務員可參加，訓練課程與考試科目有關，於下班前一小時開始， 每天約四小時，期間視參加之考試而定。其目的使現職人員有較多考試錄取機會。

**二、職前訓練:** 即在擔任公務員之前的訓練，擔任職前訓練者， 多為學校， 如國家行政學院， 工業技術學院等; 對職前訓練均有卓著貢獻，且負有盛名。

**三、任職後訓練:** 即調任現職公務員參加訓練， 此在法國並不普遍， 僅少數部會有此種設施，如郵電部設有高級郵電學校，參加者一類為高級行政人員，一類為專門技術人員及工程師等; 經訓練後在職位上便可獲得晉升的權利與機會。再如財政部設有稅務檢查員學校，辦理稅務檢查人員訓練。

**四、輪調訓練:** 即不斷的輪調公務人員作短期的訓練， 其理由不外，㈠專業公務人員，在其專業範圍內必需趕上時代，藉以維持其工作效能; ㈡從事管理工作之主管人員，對不斷進步的管理學科知識必須不斷吸收，始能獲得升遷的機會; ㈢高級主管人員，暫時脫離現職接受短期訓練，不但能因而獲得新知，更可與其他高級主管短期接觸結果， 擴大視野， 了解各機關的特殊問題，進而培養其對國計民生問題的整體觀念。如法國行政人員訓練中心，則為辦理行政人員輪調訓練而設。

## 第二項　國家行政學院之訓練

A類行政人員初試及格者，即入國家行政學校訓練， 並按編制內受

訓人員支俸。訓練期間合計爲二年半，其分配情形爲：

一、**實習階段**：進入行政學院後，卽先派往各地方政府實習，必要時並可至駐外使館實習，在資深公務員之監督下，從事實習訓練，其期間爲一年，其目的在使受訓者與以往的社會關係和觀念隔絕，使在都市中成長的人能了解鄉村社會之組織結構及需要，以期正式開始公務員生涯後，能顧及國家整體的需要與發展。另外再以三個月期間，以外調方式至公營及民營事業工作。

實習期間，行政學院的各研究所主任，需定期分赴各省實地考察實習訓練情形，並卽時提出改進建議，以免實習發生偏差或流於形式。在各省負責監督實習的資深公務人員，多視受訓實習者爲其個人助理，除要其處理日常工作外，並帶領其參加各種會議及公務場所，以訓練其加強人羣關係之技能，而後再要其擬具各種計畫。各主管的助理遇有請假，則要實習者代理此種助理的工作。

在實習將近結束之際，國家行政學院則向負責監督實習者分送一種實習情況調查表，要求負責監督的主管對實習人員之一年的工作活動、能力及吃苦耐勞的情況等，作詳細的考評；除此之外，實習者尚需就各省地方上的主要問題，如住宅與建計畫，水利灌漑計畫等，自選一個撰寫一篇長達二十五頁至三十頁的報告或論文；此種報告或論文，亦需作詳細評考並給予評分。實習者在實習期間，尚需透過監督人員定期向國家行政學院提出工作報告，惟不予評分。

二、**學習階段**：二年半之其餘期間，係在國家行政學院內學習。行政學院內部分四個主要部門，卽一般行政部門、財經部門、社會行政部門、外交事務部門。各部門學習人員，結業後有其固定的分發範圍，如一般行政部門的學生，以分發行政法院、內政部、國防部、教育部、內閣總理秘書處等爲原則；財政部門的學生，以分發農業部、財政部、經

濟部、工商部、公共工程部、交通部及海外商務代辦部爲原則；社會行
政部門的學生，以分發退除役官兵管理部、商業部、公共衞生部、勞工
部、社會安全行政部等爲原則；外交事務部門的學生，以分發外交部、
各大使館及領事館等爲原則。

在此期間之訓練課程，則分爲一般課程與專業課程兩類；一般課程
主要討論國家之重要問題，如經濟發展問題，未開發國家問題，開發中
國家問題，法國的農業問題，個人權益之保護問題等；專業課程所討論
之問題，有統計技術、人口研究、國防及行政管理技術等問題。至授課
的方式，則先由行政專家就所定問題報告一至三小時，而後卽由學生們
進行討論。

四部門的學生，均需選讀一般課程，以奠定其廣泛的知識基礎，擴
大知識領域，遇及問題時不會發生偏頗。各部門均有專業課程，其他部
門學生不得選讀，如財經部門的專業課程，則有財政學、統計學、經濟
規劃、國際財政等，此外尚有與財經有關的各種研討會。

授課老師，除行政學院之敎授外，尚有政府高級資深行政主管及國
營事業的管理專才與具有特殊經驗的其他人士；各部門的課程，由院長
決定，但頗具有彈性。

在二年半將近結束之前，要舉行嚴格的再試，並組織考試委員會辦
理，再試的內容分筆試及口試。筆試又分三次，第一次爲一般課程的考
試，各部門共同適用，需解答八個問題，其中兩題爲有關憲法與行政事
務者，兩題爲有關財經事務者，兩題爲有關社會行政與衞生行政者，兩
題爲有關國際事務與國際公法者；第二次及第三次筆試，則係高度專業
性的考試，各部門分別舉行，係解答專業性的問題。口試，亦分三次舉
行；第一次口試係由學生自行抽籤決定某一專業範圍的專題，給予一小
時的準備時間，口試時先由學生報告十五分鐘，接著由主試者針對其報

告舉行口試；第二次口試爲學生與主試者之間自由討論方式，討論範圍無限制，藉以測試學生知識之廣泛程度；第三次口試爲外國語文。

　　二年半訓練的平時成績與最後的再試成績，爲訓練之總成績，成績及格者，按總成績高低排定名次，分送服務機關作爲派職之依據。派職時並須簽約至少服務十年，否則賠償訓練費用。成績不及格者，如原係公務員，可回任原職。

## 第三項　國際行政研究院

　　法國國際行政研究院（Institute International D'Administration Publique），設立目的在使國際友邦的公務員及社會知名人士了解法國的公共行政措施和公共行政有關的最新知能，並進一步培育其行政專知與領導才識，同時並藉此國際性的研習活動可加深友邦對法國的了解，與他國高階人士保持密切的聯繫而助益其外交關係的拓展。

　　國際行政研究院之招訓對象，以外國推薦的公務員爲主，社會賢達及本國學生爲輔。長期班受訓期間爲二年，其入學考試科目一般爲外交關係、國際經濟關係、公共行政管理、人力資源管理、公營企業及國際政治經濟。在訓練期間之課程內容，包括溝通性課程、專業性課程、實習課程等。該院對學員的訓練方式，採彈性化教育目標的設定，可由學員自訂課程內容與學習目標，由院方代表與學員簽定教育合約，依合約所定目標施訓，極具成效。

## 第四項　技術學院之訓練

　　**一、受訓對象**：法國技術人員的訓練，多由各種技術學院負責。接受訓練的人員，除來自政府機關者外，亦有來自民間企業者，如係公務人員，則需具備下列三條件，即(一)曾在綜合科技學院受過正式教育；

(二)具有正式公務員身份；(三)訓練後需繼續獻身公務十年以上。

**二、訓練情形**：訓練期間為三年，各年之訓練重點如下：

(一)第一年為一般性訓練：即在學院資深教授之監督下，從事實際專門技術工作，並培養其一般行政管理才能；如礦業學院第一年的訓練，即要求學生學習冶礦術、物質抗拒術、探礦技術、鋼鐵熔化技術、凝固術等，同時還需研讀英文、德文及經濟學概論等。

(二)第二年為派往公營事業實習：在這一年中，學生需選擇與其日後工作有關的實習範圍，如礦業開採術、煉油術、石油探勘術等；在實習期間，對受訓者均需賦予明確權責，由上級負責監督，培養其工作能力；實習將結束時，應向學院提出報告，作為日後能否獲得升遷之參考。

(三)第三年為高深技術鑽研：如研修電子工程學、工業化學、實用地質學、高等煉礦學等；除此之外，尚需附修法律學、經濟學、社會行政、財務行政及統計學等；修習此種課程之目的，除培養具備高深的技術外，尚培養高級行政管理才能，以奠定從事高級行政主管工作的基礎，同時消除過於重視技術而忽略社會科學的偏頗觀念。

# 第九節　權利、義務與懲處

法國公務員有其法定的基本權利，一定的工作時間與假期，政府鼓勵公務員參與政治，並明定公務員應盡的義務及違反義務應有的懲處等。茲分項敍述如後。

## 第一項　權　利

依法國國家公務員法規定，公務員之權利主要有：

**一、意見自由權利**：法中明定公務員之意見自由應予保障。

**二、不受歧視權利**: 法中明定任何因政治、職業團體、哲學、宗教上之意見，或因性別、種族之理由，對公務員所作之歧視不得為之。

**三、受保護權利**: 公務員於執行職務時，享有其所屬公務機關依刑法或其他特別法之規定所採措施之保護。公務機關應保護公務員，使其執行公務時免受恐嚇、暴力、暴行、傷害、誹謗或侮辱，如有此等情事，應補償其所受損失。

**四、獲知個人檔案資料之權利**：任何公務員，於法律規定之條件下，均得獲知其個人之檔案資料。

**五、享有報酬之權利**: 公務員於任職後，享有報酬權利，包括薪資、房屋津貼、眷屬津貼以其他法令規定設置之津貼。

**六、永久養成教育權利**: 公務員有永久養成教育之權利。

**七、受健康衛生安全保障**: 公務員於工作上為保持其健康與身體完整之衛生安全條件，應保障之。

**八、其他權利**: 包括假期、參與政治活動、參加工會及參與協議會等權利，另在第二、第三項及第十節中敍述之。

# 第二項　工作時間與假期

**一、工作時間**: 公務員每週正常工作時間為三十九小時，部分工作時間人員，其工作時間為正常工作時間80%者，支俸給之七分之六；其工作時間為正常工作時間90%者，支俸給三十五分之三十二。在辦公時間外執行職務者，得支領一定金額之超時津貼，但高級人員不予支給。

**二、假期**: 法國公務員認為假期，依現行規定共有下列各種:

(一)休假: 每年可休假三十天，不論文官的身分與年資如何，均一視同仁，此三十天假期原則上不能斷續的累積，而需連續的一次休假。

(二)病假: 1.一般病假: 可請一年，前三個月支全俸，後九個月支

牛俸。2.長期病假: 可請三年, 前一年支全俸, 後二年支半俸。3.特別病假: 如患肺病、癌病、精神病及小兒痲痺者, 可請病假五年, 前三年支全俸, 後兩年支半俸; 如公務人員因執行職務而受傷者, 可支全俸給假, 直至身體恢復健康, 如在醫療上已無法恢復健康者予以退休; 如因公傷病給假經十二個月後, 證明為永久不適任公務人員者, 可同時領取殘廢年金及服務年金。

(三)產假及與擔任父母有關責任義務之假: 如1.女職員懷孕三個月後; 每日辦公時間可縮短一小時, 分娩可請分娩假十六個星期, 生產後一年內每日有哺乳假一小時, 2.配偶生產小兒時 (出生前後十五日間) 請陪產假三日; 3.家族死亡或重病時可請事假三日; 4.父母養育子女假, 期間不得超過二年, 處於休職狀態。

(四)職業養成教育之假、公會養成教育之假。

(五)其他特別假: 行使議員職權時; 參加軍事訓練時; 參加工會之正常業務時, 但每年以十日為限。

# 第三項　參與政治活動

法國國家公務員法中, 並無禁止公務員從事政治活動之限制。相反的, 卻有下列的明文規定:

**一、不得因政治上意見而有歧視:** 任何因政治、職業團體、哲學、宗教上之意見, 或因性別、種族理由, 對公務員所作之歧視均不得為之。

**二、參選民意代表當選者公務員原職不受影響:** 公務員競選或當選國會、歐洲議會、區域議會、普通議會、市議會、海外法僑最高議會之議員, 或經濟社會委員會之委員者, 其原有公務員之職位, 不得因其得票多寡或其競選或任職期間利害關係人之意見而受影響。

又規定公務員除作為公務機關之代表外, 於依法組織之機構或依公

權力設置之諮詢機關擔任職務者，亦不影響其原有公務員之職位。

三、**對特定公務員之政治活動仍有限制**：如司法官不得討論政治上問題，不得參與對政府施政方針及形態之各種示威運動。

## 第四項　義　　務

依法國國家公務員法規定，公務員應盡之義務如下：

一、**盡力職務不營私利**：公務員應奉獻其職業活動之全部於其受任之工作。公務員不得以其職銜從事營利性之私人活動，不論其係屬何種性質。公務員得不受此項禁止規定限制之例外情形，由評政院以命令定之。

公務員不得以自己之名義或利用他人之名義，於其所屬機關監督之企業，或於與該企業之往來關係中，獲取利益以喪失其獨立自主性。

二、**保守機密**：公務員就其職務上之秘密，應依刑法規定之範圍保守之。公務員就其執行公務之中或執行公務場合所知悉之事實、消息或文件，應以專業之謹慎處理之。

三、**滿足公衆知的要求**：公務員在遵守保守機密之情形下，有義務滿足公衆有關知的要求。

四、**負責執行受託任務**：任何公務員，不論其職位高低，應負責執行其受託任務，公務員應遵守其上級指示，但命令顯然違法或嚴重犧牲公共利益時，不在此限。

公務員之下屬本身應負之責任，亦爲該公務員不可推卸之責任。

五、**犯有過失應受懲處**：公務員於執行公務之中或執行公務場合所犯之任何過失，除受懲戒處分外，如有符合之情事，亦得受刑事處罰。

六、**違反義務或有重大過失之停職與復職**：公務員觸犯有關未盡職務上之義務或違反一般法律之重大過失時，此項過失之行爲人得由有懲戒權之機關予以停職，但應立即交付懲戒委員會審議，不得遲延。

被停職之公務員，應保留其薪資、房屋津貼、眷屬津貼及義務性之眷屬給付； 其職位於四個月之期間內， 應予以明確安排， 如四個月期滿， 有懲戒權之機關仍未作成任何決定，當事人除係刑事訴追對象外，應回復其職務。

公務員由於受刑事訴追而未能回復其職務者， 得於不超過前項所述報酬半數範圍內扣留其給付，但該公務員仍得繼續受領眷屬津貼之全數。

## 第五項 懲 處

依國家公務員法規定， 公務員於執行公務之中或執行公務場合犯有過失， 除受懲戒處分外， 如有符合應負刑事責任之情事時， 亦得受刑事處罰。又公務員未盡職務上義務或違反一般法律之重大過失時， 得予以停職。故公務員之懲處， 主要有懲戒處分， 刑事處罰及停職諸種， 除刑事處罰依刑事法律規定處理外， 懲戒處分及停職之處理情形如下：

**一、懲戒處分種類**: 包括下列四種類型

(一)警告或申誡: 警告多以口頭為之， 申誡則需記載於人事記錄簿中， 經申誡後經過三年皆未再受任何處分者， 該申誡處分自動自人事記錄簿中消失。

(二)包括1.從晉升候補名冊中除名; 2.減低俸點; 3.十五日以下停職; 4.強迫調職。

(三)包括1.降官等; 2.六個月以上兩年以下之停職。

(四)包括1.保留其退休金請求權之強迫退休; 2.撤職。

以上從晉升候補名冊中除名之懲戒處分， 得作為第(二)第(三)種類型處分之補充處分。受懲戒處分停職者， 不支給任何俸給， 但得於停職期間中， 暫緩全部或一部之執行。停職期間在六個月以上者， 因暫緩執行之結果不得縮短至三個月以下。從停職處分時起五年內， 再受第(二)

或第(三)類型之處分時，撤銷其暫緩執行；如於該五年內，該公務員未受除警告及申誡處分以外之任何懲戒處分者，該公務員關於其所受暫緩執行期間所受之處分，免除其執行。

**二、懲戒權限：** 具有任用權的機關首長，即具有懲戒權；對警告、申誡等輕微的懲戒處分，可由具有懲戒權的首長授權所屬行使，至其他懲戒處分則需依懲戒程序進行。

**三、懲戒程序：** 主要包括

(一)移送：由主管就所屬之違法行為事實向有關人事管理協議會移送，此時人事管理協議會同時亦就是懲戒委員會。

(二)通知：移送時，必須同時檢附違法行為之詳細說明，送被付懲戒人，使被付懲戒人瞭解所提控訴的內容。

(三)申辯：被付懲戒人可提出書面或口頭的申辯，並選定證人協助自己辯護。

(四)調查：人事管理協議會認有必要時，可主動或徇當事人要求舉行補充的調查。

(五)提出懲處的建議：人事管理協議會瞭解事實情況後，向有懲戒權者提出適當的懲處建議。此種建議需於接獲懲戒案後一個月內提出，但需舉行調查時，則需在三個月內提出。此種懲處意見只是建議性質，對有懲戒權者並無約束力。

(六)向最高人事制度協議會申訴：如懲戒權者不照人事管理協議會的建議，而給予較重的懲處時，被付懲戒人經人事管理協議會的許可，可於接獲懲處通知後一個月內向最高人事制度協議會提出申訴。

(七)對申訴案之處理：最高人事制度協議會，可於接到申訴案一個月內，如需再作查詢則於四個月內，**決定拒絕申訴案或向部長提出取銷原處分或修正原處分的建議。**

（八）部長作最後決定： 部長參考最高人事制度協議會的建議， 對懲處案作最後的決定。

（九）上訴： 被懲戒者不服部長之決定者， 得向評政院 (Council of State)提出上訴， 但警察及監獄人員不得提出上訴。 經評政院決定之懲處， 不得再提出上訴。

（十）對停職之處理： 停職與懲戒程序有密切關係，爲保障公務員之權益， 對停職均予以相當的限制， 僅當被付懲戒人違法行爲情節重大且其俸給需予停發一半以上時， 始得予以停職； 停職可由具有懲處權者下令執行， 但需立卽呈報部長， 而部長需將情告知人事管理協議會。如懲戒案未能於四個月內作成決定， 則被付懲戒人應恢復支給全俸； 如被付懲戒人予以無罪或僅予以輕微的懲處， 則原已停發的俸給需予補發。

**四、刑先懲後之關係**： 懲戒之目的在確保公務之順利推展， 與爲維護公共秩序及社會安全爲目的之刑罰不同， 刑罰的科處必須法有明文， 而公務員行爲的不當， 則委由行政體系中有關人員審酌判定； 因此同一行爲， 如對刑法及懲戒兩者均有違反， 則可受刑事與懲戒之兩方面的懲處； 惟在處理順序上， 如同時涉及刑罰與懲戒時，在司法最終判決前，以不施予懲戒處分爲宜， 藉免因過早施予懲戒處分而冒探證不週之危險。

## 第六項　非懲處性之免職與休職

法國公務員除懲戒外， 尚有非懲處性的兩種措施， 卽免職與休職。

**一、免職**： 公務員有下列情事之一者得予以免職：

（一）公務員申請休職或機關首長對休假期滿公務員基於職權予以休職之公務員， 於休職後申請回復其職位， 但連續遭到三次拒絕者， 得於聽取人事管理協議會意見後， 將其免職。

（二）因執行職務能力不足而免職， 但應遵守懲戒程序之規定， 此種

免職人員，得依法令所定要件，受領津貼金。

**二、休職:** 指置公務員於現任機關之外，在休職期間不能享有晉升及退休之權利。休職之期間與種類區分如下:

(一)由首長命令休職: 公務員長期病假期滿，其疾病尚在無法服勤之狀態時，得令休職一年，但得延長二次; 非因公疾病，連續病假十二個月期滿尚無法服勤時，得令休職一年，但得延長二次。

(二)由公務員申請休職: 因配偶或子女重病時，得請休職三年，並得延長二次; 因一般利益之研究調查時，得請休職三年，並得延長一次; 因個人之某種關係或理由，得請休職二年，全部不得超過六年; 因參加軍事教育，得請休職三年，並得延長一次; 因子女未滿八歲因病身弱必須經常看護時，得請休職二年; 配偶因事業上關係遷居而同行時，得請休職二年，全部不得超過十年; 因參與公私企業以外之公共利益活動時，得請休職三年，並得延長一次，但以連續任職十年以上距退休年齡五年以上者爲限; 依規定參與研修得請休職，但全部不得超過三年。

凡休職之公務員，在休職期間不支給與(但因依法令規定參與研修之休職期間，可支津貼); 休職期滿需復職時，應於休職期滿前二個月申請之; 又休職期滿而無法復職時，應卽離職。

# 第十節　結社與參與管理協議

法國公務員，有組織公會及參加公會自由，參與管理及行使罷工之權，選舉代表參加各種協議會參與有關人事行政協議之權。茲分項簡述之

## 第一項　結社與參與管理

法國國家公務員法，對組織公會、參與管理及罷工之規定如下:

**一、組織公會**: 公務員公會自由應予保障。利害關係人得自由創設公會組織，並參加及執行受任職務，此等組織得爲訴訟行爲，得就有關人事法規之制定及對於公務員團體利益造成損害之個別處分，向有管轄權之裁判機關提起爭訟。

**二、參與管理**: 公務員之公會組織，得以全國性之地位與政府預先協商決定有關薪資之調整，並得以各級不同之地位與該管機關討論有關工作條件及組織問題。

**三、行使罷工權**: 公務員得依有關法律規定之範圍行使罷工權。目前尚無限制法律的公布，故原則上應解釋爲公務員有罷工權；但依評政院的判例，罷工權的行使有下列限制，卽(一)公務員及公共團體職員均有罷工權；(二)雖無特別法的存在，如一般國民的利益保護上有必要，得限制罷工權；(三)政府得決定罷工權的性質與範圍；(四)政府如認爲對公益有重大的損害，得禁止爭議，其不服從者，並得付懲戒處分。

所有罷工，必需在五日前通知，說明罷工的理由及開始罷工的時間；並禁止各部門員工在不同的時間內罷工，如此種程序及規定未予遵守，卽需面對懲處的程序。評政院規定行政首長基於行政權，對公務員罷工權之行使可加以限制，以免濫用罷工權而違反公共秩序；至監獄官及安全官員，則依據特別規定而禁止罷工。

由於法國公務員有組織公會權，公會可派代表參與管理，對爭議事項可提出訴訟，必要時可以罷工權爲後盾，故公務員的參與人事管理，不但有其實堅的基礎，且可眞正的發揮效果。

## 第二項　最高人事制度協議會

依國家公務員法規定，公務員得以其在諮詢機關（卽協議會）中之代表作爲中介，參與公務之組織與運作、法規之制定，及有關公務員

身分之個別處分之審查。因此乃有最高人事制度協議會、人事管理協議會、行政管理協議會及其他協議會之設置，各由機關代表及公務員代表組成以展開協議工作。除最高人事制度協議會在本項中敍述外，其餘分在第三至第四項中敍述之。

依國家公務員法規定，最高人事制度協議會，由行政機關之代表及公務員公會組織之同額代表組成之，內閣總理爲最高人事制度協議會之主席。協議會依內閣總理或三分之一以上委員之書面請求，審議有關國家公務員全體性問題而受諮詢，協議會爲關於懲戒、升遷及因職務上能力不足之休職情形時之最後不服之審理機關。

依評政院之規定，最高人事制度協議會之組織及運作情形爲:

一、組織: 由代表官方與公務員雙方之委員共十六名所組成; 代表官方之委員由評政院之院長及評議官各一名（或由評議官二名）、會計檢查院首席檢查官、財政部預算局長、及各部掌管人事行政之局長七人（共十一人）擔任; 代表公務員方面之委員，由公務員公會推選擔任（應爲五人）; 除上述正委員十六人外，尚有預備委員十六人，於正委員因事故不能出席時代表出席會議，委員任期均爲三年; 各部會得派代表參加會議並發言，但無投票權。

二、會議: 最高人事制度協議會開會時，以內閣總理爲主席，每三個月開會一次，開會時需有三分之二以上委員之出席，出席人數過半數同意方得決議，可否同數時由主席決定之。

三、職掌: 最高人事制度協議會

(一)對下列事項得提出意見，即1.關於公務員一般規程之特別規定; 2.任用時基於性別作不同處理之公務員規定; 3.基於考試晉升職等之規定; 4.公務員一般規程之修正; 5.各職等或職務俸給指數之決定; 6.關於國家官吏以外公務員教育訓練及效率增進計畫實施及調整事項;

7.關於公務員的社會保障事項。

　　(二)對下列事項得提出審查意見， 卽1.關於公務員的懲戒處分；2.關於休職文官復職時之免職；3.關於職務上無能之公務員的退休及免職； 4.關於退休及休職公務員違反禁止私的活動之處置； 5.對晉升候補者名簿拒絕記載之決定。

# 第三項　人事管理協議會

　　依國家公務員規定，公務員之職羣中，得設一個或二個以上由行政機關之代表及同額之公務員代表組成人事管理協議會。代表公務員之委員，依比例代表制選出，候選委員名單由公會組織提出。人事管理協議會，於決定有關職羣公務員之個別事項時受諮詢。依評政院之規定， 一般性的人事管理協議會之組織及運作情形如下：

　　**一、組織**：由代表官方與公務員雙方之委員組成； 代表官方之委員由二等參事官或與之相當之官員、 政府自由任用之官員、 及 A 類官員擔任；代表公務員之委員由各類之現任公務員就現任人員中選舉，凡同一職羣公務員人數在二十人以上者選正委員及預備委員各一人，同一職羣公務員人數超過一千人者選正委員及預備委員各四人；代表官方委員之人數與代表公務員委員之人數相同；任期均爲三年。

　　**二、會議**：各部會之人事管理協議會開會時，以部長或所屬之局長爲主席； 一年至少開會一次， 但有三分之一正委員要求者亦得召開會議；開會時需四分之三以上委員之出席，出席人員過半數之同意方得決議，可否同數時由主席決定之。

　　**三、職掌**：人事管理協議會得以審查或調查之事項如下，卽(一)關於公務員任用的審查；(二)配偶者私的營利活動提出申請的審查；(三)基於公務員的要求關於考績的審查；(四)以晉升委員會身份作公務員晉

升的審查；(五)以懲戒委員會身份作公務員懲戒的審查；(六)關於依職權派遣的審查；(七)關於休職的審查；(八)關於公務員復職或休職後免職的審查；(九)公務員因逐行職務能力欠缺而免職之審查；(十)關於人事異動的審查；(十一)辭職不承認之審查；(十二)公務員離職後私的活動的調查；(十三)關於半日勤務拒絕承認的審查；(十四)關於無給休假不承認的審查。

## 第四項　行政管理協議會及其他協議會

依國家公務員法規定，所有國家行政機關及不具工商性質之所有國家之公營造物，應設置一個或二個以上之行政管理協議會，審議有關機關之組織，機關之營運問題及其個別命令案。行政管理協議由行政機關之代表及同數額之公務員公會之代表組成。

又每一部會或數個部會得設立中央衛生安全協議會，於必要時並得設立地方衛生安全協議會或特別衛生安全協議會，但需基於相關行政管理協議會之請求而設立。

又最高人事制度協會與地方人事制度協議會，得合組混合協議會，提供有關中央及地方公務員交流之建議。

依評政院之規定，行政管理協議會之組織及運作情形如下：

**一、組織：** 由代表官方與公務員雙方之委員組成，代表官方之委員，在二等參事官或與之相當之其他公務員或對行政管理有研究及經驗之公務員中任命之；代表公務員之代表由公務員公會推薦；各部協議會之正委員為三十人，其他協議會之正委員以二十人為原則；除正委員外尚有同數額之預備委員；任期亦均為三年。

**二、會議：** 會議期間及決議方式，均與人事管理協議會同。

**三、職掌：** 行政管理協議會得予審議之事項，為(一)辦公處所之設

施與機關的組織；（二）官廳及組織的運作，特別是執行方法、技術之現代化，公務員在工作場所所受之影響，及公務員之工作效率；（三）所轄機關員額配置之作成與修正；（四）公務員保健衛生與安全。

# 第十一節　退休撫邮與災害補償

法國自一八五三年，始訂定法律實施退休，後於一九六四年修正，始成現制；茲就退休撫邮制度特色，退休撫邮之一般條件，退休撫邮之種類，支給條件及支給額，分項予以簡述。

## 第一項　退撫制度之特點

法國公務員退休制度之特點有二：

**一、採公務員與政府分擔制**：退休經費除由政府負擔一部分外，凡適用退休制度的公務員，每月應扣除俸給總額（包括基本俸給及津貼）的 6 ％，編入政府歲入預算，退休時所需的退休金，則由國庫開支。凡未有按月扣繳俸給者，則不能取得退休金的權利。

**二、配合經濟變動自動調整退休金**：退休金額依現職人員的俸給比例調整，而俸給則隨生活費用及物價的變動情形而調整，故退休時所領之退休金，不致因物價及幣值等因素的變動而受影響。

## 第二項　退休撫邮之一般條件

**一、年齡**：按公務員類別分別規定，其情形如下：

（一）一般公務員，退休年齡為60歲，但得延長至65歲。

（二）技能、勞務、教育、公安、稅務、警察等公務員，因職務性質特殊，其退休年齡得自60歲提前至55歲。

(三)退休年齡之延長：具有下列情形之公務員，其退休年齡得予延長，即1.達退休年齡時有應扶養之子女者，每一子女得延長一年。2.達50歲時有現存子女三人者，得延長一年。

**二、任職年資：** 原則上以任職十五年以上者爲準。

**三、在職亡故：** 遺有寡婦或鰥夫或子女者。

**四、發生廢疾：** 因而不能繼續擔任職務者。

## 第三項　年金種類、支給條件及支給標準

退撫金大致可分退休年金、退休返還金、遺族年金及廢疾年金四種，其支給條件與支給額如下：

**一、退休年金**

(一)支給條件：公務員任職十五年以上，並按月繳納退撫金而退休者；所謂十五年之任職，凡 16 歲以下之兵役期間，18 歲以下之實習期間、小學教師，18歲以下師範學校在籍期間，病假、長期病假及長期休假期間，均不包括在內。

(二)支給期間：公務員於到達定年退休前退休者，其退休金通常於到達定年時支給。但女性公務員且有下列情事之一者於退休時即行支給，即1.有子三人以上或有子一人以上而其中一子有80%以上之廢疾者；2.配偶不能從事職業或有不治之疾病者；3.退休公務員有廢疾並由委員會認爲應即時支給退休年金時。

(三)支給標準：以基礎俸給之2%乘以任職年資而得，但最高以基礎俸給之75%爲限。具有下列情況之任職年資，得予加算，即1.在歐洲以外地區服務之年資得加算三分之一；2.有扶養子女之女性公務員，在子女滿21歲養育九年以上爲條件，每一子女加算一年；3.在戰時擔任特定工作者，酌予加算。

除退休年金外，對退休者之家族得給予增給金與家族特別金；其標準爲1.在16歲以前並有九年以上養育的子女三人以上時，對最初三人增給退休年金10％，超過三人者每超過一人增給５％；2.家族特別金與現任文官所支之家族特別金同。

## 二、退休返還金

(一)支給條件：任職未滿15年而退休者。

(二)支給標準：退還因參加退休撫邮制度所繳納之全部金額；但社會保險制度應繳納金及對國家公共團體之債務，應從所得金額中扣回。

## 三、遺族年金

(一)支給條件：公務員在職死亡或受領退休年金人員死亡，對其寡婦或因廢疾完全喪失勞動能力之夫，或未滿21歲之子或因廢疾無勞動能力之子，支給之。

(二)支給標準：1.對寡婦之遺族年金，爲夫死亡日可以受領或已受領退休年金之50％。2.對孤兒之遺族年金，爲至21歲止，父親死亡日父親可受領或已受領退休年金10％。3.對鰥夫之遺族年金，與寡妻之年金同，但需於60歲時始得支給。

再寡婦年金與孤兒年金之和，超過父親之年金時，對孤兒年金應暫時減額支給。又鰥夫年金不得超過俸給37.5％。

## 四、廢疾年金

(一)支給條件：在職時因廢疾或傷病惡化致不能執行職務者支給之。

(二)支給標準：以基礎俸給按廢疾的程度乘一定比率計算所得之數額，與退休年金合計不得超過基礎俸給；廢疾程度在60％以上時，廢疾年金不得低於基礎俸給50％。

支廢疾年金者如尚有第三者需由其扶養時，加算特別年金，其金額爲俸點一二五之俸給額，其期間爲五年。

# 第五章　德國人事制度

## 第一節　人事機關及機構

德國主管人事制度的機關，爲聯邦文官委員會，但內政部、財政部及職員協議會，亦各有相當權限；各機關則設有人事機構，辦理各機關公務員之人事業務。茲分項說明如後。

### 第一項　聯邦文官委員會

聯邦文官委員會，係德國聯邦公務員法（以下簡稱公務員法）所明定，其使命、組織及職權如下：

一、**使命:** 依公務員法第九十五條規定，爲求公務員法規之統一實施，乃設立聯邦文官委員會，並賦予該會及委員以獨立的地位，以便行使職權。在同法其他各條尚有類似規定，如「文官委員會於法律限制範圍內，獨立且以自己之責任行使職權」；「聯邦文官委員會委員均獨立，僅服從法律之規定，除非其本職因時間之經過或喪失或脫離爲其委員所寄本職之機關外，僅得與懲戒法院法官同樣的因刑事訴訟之確定判決或

懲戒程序而失其委員職位；聯邦文官委員會委員，不得因其工作在職務
上受處罰或不利；公務員之最高監督機關或由其指定之官署，不得基於
強制之職務上原因禁止聯邦文官委員會委員執行職務」。在名義上，文
官委員會雖由聯邦政府委託內政部部長施行職務監督，但此項監督仍受
公務員法之限制。

　　二、組織：依公務員法第九十六條規定，聯邦文官委員會由七名正
委員與七名副委員組成；正委員中，有二人為固定委員，即聯邦審計部
部長及內政部人事處長，並以審計部長為委員會主席；其餘非固定之五
人，為其他聯邦最高官署人事部門之主管一人，其他聯邦公務員四人；
副委員為聯邦審計部及內政部各派聯邦公務員一名，其他聯邦最高官署
人事單位主管一人，及其他聯邦公務員四人。非固定之正式委員（五
人）及副委員（七人），由內政部長簽報總統任命，任期為四年；其中
應有三名正式委員與三名副委員由管轄工會之最高機構任用。

　　三、職權：聯邦文官委員會之法定職權，依公務員法規定有下列十
三項：

　　㈠參與制訂與公務員法有關之一般規則。
　　㈡參與制訂有關公務員訓練、考試及進修等之規定。
　　㈢有關考試一般承認之決定。
　　㈣關於公務員與被駁回之候選者之訴願的基本問題，表示態度。
　　㈤提供有關公務員法運用上發生缺點之改進建議。
　　㈥處理聯邦政府所委任之事務。
　　㈦關於職掌事項執行情形向聯邦政府之呈報。
　　㈧有關缺員職位公告義務免除之決定。
　　㈨對非因學經歷而謀職者，其謀職能力之確定。
　　㈩對非因學經歷謀職者，其試用期間可否例外（如縮短或免除）之

決定。

㈡公務員俸給，應依次晉級或升等，不得越級或越等，但文官委員會得作例外之規定。

㈢退休人員延長退休年齡之同意。

㈣文官委員會爲執行其職務，得準用行政法院有關規定調查證據。

四、**會議**：文官委員會開會時，得准許有關行政機關、訴願人及其他人員之代表出席案件之審理；依據聲請，應聽取有關行政機關代表之意見；　會議需有五名委員以上之出席始得舉行，　過半數之通過始得決議，正反票數相等時由主席決定之。文官委員會對一般性事項之決議應予公布；　文官委員會有權決定事項，　其決定對有關之行政機關有約束力。文官委員會於聯邦內政部內設置辦公處所，從事會議之準備與各項會議之執行；處務規程，由文官委員會自行制定。

# 第二項　內　政　部

聯邦內政部，不僅在法制上與人事制度有密切關係，且事實上保持有制訂人事政策及運行之責，其情形如下：

一、**公務員法賦予內政部之職權**：文官委員會中部分正委員與副委員，由內政部長簽呈總統任命；內政部受聯邦政府之委託，爲文官委員會之職務監督機關。

二、**其他賦予內政部之職權**：內政部（第二司及第七司），依據有關規定，擔任全盤人事政策之樹立及運用，其具體職權爲：

㈠關於人事制度之基本事項：如公務員法及其附屬有關人事制度之法令；懲戒法；聯邦懲戒裁判所；根據基本法第一三一條所定的法律；及公務員俸給法案。

㈡關於聯邦公務員分類分等（級）法令的擬訂及其實施事項。

㈢關於與文官委員會的關係事項。

㈣關於公務員俸給法與財政部協力執行事項。

㈤關於公務員團體及其代表關係事項。

## 第三項　財政部及職員協議會

財政部及職員協議會，雖非人事制度之主管機關，但亦均根據固有職權，參與中央人事行政事務。其情形為：

**一、財政部：** 公務員的俸給、退休、各種福利等均需財力支援，公務員員額編制的增加，受着財力影響亦最大，故財政部基於預算的觀點，無形中對人事行政會發生大的影響力，正如英國的財政部、法國財政部的預算局，對人事行政有着重大的干預及參與之權相似。

**二、職員協議會：** 為維持勞動條件及經濟條件，並為求改善而組織團體之權利，對任何人任何職業，均予保障（西德憲法規定）；公務員基於結社自由，有權利結合為工會或職業團體；及有權管轄工會之最高機關，應參與公務員權利關係一般規定之擬訂；另依照職員代表法之規定，各工會及職業團體得設置職員協議會，此種職員協議會又有中央職員協議會及地方職員協議會之分，可參與公務員權利關係一般規定之擬訂。

## 第四項　人事機構

人事機構，除內政部之第七司內設有事務處，其主管為處長，辦理一般人事行政工作外，其餘各部亦多設有人事機構，依照法律及聯邦文官委員會與內政部頒布之一般人事規定，辦理本機關及所屬機構公務員的人事業務。

# 第二節　公務員範圍與制度演變

德國所稱公務員，其範圍略有不同，人事制度亦有其特性。茲就範圍及人數、人事制度演變經過、制度特性及一般的批評，分項簡述如後。

## 第一項　公務員範圍及人數

**一、聯邦公務員之範圍：**依公務員法第二條規定，「聯邦公務員，係指在聯邦內或與聯邦有直接隸屬關係之公法上社團、營造物或財團服務，並存有公法上勤務與信任關係（公務關係）者而言；凡直接受聯邦指揮監督者為聯邦公務員，凡在聯邦政府直接隸屬之公法上社團、營造物或財團服務者，為間接公務員」。由上可知，在聯邦政府機關任職者稱聯邦公務員，在聯邦政府隸屬之各種事業機構任職者，稱間接聯邦公務員；以上合稱為公務員。

適用公務員法之公務員，除前述者外，尚有聯邦議會、聯邦參議院與聯邦憲決法院之公務員，亦稱聯邦公務員。

**二、聯邦公務員之性質：**依公務員法第五十二條規定，「公務員為全國人民服務，而非為一黨服務，且須公平與公正履行職責，執行職務時應注意公共利益之維護；公務員應以一切行為維護並保障憲法中自由民主之基本秩序」。故在性質上言，公務員是為全國人民而服務的，在服務時需公平與公正，同時需維護與保障自由民主。

**三、公務員人數：**聯邦公務員之人數各年不同，而在逐年增加，茲舉一九七〇年至一九八二年之人數如下：

㈠在一九七〇年，聯邦政府機關公務員為 285,000 人（不含聯邦鐵

路及郵政人員）。

(二)一九八六年六月，聯邦公務員之人數如下表:

| | 官　員 | 雇　員 | 勞務者 | 合　計 |
|---|---|---|---|---|
| 聯邦政府機關 | 113,000人 | 90,000人 | 109,000人 | 312,000人 |
| 聯　邦　鐵　路 | 164,000人 | 6,000人 | 115,000人 | 285,000人 |
| 聯　邦　郵　政 | 304,000人 | 31,000人 | 105,000人 | 440,000人 |
| 合　　　計 | 581,000人 | 127,000人 | 329,000人 | 1,037,000人 |

(三)另各邦及地方自治區，尚有官員、雇員及勞務者2,569,000人。

## 第二項　人事制度建立經過

一、十八世紀建立人事制度: 德國人事制度，自十七世紀卽已奠定基礎，至十八世紀已有長足進步，如頒佈法令使普魯士的行政程序及人事制度趨於統一化與實際化。對公務員的進用採考試方法，任用以才能爲主; 規定凡未經國家考試及格者不得充任法官，嗣後又規定凡與司法行政有關的各種公務員均需考試進用。凡至政府學習的大學畢業生，期滿一年後，需經過國家考試及格始能由政府正式委以官職; 後又擴大學習人員之學習範圍，凡與行政事務有關的實際知識與技能，均在學習之列，不祇限於某種特定的事務。嗣後又規定所有高級公務員的候選人，須有優良的學校成績; 學習期滿後，需經服務機關之筆試; 筆試及格後再經政府所設考試委員會的口試。

二、十九世紀之補充改進: 在此期間,對考試制度再加嚴密的規定,以期羅致優秀人員任職。如在一八六六年及一八六九年以法律規定，凡欲充任法官者, 需大學修業期滿, 受法律考試及格後再受四年學習訓練，成績優良者再參加國家正式考試，成績及格始得任爲法官; 至普通行政人員的考試亦適用此種規定，惟需在行政機關學習。於一八七九年

又以法律規定，普通行政人員的考選標準，加重行政、經濟、財政及政治等學科；欲充任政府高級行政人員者，至少需在大學修業三年；習法律、政治、經濟、行政等課；並經兩次考試及格（第一次由學校舉行考試、第二次由政府組織考試委員會辦理），學習期間四年，二年在法院學習，二年在行政機關學習。

三、二十世紀的重大改變：一九一九年德國由專制政體變爲共和政體，公佈威瑪憲法，規定公務員不屬於政黨，以便公平超然的執行職務；以嚴格的程序甄選及補用人員，給予職位的保障，建立可靠的升遷，致德國人事制度甚爲穩定；其後雖由於希特勒的當政，高倡一黨專政之說，致人事制度被黨化，幸而爲期不久，於第二次世界大戰結束，德國被分裂爲東德西德，東德陷入鐵幕，其人事制度採行共產國家模式，而西德人事制度，仍本威瑪憲法用人唯才考試用人精神，公布德意志聯邦公務員法，並於一九五三年九月一日生效，施行迄今。

## 第三項　人事制度之特性

德國人事制度的特性，可得而言者約有下列數端：

一、構成人事制度之主要立法：主要爲聯邦公務員法、聯邦公務員懲戒法、聯邦俸給法、公務員退休給與法、職員代表法，另有專業人員之特別法，如聯邦警察公務員法、司法官任用法；除上述主要法律外，尙有根據此種法律而制訂的各種人事規章。

二、統一法制分權管理：聯邦公務員之人事法律雖有統一規定，但執行時則由各部自行掌理，而聯邦文官委員會僅負統籌、聯繫、指導與監督之責，此與人事行政集權之國家頗有不同。

三、公務員的忠誠、奉獻與效率：德國公務員的忠誠、奉獻與有效率，在世界上甚著聲譽，且不因政府的變革而受到影響；二次世界大戰

後，公務員的地位雖有降低，但根據民意調查顯示，仍有三分之二民眾對公務員懷有尊敬。

四、基爾特之職業制度精神: 德國各類公務員，在任用之程序上，頗有基爾特的職業制度精神，經過訓練、考試與發照等程序，以提高人員素質。

五、任公職機會均等: 依憲法第三十三條規定，每一公民，只要具有所需要的才能與資格，擔任公務員的權利相等；擔任公務員不得因宗教信仰而有差別；人事法規將考慮到應用永業任職的傳統原則。

## 第四項　對現行人事制度之一般批評

一般社會人士對德國人事制度的批評，主要有下列數項:

一、**不公平**: 對高級公務員的進用需具大學畢業，與憲法規定平等的精神不符；政府對遴選公務員的程序亦不够公開；男女任職機會亦不平等，女性多係擔任雇員（在雇員人數中，女性佔百分之五十）；自一九七二年起，禁止不信任民主制度的極端分子擔任公職，亦遭到批評。

二、**公務員受着政治之影響**: 在傳統上及依公務員法之規定，均強調公務員之非政黨化，任用公務員不得基於政治的考慮，政治的領導者只能擔任最高級的公務員，其調職與退休可不需理由；但事實上近年公務員已趨向政黨化，遇及執政黨的改變，則大批調動人員，故公務員受着政治的影響已漸趨明顯。

三、**阻碍人事制度之改革**: 自一九六〇年以來，即倡議人事制度的改革，但至今仍在討論階段；其主要阻力，一為職員協議會，另一為來自議會（因議會中 40% 係由公務員出身）。將工作人員分為官員、雇員、勞務者三大類，亦不公平，使許多擔任主要相同工作的人，被分入不同的類，致擔任相同工作者，其權益及福利方面有着大的區別；如需將此種缺點予以改革，則必需修正公務員法，而公務員法的修正，如不

能取得官僚的支持，將難以實現。

**四、公務員素質及工作績效受到影響：** 公務員的工作雖有相當的增加，但有些工作的素質卻在降低；政府給予公務員的晉升機會與退休年金制度，對公務員的引誘性已在降低，因為私人事業對工作人員亦提供有同樣機會與措施；公務員職銜的榮譽，亦不再與以前一樣的引誘人，致影響及公務員的羅致與素質。

# 第三節　人事體制

德國人事體制，就體系上言，係先有公務員與非公務員之分，而公務員中又有職業公務員與名譽公務員之分，職業公務員中依其性質又有終身職、試用職、撤回職（實習或臨時職務）、定期職之分；非公務員中又有雇員與勞務者之分。次就是否適用公務員法規言，係先有特別職與一般職之分，而一般職中又有政治官職與一般官職之分。再就是否列有預算言，可分編制內公務員與非編制內公務員。再就所需資格之高低言，可分高級職、上級職、中級職及簡易職四種。茲分項說明如後。

## 第一項　公務員與非公務員

**一、公務員：** 係指依據一定任用程序而任用之人員，享有一定權利、特權、福利與應盡義務，依其任期性質及所任職務之不同，又可分下列五種：

㈠終身職：需經常繼續從事公務員法第四條之職務者（按公務員法第四條規定，公務員之職務係從事公權力上任務，或從事基於國家或公共生活之安全不得完全交由存有私法上勞工關係人員處理之工作）。

㈡試用職：試用期間所擔任之職務，成為終身職公務員前需經試

用。

㈢撤回職：從事實習服務，或附帶或臨時從事公務員法第四條之任務者。

㈣名譽職：任命爲名譽職而擔任公務員法第四條之任務者，名譽職人員不支領俸給，如選舉投票監察員、陪審官、政府機關顧問等。

㈤定期職：擔任定有一定任期的職務，如一般民選職務多定有任期，任期屆滿卽解除職務。

二、非公務員：係基於私法上契約關係而錄用之人員，只能享受部分權利與義務，依其所任工作之不同，又分下列兩種：

㈠雇員：屬於低層的白領階級人員，多擔任書記等工作，各機關遇及增加人員時，多以此類人員爲主，工作無保障，享受的福利亦少。

㈡勞務者：主要爲藍領階級人員，從事於勞務或勞力性工作，無一般公務員的福利、特權與義務。

## 第二項　特別職與一般職

公務員依其是否適用公務員法規，區分爲下列二種：

一、特別職：不適用一般公務員法規者，如聯邦政府之首相及各部部長。

二、一般職：適用一般公務員法規者，依其所擔任業務性質之不同，又可分爲：

㈠政治職：擔任政策之制定或擬訂者，如各部局長司長級以上各職務，高級外交官職務，及憲法維護局之局長副局長等職務。

㈡一般職：各機關科長級以下各種職務，聯邦議會的公務員，聯邦鐵路的公務員等，均屬此類。

## 第三項　編制內與編制外

公務員之名額及經費，是否列爲預算，亦爲區別公務員類別方法之
一，即

**一、編制內公務員：** 即其名額及用人費均列有預算者。

**二、編制外公務員：** 即其名額及用人費未列有預算者。

## 第四項　簡易、中級、上級及高級職

公務員依其需具資格之高低，依公務員法第十六至第十九條規定，
可區分下列四種：

**一、簡易職：** 其最低資格標準爲國校畢業或相當國校畢業之同等學
校敎育，並經實習服務者。其代表性職務有事務助理員、作業助理員等。

**二、中級職：** 其最低資格標準爲國中畢業或國校畢業並具職業訓練
結業證明，具有一年實習服務，經中級職考試及格者。其代表性職務有
助理員、消防員等。

**三、上級職：** 其最低資格標準爲具有可進入大學資格之訓練或同等
學歷，且有三年之實習服務，經上級職考試及格者。其代表性職務有事
務官、護士長、警官等。

**四、高級職：** 其最低資格標準 爲至少在大學 上課三年並 有結業證
書， 至少兩年實習服務並通過高 級職考試或經歷上能 力鑑定之第二次
考試者。其代表性職務有參事官、醫務官、主任視察官等。

聯邦政府得依據前述所定標準，制定資格標準以命令公布之；又分
類之基本事項由內政部主管，至其運用則由各部自行辦理。

## 第五項　將各級職列入職等

前項所述簡易職、中級職、上級職及高級職，分別跨列職等，每職等分別定有九至十五個俸級，以便晉升及支俸，其跨列職等情形如下：

一、**簡易職：** 跨列自第一等至第五等。

二、**中級職：** 跨列自第五等至第九等。

三、**上級職：** 跨列自第九等至第十三等。

四、**高級職：** 跨列自第十三等至第十六等。

因各級職均包括有許多職務，各職務所列之職等，則在各該職等幅度範圍內，由各機關自行決定。

# 第四節　考　　試

德國公務員的考試，有其基本原則，對應考資格有明確規定；進用人員時，有者需經考試，有者可經甄選；對原有人員又有升級考試與升級甄選之別，辦理考試時有其應行遵守之一般程序與內容。茲分項說明於後。

## 第一項　考試之基本原則

舉辦考試應行遵守之基本原則，多在有關法律中規定，其重要者為：

一、**平等競爭：** 依公務員法第八條第一項規定，「公務員選拔應依其資格能力與專門之技能而定，不因其性別、出身、種族、信仰宗敎、政治觀點或社會關係而有區別」，此乃表示一律平等，公開競爭。

二、**考試以測驗將來發展能力為主：** 公務員考試，不以測驗現在學

識技能之成就為主，而以測驗將來發展之能力為主。換言之，凡經考試及格者，均具有相當的發展能力，使任職後可獲得較多的晉升機會，將來對國家可作更多的貢獻。

三、**考試與實習結合：** 對較為重要的公務員，係考試與實習作密切配合，如先經第一次考試及格後，即分發有關機關實習，實習期滿後需再作第二次考試，第二次考試及格後方予任用，以示愼重。

四、**考試係採分別辦理：** 如一般高級職，由國家考試委員會統一辦理，而其他各級公務員的考試，則由各部門自行辦理，惟其考試結果需經聯邦文官委員會的承認，如考試不予公開舉行時，亦需經聯邦文官委員會的許可，可是文官委員會本身並不舉行考試。

五、**考試與甄選並行：** 德國公務員之初任與升任，有者需經公開競爭的考試進用與升任，但亦有可採用甄選方式進用或升任者。由於雙軌並行，對人才的羅致可減少困擾。

## 第二項　應考資格及考試種類

一、**應考資格：** 對簡易職、中級職、上級職及高級職人員之應考資格，除需具有公務員法第十六至第十九條最低之學歷及經歷資格標準外（見第237頁），並得另作補充規定（如應考年齡等）。

二、**考試種類：** 考試分初任考試與升級考試，初任考試乃初次參加公務員考試者而言；升級考試係指現任公務員參加高一級職公務員之考試而言。其情形為：

㈠初任考試：以公開競爭方式行之，由具有應考資格者，於各部或國家考試委員會舉行考試時，報名參加，依據成績擇優錄取。

㈡升級考試：以公開競爭方式或經聯邦文官委員會同意後以不公開方式舉行，其應考資格多以學歷、經歷、訓練等為主，各級職之升級條

件如下：

1. 簡易職升至中級職者，需①至少服務滿一年；②接受所安排的訓練；③受訓結束時接受升級考試；④在職務內歷試被證明表現優良，始可准其接受中級職務。

2. 中級職升至上級職者，需①受過專科學校教育；②擔任中級職職務五年以上，工作效率達到要求；③接受專科學校教育訓練三年；④訓練結束時接受升級考試；⑤在職務內歷試被證明表現優良，始可授予上級職務。

3. 上級職升至高級職者，需①任上級職務八年以上，工作效率達到要求；②接受二年半之新職務訓練（必要時期間得予縮短爲一年）；③訓練結束時接受升級考試；④在職務內歷試被證明表現優良者，始可授予高級職務。

## 第三項　甄選種類及應甄資格

公務員之進用與升級，原則上需經考試及格，但對特種職務人員，亦得以甄選進用或升級，是爲例外。甄選亦可分初任甄選與升級甄選，依現行規定情形如下：

一、初任甄選：對簡易職人員的進用，可用甄選方式，如國校畢業成績優良、年齡在 32 歲以下，對技能職務並需經技工考試或技能勞務者考試及格者，得參加簡易職人員甄選。

二、升級甄選：上級職升任高級職者，亦得用甄選方式，如任上級職已達八年以上，其人格及過去之服務成績顯然適合擔任高級職，見習期間之見習成績優良，現支俸已達上級職之最高俸給者，得免予升級考試而逕爲升級甄選。

三、特別任用之甄選：對年滿 32 歲以上 50 歲以下，且其能力經

主管部提出證明經聯邦文官委員會確認者，得依公務員法第二十條第一項規定（有關實習服務與考試之規定，如其經歷上之特殊關係要求時，對於特殊技能之公務員得排除第十五條之一之第二款各項能力要件，而為例外規定），依甄選後任用，免除考試之程序。

## 第四項　考試程序與內容

**一、公告：** 依公務員法第八條規定，「謀職者應經職位公告而求職」，此亦表示公開之意。但此祇係原則，法律仍允許有可不需公告者，如同條第二項規定，「職位公告之義務，不適用於聯邦各部會之秘書長、司長，隸屬各部會之官署首長，及直屬聯邦公法上社團、營造物、財團之各主管職位，及經聯邦文官委員會決定之其他職位」。

**二、成立考試機構：** 高級職公務員之考試，由國家成立考試委員會辦理，其餘各級職公務員之考試，由各部自行成立考試機構辦理。並辦理報名、應考資格審查等工作。

**三、第一次考試：** 簡易職、中級職及上級職，第一次考試則以學校的畢業代替。高級職人員，則由國家舉辦第一次考試，其考試情形及內容，茲以高級職的司法官為例說明之。考試之主要內容為法學，其考試目的在考察其學術是否已獲得專業的科學方法的研究成就，及是否在法律學與經濟學的範圍內已學得充分的有系統的知識，並考核其對於將來職業中所遇及之問題，能否有明確的見解及服務上的成功；考試分筆試及口試兩種，筆試不及格者不得參加口試；筆試以論文或試題為主，在測驗應試者的文字表達能力、組織力、思考力、判斷力、創造力；口試除測試知識外，並判斷應試者機警、合作、適應、主動、反應等能力。

**四、分發至政府機關實習：** 依公務員法第十六至第十九條規定，簡易職需經實習服務，中級職需實習服務一年；上級職需實習服務三年；高級職亦需實習服務至少二年。 如以高級職的司法官考試為例， 經法

學考試及格者，即成爲實習生，派至法院及行政機關實習，其實習範圍包括司法實務，行政管理，律師實務；如學習成績不夠滿意，得延長實習期間；在實習過程中，仍需注意學識的進修。

五、第二次考試：高級職人員，經實習期滿後，則舉行第二次考試。如以高級職司法官爲例，考試委員由正式法官及高級行政官擔任，大學教授及律師亦可被任爲考試委員；考試仍分筆試與口試，其內容則理論與實際兼顧。經考試及格後，始得任爲司法官。

# 第五節　任　　用

在公務員法中，規定有關任用者甚多，茲就基本原則、基本條件、任用資格、任用權屬、任用程序、調任與派遣、晉升與永業發展等，分項簡說如後。

## 第一項　基本原則

德國任用公務員之基本原則，或係基於傳統，或係基本法所明定，其情形爲：

一、任用機會平等：此原則基於傳統而來，如一九一九年威瑪憲法第一百二十八條規定，「所有公民，均有按照其能力與成就依法任官之權，一律平等，不得有任何歧視或區別」；又如一八五八年普魯士憲法第四條規定，「依照法律所規定之條件，人人得按其能力平等服官」。以上所引述之法律雖已不再適用，但其精神仍受到尊重。

二、終身任用：依德國聯邦共和國基本法第一百廿九條規定，「公務人員之任用，除法律另有規定外，爲終身職；公務員非依法定條件及程序，不得將其暫行免職，令其暫時停職或退休或轉任其他俸給較少之

職位」。此種規定，在共和體制可具有重大意義，使政黨及執政者，對用人行政不能妄加干涉，文官得以獨立於政爭之外，使恒久維持行政之運行及效率。

## 第二項　基本條件

所稱基本條件係指擔任公務員所必備之條件，又分積極的與消極的兩種，其情形爲：

一、**極積的基本條件**：係指必需具備的條件，如未有具備卽使具有資格條件，亦不得擔任公務員。依公務員法第七條規定，「僅得任命下列人員爲公務員，卽㈠具有德意志國籍者，㈡經保證在任何時間均恪遵自由民主基本原則之精神者，㈢具有一定之學歷或必要之技能者」。

又依公務員法第九條規定，「終身職公務員需具有下列基本條件，卽㈠具有上述之條件，㈡年滿二十七歲，㈢須完成實習服務，並通過考試；非因學經歷謀職者，需經試用，至遲應於屆滿五年時轉爲終身職」。

二、**消極的基本條件**：係指不能具備的條件，如具有此種條件，則不能任命爲公務員。依公務員法第十一條規定，「凡任命時被任命者有下列情事之一者絕對無效，卽㈠無德意志國籍者、或不能保證恪遵自由民主基本原則之精神者、或未具有一定之學歷或必要之技能者，㈡被宣告爲禁治產者，㈢未具有任官能力者」。

## 第三項　任用資格

公務員的任用資格，係按簡易職、中級職、上級職及高級職分別規定，其內容以學歷、經歷、考試等爲主，並以公務員法第十六至第十九條規定爲主要依據，另制定命令公布之。至政務官職務，則通常不需任用資格，但仍受某種基本條件的約束。其情形如下：

一、**簡易職之任用資格**：國校畢業或與相當國校畢業之同等學校教育，年齡在 35 歲以下，具有實習服務者。

二、**中級職之任用資格**：國中畢業或國校畢業具有職業訓練結業證明，或同等學歷證明，經中級職考試及格，年齡在30歲以下，具有一年的實習服務；如係技術職務需經專門技術的考試及格。

三、**上級職之任用資格**：具有大學入學資格之訓練或同等學歷，具有三年的實習服務，經上級職考試及格，年齡在30歲以下。

四、**高級職之任用資格**：至少在大學上課三年並具有結業證書，至少兩年之實習服務，並通過高級職考試，或經歷上能力之第二次考試，年齡在32歲以下。

惟於此需再說明者，有關實習與考試之規定，對於特殊技能之公務員得為例外；又公務員訓練之期間得折算為實習期間。凡非因學經歷而謀職者，如無法律上之規定，不必要求一定之教育課程，惟此種謀職者能力之確定，由聯邦文官委員會或由其指定之獨立委員會決定之。

## 第四項　任命權屬、種類及效果

一、**任命權屬**：依公務員法第十條規定，「如法律無其他規定或未經聯邦總統授權其他機關者，公務員由聯邦總統任命之」。事實上，適用一般俸表（見第 250 頁）公務員之任命，授權由各部部長任命，但對一般俸表十三等以下公務員之任命，則又由各部再授權所屬機關首長行使。

二、**任命種類**：任命因授與任命狀而成立，任命種類分終身職、試用職、撤回職（即第一試及格後參加實習服務期間之職務）、名譽職、

或定期職，如屬定期職並需敍明任命之期間。

三、任命效果：任命自任命狀交付之日起生效，公務員與其服務之民法上僱傭關係，因命為公務員而消滅。因任為公務員後，已產生有公法上勤務與信任關係（公務關係）。

## 第五項　任命程序及其無效與撤銷

一、任命程序：對終身職公務員之任用，有其一定程序，亦即需經試用，其試用期間依各級職分別規定，但最多不得逾五年；其情形為簡易職之試用期間為一年，中級職為二年，上級職為三年，高級職為三年。至非因學經歷謀職人員，其試用期間不得少於三年，但聯邦文官委員會得為例外之規定；又擔任僱用或僱傭關係服務之期間，得折算為試用期間。試用期間，對公務員身份，只作有限度的保障。

二、任命之無效：凡非經有權主管官署頒發之任命無效。又任命時被任命者具有消極基本條件者絕對無效，職務長官於知悉無效原因後，對其後任何職務之執行，皆應禁止。

三、任命之撤銷：依公務員法第十二條規定，經任命之公務員有下列情形之一者，應撤銷其任命，即任命時出於脅迫、欺詐或賄賂者，任命後始發覺被任命者之犯罪已受或將受刑罰之確定判決，顯然不適合擔任公務員之職務者，最高監督官署，於知悉撤銷原因後，六個月內撤銷之，惟撤銷前應聽取公務員意見。

四、非公務員公務行為之有效性：任命經被認為無效或被撤銷者，至其禁止或撤銷公文送達之前，被任命者所為之職務行為，視同其為公務員所為之有效行為，已支付之俸給，得不予退還。

## 第六項　調任與派遣

調任與派遣之意義不同，調任係調至另一職務，其職銜身份地位均可能引起改變；而派遣只是臨時性指派其他工作，原有職銜身份地位並未改變。茲說明如下：

一、調任：依公務員法第廿六條規定，「除法律另有規定外，公務員因職務之需要或聲請，在其服務主管機關之職務範圍內，得予調任」；又公務員之調任原則上需經本人之同意，但如所調之新職與原職係屬同一級職，其本俸亦屬相同，並同時適用退休制度（職務加給亦併入退休金內計算）者，得不經本人之同意」；再「官署之撤銷或依法律規定及聯邦政府命令而為之重要改組或官署之合併時，其職務範圍因撤銷或改組而受影響之該官署公務員，如其原來職務無法維持時，得無須經其同意，轉調至其他相同或相當經歷而其最後之基本俸較少之職位」；又如「將公務員轉任至另一系統之公務機關之職務時（德國將公務機關分為聯邦機關、聯邦直屬之公法上社團、聯邦直屬之營造物、聯邦直屬之財團四大系統），應經公務員本人之同意」。由上觀之，公務員可以被調任，但原則上需經本人之同意，惟因機構改組或所調任職務及俸給均與原職相同時，得不經其同意逕行調任。

二、派遣：依公務員法第廿七條規定，「公務員因職務需要，得暫時派遣其至另一服務處所從事與其職務相當之工作」；對所屬公務員之派遣，原屬主管之職權，自不需本人之同意；但「若派遣其至另一系統之公務機關而其期間超過一年以上者，仍應獲得該公務員之同意」；再如「各邦、各縣市或其他不受聯邦監督之公法上社團、營造物或財團之公務員，被派遣擔任聯邦職務之工作者，在派遣期間應適用聯邦公務員

權利義務之規定，同時受派遣之機關有支付該公務員俸給之義務」。

## 第七項　晉升與永業發展

晉升與永業發展，影響公務員之前程甚大，亦爲鼓勵現職公務員工作情緒之重要措施；由於德國一般文官分爲簡易職、中級職、上級職及高級職，由於各級職間之學歷不同，故在晉升上則受着限制。

依公務員法第廿三條規定，「公務員之升遷標準，應依各職務所需資格能力與專門技能定之」；第廿四條規定，「晉升必須依序運行，亦卽按職等及俸級依此晉升，不得有跳級之晉升；對非因學經歷謀職之人員亦需如此」，但聯邦文官委員會認爲必要時得爲例外之規定。對級職之晉升，公務員法第廿五條規定，「公務員自一經歷（卽一級職）晉升至另一較高的經歷（卽另一較高之級職）時，卽使未具較高經歷之進入要件，亦得因其資歷而晉升之，但需經考試及格」。就以上規定以看，德國公務員之晉升情形，大致如下：

一、**俸級之晉升**：一般俸表分爲十六個職等，每一職等內各設九至十五的俸級，此種俸級之晉級，係依例二年晉一級。

二、**各級職內之升等**：如簡易職區分爲五個等（卽一至五等），中級職區分爲五個等（卽五至九等），上級職區分爲五個等（卽九至十三等），高級職區分四個等（卽十三等至十六等）；在同一級職之各職等間的晉升，可依據工作成績、長官考核及服務年限三者而定。

三、**上下級職間之晉升**：簡易職公務員，具有國中畢業學歷，工作成績優異，長官考核認爲足以勝任中級職的工作，且服務年資亦合於要求時，可經由甄選或考試晉升至中級職的職務；中級職晉升至上級職，

除具有上級職所需學歷並參加上級職考試及格兩晉升者外，極爲少見；至上職級晉升至高級職者，需任上級職八年以上，人格及服務成績適合高職級，並經甄選，且在極爲特殊之情形下始有爲之。

四、**高級職公務員之晉升**：高級職公務員，不但在十三至十六等內可以升等，且晉升至政務性職務或轉任至民營企業高級主管職務者亦極爲常見，故其晉升機會較多。

# 第六節　俸　　給

德國公務員之俸給，係另以聯邦俸給法規定，與一般國家有其不同之處；茲就其基本原則，俸表種類，支俸規定，津貼與加給及福利等，分項敍述於後。

## 第一項　基本原則

依德國聯邦基本法規定，公務員多爲終身職，因而對公務員之俸給，亦表現出下列基本原則：

一、**公務員俸給需與其職務相當**：公務員有政務性職務與一般文官職務，而一般文官職務又有簡易職、中級職、上級職及高級職之分，因而俸給亦應有不同的規定，政務官有政務官的俸表，一般文官的俸表亦應按各級職分別規定。同時爲配合一般文官之終身職，鼓勵久任，則俸給之職等亦予增加，每一職等內之俸級亦應增多，以增加及延長加薪的機會。

二、**公務員俸給需保持適當生活水準**：公務員既需貢獻其知能與忠貞爲國服務，國家自有責任維持其一定的生活水準，並應依法予以保障，不使發生生活上的困難。正如德國最高法院對公務員俸給問題所作之下列判決與解析，卽「政府不得違犯公務員所獲得的職業權及俸給

權，政府不得削減公務員的俸給至不能維持其生活，因為政府必須負責解除公務員生活上的困難，彼始能全力盡忠其職務，若使其不能維持生活，則無異毀減此一職務，依理依憲，政府並無這種權力」。

三、**俸給依法給予**：公務員之俸給依法支給，由職員代表所組成之職員協議會或聯邦文官委員會，均無決定俸給之權利，以示保障。

## 第二項　俸表種類

德國公務員俸表，分特別俸表、一般俸表、教授俸表、法官俸表、地域加給五種，前兩種情形如下：

一、**特別俸表**：適用於各部司長級以上之政務性職務，共分十一等，分別適用於次長以下司長以上各種職務，每等只設一個俸級，並無晉俸之規定，旨在依政策進退，不鼓勵久任。其一九八三年七月起所用各職等之月俸額（馬克）如下：

| 職　　　等 | 月　俸　額　（馬　克） |
|---|---|
| 1 | 5,195.43 |
| 2 | 6,161.84 |
| 3 | 6,446.69 |
| 4 | 6,875.17 |
| 5 | 7,366.77 |
| 6 | 7,830.99 |
| 7 | 8,282.55 |
| 8 | 8,753.24 |
| 9 | 9,337.66 |
| 10 | 11,152.41 |
| 11 | 12,175.88 |

二、**一般俸表**：適用於一般文官，共分十六職等，每等內分設九至十五個俸級，並與簡易職、中級職、上級職及高級職相配合，上下級職之間，職等有一個重疊，上下職等間各俸級之俸額小有重疊。1992年1月起實施之各職等與俸級之配置情形如下：

（俸額馬克）

| 職務類別 | 職等 | 1 | 2 | 3 | 4 | 5 | 6 | 7 | 8 | 9 | 10 | 11 | 12 | 13 | 14 | 15 |
|---|---|---|---|---|---|---|---|---|---|---|---|---|---|---|---|---|
| 簡易職 | 1 | 1323.30 | 1369.11 | 1414.92 | 1460.73 | 1506.54 | 1552.35 | 1598.16 | 1643.97 | | | | | | | |
| | 2 | 1437.51 | 1482.98 | 1528.45 | 1573.92 | 1619.39 | 1664.86 | 1710.33 | 1755.80 | | | | | | | |
| | 3 | 1529.13 | 1577.50 | 1625.87 | 1674.24 | 1722.61 | 1770.98 | 1819.35 | 1867.72 | | | | | | | |
| | 4 | 1581.10 | 1638.04 | 1694.98 | 1751.92 | 1808.86 | 1865.80 | 1922.74 | 1979.68 | | | | | | | |
| 中級職 | 5 | 1600.03 | 1660.22 | 1720.41 | 1780.60 | 1840.79 | 1900.98 | 1961.17 | 2021.36 | 2081.55 | | | | | | |
| | 6 | 1655.76 | 1720.26 | 1784.76 | 1849.26 | 1913.76 | 1978.26 | 2042.76 | 2107.26 | 2171.76 | 2236.26 | | | | | |
| | 7 | 1761.87 | 1827.08 | 1892.29 | 1967.50 | 2022.71 | 2087.92 | 2153.13 | 2218.34 | 2283.55 | 2348.76 | 2413.97 | 2479.18 | | | |
| | 8 | 1841.65 | 1919.65 | 1997.65 | 2075.65 | 2153.65 | 2231.65 | 2309.65 | 2387.65 | 2465.65 | 2543.65 | 2621.65 | 2699.65 | 2777.65 | | |
| 上級職 | 9 | 1978.43 | 2062.07 | 2128.81 | 2206.15 | 2284.92 | 2370.76 | 2456.60 | 2542.44 | 2628.28 | 2714.12 | 2799.96 | 2886.80 | 2971.64 | | |
| | 10 | 2166.35 | 2273.01 | 2379.67 | 2486.33 | 2592.99 | 2699.65 | 2806.31 | 2912.97 | 3019.63 | 3126.29 | 3232.95 | 3339.61 | 3446.27 | | |
| | 11 | 2523.97 | 2633.25 | 2742.53 | 2851.81 | 2961.09 | 3070.37 | 3179.65 | 3288.93 | 3398.21 | 3507.49 | 3616.77 | 3726.05 | 3835.33 | 3944.61 | |
| | 12 | 2749.05 | 2879.35 | 3009.65 | 3139.96 | 3270.25 | 3400.55 | 3530.85 | 3661.15 | 3791.45 | 3921.75 | 4052.05 | 4182.35 | 4312.65 | 4442.96 | |
| 高級職 | 13 | 3114.56 | 3255.26 | 3395.96 | 3536.66 | 3677.36 | 3818.06 | 3958.76 | 4099.46 | 4240.16 | 4380.86 | 4521.56 | 4662.26 | 4802.96 | 4943.66 | |
| | 14 | 3205.98 | 3388.42 | 3570.86 | 3753.30 | 3935.74 | 4118.18 | 4300.62 | 4483.06 | 4665.50 | 4847.94 | 5030.38 | 5212.82 | 5396.26 | 5577.70 | |
| | 15 | 3614.75 | 3815.33 | 4015.91 | 4216.49 | 4417.07 | 4617.65 | 4818.23 | 5018.81 | 5219.39 | 5419.97 | 5620.55 | 5821.13 | 6021.71 | 6222.29 | 6422.87 |
| | 16 | 4017.54 | 4249.53 | 4481.52 | 4713.51 | 4945.50 | 5177.49 | 5409.48 | 5641.47 | 5873.46 | 6105.45 | 6337.44 | 6589.43 | 6801.42 | 7033.41 | 7625.40 |

以上各級職各職務應列之職等，另以一覽表規定，此種一覽表相當各職位之歸級表。

## 第三項　支俸規定

**一、政務性職務人員**：因適用之特別俸表，一職等只設一個俸級，故各職等之政務官係支固定俸給，並無加薪之規定。

**二、一般文官**：認為加薪為公務員的權利，受有保障，亦卽每服務二年一定可獲得加薪（卽晉俸一級），因各人到職之日期不同，故此種加薪均係個別辦理，並非均在每年之一月開始。此種定期的加薪，與考績並無多大關係。

## 第四項　加給與津貼

德國公務員之津貼及加給，主要分地域加給、子女津貼、超勤津貼、職務加給等，其情形如下：

**一、地域加給**：地域加給數額，係按服務機關所在地區之屬地因素及公務員本身之屬人因素，分訂標準支給之；如屬地因素係將全國劃分為特別地區、甲級地區及乙級地區三種，屬人因素按公務員現任職等之高低、有無結婚及扶養家族人數多寡區分為若干種，就屬地因素與屬人因素所得加給之總額，卽為地域加給。此種加給係為俸給的一部分，於計算退休金額時，亦併計在內。此種加給之數額，在各職等俸給中所佔比例各有不同，如在一職等約佔 38.9％，五職等為 28.9％，九職等為 23.6％，十三職等為 17％，十六職等為 13.4％，在特別俸表上職等為 7.7％。

**二、職位及職務加給**：對需特殊知能擔任之職位或職務人員，給予

之，可併入退休金內計算；非法定之職務加給，不得併入退休金內計算。

三、**子女津貼**：以養育有 18 歲未滿之子女爲支給對象，第一子女月支 50 馬克，第二子女月支 100 馬克，第三子女以後，每人月支 200 馬克。

四、**超勤津貼**：對擔任勤務超過一定數量者，給予之，其金額視超過勤務量而定。

依聯邦俸給法第廿二條規定，法律未規定之津貼或獎金，只有在預算上編有預算者始得給予。又德國並無加班費之規定，其超過勤務時間工作者，得予補休假；對假日出勤者，亦只能補休假，而不支加給。

## 第五項　福　利

德國公務員，除上述俸給及加給與津貼外，尚有若干福利性的措施，亦使公務員受益非淺，較重要者有:

一、**免繳社會保險金**：私營事業人員及其他公務人員，均需自繳一部分社會保險金，而聯邦公務員則可免繳。

二、**醫藥補助**：對特種疾病之醫療費用，可免費其數額之 50% 至 70% ，但最高之免費額仍有限制。

三、**住公家宿舍**：對公家所有的公寓及房屋，可有資格配住。

四、**低利貸款**：可向政府信託機構申請低利貸款。

五、**娛樂津貼**：需參加多種娛樂活動的高級官員，可支領特種津貼以抵償娛樂費用。

## 第七節　考績與訓練

德國公務員的考績，不若一般國家之繁複，亦不作爲加薪的依據；公務員的訓練，除由學校辦理外，由政府專設公務員訓練機構辦理之。

# 第一項　公務員之考績

**一、考績係以命令規定**：德國目前尚無考績法的制定，各機關對所屬公務員的考績，祇以行政命令規定，以期應用靈活。

**二、考績項目及辦理程序**：公務員的考績項目，以工作數量、工作素質、服務情形的優劣、勤惰、性格、思想、生活、行動等爲主，並由主管人員隨時予以考核與記錄，作爲評定之重要參考；主管長官對各公務員平時的觀察及印象，亦爲評定考績優劣之重要依據。

**三、考績之作用**：考績的主要作用，在於決定公務員的升遷，凡考績優異者，可優先考慮晉升，考績平常且任同一職務期間甚久者，多考慮予以調派。至於俸級之晉敍，係依例爲二年晉敍一級，與考績無關。

# 第二項　公務員之訓練

訓練機構以聯邦公共行政研究院及聯邦公共行政專科學院最負盛名。

**一、聯邦公共行政研究院**：爲聯邦高級公務員訓練及中高級公務員培訓與再教育之所，其宗旨在與行政、企業、科技學術界充分合作，運用最新的教育方法提供聯邦公務員各種各類的在職訓練，以使彼等熟練其自身所從事的職務。主要訓練班次有中高級公務員初任訓練、中高級公務員適任訓練、中高級公務員升任訓練、中高級公務員國際事務訓練等。

**二、聯邦公共行政專科學院**：其宗旨在培育中級公務人員，傳授學員從事公務行政所需的基本學識、作業方法及實際工作的專業知能。該院招訓高中畢業經各部會自行主辦測驗成績合格者，經註册入學卽取得

聯邦臨時公務員身分，領有俸給與福利。該院並在各地設有不同專業的十個分院，訓練期間共爲三年，分六個階段進行，卽(一)始業訓練，爲期一個月，由各部會辦理；(二)基礎課程，爲期六個月，由院本部辦理，包括憲法與政治背景，經濟學與財政學，行政法及其他特選法律課程等；(三)第一階段職位中訓練，爲期六個月，在各部會實施；(四)第一階段專業訓練，爲期六個月，在各分院實施；(五)第二階段職位中訓練，爲期十一個月，在各部會實施；(六)第二階段專業課程，爲期六個月，在各分院實施。

# 第八節　權利、義務、懲戒與申訴

德國公務員之權利、義務、懲戒與申訴，在公務員法中規定甚詳，亦足表示政府對公務員之重規。茲分項敍述於後。

## 第一項　權　利

公務員之權利，依公務員法規定，主要可分下列八種：

**一、受生活照顧與保護之權利**

(一)受生活照顧：主管機關有照顧所屬公務員及其家屬生活之義務，並應保護公務員使其從事公務，並維護其公務員之地位。

(二)工作時間之減免：有眷屬及小孩必須扶養時，得減免工作時間至一半，或留職停薪三年，或休假可至六年，或准其兼職。

(三)適用優待法規：女性公務員可適用保護母性法，傷殘公務員適用重大傷殘法，少年公務員適用少年勞工保護法。

(四)慶賀之贈與：對公務員得於其服務紀念日給予慶賀之贈與。

**二、使用職位銜稱之權利**

(一)現職者之使用職稱：公務員執行職務時，使用其職稱，於職務外

亦得使用之。

㈡退休者之使用職銜：退休公務員，得繼續使用其退休時之職銜，惟需冠以「退職」二字。

㈢免職者之使用職銜：已免職之公務員，得經最高職務官署之准許，加上「退職」字樣使用其原職銜。

三、領取俸給及生活補助之權利：主要包括

㈠俸薪：公務員之俸薪依聯邦俸薪法之規定。

㈡俸給之處分：公務員對於俸給之請求權，除法律另有規定外，僅於其得爲扣押之標的時，始得轉讓或抵償。

㈢生活照顧：公務員之給養費，依生活補助法之規定。

㈣俸給之保障：公務員之俸給、給養津貼與其編入（或歸入）薪俸之職等與俸級，非依法律不得變更。

㈤多付俸給之免予退回：公務員俸給或生活補助因原定職等與俸級的變更，使其處於不利地位而發生溯及效力時，其差額不再退回；其他多付俸給之退回，基於公平之原因，經最高服務官署之同意，免除其全部或一部。

㈥損害賠償請求權的移轉：公務員傷殘或死亡而對第三人享有法定損害賠償請求權時，得移轉由主管機關給付俸給，或生活補助或其他給付。

四、領取旅費及遷徙費之權利

五、給假之權利

㈠年度休假：公務員每年有受俸給休假一次之權利，其假期日數按年齡及一般俸表之職等規定如下頁。

凡年齡未滿 18 歲者，一律爲 24 日；休假期間在 11 月 1 日至翌年 3 月 31 日者，得增加 6 日；從事有害健康之工作者，至少有 24 日之休假，年度休假以一次休完爲原則；因職務上理由不能完全休假者，得請求延至次年六月卅日前休假。

| 一般俸表之職等 \ 年齡 日數 | 未滿三十歲 | 未滿四十歲 | 四十歲以上 |
|---|---|---|---|
| 一 職 等 | 16 | 20 | 24 |
| 二 至 六 職 等 | 16 | 22 | 27 |
| 七 至 十 職 等 | 18 | 24 | 30 |
| 十一至十四職等 | 22 | 22 | 32 |
| 十五至十六職等 | 25 | 32 | 36 |

㈡其他假期: 聯邦政府得規定其他原因之休假、休假期間及是否給予俸給。較重要者有:

1.病假: 公務員因病不能服務時, 准給病假, 仍支俸給; 如病假在三個月以上六個月以下之期間中全未服務, 且於其後六個月內亦無工作之可能者, 則令其退職或予免職。

2.因從事特定工作而給假: 公務員從事下列工作者, 可帶薪休假, 卽①爲履行一般公民之義務時, 如爲證人、鑑定人、陪審員、監護人或遺囑執行人而出庭時; ②任邦或縣市議會議員, 行使其職權時; ③爲國會議員候選人時; ④爲職員協議會之構成員, 而參加選舉或會議, 或擔任委員執行合法任務時; ⑤參加職員團體之會議時; ⑥女職員生產時 (產前產後各准休假六星期)。

3.特別給假: 公務員因職務上理由而暫時離開職務時 (如因家族死亡或重傷等個人理由), 如屬短期得准帶薪, 如屬長期則予停薪。

4.專案給假: 職員協議會之構成員, 參加「職員代表法」所定之業務時, 得帶薪休假; 又參加職業團體之會議時, 除有碍及職務者外, 亦得帶薪休假, 但其休假超過八日者, 其超過部分應併入年度休假計算。

5.免除勤務: 公務員應職務上需要, 於通常勤務時間以外工作

時，如此項工作之要求過重（卽加班時間過多）時，需於相當之時間免除其職務上之勤務（卽給予相當之代替休假）。

6.其他：參加議員選舉得予不支薪休假，參加地方自治工作得予支薪休假。

**六、閱覽人事證件之權利：**現任公務員或公務員關係終止後，對其人事證件有閱覽之權利；對不利於或有害於公務員之事實或主張，應於記入其人事證件之前聽取其意見；公務員之申述應在人事證件中記明。

**七、結社之權利：**公務員基於結社自由，有權利結合爲工會或職業團體；公務員不得因其爲工會或職業團體之工作，而受到職務上之處罰或不利處分。

**八、取得服務證書之權利：**公務員於其公務員關係終止後，得向其最後服務之機關首長聲請發給有關其工作種類與供職期間之服務證書。

## 第二項　權利之喪失

公務員之權利，因某種事實發生而喪失；經喪失之權利，得因赦免而恢復。其情形爲：

**一、權利之喪失：**公務員經德意志法庭爲㈠由於故意之犯罪行爲受一年以上有期徒刑；或㈡由於妨害和平、重大叛亂、危害民主法治之原則或叛國且危害國家外在之安全等故意之行爲，受半年以上之有期徒刑；或㈢公務員被褫奪公權；因其判決發生確定力而終止公務員關係。終止公務員關係之公務員不得請求俸給與給養費，其職銜不得再使用。

**二、喪失之赦免：**關於公務員權利之喪失，聯邦總統有赦免權，此項赦免權並得授權其他機關行使。

## 第三項　義　　務

德國公務員在服務期間應盡之義務，主要可歸納爲下列九種：

**一、一般性義務**

㈠為全國人民服務與維護基本法義務: 公務員需為全國人民服務而非為一黨派服務; 公務員應以一切行為來維護並保障基本法（即憲法）中自由民主之基本秩序。

㈡自制政治活動義務: 公務員對政治活動應盡量自制、減少或採取保守之態度。

㈢執行職務及維護尊嚴義務: 公務員應以全力從事其本身職務, 並以最大良知不為私利; 公務員職務內與職務外之行為, 需維護其職業上之尊嚴與信任。

㈣服從長官義務: 公務員對其長官應提供建議與支持, 應實施長官發佈之指令, 並遵守長官制訂之一般行政方針; 但法律規定僅須遵從法律者, 不在此限。

㈤負責職務上行為與命令合法性之義務: 公務員對其職務上行為之合法性, 個人應負完全責任。 公務員對職務上命令之合法性發生疑慮時, 應向其直接長官說明其見解, 如該命令仍被維持而公務員對此命令之合法性仍有疑慮時, 應向其上一級長官說明其見解, 如該上一級長官仍確認命令時, 公務員須即執行該命令而免除個人之責任; 但其所命令行為如係違法之行為, 而公務員對其犯罪性可認識時, 或所命令之行為侵犯人類之尊嚴時, 不在此限。

**二、就職宣誓義務:** 公務員應於就職時宣誓, 其誓詞內容為維護法律, 並本良知完成任務。

**三、接受行政職權限制義務:** 公務員被免除對於自己或其親屬為職權上之行為; 公務員之最高監督機關或由其指定之官署, 得對所屬公務員禁止其執行職務, 惟於發布禁止前, 應聽取公務員意見。

**四、保守機密義務:** 公務員即使於公務員關係終止後, 對公務執行上所獲知之情事仍應保守機密; 對職務上所知之機密, 未受許可前不得

在法院之外透露，亦不得有所聲明。有關新聞之發佈，由機關首長或其指定之官員爲之。

五、兼辦職務之義務：如經最高監督官署之請求，公務員有承擔或繼續從事公務上兼職義務。公務員對下列之兼職需經事前之許可，即爲監護人、看護人或遺產執行人之兼職，擔任有報酬之營業上、營業之管理上或自由職業之兼職，擔任公司、合作社或其他營業之董事、監察人者；兼任下列工作時不必經許可，即從事寫作上、科學上、藝術上或演說工作，從事工會、職業團體之工作，擔任合作社內無報酬之工作。

六、經同意始可接受報酬與餽贈義務：公務員即使於公務員關係終止後，僅得經官署同意後始得受領與其職務有關之報酬或贈與；經聯邦總統之許可後始得接受外國元首或外國政府贈與之稱號、勛章與榮譽狀。

七、遵守勤務時間義務：公務員需遵守通常勤務時間（每週平均不得超過四十四小時；如遇急迫職務上之需要，應義務爲通常勤務時間以外之工作。公務員依其職務上需要延長勤務時間時，每週工作時間不得超過五十四小時。公務員未經許可而不執行職務者，於不執行職務期間之俸給不予支給，必要時並受懲戒法之追究。

八、接受居所限制義務：如因公務上需要，監督長官得命令公務員於職務處所一定距離之範圍內居住，或命其搬入公務宿舍。公務員及職務上特別急迫需要時，得受命於勤務時間外在其辦公處所到達之附近居留。

九、穿着制服義務：聯邦總統曾發布有關公務員執行公務之一般或必要制服之規定，對從事某種工作之人員，應穿着制服。

## 第四項　不履行義務之後果

公務員因不履行義務之結果，視其違反規定情形，可能需受刑罰、懲戒或民事賠償；除懲戒在另項中敍述外，茲就刑罰與民事賠償部分簡說如下：

**一、刑罰：** 關於公務員之罰則，統規定於刑法，其主要為：

㈠違反職務上應守秘密之義務者，處以徒刑，未遂罪罰之。

㈡官吏無權而故意逮捕、拘留或延長拘禁之期間者，罰之。

㈢官吏於執行職務時或利用執行職務機會而故意傷害人者，處三月以上有期徒刑。

㈣官吏於審問案件時，使用強制手段使人自白或作證言者，處五年以下有期徒刑。

㈤對自身職務之行為，不違反義務而收受贈與或其他不正利益或要求期約者，處六月以下徒刑或罰金。對職務上違反義務之行為而收受贈與或其他不正利益或要求期約者，處五年以下徒刑。

㈥裁判官、仲裁人、勞動法院陪審員或參審員，對自己指揮或裁判之訴訟事件，為關係者之利益或不利益要求或收受贈與或其他利益或要求期約者，處重刑。

㈦官吏枉法，處五年以下徒刑。

㈧利用職務為不實之紀錄，或利用職務變造文書者，處一月以上徒刑。

㈨職務上之重大侵佔，處十年以下徒刑。

㈩不當征收賦稅者，處三個月以上徒刑。

**二、損害賠償：** 公務員因故意或重大過失而違反應盡義務者，對主管機關須賠償其所造成之損害；如多數公務員共同引起損害者，視同共同債務人。主管機關之請求權，因三年不行使而消滅；公務員對主管機關之求償為給付時，而主管機關對第三人有賠償請求權者，此賠償請求

權轉讓予該公務員。

## 第五項　懲　戒

懲戒，依聯邦懲戒法之規定，可分構成懲戒之事由、處分種類及權屬、懲戒程序與刑事裁判之關係等。其情形如下：

一、懲戒事由：現任公務員，如因可歸責之事由違背其應盡之義務者，爲失職；退休或接受生活費之前任公務員，有下列情形之一者亦適用失職之規定，卽㈠從事反對聯邦基本法所定自由民主之基本秩序者，㈡參加危害德意志聯邦共和國之安全或存續爲目的之工作者，㈢違反公務保密或禁止接受報酬或餽贈之規定者，㈣對恢復公務員關係之規定，因可歸責之事由，未能再被任命爲公務員者；㈤違反殘障人員退休時應提出平均收入保證之義務者。以上有關失職之處罰，由懲戒法規定之。

二、懲戒處分種類及權屬：懲戒處分分告誡、罰金、減俸、降任、撤職、減退休金、喪失退休金等七種；其中罰金以不超過一個月俸給爲限；減俸以所支俸給五分之一爲限，期間不得超過五年；減退休金之標準與減俸同。

至懲戒處分之權屬，屬於告誡或罰金者，由其所屬長官核定，其他懲戒處分由聯邦裁判所決定。

三、懲戒程序：對失職公務員之懲戒，其程序爲

㈠所在機關長官調查：公務員有違反義務嫌疑時，所屬長官應爲事前調查，經調查結果如顯有違反義務之事實且認有處罰之必要時，應選採下列手續之一：

　1.認爲情節較爲輕微，其懲戒處分可由所屬機關長官決定者，卽予告誡或罰金之處分；公務員對所屬長官決定之懲戒處分，可提出抗告。

　2.如認爲情節重大，其懲戒處分非由所屬長官可作決定者，所屬

長官立卽報請上級機關開始追訴；所稱上級機關，對由總統任命之公務員為其最上級機關，其餘公務員為任命機關。

㈡上級機關卽洽商聯邦懲戒檢察官，通知正式開始懲戒。

㈢上級機關任命調查官調查案件，於調查完成後，始聽取被嫌疑者意見，然後制作報告書向上級機關提出，並通知聯邦懲戒檢察官。

㈣聯邦懲戒檢察官，根據上級機關調查報告之通知制作失職起訴書，提出於聯邦懲戒裁判所，失職起訴書到達懲戒裁判所後，懲戒案卽繫屬於懲戒裁判所。

㈤懲戒裁判所長於開始審理前，應將起訴書抄送被付懲戒人，給予提出書面意見機會；審理採非公開方式進行，先審問被付懲戒人，再查問證人、鑑定人及上級機關之代表；證據調查後，再審問懲戒檢察官、被付懲戒人及其辯護人。

㈥懲戒裁判所對被付懲戒人，作成免職或喪失退休金之判決者，如認為被處分者需要經濟扶助時，得准支一定期間之生活補助金。

㈦被處分人或懲戒檢察官，對懲戒裁判所之判決，得向聯邦行政裁判所提出控訴。

**四、與刑事裁判之關係：** 係採刑先懲後之原則，其情形有下列三種

㈠懲戒上應追訴之失職，另以刑事案件起訴時，在刑案未正式判決前，應停止懲戒程序。

㈡刑案受無罪之宣告，而其所犯罪事實並不構成懲戒條件時，應終止懲戒程序。

㈢刑案受有罪之判決，且其失職應受懲戒處分時，其懲戒之判決應受刑事判決上所認定事實之拘束。

# 第六項　申　訴

**一、公務員法對申訴之規定**：公務員法對有關公務員申訴之規定，有下列三種卽

㈠公務員得依照程序提出聲請。

㈡公務員得向聯邦文官委員會提起訴願。

㈢公務員得依程序提出訴願，其訴願至最高服務機關之權利不受阻碍；又對直接長官提起訴願時，得直接向上一級長官提出。

**二、得提起申訴之事項**：申訴事項，法律上雖未明文規定，但通常爲：

㈠一般申訴：依通常解析，凡對公務員不利之措施，均得提起申訴，如各部內多設有申訴委員會，委員會可審查任用與晉升案，及參與人事規章的制訂；對雇員及勞工，亦有類似的規定。

㈡向職員協議會申訴：依職員代表法之規定，職員協議會接到職員之苦情申訴或訴願時，如認爲申訴或訴願爲正當者，職員協議會有與公務員所屬長官協商並謀求改進之義務。

㈢不服所屬長官懲戒處分之抗告：公務員對所屬長官決定之懲戒處分，得於處分書送達後二星期內，向處分之長官提出抗告；受理抗告之長官，應於一星期內提出於直接長官請其決定；公務員對上級長官之決定不服者，得再向其上級長官提出抗告；對其抗告之決定仍不服者，得聲請聯邦懲戒裁判所判決；對懲戒裁判所之判決有不服者，得向聯邦行政裁判所控訴。

**三、對申訴之判決**：聯邦懲戒裁判所，對所控不適法或未具法定形式或未在規定期間內提起者，應不受理（退回）。聯邦行政裁判所受理控訴案件，以認爲有理由者爲限，對聯邦懲戒裁判所之判決，得予廢棄、退回或自爲判決。聯邦懲戒裁判所所爲之最終判決，應受聯邦行政裁判所所爲判決的拘束。

# 第九節　參與協商

德國憲法及公務員法，賦予公務員結社自由，有權結合為工會或職業團體；又依職員代表法之規定，各工會及職業團體得設置職員協議會，公務員透過工會與職業團體，可與服務機關辦理交涉；透過此種職員協議會，可參與公務員權利關係一般規定之擬訂。茲就協議會之組織、交涉與策劃權、協商與決定權、權利保障與仲裁等，分項簡述如後。

## 第一項　協議會之組織

**一、職員協議會之設置：** 有中央職員協議會與地方職員協議會之分，但無隸屬關係；中央二級以上機關，均得各別設置職員協議會。

**二、職員協議會之組織：** 職員協議會之委員，係由各服務機關具有選舉資格的職員所推選；委員名額依職員人數多寡而定，但最高為三十一人，其人數按公務員、雇員、勞務者的比例分配，然後再按男女比例分配；為處理日常事務，由公務員、雇員、勞務者各集團中各選一人為常任委員，如委員人數超出十一人時，另以多數表決方式增選二名常任委員；至協議會之議長，則以多數決方式就常任委員中推選之。委員任期均為三年。

**三、會議：** 協議會有四分之一委員或服務機關長官之請求時，舉行會議，如係機關首長請求召開者，會議時首長應出席；如非首長請求召開者，遇及協議會邀請時亦應出席；勞動團體，如經協議會決定也得出席，在會議中並有發言權。

**四、職權：** 協議會對人事行政之參與，有交涉、策劃、協議、決

定、權利保障與仲裁等。

## 第二項　策劃、協商、決定與仲裁

**一、策劃權:** 職員協議會及服務機關，於職員代表法及勞動協約之範圍內，爲謀求公務員之福利，應努力於下列事項之策劃。

㈠擁護公務員之利益，監視基本法之保障，排除差別待遇，保護結社自由。

㈡有利於服務機關及其所屬職員之方案的研訂。

㈢爲謀求公務員之利益，監視現行法律、命令、勞動協約、勤務協定等之實施。

㈣受理公務員苦情之申訴並謀求糾正。

㈤促進重傷病者需要特別保護人之配置。

㈥接受服務機關有關社會的、人事的案件所發行政命令草案之通知與協議。

**二、協商權:** 對有協商權之事項，服務機關不受協議會意見之拘束，對不同意之全部或一部，服務機關僅負將其決定附以理由通知職員協議會之義務。協議會對社會的及人事的下列案件，有協商權:

㈠社會案件方面: 協商權所承認事項包括 1.扶助及社會的給付之承認。 2.提高勞務實績及減輕勞動過程之措施。 3.兼任醫師及專任醫師之任命。 4.機關宿舍之分配。 5.公務災害及其他健康障礙之預防措施。 6.機關之規程及關於職員態度之規定。 7.職員之進修。

㈡人事案件方面: 協商權所承認事項包括 1.公務員之採用、任用及晉升。 2.公務員之轉任他機關服務。 3.公務員限齡屆滿前之退休(限於本人之申請)。 4.試用人員及臨時人員之免職。 5.雇員及勞務者之採用及預告解雇。 6.雇員及勞務者超過限齡之繼續服務與轉任其他機關服

務。 7.雇員及勞務者兼職之承認與否認。 8.限制公務員、雇員、勞務者自由選擇住宅之命令。

**三、決定權:** 決定權係指對所擬措施經協議結果,需為同意或不同意之決定, 如為同意則所擬措施成立, 如為不同意則其所擬措施不成立。協議會對社會的及人事的下列案件有決定權:

㈠社會案件方面: 包括 1.勞動及休息時間之始期與終期。 2.薪俸支給之時間及場所; 薪津支給原則之設定, 包工制薪津規約之訂定。 3.休假規定之草案; 福利設施及其管理。 4.雇員及勞務者職業訓練之實施。

㈡人事案件方面: 包括公務員、雇員及勞務者之升任、降職、及轉任其他機關服務。

**四、仲裁:** 最高主管機關內, 應設仲裁機關, 由最高主管機關及職員協議會各任命三名陪審委員, 並由兩方同意任命一中立之議長。職員協議會任命陪審委員時, 原則上需有公務員一人。行使仲裁權之情形如下:

㈠付仲裁之事項: 對應經共同決定所認定之事項, 而最高主管機關之官方與職員協議會之意見不一致時, 得提付仲裁。

㈡仲裁之效力: 經仲裁所作之裁定有拘束力, 經職員協議會方面之提議獲仲裁通過後, 服務機關應即處理。

## 第三項　權利保障

當選為職員協議會之委員後, 為確切履行協議會之任務, 對委員給予下列之權利及保障:

**一、委員之權利:** 協議會之委員, 有監視機關舉行考試之權利; 為執行職務, 有收受必需資料之權利。如由當事人特別指定之委員, 則有閱覽人事紀錄之權利。

二、委員之保障: 禁止妨害委員行使權限; 禁止以委員的活動為理由而作有利或不利之處分, 或作違背委員意願的調任或派遣。

## 第四項　西德公務員聯盟

西德公務員聯盟, 為西德三大聯盟之一, 現有會員八十萬人, 與我國保持有良好關係, 我國及西德協定有公務員訪問計畫, 每年遴選公務員數十名作相互訪問, 而西德此種工作卽由西德公務員聯盟所主辦者, 西德公務員聯盟對人事制度具有相當影響力。其情形如下:

**一、參與有關公務員法律之草擬:** 各部在草擬有關公務員權利義務之法律時, 依法需有公務員選出之代表、公務員聯盟之主管人員, 及專家參加。

**二、如公務員聯盟不同意時, 應向國會表明:** 各部所研擬完成之有關公務員法案, 如其內容未獲公務員聯盟之同意, 則於提報國會審議時, 應註明公務員聯盟有不同意見。

**三、向國會運用影響力:** 國會議員中, 有者係從公務員轉任者, 公務員聯盟常會透過這些議員, 提出法案的修正意見。如仍無效果, 則會訴之各黨派尋求支持。因此, 公務員聯盟的意見, 大多可以實現。

## 第十節　退休撫邮

德國公務員之退休, 原在德國聯邦公務員法中規定, 1976 年公布及 1979 年修正公務員退休給與法後, 代替公務員法之原有規定。茲就退休給與法之規定, 分退休給與制度之一般規定, 退休年金, 退休一次金, 撫邮金, 廢疾年金, 退休制度與社會保險制度之關係, 及公務員關

係之終止等，分項簡說於後。

## 第一項　退休撫邮制度之一般規定

德國公務員退休撫邮制度之一般規定，可得而言者爲：

**一、退休撫邮制度之特色**：包括

㈠退休撫邮金之經費，全部由國庫負擔。

㈡以任職五年以上並達一定年齡爲要件。

㈢所稱退休給與包括退休撫邮年金及生活補助金、退休一次金及調整金、埋葬費、各種遺族補助費與補償金、及殘廢年金等。

**二、制度之管理**：包括

㈠制度由國家直接管理，有關方針、政策等之策訂與協調，由內政部第四司負責。

㈡給付額之決定、受領人之指定、服務年資之探計等，由公務員退職時之最上級機關負責處理。

㈢與制度有關之財政問題，由財政部協調。

**三、適用範圍**：退休撫邮制度

㈠適用聯邦機關、各邦機關、及其他社團、營造物及財團之公務員。

㈡聯邦及各邦之法官準用之。

## 第二項　退休金種類、支給條件與支給標準

**一、退休年金**

㈠支給條件：對具有下列之一者給予之

1.任職五年以上並達限齡（六十五歲）者。

2.非因自己職務上重大過失而患病或負傷致不能工作者。

3.經一時退休或由一時退休轉爲永久退休者。

所稱任職期間，自具有公務員關係之初次任用時起，包括公法上雇用期間在內；但未滿十七歲之任職期間不予計算；又在有害健康地區任職者，其任職時間加倍計算。

㈡支給標準：以公務員最後任職之俸給爲準（包括基本俸額，一定限度之地域加給，及其他法定給與），依任職年資核計，任職十年者給與俸給 35 ％，任職十年以上至廿五年者，每一年加 2 ％，超過廿五年者，再每一年加 1 ％。最低退休年金額不得少於一般俸表三職等給與之65％；最高退休年金額以退休俸給75％爲限。

**二、生活補助金**

㈠支給條件：具有退休年金性質，對具有

　1.任職未滿五年因達限齡免職而不能繼續工作之終身職公務員，及任職未滿五年因達限齡免職而不能工作之試用公務員給與之

　2.其他公務員死亡者亦得給與之。

㈡支給標準：依照退休年金額之規定。

**三、退休一次金**

㈠支給條件：對具有支領退休年金或生活補助金資格之公務員，任職一年以上，因拒絕宣誓、喪失國籍或懲戒撤職而免職者，給與之。

㈡支給標準：

　1.任職滿一年者，給最後俸給一個月，任職超過一年者，每滿一年加給半個月。

　2.最高以六個月俸給爲限。

**四、限齡退休調整金**

㈠支給條件：對六十五歲前特別限齡退休（即定在六十五歲以下）之公務員、消防人員及航空管制人員，支給之。

㈡支給標準：以最後俸給爲準，給五個月俸給之調整金；年齡超過

六十歲者，每超過一年，減給與五分之一。

## 第三項　撫邱金種類、支給條件與支給標準

一、**死亡月之俸給**：對死亡之現職公務員、退休公務員或免職公務員之繼承人，給與死亡月之俸給。

二、**埋葬費**

㈠支給條件：受有俸給之公務員或臨時性之公務員死亡者，對其生存之配偶、子孫及養子，給予埋葬費。

㈡支給標準：給與死亡者俸給之二倍；又退休公務員或支領生活補助金之免職公務員死亡者，給與退休年金或生活補助金之二倍，作爲埋葬費。

三、**寡婦補助費**

㈠支給條件：對終身職公務員或退休公務員之寡婦，給予寡婦補助費，但與死亡者婚姻關係未滿三個月者，不得給予。

㈡支給標準：按公務員死亡月之俸給或退休公務員死亡日之退休金之 60 ％支給；如寡婦與死亡者年齡相差 20 歲以上且無子者，補助金按在差距 20 歲後每超過一年減 5 ％，但最高以減 50 ％爲限；婚姻關係存續五年以上者，在五年後每超過一年加 5 ％，但最高仍以加50％爲限。

四、**寡婦補償金**：有寡婦補助費或生活補助金請求權之寡婦，再婚者酌給寡婦補償金。

五、**孤兒補助費**：

㈠支給條件：終身職公務員、退休公務員死亡，遺有子或養子者，給予孤兒補助費。

㈡支給標準：存有父親或母親者，每一孤兒爲退休金12％，父母均

不在者，每一孤兒爲退休金20%，但孤兒補助費總額，不得超過退休金之金額。

六、**生活補助金**：有生活補助金請求權之公務員之寡婦，或離婚之妻及子，依個案情形，在法定數額範圍內，給予生活補助金。

七、**鰥夫補助費**：準用寡婦補助費之規定。

## 第四項　廢疾年金

公務員因公傷殘而退休者，其退休年金有增給之規定。

一、**廢疾年金之增給**：公務員因公務災害致不能工作而退休者，給與廢疾年金；退休時年齡未滿 55 歲者，以算至滿 55 歲之期間爲準加六分之一的年資（如 49 歲退休，算至滿 55 歲尚差六年，加六分之一卽一年的年資）；廢疾年金按普通退休年金加20%，增給後不得少於俸給之 $66\frac{2}{3}\%$，最高爲 75%，視任職期間長短調整之。又最低保障額爲一般俸表三職等俸給之75%。

二、**廢疾年金以高職等俸給爲準**：公務員從事有生命危險之職務，因公務災害致不能工作而退休者，退休時工作能力喪失 50 ％時，以較高職等俸給 75%爲廢疾年金之基礎；所稱較高職等，在簡易職至少爲五職等，中級職至少爲九職等，上級職至少爲十二職等，高級職爲十六職等。

## 第五項　退休與社會保險之關係

退休與社會保險制度之目標相同，適用公務員退休制度者，在特定條件下，可適用社會保險制度，故二者間關係密切。依現行規定，二者間之關係爲：

一、**適用一種制度**：適用退休制度之公務員，不再繳納社會保險制

度的繳納金。

　　二、受領一種給付: 有退休金受領權時，不再支領社會保險制度之給付; 無退休金受領權時，追繳社會保險制度之繳納金後，將任職年資計入社會保險年資。

　　三、保險年資不計入退休: 參加社會保險制度人員，轉公務員退休者，原有社會保險年資不能計入公務員退休之任職年資。

## 第六項　公務員關係之終止

　　依德國公務員法之規定，公務員關係因下列情事而終止。

　　一、免職: 公務員關係，因免職而終止; 公務員具有下列情形之一者應予免職:

　　㈠拒絕履行依法規定之宣誓或拒絕提出代替宣誓之誓約; 任命公務員時為聯邦議員而未於規定期間內辭去議員職務。

　　㈡喪失德國國籍; 未經最高監督官署之許可而於國外設定住所或繼續停留國外; 與其他系統之公務機關成立公法上勤務與服官關係，但法律另有規定或只成立撤回職或名譽職公務員關係者，不在此限。

　　㈢呈請辭職時。

　　㈣試用人員之行為，如為終身職公務員受懲戒之結果者; 試用人員缺乏資格、能力與專門技術者; 對無服公務能力之試用人員未依規定命令退休者; 官署撤銷、合併或改組而無法令試用人員繼續任職者。

　　㈤對撤回公務員，得於任何時間經撤回而免職。

　　二、退休: 公務員因退休而終止公務員關係，但有關退休公務員在公務員法上地位之規定（如保守機密、應用原有公務員職銜、領取退休金等），不受影響。

　　三、權利喪失: 公務員因權利之喪失而終止公務員關係。

四、撤職: 公務員因受撤職之懲戒處分而終止公務員關係。

五、死亡: 公務員因死亡終止公務員關係。

公務員身份關係之保障，其保障程度常因公務員身份之不同而異。大致而言，文官之保障較雇員、勞務者為優；文官之保障中，終身職公務員比撤回職、名譽職、試用人員為優；撤回職可能是最無保障者。

# 第六章 日本人事制度

## 第一節 人事機關及機構

依照日本國家公務員法及地方公務員法之規定，人事機關有人事院、事務總局，及各機關內部所設之人事管理官、人事課、人事委員會、公平委員會等；另內閣總理府設人事局，亦具有若干人事制度之職權，茲分項敍述於後。

### 第一項 人事院

人事院，有其獨特地位與職掌，人事官有其一定條件與保障，茲簡說如下：

**一、人事院之地位及特性：**依國家公務員法規定，「在內閣所轄之下，置人事院」。依日本制度，「所轄」與「管理」、「所屬」不同，對各省之內局用「所屬」，對各省之外局用「管理」，用「管理」者較具獨立性，而用「所轄」者，則較外局更具獨立性，故人事院雖隸屬於內閣之下，但具有較大的獨立性。同時人事院除一般行政機關之職權外，

尚有制定人事院規則之準立法權，及審查裁定對公務員不利益處分之準司法權；爲負責維持公平，在職員與機關首長之間，不作左右偏袒；人事院之議事日程及候用人員名册等，在人事院所定場所，需公開供公眾閱覽，是又表示人事院之公然性。

二、**人事院之組織**：人事院之員額及內部組織，可以自訂規則設立，不受國家行政組織法之限制。又依國家公務員法規定，「人事院以人事官三人組織之，以人事官中之一人爲總裁」。人事官之任用，由內閣提出人選，經國會兩院同意後由內閣任命之，並經天皇之認證；依同法第五條規定，人事官有其一定資格條件、應盡義務及保障，其情形如下：

㈠積極資格條件：1.人格高潔；2.對民主的統治組織及依據成績本位之原則，而有高效率的事務處理之理解；3.有人事行政的識見；4.年齡在三十五歲以上。

㈡消極資格條件：1.禁治產者或準禁治產者或破產而未復權者；2.被處禁錮以上之徒刑或違反人事規律之罪；3.受懲戒免職處分尚未經過二年者，或組織或加入主張以暴力破壞憲法或依憲法所成立政府之政黨或團體者。

又人事官之任命，其中二人不得屬於同政黨或同一大學之同一學院畢業者。人事官之任期爲四年；人事官得連任，但在任期間不得連續超過十二年；曾爲人事官者，退職後一年內不得任命爲人事院官職以外之官職。

㈢人事官之義務：人事官，非經宣誓不得執行職務；人事官之服務紀律，準用一般職員之規定。

㈣人事官之保障：在俸給方面，人事官之俸給原規定需與國務大臣俸給相同，其後又改定爲人事院總裁之俸給與國務大臣相同，人事官俸給則與政務次官相同；對職位方面，人事官除有下列各類情事外，不得違

反其意志予以罷免，即 1. 具有消極任用資格者；2. 受懲戒免職處分者；3. 組織或加入主張以暴力破壞政府之政黨或團體者；4. 因國會之訴追，經公開之彈劾手續通過罷免之決定者；5. 任期屆滿不再連任或任人事官已連續十二年者。又國會對彈劾人事官之事由有其一定範圍，即以 1. 因身心障害不能執行職務者，2. 違反職務上之義務或有其他不適於為人事官之罪行者為限；以免因政治上原因而受罷免。

　　三、人事院之會議：人事院係委員會之組織，出席該會議表示意見並有表決權者，只有人事官三人；事務總長只以幹事名義出席會議，擔任議事錄之作成而已。人事院會議以不公開為原則，但經人事官過半數之同意得公開之；人事院會議之議事，均須記錄於議事錄內，並須適時張貼於人事院所定之場所，以供眾覽。

　　四、人事院之職權：人事院之職權甚為廣泛，其情形分析歸納如下列：

　　㈠職掌範圍：依國家公務員法規定，人事院職掌分為下列三類

　　　1. 關於俸給、勤務條件改善及人事行政改善之勸告：勸告並非決定或執行，勸告之被採納與否，其權在被勸告之機關，此種勸告又分三種，即①向國會提出勸告，②向國會及內閣同時提出勸告，③向關係省首長及其他機關首長提出勸告。

　　　2. 關於職位分類、考試、任免、俸給、訓練等事項。

　　　3. 關於保障、苦情之處理、其他關於職員的人事行政公正之確保及職員利益之保護事項。

　　㈡職權之獨立性：依同法規定，「依法律規定授予人事院處置權限之部門，人事院之決定及處分只由人事院審查之」，此即承認人事院權限之自主性，其他機關不得干涉人事院權限之行使。即使司法方面，亦需尊重人事院權限之獨立性。

㈢權限之委任: 依同法規定,「人事院或內閣總理大臣,各依人事院規則或政令之規定,得根據本法,將權限之一部令由其他機關行之,在此場合,人事院或內閣總理大臣關於該事務,得指揮監督其他機關首長」。

㈣制訂人事院規則: 依同法規定,「人事院就其所掌事務,為實施法律或基於法律之委任,制定人事院規則」。人事院所訂定之規則,依其性質之不同,又有手續性規則、特例性規則、限定性規則、解析性規則、細目性規則等。

㈤下達人事院指令: 人事院為實施國家公務員法之規定,為實施人事院規則,及依國家公務員法實行其他措施,均得發布指令。

## 第二項　人事院事務總局

人事院本院為會議制之機關,其決議需由另一機關執行,事務總局即為人事院之執行機關。故事務總局之特性為上承人事院會議之決議,下對執行機構行使指揮監督權,使上層之會議與下層之執行機構互相結合,使政令得以順利推行。茲就其組織、職掌及編制情形簡說如下:

**一、組織及職掌:** 依國家公務員法規定,「關於事務總局組織之必要事項,以人事院規則定之」,依人事院所訂之人事院事務總局組織規程之規定,事務總局設五個局、四個委員會、一個訓練所、及八個地方事務所與一個地方辦事處,其各局會所處之名稱及職掌如下:

㈠管理局: 職掌為1.事務總局業務之聯絡調整; 2.關於法案及有關法令文書之審核; 3.法令之解析; 4.中央公務員制度之綜合調查研究; 5.宣傳; 6.職位分類; 7.事務總局職員之人事管理; 8.人事院之財務及事務總局之內部管理; 9.其他有關管理業務。並分設管理、法制、人事、會計、職階五課辦事、及人事院圖書館。

㈡任用局: 職掌為1.關於職員之考試、任用事項; 2.關於職員之離

職事項; 3.關於職員之保障事項。並分企劃及考試兩課辦事，另設有參事官及考試官。

㈢俸給局: 職掌為1.職員之俸給; 2.關於退職年金之業務。並分俸給第一、第二、第三，及研究四課辦事。

㈣公平局: 職掌為1.關於不利益處分之不服申訴及其他不服申訴之審查事項; 2.關於行政措置之要求的審查事項; 3.關於苦情處理之業務。局內設有參事官及首席聽證官，不再分課辦事。

㈤職員局: 職掌為1.職員之服務; 2.懲戒; 3.效率; 4.福利; 5.健康安全及災害補償; 6.關於職員團體之業務。並分能率、福利、災害補償、職員團體四課辦事，另設有參事官。

㈥公務員訓練所: 辦理各機關首長保送職員之訓練，以充實行政執行上必要的高度知識及能務。內設教務、研究兩部，及行政課。

㈦公平委員會: 由三至五名公平委員組織之，審理關於不利益處分之不服申訴。公平委員不受任何人指示，憑良心、法律、規則、指令及人事院之決議，進行審理。

㈧苦情審查委員會: 向人事院提出關於勤務條件行政措施之要求，人事院認為適當時，得從人事院事務總局職員中指定苦情審查委員，設置苦情審查委員會審查。

㈨災害補償審查委員會: 對申請災害補償案件，人事院決定受理時，需交災害補償審查委員會審理。審查委員會由委員五人組織之，委員人選由人事院總裁就人事院職員及其他有學識經驗者任命之。

㈩職員團體登記委員會: 依國家公務員法規定，「職員團體，依人事院規則之所定，須填送理事及其他員工姓名、申請書規約等，向人事院申請登記」。登記案之審查即由該委員會處理。

㈢地方事務所及辦事處: 人事院經國會之承認，得在必要之地方設

置地方事務所,在事務總長指揮監督下,掌理人事院業務計劃在該管轄區域內之實施事務;各所得分課辦事。目前共設有札幌、仙台、東京、名古屋、大阪、廣島、高松、福岡八個地方事務所,及琉球地方辦事處。

　　二、**編制**: 事務總局設事務總長,依法令所定總攬事務總局之業務;其他主要職務有顧問、參事（配置在人事院）、事務次長、考試官、健康官、安全官（配置在事務總長之下）、局長、副局長、參事官、課長、課長助理、課員等,其員額視組織及業務需要而定。

　　三、**發佈人事院細則及通達**: 依人事院規則規定,事務總長負責執行依法律及規則所定行政上及技術上事務,對人事院職員及國家各機關,得依法律及規則所定,發佈細則及通達。

## 第三項　內閣總理大臣及人事局

　　一、**內閣總理大臣之職權**: 國家公務員法於一九六五年修正時, 將人事院之部分職權,改由內閣總理大臣掌管, 計有下列六種:

　　㈠關於公務員之效率、厚生（福利）、服務等事務。

　　㈡關於各行政機關人事管理方針、計畫等之綜合調整。

　　㈢關於公務員之人事記錄事項。

　　㈣關於制定職員在職關係之統計報告制度並實施事項。

　　㈤以政令指定設置人事管理官之機關。

　　㈥指揮監督人事授權之機關首長（此種人事權限之委任及對受委任機關之指揮監督權限,其情形與人事院相同）。

　　二、**人事局之職掌**: 內閣總理大臣為行使上述職權, 依總理府組織法規定設人事局, 並定其職掌為:

　　㈠關於中央公務員制度的調查、研究及計劃事項。

　　㈡各行政機關關於中央公務員等之人事管理方針、計畫等之綜合調

整事項。

㈢關於一般職中央公務員之效率、厚生、服務及其他人事行政事項。

㈣關於中央公務員之退休、撫邺及退職津貼事項。

㈤關於特別職中央公務員之俸給制度事項。

㈥除上述者外，關於中央公務員等之人事行政事務。

## 第四項　人事機構

各機關人事機構之設置，其依據及名稱在中央及地方各有不同。其情形爲：

**一、中央機關之人事機構**：依國家公務員法規定，「總理府、各省（部）及以政令指定之其他機關，需設置人事管理官，作爲該機關職員；人事管理官爲各機關人事部門之長，協助所屬機關首長掌理有關人事事務；人事管理官並需對中央人事主管機關採取緊密聯絡及互相協力」。此處所指政令係指內閣總理之政令，故人事機構之設置，除總理府及各省係爲法所定外，其他機關係由內閣總理命令設置；至所稱聯絡與協力，其方式爲由人事院或總理府人事局定期召開人事管理官會議。所謂人事機構，除總理府爲人事局外，各省及其他機關多在官房（相當主任秘書室）內設人事課，辦理日常人事業務。

**二、地方機關之人事機構**：依地方公務員法規定，「都、道、府、縣及都市，設置人事委員會；一般的市，人口在十五萬以上者，設人事委員會或公平委員會；人口不滿十五萬之市，及町、村、特別區及地方公共團體之組合，設公平委員會；設有公平委員會之地方公共團體，得經議會之議決，與其他地方公共團體共同設公平委員會，或委託其他地方公共地方團體之人事委員會，辦理公平委員會之事務」。人事委員會或公平委員會，以委員三人組織之，並互選一人爲委員長；委員需具有

一定之條件，其中二人不得屬於同一政黨，任期爲四年，由地方公共團
體首長提名經議會同意後任命。人事委員會下設事務局，其情形與人事
院及事務總局相似；公平委員會則僅處理㈠關於職員俸給、服勤時間及
其他服勤條件有關措施要求之審查、制定，並執行其必要事項；㈡關於
職員不利益處分之審查，並執行其必要事項；㈢其他依法屬於權限以內
之事務。至地方機關之日常人事業務，仍設人事課辦理。

## 第二節　公務員範圍與制度演變

　　日本中央公務員與地方公務員之範圍不盡相同，現行制度係由原有
制度演變而來，現行制度亦有其特色。茲分項說明於後。

### 第一項　公務員範圍

　　公務員之範圍，國家公務員法與地方公務員法所定者，除特別職外
大致相同，其情形如下：
　　一、中央公務員之範圍：依國家公務員法規定，中央公務員之職位，
分爲一般職與特別職，凡屬特別職以外之國家公務員之一切職位均屬一
般職；政府不得設有一般職或特別職以外之服務人員並支給其服務津貼
或其他給與。由此觀之，凡支給服務津貼或其他給與之國家公務員一切
職位均屬公務員，但政府或其他機關與外國人間以個人爲基礎而定服務
契約者，不屬公務員範圍。
　　至所稱特別職，係指下列十八種人員而言，國家公務員法除另有規
定外，不適用於特別職：
　　㈠內閣總理大臣；㈡國務大臣；㈢人事官及檢察官；㈣內閣官房長
官；㈤內閣法制局長官；㈥內閣官房副長官；㈥之二、總理府總務副長

官；㈐政務次官；㈑內閣總理大臣秘書官（三人以內）及其他秘書官（國務大臣、內閣長官或特別職之機關長官各一人）；㈒就任以選舉爲必要，或國會兩院之議決或同意爲必要者；㈓宮內廳長官、侍從長、東宮大夫、式部長官、侍從次長、及法律或人事院規則指定宮內廳之其他職員；㈔特命全權大使、特命全權公使、特派大使、政府代表、全權委員、政府代表或全權委員之代理、顧問及隨員；㈔之二、日本聯敎組織之國內委員會委員；㈕日本學士院會員；㈖裁判官及法院其他職員；㈗國會職員；㈘國會議員之秘書；㈙防衞廳之職員；㈚爲應付失業對策由公共職業安定所對失業者介紹政府雇用之職員，及爲公共事業就失業者中由政府雇用之職員，但均以技術、技能、監督及擔任行政事務以外者爲限。

　　當某種職位是否屬於國家公務員之職位，及應屬一般職或特別職有疑問時，由人事院決定之。

　　二、地方公務員之範圍：依地方公務員法規定，地方公務員之職位，分爲一般職與特別職；凡特別職以外地方公務員之一切職位，均屬一般職，適用地方公務員法之規定，所謂特別職係指下列公務員之職位而言，除法律別有規定外，不適用地方公務員法之規定：

　　㈠就任以公選或地方公共團體議會之選舉、議決、或同意爲必要者；㈠之二、地方開發事業團體之理事長、理事及監事；㈡依法令或條例、地方公共團體規則、或地方公共團體機關所定規程而設置之委員及委員會之構成員，臨時或非常勤者；㈢臨時或非常勤之顧問、參議、調查員、囑託員、或相當於上列職位者；㈣地方公共團體首長、議會議長及地方公共團體首長之秘書，依條例所指定者；㈤非常勤之消防團員及水防團員；㈥爲應付失業對策及公共事業由公共職業安定所對失業者之介紹地方公共團體雇用者，但此項職位係以技術、技能、監督及擔任行政事務以外者爲限。

## 第二項　人事制度演變

第二次世界大戰之前與之後，日本人事制度有着顯著的改變，茲簡述如後。

**一、傳統人事制度時期：** 所謂傳統時期，係指自明治維新以後至第二次世界大戰結束之期間而言，其人事制度的精神與逐次建立情形爲：

㈠天皇的官吏: 依明治憲法規定，「天皇定行政各部之官制及文武官之俸給，並任文武官」。故官制及任免官吏之大權統歸天皇行使，故官吏與政府之關係，是以君臣倫理精神爲基礎，官吏對天皇負忠勤之義務。

㈡逐次建立考試、任用及保障制度: 如1.一八八七年，公布文官試驗試補及見習規則，除去分贓制度之弊害，使行政官漸趨於專門化與技術化，將原來之自由任用制度改爲考試任用制度；2.一八九三年制定文官任用令，將原來判任官、奏任官改爲考試任用，勅任官則維持自由任用；3.一八九九年，山縣內閣對勅任官原則上禁止自由任用；4.一九三二年修正文官分限令，確立官吏之身份保障，防止行政機關受政治作用的干預。

**二、現代人事制度時期：** 自第二次大戰結束至現今，人事制度走向現代化，其基本精神及演變情形爲：

㈠全體國民的公僕: 依國家公務員法規定，凡屬職員均爲全體國民之公僕，爲公共利益服務，其執行職務需全力以赴；一切國民，在本法之適用上一律平等，不得因種族、信仰、性別、在社會上之身份、門第或政治意見及政治上所屬關係而有差等。

㈡逐次改進情形

1. 一九四五年，幣原內閣通過「關於官吏制度修正案」，其要點有，①統一官名；②取銷高等官、判任官、奏任官等名稱，改爲一級、二級、三級等官階；⑧統一薪俸制度；④改進考試制度；⑤擴大銓衡任

用範圍；⑥擴大進修制度；⑦厲行信償必罰等。

2. 一九四六年邀請美國胡佛爲首之人事行政顧問團赴日調查研究新人事行政法案，於一九四七年顧問團提出下列有關公務員之基本規定，即①任用與升任以能力爲依據，任何官員皆以競爭考試之成績爲任命標準，並審查現任高級官員適應能力，以特別考試之計畫確定其官等；②俸給以職務內容及責任輕重支給之，確立近代職位分類制度，公務員之生活費與一般民間事業機關相當，並需經常調查並作修正；③爲保持效率的增進，對於訓練、保健、安全、休閒、福利等計畫與服勤成績之評定，須作周詳之規定；④採取公平處理原則，對於懲戒與申訴等處理審查及公務傷病等補償等事項，應建立制度；⑤職員須爲社會公共利益活動，不得爲某黨派作政治活動，或對政府有爭議行爲或主張以暴力顚覆政府之行爲；⑥規定服勤時間及職務執行範圍；⑦多年忠實服勤之職員，給予名譽上與退職年金之獎勵。

3. 一九四七年，內閣向國會提出國家公務員法草案，在國會聽證會上對法案贊成者居多數，然亦有強烈反對者，該法終於一九四七年十月廿一日公佈，嗣於一九四八年及一九六五年的兩次修正，此乃成爲現代國家文官制度的基本法；一九五〇年，地方公務員法亦經國會通過，並自一九五三年起分期實施。

## 第三項　現行人事制度之特色

日本現行人事制度之特色，可從現行憲法及國家公務員法與地方公務員法之主要精神窺其究竟，重要者有如下列：

一、公務員爲全民服務：　公務員之選定及罷免，爲國民固有之權利；所有公務員均爲全民而服務，非爲一部分人而服務。

二、人事制度在保障公務之民主及效率之運行：　訂定國家公務員法

之目的，在確立國家公務員適用之各種基本標準，規定以民主方式選拔
並指導職員，俾能於執行職務時發揮最大效率，對於國民保障公務之民
主的及效率的營運。

**三、給予人事主管機關以強大之獨立性：** 除人事官之任命權及人事
院總裁之任命權外，內閣對人事院並無何等積極加以支配之權限。

**四、宣示平等處理及適應情勢兩原則：** 一切國民，在本法適用上一
律平等，不得因種族、信仰、性別、社會身分、門第或政治意見及政治所屬
關係而有差等。依公務員法所制定之薪俸、辦公時間及其他有關服務條件
等，國會得視社會一般情況，根據人事院提出建議，隨時酌量更改之。

**五、採職位分類制：** 採行職位分類之主要目的，在決定公務員俸給
準則時可提供統一而公正的基礎；並協助公務員考試、任用、訓練及與
此種相關連各部門人事行政之運用。

**六、重視工作效率：** 應充分發揮公務員之工作效率，且需謀求增進；
人事院對職員工作效率之發揮與增進事項，應加調查研究，考慮確切方
案以利進行。

**七、對公務員給予保障：** 明定公務員之身分保障；對公務員之懲戒
應予公正處理；公務員對有關服務條件之行政措施可提出要求，對違反
本意之不利益處分可請求審查，如因公傷病可請求補償。

**八、規定公務員義務：** 公務員需為全國國民及公共利益而服務，並
需專心致志；服從命令；保守秘密；及其他不為一定行為之義務。

**九、承認並保護職員團體：** 公務員可組織以服務條件之維持與改善
為目的之團體；職員團體與管理當局有交涉之權；公務員不得因組織或
加入職員團體或在團體中之正當行為，而受不利益之處分。

**十、訂定罰則：** 任何人對國家公務員法及人事院指令，不得有故意
違反或企圖及共謀違反行為；其有違反者，視情況予以處刑或罰金。

十一、另訂地方公務員法: 爲期地方公務員能另立體系，乃公布施行地方公務員法，其主要內容雖與國家公務員法之規定相似，但在適用上頗有彈性，各地方公共團體，在不違背地方公務員法規定之範圍內，可以制訂條例，規定有關適用於該地方公共團體內各機關職員的必要事項，以便因地制宜建立自主性的地方公務員制度。

## 第四項　公務員人數統計

依一九八七年統計資料，日本國家公務員共爲 1,172,797 人，其中特別職約爲 328,509 人，一般職約爲 844,290 人，其中公營事業人員 336,332 人，檢察官 2,167 人，適用給與法之一般職人員 505,791 人。日本地方公共團體職員共爲 3,333,928 人，其中特別職 128,167 人，一般職 3,205,659 人。

# 第三節　人事體制

日本人事體制，除特別職外，均適用職階制（亦卽職位分類制）。茲就法制規定、職位分類辦理經過、職位分類架構現狀、及是否已實施職位分類等，分項敍述於後。

## 第一項　法制規定

職位分類之基本原則訂於國家公務員法，一般原則訂於職階法，各種程序及技術性規定，則人事院以規則定之。

一、國家公務員法對職位分類之規定

㈠職位分類制度以法律定之: 此係明示訂定職位分類制度之權屬於國會。

㈡職位（官職）應以職務之種類、複雜之程度及責任之輕重爲標準，由人事院予以分類整理：此係規定職位分類之標準，並將此項工作之規劃與整理定由人事院負責。

㈢職位作分類整理之目的，須使屬於同一職級之職位，具備同一資格要件及任該職級者支給同一幅度之俸給：此係規定職位分類之目的，有關公務員的考試、任用、俸給等人事行政，應以職位分類爲基礎予以運作。

㈣職位分類由可能實施者逐次實施：此係明定職位分類採逐次實施制，以免同時全面實施時可能發生的困擾，至實施時之必要事項，則以委任立法方式由人事院以人事院規則定之。

㈤爲實施職位分類，人事院應將能適用職位分類制度之一切職位均歸入某種職級，並應隨時覆查及作必要的改訂：此係規定實施職位分類前，人事院應依人事院規則之規定，將職位歸入適當之職級；人事院對此種歸級應隨時予以覆查，認有必要時對其原有歸級應予調整。

㈥一般職之一切職位均須依職位分類制予以分類：此係規定一般職需全面實施分類；簡言之，日本公務員中，除政務官、侍從官、法官、國會職員、防衛廳職員、臨時性職員（亦卽特別職）外，均需實施職位分類，但五種現業人員（郵政、林野、印刷、酒精專賣、造幣）、檢察官、非經常工作之職位，得不辦理分類。

二、職階法對職位分類之規定：本法於一九五〇年公布，共分四章十五條，其主要規定如下：

㈠本法以促進公務之民主及效率的運用爲目的，本法與國家公務員法以外之法律抵觸時優先適用之：此係一方面明示訂定本法之目的，在促進公務之民主及效率的運用，另一方面又規定有優先適用的效力。

㈡職位分類爲運用考試、任用、俸給、教育訓練之基礎：此係規定職位分類應爲給與準則之統一及公正的基礎，爲考試、任用、教育訓練

及與此等相關各部門之人事行政上作有效的運用。

㈢規定職位分類專用名詞之定義：如職位（日本常用官職二字）指分配與一個職員之職務與責任；職務指分配職員應執行之工作，責任指職員執行其職務及監督其職務執行之義務。職級指由人事院就職務與責任十分類似者所決定之職位羣，對屬於同一職級之職位，選擇適合其資格要件之職員時舉行同一之考試，同一內容之雇用條件者適用同一俸給表，及其他在人事行政上以同樣辦理為適當者。

㈣規定職位分類之原則

1.職位分類之基礎為職位及其職務與責任，無須考慮職員具有之資格、成績及能力。

2.職級應基於職務之種類及複雜與責任之程度，以各職位之類似性與相異性來決定；凡職務之種類及複雜與責任之程度相似之職位，不問屬於任何機關均為同一職級。

3.職位應依職務之種類及複雜與責任之程度為準歸入適當之職級；職位歸級時，與職位之職務與責任無關之因素不得考慮，職員所受之給與亦不得考慮；職位不得僅基於局、課或其組織之規模，或受監督職員之人數予以歸級；歸入同一職級之職位，其職務之種類及複雜與責任之程度上，不需完全相同；一職位跨二個以上職級之職務與責任時，可從其佔大部分勤務時間之職務與責任歸級，但依人事院規則所定，得依其最困難之職務與責任歸級。

4.每一職級應制作職級規範（日本常稱職級明細書）；職級規範應記述職級之名稱及其職級共同之職務與責任之特質，得記述執行職務所必要之資格條件，並例示屬於職級之代表的職位；職級規範並應明示為歸級所必要的基準因素。

5.職級應給予名稱，並為該職級所屬職位之正式名稱；職員應賦

予所屬職級之名稱；職級名稱應用於預算、俸給名册、人事記錄；以上職級名稱之應用，爲行政組織之運用及其他公務之便宜上，得引用組織上之名稱或其他公務之名稱。

6.職系（日本常稱職種）由職務之種類相似而複雜與責任程度不同之職級所形成；職系應制定能概括表示其所屬職級之職務種類之定義。

㈤規定職位分類之實施

1.人事院及其所指定之人（卽被授權者），應依國家公務員法、本法、人事院規則及人事院指令之規定，及職級規範之所定，將一切職位基於職務之種類及複雜與責任之程度，歸入職級；認有調整歸級之必要時，應調整職位之歸級；人事院所指定之人，應將歸級結果向人事院報告；人事院所指定之人未依規定辦理歸級或不爲報告時，人事院得撤銷其歸級授權之全部或一部或暫時停止。

2.人事院認爲有必要時，對職系、職級、職級名稱及職級規範得予新設、變更、廢止、合併或再細分。

3.人事院應將有關職位分類之法令及職系職級一覽表與職級規範，在官廳辦公時間以適當方法供公眾閱覽。

㈥規定人事院對職位分類之權限、義務與責任：包括實施職位分類之職位；有關職位分類法律之解析，制定規則並發佈指令；衡量職務之種類及複雜與責任之程度，決定職系與職級；作成並公布職位歸級之職系定義及職級規範；將職位歸級及承認由其他機關所辦理之歸級；關於職位之職務與責任的調查；將職系之名稱及定義提出於國會。

㈦罰則：對職位之調查爲虛僞之報告，或無正當理由不爲報告；由人事院所指定之人，對職位歸級向人事院爲虛僞之報告，或無正當理由不爲報告；辦理歸級不遵守人事院之指示；具有以上情事者，處一年以下徒刑或科三萬元以下罰金。

三、**人事院規則之規定**: 人事院依職階法規定，對職系與職級之決定等，曾訂定下列三種人事院規則予以公告。

㈠決定職系及職級之公告: 主要內容有

1.職系及職級之決定，需經人事院之決議，並應以官報公告之。

2.每一職系，應將職系定義與職級規範合編。

㈡歸級權限及程序之公告: 主要內容有

1.人事院得指定國家機關，對其首長授以歸級及調整歸級之權限，歸級權限亦得授予機關內高級職員。

2.遇及職位新設或職位之職務與責任有變更，認爲有歸級或調整歸級之必要，而職位所在機關首長無歸級權限時，應將其情形通知有歸級權之機關。

3.職位歸級及調整歸級，應依職位調查結果爲之。

4.由於機關改組，隨某一職位之廢止而同時又新設同一職務與責任之其他職位時，該新職位視爲已歸入該廢止職位之職級。

5.由人事院自行歸級或調整歸級時，應將歸級結果通知職位所在機關；人事院所指定之歸級機關辦理其他機關之歸級時亦同。

㈢職位調查之公告: 主要內容有

1.職位調查，指職位之職務與責任事項舉行調查。

2.人事院於決定職系、職級，修正職系定義及職級規範，人事院及所指定之歸級機關，爲職位歸級或調整歸級時，除另有規定外，應舉行職位調查。

3.舉行職位調查時，得對職員要求依其職位之職務與責任塡報職位調查表，及與職員舉行面談，實地觀察職員之職務，並得對其關係機關要求提出其機關組織及職掌之資料，及其他認爲與職位之職務與責任有關之資料。

## 第二項　職位分類辦理經過

日本辦理職位分類，經過之困難甚多，爲時亦長，茲分職系職級之擬訂與調整，職等之擬訂與調整，職位歸級之經過，簡述如下：

一、職系職級之擬訂與調整：日本於一九四九年二月開始職系調查，以決定政府內適用職位分類之職位，接着擬定日本政府職系試案，列舉三百七十多個職系，並歸納爲卅五個職組；自一九四九年中卽開始擬訂職級規範工作，在一九五〇年十一月至一九五一年十一月間，前後共公布了四一二個職系的職級規範。有關職系部分，由於區分過於精細，各方的反應意見甚多，乃予以歸併，先是歸併爲二七二個職系，其後又至一九五四年，又簡併爲一二六個職系，歸納爲七個組織，其後在一九六九年曾存再簡併爲七七個職系之議，但未有正式定案。一二六個職系之名稱如下：

一般行政職、翻譯職、一般事務職、法制職、公正取引審查職、寫眞技術職、理化學鑑識職、指紋鑑識職、逮捕術指導職、法務職、保護觀察職、入國審查職、外事職、稅關業務職、稅關鑑查職、財政管理職、財政管理職、金融管理職、一般工學職、教育管理職、教育指導職、天文學職、司書、造園職、衞生管理職、民生管理職、保險數理職、農林經濟職、農務職、農藝化學職、獸醫職、生系檢查職、食糧檢查職、林務職、水產職、商業管理職、工業管理職、金屬工學職、機械職、化學職、鑛業管理職、鑛山職、計測職電氣職、雜貨檢查職、纖維職、特許審查職、輸送管理職、航海學職、船舶機關職、船舶工學職、船舶檢查職、船舶職員試驗職、航路標識運用職、地球物理學職、海難審判書記職、海難審判職、郵政監察職、電波監視職、電波規制職、通信工學職、無線通信職、郵政管理職、勞動管理職、勞動基準監督職、

測量職、地理學職、製圖職、土木業務職、建築業務職、理學補助學、營養士、醫療技術職、看護婦、音樂職、守衞、家政職、事務用機器操作職、電器交換手、一般加工職、印刷工、營繕工、機關作業職、金屬加工職、建設機械操作職、工藝工、作業船操作職、自動車運轉手、電工、土木作業職、農林作業職、有線通信職、打字職、工學研究職、理學研究職、農學研究職、社會科學研究職、人文科學研究職、醫學研究職、醫學職、齒科醫學職、藥劑職、警察職、矯正職、資質鑑別職、檢察補佐職、公安調查職、入國警備職、麻藥取締職、一般海上保安職、海上保安船舶運航、海上保安船舶作業職、國稅業務職、保育職、敎護職、學生補導職、幼稚園敎育職、小學校敎育職、中學校敎育職、高等學校敎育職、大學敎育職、高等敎育職、專門敎育職、養護敎育職、船舶運航職、船舶作業職。

　　二、職等之擬訂與調整: 當訂定訂系與職級規範時，各職系區分爲若干職級原已決定，惟各職系之職級需否列入共同的職等以爲任用及訂定俸給的依據? 各方意見甚有不同。人事院原來對職等的問題未曾擬定具體方針，國家公務員法及職階法，對職等亦未有明定；後人事院鑒於就職位分類言，職等旣能調整各職系間職系區分的不平衡，從任用言，職等又是晉升、轉調、降任的標準，乃着手研擬職等，並提出下列原則作爲研擬之依據:

　　㈠於規劃職位分類的最後階段，依據旣定的職級作職級相互間的評價，設定職等作爲職位分類的內部序列。

　　㈡基於職位分類之結果所得的資料，採取歸納的方式導致職等的結論。

　　㈢職等的序列不一定固守單一體系，對職等的數目亦不預先決定。

　　根據上述原則研擬職等結果，在一九五一年所得情形爲:

| 職　　　　　　組 | 職　　系 | 職　　等 | 說　　　　明 |
|---|---|---|---|
| 書記、行政、專門職組 | 二二五職系 | 十　等 | 以上各職組之職等，每一職等均有簡要的職務與責任情況敍述，並舉出列入各該職等之職位舉例。 |
| 技能、勞務職組 | 一〇七職系 | 六　等 | |
| 研究職組 | 三〇職系 | 五　等 | |
| 醫療職組 | 一六職系 | 五　等 | |
| 海事職組 | 一五職系 | 七　等 | |
| 郵政職組 | 一一職系 | 六　等 | |
| 電氣、交通職組 | 五職系 | 七　等 | |
| 公安職組 | 二職系 | 九　等 | |
| 檢察職組 | 一職系 | 六　等 | |

以上區分職等情形，至一九五二年又調整爲：

| 職　　　　　　組 | 職　　系 | 職　　等 | 說　　　　明 |
|---|---|---|---|
| 行政職組 | 八三職系 | 八等 | 以上各職組之職等，每一職等均有簡要的職務與責任情形敍述，並舉出列在各該職等之職位舉例。 |
| 技能職組 | 八八職系 | 六等 | |
| 研究職組 | 三七職系 | 五等 | |
| 公安職組 | 六職系 | 九等 | |
| 稅務職組 | 一職系 | 七等 | |
| 教育職組（甲） | 三職系 | 五等 | |
| 教育職組（乙） | 一〇職系 | 四等 | |
| 醫療職組 | 二職系 | 五等 | |
| 海事職組 | 七職系 | 七等 | |
| 海上保安職組 | 七職系 | 一〇等 | |
| 企業職組（甲） | | 八等 | |
| 企業職組（乙） | 十一職系 | 六等 | |
| 企業職組（丙） | 十六職系 | 八等 | |

**三、職位歸級之經過：** 職位歸級係於一九四九年八月，自技能、勞務等職組之職位爲對象先行試辦，而後再逐步擴大範圍，計畫於一九五一年全部完成。在辦理過程中，並特別注意歸級手續的簡化，如職位調查表之提出減少爲一份，並將其形式化，將低級職位歸級授權於各省決定；後又規定屬低級職位不必向人事院提出職位調查表，遇有行政機構之改組等情況需要緊急歸級時，得適用權宜措施，並再擴大職位歸級之授權。

## 第三項　人事體制現況

日本由於人事院所擬訂之「職系名稱及定義」及「職位分類制之俸給準則」，尚未經國會通過，故尚不能切實依國家公務員法及職階法之規定實施職位分類，而對一般職人員之俸給，目前係依一般職給與法第六條所規定之俸表分類辦理。

惟值得吾人注意者，一般職給與法之分類，雖只屬一種俸表的分類，但各俸表所適用之人員範圍、各俸表所設之俸等、及各俸等所列之職務名稱等，仍以原設計之職組織系區分、各職組之職等區分、及各職組職系職級之列等標準爲基礎，作適度之修正後應用者。其情形如下：

**一、行政職俸表㈠：** 區分爲十一個俸等。

**二、行政職俸表㈡：** 區分爲六個俸等。

**三、專業行政職俸表：** 區分爲七個俸等。

**四、稅務職俸表：** 區分爲十一個俸等。

**五、公安職俸表㈠：** 區分爲十一個俸等。

**六、公安職俸表㈡：** 區分爲十一個俸等。

**七、海事職俸表㈠：** 區分爲七個俸等。

**八、海事職俸表㈡：** 區分爲六個俸等。

**九、教育職俸表㈠**: 區分爲五個俸等。

**十、教育職俸表㈡**: 區分爲四個俸等。

**十一、教育職俸表㈢**: 區分爲四個俸等。

**十二、教育職俸表㈣**: 區分爲五個俸等。

**十三、研究職俸表**: 區分爲六個俸等。

**十四、醫療職俸表㈠**: 區分爲四個俸等。

**十五、醫療職俸表㈡**: 區分爲八個俸等。

**十六、醫療職俸表㈢**: 區分爲六個俸等。

**十七、指定職俸表**: 不分俸等，只分十二個俸級。

茲以適用行政職俸表 (一) 之現行各種職務之列等情形爲例，說明如下: (各省組長以上行政職務，係適用指定職俸表)

| 職　　　等 | 標準的職務名稱 |
|---|---|
| 一　　等 | 工作固定之職務 (如書記) |
| 二　　等 | 需相當高度知識經驗方能處理工作之職務 (如辦事員) |
| 三　　等 | 1.主任課員， 2.需高度知識經驗方能處理工作之職務 |
| 四　　等 | 1.各省及其所屬機關及縣級機關之股長， 或困難業務之主任課員， 2.地方派出機關困難業務之股長或困難業務之主任課員， 3.需高度專門知識經驗技術之職務 |
| 五　　等 | 1.各省及其所屬機關相當困難業務之股長， 2.縣級機關困難業務之股長， 3.地方派出機關之課長或困難業務之股長 |
| 六　　等 | 1.各省困難業務之股長， 2.各省所屬機關之副課長及困難業務之股長， 3.縣級機關業務特別困難之股長， 4 地方派出機關困難業務之課長 |
| 七　　等 | 1.各省副課長， 2.各省所屬機關困難業務之副課長， 3.縣級機關業務相當困難之課長， 4.業務相當困難之地方派出機關首長或業務特別困難之地方派出機關之課長 |
| 八　　等 | 1.各省困難業務之副課長， 2.各省所屬機關業務相當困難之課長， 3.縣級機關之首長或困難業務之課長， 4.困難業務之地方派出機關之首長 |

| 九　等 | 1.各省之室主任，2.各省所屬機關業務特別困難之課長，3.困難業務縣級機關之首長 |
|---|---|
| 十　等 | 1.各省之課長或困難業務之室主任，2.各省所屬機關重要業務之組長，3.業務特別困難之縣級機關之首長 |
| 十一等 | 1.各省之組長，2.各省所屬機關之首長及所屬機關中業務特別重要之組長，3.各省業務特別重要之課長， |

# 第四項　是否已實施職位分類

日本國家公務員法，毫無疑問的是以職位分類為基礎的，但現在是否已實施職位分類，各界有不同看法，有謂並未實施，有謂已經實施。大致而言，從法律看尚未實施，但從人事的運作上看已經有某種程度的實施，茲說明如下：

**一、依法需依次並全面實施但尚未實施：**依國家公務員法規定，屬於一般職之一切職位，均需依職位分類制予以分類；職位分類自可實施之部分逐一實施；故依法需依次並全面實施。但國家公務員法又規定，職員之俸給應依據法律所定之俸給準則支給之。人事院應實行必要之調查研究，擬訂合於職位分類制之俸給準則，並提出於國會及內閣；又規定職員之俸給，按該職位依職位分類制規定之職級，支給俸給準則所定之俸給額；但人事院於一九五二年所提出之俸給準則及職系名稱與定義，尚未經國會之通過；又依人事院對歸級之權限及手續之規則規定，不論職位歸級之結果如何，隨職位分類制之實施，迄別有命令之前日為止，關於職位歸級及其調整歸級，停止其效力。因此，俸給準則及職系定義既未經國會通過，職位歸級既未發生效力，職位分類自未有實施。

　　二、考試任用俸給及考績上已依據職位分類精神運作: 如日本考試
種類之區分，對分類職位的錄用考試需按職級舉行; 考試等級之區分，
上級考試及格者，在行政職組以六等任用，在稅務職組以五等任用，公
安職組以六等任用; 中級考試及格者，在行政職組以八等任用，稅務職
組以七等任用，研究職組以四等任用，公安職組以七等任用。

　　又如俸給而言，職位分類制的俸給準則雖未完成立法，但公務員已
適用其職務所屬職系之職組俸表，並依其職務之職責所列之等支給俸給，
其俸表之等雖因職組而定，但在同職組之職務而言，已本着同工同酬原
則支俸。

# 第四節　考　　試

　　公務員之考試，其範圍甚廣，且只適用於一般職，特別職不需考試
用人。茲按考試目的、考試種類、考試等別、考試機關、考試程序等，
分項敍述於後。

## 第一項　考試目的

　　一、考試以判定有無執行職務之能力為目的: 此乃國家公務員法所
明定，故考試乃證明能力的手段，而非僅為證明教育程度之手段，考試
旣以判定有無執行職務之能力為目的，因此執行職務之能力為何，乃辦
理考試前首需分析清楚，否則難以達成考試之目的。

　　二、執行職務能力之分析: 執行職務之能力，大抵包括一般教育程
度，專門知識及技能，品格及應付環境的能力，對語言、文字的理解及
發表能力，數的處理能力,關於空間的觀念、推理及判斷能力、想像力、
創造力、記憶力、注意力等，均為執行職務所需要而應予注意者。

三、政府機關辦事方法之標準化：辦事方法之標準化，始能據以分析出執行職務之能力，如辦事漫無標準，則執行職務之能力，亦將無從認定。

## 第二項　考試種類

國家公務員之考試，大體上可分競爭考試與非競爭考試兩大類；競爭考試中又有錄用考試、升任考試及錄用與升任兩者俱備的考試三種；非競爭考試，其適用之範圍有限制。茲簡說如下：

一、競爭考試：職員之採用，須經競爭考試，依其性質分：

㈠錄用考試：是一種公開、平等競爭的考試，依其作用之不同又分

　　1.新進錄用考試：爲養成性考試，以終身職的觀念爲，但重出發點,被錄取者不必限定立即有執行職務的能力視其對職務的「適性」，以便經由教育、訓練、經驗而逐漸晉升；故在錄取時特別注意適應職務的一般基本能力，而錄用對象亦多爲中等學校、專科學校及大學之畢業生。

　　2.職員補充考試：乃爲抵補職員缺額或編制擴大需要增員而舉行之考試，經錄取者經過六個月試用卽需負起執行職務的重要責任，故在考試時，要求適於執行擬任職務的充分能力。

㈡升任考試：由較低職位人員升任較高職位時舉行之，升任考試既爲競爭考試，自應公開爲原則。此種考試對現職人員有激勵作用，爲人事管理之有價值的措施（事實上，升任未用競爭考試）。

㈢錄用與升任兩者俱備的考試：是使現職人員與非現職人員同時參加之考試，亦爲競爭考試，但此種考試之舉行，需由人事院決定採用兩者俱備後始可。

二、非競爭考試：日本稱爲選考，舉行選考時需依旣定選考基準，對可用選考的職位亦有嚴格限制：

㈠選考基準: 選考乃判斷應考人執行職務之能力是否合於選考基準, 而選考基準因職位所屬職系及職級而有不同, 大抵包括人事院指令所定之經歷、學歷、資格、知識、技能等, 如屬升任之選考並包括服務成績在內。選考多係根據任命權者之請求, 對其所任命或留用者舉行之; 但向定有選考基準之職位升任時, 應依據志願擔任該職位職員之申請, 由選考機關定期行之。

㈡可用選考之職位: 依人事院規則「職員之任免」之規定, 下列職位人員之錄用, 可用選考, 即 1. 人事院所指定之一般職位; 2. 人事院所指定之一般分類職位並經人事院許可用選考錄用人員者; 3. 非分類職位將以現任人員補充者; 4. 將以曾任公務員者補充之職位, 在該員曾被正式任用職位等級以下者; 5. 如舉行競爭考試預料應考人甚少之職位, 或由於職務與責任之特殊性對其執行職務能力優劣之判定將發生困難之職位; 6. 其他人事院認為不宜於採用競爭考試之職位。

又下列職位人員之升任, 亦可用選考, 即 1. 第四等以上及第七等之一般分類職位; 2. 人事院指定之一般分類職位; 3. 與即將升任之職員曾被正式任用之職位, 屬於同一職級之職位; 4. 如舉行競爭考試預料應考人不多之職位 (如技術職位), 或由於職務與責任之特殊性人事院認為執行職務能力優劣之判定將發生困難之職位; 5. 其他人事院認為不宜採用競爭考試之職位。

## 第三項　考試等別與應考資格

考試等別因錄用考試與升任考試而不同, 錄用考試分上級考試、中級考試、初級考試三等; 升任考試之等別, 因升任職位之等別為準; 各等別之考試均定有應考資格, 而應考資格又有積極資格與消極資格之別。茲簡述如下:

一、錄用考試之等別與應考資格：錄用考試通常只規定應考人之年齡限制，而對學歷則不予限制，其理由爲考試是測定其能力而非其學歷。但考試時所測驗之程度水準仍有高低之別，凡高級之考試，所測驗之程度水準亦高。錄用考試分下列三級：

㈠Ｉ種考試（大學程度）：應考人之年齡爲 21 歲以上 33 歲未滿，考試及格後分發在中央省廳或其分支機構任職。Ｉ種考試及格者，如擔任行政職則以三等一級任用。

㈡Ⅱ種考試（專科程度）：應考人之年齡爲 21 歲以上 29 歲未滿，或未滿21歲而經專科畢業。經考試及格者，如擔任行政職則以二等一級任用。

㈢Ⅲ種考試（高中程度）：應考人之年齡爲 16 歲以上 22 歲未滿。經考試及格者，如擔任行政職則以一等二級任用。

此外爲適應特種業務之需要而舉辦者，尙有Ａ種考試：其程度與Ⅱ種相當，考試及格者，如擔任行政職則以二等一級任用。Ｂ種考試：其程度與Ⅲ種相當，考試及格者，如擔任行政職則以一等一級任用。

以上各級考試只是一般性的區分而已，至詳細的考試等級與種類，郎由人事院另以規則定之。依一九八九年人事院規則之規定，其考試有下列各種，郎 1.國家公務員Ｉ種考試； 2.稅務專門官考試； 3.勞動基準監督官考試； 4.國家公務員Ⅱ種考試； 5.外務省專門職員考試； 6.航空管制官考試； 7.國家公務員Ⅲ種考試； 8.皇家護衞官考試； 9.刑務官考試； 10.入國警備官考試； 11.航空保安大學入學考試； 12.海上保安大學入學考試； 13.海上保安學校入學特別考試； 14.氣象大學入學考試等。

　　凡特種考試及格者（如外交公務員、稅務專門官），只具有該特種職務之任用資格，不視爲具有一般性職務之任用資格。

　　**二、升任考試之等別與應考資格：**依人事院規則「職員之任免」規定，分類職位之升任考試，除有應考資格之要件（升等所需年資依學歷分別規定，凡學歷低者需另增加年資）外，尚需具有下列條件之一：

　　㈠應考人之職位，其等級需在升任職位等級之下，並屬於考試機關所指定之職級者；或與升任職位屬於同職系職級並屬於考試機關所指定之職位現仍在職者。

　　㈡現任職位爲升任職位同等級之職位，已在職六個月以上者。

　　㈢現任職位，屬考試機關指定之行政組織者。

　　㈣所支俸額在考試機關指定之俸額以上者。

　　如爲非分類職位之升任考試，亦準用分類職位之規定，惟將「等級」改稱爲「職務之複雜與責任之程度」，「職系」改稱爲「職務之種類」，「職級」改稱爲「職務與責任十分類似職位之羣」。

　　**三、訂定積極應考資格之原則：**依國家公務員法規定，「人事院得依人事院規則，按照職位規定其執行職務不可缺之最小限度的客觀而劃一的要件，作爲應考人之必要資格」。故規定應考人之資格，係授權人事院以規則訂定，應考資格需以職位爲單位，按執行職務所最低限度的需要來規定，不可作超過「不可缺的與最小限度」以上的規定；且此種「不可缺的與最小限度」需憑客觀的科學的調查與分析後認定；且此種規定需應考人劃一，不得因人而異。

　　**四、消極應考資格之限制：**依國家公務員法規定，「無就任官職能力者，不得應考」。所謂無就任官職能力，係指下列五種情形而言，即

㈠禁治產者及準禁治產者。㈡被處徒刑以上之刑，其執行尚未終了或被
執行之事故尚未消滅者；㈢受懲戒免職處分，自該處分之日起尚未經過
二年者；㈣任人事院之人事官或事務總長之職，犯罪而被處刑者；㈤日
本國憲法施行後，組成或加入主張以暴力破壞憲法或在憲法下成立之政
府之政黨或其他團體者。

如應考人雖具有積極應考資格但同時具有消極應考資格者，因受消
極應考資格之限制，仍不得應考。

## 第四項　考試機關

考試機關，依國家公務員法規定，由人事院指定，被指定辦理考試
之機關有其一定權限，但仍受人事院之監察。茲說明如下：

一、考試機關：依人事院規則「職員之任免」之規定，其指定情形為：

㈠辦理錄用考試之機關：下列機關為辦理各該機關職位之錄用考試
機關，即會計檢查院、人事院事務總局、內閣官房、法制局、憲法調查
會事務局、總理府、警察廳、調查廳、法務省、外務省、大藏省、文部
省、厚生省、農林省、通商產業省、運輸省、郵政省、勞動省、建設省、
自治省。

㈡辦理選考之機關：下列機關為辦理各該機關之職位選考機關，即
會計檢查院、人事院事務總局、內閣官房、法制局、憲法調查會事務局、
國防會議事務局、總理府、各省及其外局、造幣局、印刷局及工業技術
院。

㈢辦理升任考試之機關：除人事院指令別有規定外，依前述規定。

二、考試機關之權限：考試，需依照人事院規則之規定辦理，其主
要任務為，㈠考試之公告；㈡考試之實施；㈢依據考試結果作成任用候
補者名簿，送分發機關分發；㈣辦理關於考試必要事項之調查；㈤其他

依法或人事院規則所定，屬於考試機關權限之事項。

考試機關雖有上述權限，但辦理考試之狀況及結果，隨時受人事院之監察，人事院如認有違反法令之處，得糾正之，再考試機關須就有關考試事項，預先與人事院協議，考試完畢後，需將考試結果向人事院提出報告。

事實上近年來之考試，多由人事院及人事院各地方事務所辦理；至法官考試由最高裁判所辦理；國會職員考試由國會辦理；事業機構人員考試由各事業機構自行辦理；考試及格之資格互不採認。

## 第五項　考試程序

考試機關舉辦考試之一般程序，包括:

**一、調查缺額:** 向各用人機關調查缺員實況，以便按照需要考用人員。

**二、決定考試種類及等別:** 對需用之人員，應以何種考試遴選，如錄用考試、選考、升任考試等。

**三、分析職務內容:** 對缺員職務之內容詳加分析，並按分析結果，將各級職位所需要之能力及特性「抽出」。

**四、決定考試內容及方法:** 按照「抽出」之能力與特性，決定應行考試之內容及方法。

考試方法，分筆試、經歷評定、實地考試、勤務評定、口試、體格檢查及其他方法等七種，視需要選兩種以上行之。

**五、公告及報名:** 公告應考資格、考試種類與級別、考試地點、日程、課目、及報名日期地點等，使之週知。

**六、實施考試:** 舉行考試時，通常分第一試及第二試

㈠第一試包括教養考試、專門考試第一部、專門考試第二部。

教養考試，以測驗擔任公務員所必需具備之一般知能，試題採用複選測驗題。

專門考試，其科目因職系而不同；如以電氣職系爲例，第一部考數學、物理、電磁氣學、電氣回路理論、電氣機器工程、發送配電學、電子工程、電氣材料、電氣應用等；第二部則考電磁氣學、電氣回路理論、電氣機器工程、發送配電學等科目；以上第一部與第二部之科目雖有重複，但第一部考試試題採用複選測驗題，第二部考試則以論述方式測驗專門知能。

㈡第二試爲總合考試與口試，第一試考試及格者方得參加，如屬上級考試之甲種考試，則總合考試之內容注重執行職務之必要的見解、總合的判斷力與思考力，均用筆試；如係中級考試與初級考試，則爲適性考試，以考驗應考人是否具有執行職務所需要之特殊能力；另初級考試尚有作文，以測驗其表現能力及書寫能力。

筆試時，對試題設計與回答的方法有多種，大致而言，對理論性的題目，多用自由解答法，以便應考人可自由發揮；對答覆內容較爲簡單或有限制的題目，則多用限制解答式、或選擇式、或組合式等方法，初級考試及技術性考試多探此種方法。

口試方法，通常有個別口試與集體討論口試兩種；既可分別採用，亦可合併使用。個別口試，係對應考人的性格、態度之考評，特別注意對人際關係及工作的適應能力，其口試項目因職務而不同；口試委員多爲三至五人，其中一人爲主席，各人之平均分數爲口試分數。集體討論口試，係將應考人分成小組，每組通常爲八人，在集會討論前十五分鐘發給題目，使應考人有考慮機會，集體討論時，每一應考人對該題目均有十五分鐘時間發表個人意見，當各應考人發表意見完畢後，卽開始討論，在討論過程中，口試委員並不參與討論，只注意應考人之言論與行

動，並根據觀察所得，就其貢獻度、社會性及指導性之方面予以評定，最後對應考人對擬任職務之適格性，作總合判斷。

口試有絕對之決定作用，如筆試滿分而口試結果認為品德不及格者，仍不能錄取。

**七、決定錄取人員並放榜**

日本舉行考試，為時亦甚長，約需四至六個月；錄取人數佔應考人數的比例亦低；就以一九八七年之國家公務員考試言，其舉行十六次考試，應考人數共 241,008 人，錄取人數共27,575人，約佔11%強。

至日本地方公務員之考試情形，大致亦與國家公務員之考試相類似。

# 第五節　任　用

日本國家公務員之任用，有其一定之法規與原則，需具有任用資格，任用權限分散至各機關，任用方式有多種，任用時需經一定之程序。茲分項說明如後。

## 第一項　任用法規與基本原則

**一、國家公務員之任用法規**：主要包括

㈠國家公務員法：是公務員任用之基本法，諸凡任命權的歸屬、任用資格之規定、任用種類及任用程序等，多在公務員法及公務員法授權人事院以規則定之。人事院基於法律的授權，乃制定人事院規則「職員之任免」一種，規定公務員之考試、任用、錄取、升遷、免職及退職等事項，以彌補國家公務員法之不足。

㈡特別法：對屬於特別職但需任用資格之國家公務員，及雖屬一般職但所從事之業務有特殊性者，其任用則另以特別法定之，如國會職員法、

檢察廳法、外務公務員法、敎育公務員法等。至地方公務員，則除地方公務員法中有規定者外，由各地方自治團體機關制定單行法規，以資補充。

二、國家公務員之基本任用原則：可得而言者有

㈠以職位分類爲基礎：不論爲國家公務員法、地方公務員法、人事院規則，有關任用之規定均以職位分類爲基礎。

㈡以公開平等及功績主義爲原則；考試用人及規定客觀而劃一的資格要件，卽爲公開平等原則之揭示；保障優良之公務員，非有法定事由，不受休職、退職及免職處分，卽爲功績主義的實行。

# 第二項　任用資格

任用資格有積極任用資格與消極任用資格之分，前者爲擬任人員必須具備之資格，後者爲擬任人員不可有之資格，具有積極任用資格者如同時具有消極任用資格時，仍不任用。茲說明如下：

一、積極任用資格：一般職公務員之積極任用資格，與特別職公務員不同，而一般職公務員中業務性質特殊者，又有例外之規定，其情形爲：

㈠一般職公務員：任用資格分下列三種

1.競爭考試及格：凡新進人員的錄用及現職人員的升任，除依規定得選考外，均需經競爭考試及格。

2.選考及格：公務員之錄用及升任，依規定得用選考者，得經選考及格取得任用資格。

3.人事院認定之資格：臨時人員之任用，除因災害或重大事故而緊急任用者外，應具備人事院認定的資格。

㈡特別職公務員：特別職公務員中，有者不需任用資格（如各省大臣、政務次官等），有者卻需任用資格，如法院職員及國會職員，其資

格舉例如下:

　　1.法院職員: 包括司法系統與檢察系統兩類人員，前者如各級裁判所長官、判事、候補判事、書記官、助理書記官等; 後者如檢事總長、檢事長、檢事、副檢事、檢察事務官等; 有關任用資格之規定,如候補判事，需從結業的司法修習生任用; 高等裁判所判事，需從具有下列資格之一者任用，即(1)曾任候補判事、檢事官、律師、書記官十年以上者，(2)在大學任法律學教授、副授教十年以上者; 副檢事，需從具有下列資格之一者任用，即(1)司法人員考試及格者，(2)曾任二級公務員三年以上經副檢事甄試委員會甄試及格者。

　　2.國會職員: 包括參眾兩院事務局事務總長、參事、主事、專門委員、調查員等; 有關任用資格之規定，如主事，需從具有下列資格之一者任用，即(1)曾任各局之事務或技術工作四年以上者，(2)經國會職員考查委員會考查及格者; 又如參事，須從具有下列資格之一者任用，即(1)曾任主事工作八年以上者，(2)經國會考查委員會考查及格者。

　　**二、消極任用資格:** 國家公務員法對消極任用資格有五款規定（其內容與消極應考資格同，參見第 303 ）; 一般職及特別職公務員均適用之，如各機關任用人員時不知擬任人員有此情事而於任用後發覺者，依人事院解析，此種任用為自始無效。

　　**三、外國人之任用:** 外國人可否任用為公務員，國家公務員法無明文規定，依人事院解析，「依公務員之當然法理，凡參與公權力的行使或參與國家意思之形成的公務員，其任用應解析為需具備日本國籍」,至何種職位係參與公權力的行使或國家意思的形成，則需個案檢討決定; 以目前情形論，警察官的任用需具備日本國籍，但如臨時職員的任用、技術人員及醫師而非任主管職務者，則不一定要具備日本國籍。

## 第三項　任命權限

關於具有公務員任命權的機關及所謂任命權所包括的範圍，在國家公務員法均有規定。茲簡敍如下：

**一、任命權者：**對公務員具有任免權限的機關，稱爲任命權者。除法律另有規定外，任命權者係指內閣、各大臣（包括內閣總理大臣及各省大臣）、會計檢查院長、人事院總裁、及各外局的首長（各外局首長的任免則爲主管省之權限）；另檢事總長、檢事次長、檢事長之任免屬於內閣，教育公務員之任免屬教育管理機關。

公務員的任免權，得由任命權者的首長委任各該機關的高級人員行使，但需於委任效力發生前，以書面載明㈠擬委任職位的職稱，㈡服務地點，㈢委任範圍，並報請人事院備查；至受委任者則不可將任免權再委任於其他職位。

再對少數高級職位人員之任命，須經天皇的認證，俗稱這些職位爲「認證官」；此種認證，依通說僅屬莊重任命行爲的形式，與實際任命效力無關。

**二、任命權之範圍：**所稱任命權，並不限於任用，而係包括公務員的休職、停職、復職、退職、免職等身份變更之權，及懲戒權限；故任命權的範圍甚廣，任命權者對公務員具有廣泛的權力。

## 第四項　任用類別

公務員之任用，其方式在國家公務員法中規定者，有錄用、升任、降任、轉任、臨時任用五種，在人事院規則中增列調任、兼任及任用特例三種，合計爲八種。茲簡說如下：

**一、錄用：**係指任用新進人員，包括正式公務員之任用，及離職公

務員之再任，及臨時人員之補實等。故錄用乃將非現職人員初次任職之謂。

**二、升任：**升任情形有下列三種，㈠為分類職位公務員晉升至同職系高一職級之職位；㈡為一般分類職位公務人員晉升至同職系或不同職系之高一職等之職位；㈢為非分類職位公務員晉升至較高職稱之職位。

**三、轉任：**指不同任命權者機關間的平調，轉任情形有下列三種，㈠為分類職位公務員轉任至另一分類職位；㈡為分類職位公務員轉任至非分類職位，或由非分類職位轉任至分類職位；㈢為非分類職位公務員轉任至另一非分類職位。又科長級以上人員之轉任，需經人事院之審查。再經選考進用之職員轉任至需競爭考試進用之職務者，需經競爭考試及格。

**四、調任：**指在同一任命權者機關內平調，其三種調任情形與轉任同。又科長級以上人員之調任，需經人事院之審查。

**五、降任：**指降調至較低職務，降任情形有下列三種，㈠為分類職位公務員降調至同職系低一職級之職位；㈡為一般分類職位公務員降調至同職系或不同職系低一職等之職位；㈢為非分類職位公務員降調較低職稱之職位。

對公務員之降任，以具有下列情況者為限，即㈠工作實績不良者；㈡因身心障礙致不能勝任工作者；㈢欠缺擔任職務所必需之資格者；㈣因組織編制減少或削減預算需裁撤職位或產生冗員者。

**六、臨時任用：**指具有下列情事之一時，由任命權者報請人事院核准後，作不超過六個月期間之臨時任用，（但經人事院核准者得再任一次），即㈠因災害或其他重大事故，需作緊急措施，在依錄用等方法用人之前不宜使職位空缺者；㈡擬任職位可能在一年之內廢止者；㈢任用機關申請分發考試及格人員，而分發機關無人可資分發，或雖有列冊人

員而其人數不滿五人者。

七、**兼任**：指依錄用等方法，使現職人員兼任另一職位之謂；兼任需合於下列情形之一者爲限，卽㈠依法得爲兼任；㈡兼任國家行政組織法第八條規定之審議會或協議會職位或其他相當職位者；㈢以非經常服務人員兼任經常服務之職位者；兼任與本職服務時間不衝突之另一職位者；㈣兼任期間不超過三個月者；㈥兼任另一職位後，對原有職務之處理並無顯著之影響者。

八、**任用特例**：係人事院於一九六一年「任用非經常服務之職員的特例」所定者，依該特例規定，非經常服務之職員得不經考試，由各機關自行任用；但其調任必須經過選考，如調至需競爭考試及格進用之職位時，須經該職位之競爭考試及格。

# 第五項　任用程序

國家公務員法及人事院規則，對任用程序之規定甚爲嚴密，自編列候用名册起，經申請分發，選定候用人員、派任與送審、試用及實授等程序，始正式完成任用手續，茲簡說如下：

一、**編列候用名册**：考試及格人員之候用名册，除敎育公務員、外務公務員及特別職人員外，均由人事院編列；候用名册分錄用候用名册及升任候用名册兩種，名册中應記載之事項，包括姓名、次序、得分、住所、考試地點、准考證號碼等項，並分別按地區（如關東、關西、九州、北海道等）編列名册，究應列入何一地區名册，可由候用人員自行決定。

候用人員名册編列後，如有候用人員的增加、刪除、恢復候用及訂正錯誤等事由時，原有候用名册得予修正；又原編列之候用名册，遇及下列情事時應使之失效，卽㈠名册確定後經過一年以上時；㈡名册中所

列候用人員已不足五人時；㈢於編製新名册時，舊名册不能與新名册合併時；㈣其他有人事院所定之事由時；如名册一經失效，原載候用人員卽喪失任用資格。

二、申請分發：各機關錄用或升任需經競爭考試及格之人員（其餘轉任、調任、降任、兼任，均爲現職人員之任用，不舉行競爭考試，不需申請分發）時，需填具申請分發表（表內註明職位名稱、職位數、所屬單位、所需特別資格要件等）向編列名册機關申請分發。

分發機關從性質相近的候用名册中，依任用機關請求的人數加列四名，按候用人員的考試成績次序，選擇願意任職之候用人員開列名單，送任用機關選用。

三、選定候用人員：任用機關接獲分發名單後，從所分發之人員中，選定自認爲適當的人員任用，任用機關選擇人員時，可憑分發人員之成績次序，但亦可任意選擇任用。當候用人員選定後，卽一面通知候用人本人，一面卽函復原分發機關；經被選用之人員，分發機關卽在原候用名册中除名。

四、派任與送審：任用機關對經選定之候用人員並經本人同意後，卽以人事異動通知書方式予以派任，被派任人員應填具履歷表並列入人事紀錄，如係相當課長級以上人員，尚需送人事院審查與承認。

五、試用及實授：屬於一般職一切職位之任用或升任，均先爲試用，於該職員試用六個月以上成績良好時，始能正式任用或升任；依人事院規則規定，試用期間爲六個月，服務成績優良者，自滿六個月之翌日起，自動成爲正式的任用，不需再經人事主管機關審查其成績；如試用期間成績不良，任用機關可採取行動解除試用，否則試用期滿一律成爲正式任用。

## 第六節　俸　　給

日本公務員俸給制度，國家公務員與地方公務員不同，各地方之公務員亦有差別，茲分俸給原則、國家公務員一般職俸給表及其結構、支俸規定、各種加給與津貼、及特別職之俸給等五項，簡述如後。

### 第一項　俸給原則

用以揭示俸給之原則者，有國家公務員法，及一般職給與法。其情形如下：

一、**俸給以職位之職責爲基礎**：國家公務員法規定，「職員之給與，應按其職位之職務與責任支給之」；又「職員之俸給，應依據法律所定之俸給準則支給之」；一般職員給與法規定，「本法第六條之職務分類，……在國家公務員法第六十三條所定之給與準則制定實施前，有其效力」，又「職員之俸給，應考慮其職務之複雜性、困難性及責任輕重之程度，及勞動之強度、服務時間、工作環境及其他服務條件」；故不論國家公務員法及一般職給與法之規定，均以職位之職務與責任爲決定俸給之基礎。

二、**俸給之外另有加給及津貼**：公務員除支領俸給外，依一般職給與法之規定，尚有加給與津貼，且種類繁多，有時所領加給與津貼之金額，可能超過俸給之數額。

三、**俸給之擬訂定有一定程序**：依國家公務員法規定，「俸給表應考慮生活費、民間之工資及其他人事院決定之適當事項而訂定之，且應按每等級或每職級明確規定薪俸之幅度」；又「人事院對俸給準則應經常作必要之調查研究，如認爲須將薪俸額作百分之五以上之增減時，應卽制作修正案提出國會與內閣」。故人事院在擬訂俸給時，需先經生活

費之考慮與民間薪資的調查，如認需作增減的調整時，立卽向國會及內閣提出勸告。

## 第二項　俸表種類及其結構

一般言之，國家公務員俸給分一般職俸給及特別職俸給兩大類，而一般職俸給之俸表，適用人員依職務性質之不同而定，而特別職俸給之俸表，亦有內閣總理大臣俸表、國會職員俸表、檢察官俸表等之分；各種俸表之職等數多寡不一，每職等所設之俸級數亦各不相同，茲簡述如下：

一、一般職俸表之種類、結構及適用職位人員範圍：一般職俸表共分十七種，適用各種俸表之職員範圍，及該種職員範圍中何種職務人員支何等俸給，均由人事院定之。其情形爲：

㈠行政職俸表㈠：分爲一至十一等，以十一等爲最高，每等設十五至二十八級；凡不適用其他俸表之一般職職員均適用之。

㈡行政職俸表㈡：分爲一至六等，每等設二十三至三十二級；對守衞、勞務操作員、汽車司機、技工、工友等人員適用之。

㈢專業行政職俸表：分爲一至七等，每等設十五至二十五級，對動植物檢疫官、船舶檢查員、空中交通管制官等職員適用之。

㈣稅務職俸表：分爲一至十一等，每等設十四至二十四級；在國稅廳從事租稅、賦課或征收事務之職員適用之。

㈤公安職俸表㈠：分爲一至十一等，每等設十五至三十六級；對警察官、皇宮護衞官、入國警備官及服務於刑事單位之職員適用之。

㈥公安職俸表㈡：分爲一至十一等，每等設十五至二十六級；對檢察事務官、公安調查官、少年院教官、海上保安官等職員適用之。

㈦海事職俸表㈠：分爲一至七等，每等設十五至二十五級；對船

長、航海士、輪機長或輪機士、船舶通訊士等適用之。

(八)海事職俸表(二)：分爲一至六等，每等設二十三至三十級，對甲板長、操機長、司厨長、甲板員、機關員、司厨員等人員適用之。

(九)教育職俸表(一)：分爲一至五等，每等設二十四至三十五級；對大學之教授、副教授、講師及助教適用之。

(十)教育職俸表(二)：分爲一至四等，每等設十五級至四十級；對高級中學之校長、教員、助理教員及其他職員適用之。

(土)教育職俸表(三)：分爲一至四等，每等設十五至三十九級；對初級中學、小學、幼稚園之校長、教員、助理教員及其他職員適用之。

(土)教育職俸表(四)：分爲一至五等，每等設十六至三十五級；對高等專門學校之校長、教授、副教授、講師、助教及其他職員適用之。

(圭)研究職俸表：分爲一至五等，每等設二十三至三十二級；對試驗所、研究所從事試驗研究或調查研究之研究員適用之。

(齿)醫療職俸表(一)：分爲一至四等，每等設二十至二十六級；對醫院、療養所及診療所之醫師或牙科醫師適用之。

(圭)醫療職俸表(二)：分爲一至八等，每等設十六至二十八級；對藥劑師、營養士及其他職員適用之。

(夫)醫療職俸表(三)：分爲一至六等，每等分二十二至三十五級；對保健婦、助產婦、護士、準護士及其他職員適用之。

(圭)指定職位俸表：不再分等，共設十二個俸級；對常務次官、大學校長、人事院事務總長、局長及其他相當人員適用之。

茲舉一九八七年行政職俸表(一)(二)之俸額如次頁。

二、特別職及特殊職員俸表之種類、結構及適用職位人員範圍：特別職及特殊職員俸表共有十一種，其結構及適用範圍各有不同，茲簡說如下：

## 行 政 職 俸 表 (一)

| 俸級 | 1等 月俸額 | 2等 月俸額 | 3等 月俸額 | 4等 月俸額 | 5等 月俸額 | 6等 月俸額 | 7等 月俸額 | 8等 月俸額 | 9等 月俸額 | 10等 月俸額 | 11等 月俸額 |
|---|---|---|---|---|---|---|---|---|---|---|---|
| | 円 | 円 | 円 | 円 | 円 | 円 | 円 | 円 | 円 | 円 | 円 |
| 1 | 99,100 | 121,100 | 141,000 | 171,700 | 187,600 | 205,400 | 222,900 | 241,800 | 271,500 | 305,900 | 349,100 |
| 2 | 102,200 | 126,800 | 148,000 | 179,600 | 195,800 | 214,100 | 231,700 | 251,000 | 282,800 | 318,000 | 363,700 |
| 3 | 105,500 | 133,500 | 155,200 | 187,500 | 204,200 | 222,800 | 240,600 | 260,300 | 294,600 | 330,100 | 378,300 |
| 4 | 108,800 | 140,900 | 162,400 | 195,600 | 212,500 | 231,500 | 249,500 | 269,700 | 305,400 | 342,200 | 393,000 |
| 5 | 112,500 | 147,500 | 169,800 | 203,900 | 220,900 | 240,200 | 258,600 | 279,400 | 316,900 | 354,400 | 407,600 |
| 6 | 116,700 | 152,900 | 177,200 | 212,100 | 229,100 | 248,900 | 267,700 | 289,000 | 328,400 | 366,600 | 422,200 |
| 7 | 121,100 | 158,300 | 184,300 | 220,100 | 237,200 | 257,600 | 276,800 | 298,600 | 339,900 | 378,800 | 436,800 |
| 8 | 125,200 | 163,400 | 191,300 | 228,100 | 245,100 | 266,500 | 286,000 | 308,200 | 351,400 | 391,100 | 451,300 |
| 9 | 128,900 | 168,100 | 197,300 | 235,700 | 253,000 | 275,400 | 295,200 | 317,800 | 362,700 | 403,200 | 465,500 |
| 10 | 132,200 | 172,400 | 203,100 | 243,100 | 260,900 | 284,500 | 304,200 | 327,300 | 373,800 | 414,800 | 479,500 |
| 11 | 135,100 | 176,600 | 208,800 | 250,800 | 268,700 | 293,600 | 313,300 | 336,400 | 384,400 | 424,600 | 490,300 |
| 12 | 138,100 | 180,700 | 214,300 | 258,200 | 276,300 | 302,600 | 322,400 | 346,300 | 394,900 | 433,900 | 497,200 |
| 13 | 140,500 | 184,800 | 219,800 | 265,200 | 283,400 | 311,500 | 330,800 | 355,200 | 404,200 | 441,700 | 503,900 |
| 14 | 142,900 | 187,900 | 224,800 | 272,200 | 290,500 | 319,900 | 338,200 | 364,200 | 411,100 | 448,900 | 510,200 |
| 15 | 145,300 | 190,800 | 229,400 | 278,300 | 296,300 | 327,100 | 345,300 | 371,200 | 418,200 | 493,500 | 515,000 |
| 16 | 146,900 | 193,800 | 234,300 | 284,300 | 301,700 | 334,000 | 350,900 | 377,900 | 422,700 | | |
| 17 | | 196,700 | 238,700 | 288,700 | 306,600 | 339,900 | 356,100 | 382,400 | 427,400 | | |
| 18 | | 199,400 | 242,300 | 292,500 | 310,600 | 344,100 | 360,700 | 386,600 | 431,700 | | |
| 19 | | 201,400 | 245,300 | 296,200 | 314,400 | 348,200 | 364,800 | 390,700 | | | |
| 20 | | | 248,300 | 299,000 | 317,700 | 352,200 | 368,900 | 394,800 | | | |
| 21 | | | 250,900 | 301,700 | 320,700 | 356,100 | 372,900 | 398,600 | | | |
| 22 | | | 253,400 | 304,400 | 323,800 | 360,000 | 376,600 | | | | |
| 23 | | | 255,500 | 307,100 | 326,900 | 363,900 | | | | | |
| 24 | | | 258,300 | 309,800 | 329,800 | 367,500 | | | | | |
| 25 | | | 260,700 | 312,400 | 332,900 | | | | | | |
| 26 | | | 263,100 | 315,000 | 335,700 | | | | | | |
| 27 | | | 265,300 | 317,500 | | | | | | | |
| 28 | | | 267,500 | 319,900 | | | | | | | |
| 29 | | | 269,700 | | | | | | | | |

## 行 政 職 俸 表 (一)

| 職等 | 1　　等 | 2　　等 | 3　　等 | 4　　等 | 5　　等 | 6　　等 |
|---|---|---|---|---|---|---|
| 俸級 | 月俸額 | 月俸額 | 月俸額 | 月俸職 | 月俸額 | 月俸額 |
|  | 円 | 円 | 円 | 円 | 円 | 円 |
| 1 | 88,900 | 123,600 | 139,500 | 157,500 | 182,000 | 207,500 |
| 2 | 91,600 | 128,800 | 145,500 | 163,700 | 188,300 | 214,200 |
| 3 | 94,400 | 134,100 | 151,500 | 169,800 | 194,500 | 220,900 |
| 4 | 97,200 | 139,500 | 157,500 | 175,900 | 200,800 | 228,200 |
| 5 | 99,800 | 145,000 | 163,600 | 182,000 | 207,000 | 235,600 |
| 6 | 102,900 | 150,300 | 169,700 | 188,100 | 213,300 | 243,200 |
| 7 | 106,300 | 155,600 | 175,500 | 193,700 | 219,400 | 250,800 |
| 8 | 109,900 | 160,800 | 181,200 | 199,000 | 224,900 | 258,400 |
| 9 | 113,800 | 165,900 | 187,000 | 204,300 | 230,300 | 266,100 |
| 10 | 118,400 | 170,900 | 192,400 | 209,600 | 235,700 | 273,600 |
| 11 | 123,600 | 175,800 | 197,400 | 214,600 | 241,100 | 281,200 |
| 12 | 128,800 | 180,500 | 202,400 | 219,500 | 246,500 | 288,500 |
| 13 | 134,000 | 185,100 | 207,200 | 224,400 | 251,800 | 295,800 |
| 14 | 139,100 | 189,500 | 212,000 | 229,300 | 257,000 | 302,200 |
| 15 | 144,000 | 193,700 | 216,700 | 234,100 | 262,100 | 308,500 |
| 16 | 148,600 | 197,500 | 221,300 | 239,000 | 267,100 | 314,700 |
| 17 | 152,900 | 201,300 | 226,000 | 243,400 | 271,900 | 320,900 |
| 18 | 157,100 | 204,900 | 230,800 | 247,300 | 276,400 | 326,400 |
| 19 | 160,900 | 208,500 | 235,100 | 250,800 | 280,600 | 331,600 |
| 20 | 163,800 | 211,100 | 239,200 | 254,200 | 284,600 | 336,100 |
| 21 | 166,700 | 213,300 | 242,400 | 257,300 | 288,500 | 340,600 |
| 22 | 169,600 | 215,600 | 245,200 | 260,400 | 292,100 | 345,000 |
| 23 | 172,400 | 217,700 | 247,600 | 263,400 | 294,800 | 348,400 |
| 24 | 175,000 | 219,800 | 250,000 | 266,200 | 297,300 |  |
| 25 | 177,300 | 221,900 | 252,200 | 268,800 | 299,700 |  |
| 26 | 179,500 | 224,000 | 254,500 | 271,400 | 302,100 |  |
| 27 | 181,600 | 226,000 | 256,700 | 273,800 |  |  |
| 28 | 183,700 | 228,200 | 258,900 | 276,000 |  |  |
| 29 | 185,700 | 230,200 | 261,100 |  |  |  |
| 30 | 187,600 | 232,100 | 263,300 |  |  |  |
| 31 | 189,400 |  | 265,300 |  |  |  |
| 32 | 191,200 |  |  |  |  |  |

　　(一)內閣大臣等適用之俸表： 不分職等及俸級，月俸額按職務分別規定，且屬固定，不因年資而增給； 適用於內閣總理大臣、國務大臣、會計檢查院長、人事院總裁、政務次官、委員會之委員、宮內廳長官、侍從長等。

　　(二)大使公使俸表： 大使分五個俸級，公使分四個俸級； 適用於駐外之大使及公使。

㈢秘書官俸表: 分八個俸級, 適用於秘書長。

㈣國會職員特別俸表: 如國會圖書館長、各議會事務局事務總長、法制局長, 則規定固定月俸額; 專門委員、專門調查員則設三個俸級; 參事則設四個俸級。

㈤國會指定職俸表: 適用於事務次長及經議長指定之人員, 設五至九個俸級, 不再設等。

㈥國會行政職俸表㈠: 適用於不適用其他俸表之國會職員; 分爲一至七等, 每等設十五至十八個俸級。

㈦國會行政職俸表㈡: 適用機器之運轉操作及 其他 辦公 廳務 之人員; 分一至五等, 各等設二十五至三十個俸級。

㈧國會速記職俸表: 適用於速記人員; 分爲一至六等, 各等設十一至十七個俸級。

㈨議院警察俸表: 適於國會警察人員, 分爲一至四等, 各等設二十至三十一個俸級。

㈩裁判官俸表: 適用於司法機關長官、判事、判事補等職員, 按裁判所層次及職稱分定俸級, 有者規定固定月俸額, 有者規定設若干俸級, 對俸級有者八個, 有者爲十二個, 有者爲十七個。

㈠檢察官俸表: 適用於檢察總長、檢察次長、檢事長、檢事、副檢事等職務; 有些職務只規定一個固定月俸額, 有者設有十六個俸級, 有者設有二十個俸級。

**三、其他人員之俸給:** 如非經常服務人員, 其俸給係按日計算; 休職人員, 其俸給依構成休職之事由不同而異, 如因公傷病而休職者, 仍支全額俸給; 因患結核病而休職者, 休職二年後支俸給80%; 因其他身心障碍而休職者, 於休職一年後支俸給80%; 因刑案起訴而休職者, 支俸給60%; 因其他事由而休職者, 酌支俸給。

**四、專業人員俸給:** 因事業之性質不同分別規定。

## 第三項 支俸規定

依俸表之支給俸給，通常可分初任時之支俸、在原等內晉級之支俸、升等時之支俸及降等時之支俸等，茲簡說如下:

**一、初任時之支俸:** 新進人員及各職等之初任人員，均稱為初任:

㈠錄用考試及格人員: 支俸標準因考試等級及俸表之不同而異，由人事院細則詳予規定，如Ⅰ種考試及格者，如以行政職任用，則自該俸表㈠三等一級起支俸; Ⅱ種考試及格者，如以行政職任用，則自該俸表㈠二等一級起支俸; Ⅲ種考試及格者，如以行政職任用，則自該俸表㈠一等二級起支俸; A種或B種考試及格者，自Ⅱ種或Ⅲ種考試及格之相當等級起支俸。

㈡選考及格人員: 多依教育程度規定其起支俸級，如就教育職俸表㈠言，修完博士課程者，自四等八級支俸; 修完碩士課程者，自四等四級支俸; 大學畢業者，自四等一級支俸等。

㈢具有曾任年資者，得視所具年資酌予晉敍，以與其他職員保持平衡。

**二、在原等內晉俸:** 其情形有下列兩種:

㈠一般晉俸: 係採年資晉俸制，凡職員自到職支俸之日起繼續服務十二個月而成績優良者，得晉俸一級，但年滿五十六歲以後，初次晉俸需一年半，以後每二年晉俸一次; 晉至本等最高俸級者，可按俸距繼續晉俸，但一般職員自五十八歲後、醫師及技能職員自六十歲後，均不再晉俸。晉俸期間係定為一月一日、四月一日、七月一日及十月一日四期。

㈡特別晉俸: 其情形有下列三種

1.特別晉俸定數內之特別晉俸: 特別晉俸之定數為各機關員額15%; 如公務員因工作成績特別優良而被表揚者，或考績佔上位且與工作

有關的性格、能力、性向均爲優良者，可獲得晉俸一級之特別晉俸。

2.因研修、表揚、退離之特別晉俸：公務員工作成績特別優良且具有下列情事之一者，得爲特別晉俸，即①參加特定的研修而成績特優者；②因提高業績、增進效率、創作發明曾被表揚者；③連續任職二十年以上而退休者；④因員額編制減少而被退職者。

3.因公受危或殘廢之特別晉俸：工作成績特別優良之公務員，爲執行職務致其生命陷於危險或成爲殘廢時，可縮短其晉俸期間或一次予以晉俸一級以上。

三、升等時之支俸：凡職員服務達規定之年數（每一職等之服務年數由人事院以細則規定），即具備升等資格（升等時仍需有職缺），如適用行政職俸表㈠之人員，其升等年資即規定爲：

| 考試 | 學歷程度 | 職務職等 | | | | | | | | 9等以上 |
|---|---|---|---|---|---|---|---|---|---|---|
| | | 1等 | 2等 | 3等 | 4等 | 5等 | 6等 | 7等 | 8等 | |
| 正 I種 | 大學程度 | | | | 4 | 2 | 2 | 2 | 2 | 另定 |
| | | | | 0 | 5 | 7 | 9 | 11 | 13 | |
| 規 II種 | 專科程度 | | | 3 | 4 | 2 | 2 | 2 | 2 | 另定 |
| | | | 0 | 3 | 7 | 9 | 11 | 13 | 15 | |
| 考 III種 | 高中程度 | | 5 | 3 | 4 | 2 | 2 | 2 | 2 | 另定 |
| | | 0 | 5 | 8 | 12 | 14 | 16 | 18 | 20 | |
| A種 | 專科程度 | | | 3 | 4 | 2 | 2 | 2 | 2 | 另定 |
| | | | 0 | 3 | 7 | 9 | 11 | 13 | 15 | |
| 試 B種 | 高中程度 | | 2.5 | 3 | 4 | 2 | 2 | 2 | 2 | 另定 |
| | | 0 | 2.5 | 6 | 10 | 12 | 14 | 16 | 18 | |

註：小長方格內上半格數字，代表本職等職務之年資，下半格數字，代表累積之全年資。又九等以上之年資由人事院另定之。

　　如服務成績特優者，服務年資得縮短至80%，但在同一職等內至少需服務二年以上。

　　當職員升等時，其一般支俸之規定為：

　　㈠原支俸給較所升職等最低俸給為低者，改支所升職等最低俸給。

　　㈡原支俸給高於所升任職等最低俸給者，支升任職等同數額之俸給，無同數額俸給者則支最接近之較高俸給。

　　**四、降等時之支俸：**如原支俸給在所降職等俸給之內，改支所降職等相同俸額之俸級，如無相同俸額之俸級者，改支最接近之較高俸級；如原支俸給超過所降職等之最高俸給者，改支所降職最高俸給，必要時得仍支原俸給。

　　**五、轉任時之支俸：**凡職員轉任至適用另一俸表之職務時，改支該職務所列職等內相同俸額之俸級；無相同俸額時，改支最接近之較高俸級。

## 第四項　加給及津貼

　　依一般職給與法之規定，人事院認為俸給月額相同，而其工作繁簡難易、責任輕重或勤勞之強度、服務時間、或其他服務條件不相稱者，對情形特殊之職位，得基於職務之特殊性，規定適當之加給。此可謂為規定加給及津貼之依據。

　　國家公務員加給及津貼，其名目繁多，計算方法亦甚瑣碎；一般而言，各種加給及津貼多可適用至一般職，但對特別職，除旅費外只適用其中數種而已，如內閣總理大臣等的俸給，只包括本俸及期末津貼；秘書官則包括本俸、交通費、期末津貼及勤勉津貼；國會職員之津貼，其內容與一般職相似；司法官及檢察官之俸給，其津貼等則大致適用一般職之規定。茲就一般職之各種加給與津貼簡說如下：

一、**職務加給**：依一般職給與法規定，任管理或監督職務者支職務加給，其金額以不超過本俸 25 ％範圍內由人事院決定之；依人事院規則規定，職務加給分五種，第一種支 25 ％，如各省之局長、局次長、課長；第二種支 20 ％；如人事院地方事務所長；第三種支 16 ％，如入國管理事務所長；第四種支 12 ％，如國立大學課長；第五種支 10 ％，如管區警察局長。

二、**初任加給**：對需要專門知能且進用困難之初任人員，於大學畢業後進用時支給初任加給，支給標準分甲、乙、丙三種，各別規定支給之金額，支給期間最高爲五年，應逐年減少。支甲種者（金額較高），有醫師、牙醫師及僻地工作人員；支乙種者，有一般醫師等人員；支丙種者，具有特殊專門知識之人員。

三、**調整津貼**：相當於地域加給，凡在民間薪資、物價、生計費特高地區服務之職員支給之；將地區分爲四級，一級地區爲特定地域，如東京都、大阪府；二級地區如福岡市、下關市；三級地區如廣島市、長崎市；四級地區只適用於特定地域之醫師、牙醫師；津貼數額分別爲俸額、職務加給及扶養津貼之 8 ％、3 ％、6 ％及 8 ％。

四、**扶養津貼**：有被扶養眷屬（包括配偶、未滿十八歲之子女及孫子，滿六十歲以上父母及祖父母、未滿十八歲之弟妹、殘廢者）之職員，可支扶養津貼，按眷屬名稱分訂支給金額。

五、**房租津貼**：對租房及自有住宅者均可支給，租房者約爲租金之半數，自有者津貼較少。

六、**特殊勤務津貼**：凡工作有顯著危險、不快、不健康或困難之職務；需要在俸給上爲特別考慮，如不宜用調整本俸方式處理時，則支給特殊勤務津貼，其種類多達三十種；如高處作業津貼，坑內作業津貼，爆炸物處理津貼，航空津貼，死刑執行津貼，傳染病作業津貼，放射線

處理津貼，潛水津貼，山上作業津貼，特別巡視津貼等。

　　七、交通費：上下班必須利用交通機關或需通行費之道路、或利用腳踏車或人事院規定交通工具爲常例之人員，路程在二公里以上者，支給交通費，其金額按路程及交通工具類別分別規定。

　　八、邊遠地區津貼：在指定之離島或交通顯著困難之地區服務者，支給邊遠地區津貼；津貼分六級，一級地支本俸及扶養津貼月額4％；二級地支8％；三級地支12％；四級地支16％；五級地支20％；六級地支25％；至何地爲何級地，在人事院規則列舉規定。

　　九、期末津貼：於每年三月十五日、六月十五日及十二月十五日各支給一次，凡三月一日、六月一日及十二月一日在職者均可支給。其金額以本俸及扶養津貼等爲基數，三月十五日支給者爲50％，六月十五日支給者爲140％，十二月十五日支給者爲190％；但至支給日任職三個月以上未滿六個月者，支六成；在職未滿三個月者支三成。

　　十、勤勉津貼：於每年六月一日及十二月一日在職者支給之；金額以月俸額爲基數，按在職期間長短及服務成績，分定支給百分比；期間達十二個月者可支100％；成績優異者可支50％至60％。

　　十一、寒冷地津貼：於北海道及其他經內閣總理大臣指定之寒冷地區任職者，支給寒地津貼。津貼共分五級，每級分定應支之金額，又有眷者津貼金額較無眷者爲高。

　　十二、加班費及值夜津貼：職員勤務時間超過正規時間者，按超過時數支給加班費，其金額爲每小時支每小時平均俸給之125％至150％；休假日加班者，每小時支每小時平均俸給125％；職員奉命值日值夜者，按規定金額支值日、值夜津貼。

　　十三、旅費：凡因公差、赴任、歸住等事由，可依規定標準支給火車費、船費、航空費、車費、日額、住宿費、伙食費、移轉費、到達津

貼、扶養親屬遷徙費、準備費、旅雜費等。

**十四、其他津貼:** 研究學園都市移轉津貼,義務教育教員津貼等。

# 第七節 考 績

國家公務員之考績(在日本稱效率評定),茲就其性質與目的、考績種類與項目、考績等次與獎懲及考績程序等,分項簡述於後。

## 第一項 考績之性質與目的

考績,依國家公務員法規定,「對於職員之執務,其所屬機關首長應定期實行考績,並依其考績結果作適當措施;前項評定之手續及記錄之必要事項,以政令定之;內閣總理大臣應規劃有關服務成績優秀者之褒獎事項,暨成績不良者之矯正方法等事項,並為適當之措施」。依此規定,國家公務員考績,內閣總理大臣亦參與主管(非只人事院主管),並由各機關首長自行辦理,至有關考績程序及記錄等由政令規定(非由人事院規則規定)。茲就考績之性質與目的簡說如下:

**一、考績之性質:** 依人事院規則「考績之根本標準」之規定,所謂考績係人事行政公正基礎之一,對職員之服務成績予以考核,並作成記錄之謂;有關職員服務成績之評定手續及記錄,則由內閣總理大臣以政令規定;至各機關實際辦理考績之程序等,則由各機關自行制定單行規章辦理,如關於外務公務員考績之省令、文部省職員考績實施規程等。

**二、考績之目的:** 依國家公務員法規定,考績為發揮與增進職員工作效率之方法之一,其他如職員之訓練、保健、康樂活動、維護安全及福利等,亦為發揮與增進工作效率的方法。關於發揮及增進職員工作效率之基本標準實施上之必要事項,除本法之規定外,以人事院規則定之。

# 第二項 考績種類與方法

**一、考績種類**: 考績分下列兩種

㈠特別考績: 以試用人員及考績機關認爲必要之人員爲對象, 辦理期間不一定, 但試用人員在試用期間, 至少需辦理一次; 認爲必要之人員, 則由辦理考績機關視需要情形隨時辦理。

㈡定期考績: 每年舉行一次, 但辦理期間多在四月、或六月或九月或十二月舉行, 目前以六月或十二月舉行者最多。凡參加特別考績以外之職員, 均參加定期考績, 但下列人員並不辦理定期考績, 卽 1.各機關之官房長、局長、處長或與此同等以上職位人員; 2.職務與責任之程度極少類似職位之人員、邊遠地區機關主管或其他實施考績顯有困難之人員; 3.臨時職員; 4.非經常服務人員; 5.其他由人事院規定不予考績之人員。

**二、考績方法**: 辦理考績時, 分就工作、性格、能力、適應力等四項考核之; 項之下可再分目, 如工作項卽再就工作情形、工作速度、工作態度、對部屬統率等目考核之; 性格項再就積極、消極、好辯、沉默、溫厚、愼重、輕浮、豪氣、同情心、好研究、認眞、無恒心、機敏、精細、從容、性急、意志堅定、意志薄弱、明朗、憂慮、社交性、守規矩、無檢束、坦白、偏激、不善交際等目考核之; 能力項再就判斷力、理解力、創造力、實行力、規劃力、交涉力、指導力、注意力、研究力等目考核之; 適應力再就規劃性、研究性、會計性、總務性、審查性、接洽性、計算性、例行性、秘書性等方面之適應力考核之。

考績的方法, 各機關所用者, 有連記或評分方法、個別評分方法、連記或評語方法、各項目或綜合評定方法、及評語方法等之不同。

# 第三項 考績等次與獎懲

**一、考績等次**：除試用人員考績，區分為優良或不良兩個等次外，定期考績，應將職務難易、責任程度相當之職位，歸納為一個範圍，在同一範圍內作成績之評定，至其成績優劣通常區分為四等，即

㈠A等：為服務成績超羣，其人數不能超過受考人數十分之一點五，並應按職等作均衡分配，以防集中於高級人員。

㈡B等：為服務成績優良，其人數與A等合計不能超過受考人數十分之三，亦應按職等作均衡分配。

㈢C等：為服務成績普通。

㈣D等：為服務成績低劣。

以上考績等次之區分，各省認有需要時可作不同的規定。

**二、考績獎懲**：考績列A或B等，且與職務有關之性格、能力及適應力均為優良者，准予特別晉級，即縮短晉級之期間三個月至六個月（原需一年），或一次予以晉二級；又服務成績特別優良因而得表彰者，不參加考績之主管人員而服務成績經認定為合於A或B之標準者，亦得特別晉級；考績列C等者，依例晉級（即一年晉一級）；考績列D等者，在工作上應予指導、矯正、或訓練、或變更工作指派、或調換工作單位，以謀求增進工作效率，或依國家公務員法「服務成績不良者，得依人事院規則之規定予以降任或免職」之規定辦理。

# 第四項 考績程序

公務員考績，由各機關根據國家公務員法、內閣總理大臣之政令及人事院規則等，自行訂定辦法辦理，並由各機關首長自行核定。再考績所評定的是職員辦理所掌職務之成績，及與處理職務有關的性格、能力

及適應力，與處理職務無關之個人人格、素行等不予包括在內。考績之一般程序爲:

一、**記錄平時成績**: 將職員之服務成績作分析與記錄，而後選定考績方法，並依此作綜合的考核。

二、**訂定考績標準**: 考慮受考人數暨其職務之性質與程度，將認爲宜合併考績者合爲一範圍，並訂定其考績成績分佈或限制其平均分數，以增加考績結果之差別性。

三、**執行初核**: 由考績機關首長指定受考人之單位主管爲之。

四、**執行複核**: 由考績機關首長指定受考人之上一單位主管爲之。

五、**再複核**: 考績機關首長認考績結果有不均衡時，可指定複核者之上級主管實行再複核，以便對考績結果作適當的調整。

六、**核定**: 考績機關首長認初核、複核或再複核結果爲適當時，卽可予以核定並予獎懲；如認爲複核或再複核不當時，得交回再議。

七、**制作考績記錄書並保管**: 經上述程序辦理考績後，應卽作成考績紀錄書，並由各機關自行保管，不需函報總理府或人事院，亦不需通知各受考人。

# 第八節　訓　　練

訓練（在日本稱研修），爲使公務員現代化及發揮與增進工作效率所必需，茲就訓練之目的與機構、現行之各種訓練類別、及對訓練績優者之獎勵等，分項簡述於後。

## 第一項　訓練之目的與機構

一、**訓練之目的**: 國家公務員訓練，係屬考選後舉辦訓練之性質，

故其目的不外下列五種，即㈠養成初任人員執行職務之知識及適應性；㈡維持並增進執行職務之能力；㈢賦予晉升之能力；㈣賦予監督之能力；及㈤培養行政官。

　　**二、舉辦訓練之機構：** 人事院除訂頒人事院規則「公務員之教育訓練」，召開主辦訓練人員會議，實施訓練之激勵及對各省之協助外，並設有訓練機構；其他各省及重要機關，亦多設有訓練機構，辦理所屬職員之訓練。其較爲重要之訓練機構有：㈠人事院之公務員研究所；㈡總理府之統計人員養成所；㈢警察廳之警察大學校；㈣法務部之法務研究所；㈤外務部之訓練所；㈥財政部之財務訓練所、稅務訓練所；㈦國稅廳之稅務大學校；㈧厚生部之醫院管理研究所；㈨農林部之農林訓練所；㈩郵政部之郵政大學校、電政訓練所等。

## 第二項　訓練種類

　　公務員訓練種類，大別可分爲一般訓練與專業訓練；而一般訓練中又有現職人員訓練、新進人員訓練之分；公務員各種訓練，原則上均由政府訓練機構辦理，如無法自行舉辦時，則多委託國內外學術機關辦理。茲簡說如下：

　　**一、現職人員訓練：** 又有管理人員訓練、監督人員訓練及一般公務員訓練之別；茲舉人事院所辦理之情形爲例如下：

　　㈠管理人員訓練：訓練目的，在提高各省局具有發展潛能及優秀而年輕者之管理能力，擴大其視野，藉以培養行政幹部，故此種訓練最受到重視。此種訓練依其參加人員職務之高低不同，可分爲三種：

　　1.股長級訓練：以各省廳局股長級人員、年齡在三十四歲以下且工作成績優良者爲對象；訓練期間約爲九週，課程分甲乙兩類；甲類適用於主修社會科學人員，乙類適用於自然科學人員，兩類課程相同，均

包括行政管理、法律、經濟、國際關係、科學技術等，惟甲類以自然科學之時數較多，乙類以社會科學之時數較多。

　　2.副課長級訓練：以各省廳局副課長級人員、年齡在四十歲以下且工作成績優良者爲對象；訓練期間約四週，主要課程包括政治及行政、國際事務、勞動問題、日本經濟、時事問題等；訓練方式除講授及討論外，尙有演習等。

　　3.課長級研討會：各省廳局之課長參加，主要目的在擴展與執行職務有關之行政視野，增進行政管理能力，及維持各省廳間之協調。當舉行研討會時，民間企業或與政府有關之組織中相當課長級人員，亦可參加研討，以增進政府與私人企業間相互的發展與瞭解。

　　㈡監督人員訓練：由人事院及行政管理廳分別辦理，各省廳人員均可參加。課程分五個單元，卽1.組織與監督人員；2.工作之管理；3.工作之改善；4.屬員之訓練；5.屬員之管理方法。訓練方式，以講解及會議討論爲主，兼採個案研究方式。以上訓練課程與訓練方式，均由人事院統一設計規劃。

　　㈢一般公務員訓練：爲適應某種需要而舉辦之訓練均屬之；如新近所舉辦之改善爲民服務態度指導員訓練，調各機關基層主管人員或資深人員參加。

　　二、新進人員訓練：亦稱新錄用人員訓練，各省廳依人事院「職員新錄用時訓練實施要領之標準」之提示辦理，其中又分：

　　㈠以Ⅰ種考試爲對象之訓練：各省廳對Ⅰ種考試及格人員，於錄用後均由各省廳訓練機構予以訓練；如法務省所定之訓練時間爲六個月至一年；但訓練期間之最短者亦僅有二十小時者。

　　㈡以Ⅱ種考試爲對象之訓練：如外務省及行政管理廳，均設有此種訓練。

㈢以Ⅲ種考試爲對象之訓練：參加訓練人數最多，訓練期間短者爲五日至一週；如稅務職等之特殊職務人員，則其訓練期間較長。

三、**專業訓練**：此類訓練非常紛歧複雜，其中可分爲：㈠一般的專業訓練，以特定之知識、技術、技能等習得爲目的之訓練；㈡專門的訓練，以特定之專門知識、技術及技能之習得爲目的之訓練；㈢養成訓練，以賦予相當於上級職員之資質能力爲目的之訓練。由於近來隨技術革新以俱來之事務機器及電腦訓練，及隨行政國際化而流行的語文訓練等，更使此類訓練有了大幅的增加。

由於公務員訓練之受到重視，舉辦班次與參加人數之眾多，致日本近年來每年平均五個公務員中就有一個公務員參加一次訓練。

## 第三項　訓練績優之獎勵

凡參加訓練而成績優良者，宜予以獎勵，以激勵參加訓練者之學習動機，增加學習效果。依人事院細則「初任敍俸、晉升晉級之實施」規定，其獎勵分下列兩種：

一、**特殊晉級**：凡經人事院事務總長承認之訓練，公務員參加而成績特別優良者，准予特殊晉級，有效期間爲一年至二年。

二、**放寬晉級人數限額**：因訓練績優之特殊晉級獎勵，其人數不受考績特優而特別晉級之嚴格限制。

# 第九節　服務、懲處與審查

公務員既經正式任用並受有俸給，自應爲國服務，在服務期間自應遵守工作時間，盡應盡之義務，如有違反應受懲處，對奉公守法之公務員更應予以適度保障，以期更能安心工作。茲就工作時間、應盡義務、懲處及審查各項，簡述如後。

# 第一項 工作時間

**一、辦公時間**：在一般職給與法中規定，正規的辦公時間，爲一星期自四〇小時至四十八小時，由人事院另以規則規定。除特殊必要外，一般辦公時間爲每星期四十四小時，每工作四小時後可休息三〇分鐘，每星期工作五日半；目前正在研究每星期工作五天制中。

**二、休假**：可分年度休假、特別休假及病假三類，其情形如下：

㈠年度休假：一般爲每年二十天，但與任職年資長短有關。

㈡特別休假：係因災害等不可抗力而不能到公，或因社會習慣不需到公、或因個人事由難以到公，經機關首長同意後免除其辦公者而言，依人事院規定之特別休假之事由及期間爲：

　　1.基於傳染病預防法之交通管制、隔離者，在必要時間內可免除辦公。

　　2.基於非常災害之交通管制者，在必要時間內可免除辦公。

　　3.因天災地變致公務員住宅被毀滅、破壞者，在一週以內之必要時間內可免除辦公。

　　4.因交通設備發生事故等之不可抗力原因者，在必要時間內可免除辦公。

　　5.赴官署作證人、鑑定人等者，在必要時間內可免除辦公。

　　6.行使選舉權等公民權者，在必要時間內可免除辦公。

　　7.官廳業務停止期間，可免除辦公。

　　8.爲實施增進效率計劃而參加康樂活動等者，在必要時間或參加期間可免除辦公，但一年以十六小時爲限。

　　9.女性公務員分娩者，依職員所請求之期間免除辦公，但以六星期爲限。

10.女性公務員生理週期，在二天以內可免除辦公。

11.女性公務員生產後未滿一年嬰孩之養育，可一日二次。

12.父母祭日者，在習慣上最低限度的必要時間內可免除辦公。

13.親屬死亡者，按親屬親等分別規定免除辦公之日數，配偶死亡者為十日。

14.年初年終時，十二月二十九日至卅一日、一月二日至三日，可免除辦公。

以上特別休假期間在六日以上者，應提出證明文件。

㈢病假：須經醫師證明及機關首長核准，天數不限制。因公傷病者給假期間俸給照支；非因公傷病者，結核病假期在一年以上及其他疾病假期在九十天以上連續不到公時，自滿一年及九十天之翌日起，支給半俸。

## 第二項　應盡義務

**一、一般義務：**依國家公務員法規定，主要有

㈠宣誓：職員依政令之規定，須為服務之宣誓。

㈡執行職務：凡屬職員，均為全體國民之公僕，為公共利益服務，執行職務需全力以赴；職員除法律或命令所定者外，其服勤時間及職務上之注意力，須全部用於職責之遂行，只能從事於政府有執行責任之職務。

㈢服從法令：職員依法執行職務，對於上司在職務上之命令須忠實服從。

㈣保守秘密：職員對職務上得知之秘密不得洩漏，退職後亦同；職員為法令上之證人或鑑定人等，非經所轄廳長官之許可，不得發表屬於職務上之秘密。

㈤不得兼職：職員除法律或命令所定者外，不得兼任官職；兼任官職者，不得受兼職之給與。職員不得兼任商業、工業、金融、以營利為目的之私人企業、以營利為目的之公司或其他團體之役員、顧問、或評議員之職，或自營之營利企業。職員接受報酬兼任營利企業以外事業團體之役員、顧問或評議員之職，或從事其他事業或執行事務者，須經內閣總理大臣及該職員所轄廳長官之許可。

㈥不得有一定行為：職員不得有傷官職之信用或有辱官常之不道德行為；職員不得有同盟罷工、怠工、或其他爭議行為或使政府之行政效率低下之怠業行為；任何人不得有企圖、共謀、挑唆、煽動等違法行為。

　二、政治行為之限制：國家公務員法對公務員之政治行為有相當嚴格之限制，除規定不得為政黨或政治目的，謀求捐款及其他利益、或收領或以任何方法參與此種行為，不得有人事院規則所規定之政治行為外，並禁止公務員有公職選舉之行為，及禁止擔任政治團體之幹部。依人事院規則規定：

㈠政治目的，包括在公職選舉中支持或反對特定候選人，支持或反對特定政黨及其他政治團體，意圖對政治方向給與影響而主張或反對特定政策，妨礙國家或公家機關所決定政策之實施，在最高法院裁判官之國民審查階段支持或反對特定裁判官等。

㈡政治行為，包括利用公私影響力，對捐款及其他利益之提供或不提供而在任用、俸給等方面給予利益或不利益，參與捐款之要求或收領，對國家公務員提供捐款，策劃、主持、指導簽名運動或示威運動，利用或讓人利用官署房舍或設施，發行、傳閱、散發帶有政治目的之文書，在辦公時間內戴用表示有政治主義、主張或政黨等之旗幟、臂章或徽章，在集會場所或利用擴音器公開發表帶有政治目的之意見，策劃或參與政黨及其他政治團體之結成，發行、編輯、散發政黨及其他政治團體之機

關報導等。

㈡公職選舉之行為，包括禁止公務員競選活動、事前活動及培養地盤，公務員不得為參眾兩院議員、地方公共團體首長、地方公共團體議會議員之候選人，在職公務員提名為候選人時在其提出之日視同辭職等。

違反國家公務員法及人事院規則所定之政治行為限制者，將受刑事處分，並均構成懲戒處分之原因。

## 第三項　行政處分

所稱行政處分，係指有任命權者對所屬公務員在職務上所作之處分，非屬懲戒範圍；構成行政處分之原因，或為公務員工作上之缺失，或為身體及資格上原因，或為其他事故；所給予之處分，主要為降任、免職、休職及復職四種，有者含有懲處性質，有者並無懲處性質。其情形如下：

**一、降任或免職：**依國家公務員法規定，公務員有下列情事之一者，得視實際情形予以降任或免職：

㈠工作實績不良者（即考績免職）。

㈡因身心障礙難於執行職務或不能勝任者（經任命權者指定醫師診斷需長期療養）。

㈢欠缺該官職所必需之資格者（係就其本人之天資、能力、性格等，帶有不適合為國家公務員之色彩而不能矯正者）。

㈣因員額編制更改或削減預算而需裁減職位或冗員者（需根據各人工作成績、年資等，由任命權者決定裁減人數及順序）。

**二、休職：**公務員具有下列情事之一者，應予休職，其期間長短視需要而定：

㈠因刑事案件被起訴者（以法院審理期間為休職期間）。

㈡因身心障礙需長期休養者。

㈢在學校、研究所、醫院及其他經人事院指定之場所，從事與職務有關之學術調查、研究或指導等者。

㈣依法令規定，在爲配合國家應援助或照顧而成立之臨時機關，從事與職務有關之工作者。

㈤因水災、火災及其他災害而生死不明或下落不明者。

以上㈡至㈤情況之休職期間，在不超過三年之範圍內由任命權者決定之。又休職人員因休職原因消滅或休職期滿而無職缺可資復職者，可再予休職至有職缺時止。

三、復職： 係休職原因消滅或休職期滿時，對休職者予以復職，復職並非必須復原職，恢復與原職相當之職務時，亦認爲復職。

# 第四項　懲戒處分

一、懲戒事由： 依國家公務員法規定，公務員有下列各款情事之一者，應受懲戒：

㈠違反本法及基於本法之命令者。

㈡違反職務上之義務或懈怠職務者。

㈢有不適爲國民公僕之不良行爲者。

二、懲戒處分之種類與效果： 公務員因違反規定而受懲戒時，其所受懲戒處分有下列四種：

㈠免職： 受免職者，卽喪失公務員身分，並自處分之日起二年內不得擔任官職，亦不得依退職津貼法之規定支領退職津貼。

㈡停職： 受停職者，雖仍保有公務員身分，但不得從事職務，停職期間自一日以上至一年以下，不支付任何給與。

㈢減俸： 受減俸者，減俸期間爲一年以下，自俸給中扣減月額五分之一以下的金額。

㈣申誡：係確認其違反義務之責任，並促使其將來更能謹愼之處分。

**三、懲戒程序：**公務員之懲戒處分，由有任命權者行使，故並未專設懲戒機關行使；但人事院得經國家公務員法所定之調查後，將職員交付懲戒。

**四、懲戒程序與刑事裁判之關係：**對交付懲戒之案件，如仍隸屬刑事法庭時，人事院或任命權者，得對同一案件酌予進行懲戒程序；又依本法之懲戒處分，得對該職員之同一或相關連之案件，重疊訴追其刑事上之責任。

## 第五項　要求與審查

爲期公務員能安心任職，除公務員非依法及人事院規則不受降任、免職、休職、停職、減俸、申誡（見第 334, 335 頁）外，尚有適當行政措施之要求與不利處分之請求審查。

**一、對適當行政措施之要求：**依國家公務員法之規定，職員對於俸給、俸額及其他服務條件，得向人事院或該職員之主管長官要求施以適當之行政措施。其情形爲：

㈠要求行政措施之範圍：係關於俸給、俸額及其他一切之服務條件爲範圍，但此項要求，不僅以現在所受之不利益爲對象，亦得對現在之工作條件，要求作進一步之改善；再行政措施之要求，不僅爲申請者個人之問題，亦係在相同狀況下多數職員之問題。

㈡要求之提出：提出時，須將公文、記錄及其他適當之資料，連同「行政措施要求書」正副本二份，呈送人事院；人事院在決定受理前，通常先向有關當事人或機關建議，並促其對要求事項進行交涉。

㈢對要求之審理：當人事院決定受理要求案時，卽實行案件審理；在審理過程中，人事院得進行必要之調查，並得實行公開或不公開之口

頭審理及傳喚證人出席；在審理過程中，亦得囑有關當事人斡旋，使該案能得到適當之解決。

㈣對要求之判定：人事院於案件審理終了時，須立刻判定，判定時需預期對於一般國民及有關人員一律公平合理且能發揮與增進職員之工作效率爲目的；對案件之判定應以判決書爲之；人事院根據判定需採取某種措施時，如屬權限內之事，須自行辦理，如屬申請者所在機關有關之事項，則建議該機關實行。

**二、不利益處分之請求審查：** 凡公務員受到違背其本意之降任、休職之行政處分，或受到免職、停職、減俸、申誡之懲戒處分，職員如認爲所受之處分爲極不利益處分時，依行政不服審查法，得向人事院提出不服之請求審查，其情形爲：

㈠請求審查之提出：對不服之請求，須自職員受領處分說明書之翌日起六十日內提出審查請求書，如自受處分日之翌日起經過一年者，不得再爲該項之請求。

㈡調查：人事院或其指定機關，如受理請求時，應卽組織公平委員會開始調查，必要時應舉行口頭審理或書面審理，口頭審理並得公開舉行；口頭審理時，執行處分者與受處分職員，均須出席，並得選任辯護人或舉出證人及有關資料。

㈢判定：人事院根據公平委員會調查結果，應卽判定，判定時如認爲處分有理由，人事院得承認其處分，或依其裁量給予修正；如認爲處分無理由，人事院得取銷其處分，並爲恢復該職員原有權利而採取措施，以改正原有不當處分。當事人對人事院之判定不服時，得請求再審。

# 第十節 職員團體與其運用

依日本憲法第廿八條規定：「勞動者之團結權利、團體交涉及其他團體行動之權利，保障之」，又日本自一九六五年已加入國際勞工組織為會員，為配合該組織第八十七號條約（卽關於結社自由及團結權之保護的條約）之規定，乃於國家公務員法中增列職員團體一章，共六條。茲就其主要規定分職員團體之組成與登記、職員團體之交涉權及職員團體行為之限制與保障三項，簡述如後。

## 第一項　職員團體之組成與登記

**一、職員團體之性質：**依國家公務員法規定，職員團體係指職員以服勤條件之維持與改善為目的而組織之團體或連合體而言。其中團體係指一單一的團體，連合體係指由若干個團體連合而成的大團體。

**二、職員有加入或不加入團體之自由：**職員團體雖由職員所組成，但原則上職員有加入或不加入團體之自由，故管理當局不能要求職員加入或不加入團體。

但管理或有監督地位或辦理機要事務之職員（合稱管理職員），不得與管理職員以外之職員組成同一職員團體。又警察職員及海上保安廳或監獄服勤之職員，不得以職員服勤條件之維持與改善為目的而組成與管理當局交涉之團體，亦不得加入該團體。

**三、職員團體之登記：**職員團體，應依人事院規則之所定塡送理事及其他役員姓名、申請書及規約等，向人事院申請登記，在規約中至少應記載下列事項，卽㈠名稱；㈡目的及業務；㈢主要事務所所在地；㈣團體職員之範圍及關於資格取得喪失之規定；㈤理事及其他役員有關之規定;㈥有關業務執行、會議及投票等事項;㈦經費及會計有關之規定;㈧與其他職員團體連合有關之規定；㈨有關規約變更之規定；㈩有關解散之規定。

　　經登記之職員團體，得向人事院申請爲法人，以便在民法及非訟事件手續法中，取得法人資格以利訴訟進行。經登記之職員團體解散時，應向人事院呈報其要旨；職員團體取銷登記時，不得依行政不服審查法爲不服之申訴。

## 第二項　職員團體之交涉權

　　**一、得以交涉之事項：** 依國家公務員法規定，職員團體得向管理當局提出交涉之事項，以對職員之俸給、服務時間、晉升、調職、免職、休職等之人事基準，及其附帶事項包括適法之安全衞生、災害補償等事項爲限，有關國家之事務管理及營運事項，職員團體不得提出交涉。

　　**二、交涉程序：** 管理當局對職員團體就前述事項提出交涉時，對其團體交涉之地位應予承認。職員團體需與管理當局預先決定代表團體參與交涉之員數，在交涉時職員團體與管理當局並需確定議題、時間、場所及其他必要事項。關於交涉事項如不合前述之規定時，或妨碍其他職員職務之執行或妨碍國家事務之正常運行時，得停止之。

## 第三項　職員團體行爲之限制與保障

　　**一、從事團體行爲之限制：** 職員不得從事職員團體之業務，但經所轄首長之許可並登記爲職員團體之役員者，不在此限。上述許可分專門從事許可與短期從事許可兩種，專門從事職員團體業務之職員，其受許可期間不得超過五年，在許可有效期間應卽爲休職期間，除人事院規則另有規定外，不支領俸給。短期從事團體業務之職員，其許可之時間單位爲一日或一小時，但一年不得超過三十日。

　　**二、參加職員團體人員之保障：** 管理當局不得因職員組織或加入職員團體或在該團體參與正常活動，而予不利之處分。

# 第十一節　互助、退職、恩給與補償

有關公務員保險、退休、撫卹方面之措施，在日本係透過互助制度、退職制度及補償制度而實施，至公務員恩給制度現已為互助制度所代替，惟原已依恩給法規定領取恩給之退休人員，則仍按恩給法之規定辦理。茲就互助、退職、恩給及補償，分項簡述於後。

## 第一項　互助協會制度

互助協會制度，係依國家公務員互助協會法之規定，設立互助協會辦理，並由大藏省主管。其情形如下：

一、互助目的：係以互相救助方式，對國家公務員遇有疾病、負傷、生產、休業、災害、退職、殘廢、死亡，及其被扶養者疾病、負傷、生產、死亡及災害等事故，予以適當之給付；並舉辦福利事業，以安定公務員及其遺族之生活，增進其福利及提高公務效率為目的。

二、互助協會之組織及會員資格之取得與喪失：以省廳為單位，由各省廳所屬之公務員各組互助協會，並均為法人；凡在職公務員均取得所屬省廳互助協會會員資格，直至死亡或退職之翌日始行喪失；調任時，於喪失原省廳會員資格之日，同時取得新任省廳之會員資格。互助協會設立時應訂定章程，訂明有關事項，章程如有修正，應經大藏大臣之許可。互助協會內設各部經理，辦理業務。各互助協會為謀共同業務之順利進行，設有互助協會聯合會，聯合會設理事長一人，由大藏大臣任命之，另設理事及監事。

三、互助協會基金來源：除事務經費完全由國庫負擔外，其基金係先規定互助費率，再由會員互助金與國庫補助分擔，但分擔比例因給付

及事業性質而有不同規定，如㈠短期給付所需經費，互助金與國庫補助各佔一半；㈡長期給付所需經費，互助金爲 42.5%，國庫補助爲 57.5%；㈢因公殘廢年金及遺族年金所需經費，完全由國庫負擔；㈣福利事業所需經費，互助金及國庫補助費各佔一半。互助費率每五年需重新計算一次。

**四、互助基金之運用：** 互助協會之基金，除支付給付外，對餘額可在銀行或郵局存款，交信託機構運用，購買公債或有價證券，購買不動產。

**五、互助協會之給付：** 共分短期給付與長期給付兩大類；短期給付於事故發生後支給，長期給付按年於三、六、九、十二月支付；短期給付又分保健給付、休業給付、災害給付三類，每類中再分若干種；長期給付又分退職給付、殘廢給付、遺族給付三類，每類中再分若干種。短期給付由各省廳互助協會辦理，故互助費率及給付標準不甚相同；長期給付由互助協會聯合會辦理。茲就前述六類給付簡說如下：

㈠保健給付：再分爲下列五種

　1.療養給付及療養費：會員非因公務罹疾或負傷者，由協會予以療養給付，其範圍包括診療、藥劑或治療材料之支給，處置手術及其他之治療、住院、看護及移送；如協會認爲療養給付有困難時，協會得改給療養費。

　2.家屬療養費：會員之被扶養者，需作上述醫療時，由協會支給家族療養費，金額以所需費用 50% 爲準。

　3.生產費及配偶生產費：會員生產者，給一個月俸給之生產費；會員之配偶生產者，給半個月俸給之配偶生產費。

　4.育兒津貼：會員或其配偶生產，給予一定金額之育兒津貼。

　5.埋葬費及家屬埋葬費：會員非因公務死亡，給死亡時被扶養者

一個月俸給之埋葬費；被扶養者死亡者，給半個月俸給之家族埋葬費。

(二)休業給付：再分下列三種

 1.傷病津貼：會員非因公務罹疾或負傷須繼續療養不能到公時，自第三月起每月給俸給月額80％之傷病津貼，如無被扶養者則為60％；其期間以六個月為限，但結核性病則為三年。

 2.生產津貼：會員生產者，在產前四十二日及產後四十二日之期間不能到公時，每日給俸給日額80％之生產津貼。

 3.休業津貼：會員因被扶養者之疾病或負傷、配偶生產、本人結婚等事故不能到公時，按日給俸給日額 60 ％之休業津貼，其期間因事故不同而分別規定。

(三)災害給付：再分下列二種

 1.弔慰金及家族弔慰金：會員或其被扶養者因水、火、地震及其他非常災害死亡時，如為會員，給其遺族一個月俸額之弔慰金；如為被扶養者，給會員半個月俸額之家族弔慰金。

 2.災害慰問金：會員因前述災害使住宅或家財有損毀時，按損毀程度給半個月至三個月俸額之慰問金。

(四)退職給付：再分下列五種

 1.退職年金：會員任職二十年以上退職者，支退職年金，至死亡為止；其金額為自相當俸給40％起，以後每一年加1.5％，至70％為止；曾領退職一次給付或殘廢一次給付而後再為會員並支退職年金者，其退職年金應予扣減；又具有受領退職年金權利者再為會員時，在會員期間停止支給退職年金；再有受領退職年金權利而年齡未滿 55 歲者亦停止支給，但殘廢達相當程度者不在此限。

 2.減額退職年金：具有受領退職年金者，申請於 55 歲前支領時，改給減額退職年金，至死亡時為止；其減額標準為以年金額 4 ％乘以改

領時距 55 歲間相差年數。

　　3.併同計算退職年金：係指對各種年金制度與互助協會之退職年金併同計算之年金。會員入會一年以上未滿二十年退職，經參加其他各種公共年金制度可領取給付者，均支給併同計算年金，至死亡時爲止。

　　4.退職一次給付：會員入會一年以上未滿二十年退職者，支給退職一次給付；其金額根據日俸給額、入會年資與退職時年齡等因素及一定公式計算而得。

　　5.歸還一次給付：受領退職一次給付者，其後又爲會員退職並具有受領退職年金或殘廢年金權利時，支給歸還一次給付；其金額爲前次退職一次給付加上自前次退職日至此次退職日月份期間之利息。

　　㈤殘廢給付：再分爲下列二種

　　1.殘廢年金：會員合於下列情事之一者支殘廢年金至死亡爲止，卽⑴因公傷病之結果，退職時有殘廢情形或自退職時起五年內有殘廢情形者；⑵入會一年以上非因公務罹疾或負傷，因傷病結果退職時有殘廢情形或自退職後五年內有殘廢情形者。殘廢年金額，視是否因公及殘廢程度三因素而定；最高爲俸給80％，最低爲30％。

　　2.殘廢一次給付：會員入會一年以上，非因公務罹疾或負傷退職，退職時因傷病之結果具有所定殘廢（其程度較前述爲輕）情形者，給十二個俸給之殘廢一次給付。

　　㈥遺族給付：再分爲下列三種

　　1.遺族年金：其情形有下列三種，⑴會員因公死亡者，給遺族俸給年額40％，會員如入會超過二十年時，每增一年增支1.5％，最高以70％爲限，如遺有未滿18歲之子女時另給付扶養加給；⑵會員非因公死亡者，給俸給年額 10％，會員如入會超過十年時，每增一年增支1％，最高以算至二十年爲限，得另支扶養加給；⑶會員在支領退職年

金期間死亡者，給退職年金額50％，得另支扶養加給。

　　2.遺族一次給付：會員年資一年以上不滿十年非因公務傷病死亡時，依俸給日額及年資核給。

　　3.死亡一次給付：受領退職一次給付者，未領併同計算退職年金或歸還一次給付而死亡時，對其遺族給死亡一次給付；其金額爲退職一次給付加上死亡者自退職日至死亡日所屬月期間之利息所得。

　　**五、互助協會之福利事業：**互助協會爲增進會員福利，特舉辦下列六種福利事業，即㈠會員保健、保養、及會館或教養之設施與經營；㈡供會員利用之財產之取得、管理或租賃；㈢會員儲金之收受與運用；㈣會員臨時支出之借貸；㈤會員所需生活必需品之供應；㈥其他關於增進會員福利之事業。舉辦上述福利之費用，以相當短期給付所需費用九十五分之五範圍內之金額撥充，另由政府負擔同等之數額。

　　**六、不服給付之請求審查：**會員對會員資格與給付之決定及互助金之徵收等，如有不服，得依行政不服審查法請求互助協會或聯合會予以審查。審查會由會員代表、政府代表、公益代表各三人所組成，任期三年，以防止不公及增進福利。

# 第二項　退職津貼制度

　　公務員退職時，除依互助協會制度支領退職給付外，並可依國家公務員退職津貼法之規定，支領退職津貼。關於公務員之退職年齡，除會計檢查官、部分裁判官、檢察官在法律中有明定者外（有者定爲 63 歲，有者定爲 70 歲，有者定爲 65 歲），其餘公務員之退職年齡多由各機關自行設定。茲就退職津貼部分簡述如下：

　　**一、普通退職津貼：**又分下列三種

　　㈠一般退職津貼：任職未滿二十五年退職者，以退職時月俸額爲準，

依下列標準支一次退職津貼：

  1.任職一年至十年之年資，每年給月俸額 100%。

  2.任職十一年至廿年之年資，每年給月俸額 110%。

  3.任職廿一年至廿四年之年資，每年給月俸額 120%。

 ㈡長期繼續服務退職津貼：繼續任職二十五年以上者，依下列標準給一次退職津貼：

  1.任職一年至十年之年資，每年給月俸額 125%。

  2.任職十一年至廿年之年資，每年給月俸額 137.5%。

  3.任職廿一年至卅年之年資，每年給月俸額 150%。

  4.任職卅一年以上之年資，每年給月俸額 137.5%。

 ㈢裁減人員退職津貼：因機關改組或編制減少而裁減人員、或因公傷病等原因而退職者，依下列標準給一次退職津貼：

  1.任職一年至十年之年資，每年給月俸額 150%。

  2.任職十一年至廿年之年資，每年給月俸額 165%。

  3.任職廿一年至卅年之年資，每年給月俸額 180%。

  4.任職卅一年以上之年資，每年給月俸額 165%。

 **二、特別退職津貼：**又分下列兩種

 （一）未預告而解職之退職津貼：依勞動基準法或船員法規定，如雇主未於卅日前預告而解職者，應發給卅日以上之平均工資；如其所得較一般退職津貼爲低時，應予補足。

 （二）失業退職津貼：任職六個月以上而退職者，自退職之翌日起，如滿一年仍失業者，可另給失業退職津貼。

 **三、經費來源：**退職津貼所需經費全由政府負擔。

## 第三項　恩給制度

日本自一九二三年即公布有恩給法，文職及武職人員均適用之；至一九五九年，公務員之恩給併入互助協會制度辦理；但原已依恩給法規定退職並領取恩給者，仍按恩給法之規定辦理；故自一九五九年後退職之人員雖不再適用恩給法，但該法目前仍無法廢止。

**一、適用範圍：** 恩給法所稱公務員，包括文職公務員、警察及監獄職員。在適用範圍上如有疑義，由內閣總理大臣決定之。

**二、恩給種類、條件與計算標準：** 依恩給法規定，恩給分為六種，每種有其請領條件及計算金額之標準，其情形如下：

㈠年退休金（普通恩給）：在職十七年以上而退職者，給予年退休金；任職十七年以上十八年未滿者，給俸給年額50/150之年退休金，以後每超過一年加 1/150 ，最高以計至四十年為限，其年退休金為 73/150，即二分之一弱。領受年退休金人員，有下列情事之一者停止領受，即 1.再任；2.處刑；3.年齡（即年齡未滿五十五歲者，停止其一部分年退休金）；4.高額所得。

㈡一次退休金：在職三年以上未滿十七年退職者，給一次退休金，其金額為在職最後之月俸額乘以在職年數之數額。

㈢增額退休金：退職係因公傷殘者，在職未滿十七年時以十七年論，除支年退休金外，並依殘廢程度，加給一定數額之增額退休金。

㈣傷病賜金：對因公負傷或罹疾而未達殘廢之程度者，視疾症給一定數額之傷病賜金，與年退休金或一次退休金併同給予。

㈤年撫邮金：凡有領受年退休金權利之公務員死亡，或已領受年退休金之退休公務員死亡者，對其遺族給年撫邮金；年撫邮金約為年退休金之50％，但如因公死亡、或領受增額退休金之公務員非起因於因傷殘之疾病而死亡者，增給百分之若干（約自16％至33％）的年撫邮金。領受年撫邮金之遺族，如有特種事實發生時，將分別喪失領受撫邮金之資

格、或停止或喪失其領受撫邮金之權利。

㈥一次撫邮金： 在職三年以上十七年未滿死亡者，對其遺族給一次撫邮金； 金額爲公務員死亡當時之月俸額乘以在職年數之數額。

以上領受各種退休金及撫邮金之所需年資，對國務大臣、警察及監獄職員另有規定，其年資較短。

**三、其他規定：** 如領受恩給之權利，自事由發生之日起經七年間不請求而消滅時效； 領受恩給之權利， 不得讓與、 提供擔保、 留置或扣押； 因行政上處分致恩給權遭受傷害者，得向總理府恩給局提出異議之申訴。

## 第四項　因公傷病補償

依國家公務員法規定，職員爲公務致死或負傷或發生疾病或起因於此而死亡者，對於本人或其直接扶養眷屬所受之損失，應制定補償制度並實施之。其情形如下：

**一、補償種類：** 依國家公務員災害補償法規定，補償分下列六種

㈠療養補償： 指職員因公負傷或發生疾病時， 政府予以療養補償及必要之療養，或支給必要之療養費； 至療養補償之範圍包括診治，支給藥劑及診治材料，醫治、手術及其他之治療， 收容於醫院或療養所，看護，移送等。

㈡休業補償： 職員因公負傷或發生疾病， 因需療養而不能工作致不能支俸給時， 政府予以休業補償，即支給平均俸給60%。

㈢傷病補償： 傷病療養超過一年六個月仍不能康復時，按傷病程度，年支二四五日、或二七七日、或三一三日之俸給額。但休業補償不再支給。

㈣障碍補償： 職員因公負傷或發生疾病， 於治癒後留有身體殘障

者，政府卽予以障碍補償，按所定障碍等級，支給平均俸給自最低之五十六日至最高之五〇三日。

　　㈤遺族補償：職員因公死亡者，國家予以遺族補償，給予相當平均俸給額自四〇〇日至千日份之金額；所稱遺族包括配偶、子、父母、孫及祖父母。

　　㈥葬祭補償：職員因公死亡時，國家應辦理其喪祭，其補償費用爲相當平均俸給額六十日份之金額。

　　二、平均俸給額之計算及異議之請求審查：所稱平均俸給額，指職員負傷或致死之日、或診斷確定疾病發生之日所屬月之前月底起算，在過去三個月期間所支俸給之總額，除以此期間之日數所得之數額；所稱俸給，除本俸外並包括各種加給與津貼。職員對機關所決定因公災害之認定、療養方法、補償金額及其他補償事項之實施有異議時，得依人事院規則之規定及程序，向人事院請求審查。

# 第七章　亞洲其他國家人事制度

亞洲國家中，除日本人事制度經列有專章敘述外，特就韓國、新加坡、菲律賓及泰國人事制度再作簡述，至於馬來西亞、印度、巴基斯坦等國之人事制度，與英國相似之處頗多，不再說明。

## 第一節　韓國人事制度

### 第一項　人事機關與制度沿革

依韓國國家公務員法規定，關於人事行政基本政策之決定及本法施行事項之主管機關，在國會為國會事務總長，法院為法院行政處長，政府為總務處長官。故以上三個機關分別為各該部門的人事主管機關，而政府部門之總務處，自為最重要之人事主管機關。

一、人事機關：韓國中央政府設有總務處，總務處長官具有內閣閣員身分，總務處之下除設有五個局，即總務局、人事局、行政研究局、行政管理局及退休福利管理局外，尚設有中央官員訓練、政府房屋管理、政府電腦中心等組織，各局均分科辦事。總務局及行政管理局，係負責國家議會（內閣）的行政、政府檔案、行政工作的改進或評估、功績與獎賞及不屬於其他中央行政機關管轄之其他事項外，其餘各局，即負責發展及施行人事制度之責。其主要職掌包括：

㈠人事政策的發展。

㈡總統任命人員的推薦與管理。

㈢政府機關中人事事務的控制與監察。

㈣訓練計畫的管理，各主要機關人員的訓練，及非政府機關人員之選擇性的訓練。

㈤五職等以上公務員懲戒行動的管理。

㈥待遇制度的改進與政府公務員俸表之訂立。

㈦一般考試計畫的訂定，及重要考試的安排與管理。

㈧退休金及福利待遇制度的管理。

總務處之下，設有申訴審查委員會，以保障公務員之不受非法之懲戒。

總務處之下設有中央公務員教育院，負責五職等以上公務員及新進人員的訓練。

韓國中央各處（相當於部）局，均有一般事務課（相當於人事機構），以處理總務處所授權之人事業務。

**二、制度沿革：**韓國的人事制度，係以公共利益觀念為基礎，公務員的服務必須向韓國人民確保有一個民主與有效率的政府。人事制度的沿革可分為下列四個時期：

㈠創立時期：韓國於一九四九年獨立時，由國民議會通過國家文官法，其要旨為：

　　1.將所有職位分為別定職及一般職兩大類；一般職又分為五個職等及九個次級職等。

　　2.恢復高等公務員考試及普通公務員考試，並以公開競爭方式遴選有才能者為政府服務。

　　3.設立考試委員會。在考試、任用及晉升人員時，必須遵守功績原則。

4.公務員必須政治無私及保持政治中立，並爲全民之公僕。

在當時文官法中，並未設有強有力的中央人事機關來強制實行功績原則。

㈡第一次改革時期：於一九六一年軍事革命以後，人事行政方面有了重大改變，爲強制實施功績制度，訂定人事制度改革要點如下：

1.創立中央人事局。 2.集中考選人員，並改良考試。 3.設立工作和經驗考績。4.計畫一種新的職位分類制度。5.規劃一種新的訓練制度。6.改革待遇。 7.設立一種申訴與覆審制度。

㈢第二次改革時期：至一九七八年，文官法又作第二次修正，以總務處爲人事主管機關，並擴大其職權。任用及俸給，配合職務分類精神實施。

㈣第三次改革時期：至一九八一年，文官法又作重大修正，職務的分類再作調整，人事管理更具特性。其詳細情形如以下各項所述。

**三、公務員人數概況：** 茲舉若干年之統計資料如下：

中央與地方公務員（行政部門）人數統計：如一九七四年， 總數爲 460,746 人，其中中央爲 359,716 人，地方爲 101,030 人；一九七八年底，總數爲 533,784 人，其中中央爲 401,922 人，地方爲 131,862 人；一九八一年底，總數爲 665,895 人，其中中央爲 480,066 人，地方爲 185,729 人。

## 第二項　公務員之分類

韓國對公務員的定義是：「負責政府（含中央及地方政府）公共事務的人員，並由政府任命與支俸」；公務員一詞並不包括軍職人員、公營事業人員。韓國有中央公務員與地方公務員之分，地方政府有其不同的人事制度，但由於完全的地方自治制度已無限期的延期，因而目前地

方政府的人事制度係遵循著中央人事制度的主要架構，目前中央與地方兩種制度之間已無大的差異。

韓國公務員，依其職務性質，可區分爲經歷職與非經歷職兩大類，每一大類中又各區分爲若干小類。

**一、經歷職公務員：**係依個人之資格與考績而任用者，並期望其能畢生擔任公職。又可分爲

（一）一般職：包括一般行政業務人員、技術人員及研究人員，依其職務之性質與職責予以分類，計有十三個職組，五十八個職系，九個職等，以一職等爲最高，九職等爲最低。

（二）特定職：包括法官、外交官、警察官、軍人等。

（三）技能職：係擔任技術工作，並得依其技能和工作分類之人員。

**二、非經歷職公務員：**係指不屬經歷職之國家公務員。又可分爲：

（一）政務職：指因擔任政務性職位而被任用之人員。如大統領，國會長官，國會議員，國務總理，國務委員，立法機構之長官，退除役官兵管理機構長官，中央選舉管理委員會長官及工作人員，廳以上之行政官，行政總合局局長，漢城、釜山、大邱及仁川市市長，待遇較副理爲高之秘書，國家安全企劃部之行政官和助理行政官，及其他依照法令派任之人員等。

（二）別定職：別定職公務員之薪俸與一般職公務員相同，惟其任命與免職，均由中央行政機構負責任命之長官爲之。如國會專門委員，漢城、釜山、大邱、仁川及九道選舉委員會工作人員，國家安全企劃部之官員，核能委員會工作人員，勞工關係委員會工作人員，海難調查機構工作人員，秘書及其他依照法令派任之人員等。

（三）專門職：指與政府訂有聘約，在一定期間內從事工作之學者、技術人員及其特殊專家，可爲全部或部分時間工作，聘期以三年爲限。

(四)僱傭職：指從事單純勞役之人員。

　　三、一般職之分組與分系：將一般職人員所有職務，依其職責區分為九個職等；依其性質區分為十三個職組及五十八個職系；職組係由若干性質類似的職系所組成，如行政職組卽由一般行政、財稅、交通、圖書館、電腦及監察等六個職系所組成；醫藥職組卽由醫藥、藥劑等兩個職系所組成；其他如審計、農業等均爲職組。

# 第三項　考　　試

　　韓國人事制度下所有人員的進用，係以功績原則爲基礎，此亦爲人事管理的準則，更是達成有效能政府的基石；多年來韓國政府一直努力於經由考試與工作服務所表現出的能力、知識、技術及其他資歷證明等，來進用及任使人員。韓國公務員考試，大致可分競爭之錄用考試及非競爭之錄用考試兩種，其情形如下：

　　一、競爭之錄用考試：應對同一資格之國民平等公開之。此乃進用人員最被普遍採用的方法，任何有志申請公職者均可報名參加。總務處訂有考試的政策與方針，經由考試進用所需的人數，是基於職位增加數、空缺職位數及退休人數的總和爲準，舉行考試的日期亦係上述調查的結果來決定。每年於考試計畫排定後，在當年初卽廣泛的運用各種方式的考試簡章及刊登報紙和透過收音機向大眾宣布。

　　(一)考試權責區分：總務處負責第五職等人員的考試，此爲舉行考試錄用之最高職等，亦爲延攬外界人士擔任政府行政機關中級管理人員之主要途徑，多係按職組舉行。至第七及第九職等之競爭錄用考試，係爲招考辦事員及工程人員而舉辦，其考試事宜由總務處與其他有關機關共同負責。此外尚有外交人員考試及律師考試等。

　　(二)應考資格：必要之最低限學歷、經歷、年齡及其他各種必要之

應考資格要件，另以命令定之。依現行規定：對應考之學歷並無嚴格限制，惟考試之程度，大致爲五職等者相當大學程度，七職等者相當專科程度，九職等者相當高中程度；至應考人年齡隨職等不同分別規定，如應第五職等考試者，年齡需在 20 至 40 歲之間；應第七職等考試者，年齡需在 20 至 35 歲之間；應第九職等考試者，年齡需在 18 至 28 歲之間。

(三)考試方式：考試係先用筆試客觀測驗其能力，對有些職務除先通過筆試客觀測驗外，尚需參加主觀測驗或是工作表現的測驗，而後尚需參加面試、體力考試及文件審查等。測驗方法與程序，則依擬任職位之性質與職等而不同。

(四)考試及格人員推薦任用：考試及格人員名單，依考試分數及受訓成績等依序排列，而後由總務處依名單中列名先後順序，按職缺以三倍提名推薦由各機關任用；考試及格人員名單有效期間爲一年，但必要時得延長之。

二、非競爭之錄用考試：凡公開競爭考試及格者應予優先任用，但因情形特殊認爲不宜舉行公開競爭錄用考試進用人員時，得採非競爭考試甄補人員，但爲免濫用此種考試，在公務員法中特限定於以有下列各種情況爲限：(一)因疾病或裁減人員而已離職，但尚未滿二年而擬予進用時。(二)持有擔任某特種職位所絕對需要的證書或工業技術學位者之進用。(三)具有擔任某項職位直接有關之研究與調查特殊經驗者之進用。(四)偏僻地區或島嶼職位人員之補用。(五)任命地方政府人員擔任中央政府同一職等與職組之職位。(六)需要精通某特殊外國語文職位之補用。(七)任命就讀現職公務員進修學校之結業者。(八)任命職業學校畢業生擔任與其所受教育有關之職位。(九)第一職等人員之任用。(十)鄉村機構以當地人員之補用。(十一)在校領有政府獎學金畢業生之進用。

三、升等考試：分競爭升等考試與一般升等考試。前者須公開舉行，

升任第五職等職務者須經競爭考試及格；後者得依服務成績、年資等項目評分定之，第五職等以外各職等職務之晉升得適用之。

## 第四項　任　用

**一、初任：**不論是競爭或非競爭考試及格，均予以任用；在任用程序上，凡第五職等以上職位人員的任命，須由總務處長官的推薦並經總統的批准；第六職等以下職位人員的任命，亦需經各處的同意。對有功於國家或軍事上有戰功者，應予優先任用。被任命之新任人員須經試用，第五職等以上人員的試用期間為一年，第六職等以下人員則為六個月。但具有下列情形之一者，不得任用為公務員：

（一）禁治產人或準禁治產人，或經破產宣告尚未復權者。

（二）受有期徒刑以上刑之宣告，執行期滿未超過五年或執行猶豫期間期滿未超過二年或尚在執行猶豫期間者。

（三）經法院判決或其他法律喪失或停止資格者。

（四）曾因受懲戒處分免職未滿五年或受懲戒處分解任未滿三年或五年者。

**二、晉升：**晉升不僅為補職缺，亦是對公務員最有力的激勵。晉升係由合於晉升資格者名單中選出最佳的合格人員予以晉升，而晉升名單則每年根據實際工作表現、年資與訓練結果編列一次，不同職等與職組有其各別的晉升名單，凡符合於規定資格標準者，均列在晉升名單中。

升職人員必須在擬升職組的職位中任職，當在某一職等職務服務年資超過該職等的最低要求時，即可列於晉升名單上，至各職等之最低服務年資，係第三職等以上者為三年，第四、第五職等為四年，第六職等為三年，第七、第八職等為二年，第九職等為一年。

晉升名單中名次的排列，依工作表現（佔總分45%），服務年資（佔

總分 35％），訓練、考試分數、個人態度（佔總分 20％）等評分所得分數高低爲準，如獲有獎勵者可予加分，曾受懲處者應予減分；遇及職缺時，需在該職位所屬職組及職等晉升名單中之前五名中加以考慮。

公務員自第六職等晉升至第五職等者，需經晉升考試，凡合於晉升資格者均可參加，係屬競爭性質，並按考試分數高低順序晉升；至其餘各職等職位之晉升，並非必須經由考試。

公務員具有下列情事之一者，應特別升等任用，即（一）以清廉忠於職務，具有良好社會形象；（二）因卓越能力對行政發展具有貢獻；（三）對預算運用極具成效；（四）在職中功績顯著而光榮退休或因公死亡。

**三、平調**：平調分同職組內調職與不同職組間調職兩種。前者係指從同一職等和職組中之一職位調至另一不同職位，目的在使用各處之間的調職來增進公務員對各機關業務性質的了解，但此種調職仍以功績的基礎爲準，行政職人員需任現職滿六個月以上、技術或研究職人員需任現職滿一年以上、監察職人員需任現職滿二年以上，方可調職。後者係指從同一職等調至不同職組的另一不同職位，亦稱轉任，此種調職人員，除有特別規定者外，需經由考試及格後調任。

**四、降調**：係指將公務員降調至同一職組較低職等的職位，但以合於下列情況者爲限，即（一）工作人員需縮減時；（二）工作結構需予重組時；（三）當事人同意降調時。被降調人員，一旦遇有適當職位出缺時應優先予以晉升。

**五、兼職與借調**：一般職公務員得兼任大學教授或特定職公務員或特殊專門分類之一般職公務員。公務員得借調（或稱派遣）至其他機關工作，工作完成應即歸建，有關借調之原因、期限及其適用範圍，均有明確規定。

## 第五項　俸給與津貼

**一、俸給政策**：公務員之報酬，應考慮一般物價指數、民間薪資及其他事項，依職務別困難性及責任之輕重程度、階級別定之。經歷職與非經歷職公務員互相間之報酬，應圖謀均衡。公務員報酬之審議、調整，於國務總理下設立公務員報酬調整審議委員會主持之。關於俸給及其晉升基準、休職、兼任、借用等人員之報酬支給，由大統領令定之；有關加班、勤務成績優良、特殊地區、家屬等獎金津貼事項，分由國會規則、大法院規則、及大統領令定之。

**二、俸給**

(一)俸表：俸給佔公務員待遇的大部分；通常按公務員性質分別以俸表規定，如目前所適用的俸表，就有下列各種，即1.政務職俸表；2.一般職俸表；3.教育人員俸表；4.研究職俸表；5.法官俸表；6.檢察官俸表；7.警察俸表；8.消防俸表；9.軍人俸表；10.專門職俸表。

一般職俸表中之俸給，係由職務俸與年資俸二者所組成，職務俸以職等為根據，年資俸則以年資為根據，但服務年資以計至三十年為限；年資俸佔俸給的大部分，此乃政府為保障長期任職公務員之生活水準的措施。於一九八二年四月一日起生效之第一至第九職等人員每月職務俸及年資俸，為自 119,000 元至 548,000 元。

(二)支俸標準：初任公務員，自所適用俸表及職等之第一級起支，具有曾任公務員年資者得按年提敍，具有相當或相似公務性質年資者，按八折或七折提敍。薪級敍定後再按年晉一級之標準遞晉，因提出建議而被採納者，得特別晉俸一級。服務成績被評定最差者，晉俸期間延後六個月。俸給為按月支付，但各機關支付日不同。

韓國公務員俸給之支付，尚有下列之特別規定：

1.離職人員：月中離職者，按在勤日數加一成支付，但服務連續達二年以上或受免職或因服兵役休職者，支付全月。

2.休職期間：按休職原因，分別支付全部、八成、五成或不支俸。

3.借調期間：向原機關領全薪。

4.停職期間：視停職原因，分別支付八成或五成俸。

5.復職人員：因免職、受懲戒或停職處分，經判決無效或撤銷而復職者，應溯自處分開始之日起，補發其俸給之差額。

如公務員未受懲戒處分者，每年可晉年資俸級，因建議及優越工作表現而有助於改進政府作業者，可特別晉年資俸級。

**三、津貼**：主要有下列各種：

**(一)期末津貼**：每年三、六、九、十二月之俸給支給日，另可支領一個月俸給之期末津貼，但對受免職、停職等懲戒處分者，不予支給。

**(二)全勤津貼**：每年一月及七月支俸日，依服務年資長短，另可支領相當一個月俸給 50％至 100％的全勤津貼。

**(三)家眷津貼**：依眷口數每口支領五千元之津貼，但最多以四口為限。

**(四)子女教育津貼**：對就讀中等學校之子女，得支領其中一名與註冊費相當金額的津貼。

**(五)長期服務津貼**：屬一般職六職等以下人員，任職五年以上每月可領津貼二萬元；任職十年以上者，每月可領津貼三萬元。

**(六)工作津貼**：因加班、夜班、不休假、值日、值夜等事實，可支領一定標準的津貼。

**(七)兼職津貼**：兼職者得考慮業務之特性或待遇之差異，於支領本職俸給外，另支兼職津貼。

**(八)特殊津貼**：依所任職務之特殊性，可分別規定各種特殊津貼數

額支給之。目前已定有的特殊津貼，有三十種，如研究、技術、教員、醫師、司機、航空、電信、法制、機場、郵局櫃臺、通關、司書、交通外勤警察津貼等。

（九）地域津貼：按工作地區之特殊性及職等高低分別規定支給標準。

## 第六項　考　績

**一、考績政策**：各機關首長，應定期或不定期，評定所屬公務員之勤務成績，並應反映於人事管理上。 勤務成績之評定事項，由國會規則、大法院規則或大統領令定之。

**二、考績概況**：韓國一、二、三等公務員，通常不辦理考績，遇有重大過錯，多以引咎辭職方式處理；四等以下則需辦理考績。考績以40分為滿分，凡考列37分以上者為特優，人數以10％為限，可優先升職或升等，考列29分至36分者為優，人數以30％為限，可晉俸級或優先升職；考列16分至28分者為良，人數以50％為限，可獲晉俸級；考列15分以下者為可，人數以10％為限，仍留原俸級。

## 第七項　訓　練

**一、訓練政策**　依公務員法規定，公務員與實習公務員，為培養擔當職務必要關聯之學識、技術及應用能力，均應依法令規定接受訓練。各機關之首長及各級主管人員，應負責經由日常業務對屬下職員做繼續性之訓練。訓練成績，應反映於人事管理上。

韓國公務員訓練之政策，主要為（一）改進公務員紀律與士氣，使能盡心盡力為民服務；（二）增進公務員知能與技術，以適應日益增加複雜性與多元化的職務；（三）結合訓練與人事管理，訓練成績必須反應在考績分數上，在晉升時應考慮該項分數，各機關首長對所屬人員每五年必

須有參加一次訓練機會。

　　二、訓練種類： 主要有下列三種， 卽(一)爲由政府自設的訓練機構辦理， 訓練方案內容與期間， 因參加受訓者的需要而定； (二)爲在工作中訓練， 由主辦在職訓練者負責使用所有可用的時間、資料與設備， 協助受訓者接受新知能； (三)爲請由非政府機構辦理訓練， 如私人教育與研究機構及工商業團體之訓練機構等所作之訓練， 但以政府機構無法擔任或提供此種訓練時爲限。

　　三、訓練機關

　　(一)主管機關： 韓國中央政府之總務處及中央公務員教育院爲公務員訓練之主管機關， 共同負責訓練制度的發展與施行； 總務處對有關公務員訓練方面之職掌， 包括下列各項， 卽1.除了任職於教育機構諸如教員外， 總務處負責中央與地方公務員之訓練政策； 2.訂立各處及其訓練機構之年度訓練活動之指示； 3.協調及批准各處及其訓練機構之年度訓練計畫； 4.協助、評估及控制各處及其訓練機構之訓練活動； 5.實施中央公務員教育院高級行政人員基本訓練方案； 6.挑選受訓人員， 並規劃及施行特別訓練方案。

　　(二)訓練機構： 大部分的公務員訓練， 是在總務處協助下由各處及其所設置的及地方所設置的訓練機構進行， 至高級行政人員之訓練則由總務處所屬之中央公務員教育院辦理， 其情形爲：

　　1.中央公務員教育院： 爲訓練領導機構， 負責執行第五職等以上高級行政人員的訓練， 包括在職訓練與職前訓練。 在職訓練中又分基本教育、專業教育與外國公務員訓練三種， 其中基本教育包括政策管理者課程、局長候補者課程、新任課長特別課程、課長候補者課程、初級管理者課程等； 專門教育則配合需要辦理； 外國公務員教育包括馬來西亞、香港公務員課程等。 職前訓練則專爲五職等考試及格者辦理。

2.內務部地方行政研修院: 負責中央在地方之第五職等公務員及地方第三至六職等公務員之訓練。 包括基本教育、 專門教育、 長期教育、 特別教育、 施策教育等。其中基本教育又分政策管理者課程、高級管理者課程、中堅管理者課程、初級管理者課程、企劃行政課程等; 專門教育則配合需要辦理; 長期教育又分高級政策管理者課程、高級幹部養成課程, 中堅幹部養成課程等; 特別教育則有退職預定者社會適應教育課程; 施策教育, 則專爲市長、郡守等地方首長所舉辦。

3.區訓練所: 漢城、釜山等市及九個道, 分別設有十五個區訓練所, 負責訓練地方公務員及中央在各該地區分支機構之公務員, 其訓練有引導訓練、重新訓練及一般與行政事務人員訓練等。

4.專業訓練所: 爲執行專業的及科技的訓練計畫, 由各有關處所自行設置, 目前有二十八個專業訓練所, 其訓練範圍包括電子計算機、氣象學、退伍軍人的救濟與援助、外事服務、監獄行政與法律事務、健康與衛生、公共福利、郵政及電報業務、森林學、煙草及公賣、稅收、關稅、漁業、交通、農業、警務等。

# 第八項　權利、義務與懲處

## 一、權益與身分之保障: 依公務員法規定

(一)權益保障: 包括懲戒公務員時或令其降任、休職、解職或免職時, 處分主管應開發處分事由說明書。公務員得就服務條件、人事管理及其他個人問題接受人事協調或要求審查其苦衷, 機關首長應將該案交苦衷審查委員會審查, 審查結果認爲必要時, 要處分單位予以改善。

(二)身分保障: 包括公務員除非受刑之宣告、懲戒處分或依公務員法規定之事由外, 不得加以非其本意之休職、降任或免職, 但一職等公務員不在此限。公務員如有下列各款情事之一者得予免職, 卽1.因身體

或精神上異狀致不能擔任職務達一年以上者；2.因執行職務能力顯著不足致勤務成績極爲不良者；3.因編制與定員之變更或因預算減少等事由致成爲冗員者；4.休職期滿或休職事由消滅後未復職或不能擔當職務者；5.在留職察看期間並未提高工作能力或確實悔改者；6.經轉職考試三次以上未及格被認爲不足執行職務能力者；7.無正當理由逃避徵兵檢查、入伍召集或服義務役期間於營中脫逃者。公務員有下列情事之一者，不論本人同意與否，任用機關得令其休職，即1.因身心殘障需長期療養者；2.依兵役法應召入伍者；3.因天災地變或戰爭不明生死或失踪者；4.爲履行其他法律規定之義務而離去現有崗位者。公務員有下列情事之一者，任用機關得解除其職務，即1.職務執行能力不足或勤務成績極其不良或執行勤務態度惡劣有損公務員形象者；2.由懲戒委員會審議者；3.因刑事案被起訴者。又任用機關如因員額編制發生變動或因預算縮減裁撤或職位降等時，於取得其本人同意後，得將所屬公務員職位降等，但於上級職位出缺時，應優先任用。

二、義務：包括（一）公務員於就任時，應在所屬機關首長面前宣誓；（二）所有公務員應遵守法令，誠實執行職務；（三）執行職務時，應服從上級長官之職務上命令；（四）未經所屬上級長官許可或正當事由，不得脫離工作單位；（五）公務員爲國民全體之公僕，應以親切公正之態度執行公務；（六）公務員不論在職中或退休後，皆應嚴守職務上所得知之機密；（七）公務員於職務上，不論直接或間接，不得收受贈禮及饗宴，不得向上官爲贈與或由所屬收受贈與；（八）公務員不論有關職務與否，不得有損品格之行爲；（九）公務員不得從事公務外以營利爲目的之業務，且未經機關首長許可，不得兼職；（十）公務員不得參與政黨或其他政治團體之結社；公務員於選舉時，不得爲支持或反對某特定政黨或個人所作之選舉或助選活動（列舉出五種）；（十一）公務員除勞動運動及

其他公務外，不得爲集團性行爲，但實際上從勞務之公務員不在此限；(十二)其他公務員服務之必要事項，由國會規則、大法院規則、大統領令定之。

### 三、懲戒

(一)懲戒機構：爲裁決公務員之懲戒處分，於國會規則、大法院規則或大統領令指定之機關，設懲戒委員會。有關懲戒委員會之種類、組成、權限、審議程序及被懲戒者之申辯權等事項，由國會規則、大法院規則或大統領令定之。現行規定爲：

　　1.中央懲戒委員會：在總理府之下設中央懲戒委員會，由總務處長官擔任主席，由總理所任命之六個次官爲委員共同組成之。該委員會審理並裁決有關第五職等以上公務員的懲戒案。

　　2.公共懲戒委員會：各機關均可組織一公共懲戒委員會，以處理該機關內第六職等以下公務員違法行爲的懲戒，由機關首長任命五至八位委員組成，並由副首長爲主席。

(二)懲戒事由、種類與程序：

　　1.懲戒事由：公務員有下列情事之一者應予懲戒，卽(1)違反公務員法及其命令；(2)違反或怠慢職務上之義務；(3)損害公務員形象或威信。懲戒事由自該事由發生之日起超過二年時，不得提出懲戒之要求。

　　2.懲戒處分：依情節輕重分爲五種，卽(1)罷免；(2)解任；(3)停職，期間一至三個月。(4)減薪，扣減原薪三分之二，期間一至三個月；(5)譴責。

　　3.懲戒程序：當公務員違反規定時，機關首長可請求懲戒委員會調查並作懲戒之判決，委員會必須給予被懲戒人以適當機會，俾作成書面或口頭之解析。懲戒之判決由機關首長執行。機關首長如認爲懲戒處分過輕時，得向上級機關所設懲戒委員請求覆審。

# 第九項 退 休

**一、基本政策:** 韓國原則上是厲行強制退休的, 其用意一方面是保持機關的工作效率與員工士氣, 二方面是保證年邁公務員有一個舒適與安閒的老年生活; 同時由於年邁公務員在機關中擔任高級職位, 於退休後可使有新觀念新知識技術的年輕公務員晉升遞補, 此等年輕公務員因服務年資較淺, 所支俸給亦較低, 亦可減少財力的負擔。

就韓國而言, 強制退休制度有下列四種, (一)為年齡限制退休制度, 凡達到預定退休年齡者即強制離職, 不論其能力或意願如何, 此乃最普通的退休制度。(二)為永業限制退休制度, 凡達到預定服務年數者即強制退休。(三)為職等及年資限制退休制度, 凡任滿某一職等或階級至某一期間者即強制退休, 換言之除非獲得晉升至高一職等或階級, 否則即需退休。(四)榮譽退休制度, 凡連續服務滿二十年後, 自願於限齡退休前退休, 此類人員可給予特別晉升一個職等並發給榮譽退休獎金。

**二、一般職的年齡限制退休制度**

韓國對退休年齡, 係依據預期平均壽命、失業率、升遷機會、組織更新、公共津貼帳目及國家預算等因素, 依職務階級類別規定。如

(一)一般職之研究及管理人員, 屬第六職等以下者為55歲; 屬第五職等以上者為61歲。

(二)公共安全職(如監獄警衛、移民局督察官員)人員, 屬第八職等以下者為50歲; 屬第六、第七職等者為55歲; 屬第五職等以上者為61歲。

(三)技術勞工, 分別按其所任工作, 規定自40歲至61歲不等; 如電話接線生為40歲, 木匠為55歲。

對年齡限制之規定, 各方意見甚多, 大致可歸納為贊成現有規定與需予延長兩種, 其各別理由為: 1.主張延長者: 認為人的平均預期壽命

已有延長；強制退休將損失有技術及經驗的人；缺乏對個人能力與意願的關懷；產生高齡人員的實際生活方式問題等。2.贊成現有規定者：認為如予延長，則缺乏年輕血輪，使機關缺乏活力；導致年輕人晉升上的限制；因觀念陳舊造成無效率；保守思想抵制革新與改變；增加俸給經費之開支。

㈣若干的改變：由於缺乏技術人力，特別是工程師、電子通訊專家等所造成的問題，及增加與民間企業對羅致技術人力的競爭地位，政府對某些人員的年齡限制退休的規定，已有延長退休年齡的規定。如各機關在其權限範圍內，可延長技術勞工服務年限，惟至多為三年；並授權機關首長對第七職等以下公務員的退休年齡可予延長，惟以三年為限；又決定凡在一至六月底前達到退休年齡者，一律在六月三十日退休，凡在七至十二月底前達到退休年齡者，一律於十二月三十一日退休。

## 二、退休金之給與

㈠組織與職掌：總務處負責退休金給付計畫之管理與作業，並設退休福利管理局以收繳及管理退休準備基金與退休金之給付；退休福利管理局遇及重大事件時，可成立四個專家委員會以供諮詢，此四個委員會計有退休金制度委員會，以決定有關退休金給付之立法問題；退休金支付委員會，以決定因意外、傷殘及死亡而給予補償之請求及數額的合法性；退休金支付審查委員會，以審查及裁決對退休金給與支付之申訴；退休準備基金委員會，以決定退休準備基金之管理政策。1982年又成立退休金管理組織，辦理退休福利金之給付計畫。

退休福利管理局對退休準備基金之管理，為使公務員可領到較高的給付，將基金投資有價證券及不動產等方式以增加退休準備基金。

㈡退休準備基金之分擔：公務員以其俸給 5.5% 為退休準備基金之一部分，政府則分擔所有公務員所分擔之總數。

㈢退休給付之種類: 主要有下列各種

1.退休金: 公務員退休時，其退休金額依文官法規定，係按其服務年資及退休時最後俸給決定; 任職滿二十年以上退休者，可就下列二種選擇一種支領之:

①月退休金: 係由退休人按月支領，月退休金額按退休前俸給與服務年資計算，約可領退休前俸給 50%至 70%; 並可隨現職俸給之調整而調整。

②一次退休金: 係由退休人於退休時一次支領,其金額之計算公式為: (最後俸給×服務年數×$\frac{150}{100}$)+最後俸給×(服務年數-5)×$\frac{1}{100}$。

公務員任職未滿五年而退休者，其受領之一次退休金僅為其每月所繳退休準備基金之總數及利息。

公務員任職五年以上未滿二十年退休者，只能依前述一次退休金公式，計算支領一次退休金。

2.意外補償金: 公務員執行職務時因生病或受傷造成損傷或損失者，可得意外補償金，其中包括醫藥治療、住院治療及病假金。

3.傷殘補助金: 公務員執行職務時嚴重受傷而無法再繼續工作者，可按受傷程度及最後俸給支領傷殘補助金，此種補助金可按月支付或一次支付; 按月支付者自最後俸給 15%至 80%; 一次支付者可達六十個月之補助金額。

4.遺族給付: 公務員因病或受傷死亡，遺族可領相當三十六個月之撫卹金。又支領月退休金或傷殘補助金之退休公務員死亡者，其遺族得支領其月退休金或補助金的 50%。

5.任內死亡補助金: 公務員在職因受傷或生病死亡者，其遺族可支領補助金，最高可達三十六個月俸給,其確實數額需依死亡原因而定。

6.喪葬補償金: 公務員死亡，其家屬可領三個月俸給之喪葬費。

7.重大災難補助金：公務員遭受火災、洪水等重大災害時，可支領相當三個月俸給之重大災難補助金。

8.低利購屋：將退休準備基金中一部分，以低利貸款給公務員購屋、子女就學、及財產上意外損害之修復等之用。

9.健康保險：公務員及其家屬重大疾病者，其基本醫療需要納入保險，保險費係由公務員與政府共同分擔之基金中支付。

# 第二節　新加坡人事制度

## 第一項　人事機關

**一、公務委員會**：公務委員會 (Public Service Commission) 是新國人事制度之主管機關，其主要職掌爲各機關公務員之編制、任用、認可、晉升、調遷、免職及採取懲處行動，但司法及立法部門之公務員，低於視察層次的警察官員、及按日支薪之人員不包括在內。公務委員會亦負責規劃及實施由新國政府、外國政府、及地方與外國組織及基金會所提供之進修、訓練及獎學金事宜。

公務委員會設委員五人，主席及副主席各一人，均由總統根據總理的建議而任命，任期均爲五年，但可再次任命。

**二、財政部**：財政部常務秘書 (Permanent Secretary) 本人，或基於財政部長的授權（財政部長具有發佈執行公共事務之指示的法定職權），發佈適用至新國政府公務員的指示，此種指示以手冊方式分送各機關使用，並需列入移交。如有違反指示者，將構成懲處；如遇及施行確有困難而不予實施時，需事先獲得財政部常務秘書之許叮。

## 第二項 公務員之分類

**一、程度之分類**: 新國公務員之分類，除政務職外，其所支俸給之高低，可分爲五大類，卽第一類 (Division Ⅰ)、第二類 (Division Ⅱ)、第三類 (Division Ⅲ) 及第四類 (Division Ⅳ)，在第一類之上又有超類 (Super scale Grade)；其中超類多爲高級主管職，俸給亦最高；第一類多爲中級主管及高級非主管職務；第二類多爲基層主管及中級非主管職務；第三類多爲一般低級非主管職務；第四類爲性質特殊之職務及技藝性職務與技工等。

**二、性質之分類**: 新國公務員按性質可區分爲三大部分，一爲政務職，二爲一般公務員，三爲其他人員，其分類情形如下：

㈠政務職: 依其職稱區分爲十一層次 (在新國稱爲等 Grade)，卽總理、第一副總理、第二副總理（主管外交）、高等部長、部長、高等國務部長、國務部長、高等國會秘書、國會秘書、政治秘書、聯絡官；每種職務均定有其俸給。

㈡一般公務員: 按其職務性質，區分二百八十多職羣(Group)，並配至五個大類中，每職羣又區分爲若干等，每等規定有應支俸給（或爲一固定俸給，或爲有幅度之俸給）。如會計職羣，配至超類及第一類，區分爲會計員一等、二等、三等、三等A、四等、五等、五等A、會計員等六個等；行政職羣，配至超類及第一類，區分爲行政職員一等、二等、三等、常務秘書A等、B1等、B等、C1 等、C等、副秘書 D1等、D等、E等、F等、G等、H等、主任助理秘書、助理秘書、資深行政助理、行政助理等十八個等；工程職羣，配至超類及第一類，區分爲工程官一等、二等、三等、四等、五等、六等、七等、八等、九等、十等、及十一等；再如外交職羣，配至超類及第一類，區分爲外交官一

等、一等Ａ、二等、三等、四等、五等、六等、七等、八等、八等Ａ、九等；管理職羣，配至第一類，區分爲管理官一等、二等、三等、四等、四等Ａ、五等、六等；科員職羣，區分爲科員一等（配至第二類）、科員二等、三等、四等（配至第三類）；救火官職羣，區分初級救火官一等、二等（配至第三類），初級救火官三等、四等（配至第四類）；圖書館侍者職羣，配至第四類，圖書館侍者領班、圖書館侍者一等、二等；由上觀之，一般公務員之職羣與等之區分極爲精細。

㈢其他人員：性質極爲複雜，凡政務職及一般公務員之外之公務人員均屬之，共計約一百七十餘種。如機場監督員、助理護士、檢察長、木匠、國家博物館主任、助理設計、衞生教育官、室內設計師、調查員、公共關係官、研究助理、管事、敎員等。

# 第三項　考　　試

新國公務員，有依符合所定資格逕行任用者，卽對某些職務規定其應具資格條件，凡符合所具資格條件者可經由公務會、財政部及用人機關三人小組面談後選任爲公務員；對某些職務，如擬任人員未具所需資格條件時，可經由政府所擧辦的考試及格後，認爲已具有所需資格條件而予任用。其考試情形如下：

## 一、考試種類

㈠初任考試：卽經由考試及格而初任爲公務員之競爭考試，通常每年辦理一次，分高級職務人員考試、各部高級職務人員考試、及一般執行職務人員考試；由常設考試委員會辦理。應考職務屬第一類者，需大學以上學校畢業；屬第二類者，需高中畢業，屬第三類者，需初中畢業，屬第四類者，初中或小學畢業。

㈡升職考試：公務員由較低類升任較高類，或在同類同職羣內升等

者，通常需經升職考試，如係升類並需具較高類之應考資格；如係升等需有任職年資；此兩種考試通常每年舉行一次，亦由常設考試委員會辦理。

㈢支領津貼或加俸之考試：某種職務之公務員，經過特種專業知識（如法律知識）或語言（如馬來、國語、英語、泰彌 TamiL）考試及格者，可支領某種津貼或晉俸或獎金。

**二、考試程序**：舉行考試前，需在政府公報中公告，而後再申請參加考試，考試結果由通函發佈，並由用人機關常務秘書通知有關官員，考試結果亦需刊登政府公報。公務員參加考試者，考試期間以公假論。

**三、一九七九年之考試情形**：在新國公務委員會一九七九年工作報告中，曾敍明該年度之選用及晉升公務員之統計情形如下：

㈠依所定資格條件逕行初任及經由考試及格初任之人數：為第一類男性491人，女性270人；第二類男性559人，女性1,054人；第三類男性1,490人，女性2,482人；第四類男性2,167人，女性1,487人；合計為9,991人。

㈡升職考試人數：包括晉升至超類者99人，晉升至第一類者470人，晉升至第二類者138人，晉升至第三類者674人，晉升至第四類者268人。

## 第四項 任 用

**一、任用**：經參加某種職務考試及格人員，即以該職務任用；惟各類之初任人員於正式任用前，需先經試用，在試用期間（通常為六個月）考核合格者，始認可其正式任用。

**二、晉升**：所謂晉升通常指升職等；晉升需以有關的資格、經驗及功績而定，公務員晉升後可能需要經過一段期間的試用或實習。辦理晉

升需經下列程序:

㈠公告並接受申請: 擬升之職缺需預先公告, 在公告中並需說明申請人之職等、職缺所屬類別、俸給額或幅度、年齡限制、所需資格與經驗、所任職務、及向何人提出申請書等。

㈡甄選申請人之合格性: 對申請人的甄選是公務委員會的責任, 並由所組成之遴選委員會協助; 遴選委員會先審查有關申請人之各種資格的資料, 並得請用人機關派代表參加審查及請公務委員會派人指導, 並舉行面談。

㈢遴選最適合之申請人: 從各申請人中, 經由資料審查與面談, 選出最適合的申請人, 送請核定。

㈣核定晉升並通知: 由公務委員會核定應予晉升之人員, 並通知被晉升人及其在晉升後之俸給與服務條件, 另告知未被錄取晉升之其他申請人。

**三、調職:** 公務員可被調至與其原有職羣及職等相同之任何其他職務, 管理當局如需將公務員調職時, 常任秘書應將調職情形通知被調公務員。 調職可依公務的需要而舉行, 如被調者係經認可的正式任用人員, 應顧及其永業發展的需要; 如被調者係試用或實習人員, 應顧及其經驗擴增的需要。 如在各部間調任時, 需先與調任之部協商, 並需檢送被調人有關病假記錄及懲處等資料, 以便參考。

**四、調用:** 公務員可被調用至其他機關服務, 但臨時人員及以契約方式進用之人員不得調用; 公務員之調用需經被調用機關之許可。 如係調用至非新國政府機關服務者, 需符合下列條件, 即㈠調用以一年為限; ㈡調用機關需負責被調用人員之俸給, ㈢代付年金應繳納款及其他有關費用, 並依規定提供被調用人員在政府機關可享有之各種福利。

**五、借用:** 當業務需要時, 公務員可被部內其他單位或其他部借用

服務，如借用期間將超過二個月者，應先獲財政部常任秘書之同意，如向其他政府機關借用人員者應獲公務委員會之同意；向其他機關借用時應符合下列規定，即㈠出借機關仍需支付借用人員之俸給；㈡借用機關應向新國政府繳納借用人員俸給及津貼的 5％金額；㈢如被借用至新國以外地區服務者，並應支付旅費、住宿費及其他零用費。

## 第五項　俸　　給

一、俸給：新國公務員俸給之俸表有六種，各有其適用對象，其情形如下：

㈠政務職俸表：適用於政務官，自總理至聯絡官，共分十一個俸額，每種職務只有一個俸額，如根據最近資料顯示，總理爲月支 13,695 元（新幣），第一副總理爲月支 11,535 元，最低之聯絡官爲月支 950 元。

| 俸　　號 | 月　　俸　　額 | 適 用 職 務 舉 例 |
|---|---|---|
| 1001 | $15,000 | 行政職員三等 |
| 1003 | $13,000 | 行政職員二等 |
| 1005 | $11,000 | 行政職員一等 |
| 1010 | $10,815 | |
| 1020 | $ 9,370 | 常務秘書A等 |
| 1025 | $ 8,650 | 常務秘書 "B1" 等 |
| 1030 | $ 7,930 | 工業仲裁法院院長 |
| 1035 | $ 7,210 | 常務秘書C一等 |
| 1040 | $ 6,490 | 工程官一等 |
| 1045 | $ 5,770 | 工程官二等 |
| 1050 | $ 5,050 | 會計員一等 |
| 1060 | $ 4,325 | 會計員二等 |
| 1070 | $ 3,965 | 民航官三等 |
| 1080 | $ 3,605 | 民航官四等 |
| 1086 | $ 3,200 | 郵政官四等 |

㈡超類（Superscale）俸表：適用於超類事務官，共分十五個俸號，每一俸號只有一俸額，其情形如上頁表所示。

㈢第一類（Division Ⅰ）俸表：適用於高級事務官，共有三十八個俸號，每一俸號定有俸額幅度，但亦有只定一個俸額者，其情形如下例：

| 俸　　　號 | 俸　　　額 | 適　用　職　務　舉　例 |
|---|---|---|
| 1110 | $2,225-2,615 | 主任助理秘書 |
| 1120 | $2,225-2,420 | 主任空運管制官 |
| 1140 | $1,900-2,420 | 計算機官四等 |
| 1170 | $1,705-2,160 | 高等空運管制官 |
| 1210 | $1,445-1,705 | 主任視察官 |
| 1240 | $1,245-1,495 | 高等實驗室技術員 |
| 1260 | $1,195-1,495 | 主任危險貿易視察員 |
| 1280 | $1,185-1,315 | 民航官九等 |
| 1300 | $1,145-1,495 | |
| 1310 | $1,180 | |
| 1340 | $1,120-1,250 | 工程官十一等 |
| 1380 | $1,195-1,495 | 高等檔案官 |
| 1400 | $1,010 | |
| 1420 | $860-990 | 計算機官六等 |
| 1440 | $670-770 | 警察督察官 |
| 1450 | $560 | 學徒藥劑師 |

㈣第二類（Division Ⅱ）俸表：適用於中級事務官，共分三十二個俸號每一俸號定有俸額幅度或一個俸額。

㈤第三類（Division Ⅲ）俸表：適用於初級事務官，共分五十九個俸號，每一個俸號定有俸額幅度或一個俸額。

㈥第四類（Division Ⅳ）俸表：適用於技藝工作人員，共分二十八個俸號，每一俸號定有俸額幅度或一個俸額。其情形如下頁表例：

　二、**津貼**：新國公務員待遇，除俸給外尚有津貼，惟種類不多且為數甚少，在待遇中並非重要部分。

| 俸　　號 | 俸　　　　　額 | 適　用　職　務　舉　例 |
|---|---|---|
| 4020 | $420–580 | 洗衣師 |
| 4040 | $435 | |
| 4070 | $380–480 | 主任廚師 |
| 4080 | $360–480 | 拖引機駕駛 |
| 4090 | $340–480 | |
| 4120 | $320–460 | 電話作業員 |
| 4140 | $320–365 | 高等駕駛 |
| 4150 | $280–330 | 汽車司機 |
| 4180 | $250–295 | |
| 4190 | $250–280 | |
| 4210 | $250–280 | 電影放映員 |
| 4230 | $240–290 | 射鳥者 |
| 4270 | $220–270 | 射鳥助理 |
| 4280 | $210–250 | |
| 4290 | $210–230 | 印刷學徒 |

# 第六項　考　核

一、一般情況: 對公務員工作需作有系統的與定期的考核，並將考核結果列爲公務員的永久記錄。 爲達此目的， 每一公務員的工作與行爲,需按年制作考核報告，考核表格式有兩種,一種適用於第一、第二類人員，另一種適用於第三、第四類人員；各機關如需另訂考核表時，需先經財政部常務秘書及公務委員會的同意。建立考核報告制度之目的，在保證對特別有前途的及工作與行爲不滿意的公務員已予以注意，並且對公務員的永業發展提供更進一步的資料。如經考核結果認有過失或缺點的公務員，除將此種過失或缺點通知被考核人以期改進外，考核者並應考慮採取下列之一或數種行動，卽給予特別的監督與指導，安排參加訓練，安排調整工作或改變工作環境，停止晉俸或採取其他懲處行動。

如經考核認爲特別優異者，考核者應考慮下列行動，卽給予高一層次的訓練以便將來升等，調整至高一職等的工作，或指定其訓練他人。

二、**考核者之職等**：每一公務員的考核，需由對其工作情況最爲瞭解之直接主管擔任初核，上級主管擔任覆核，初核者之職等原則上應比受考人高一職等，覆核者之職等又需比初核者高一職等；如以類別分，則第一類人員考核之初核者及覆核者應爲第一類或超類人員，第二類受考人之初核者爲第二或第一類人員，覆核者爲第一類人員；第三類受考人之初核者爲第三或第二類人員，覆核者爲第二或第一類人員；第四類受考人之初核者爲第四或第三類人員，覆核者爲第三或第二類人員。

三、**考核期間與功用**：對第一至第三類職務常任人員（除常務秘書外）需按年考核，並於第二年一月至二月間辦理，第四類人員則服務滿十年時考核之。當考慮公務員之任用、晉升、訓練、獎勵或其他之認可時，需要參考其考核報告。

四、**考核表之設計**：所用之考核表，主要分七部分：

㈠第一部分：爲受考者個人特質及任用情況之考核，包括受考人的興趣與活動，如參加專業、技術、民間社交及娛樂活動情況，並具體敍明在受考期間所執行之任務情況。

㈡第二部分：爲執行職務之成果與品質，在考核時應與所希望的工作標準相比較，以認定其工作爲滿意、很滿意、優異、或失望及不滿意。

㈢第三部分：爲總的考評，考核者應盡可能就其所知，作較爲具體之總的考評。

㈣第四部分：爲永業發展的考評，提出受考人是否適合現任工作或需予調整工作之意見。

㈤第五部分：爲晉升之適合性的考評，對受考人執行職務情況之考量，連同已知的品格、經驗及對高等職務的適合性等判斷後，提出是否

適合晉升的意見。

㈥第六部分：為初核者意見，除前述各部分之考核外，如尚有其他意見可在此部分內加註說明，如受考者在公正精神、性情、機智、主動、決斷、工作量等方面，提出描述性意見。

㈦第七部分：覆核者意見，由上級主管擔任，先詳閱初核者各種考評及意見，而後再提出自己的意見，如認初核有錯誤，即予改正。

考核表及資料，應歸入人事資料檔，此種資料遇及常任秘書、公務委員會或財政部常務秘書需用時，應以機密件派人親送。

**五、不再辦理考績：** 新國公務員除考核外並無考績的規定，故無考績等次、限額之困擾。俸給則按年晉俸，但如考核有不良事蹟者，則不予晉俸；又遇及考慮公務員之晉升時，應將若干年來考核表中之考核意見作為重要之參考。

## 第七項　訓練進修

新國對公務員之訓練進修，包括獎學金、考察補助金及訓練課程，均極為重視，其處理情形為：

**一、提出訓練計畫：** 財政部常務秘書及公務委員會，每年要求各部常務秘書提出下年度所需要的訓練計畫，並敍明下列事項，即訓練期間，所需訓練的人數，需要訓練的理由（如為取得晉升資格、使用新設備等），訓練的層次（如大學教育訓練、研究院教育訓練、實務訓練等），參加訓練人員之職等，教育資格及經驗，訓練完成時之任用，前往的國家，前往的學校，預期出發日期等，並按計劃的優先順序排列。

**二、計畫核定後之準備工作：** 當所提之計劃核定後，應即通知受訓官員作積極準備，如體格檢查、購買保險、取具保證等；如訓練期間超過六個月時，原住公家宿舍者應即騰空等。

三、受訓者之義務: 參加受訓人員需遵守下列事項, 卽㈠以全部時間從事訓練課程之研究; ㈡參加在訓練期間所舉行之各種考試; ㈢住在所核定的學校、招待所或住所; ㈣對出席、行爲及進步情形需能使公務委員會滿意; ㈤符合保證書中所列規定; ㈥遵守常務秘書及公務委員會隨時所給予的指示。

四、提出報告: 參加訓練人員, 於回國後一個月內應向常務秘書及公務委員會提出受訓心得報告, 報告並需切實評鑑所接受的訓練及從訓練中所得的益處; 參加訓練者亦須對改進公務效率提出建議。

## 第八項　服務與懲處

### 一、服務要求

㈠工作時間: 在工作時間方面, 通常定爲週一至週五爲上午八時至下午一時, 及下午二時至五時, 週六則爲上午八時至下午一時, 合計每週四十五小時; 除高級人員外, 上下班時間均應作成記錄。

㈡應盡義務: 公務員在公務上所獲得之機密, 應嚴守秘密; 如公務員接受作廣播或電視訪問或向廣播電視提供資料, 需事先獲得常務秘書之許可; 公務員非經許可不得爲報章雜誌之編者或出版官方記錄資料。公務員對涉及公務之個人利益事件, 非經許可不得進行法律訴訟; 公務員如因公務而受控時應卽報告上級; 公務員因公務涉訟時可獲得政府對法律上的協助; 公務員不得參與賭博; 公務員不得出借金錢生息, 但可將金錢存入郵局、銀行、財務公司或合作社; 公務員不得向與本身職務有關之人員借錢。公務員如遇及重大財務困難或作虛僞的「未負債」之宣示者, 將構成懲處; 各部對初任人員得要求其以書面敘明是否有財務困擾, 如有則需說明其債務情形。公務員不得利用官方資訊或其地位謀取個人利益, 不得使政府信譽受損, 不得利用機關或官方地位來支援

自己，但在特殊情況下，可能獲得上級的允許。公務員的全部時間係由政府支配，非經獲得書面的許可，不得從事任何商業活動、爲他人做有報酬的工作。公務員除於離職或退休時外，不得接受屬員的禮物，不得接受招待。

㈢政治活動之限制：係對公務員有不同規定，其一般原則爲公務員有投票及加入政黨的自由，但公務員穿着制服或在政府機關內或在執行職務時，不得有政治活動或佩戴政黨的標誌；第一、第二、第三類公務員，及第四類之警察人員、監獄人員、司法人員、及所有打字人員，禁止參與政治活動；第四類之其他人員，原則上對參與政治活動不予限制。

二、懲處：依一九七〇年公務員懲處規章之規定，公務員懲處之機關、程序及懲處種類等情形如下：

㈠移送：各部常務秘書如認所屬公務員有行爲不檢或疏忽失職情事，可向公務委員會提出並要求懲處，公務委員會如認有必要時可對控案加以調查，並以書面通知被懲戒人控告內容以便提出申辯。

㈡一般懲處：公務委員會對控案內容、答辯及調查結果予以考慮後，如認爲適當可作下列處理，即控案事實已够明確，對被控者給予懲處，如停止或延期晉俸、罰金或申戒，或以上數種懲處併用；或根據調查顯示，需將被控者退休而不再採取懲處程序，對其退休利益予以扣減或不予扣減。如就控案內容認爲需予免職或降等之懲處時，則應依特定程序進行。

㈢免職或降等：由常務秘書以書面通知被處分者受控理由並可能構成免職或降等處分之情形，同時給予至少七天時間由被控者以書面辯解。如公務委員會對被控者之辯解感到不滿意時，可組成一委員會從事調查眞相並向公務委員會提出報告；調查委員應由兩位公務員及一位非公務員組成，並由常務秘書任命。調查委員會的公務員將告以委員會開始調

查之日期，並得參加此種調查，同時允許與證人對質，提供證據。委員會需於十四天內完成調查程序（但公務委員會得予延長其期限），並經由常務秘書向公務委員會提出報告。公務委員會根據調查委員會的報告，對被控者可作下列之處分：

　　1.將被控者予以免職或降等。或

　　2.改予免職或降等以外之較輕的懲處，如停止或延長晉俸，罰金或申戒，或同時給予數種懲處；或囑其從公務中退休並予以扣減或不扣減退休利益，而不再作其他懲處。

　　㈣停職與刑先懲後：公務委員會如認有需要，在懲處程序進行中，得將被控者先予以停職，並發給其部分俸給或不發俸給；如被控者後來所得懲處並非免職，則應補發其扣發部分之俸給。如在懲處程序中被控者涉及刑事責任並開始刑事程序時，則在刑事程序未終結前，停止懲處程序；如刑事部判決有罪確定，仍認有予以免職或降等或其他懲處之必要時，公務委員會對之仍得予以懲處。在懲處程序進行中，被控者在未獲公務委員會允准前，不得辭職或離開新國。

　　三、貪污防治法：新國防止公務員貪污，特於一九六六年公佈貪污防治法，內中特別值得重視之規定為：

　　㈠第十七條之㈠，儘管其他法律已有規定之事項，如檢察官確認有觸犯本法罪嫌之合理事據，得以命令授權貪污行為調查局之局長、副局長及其他有關人員，進行該項命令所載事項之調查，包括對各銀行進行銀行帳目、股份帳目、購買帳目、支出帳目、其他帳目或保險箱之調查；並有權要求任何人舉發或提供調查人所需的事實狀況、帳目、文書或物品。

　　㈡第十七條之㈡，任何人不舉發犯罪事實或不提供帳目、文書或物品給調查人者，為觸犯本法之罪，處二千元以下之罰金或一年以下之徒

刑或併罰之。

㈢第十九條之㈠，如檢察官認爲政府機關或公共團體各部門之服務人員，有觸犯本法或刑法有關各條之罪，或各該罪之陰謀犯、未遂犯或教唆犯之行爲證據，可能在該等人員或其妻子或受託人，保管人或代理人之銀行簿册中發現時，得以命令授權調查局局長、副局長及其他有關人員，進行調查上項銀行簿册，並得影印該等簿册有關記載。

㈣第二十三條之㈠，法院對觸犯本法或刑法有關各條之罪或各該罪之陰謀犯、未遂犯或教唆犯，所進行之審理或訊問時，如被告對其所有金錢的資源或財產與其爲人所知的所得來源不相稱，且未能提出合理圓滿的陳述時，或對其在那段令人懷疑的期間內所獲金錢的資源或財產上之添加物，未能提出合理圓滿的陳述時；法院即得以其事實採認爲在該審理或訊問中被告已接受、獲得、同意接受或已決定取得賄賂之證言，及證明該賄賂已不正當的被接受、被獲得。

㈤第二十三條之㈡，不論前項所謂資源或財產現爲被告的親戚或其他關係人所持有，或該添加物現爲被告的親戚或其他關係人所獲得，如有理由相信係受被告之託爲被告之代表或爲被告之利益而持有該資源或財產或獲得該添加物，或係被告所送之禮物時，被告仍被視爲所有該項資源或財產或已獲得添加物。

㈥第二十六條，貪污行爲調查局長、副局長及其他有關人員，基於職務上需要調查之事項，任何人依法負有提供事實眞象之義務。

㈦第三十五條，本法有關規定，於國內及國外之新國公民皆有效力，凡新國公民在國外任何地方觸犯本法之罪，他仍將如同在國內觸犯該罪，並受同樣的處罰。

## 第九項　退休年金、儲蓄基金及福利

新國公務員，除退休年金制度外，尚有儲蓄基金制度，通常屬第一、第二兩類之公務員，此兩種制度均有參加，而第三、第四兩類之公務員，則以參加儲蓄基金制度為原則。有關福利之設施，尚有供應制服、廉價租房渡假、及職員膳食等，分別簡述如下：

一、退休年金：新國公務員之支領年金，依年金法之規定，但總統可訂定補充性的年金規章。年金法之要點如下：

㈠自行退休之條件：新國公務員具有下列情況之一者，可自行退休，卽 1.本法施行時男性公務員年已滿 50 歲，或在其他情況下男性年滿 55 歲或女性年滿 45 歲者； 2.官階在助理監督以下之警察官或政府精神病院男性護士年滿 45 歲者； 3.經主管及醫師證明，由於永久性的身心疾病而不能執行職務者； 4.原任職位或機構被裁撤者； 5.為公共利益而終止職務者； 6.為改進組織及效率而終止職務者； 7.依先前年金法規定已可領取退休金者； 8.擔任新國警察職務已達十五年者； 9.女性公務員年滿 50 歲者； 10.在特殊情況下任職已達十五年者。

㈡命令退休之條件：新國總統對具有下列情事之一者，得要求其退休，卽 1.本法施行時男性公務員年滿 55 歲，或在其他情況下男性公務員年滿已達總統指定之 60 歲或 55 歲者； 2.官階在助理監督以下之警察官、監獄官，或政府精神病院男性護士，年滿 45 歲者； 3.認為退休係為公共利益所期望者； 4.女性公務員於結婚時經選擇保留支領慰勞金者； 5.所任職務或機構經裁撤者； 6.為改進組織增進效率所需要者； 7.男性公務員年齡已達經總統指定之 60 歲或 55 歲者。

㈢退休年金額：給與標準多依任職年資而定，其一般情形為：

1.任職十年以上而退休者，按其退休前三年平均月俸之六百分之一，乘以任職月數之所得為準，按月給予年金，但最高額仍不得超平均月俸之三分之二。依規定可領取年金人員，於退休時得要求改領減額年

金（卽原有年金額之四分之三），其餘部分改領慰勞金（慰勞金數額相當於所減數額之十二倍半）。領取減額年金及慰勞金人員，於退休經過十二年半後，又可恢復領取全額年金。

　　2.公務員因機關裁撤、或增進效率而退休或離職者，其年金額得按最近三年平均月俸之五百分之一，乘以任職之月數核計，直至五百分之二百四十（$\frac{240}{500}$），而後再按平均月俸六百分之一乘以其餘任職月數核計。因此種原因而退休或離職人員，政府可隨時予以再任。

　　3.公務員因執行職務受傷殘而退休者，除依規定給予退休年金或慰勞金外，並得依下列標準給予津貼，卽(1)輕度傷殘者，給予月俸六十分之五；(2)傷殘者，給予月俸六十分之十；(3)主要部分傷害者，給予月俸六十分之十五；(4)完全傷殘者，給予月俸六十分之二十。

　　4.領取退休年金人員再任其他公職者，總統認有需要時，在再任期間可停止其年金之支給。

　　5.公務員任職年資未達請領年金所需之年限者，於退休時可領取一次慰勞金，其計算標準爲最近三年平均月俸六百分之五，乘以任職月數。

　　6.如年金之領取權利，是基於有意的隱瞞重要事實，或有意忽視某種事實，致原不應給予而給予年金者，總統可取銷原有年金權利或減低原有年金額。

　　㈣年金之讓與或轉移：公務員所領年金，除有下列情形之外不得讓與或轉移，卽1.償還對政府之債務時；2.法院命令將部分年金定期支付其有權領取年金、慰勞金或其他津貼之妻子時。

　　㈤年金之終止：公務員如於退休時經法院判決爲破產者，終止其年金，但總統認有必要時，可准其支領一部分，於破產之宣告撤銷時，將

恢復其原有的年金。如支領年金之公務員因犯罪而被法院判處死刑、苦役監禁或任何期間的徒刑時，立即終止其年金，但總統認有必要時，得准其妻及子支領一部分，於刑期屆滿後，亦得准其繼續支領年金。依本法給予年金之公務員，擔任其業務主要在新國之公司的主管或職員，或在新國從事有收入之職業時，如未獲得總統的書面許可，將終止其年金，如公務員離開原任職務或停止職業活動時，則將恢復其年金。

㈥遺族慰勞金: 公務員在職亡故者，對其遺屬（如無遺屬則其法定代表人）給予慰勞金(Gratuity)，其數額或為公務員之一年的俸給或從年金折算慰勞金（兩者較優者給予之）。如公務員於退休後一年內亡故者，對其遺屬（如無遺屬則其法定代表人）給予慰勞金，其數額為一年的俸給，但需扣除已領的年金。

公務員因執行職務受傷而死亡者，除依前述規定給予遺屬慰勞金外，並得依下列規定給予年金: 即

1.遺有寡婦者，給予受傷時月俸六十分之十，或每年給予二百四十元新幣（以高者為準）; 同時遺有 18 歲以下子女者，給予每一子女月俸十三分之一，但不得少於六十元新幣。

2.如只遺有子女者，其給予標準照前述加倍計算。

3.如未遺有寡婦而遺有受扶養之母親者，對其母親給予與寡婦相同的年金。

㈦結婚離職之慰勞金: 女性任職五年以上因結婚而辭職或退休者，於離職日起六個月內得給予慰勞金，其金額按每任職一月給予十二分之一月俸之標準計算，最高以一年的月俸為限，但該公務員已依規定可支領年金者，不再給予離職慰勞金。

二、中央儲蓄基金(Central Provident Fund)

㈠適用範圍: 依新國中央儲蓄基金法之規定，儲蓄基金制係屬一種

公益性的強制儲蓄措施，凡支領薪資人員 (Wage-Earner)，不分按日、按週或按月支薪，均應參加。此外半官方機構與民間企業雇用人員，亦可參加中央儲蓄基金，凡在 CPF 立戶存儲者，即爲 CPF 之會員。

(二)基金來源：由公務員按月繳費，與政府按月提撥補助費設立基金，以公務員名義立戶存儲，其繳費與補助費之比例，因公務員月俸高低而有不同，大致而言，由公務員按月俸自繳二十五％，政府（雇用者）亦按月補助其月俸之二十五％，其詳情如下表：

## 中央儲蓄基金之繳費率

| 公務員月支俸額 | 繳 費 率 | | |
|---|---|---|---|
| | 政 府 | 公 務 員 | 合 計 |
| 未達50元者 | 不需繳費 | 不需繳費 | 0 |
| 50元以上未達200元者 | 公務員月支俸額之25％ | 不需繳費 | 公務員月支俸額之25％ |
| 200元以上未達363元者 | 公務員月支俸額之25％ | (一)月支俸額之10％與<br>(二)月支俸額與200元間差額之$\frac{1}{2}$ | (一)公務員月支俸額之35％與<br>(二)公務員月支俸額與200元間差額之$\frac{1}{2}$ |
| 363元以上者　(一)一級俸給　(二)津貼 | (一)25％，最高額爲1,500元<br>(二)25％ | (一)25％，最高額爲1,500元<br>(二)25％ | (一)50％，最高額計3,000元<br>(二)50％ |

㈡基金孳息：基金由基金委員會管理運用孳息，各年之利息，通常為六·五％，並列入各參加人員之帳戶。

㈣各參加人員之權益：各參加人員可享受之權益，包括下列各種：

1.開列帳戶運用：以個人自繳、政府（僱主）補助及利息所得（合計約為參加人員月俸之五〇％）中之四％列為特別帳戶，以供特別需要；六％列為醫療帳戶，以供疾病醫療之用；四〇％列為普通帳戶，以供置產及購買股票等之用。

(1)對醫療帳戶之運用：參加儲金人員因病住院（公立醫院及經核可之私立醫院）治療者，可利用醫療存款帳戶支付醫療費用。其中

　　　A、可支付之醫療費用，包括病房費、醫師費、設備費、住院費等。

　　　B、不得支付之醫療費用，包括未住院之治療費、病人之陪床費用、醫療報告（診斷書）費、未經移植之補缺物與器材之費用、電話、電報、個人衣物清洗、特別照護、與其他屬於病人私人之費用。

如醫療帳戶存款不足支付醫療費用時，其不足部分由各參加儲金人員自行以現金或支票支付，或在將來所儲蓄之金額中支付。又年滿五十五歲之參加人員，其醫療帳戶中必須保留部分存款（其額度為五、五〇〇至一〇、〇〇〇新幣），以備不時醫療之需。

(2)對置產帳戶之運用：參加儲金人員，可充分運用其現有儲金，與按月攤付之繳款，用以置產或清償未付之購屋貸款，惟所能提取之儲金數額，不得超過置產當時該財產總值之八〇％；又置產時如現有之帳戶存款不足支付時，其不足部分可以現金支付，或另向有關機關申請購屋貸款。

2.儲蓄基金之領取：參加儲金人員，合於下列情形之一者，得領取

儲蓄存款: 卽

(1)年滿五十五歲者。

(2)經證明身心殘障不能繼續任職者。

(3)心智不健全（心神喪失或心智耗弱）者。

(4)非新國公民，卽將出境或已永遠離開新國與馬國，而無返回意圖者。

(5)馬國公民，經管理當局認定其卽將出境或已永遠離開新國回歸馬國者。

依上述第(1)(2)(3)種情形領取儲蓄基金者，必須將所領數額中之一部分保留於醫療儲蓄存款帳戶中 (Medisave Accounts) 。此外，凡年滿五十五歲經領取儲蓄存款而繼續任職者，自五十五歲以後每隔三年（卽五十八歲、六十一歲、六十四歲……等）可再領；又年滿五十五歲經領取儲蓄存款後離職，六個月內未再任職者，可再領一次。

三、供應制服: 當基於下列情形需要穿着制服時，其制服由公家發給: 卽

（一）為維護政府或機關的威望，使公眾易於認識其地位及身分。

（二）避免私人服裝的不適時及破碎，參加典禮。

（三）對發有制服的公務員，必須在執行職務時穿著制服，佩戴標誌以便公眾認知其為公務員。

四、廉價租房渡假: 新國在風景優美地區及海邊，建有許多小平房，以供假日渡假休息住宿之用；公務員及其眷屬亦可申請租用，期間以按星期計為原則，每十二個月有租用一次之權利，每一小屋以住兩大人一

小孩爲限；租金及洗衣費用均極爲低廉，故亦列爲公務員福利之一。

五、職員膳食：由機關與外界商人訂立契約，舉辦職員膳食；爲降低膳食成本增進職員福利，免費供應用膳地點，免費供應家俱及固定設備（包括水電瓦斯供應），並予免費保養。

## 第十項　終止職務

新國對各種公務員職務之終止，規定其詳，其情形爲：

一、公務員因請辭而終止職務：公務員請辭者，應於一個月前提出書面通知或支付一個月之俸給以代替之，常務秘書應將辭呈聯同下列意見轉送有權核准之主管裁奪，卽㈠是否打算採取懲處行動；㈡是否受有指控；㈢是否因不誠實而曾受法院的處罰；㈣是否受有爲政府服務的約束；㈤是否對政府有財務上的義務。主管對公務員是否有爲政府服務之約束在未調查清楚之前不得接受其辭職；如公務員欲在一個月前提出書面通知的限期未屆滿前離職者，應先繳納提前離職日數之俸給後，主管得予同意。如公務員受爲政府服務之約束而又要求離職者，則常務秘書應與公務委員會洽商決定應向政府清償之損失後再予同意離職。

二、要求公務員終止職務：管理當局如需要求編制內公務員離職，需於一個月前以書面敍明理由通知公務員知悉，或給予一個月俸給以代替通知。如公務員係在試用期間者，則毋需敍明理由，仍需於一個月前以書面通知或給予一個月俸給以代替通知。對按月臨時任用之公務員，遇有下列情況時通知其終止職務，卽所擔任的任務經已完成時，或已另有合格人員對其職位作常任的任用時，或經醫師證明他因身心不健全而不能有效的執行職務時；如並不基於以上原因而通知離職時，則常任秘書應透過用人主管與公務委員會洽商後通知，之對以契約方式進用之公務員。在任期未屆滿前通知其離職者，常任秘書應透過用人主管事先獲

得公務委員會核准。對受訓的學徒或學生，如有行為不檢或疏忽失職情事，常任秘書應以書面向其提出警告並告知其缺失，如在一定期間內仍未有改進者，則可於獲得公務委員會同意後終止其職務；公務委員會可毋需理由於一個月前以書面通知其離職，或給予一個月俸給以代替通知。

三、免職：如對經認可的公務員因行為不檢、玩忽職務或其他應懲處理由而擬予免職者，常任秘書應依照懲處程序進行。如對未經認可之其他公務員因行為不檢、玩忽職務或其他應懲處理由而擬予免職者，常務秘書應將案件轉送公務委員會處理。受免職處分之公務員，喪失其請求給予各種利益及津貼的權利。受免職處分之文件應送達公務員親收。

四、因開缺而終止職務：公務員未經請假或無正當理由而連續缺勤達七日（包括一個星期天或假日）者，可予開缺。如公務員未經請假而缺勤達二日者，常務秘書需通知其立即出勤辦公並要其解析為何缺勤之理由，如公務員未能提出滿意的解析或又繼續缺勤超過七日者，亦可予開缺。

五、因在職死亡或退休而終止職務：公務員在職亡故者，其遺屬可依年金法之規定支領慰勞金。公務員退休者，其原有職務亦因而終止。

# 第三節　菲列賓人事制度

## 第一項　主管機關與人事法制

一、人事機關及機構：主管及執行人事制度之機關與機構有：

㈠文官委員會：文官委員會設主席一人及副主席二人，由總統任命；主席任期為五年，負責文官委員會任務之執行，非有正當理由並經調查不得免職，主席具有部長地位，任命後不再受總統監督，獨立行使職權；

副主席中，一人任期爲五年，一人爲三年，協助主席及處理主席所交付及法律所規定之事項，遇及主席不在時，代理主席職務。

㈡地區文官分會：文官委員會爲符合公共利益需要，得在各重要都市設立文官分會，以處理各該地區政府機關人事業務；文官分會的主管由文官委員會主席任命，並執行主席所授權處理之事項；各文官分會之職員，由主席依照文官法及規則任用。

㈢待遇及職位分類局 (Office of Compensation and Position Classification)：該局隸屬於預算部，負責文官職位的分類及使分類職位人員俸給之標準化，惟俸給之最低限與最高限，得在文官法中規定。

㈣文官申訴委員會：設委員會主席一人及委員二人，均由總統經獲任用委員會同意後任命，爲專任職務，在職期間應保有良好行爲，基於正當理由可由總統免職；委員會的主席與委員需具有與上訴法院法官同樣的資格；開會時需公開，需有二位委員出席方得開會；委員會應將其業務與活動予以記錄，並公開受人查閱。

㈤人事機構：各部及各機關及各省應設置人事機構，並以人事官員爲機構之主管，受機關首長之監督，負責各機關之人事管理及與文官委員會之有效聯繫。文官委員會應向各人事機構提供有關發展及改進人事管理政策與方案之協助與勸告。每屆年度終了後三十日內，各人事機構應向機關首長及文官委員會提出有關人事管理活動及改進人事管理建議與報告。

㈥考試委員會：經有關部長的同意，文官委員會主席得遴選政府機關適當人員爲考試委員會之委員，特別考試官或特別調查官；此等人員可執行文官委員會主席所交付之考試、任用及晉升之調查等工作，並允許支領原俸給以外的報酬，經費由文官委員會負擔。

**二、人事法制：**菲國人事法制，主要由文官法、文官規則、文官申

訴委員會規章、行政法典中之一部分及文官委員會之指示所構成。其中：

㈠文官法：主要規定文官範圍、主管人事機關及人事機構的組織、文官資格、俸給及權責、人事授權、人事政策與標準、懲戒、及其他等。

㈡文官規則：係對文官法之重要補助規定，其中包括徵募、考試、分發、任用、晉升、考績、永業發展、獎勵建議、寃屈申訴、工作時間、給假、懲處、人事視察等人事業務之處理原則與程序。

㈢文官上訴委員會規章：主要規定各種申訴案件之處理程序。

## 第二項　職位分類架構

**一、公務員之範圍：** 文官法中所稱公務員，包括政府所有各部門、政府所有或管制的公司之人員，又除決定政策、機要及高度技術人員外，其任用需基於功績與適合性，並盡可能用競爭考試方式決定。文官人數約爲八十萬人。

**二、公務員職位分三種：** 公務員職位分競爭職位、非競爭職位及除外職位三種，其內容如下：

㈠競爭職位：亦稱分類職位，包括其任用需經由考試取得資格之所有職位。

㈡非競爭職位：亦稱非分類職位，包括法律所特別指定之職位，及在性質上屬於制定政策、機要及高度技術的職位；下列人員之職位爲非競爭職位，卽1.由總統經獲得任用委員會同意任用之人員；2.總統、副總統、參眾兩院議長及議會之秘書人員；3.各部部長、最高法院及上訴法院法官之私人秘書及一個助理秘書；4.大學各學院教授；5.省、市委員會或會議之秘書；6.非技術的勞工；7.國會兩院的補充人員。

㈢除外職位：包括民選官員、軍事人員、以契約方式雇用之人員；此等人員不包括在文官法範圍之內。

三、競爭職位之分類架構：菲國競爭職位之分類架構，其原則、技術及程序，與美國甚為相似，即先將職位（Position）按其工作性質之相似性，區分為職羣（Group），再將同一職羣之職位按其工作性質之充份相似性，區分為職系（Series），再將同一職系之職位，依其工作繁簡難易、責任輕重及所需資格條件之程度充份相似者，區分為職級（Class）；而後再將各職羣及職系之各職級，列入共同的職等（Grade）；此種職羣職系職級及職等之縱橫架構，即稱為分類架構或稱為分類標準。當職位分類在人事管理上應用時，需先將各機關的職位分別歸入適當的職級，而後按所歸職級，遴選所需要的人員及支給俸給。茲就菲國現行之分類架構簡說如下：

㈠職系區分：菲國現行競爭職位，依其性質共區分為二七四個職系，如會計職系、行政服務職系、建築職系、預算職系、化學職系、土木工程職系、電算職系、牙醫職系、經濟職系、漁業職系、林業行政職系、工業發展職系、火車機車操作職系、勞工關係與協商職系、圖書館職系、地方政府職系、人力發展職系、護理職系、考試職系、人事業務職系、郵務職系、公共新聞職系、資料管理職系、衛生工程職系、學校行政職系、科學發展職系、特種警察職系、教學職系、疫苗接種職系、獸醫職系、水資源發展職系等。

㈡職級區分：每一職系之職位，再依其職責程度區分為職級，各職系之職級數多少不等；如會計職系區分為三十九個職級，行政服務職系區分為三十四個職級，建築職系區分為十四個職級，考試職系區分為四個職級，火車機車操作職系只設一個職級。以上二七四個職系共區分職級約四千七百個。

㈢職等區分：菲國原稱為俸級幅度（Salary range），即將分類職位公務員之俸給區分為（自35起至85止）51個幅度，並將各職級分別列入

適當幅度；每一幅度設五個俸級，上下幅度之間有四個俸級的俸額係屬相同；但爲簡化俸表結構，已自一九八〇年起，改爲職等，卽自第一等（最低等）至第廿八等，共設28個職等，並將各職級列入適當職等（如同一職系有二個以上職級列入同一職等時，則可倂爲一個職級）；每一職等設八個俸級，八個俸級中後三個俸級爲年功俸性質，上下職等間之俸級，有六個俸級的俸額相同。由於職等的簡化（約爲原俸額幅度數的一半），各職系之職級數亦因而減少，約自原有之四千七百個職級簡倂爲二千七百個職級。

## 第三項　考　試

　　就公務員之遴用而言，事實上包括三個程序，卽徵募、考試與分發，茲就文官規則之所定，簡說如下：

　　**一、徵募：**爲期鼓勵適格人員應徵並能從多數人員中遴選最優秀者任職，文官委員會應將考試的公告分送學校、學院及大學，專業或職業團體，甚至商業團體或工會；應試者需具有菲國國籍，年齡需在 18 歲以上 50 歲以下；報名時應提供有關公民、年齡、敎育、體格及其他可以證明適合擔任公務之證明或資料，必要時並得舉行品格調查；如考試係在馬尼剌舉行，則報名書表應送至文官委員會，如在各地區舉行，則報名書表應送至該地區的考試委員會，並均需於報名限期內送達。

　　應考人具有下列情事之一者，文官委員會可拒絕其報考，卽㈠未具該考試之最低資格要求者；㈡體格上或品德上不適合擔任該考試及格人員需擔任之職務者；㈢曾因卑鄙品格、或不名譽或不道德行爲、不誠實、或酗酒或耽溺尼古丁等而犯罪有案者，㈣因不名譽事由而被政府機關免職者。於考試後如發現有虛僞陳述或僞造應考所繳文件及內容、或對考試有欺騙情事者，其考試及格應予無效，並得以此理由予以免除職務。

**二、考試:** 除法律另有規定外,對競爭職位非經該職位之考試及格,任何人不得任用;公開競爭初任考試應盡可能測驗應考人對擬任職位所需之才能與適合性,至升職考試不論為競爭的或非競爭的,可按需要規定。對非競爭職位之任用,為公務利益及用人主管的指示,可以規定其所需要的考試資格。

考試的適合性、公正性與切實性,有助於適格人員的遴選,又考試可以集體的舉行亦可個別的舉行,考試方式可用筆試、口試、體能運用、實地考試或出具書面證明,或以上數種方式並用;此種考試可考慮經驗、教育、性向、才能、知識、品格、體格適合性及其他因素,來決定應考人之是否適合於擔任職務。

對原應舉行競爭考試者,當遇及下列情況時可舉行非競爭的考試,即(一)於公開競爭考試公告後無適格人員報考,或文官委員會認為如用公開競爭考試將無法獲得結果時;(二)對升職、轉調及再任舉行測驗時。

考試日期應根據公務利益及應考人之方便決定。根據文官委員會指示可成立省會或城市的考試委員會,並各以省或城市之財務主管為委員會主席,另以學校校長、審計官等人員為委員;考試委員會主席負責保管試卷及其他有關考試之資料,於考試完畢後應將試卷送文官委員會或其所在地區之文官分會。所有菲國政府官員,對文官考試應給予便利,公共場所的管理者應准許供應考試之用。

**三、評閱試卷及決定及格人員:** 試卷應依其成績評分,最高為一百分,文官委員會認有必要時得規定各科目的分數比重,凡考試成績在七十分以上者為及格。光榮退伍的軍人參加初任考試者得加五分;對因公殘障光榮退伍的軍人、光榮退伍軍人的寡婦、因公殘障光榮退伍軍人之妻,參加初任考試者得加十分。

考試及格者,應按成績順序編入各該考試之及格人員名冊,及格人

員因住址有變更者，得要求將其改編至現住地區任用之及格人員名冊。除法律另有規定外，凡考試及格者只能在據以辦理考試之職位上任用，不得在同等的其他職位或同性質之較高或較低等職位上任用。

四、分發：各機關遇及競爭職位出缺時，除由晉升、調任、再任、或對資遣人員回任者外，應從有關考試及格人員名冊之人員中申請分發任用。用人機關申請分發時，應叙明擬任職位之名稱及任務、可支俸給等情形，文官委員會則根據申請將該職位之考試及格人員名冊中前三名且未經分發三次者予以分發；但遇有下列情形者得予例外，即㈠無該職位之考試人員可以分發時，得就性質及等級最相近之考試及格人員名冊中分發；㈡分發擔任臨時職務或暫代職務者，不作分發一次論；㈢用人機關或法律、規章等規定需由男性（或女性）並具有特殊資格或訓練者擔任時，則分發符合此種條件之人員；㈣用人機關得要求再分發前經分發而未被選用之人員。由省或城市舉行考試者，各該省及城市之財務主管（即原考試委員會主席）應保有該考試之及格人員名冊（由文官委員會提供）。

用人機關從分發名單中選用時，如發現其他資格均屬相等時，則應優先選用名單中之退伍軍人，如用人機關選用非退伍軍人時則應以書面向文官委員會陳述理由，並由文官委員會作最後決定。

## 第四項 任 用

菲國對公務員之任用，有常任任用、臨時任用、暫時任用、再任、調任、調升、及裁減人員等之分，茲簡說如下：

一、一般規定：對公務員的任用，應為常任的或臨時的或暫時的任用；所有競爭職位的任用或晉升，必須依照文官法、文官規則及俸給與職位分類局的計畫之規定；任用時應由用人機關填具規定表格送請文官

委員會核准，此種核准將爲支付俸給之根據。如屬初任或再任，應同時檢附體格檢查表，對與安全有關之職位或執法職位人員之任用，必要時得要求檢附國家調查局或警察機關之證明。省或城市公務員之任用，需先送財務主管查核後再送文官委員會審核，如於一八〇日內文官委員會未作變更，則認爲此種任用已屬適當。文官委員會對省及城市有關任用之授權，如該省及城市地區已設有文官分會時，則該項授權自動停止。

擬任或再任人員已年滿五十七歲者，除總統、國會兩院議長及最高法院院長認有需要可予例外者外，一律不得任用。當考試及格人員名單尚留有未被分發之人員時，各政府機關及政府所有或管制的事業對競爭職位不得任用或臨時任用他人。文官委員會對下列人員之任用應不予核准，即㈠未符合擔任職位之最低資格者；㈡體格不適合擬任職位職務之執行者。又文官委員會對下列人員之任用，得基於自己的考量而拒絕核准，即㈠發現由於道德上的卑鄙、不名譽、不道德行爲、酗酒、耽溺尼古丁或不誠實而犯罪有案者；㈡被其他機關因案而免職者；㈢在任用上作虛僞陳述或有欺騙之行爲者。對此種人員應不考慮其作常任任用，除非其已經適當的考試及格或其任用的適格性已經有權機關恢復。

**二、常任任用：** 凡擬任人員符合文官法、規則及標準對擬任職位之所有規定者，即可發佈常任任用；常任任用可是初任，亦可由調任、晉升、降調、再任、回任而作成。

常任人員如屬初任，需先經六個月的試用，在試用期間一方面進行徹底的品格調查，一方面亦認爲係考試程序的一部分，用以嚴密考查試用者的品格、作爲及才能，以獲致新進人員對職位之最有效的調整，如發現試用者的行爲不滿意或缺乏才能時，則予解除職務。當試用期間屆滿時，任用官員認爲試用者之品格、行爲及才能均屬滿意者，則可予以絕對的任用；否則應於試用屆滿前以書面通知試用者，因其品格或行爲

不滿意，或缺乏才能理由將予試用屆滿時解職，經過給予試用者以辯護機會並證明原有理由係屬或立時，則可將試用者予以解職。試用者於接獲解職通知後三十日內得向文官委員會提出申訴，由文官會作最後決定。用人機關應將解職之理由向文官會陳明。遇及常任職位之現任人員因法定事由不能執行職務且業務又有需要時，對該職位得爲暫時的任用（卽指派職務代理人），直至原有人員可執行職務時止。如此種代理非經由晉升、再任、調任或回任所作成時，如該職位係屬競爭職位，則需從考試及格人員名單中分發選用。

三、臨時任用：當遇職位出缺，爲公務利益必須補人而文官委員會又發現無適當及格人員可資分發時，用人機關對未經該職位考試及格但符合正常職位任用條件者作臨時任用，其期間不得超過自有適當人員可資分發日起之三十日。

四、暫時任用：對競爭職位可作不超過六個月之暫時任用，但對此種任用仍應給予考試及格人員以優先權。如任用期間需超過六個月時，對該職位應依常任任用或臨時任用之規定辦理。

五、再任：對原經在競爭職位上常任任用，後並非因怠忽職務或行爲不檢而離職者，經由用人機關的要求及文官委員會的分發，在不高於原有職等或職級之職位上再任；但需符合下列條件，卽㈠資格仍合於文官規則之所定；㈡資格合於較高職等或職級之規定時，亦可在較高職等或職級之出缺職位再任。如公務員原係因入營服役而離職後經光榮退伍者，應優先予以再任。又政府官員因參加競選而於選期前三個月內辭職者，於選舉後六個月之期間內不得再任。

六、調任：所謂調任，係指由一職位調任至另一同等地位、俸給幅度之職位，前後年資未有間斷，且需再次發佈任命者而言。調任可在各機關間調任，亦可在同一機關各單位間調任。爲測驗公務員與所任工作

的適合性,可在同一機關內調任,但需符合新調職位之資格要求;公務員亦可調任至其他機關的職位,但需與該機關新調職位之所需資格相符。公務員現係擔任非競爭職位者,如改調擔任競爭職位時,不稱調任而稱初任,但如原係由競爭職位調至非競爭職位者,自得調回競爭職位。如向其他機關調任人員時,應先經該機關之書面同意。

七、調升: 調升係指調至職責較重的職位,其俸給亦常跟着增加者而言。各機關應就組織架構情況、職位所屬職等、所支俸給高低等, 制訂職位地位高低系統圖表,以爲辦理調升依據,並通知公務員知悉。對調升人選應基於下列因素決定, 即㈠其最近考績需列「滿意」以上; ㈡其所受教育、曾受訓練、所得獎學金等,與擬升職位工作有關係; ㈢其所具工作經驗及工作上的特殊成就; ㈣其體格的適合性與人格特質與擬升職位的適合性; ㈤其今後擔任重要職位可發展出的潛能等。

凡合於調升某種職位之人員亦可予建立調升人員名冊,以備某種職位出缺時遴選調升。如有兩個以上人員同時合於調升之規定時, 則應以才能及資格最適合於調升且列在調升人員名冊中者予以調升; 如該兩人以上之才能及資格係屬相等時, 則應以出缺單位之人員優先調升; 如任職單位亦屬相同時, 則應以年資較久者優先調升。對年資之考慮, 應先考慮工作經驗之性質與擬升職位是否有關, 次考慮年資之長短、再考慮是本機關或他機關的年資;凡與擬調升職位工作無關之年資不計, 臨時任用或暫時任用之年資不計, 前後間斷期間甚久的年資不併計。

對符合上述各種條件之人選,如用人機關因特殊理由認爲不能調升時, 應準備書面理由說明並通知有關人員, 並應給予機會由文官委員會舉行聽證會, 再由文官會作最後決定。受行政指控並不能構成「不合調升資格」, 如受行政指控者係最適合於調升時, 在指控案未有確定前應不作常任的任用 (可作臨時或暫時任用); 如事後證明受控者爲無罪

時，則應予以調升並自與未受指控時同樣之日生效；如受指控被判定有罪，則由文官委員會視案情規定其在一定期間內不得調升。

八、**裁減人員**：因減少業務或經費、或由於機關任務的改變、或爲了經濟的利益，需減少機關內人員時，則與減少人員有關之同一職系或職級人員，應比較其適合性、效率及年資長短，而後將不合適者予以裁減。當裁減人員或降職時，應將各職級之臨時任用且考績成績最低者先予裁減或降職，而競爭職位之常任任用且考績屬「滿意」以上之人員，優先予以留任。凡考績列特優（Outstanding）者，其留任應在考績列「很滿意」（Very Satisfactory）及「滿意」（Satisfactory）者之前，考績列「很滿意」者其留任應在考績列「滿意」者之前。如考績列同一等次者，其留任之順序應依下列決定，即㈠按年資計分，最初五年每年給2/10分，以後每年給一分，最高以十分爲限；㈡眷屬負擔計分，受扶養眷屬多寡給分，最高以三分爲限；凡分數較多者優先留任。

所有擬予裁減或降職之常任任用人員，應簽報機關首長核准，並應於擬予裁減日之前三十日通知被裁減或降職之人員，被裁減或降職者得於接獲通知後十五日內向文官委員會提出申訴。當常任任用人員被裁減後，應將被裁減人員之姓名、考績、年資分數、職位名稱等列册送文官委員會，並將被裁減人員列入該機關及職業之再任人員名册，遇及該機關及職業職位出缺時，或其他機關與被裁減人員資格相符之職位出缺時，由文官委員會分發優先再任。

## 第五項 俸 給

菲國公務員的俸給，與職位分類同樣的係由俸給及職位分類局所主管，其情形簡說如下：

一、**俸表**：菲國公務員（政務官不在內）之俸給，共分二十八個職

等，每職等分八個俸級及俸額，上下職等間俸級有六個係屬重複者。其
俸級及年俸額如下：

| 職等 | 俸　級　及　俸　額 | | | | | | | |
|---|---|---|---|---|---|---|---|---|
| | 一　級 | 二　級 | 三　級 | 四　級 | 五　級 | 六　級 | 七　級 | 八　級 |
| 1 | 3432 | 3612 | 3792 | 3984 | 4188 | 4404 | 4632 | 4680 |
| 2 | 3792 | 3984 | 4188 | 4404 | 4632 | 4860 | 5112 | 5376 |
| 3 | 4188 | 4404 | 4632 | 4860 | 5112 | 5376 | 5640 | 5928 |
| 4 | 4632 | 4860 | 5112 | 5376 | 5640 | 5928 | 6240 | 6552 |
| 5 | 5112 | 5376 | 5640 | 5928 | 6240 | 6552 | 6888 | 7236 |
| 6 | 5640 | 5928 | 6240 | 6552 | 6888 | 7236 | 7608 | 7992 |
| 7 | 6240 | 6552 | 6888 | 7236 | 7608 | 7992 | 8400 | 8832 |
| 8 | 6888 | 7236 | 7608 | 7992 | 8400 | 8832 | 9288 | 9756 |
| 9 | 7608 | 7992 | 8400 | 8832 | 9288 | 9756 | 10260 | 10776 |
| 10 | 8400 | 8832 | 9288 | 9756 | 10260 | 10776 | 11328 | 11904 |
| 11 | 9288 | 9756 | 10260 | 10776 | 11328 | 11904 | 12516 | 13152 |
| 12 | 10260 | 10776 | 11328 | 11904 | 12516 | 13152 | 13824 | 14532 |
| 13 | 11328 | 11904 | 12516 | 13152 | 13824 | 14532 | 15264 | 16044 |
| 14 | 12516 | 13152 | 13824 | 14532 | 15264 | 16044 | 16860 | 17724 |
| 15 | 13824 | 14532 | 15264 | 16044 | 16860 | 17724 | 18636 | 19584 |
| 16 | 15264 | 16044 | 16860 | 17724 | 18636 | 19584 | 20580 | 21624 |
| 17 | 16860 | 17724 | 18636 | 19584 | 20580 | 21624 | 22728 | 23892 |
| 18 | 18636 | 19584 | 20580 | 21624 | 22728 | 23892 | 25116 | 26388 |
| 19 | 20580 | 21624 | 22728 | 23892 | 25116 | 26388 | 27732 | 29148 |
| 20 | 22728 | 23892 | 25116 | 26388 | 27732 | 29148 | 30624 | 32184 |
| 21 | 25116 | 26388 | 27732 | 29148 | 30624 | 32184 | 33816 | 35532 |
| 22 | 27732 | 29148 | 30624 | 32184 | 33816 | 35532 | 37344 | 39240 |
| 23 | 30624 | 32184 | 33816 | 35532 | 37344 | 39240 | 41232 | 43332 |
| 24 | 33816 | 35532 | 37344 | 39240 | 41232 | 43332 | 45540 | 47856 |
| 25 | 37344 | 39240 | 41232 | 43332 | 45540 | 47856 | 50292 | 52848 |
| 26 | 41232 | 43332 | 45540 | 47856 | 50292 | 52848 | 55536 | 58368 |
| 27 | 45540 | 47856 | 50292 | 52848 | 55536 | 58368 | 61344 | 64476 |
| 28 | 50292 | 52848 | 55536 | 58368 | 61344 | 64476 | 67764 | 71120 |

　　以上俸表係一九八○年總統命令第九八五令所公佈。俸表之俸額係以每週四十小時工作之待遇，如工作時間每週並非四十小時或只是部分時間工作者，其待遇按表列俸額比例折算。

　　**二、支俸原則**：為期同工同酬，初任人員之俸給，均自職位所列職等最低俸級起支，再依考績規定加俸；調任人員，如係在同職等職位間調任者，仍支原俸給；如調升高職等職位者，自高職等最低俸級起支，如原支俸級已達高職等最低俸級以上者，換叙高職等相同俸額之俸級；調任低職等職位人員，在低職等改支與原俸額相同之俸給，如原支俸給已超過低職等最高俸級者，改支低職等最高俸給。

　　**三、俸給之調整**：待遇及職位分類局每二年應作一次俸給調查，並根據調查資料提出調整俸給建議。通常對待遇調整之建議均會獲得批准，但調整待遇需增加之經費，又常不能立即籌到，致使待遇之真正的調整時間為之延後。

　　**四、津貼**：菲國公務員之津貼項目甚少，通常應用者有技術人員津貼，其標準約為一般公務員俸給之 15％至 25％；為彌補物價高漲之損失，每人每月給 100 元之津貼；另尚支交通津貼及點心津貼等。

## 第六項　考　績

　　菲國文官規則中，原有考績之規定，嗣因績效不彰，文官委員會乃於一九七八年三月廿九日，發佈新的考績規則，作為各機關訂定公務員考績計畫及辦理考績之依據，其要點為：

　　**一、考績目的**：各機關應依據文官委員會所發佈的規則、規章及標準，為所屬公務員（但永業高級行政人員 Career Executive Service 除外）建立考績制度並予推行；推行考績制度之主要作用在繼續加強改進個人的效率及機關的有效性。

**二、訂考績計畫:** 文官委員會應規劃一種考績計畫，作爲各機關建立自己考績計畫之示範；各機關爲應各職系職位之需要，得建立一種或數種考績計畫，其計畫內容與文官委員會所設計者可有某些差異，只要此種差異係爲增進考績效果所必需，及此種差異已事先獲得文官委員會的許可。

**三、對考績計畫之要求:** 各機關建立考績計畫時，應注意下列最低要求，即㈠考績計畫應以工作成果爲導向；㈡考績應設定某一期間之工作目標 (Targets)，並需經工作人員與其主管會商同意，主管對所屬之考績，即以工作人員能否達成此種目標爲依據；㈢考績中應規定檢查重點 (Checkpoints)，作爲檢查工作人員在達成目標過程中之工作進度情形；㈣考績計畫需使主管有機會對屬員個人品質上之優點與缺點提出看法或建議，以考慮該屬員需否作進一步的永業發展；主管對此方面之意見，在工作人員之整個考績中應佔適當的分量；㈤考績應每年兩次，分別於六月及十二月底舉行。

**四、考績等次與獎懲:** 考績等次區分爲五等，即㈠特優 (Outstanding)，凡工作成果超過設定目標在以上，並且有完成此種目標之個人品質者，應考列爲特優，並給予晉升或其他獎勵；㈡很滿意，凡工作成果超過設定目標但未達超過 25% 以上，且具有完成此種目標之個人屬性者，應考列爲很滿意；㈢滿意，凡工作成果能符合設定目標，且具有完成此種目標之個人屬性者，應考列滿意；㈣尚可 (Fair)，凡工作成果尚未達成設定目標，個人屬性亦未達完成目標所需最低要求，但尚有改進之潛能者，應考列爲尚可；給予此種考績時，主管認爲工作人員工作尚可改進，希望在下次考績期間，在主管的嚴密監督下或則使工作獲得改進得到較高等次的考績，或則仍未能達成設定目標而給予更低等次的考績；基此工作人員不能連續二次均考列尚可，如在下次考績時其工作仍

未獲改進者，則應參加該工作的訓練或採用其他協助的方式；凡考列尙可者，在未考列滿意前不予晉升亦不予晉俸；㈤不滿意，凡工作成果未達設定目標且亦無工作上獲得改進之象徵者，應考列不滿意，在未考列滿意前既不予晉升亦不晉俸。

**五、考績之推行:** 各機關人事主管（未設人事主管者爲行政官員），應負責推行考績計畫及保管考績報告。主管（卽考績者）對各屬員之考績，應與各別屬員商討，如屬員對主管的考績覺得不滿者，得於接獲考績結果之日起五日內循寃屈申訴程序提出申訴。文官委員會對各機關之考績應予審核，以確保與有關考績規則及規章之規定相符。

## 第七項　訓練與發展

菲國對公務員之訓練與發展極爲重視，茲就其重要規定與實施訓練情形簡說如下:

**一、重要規定:** 菲國總統於一九七三年十一月曾以第八〇七號命令規定有關公務員訓練之規則與責任六項，卽㈠文官委員會，負責協調與統合第一及第二層次人員之訓練與發展;㈡菲國發展學院（Development Academy），準備與施行第三層次及永業高級行政人員（Career Executive Service）之訓練與發展；㈢各中央機關及專門機關，在其職掌範圍內訓練各機關專業人員;㈣地方政府及社區發展部，負責地方政府人員訓練;㈤各部會應建立有系統的訓練計畫，依據文官委員會所定標準辦理各層次人員之訓練；㈥公立與私立學院、各部及有關團體，應合力實施行政人員發展方案。

在文官委員會所發佈之文官規則中，亦規定各機關應設有適當的訓練官員，並依據文官委員會所定標準訂定訓練方案；當可能時訓練官員應納入人事機構編制，訓練方案應與機關的整個人事管理方案相統合。

各機關當訂定訓練方案時應注意下列各點，即㈠確切說明各層次人員訓練與發展的計畫，包括各種訓練需要的清單及達成需要的進度；㈡提供具體的訓練與發展機會，以協助各層次人員以最好方法處理工作，及使工作人員能適應方案的變更及準備將來擔當更重的責任；㈢鼓勵工作人員參加訓練與發展，不僅要在工作時間內透過官方的在職訓練活動而實施，更應經由個別的自我改進方式來實施；㈣盡量利用文官委員會、預算部、公共行政學院及其他專業與技術組織的訓練設施與技術協助。文官委員會對各機關計畫所屬人員之訓練與發展活動時，將提供協商與協助，並時常向各機關首長提供方法與實務的建議，以使訓練方案更爲有效。

　　二、訓練機構：在文官委員會統合的訓練制度下，主要的訓練機構有下列四種：

　　㈠公務員學院 (The Civil Service Academy)：於一九七七年設立，主要任務爲1.計畫及實施第一及第二層次永業公務員之訓練與發展，特別是由基層主管到中層主管之才能的訓練與發展；2.訂定獎學方案的政策。學院由委員會管理，並以文官委員會主席爲主席，經濟計畫部長爲副主席，預算部長、地方政府及社區發展部長等爲委員。

　　㈡中央職員訓練機關：共有三個，對各部官員分別負責自己職掌範圍內課程之訓練；如預算部主持預算、會計、組織及工作方法課程之訓練；審計局提供審計及有關方面之課程訓練；一般事務局主持資料、財產及供應管理課程之訓練。此種訓練係集中辦理方式，各部會有關官員均應參加。

　　㈢其他提供集中訓練之機關：多屬專業技術性的集中訓練，如主管政府公務員保險制度機關，主持退休前之諮商；國家電腦中心，主持各種電腦技術訓練；人口委員會，主持醫藥及家庭計畫技術之訓練。

㈣其他專設訓練機關：如郵政局設有郵政訓練所，對郵政局長、郵務視察、櫃臺員、函件分類員及郵差等提供訓練課程；外交部補助外交官學院，以訓練永業的外交官員；地方政府中心，係菲列賓大學的一個單位，與公共行政學院對地方政府行政提供訓練、研究與協商。

除上述者外，尚有若干公立及私立的行政發展學院，如菲列賓行政學院，菲列賓國家學院，菲列賓發展學院，及其他私立學院與專業學會等。

**三、訓練層次區分：**文官委員會所規劃的統合訓練制度，對永業公務員分三個層次訓練，包括公務員自初任起至退休之全程在內，大致而言，第一第二兩個層次訓練，分由各機關辦理，而高層次訓練則由菲列賓發展學院及公務員學院分別辦理，茲簡說如下：

㈠第一層次訓練：屬於文書的、職業的及技藝的訓練，其目的在增加對工作的熟練或準備工作人員將來擔當較重的責任，重點在工作上所需機器工具的適當使用與維護。各機關訓練用的課程有文書、秘書及辦公室技術發展訓練、安全駕駛訓練等。

㈡第二層次訓練：屬專業的、技術的及科學的訓練，主要目的使各機關之專業及技術工作人員，從訓練培養成專業、技術或科學工作方面的專家。訓練課程多由業務主管機關提供，如前述預算部、審計局等所辦之訓練，多屬此一層次的訓練。至人事管理之專業訓練課程，則由文官委員會提供。第二層次訓練之課程多寡、內容及訓練方法等，因訓練之主題而不同，訓練期間短者自一天至二週的會議，有者為二至四週，有者為六週至六個月。

在第二層次訓練中尚有主管人員訓練與發展，其中又分下列四種，卽 1. 主管員人發展課程，凡第一層次及第二層次人員由非主管調任為主管者，均應參加訓練，課程包括兩部分，卽對監督的介紹及基本的監督

知識，前者研討監督的觀念、主管在組織中之地位及與其他主管間之關係；後者討論對屬員之監督的方法與技術。2.有效行政管理之監督訓練，係一九七二年開始辦理，凡中級主管均予參加，主要作用爲(1)使中級主管瞭解新社會之有效管理條件；(2)喚起中級主管的新精神及獻身於公共事務；(3)使中級主管知道公務員在國家發展方案中的任務；至訓練課程則分四個主題，(1)在國家發展中的任務，(2)管理的有效性，(3)機關中之人羣關係，及(4)社會的環境。3.發展經理者訓練，主要目標在使省及城市地方機關的部門主管，除對內部事務能有效管理外，並增進與鄉間民衆的合作；訓練課程由文官委員會、地方政府與社區發展部及菲列賓大學公共行政學院提供。4.學校行政人員發展方案，目的在加強學校行政主管對雙重任務的領導技術，卽一方面是行政的領導者，另一方面又是社會的領導者。

㈢第三層次訓練：亦卽永業的高級行政主管的訓練與發展，此種訓練多由公立或私立之訓練與敎育機構及專業學會提供，有時亦由菲列賓大學之菲列賓高級行政主管學院及國防學院主持。此種訓練之目標，在培育高級行政主管爲專家、改革者及領導者，所謂專家，是發展行政主管能認定問題及解決問題，認定發展工作的優先順序及應用其專才於工作上；所謂改革者，爲發展行政主管知道改變的條件與方向，瞭解他在協助所屬適應改變中的角色，及能指導所屬朝向改革而努力；所謂領導者，是發展行政主管能組織與動員機關的各種資源朝向目標，獻身於計畫的執行及訂定政策以發展所屬的技能，與其他機關合作從事國家的發展，及結合各種團體力量爲發展目標而工作。此種訓練包括十一個星期住宿在院內的訓練，及回任工作後六個月的追蹤及進步情況的考核；在院內訓練期間，訓練方法有者爲講解、爲討論、爲管理遊戲、爲工作小組及其他實習等，訓練課程包括發展的前瞻、社會文化的改變、人羣關

係與溝通、非列賓行政制度、國家及地區發展與發展管理等。

四、其他訓練：除上述三個層次訓練與發展外，尚有其他訓練方案與獎學金。如未來領導者的訓練，係為時六週的訓練，遴選 30 歲以下被認為可成為未來之領導者的公務員參加，其目的在發展此種青年成為將來的領導者，使他們對文化遺產感到驕傲，有自我犧牲的精神，忠於國家，有防衞國家的意志，有政治道德及積極的參與為民眾所需要的政府事務。如公共行政獎學金方案，自一九六四年起建立，對第三層次以下公務員有意入大學研究公共行政者給予協助；此方案由文官委員會主管，名額為每機關可達六名，經由文官委員會主持之公開競爭考試而入選，入學期間由所在機關支付全部學校費用，入學者需按學期提出學校成績，並每種課程均需維持及格；於就學完成後，需按每入學一年在機關繼續任職二年的標準仍回原送機關服務。再如國家發展獎學金，係對公務員提供大學或研究所層次的正式教育以完成專業的或技術的課程，但研究主題需由國家經濟及發展局認定，大多以與國家發展關係極為密切者為限，如工業、農業、漁業、事業經濟、衞生與營養、教育與人力、人口、社會福利及社區發展等；申請人需年在 30 歲以下，由機關先墊付在學所需費用，研究完成回機關任職後，再在俸給中按月扣繳償還，但如在校成績一直優異者，可免予償還費用。

# 第八項　服務、懲處與申訴

## 一、假期

(一)一般規定：不論為常任、臨時或暫時任用人員，經連續任職六個月以後，均得享有十五日的假期（不含星期六、星期日及放假日）及十五日的病假，假期可以累積但期間不得超過十個月；非因過失而離職或辭職者，原有累積的假期可要求折算為俸給支付，但此種人員在原累積

假期之期間未屆滿前，不得再任或回任；經累積假期人員調任至其他機關任職者，原有累積假期予以承認，但不得在新任機關要求折算俸給。

㈡特別規定：主要包括下列各點，即㈠各部首長，如由於疾病或其他原因可給予假期，期間無限制，但需以不影響公務利益爲前提；次長的假期可依前述一般規定辦理或依照法院法官之規定辦理，由首長自行決定。各部首長及次長之假期及病假，可於離職後再行享有。㈡外交官員駐外任職者，每年可有三十日之假期與三十日之病假；駐外連續忠實及滿意服務三年後，可連同其家屬享受家庭假期。㈢結婚的女性，除享有一般假期及病假外，遇及懷孕時可請分娩假六十日。㈣部分時間工作者不得享有假期及病假。

㈢不支俸之假期：公務員除前述假期（均支俸）外，尚可給予爲期不超過一年的不支俸假期；不支俸假期超過六日者應由機關首長核准。暫時任用人員，如不妨碍業務之進行者亦得給予此種不支俸假期。不支俸假期不得逾一年，又不支俸假期屆滿而未能回機關工作者，卽認爲係屬自動離職，但機關需於假期屆滿前通知該請假人員，並向其警告如不能如限回機關工作將予終止其職務。

二、服務

㈠禁止之規定：菲國文官規則對公務員執行職務期間之禁止事項甚多，其主要者有1.對人員之任用與受調查，不得因其政治或信仰的意見而受歧視或偏袒；2.對競爭職位人員的調升，不得作口頭或書面的推薦，但曾爲其長官且所爲推薦並不影響公務者得予考慮；3.凡屬主管三親等以內之親屬在本機關不得任用至競爭或非競爭職位，但下列人員不在此限，卽機要人員、敎員及醫生；又到職後再因結婚而成親屬者亦不予限制；4.公務員除法律另有規定外，不得領兩份或額外俸給；5.公務員不得直接或間接從事私人事業、職業或業務，但經獲機關首長書面核准者不

在此限；6.公務員不得利用官方權力或影響力強制他人或團體之政治活動；7.競爭或非競爭職位公務員，不論其為常任、臨時或臨時任用者，不得直接或間接從事政治活動或參加選舉（投票除外），但各行政部門首長不在此限；8.公務員不得以屬員作或不作政治目的之捐款為條件，而給予屬員免職、調升、降等、或其他方式改變官階、職級、地位或待遇；9.公務員團體不得以罷工來要求有關任用條件的改變；10.受行政調查期間之公務員，如其將受嚴重處分及犯罪證據明確，在案件未有決定前不得辭職；11.公務員不得購置自己所監管之財物。

㈡受處分之行為：公務員有下列情事時將受處分，即 1.對時間記錄及保管有虛偽或不法行為者；2.常遲到早退或曠職；3.不誠實；4.習慣性的酗酒；5.從事法律所禁止的賭博；6.執行職務時不禮貌；7.疏忽職務；8.拒絕執行職務或超時工作；9.行為卑鄙或不道德或不名譽；10.因不道德或邪惡的習慣致身心無能；11.執行職務表現出無效率或無能；12.向所屬借錢或借錢給長官；13.放高利貸；14.故意不償還債務或繳稅；15.向與任職機關有業務關係之人訂約借錢或其他財物；16.未經首長核准而從事私人事業、職業或業務；17.不服從長官；18.直接或間接參加政黨活動；19.表現出有害於公務利益之行為；20.涉及道德的卑鄙而獲判罪；21.執行職務時接受他人費用、禮物或其他有價值的物品，而期對該他人予以優惠；22.為獲得考試、列冊、任用及調升，而作虛偽之陳述或從事欺騙行為；23.未受命而在立法機關或辦公室為個人利益作遊說；24.向屬員作不適當的或未受命的請求捐獻，教員或學校官員向學生作同樣的請求捐獻；25.政府公務員直接或間接參與選美或其他競賽會，為候選人或請求投票或強制屬員投票；26.直接或間接妨礙或破壞他人之公民權或自由；27.有意破壞文官法規及辦公規章，或拒絕或疏忽遵守此種規定。

㈢機關首長之責任：凡對所屬人員有不效率或不適才，或有上述各

種玩忽職務情事，而未將事實經由文官委員會向總統或主管首長提報之機關首長，應不得繼續在職。

（四）停職：機關首長對所屬人員因案在調查期間，如認為涉及不誠實、壓迫或重大行為不檢或玩忽職責或深信將來所受懲處將為免職者，得先予以停職。因行政案件而停職之期間不得超過六十日，屆滿六十日時應予復職。如為了公務利益及有關首長之命，對安全官員、監管公共基金及財物官員於復職時，在未定案前可改派與案情無關之其他職務。

### 三、懲處

（一）一般情況：公務員非因法定原因及經由一定程序，不得予以免職或停職。除法律另有規定外，對競爭職位常任人員之免職、解除職務及停職，及對此種人員涉及行為、懲處及效率等事項，文官委員會有最後決定權。文官委員會對不誠實、壓迫、行為不檢、玩忽職責、涉及道德卑鄙、不道德行為、不適當的或未受命向所屬請求捐獻，違反文官法規及辦公規章之公務員，得免除其職務、降其官階、作一年以內的停薪或罰六個月以內的俸給；至不論為文官委員會或機關首長所給之警告，並不認為是懲處。

（二）懲處程序：懲處需經一定程序，即1.除法律另有規定外，由機關首長或他人提出對違法失職公務員之指控。2.由機關首長以書面通知被控者有關指控事項，並給予被控者至少七十二小時的時間以書面提出答辯；被控者得要求舉行正式調查，以便親自或請律師辯護、與指控者的證人對質、或請自己證人提供有利證據；此種調查完全是為認定真理而不需嚴守司法程序，並由機關首長或其代表主持，文官委員會認有必要時得指定特別調查員；調查期間為三十日。3.機關首長於接獲被控者的答辯後，或於正式調查程序完成後十五日內，將有關資料、證據提報主管首長。4.主管首長於接獲案件後，應於十五日內連同自己意見及建議

轉送文官委員會決定。5.文官委員會應於接獲案件後六個月內將決定通知主管首長，主管首長應於十日內轉知被控者；文官委員會認有必要時，對得上訴文官上訴委員會案件未最後決定前得先依文官會之決定執行。

㈢對懲處之申訴：被控者於接獲文官會決定後三十日內，得請求文官會再行考慮，但此種再考慮案件需於發現有新證據或引用法規有錯誤時始能提出；被控者亦得於接獲文官會決定後三十日內向文官上訴委員會提起上訴並副知文官會。文官會接獲上訴副本後三十日內；應將有關資料及文件轉送上訴委員會，上訴委員會將依照有關規章於九十日內作成決定，對此種決定不得再行上訴。

**四、冤屈與申訴**

㈠冤屈與申訴之意義：所謂冤屈係指工作人員對非自己所能管制的工作條件、員工關係及地位等事項，表現出不滿意的感受；所謂申訴係指管理當局對工作人員不滿意的感受予以忽視、拒絕、或未經考慮而即予作罷。工作人員有權向管理當局提出冤屈與申訴，管理當局應為工作人員、機關及政府的利益，對冤屈與申訴事項作快速的適應與調整。各機關應訂定迅速、公正及平等處理冤屈與申訴的規章。

㈡規定冤屈申訴之要點：當訂定規章時應遵守下列原則，即1.工作人員可不經正式程序，與其主管討論有關任用條件之問題；2.提出冤屈或申訴時，對工作人員應保證其不會受到壓迫、歧視或報復，及對冤屈與申訴事項作迅速而公正的處理；3.冤屈及申訴應盡可能在低層次即行處理；4.申訴程序不需受法規的約束；5.工作人員不服對申訴案的決定時，可向上級提起申訴；6.處理冤屈及申訴案時，不僅要考慮申訴的目標，更需考慮申訴者個人的情況。

㈢冤屈申訴之程序：各機關冤屈申訴之程序，包括1.口頭的討論：工作人員可將感受到不滿事項提出與直接主管商談，主管應於三日內將

所作決定以口頭通知提出寃屈之人；2.書面的申訴：如提出寃屈者不滿意直接主管所作之決定時，應以書面提出申訴案經由直接主管轉送上級主管，上級主管應於五日內將所作決定以書面經由直接主管轉知提出申訴者；3.向機關首長提出申訴：如提出申訴者對上級主管之決定仍感不滿時，得經由行政系統向機關首長以書面提出再申訴，機關首長可將申訴案交申訴委員會討論，並由自己作成決定。

## 第九項 退休撫邮與醫療補助

菲國公務員之退休撫邮，係併在公務員保險法（Government Service Insurance Act of 1977）中規定，並由 GSIS 主管。保險項目共分六種，茲簡說如下：

一、適用範圍：下列人員均應參加公務員保險，即㈠凡年在 60 歲以下之常任公務員；㈡政府機關之非常任公務員（其任用期間在二個月以上），於保險基金情形許可並經總統核准應予參加時；㈢政府所有或受政府管制之事業機構的非常任公務員，經各該管理委員會申請加入保險並經保險管理機關核准時。至適用特別法所定之退休方案之人員（司法人員，菲國空軍），仍適用各該法之規定，不包括在公務員保險法之內，但對人壽保險部分仍適用公務員保險法之規定。

二、保險費：自一九七七年七月一日起，保險費之繳納按被保險人月俸為準，分定公務員及用人機關應繳之數額，其標準為：㈠月俸在200披索（菲幣）以下者，公務員月繳 7.5%，機關月繳 10.5%；㈡月俸在201 至 3000 者，公務員月繳 8.5%，機關月繳 9.5%；㈢月俸超過 3000者，3000 部分公務員月繳 8.5%，超過 3000 部分公務員月繳 3%，政府則均按 9.5%繳納。如公務員所任職務具有危險性致增加事故之發生者，用人機關除依一般規定繳納保險費外，尚需再繳額外的保費，其數

額視職務本身之危險性而定。

三、保險項目與保險給付: 包括下列六種:

㈠退休與老年金: 老年金分月老年金與一次老年金兩種，退休者只能領取其一，其情形爲:

1.支給條件: 被保險人年滿 60 歲以上，任職達十五年以上而離開公職者，可領取月老年金; 年滿 60 歲以上，任職三年以上未滿十五年而離開公職者，可領取一次老年金。

2.老年金額: 月老年金之計算，以最近三年平均月俸之 37.5 ％爲準，任職超過十五年者其超過部分再按年加 2.5 ％給予，但最高以90％爲限; 一次老年金之計算，以最近三年平均月俸乘以任職年數所得之金額爲準。月老年金支付終身，但不得少於五年，退休者可申請將前五年之月老年金折算爲一次老年金發給。

3.命令退休: 被保險人年滿 65 歲並任職滿十五年以上者，得命令其退休; 如任職未滿十五年者得准許其繼續任職至滿十五年時，命令其退休。

4.任職年資之採計: 被保險人在適用公務員保險法機關之所有任職年資均予併計，在任職期間係屬部分時間工作者，則按每積滿四十小時爲一星期之標準予以折算其任職年資。

5.退休後再任之處理: 退休人員再任者,需先經有關機關之核准; 再任人員原係領取一次老年金者，其已領之一次老年金應予繳回，於離職時再行給予; 再任人員原係領取月老年金者，在再任期間其月老年金應予停止，於離職時再行恢復。

㈡殘廢與殘廢給付: 殘廢依其情節區分爲永久的全殘 (如失去兩眼或兩手或兩脚，或雖有兩眼或兩手或兩脚而不能使用)，永久的部分殘 (如一姆指或一脚或一耳之殘缺或喪失功能)，及暫時的全殘 (雖有殘

廢但有復原或恢復正常功能之可能）三種。其情形如下：

1. 支給條件：被保險人在殘廢日前五年內經繳納保險費達三十六個月以上，或在殘廢日前經繳納保險費達一八〇個月以上而成永久殘廢時，可領殘廢給付，被保險人受暫時的全殘時，如在廢殘日前十二個月內繳納保險費已達六個月以上時，應按疾病給付規定辦理。

2. 給付之標準：屬永久的全殘者，自廢殘之日或離職之日或假滿之日（以最後之日爲準）起按月給予廢殘給付；屬永久的部分殘者，一次給予適當個數之月俸的殘廢給付；其月俸個數視殘廢情形而定。如殘廢人員於殘廢時已合於老年金之規定時，殘廢給付應按月給予終身，但不少於五年。如殘廢人員繳納保險費月數不合殘廢給付條件之規定時，可按三年平均月俸乘以已繳保險費年資所得之數爲準，給予殘廢給付，但仍不得少於五〇〇披索。

3. 殘廢人員復原及再任之處理：殘廢人員之殘廢情況已經復原或重獲從事有收入職業之能力時，則應停止其原有之殘廢給付；如原領一次殘廢給付者，應退回其超過期間部分之一次給付。殘廢人員經予再任時亦停止其殘廢給付，如殘廢給付高於再任後之收入者，只給付其差額，於再任終止時再行恢復。殘廢人員如能已自謀生活並有收入者，應停止其殘廢給付，但如自謀生活收入尚未達殘廢給付之數額時，得補給其差額。

4. 不得領殘廢給付之殘廢：被保險人之殘廢由於下列原因所致時不予殘廢給付，即(1)由自己的行爲不檢；(2)重大的疏忽；(3)過度的使用藥品或酒精；(4)邪惡的或不道德的習慣；(5)自我殘害；(6)直接或間接參與犯罪組織；(7)違反法律或命令；(8)非必要的置身於危害的工作環境中。

5. 殘廢給付之喪失：被保險人有下列行爲者喪失其殘廢給付，即(1)不接受醫生依規定所給予之治療；(2)不接受指定的藥物治療；(3)無正當理由而不住院治療；(4)不利用復原設施致遲延復原速度；(5)不遵照醫

生所指示之防範殘廢措施。

㈢疾病給付：被保險人非因工作上原因而患病或受傷致暫時的不能工作時，如在患病或受傷前十二個月內已繳納保險費達六個月以上者，在患病及受傷期間，應給付每日應得俸給65%的疾病給付，但在同一年度內最多以六十日爲限，且所給之疾病給付每日不得少於 4 披索不得多於20披索。被保險人在患病期間如經請假並支俸者,應自假滿之日起算。

㈣受益人(遺族)給付：給付分按月給付及一次給付兩種,其情形爲：

1.受益人給付之條件與標準：⑴被保險人合於老年金之規定（卽年滿60歲以上任職15年以上）而死亡者，其主要受益人在合於請領規定期間，可按月領取給付，期間至少爲五年，此五年之按月給付並可折算爲一次給付，於五年後仍按月領取；如無主要受益人者，則次要受益人可領取相當於按月給付之三十倍的一次給付，由各受益人平均分配。⑵被保險人未合老年金規定而死亡者，如其於死亡前五年內經繳納保險費三十六個月以上，或於死亡前經繳納保險費達一八〇個月以上時，其主要受益人在合於請領規定期間，可按月領取給付，並至少爲三十個月；其次要受益人，可領取三年平均月俸50%乘以已繳納保險費年數之一次給付（但至少需爲 500 披索），由各受益人平均分配。⑶被保險人死亡因未合上述規定，致受益人不合領取給付時，可領取三年平均月俸乘以被保險人已繳納保險費年數之一次給付，但至少需爲 500 披索。

2.受益人之區分：受益人分主要受益人與次要受益人兩種。主要受益人係指⑴未再婚之配偶，並以死亡前三年結婚者爲限；⑵法定的、合法認養的、非婚生的子女，但以未結婚、無自己收入、21歲以下或雖滿21歲以上但身體殘障、及不能自謀生活者爲限。次要受益人係指⑴被保險人子女以外之遺族；⑵父母並受被保險人扶養者。

㈤喪葬津貼：被保險人死亡時，給付喪葬津貼 1000 披索，由其生

存的配偶，或經支付喪葬費用之子女，或經支付喪葬費用並能提出證明之其他人員具領。

㈥強制的人壽保險：係按被保險人年齡、所支月俸，分別規定領取保險利益之年齡屆滿期間，如被保險人年齡在 30 歲以下者於 45 歲時領取利益，年齡在 31 歲至 40 歲者於 55 歲時領取利益，年齡在 41 歲以上未滿 60 歲者於 65 歲時領取利益，年齡在 60 歲以上者領取利益期間另定。其情形為：

1.人壽保險額：被保險人之人壽保險額，應依被保險人年齡、領取給付時之年齡、及所支月俸情形而定；遇及被保險人之月俸增加時，其保險額亦將增加；遇月俸減少時，自減少之日起六十日內，被保險人得以補繳費用方式仍要求維持原保險額，否則將降低其保險額。

2.保險利益：強制的人壽保險之利益，包括下列五種，即⑴到期利益，被保險人屆滿領取保險利益之年齡時，可領取規定數額之保險額；⑵死亡利益，被保險人於到期前死亡時，其指定受益人或法定繼承人可領取扣除債務以後之保險額；⑶被保險人意外死亡時，其指定受益人或法定繼承人，除死亡利益外並可領取等於保險額之額外利益；⑷於參加保險一年後，被保險人於保險到期前離開公務時，將給付扣除債務後之保險額；⑸保險借款，於參加保險一年後，被保險人可申請保險借款，其數額最高以申請時保險額之 50 %為限。

被保險人因故而被免職時，則扣發保險額之一半，其餘一半給付被保險人，如被保險人死亡時則給付其受益人或法定繼承人。

3.不得認為意外死亡之死亡：被保險人因下列原因而死亡時不得認為意外死亡，即⑴自殺；⑵違反法律；⑶軍中服役；⑷罷工、暴亂或戰爭；⑸參加航空或潛艇作業；⑹因各種疾病；⑺原子能爆炸；⑻失踪；⑼醉酒或使用危險藥劑；⑽有意置身於危險環境中。

菲國醫療法（Revised the Philippine Medical Care Act of 1969)，乃總統於一九六九年公布。該法對公務人員及其眷屬，如有住院醫療時，規定有若干補助措施。其情形如下：

一、適用範圍：「政府公務人員保險制度」（GSIS）下的公務人員。

二、補助項目：包括病房費、藥品及檢驗費、診療費、手術費、手術病房費、麻醉師費、消毒費、特定費、扶養者補助等。

三、補助標準：每一公務員每年住院期間，最多補助四十五天，詳情如下：

㈠病房費補助：一級醫院每天十六披索，二級醫院每天二十二披索，區域醫院每天三十披索。

㈡藥品及檢驗費補助：每一次住院期間不得超過一七五披索，唯病情特殊者，得提高至三五〇披索。

㈢診療費補助：每天十五披索，每次住院期間補助總額，屬普通病例者不得超過二〇〇披索，屬加護病例者不得超過三〇〇披索。

㈣手術費補助：初級手術不得超過六十五披索，中級手術不得超過三二五披索，重大手術不得超過六五〇披索。

㈤手術病房費補助：初級手術二十披索，中級手術五十披索，重大手術一〇〇披索。

㈥麻醉師費補助：不超過外科醫師費的三十％。

㈦特定費補助：包括 1.消毒費補助：男性結紮一二〇披索，女性結紮二〇〇披索。 2.神經循環系統衰弱症（補助數額視情況另定）補助。 3.病理分析費補助，比照中級手術之手術病房費補助標準辦理。

㈧扶養者給付：公務員的合法扶養者，可與公務人員共同享受上開每年最多補助四十五天的各項醫療給付。

## 第十項　近年之改革

　　菲國文官委員會，於一九七五年重新組織，同年九月五日，菲國總統馬可仕 (Marcos) 對新文官委員會發佈了若干有關人事新政策的指示，此種指示已成為當今文官委員會設計方案及從事各種活動的重要根據；追求的目標是繼續強化功績制，發展真正的專業服務及執行政府公務的有效性與統合性。總統的指示主要包括五項，文官委員會並逐項根據指示採取有效措施，其情形簡說如下：

　　**一、指示內容：**文官委員會需是發展導向的。文官會為符合政府的人力需要，不僅要透過遴選的程序，而且亦要着眼於支持各種發展的方案。政府當前的發展重點，需要在政府發展的努力與文官制度之間建立起直接的聯結；文官委員會在此計畫中的任務是供應政府所需要的人力，特別是直接涉及發展之機關所需要的人力。

　　為實行此一指示，文官委員會曾採取三個重要措施即：

　　㈠修正有關徵募及遴選人員的政策：其中最重要的一項修正，是對進至職業、技藝及科學職系職位任職之人員，放寬其資格條件。依照一九七五年十一月二十日所發佈之人事措施新規則規定：「對職業及技藝職系職位，可不需筆試；如工作人員在此種職位上或同一職系之其他職位上經連續工作至某一期間（由文官委員會決定）且其成績認為滿意時，即可賦予合格的資格」；同樣的，新規定允許遴選未具文官合格資格之人員充任科學職系之職位。變更此一政策的理由，是職業與技藝及技術與科學的技能為推行社會經濟發展方案所不可缺少者，因此政府勢必盡量吸引具有此種技能之更多的人員至政府服務。

　　㈡文官委員會的任務方向由以往之重視徵募與遴選的職能，轉向對現職人員之才能的增進：因而訂定三年發展的計畫，並以永業及人員發展列為最優先，設計訓練課程及管理課程以供各機關使用。文官委員會如此做的理由，是國家發展計畫不能再被看作是部分機關的事，而是社

會各方面共同的事。發展不能只限於職業、技藝及技術或科學的職系，亦不是少數機關所能壟斷的事，　因此需要動員政府所有機關及民間機構。總之，國家發展目標的達成是需全體公民努力以赴的。

㈢對文化團體人員舉行特種考試：事實上，文化團體人員長期被視為第二類的公民，他們少有機會在政府機關任職，因為他們在提倡經濟發展的當時是相當沮喪的。鑑於此種情勢，菲國總統乃指示文官委員會對文化團體人員應舉行特種文官考試，以期能取得資格擔任文官。目前文官委員會對地區文化團體官員舉行非集體的考試，凡錄取者可在政府機關擔任第一及第二層次的職務；到目前為止給予合格資格者已有數千人。

**二、指示內容：**文官委員會應注重增加便利的服務而非官僚的管制，文官委員會的任務是向負責推動新社會方案之業務部門提供協助而非加以限制。因此在獲得、運用及激勵工作人員方面，增加便利的原則必須超過所有的行動。增加便利的原則需應用至各部門必須與文官會協調的事務上，即任用與行政案件的裁決上。應該注意的是在任用程序上之不必要的躭擱，將使擬任人員引起焦慮、心理的受折磨及家庭經濟上的困難；同樣不幸的是，因涉及行政案件之解決而拖延至數月甚至數年之工作人員的家庭。

文官委員會根據此一指示，亦先後採取了若干措施即：

㈠給予任用程序之便利：依新的文官規則，在人事措施上擬任人員不需再痛苦的與焦急的等待文官委員會的最後決定，文官委員會對公務員的任用已改採事後審查方式。新規則授以用人機關以大幅度的決定權，只要用人機關在文官法及文官規則所定範圍內運用其權力，文官會在任用程序上不再加以阻碍；其情形可從新文官規則第十及第十一條看出。

第十條謂，依有關法律及規則所發表之任用，自用人機關發表日生效，如擬任人員已經到職,立即有權起支俸給,不需等待文官委員會的核准,其任用在未經文官委員會否准之前一直有效。又第十一條謂，所有任用案應於發表後三十日內提報文官委員會，否則於三十日過後卽爲無效；對因逾三十日未提報而無效之任用案再作第二次發表時，文官委員會將不再受理，但逾期未提報係有正當理由者不在此限；如任用案不於三十日提報文官委員會，則過三十日後之俸給由用人主管自行負責；如任用案之發表因與現行法律或規則不合致被文官委員會否准時，設擬任人員如已到職則其俸給亦同樣的要由用人主管自行負責。

以上新規定之主要特點爲，1.任用案自用人機關發表立卽生效；2.擬任人員如於任用案發表日就到職，立卽可起支俸給；3.文官委員會僅是審查用人機關發表後提報之任用案；4.文官委員會僅當用人機關之任用案係明顯違背法律或規則時始予否准；5.如任用案被文官委員會否准,則俸給要由用人主管自行負責。

由於給予機關首長對徵募及任用人員之大幅度的裁決權之後，使任用程序比以往容易與快速。

㈡便利案件的裁決：新規則亦訂定了行政案件裁決的限期。此爲以往所無者,致有時對案件的解決會拖延數月或數年之久。依新規則規定，行政案件自開始申訴之日起需於九十日內予以處理；新規則對行政懲處方面亦有便利之規定。其情形如下列所示：

1.文官規則第四十六條規定，在申訴程序中之調查期間，如需超過三日者僅當經機關首長書面核准並以受獎賞的案件爲限；任何案件的延長調查期間合併不得超過十日，但確因情形特殊經文官委員會核准者不在此限。又第四十八條規定，在調查期間所提出之動議應由調查人員立卽解決，調查不得因任何動議或涉及法律或程序問題而展延。

2.文官規則第五條規定，機關首長對所屬官員行政懲處，如屬三十日以內的停職或不超過三十日俸給之罰金，可自行作最後的決定。又第三十六條規定，如懲處當局決定採用簡易程序時，則應將控告情形通知被控者並要求其自接獲通知日起三日內提出解析或答覆；如懲處當局認為解析不滿意，則被控者可不經正式的調查程序而立予免職。簡易程序可於下列情況中使用，即(1)控告事項甚為嚴重及犯罪證據強而有力；(2)被控者係屬累犯，並有理由相信此次受控必將有罪；(3)被控者顯然是個受人厭惡的人。

三、指示內容：文官委員會對公務員應重視積極的獎勵的一面而非只是懲罰的一面。馬可仕曾謂，我們應繼續根除受人厭惡的人，但我們應以同樣的努力來認可與激勵那些對達成發展目標有重要貢獻的人。為此目的，文官委員會應擴大激勵制度及強化用來鼓勵各階層官員成為主動參與國家發展的各種人事方案。同時馬可仕成立委員會，由文官委員會主席、教育及文化部長及菲國發展學院院長組成，規劃全面性的激勵方案；委員會將有權決定應給予的獎勵及訂定獎勵的政策、標準與規章。

近十年來，文官委員會根據獎勵與建議方案，每年發掘優異的官員，給予適當的獎勵。依該方案獎勵分三種，一為總統獎、二為優異**的榮譽獎**、三為高級榮譽獎。但感到此種獎勵案如由文官委員會集中辦理，將不易真正發掘各階層之優異的與可作為模範的官員，故在十年內曾受獎勵者僅三百人，每年平均只十人，而事實上優異與可資模範之官員決不止此數，有許多仍被遺漏；雖然獎勵並不是增進效率、遂行責任與忠誠的惟一方法，但對績效優異官員長期的不予獎勵，究有影響士氣。最近數年已在進行績效審查的工作，以期發掘應予獎勵而未予獎勵者，並對之加以適當的獎勵。

四、指示內容：文官委員會應支持與鼓勵為改進公務員與有效性福

利之各種改革方案，以增加應付變動與發展挑戰的才能。改革是「停滯不前」的解毒劑；政府中之需要改革，不僅是因爲政府在發展中擔任領導的角色，而且亦是因爲政府的龐大使得容易停滯。此乃爲何要求政府所有機關訂定新的與改革的方案，以應付變動與發展、以維持有效性，以增進官員的才能。

爲此，文官委員會乃進行一般文官法規、標準等的檢討，在最近文官委員會將會完成文官法典，此種法典係由各機關所共同組成的委員會所作成，主要在統合、調和及改進各種現有的人事法律、命令、規則及規章，並將之編爲一本。此法典於發行後，將可作爲改革政府公務員之人際關係與永業發展之開始。文官委員會在此方面亦進行了若干改革，較重要者有：

㈠規劃認定功績與適合性之新方法：包括1.對在職業及技藝職位上經工作一定期間之工作人員，給予擔任文官的資格；2.對擬任爲在文官中屬於第二層次之科學的與技術的職位人員，應用資格品評的方法而非應用筆試；3.應用其他的品評方法，如問題籃 (In-Basket)、與工作有關的模擬考試、角色扮演及管理遊戲等，以決定工作人員之才能、潛能及性向。

㈡規劃試題庫：試題庫係借重文官委員會官員的貢獻，及協調政府、私人事業及學院等機構之測驗部門利用其有關測驗的資料而成立，並與最近的測驗發展保持一致，以保證測驗方案的有效。

五、指示內容：文官委員會應將職能予以分權，首先使文官委員會的事務盡量與民間相接近，其次爲建立新的與有效的具有各種技能人才的人力網。由於菲國之地理及文化環境的特殊，使得人事與方案管理之分權在菲國社會成爲很有效的策略。

文官委員會根據此一指示，在人事措施方面亦採取若干分權措施，

其情形如下：

㈠重劃文官分會地區：為期文官委員會業務與民間接近，經設立十二個文官分會，在文官分會轄區內之特定地區，並得設立支會。

㈡將職權分至其他機關：文官委員會之基本任務雖是供應政府所需要之人力，但它不可能決定各機關為處理各別特殊問題或專業人員所需之特性與技能。因此將下列各種業務分權由各機關處理，即1.考試方面，以往考試為文官委員會最普遍的業務，民間亦多因考試與文官委員會發生關係，但文官委員會所舉辦之考試是較一般性的，及經由考試及格分發任用時，對某種機關之某些職位發現並不合適，此乃屬資源的浪費；為期改進此種情況，乃將考試業務分權由大部分的機關辦理，因為這些機關最能了解它自己的需要；當這些機關辦理考試時，文官委員會的參與只是向它們提供技術的與諮詢的協助。2.任用及懲處方面，各機關任用案經用人機關發表後立即生效，但需於三十日內提報文官委員會作事後審查；各機關對所屬官員之懲處，亦給予較大的權力，如三十日以內的停職或三十日以內的罰俸，皆可由機關首長作最後的決定；即使受懲處人員可向文官委員會申訴，但其申訴必需經由原處分機關核轉；機關首長如認為情況需要時對懲處亦可採用簡易程序進行。3.永業發展方案，雖然現今的文官委員會主要任務是公務員的訓練與永業發展，但如範圍擴得過大則資源與努力將被消散，因為文官委員會究竟無法擔負起數十萬男女公務員的訓練與發展工作；因此改變策略，文官會只訓練各機關的訓練官員及規劃各種訓練課程資料，再由各機關的訓練官員去訓練所在機關人員，進而促進全體公務員的永業發展。

# 第四節　泰國人事制度

　　泰國人事制度係由絕對的帝制演變而來，在一九二九年前，各部門主管有任意用人之權，既無一定的資格規定，亦無主管人事制度的機關。一九三三年之革命，由絕對的帝制改變爲行憲的政體後，人事制度乃引起很大的改變，並於一九五四年公布文官法，及引進職位分類制度，但於三年後卻實施了品位制。至一九五八年又進行修正職位分類之型式，一九六九年修正文官法，一九七一年開始在文官委員會（係第一個機關）首先實施職位分類。於一九七五年又通盤修正文官法，將職位分類訂入文官法之內，本節所敍述者，卽以一九七五年（其後又有若干修正）文官法所定者爲準。

## 第一項　人事機關

　　**一、文官委員會:** 文官委員會由總理（或由總理授權副總理）兼任主席，設委員十二至十五人，由國王就具有政府公務原則經驗、現任或曾任政府機關局長或與以上相當之職務者任命之，委員不得由政務官、立法團體委員或政黨官員擔任，文官委員會之委員至少有七人爲政府機關服務之人員；文官委員會設秘書長，由委員兼任。委員之任期爲二年，但得連任。

　　文官委員會之職權，包括㈠向部長會議作有關人事行政政策及管理人事制度之提議及勸告；㈡發佈爲實施文官法所需要之規章、規則及指令，文官委員會的規章經部長會議核准後生效，並刊登政府公報；㈢解析文官法及解決其在實施時所發生之問題，文官會的決議經部長會議核准後生效；㈣在各部、公共團體及機關實施文官法過程中，給予勸告、解析、管制、監督及視察，並得要求各機關向文官委員會提出有關考試、任用、晉俸、懲處、終止職務及分類職位職務與責任變動情形之報告；㈤對未依照文官法執行或執行不當之各機關，向總理提出報告以便總理

考慮及發佈糾正命令；㈥向部長會議提出有關生活費用之重大變更或不適當福利措施之報告，以便部長會議考慮改進；㈦辦理政府獎學金、訓練或研究旅行之候選人競爭考試或甄選，必要時並有權發佈指令；㈧監督及提供國外留學生之教育，必要時並得發佈有關指示及規定懲處規則；㈨核發公務員之再任或任用證書及規定應支俸給；㈩規定有關本法事項之規費；㈠保持公務員人事記錄；及㈡遂行本法及他法所賦予之職權。

文官委員會有權設置特種次級委員會（Special C. S. S. C），代表文官委員會處理有關事項；如懲處、終止職務、寃屈申訴之各次級委員會，必須包括有兩位文官委員會的委員，及其委員至少三分之一應由文官所選出之官員擔任。

文官委員會之辦公廳由文官委員會之秘書長爲首，監督所屬職員及推行日常事務，並直接向總理負責；文官委員會辦公廳之主要任務爲，㈠代表文官委員會執行其官方職權；㈡爲文官委員會研究及分析有關人事行政及推行人事制度事宜；㈢協調及主持有關文官之發展與訓練；㈣向文官委員會提出人事行政年度報告；㈤處理文官委員會交辦事項。

二、各機關之文官次級委員會：各部、各公共團體、各機關應分別設置文官次級委員會（Civil Service Sub-Commission），部的文官次級委員會由部長兼任主席、次長、副次長及局長兼任委員，並設置秘書一人；次級委員會之任務爲實施文官法之各種規定，及獲得文官委員會授權時協助該會實施本文官法，遇及部長徵詢時向其提供意見。其餘各公共團體及各機關文官次級委員會之組織，亦由其首長兼任主席，委員由副首長及一級主管兼任；委員會之任務亦大致相同。遇及情形特殊時，文官委員會得准許只由部或公共團體設置次級委員會，其所屬機關之人事業務則由部次級委員會兼理。

三、其他人事制度之主管機關：泰國公務員依其性質區分爲十一大

類，各類人事制度均各有其主管機關，如司法官委員會、檢察官委員會、大學官員委員會、教員會議、立法機關官員委員會、曼谷市官員委員會、省行政官員委員會、都市官員委員會等。但文官委員會在其中具有領導作用，文官委員會所定之標準及法規，常爲其他委員會所援用。

## 第二項　公務員分類與職位分類

**一、公務員的大分類**: 泰國公務員，依其性質區分爲十一大類，每類有其人事制度及主管機關，其情形如下:

㈠一般公務員: 由文官委員會主管，以文官法爲其基本法，適用此一制度之人數約爲297,300人，中央一般部會及其所屬機關人員多屬於此一類。㈡司法官: 由司法官委員會主管。㈢檢察官: 由檢察官委員會主管。㈣大學官員: 由大學官員委員會主管。㈤教員: 由教員會議主管。㈥立法機關官員: 由立法機關官員委員會主管。㈦曼谷市官員: 由曼谷市官員委員會主管。㈧省行政官員: 由省行政官員委員會主管。㈨都市官員: 由都市官員委員會主管。㈩衛生官員: 由衛生官員委員會主管。㈪警察官員: 由警察官員委員會主管。

**二、文官法所定之公務員**: 依文官法第四條規定，所謂公務員係指依照文官法規定，任用爲政府文職各部、公共團體及機關服務，並從預算撥款支領俸給之人員; 復依文官法第二十三條規定，公務員可分爲下列五類，即㈠普通公務員，包括經由競爭考試任用並從普通公務員經費領取俸給之人員; ㈡皇家官員，包括任用至皇家職務之文官; ㈢國家商務官員，包括任用至國家商務職務之公務員; ㈣教育官員，包括任用至教育部所屬教育機構擔任教員或在教育部擔任其他有關教育職務之公務

員；㈤特種外交官員，包括基於政治理由任用至外國服務之公務員。

前述五類公務員，除普通公務員全部適用文官法之規定外，其餘四類公務員，雖亦適用文官法之規定，但法律許可在必要時，可作不同的規定。

**三、實施職位分類之普通公務員：** 適用文官法之前述五類文官中，只有普通公務員之職位，自一九七五年修正文官法後，乃將原有的身份分類改爲職位分類，並自同年起正式實施。茲就泰國實施職位分類之辦理經過，實施情形及所遇問題與解決方法，簡述如下：

㈠辦理經過：文官委員會鑒於美國實施職位分類之成功，乃與美國加里福尼州人事委員會訂約規劃建立現代化的人事制度，契約有效期間爲自一九六五年六月至一九七一年六月，該項計畫稱爲「泰國文官改進計畫」。接着卽開始工作人員的訓練，展開職位調查，舉行職位查核，辦理職位分析，設定職系及制訂職系說明書，設定職級及制訂職級規範，並設立職等及草擬職等標準等工作；在實施時爲期慎重係採分期施行辦法，並以文官委員會於一九七一年四月首先試行。

㈡修訂法規：文官法於一九七五年修訂時，乃廢除原有的五個身份的分類，代之以職責爲區分標準之十一個職等。並於第三十二條規定，考慮任務的種類、責任及工作數量與素質，由文官委員會將普通公務員職位依職等標準之所定，歸入適當的職等。除政務官外，普通公務員各職等之職等標準如下：

1. 凡工作容易，於嚴密監督下，依照現有詳細而明確的指示處理，如文書的、職業的而不需高程度知識、能力或經驗之職位，應歸列爲一等。

2. 凡工作有些困難，於一般監督下，或依照現有較廣泛的指示處理，如文書的、職業的並需有些高程度知識、能力或經驗之職位，應歸

列為二等。

3.凡股長（Section Chief）層次，所含職務與責任及工作素質並不屬很高程度之職位；工作甚為困難，並於部分時間監督下處理，如文書的、專業的並需相當高程度知識、能力或經驗之職位；及基本的技術工作而需大學畢業程度始能處理之職位；應歸列為三等。

4.凡股長層次，所含職務、責任與工作素質屬於高程度之職位；及工作可能非常困難，不需上級主管或只受部分時間監督，需要很高程度知識、能力或經驗之職位；應歸列為四等。

5.凡股長層次，所含職務、責任及工作素質屬於很高程度之職位；或屬科長層次，所含職務、責任及工作素質屬相當水準之職位；及工作很難執行，不需上級主管而需很高程度知識、能力與經驗之職位；應歸列為五等。

6.凡科長（Division Chief）層次，所含職務、責任及工作素質屬於高程度之職位；及所含工作需由專家或相當知識、能力及經驗人員始能執行之職位；應歸列為六等。

7.凡科長層次，所含職務、責任及工作素質屬於很高程度之職位；及所含工作需由特別專家或具有相當知識、能力及經驗者處理之職位；應歸列為七等。

8.凡科長層次，所含職務、責任與工作素質屬於特別高程度之職位；及所含工作需由專家或具有相當知識、能力與經驗者處理之職位；應歸列為八等。

9.凡副局司處長職位；及其他具有相當職務、責任及工作素質之職位；及所含工作需由部層次的顧問的特別專家或具有相當知識、能力與經驗人員處理之職位；應歸列為九等。

10.凡屬局司處長（Director General）職位；及其他具有相當職

務、責任及工作素質之職位；及所含工作需由部層次的高級顧問或具有相當知識、能力與經驗人員處理之職位；應歸列為十等。

11.部的次長職位；及其他具有相當職務、責任及工作素質之職位；應歸列為十一等。

依文官法第三十三條，為使分類職位標準化，文官委員會應訂定包括所有普通公務員職位之各職系之職系說明書，及各職系內各職級之職級規範；職級規範應包括職位稱謂，所含職位之職務、責任、工作類型、該職級人員所需之資格、及該職級所歸列之職等。

依文官法第二十五規定，普通公務員的俸給，配合十一個職等區分為十一個俸等，每等內設若干俸級，各職位於分類後應註明該職位所屬俸等之最低與最高俸級。

又依文官法第三十六條規定，遇及普通公務員職位之工作種類、任務、責任、工作數量與素質有變更時，文官委員會應作重新分類。

㈢職系及職組之區分：依泰國職位分類標準之規定，普通公務員職位依其工作性質區分為八個職組，即1.一般行政、統計、法制、及外交職組；2.財政、經濟、貿易及工業職組；3.交通及公共新聞職組；4.農業職組；5.物理科學職組；6.醫學、護理及公共衛生職組；7.工程、建築及公共工程職組；8.教育、藝術、社會科學及社區發展職組。每一職組又區分為若干職系，如在一般行政、統計、法制及外交職組，即區分有地方事務行政、組織與方法分析、電腦資料處理、人事工作、文書工作、打字、統計、法制工作、外交、技術與經濟合作等三十一個職系，以上八個職組共區分有四一九個職系。每個職系之職位又歸列入不同的職等，各職系所列職等之幅度均在職系說明書列明。

㈣所遇問題與解決方法：泰國在實施職位分類初期，所遭遇及之問題、阻礙、及不滿甚多，主管當局乃採取了若干補救措施以求改進。

1.不易接受：泰國受「人的分類」（Rank in Men）觀念極深，當很快的改變爲「職位分類」時，對大多數文官而言在觀念極難接受，因而在意念及實務上不易適應。再加以原屬同一類的文官（如均屬第三類），於實施分類後，依其所任職位之職責有者歸列爲第五等，有者歸列爲第六或甚致第七等，使歸列較低職等者引起情緒的不安或甚致激動；同時在職位分類中每一職等均有其應行具備的資格條件，因此資格較高之年輕者，在新制中晉升較快，使得年長者心中又生妒忌。

因此對職位分類之推行，將職位分類觀念向文官「銷售」時，必須做得適當與徹底，以減低對新制的抗拒，同時職位分類的程序、技術、專門用語必須簡單而易懂，再新制實施初期不應使公務員原有的地位與傳統的工作關係予以突然的截斷，保持一個過渡的期間，以求心理的適應。

2.用作恩惠：新制使相當部分的文官職位歸列至較高的職等，其中難免有用作恩惠來討好現任人員者，尤其各部之局長對歸列職等權限更大，致難免有濫用之處。爲防止此種偏私，乃規定公務員可向主管提出寃屈申訴或將案件提送行政法院，各部之部次長亦賦予對職位歸列職等之監督權，但由於行政法院並未成立，致公務員寃屈無處申訴，乃向報界或政客們抱寃。

因此職位分類在準備階段需要更多的規劃，對新制的任用與升遷應如何配合，需要更多的注意。

3.意外收穫：在新制中，文官的地位與俸給係以工作爲準，與人員並無關聯，因此文官委員會將所有的精力化費在職位品評與歸級上，當將某職位歸列較高職等時，則該職位現任人員會自動的升至較高的地位，但此常爲其他同事所難以接受，此種原因可能是職位歸級辦理過快，致未能與各機關有關主管作事前的協商。

　　因此當準備施行新制時，需有充份的時間來歸級，並需與職位所在
機關有關官員作徹底的協商，以避免使少數人得到意外收穫，大多數人
相較之下感到失望。

　　4.缺少參與：　在職位品評與歸級過程中，　由於有關官員並未參
與，致文官委員會被指控爲獨斷及製造錯誤，同時未能獲得文官的合作與
諒解，使文官委員會在實施新制初期受到多方的指責。

　　因此，在職位品評與歸級時及將新制付諸實施時，在許多方面需先
使得有關官員及主管人員之參與。

　　5.中央人事機關之繁多：此乃新制實施後所產生的問題，在泰國
除普通文官之文官委員會外，尚有其他各類文官的文官委員會，它們都
是中央人事機關，各別主管各該類文官制度，因而相互間就會發生競爭
作用，都想將自己的文官制度中之文官地位與俸給高於其他文官制度，
尤其是職責相同的職務，如將地位與俸給高於其他制度則相互間顯會失
去平衡。文官委員會對新制的推行受此種影響很大，因此常需根據其他
文官制度來修正新制的職等標準及調整職位的歸級，此種一再的修正與
調整使得新制的觀念與原則發生了動搖。

　　因此有人強力建議認爲文官委員會只能有一個，並應主管泰國的全
盤文官制度；如必須使若干個文官委員會並存時，亦應指定其中一個擔
負領導、協調及管制的責任。

　　6.升等需經競爭考試：新制設立十一個職等，凡升等任用者原則
上需經升等考試，且屬競爭性質。由於職等較多，致升等考試之舉辦亦
甚頻繁，公務員爲發展自己前途，致將準備考試看作比工作還要重要，
同時亦多方要求將自己職位歸列較高職等，以便再次的準備及參加升等
考試。

　　因此在觀念上需使文官瞭解，永業的發展應基於教育、經驗與訓練；

再者不應將筆試作為唯一的升等考試方式，其他方式如對工作績效的考評亦可作升等考試方式；再訓練與升遷作更密切的配合，以減少看書準備考試重於工作的流弊。

7.變更職位：由於實施新制，使部分原屬同一類之職位歸入不同的職等，歸入較高職等職位之現任人員，可能又發生資格之不合而需改調職位，因而改調職位乃為常事；由於工作人員之改調職位，跟着來的卽發生了若干問題，如原有的工作關係可能改變，工作地區可能變動，使個人及家庭生活甚致子女教育等亦發生問題。

因此於介紹新制時與該機關需有密切的協調，對原有工作關係盡可能維持，如因改調職位可能發生之困難亦宜事先妥予解決。

8.時間因素：對新制之實施，在時間上不宜過於迫切，依泰國有關法規規定，職位歸級工作需於一年內完成，因過於緊急，一般文官在心理上無法接受，同時在歸級時亦難免發生疏誤，致影響及新制的形象。

因此，不但規劃新制要有充分時間，實施新制更需要有充裕時間，務使一般文官對新制的精神，原則甚致實務有足夠的了解，更需使辦理職位分類人員經過嚴格訓練。同樣重要的是要使實施分類機關之主管參與規劃與施行，以期減少阻力增加正確性。

9.職位管制：實施新制機關之職位，對其職責內容應有適當的管制，以免敍述職位與品評職位時的職責，與工作人員眞正執行的職責間發生差距，致喪失職位分類之作用。

因此在管制時，至少應包括舉行定期的職位查核，查核其實際職責與歸級職責是否相符，所列職等是否適當。並需協調職位所在機關之各級主管及給予協助，對職位加以有效的管制，及減少對新制的誤用。

10.重分類的過分要求：依照新制精神，當一職位歸級後；如遇及職位之職責發生變動，卽可要求調整歸級（亦卽重分類）。調整歸級固

可保持職位實有職責與職位歸級之一致，但調整歸級過於頻繁又將引起紛擾，使公務員的地位及俸給始終在不安定狀態。

因此，對重分類的要求需給予若干限制，如職位之職責雖有變動，其期間未有六個月或甚至一年者，仍不予調整歸級；再如可規定由中央人事機關定期到實施新制機關視察，事先安排日程，有關調整歸級等問題可於視察時提出並當場予以處理，對某一機關職位之歸級經同時作統盤的必要的調整後，在二或三年內不再調整，以期安定。

## 第三項 考　試

**一、考試任用之原則**：以普通公務員名義任用至一特定職位者，需從經由此種職位競爭考試及格人員名單中選用；但對下列情形得予例外，卽

㈠遇特殊情況舉行競爭考試爲不需要時，任用權者得依照文官委員會所定規則與程序，遴選適當人員予以任用。

㈡爲了行政利益之理由與需要，部或公共團體或機關希望遴用有特殊高程度知識、能力與經驗者至政府任職時，經文官委員會核准後得予以任用。

㈢爲公務上利益，部、公共團體及機關於取得擬任人員之原任機關首長同意並經文官委員會核准後，得選調都市官員（非普通文官）及普通公務員以外之政府官員、政務官、或在試用期間之人員，任用爲普通公務員。

㈣普通公務員經依法前往軍隊服役者，非因過失而役畢後一八〇日內，原任的部、公共團體或機關，得再任爲普通公務員。

㈤普通公務員經部長會議之核准離開公務從事其他工作，在此期間對年金及慰勞金仍計算其年資時，在四年之內仍回機關任職者，得再任

爲普通公務員。

　㈥普通公務員在試用期間未因解職而離職，而後申請回機關服務者，如業務需要得再任爲普通公務員。

　二、考試種類及應考資格：文官考試分初任考試與調升考試兩種，每種考試之方式又有競爭考試及甄選考試之別。

　參加任何職位競爭考試之應考人，需具有一般的資格。所謂一般資格，依文官法第二十四條規定，包括㈠泰國國籍；㈡年齡在十八歲以上；㈢信任憲法所定之民主政府；㈣非現任之政務官；㈤無體格不健全，未受無能力、精神病或疾病之宣示等。參加文官委員會定有特定資格之特種職位之競爭考試者，應考人亦應具有該種特定資格。所謂特定資格，包括學位及專業證書等。

　在十一個職等之職務中，凡屬第一至第四職等職務之人員，其進用以經由公開競爭考試爲原則。但文官委員會認爲公開競爭考試並不需要時，其考試得以口試、實地考試、審查證件等方式行之。如所進用之人員已獲得政府給予之獎學金，或在政府主管部所舉辦之專門訓練學校畢業，或在專門的學校（如醫學院）畢業且此種人員係需過於供等。

　再如各部需用特殊高度學識、能力及經驗之人員時，經文官委員會核准者亦得在第五職等以上職務逕行進用。

　三、考試之舉行：考試由文官委員會主持，亦得授權由文官次級委員會或政府機關代爲主持；文官委員會有權決定何者爲一般職位任用之考試及何者爲特定機關或特定地區職位任用之考試。

　有關競爭考試之程序與要點，及格分數及考試及格人員名册之建立與廢止，另由文官委員會定之。

# 第四項　任　用

**一、任用**：考試及格人員被發現未具文官委員會未予免除之一般資格，或未具特定職位職級規範所定之特定資格者，不得任用。普通公務員需於其職位之歸級經文官委員會核准後方得任用。基於業務需要，文官委員會對未具職級規範所定之特定資格但具有其他特定資格者，得核准其任用。

初任為普通公務員者，應經過試用，試用期間由文官委員會於規章中訂定；在試用期間如發現試用人員因行為不檢、缺乏知識或無能力而不適擔任職位工作或於試用期滿時，主管應依照文官委員會所定程序，經由行政系統提出對試用之考核報告。有任用權者接獲試用考核報告後，如認為不適合應作再次的試用；如試用期滿認為適合於繼續工作者，應依規定程序通知文官委員會。如在試用期間應入營服役而使試用中斷者，於再任後繼續試用；如在試用期間被任用至其他職位者，應重新開始試用；如在試用期間因行為不檢、缺乏知識或無能力認為不適任普通公務員者，應予解職。

**二、臨時代理與卸職**：普通公務員職位出缺或其現任人員暫時無法執行職務時，得授權公務員暫時代理該職位之職務。

各機關對所屬普通公務員，依照文官委員會之規則與程序，得予以暫時卸職。卸職期間其俸給、晉俸、紀律、及終止職務等之處理，由文官委員會規定。

**三、任用權責**：普通公務員之任用權責，因擬任職位職等之高低而有不同；其情形為㈠第十至第十一職等職位公務員，由部長提名並通知部長會議請其核准，而後由總理提報國王任用；㈡第九職等職位公務員，由部長任用；㈢第七至第八職等職位公務員，由司處長提報次長任用；㈣第六職等職位以下公務員，由司處長或由其授權之人任用。

當請求任用普通公務員時，應檢附適於任用之資料或報告。

四、調任: 爲期普通公務員不在同一職位上連續任職四年以上，應舉行調任，但經文官委員會宣示爲性質特殊之職位者不在適用之列。調任情形有下列各種:

㈠普通公務員得在同一機關內由一職位調至另一同職等的職位; 但如調任至較低職等職位，或由未分類職位調任至分類的職位，應經文官委員會之核准。

㈡普通公務員得調任至其他的部、公共團體或機關之普通公務員職位,但需經雙方任用權者之同意。如由未分類職位之官員調任至另一部、公共團體或機關之分類職位擔任普通公務員者，應基於業務利益並經文官委員會核准; 文官委員會對此種調任應決定擬調人員之分類職等與俸給。

㈢調任者以調至不高於原任職位之職等與俸給爲原則。

五、調升: 普通公務員經高職等之職位競爭考試或甄選考試及格或經遴選合格者，應予高職等職位任用，其程序則由文官委員會規定。甄選考試及遴選工作由部、公共團體或機關主持，至甄選考試之程序與要點、候選人應具資格、及格標準、及格人員名冊之建立與廢止，及遴選之方法等，由文官委員會規定。

對競爭考試及格人員予以調升者，其調升應按考試成績高低順序; 對甄選考試及格或遴選合格人員予以調升者，其調升順序應考慮知識、能力、行爲及服務記錄等情況後作適當的決定。

六、調任或調升不當之處理: 普通公務員調任或調升後，旋發現缺乏所任職位所需之特定資格時，有任用權者應將其在原職位上再任，或改在與其所具有之特定資格相符之職位上任用。

普通公務員於任用後，如發現其未具未經文官委員會宣示免除之一般資格，或未具文官委員會所規定之特定資格，或因以前的被控案而致

喪失資格時，有任用權者應將其解職，但其在未解職前所依法處理之公務仍屬有效；又被解職者以前進入機關服務係屬善意者，其既有年資在核給年金或慰勞金時仍予計算。

## 第五項　俸給與考績

### 一、俸表

(一)普通公務員之俸表結構：配合分類職位之職等，區分為十一個職等，每一職等分設若干俸級，每一俸級訂定俸額，以泰幣銖（Baht）為

| 俸級 | 各 職 等 之 俸 級 及 月 俸 額 | | | | | | | | | | |
|---|---|---|---|---|---|---|---|---|---|---|---|
| | 一職等 | 二職等 | 三職等 | 四職等 | 五職等 | 六職等 | 七職等 | 八職等 | 九職等 | 十職等 | 十一職等 |
| 1 | 900 | 1585 | 1985 | 2685 | 3540 | 4960 | 6060 | 6710 | 7410 | 8160 | 8960 |
| 2 | 950 | 1685 | 2085 | 2835 | 3725 | 5210 | 6360 | 7060 | 7760 | 8560 | 9360 |
| 3 | 1000 | 1785 | 2235 | 2985 | 3910 | 5460 | 6710 | 7410 | 8160 | 8960 | 9790 |
| 4 | 1055 | 1885 | 2385 | 3170 | 4110 | 5760 | 7060 | 7760 | 8560 | 9360 | 10220 |
| 5 | 1110 | 1985 | 2535 | 3355 | 4310 | 6060 | 7410 | 8160 | 8960 | 9790 | 10680 |
| 6 | 1165 | 2085 | 2685 | 3540 | 4510 | 6360 | 7760 | 8560 | 9360 | 10220 | 11140 |
| 7 | 1220 | 2235 | 2835 | 3725 | 4710 | 6710 | 8160 | 8960 | 9790 | 10680 | 11640 |
| 8 | 1280 | 2385 | 2985 | 3910 | 4960 | 7060 | 8560 | 9360 | 10220 | 11140 | 12140 |
| 9 | 1340 | 2535 | 3170 | 4110 | 5210 | 7410 | 9960 | 9790 | 10680 | 11640 | 12690 |
| 10 | 1400 | 2685 | 3555 | 4310 | 5460 | 7760 | 9560 | 10220 | 11140 | 12140 | |
| 11 | 1485 | 2835 | 3540 | 4510 | 5760 | 8160 | | | | | |
| 12 | 1585 | 2985 | 3725 | 4710 | 6080 | 8560 | | | | | |
| 13 | 1685 | 3170 | 3910 | 4960 | 6380 | 8960 | | | | | |
| 14 | 1785 | 3355 | 4110 | 5210 | 6710 | | | | | | |
| 15 | 1885 | | | | | | | | | | |
| 16 | 1985 | | | | | | | | | | |
| 17 | 2085 | | | | | | | | | | |
| 18 | 2235 | | | | | | | | | | |
| 19 | 2385 | | | | | | | | | | |
| 20 | 2535 | | | | | | | | | | |

單位，惟爲配合生活費用的提高，對俸額常有調整。茲就一九七八年起所用者列舉如上頁。

㈡其他俸表：如政務官之俸給，另以政務官俸表定之；至皇家官員、國家商務官員、教育官員等之俸給，原則上比照普通公務員俸給支給，至不適用文官法之官員，其俸給另有規定。

二、叙俸原則：初任考試及格人員，自考試及格職等之最低俸級起敍；調任人員仍敍原職等之原俸級；升等人員自所升職等之最低俸級起敍，但原叙俸級已達所升職等最低俸級以上者，自所升職等同俸額之俸級起敍；調任較低職等人員，改敍所降職等同俸額之俸級，但原敍俸級已超過所降職等最高俸級時，改敍所降職等之最高俸級，如報經核准亦得暫支原俸級之俸額。

三、考績晉俸：依文官委員會規定，普通公務員之晉俸，需由主管官員基於該公務員之工作數量與素質，所獲得之成果，對紀律之遵守及執行工作時所表現出之能力與勤奮之考慮而後決定。如對公務員不予年度晉俸時，則主管官員應將理由通知該公務員。晉俸之權責，凡九職等以上普通公務員之晉俸，應由部長提報部長會議核准；對八職等以下普通公務員之晉俸，由司處長核准。

四、對因公死亡者之追予晉俸：遇及特殊情況，爲利於年金或慰勞金之核計，部長會議對因公死亡之普通公務員可給予晉一俸級。

五、津貼：除俸給外，尚可享受若干福利，如對所得稅的補貼，在公立醫院診療費用之補助半數，適當的房租津貼，在國外地區服務或擔任具有危險性之職務者給予特種津貼，及公務旅行者支給差旅費等。

# 第六項　訓　　練

一、訓練計畫：泰國公務員之教育與訓練，爲加強對公務之有效執

行，受到政府的鼓勵；政府各機關執行各種訓練計畫，有時並由訓練局、國家行政發展院及文官委員會協助。

二、國外進修獎學金：文官委員會每年有一百多個政府獎學金名額給公務員赴國外進修，獎學金之取得通常需經考試及格；同時外國政府及私人機關亦有提供獎學金，以供公務員進修之用。

三、對參加教育進修之權利與義務：政府對請假參加教育進修者，在請假期間仍支原俸；又政府官員赴國外參加進修或訓練者，回國後應繼續服務，其服務期間不得少於出國期間之二倍。

## 第七項　服務、懲處與申訴

一、工作時間與假期：公務員辦公時間為每週三十五小時，週一至週五為每日上午八時半至十二時，下午一時至四時半，週六及週日為假日，其他的假日每年約為十四日。但泰國認為公務員在任何時間（即一日二十四小時）均具有公務員身份，不論為假日或在辦公時間之外，主管隨時得要求所屬處理公務。

公務員每年請病假得高至一二○日，如因執行職務染病致患傳染病或危險疾病者，得展延至二七○日。公務員除第一年可休假十五日外，每年尚可休假四十五日。公務員可基於個人、事業或假期理由出國；如赴鄰國者可給假三十日，如赴歐洲或美洲者可給假一二○日。對男性公務員如入佛寺為修道僧者可給假一二○日。公務員如欲繼續進修，不論在國內或國外均得給假並支原俸，其期間由各部擬送文官委員會核准；公務員被派至歐洲或美洲工作者，於工作五年後得給一八○日之回國休息假；如派至其他地區工作者，其假期以一二○日為限。各種假期均不得累積或預借，對未請用之假期亦不得改發報酬。

二、維護紀律：泰國對普通公務員紀律之要求甚嚴，如有違反即予

懲處。應行遵守之紀律，主要包括下列各種，即㈠應誠懇的支持憲法所定之民主政府；㈡應忠誠的、誠實的及公正的執行職務；不得利用官方地位或允許他人利用官方地位，直接或間接謀取個人利益；不得爲個人或他人利益對職務作錯誤的執行或不執行；此乃嚴重的違反紀律；㈢須支持政府政策並執行職務，以實施法律及部長會議之規則與規章及謀求行政的進步；如有錯誤此乃嚴重的違反紀律；㈣應將「關心及認知可能使國家走向帝制之各種發展，並盡最大能力來防禦此種危害」作爲自己的特殊任務；㈤應保守官方機密；如因洩密而危害公共行政是重大的違反紀律；㈥須服從長官依據法律及行政規章所發佈之命令，不得違抗及逃避；拒絕服從命令而危害公共行政是重大的違反紀律；㈦執行官方職務時不得越級報告，但由再上級長官命令或經獲得暫時特殊的允許者除外；㈧不得向長官作虛僞的報告；因虛僞報告而危害及公共行政者爲重大的違反紀律；㈨需遵守行政規則與措施；㈩需將時間從事於公務並不得玩忽職務；非因特殊原因而玩忽職務致危害公共行政，或連續十五日無充分理由而玩忽職務，或故意不遵守行政規則者，爲重大的違反紀律；㈠執行公務時需有禮貌，保持公務的一致及相互幫助；㈡對前來接洽公務之人，需表示出有禮與歡迎之意，並立即給予公平對待與協助；如有侮辱、輕視、傲慢或壓迫的態度，乃重大的違反紀律；㈢不得尋求利益或允許他人尋求利益而影響處事的公正或使機關不受信任；㈣不得擔任公司的管理主管或經理或其他類似的職務；㈤不得爲政黨的委員會委員或官員；㈥不得有重大的行爲不檢，如不名譽、因醉酒而失去自制、耽溺賭博、或其他影響機關信譽之行爲；㈦各級主管需鼓勵所屬維護紀律並注意其所作所爲，如獲悉所屬有違紀行爲，應即採取懲處措施；如認爲應給之處分係屬主管自己權責範圍內者應即予懲處，如認爲係屬上級主管之權責者應即轉報上級主管處理；如主管人員疏於處理或作不善意的

處理，將被認為違反紀律。

三、懲處: 普通公務員違反紀律時所給予處分之種類，視其違反情節而定，不得有報復心理或基於一時憤怒而決定，亦不得對無辜者予以處分; 給予嚴重處分者應經一定之程序，涉及刑事責任者並應依刑事法規處理。茲簡述如下:

㈠處分種類: 分申誡、減俸、降俸級、解職 (Discharge)、免職 (Dismissal) 及撤職 (Expulsion) 六種。

㈡較輕的違紀處分: 並未構成重大的違反紀律者，應視情節給予申誡、減俸或降俸級之處分，但對輕微的違紀或認尚不適給予減俸之案情，應給予申誡處分，如違紀情節不但輕微且屬初次者得給予警告，警告並不列為正式的懲處; 何種層級的主管對所屬有何種懲處權限，則由文官委員會以規章規定。

㈢較重的違紀處分: 如屬重大的違紀，應視違紀情節之嚴重性給予解職、免職或撤職之處分。對重大違紀案件，有任用權者如發現有調查之必要時，應即成立調查委員會，並通知被控者有關控案之節略、證據、證人，並給予辯護機會; 調查委員會具有廣泛的權限，如要求有關機關提供資料，傳喚有關人員出席作證等。如重大違紀之公務員已向上級長官以書面悔過時，則可予以懲處或不經調查即予懲處。

調查委員會之調查結果，應送由部的文官次級委員會作成懲處之決議，而後由有任用權者發佈懲處命令。如給予解職之懲處者，仍可依規定給予年金或慰勞金，其情形與辭職同。

如普通公務員被控於進行刑事程序後已離開公務（死亡除外）者，有權懲處者仍可進行懲處程序，不因離開公務而受影響。

㈣停職: 有任用權者對被控重大違紀或在刑事程序中之普通公務員，在調查或刑事審判未有結果前，得先予停職或解除職務，但如被控

者事後證明爲無罪或其罪過並不構成解除職務、免職或撤職，且亦無其他需終止職務之情況時，則有任用權者應恢復被控者以原有職務或復至其他同職等且與被控者所具特定資格相符之職務。停職人員或暫時解除職務人員，在停職或解除職務期間仍可支俸。

㈤文官委員會之調查權：爲求公正或爲各機關正確執行文官法及認有必要時，文官委員會自己或經由所設立的調查委員會對已發佈懲處之案件，有權主持新的或再次的調查，並根據調查結果處理。

**四、寃屈與申訴：**普通公務員如感到長官對其未能正確的使用職權或依照文官法規之所定，得向其主管提出寃屈。

普通公務員如受到懲處或解除職務（在懲處進行中之暫時解除職務除外）時，依照文官法規定有權提出申訴。其情形如下：

㈠因受申誡、減俸或降俸級處分提出申訴者，應於獲悉懲處命令後十五日內向長官爲之。申訴程序及應行考慮之點由文官委員會以規章定之。

㈡因受解除職務、免職或撤職懲處而提出申訴者，應於獲悉懲處命令後三十日向文官委員會爲之。文官委員會對申訴作成決議後由總理以命令行之，如總理不同意文官委員會之決議而文官委員會重行考慮後認需維持原決議時，應提報部長會議作最後決定。如總理之命令爲對被懲處者予以再任或需改變原有之懲處時，各機關應卽遵辦。

㈢在決定提出申訴之一個月期間內，如受懲處者感到他並未受到公正的處理，有權向行政法院提出控訴。

## 第八項　退休撫邮

**一、適用範圍：**凡係依「文官任用條例」任用之公務員，皆適用補助金法規定，給予退休及撫邮金。

**二、退休：**

㈠退休種類： 1.命令退休：有下列情事之一者，命令退休，即⑴公務員年滿六十歲者，但在宮內廳或國家安全、教育及發展機構任職者，得按年報請延長，但最高仍以六十五歲爲限；⑵無工作能力者；⑶缺乏任用資格者；⑷聘（雇）用期滿者； 2.自願退休：有下列情事之一者，可自願退休，即⑴任職滿三十年以上者。⑵職位經廢止者（如機關裁撤）；⑶因健康欠佳，經批准者；⑷基於政治需要經批准退休者（如內閣改組總辭）；⑸受違紀處分經批准退休者。

㈡月退休金： 1.支給條件：任職廿五年以上而退休者，給與月退休金。 2.支給標準：爲退休時月俸乘服務年資再除以五十。因此，如任職五十年而退休者，其月退休金標準即爲月俸額。軍人在打仗時年資，一年以二年計。又支領月退休金人員，其福利與在職人員大致相同。警察人員之月退休金給與標準，較一般公務人員略高。

㈢一次退休金： 1.支給條件：任職滿十年以上未滿廿五年而退休者，給予一次退休金。 2.支給標準：爲退休時之月俸乘任職年資所得金額爲準，其係因公致身體殘廢而退休者，給與標準酌予增加。

三、撫邺

㈠支給條件： 1.在職死亡者。 2.支領月退休金期間死亡者。

㈡支給標準： 1.月撫邺金： 任職廿五年以上在職死亡者， 對其配偶、子女、父母等遺族，按公務員死亡時月俸乘以任職年資再除以五十所得數額，給予月撫邺金。 2.任職死亡一次撫邺金：任職十年以上，未滿廿五年在職死亡者，對其遺族，按公務員死亡時月俸乘以在職年資所得之數額，給予一次撫邺金。因公死亡者，按上列標準得予加給。另按一次撫邺金 3％標準，作爲喪葬費。 3.退休後死亡之一次撫邺金：支領月退休金期間死亡者，給與遺族相當三十個月退休金之一次撫邺金，並另給相當一個月退休金之喪葬費。

㈢領月撫邺金期間： 父母、配偶領至死亡爲止，子女領至成年爲止。

## 第九項　終止職務

　　**一、終止職務之事由**：普通公務員遇有下列情事之一者，應終止其職務，即㈠死亡；㈡依法退休；㈢辭職獲准；㈣非因懲處而解除職務；㈤受解除職務、免職或撤職之處分。

　　**二、終止職務之程序**：普通公務員之辭職應向直接主管以書面提出，並由有任用權者考慮及核准；解除職務、免職及撤職之生效日期，由文官委員會以命令規定。又被終止職務者係屬十職等以上人員時，應報由國王以命令行之。

　　**三、命令解除職務並給予年金或慰勞金**：各機關對普通公務員，除依退休撫卹之規定外，尚有命令解除職務並給予年金或慰勞金之規定。

　　普通公務員遇有下列情事之一者，得命令其解除職務並給予年金或慰勞金，即㈠因病不能經常執行職務及有任用權者認為應終止其職務時。㈡志願擔任政府所期望之任何工作時。㈢因喪失泰國國籍、擔任政務官、或體格的無能力、才能不適合、精神病等而不合擔任職務時。㈣當喪失執行職務之能力或其所作所為與職務不適合、或工作上有缺陷，有任用權者認為此種情況的繼續將損害及公共行政時，應立即設立調查委員會，並將案情通知被控者及告知有證據與給予申辯機會；如經調查結論認為應予終止職務時，有任用權者可解除其職務。㈤因重大違反紀律雖尚未構成解除職務、免職成撤職之懲處，但如繼續任被控者任職將損害及公共行政時，上級主管可命令被控者解除職務。㈥因違反紀律情節輕微而受監禁刑罰但尚未構成解除職務、免職或撤職之懲處時，有任用權者得命令其解除職務。㈦因入營服役者，應解除其職務。

## 第十項　其他官員對法規之適用

泰國一般公務員分爲五類，除普通公務員外，其餘四類公務員對文官法規之適用情形如下：

**一、皇家官員：**依憲法規定，皇家官員職位之分類、俸給、任用、晉俸、紀律維護、寃屈與申訴、終止職務，除國王命令另有規定外，適用文官法之規定。

**二、國家商務官員：**國家商務官員職位之分類、俸給、任用、晉俸、紀律維護，寃屈與申訴、終止職務，除主管部會商文官委員會同意提報部長會議核准並報由國王以命令公佈之規定外，適用文官法之規定。

**三、敎育官員：**敎員官員職位之分類、俸給、任用、晉俸、紀律維護、寃屈及申訴、終止職務，除主管部會商文官委員會同意提報部長會議核准並提報由國王以命令公佈之規定外，適用文官法之規定。

**四、警察官員：**有關警察官員之特殊規定，已於文官法修正時被刪除。

**五、特種外交官員：**普通公務員及特種外交官員，得任用爲大使、總領事、領事、及其他文官委員會規定所定之外交職務；提名爲大使或與司長相當之外交職務者，應報由國王任命；外交官員之俸給由文官委員會規定。特種外交官員之紀律維護與晉俸級，適用文官法之規定。特種外交官員不得調任爲他類之文官。

特種外交官員遇有下列情事之一時應終止其職務，卽㈠死亡；㈡依法退休；㈢辭職被接受；㈣由主管部長報經部長會議核准解除職務，不論有無過失；如因違反紀律而解除職務者適用普通公務員之規定；㈤部長會議之全部部長們離職或主管部長離職；㈥未具文官法所定之一般資格。

# 第八章　歐洲其他國家人事制度

　　歐洲國家之人事制度，除英國、法國、德國經分別以專章敍述外，其他如意大利，及共產國家如蘇聯、捷克斯拉夫、南斯拉夫等，亦作簡要說明；惟蘇聯等三國之人事制度資料極為缺乏，只能參考一九六六年聯合國所編之「文官法律與實務手冊」(Handbook of Civil Service Laws and Practices)，略作敍述。

## 第一節　意大利人事制度

### 第一項　一般說明

　　一、**公共行政之意義:** 公共行政的含義，在意國較在美國為廣泛，不但包括政府行政部門之各部會，並包括一般機關、自治機關、州、市、公營與準公營事業在內；這些機關的工作人員，均稱為公務員；行政部門既無一整套的人事法規，亦無文官委員會之類的機關來監督與執行各種人事規定。本節所敍述者，以行政部門各部會之人事制度為主，對各

部會公務員之徵募、晉升、永業發展等之規定，則予以較詳的說明。必
要時再提到其他機關人員之人事規章。

二、公共行政之分類：意國公共行政可區分爲三類，卽㈠行政部門
之各部會，以部長爲首長；㈡獨立機關，雖屬各部管轄，但有相當的自
主權；㈢自治機關（或稱特種行政機關），僅受中央極寬鬆的監督。以
下所討論者，以各部的人事制度爲主。

所謂獨立機關如郵政、電話、公路、鐵路、州、市、及鹽務、香蕉
等機關，均由國家提供資本，並受公共行政法的管制；這些機關比各部
擁有較大的自主權，預算與主管部分開，行政係由董事會或主官監督；
主管部的監督只限於訂定需予遵循的政策指導。

所謂自治機關，多係爲國家所擁有的公司，其業務集中在經濟發展；
目前意國所有的經濟，幾乎均由政府直接或間接操作；公司共有二百五
十餘個，僱用意國人 510,000 人，外國人 22,000 人。意國有六個國有
事業集團，IRI 及 ENI 是最重要的兩個，此種集團大致可看爲一種
三層次的結構，基層是個別的公司，受公司法的約束；此種公司再合爲
不同的公營公司與總公司，並對其負責；此種公營公司與總公司再合爲
IRI 及 ENI，並對其負責；IRI 及 ENI 的主要任務爲籌集資本，以應
各層次公司之需。主管部對 IRI 及 ENI 有若干法定權限，如核准投資
計畫及獲得財務的方法；政府任命董事會主席及公司經理並出席 IRI 及
ENI 的董事會；事實上，部與 IRI 及 ENI 間的關係均爲協商的關係，
部訂定與各總公司相協調的一般性政策指示，而總公司則負責執行此種
政策，並與各公司作財務及技術的協調，而各公司仍負有管理自己公司
的責任。

三、各部之組織：意國行政部門有十九個部，各由部長主持，部長
由總理建議總統任命；各部長又與少數人員構成部長個人的內閣，此種

個人內閣人員由部長私人任命，人選可為部內中級或高級的永業公務員，亦可為外界人士；此種人員對部長需忠誠，並負責監督部長政策的施行；各部之內又區分不同的局（司）（Directorate），各有其職掌，並由局（司）長或主任視察主持；各局（司）內再分科（Division），由科長主持；科下再分股（Section），設股長。

局（司）長為政務職，由總統根據內閣建議，就機關內文官或外界人士任命；局（司）長並非需獲得部長的信任，有學者曾謂：「部長不能依賴他的局（司）長，因為局（司）長可能是部長的政敵，他們之保有局（司）長職務，並非由於部長，而是由於黨的部分人士的支持」。此種情形在他國殊為少見。

意國除外交部及國防部外，並無一個文官負責部內日常事務（如英國的常務次長）；部內各單位間的協調與監督工作，由部內的行政會議（Council of Administration）（相當局（司）長會議）負責；此會議由部內各局（司）長，部長個人內閣人員及部長自己所組成；批評者謂：「由於大多數的部缺乏有效的協調，引致職掌的重疊及管轄權的不穩定；各局（司）長間，局（司）長與部長個人內閣間，常發生爭論與不和諧，最後只得由部長自己來擔任協調工作」；亦有認為各部在組織上內部單位區分過多，決策權又過份集中在局（司）長手中，每一決定需由股長、科長、主任視察或局（司）長簽字，而且常需部長簽字；由於行政權高度集中的結果，使得有效的權力反而消失；由於上級人員工作負荷過重，致對下級所呈核的各種決定無法作真正的審核，因此對各種看起來並不會引起爭論的決定，只有簽章，但不知其中內容及含義；同樣的，低級人員亦因所有的決定均需經上級審核，致制作決定時亦常有疏忽；其結果是陷於混亂與不完整；在一九七二年的立法想改變此種情況，即規定每一公務員個人，在其才能範圍內的事項已簽字者，應即負責。

## 第二項　人事機關

意國人事制度之主管機關爲公職部 (Department of Public Fanc-
tion)，此外尚有國家審計局及公共行政高級委員會，亦與人事制度有關。

**一、公職部：** 於一九八三年依法成立，其主要職掌爲㈠公職之擬訂
及協調；㈡公務機關之組織及改組；㈢行政效益之管制；㈣公職團體協
約；㈤法律及財務處分之協調；㈥公務機關資訊及設備之協調；㈦公務
人員之任用；㈧與國際公職事務組織之聯繫；㈨保管全國公職人員名
冊。以上職掌，由部內八個司處分別主管。

**二、國家審計局：** 爲財政部的一個部門，其權責包括草擬政府年度
預算及審核政府的經費支出；審計局有核准政府經費開支之權，使得對
各部人事預算亦有監督之權，此中包括任用、晉升、免職及年金等；審
計局在各部派駐有審計官，並不參與日常人事事務的處理，而只限於當
提送年度預算請求涉及人事案件之法律的或經費的變更時，審計官始予
干預，他們並不主動的提出改革。

**三、公共行政高級委員會：** 一九五三年雖有此規定，但直至一九七
三年始正式成立；此係一諮詢性機構，負責對有關政府組織及文官地位
事務的審核、研討及作成建議，由內閣總理主持（但亦可授權由行政改
革部長主持），此委員會中又分有兩個小委員會，一爲人事事項委員
會，一爲政府組織委員會；人事事項委員會由四十二位委員組成，其中
一半爲勞工工會代表，此一機構將是一個使管理當局與員工雙方可以討
論寃屈及相互關心事項的適當團體；但工會依照習慣多將他們的要求直
接向政治當局提出，而不願向沒有權力的協商及研究機構提出；故其作
用亦不大。

## 第三項　人事體制

用以規定各部公務員地位的法律 (Consolidation Act)，係由總統於一九五七年一月三日以第三號命令公佈，其後並有若干修正。現行意國公務員的架構，主要區分爲八個等級，各有其職責特性，其情形如下:

一、一等級: 單純業務。

二、二等級: 需具有相當常識方能處理之單純業務。

三、三等級: 不需特殊常識之操作或業務。

四、四等級: 需特殊知識方能處理之行政或技術業務。

五、五等級: 需特殊知識並負責集體責任之業務。

六、六等級: 需具專業知識並負執行責任者。

七、七等級: 需具專業知識並負一個單位責任者。

八、八等級: 需具特別專業知識並對外負責者。

意國公務員，包括軍人、司法、敎員及各州市機關、公營及準公營事業在內，約爲 1,500,000 人；一九七一年行政部門公務員爲235,766人；其當年人數之增加情形爲，一九六七年爲 201,187 人；一九六八年爲 206,458 人；一九六九年爲 217,816 人；一九七〇年爲2 27,545 人；一九七一年爲 235,766 人。如按以上四類區分，則行政類爲33,838人；執行類爲 48,820 人；科員類爲 92,954 人；信差類爲 60,154 人；合計仍爲 235,766 人。此外尙有臨時人員。

# 第四項 考試與任用

**一、基本規定:** 依意國憲法第九七條規定,「公共行政人員的任用,除法律另有規定外,需經由競爭進用」。依人事法律(Consolidation Act)規定,競爭考試進用,是為保證做到公正及消除過去引用隨從及施行恩惠而設計,並盡可能羅致眾多的合格人員;所有意國人年滿十八歲,不論性別,具有執行職務之良好行為與體能者,均得申請應考。

**二、競爭考試進用:** 意國公務員之競爭考試進用,其考試情形因職務等級之高低而不同。如低等級人員,只需就登記人員中經由適當甄選即可進用,並經試用程序。如係中等級人員,則需公開報考,考試時需經筆試、口試,而後試用及訓練,以增進其發展。如係高等級人員(即七、八等級人員),則需大學畢業或同等學歷者方得報考,經過筆試及口試,而後參加訓練及實習一年,再經論文考試,而後始決定是否考試及格,故整個考試的過程,通常需在一至二年之間。考試的內容注重應考人之法律的訓練與社會背景的研究,此種應考人為獲得任用有願意等待至三年者,但一經任用對其工作即有保障。

**三、不適用競爭考試進用之例外:** 其情形有下列三種:

㈠不經考試自動任用至較低等級職務: 此種人員,只限於社會上認為受到蔑視的、殘障的或其他值得國家注意者,包括殘障的戰時退役軍人,戰時退役軍人的寡婦及孤兒,耳聾者、瞎眼者等。依照法律,三、四等級職務之15%職缺及一、二等級職務之40%職缺,應留由此種人員擔任。

㈡不經考試任用至政務性職務: 各部內的局(司)長及其他高級職位,如行政官,因屬政務職位,可不經考試逕行任用。

㈢臨時任用亦不需經考試：所謂臨時任用，又有四種，其情形與常任公務員的四類相配合。臨時任用係由任用者與被任用者訂定契約來管理；臨時人員之納入常任範圍，係經由臨時人員人事案卷之審查而非經由考試程序。

意國臨時人員，在第二次世界大戰結束時為數特多，原因為在戰時轉至軍界服務者，其缺額均由臨時人員抵補，戰事結束原有人員回任時，臨時人員並未解職；根據當時情勢衡量，認為最好不予解僱；其後雖有法律規定不得再用臨時人員，認為進用臨時人員是替濫用恩惠及偏私開門，但對考試用人之例外仍有必要，因有些高類的職缺，仍因缺少合格人員而無法補入，尤其是技術、科學及管理的職位，故而後又以特種命令規定對空缺職位可作臨時任用。

四、所受批評與改進：意國公務員的考試進用政策，仍遭受不少的批評，設計競爭考試進用之原則，用以改正過去濫用恩惠的缺點，可能是對的；但考試的內容及施行的方法，卻難以引進高度優秀的人員。有者認為過去重視羅致南部的失業者，而非重視羅致為建設現代國家所需要的人才；但特種機關及公營公司卻能羅致到具有機動性與技術才能的人，此種機關及公司均建立有自己的羅致標準，具有彈性。有者建議各部的考試內容不要以法律訓練為主，而應重視其他條件，並擴大包括其他因素而非文憑；即使考試是最公平的羅致人員的方法，仍然發生有懷疑，對政治的推薦及隨員的進用仍有着影響力。在一九七〇年曾訂有法律，從事簡化考試程序以減少考試程序上的延誤，建立各部共同考試制度及改變考試內容，使技術及科學的應考人便於考試；但各部多不願放棄它們自行考試的特權及管轄權。

## 第五項　晉升調任與訓練

**一、晉升：**意國各類公務員均根據考績晉等及晉俸；各類之間亦可經由競爭考試而升類。各部對人事行政的監督與管理均自行負責，當初任公務員職務時，有六個月的試用，如試用期間之考核報告認爲成績不良，則可再延長試用六個月，但事實上沒有一人在試用期間會遭受不合格而解職。在科員類及信差類，有不少職缺晉升至各該類之高職等的職位數並不予限制，因而晉升常是自動的，以年資而非工作成績爲基礎。在行政類及執行類，訂有各職等之職稱員額，除非有較高職位職缺，無法予以晉升，再當晉升至職缺時，一部分係基於適合性或功績（從審核人事記錄認定），一部分係基於在某職等任職若干年後經競爭考試及格；晉升至科長職務者需經擔任股長並經競爭考試，其中五分之一缺額係留由曾任股長一年並經特種競爭考試及格者，五分之四缺額係留由曾任股長三年並經一般的競爭考試及格者；晉升至主任視察時，需經曾任科長三年並就其各種人事記錄審評合格；至局（司）長則爲政務職，不受一般晉升規定之限制。

爲晉升所舉行的競爭考試，一律平等，但對戰時受傷的退役軍人之子女，殘障人員，戰時殉職者的母親、寡婦、子女、或惟一的姊妹、及大家庭的父親，則可予以優待。雖然特種考試的設計是用來使優秀者可早日晉升，但晉升至負有重任的職位，因有年資及職缺的限制，仍認爲是相當的慢，此種情況在各部多屬如此。至特種機關，其晉升則較爲機動，大都基於功績，卽使評定功績的方法各有不同。

**二、調任：**公務員在各部間的調任，由於各部內部的分類與俸額（或考績）的不同與不協調，並不常見；至從政府機關外調入或調離政府機關者，則更是少有；從各部調任至特種機關者亦屬少見，正如由事務官轉任政務官之稀少相若。在意國高級公務員職位並非作爲政務官的跳板，由公務員轉任私營企業亦極爲稀少。但需指出者，許多意國公務員

均兼有二職，辦公時間為上午八時至下午二時，政府的待遇比私人企業待遇為低，低級公務員於辦公時間外，擔任午後或夜間職務，以增加收入；高級公務員則兼任特種機關的董事等賺錢的職務作為報酬；此種措施自難加強效率與生產力。晉升制度亦常遭到批評，認為自動的晉升對良好工作的執行者不能發揮激勵作用；一九七〇年開始改革，企圖建立起有想像力的彈性的考績方法，給予較多的上進機會，及設計使人力可得到更好運用的方法；但這些改革仍遭到各部的抵抗，因為各部要保留它們認為屬於自己的特權。

三、訓練：為了吸引高度活力與合格的人員擔任公務員，及增進公務員的能力，逐漸將注意力集中至對公務員的訓練。一九五七年設立了公共行政學校，對有抱負的公務員提供管理的與經濟的技能；但一般的輿論認為此種學校並未達成其任務（IRI 公營事業所辦的管理訓練學校反有較好的成就），該公共行政學校的計畫並不能適應公務員的需要，既無專任的常任職員，亦無綜合性的課程表。同年四月廿一日，以行政命令將公共行政學校改設為類似法國的國家行政學院，入學者需經競爭考試，並經口試，同時重視一般的才能及將來的發展與學院的資格，由專任的常任職員負責一二個月的課程，而後再分發至各部實習以獲得實際的工作經驗，最後需再經理論知識與實際訓練並重的考試及格，始予正式任職。

## 第六項　權利、義務與懲處

一、權利：意國公務員，依憲法及文官法規規定享有許多權利。如工作的保障，非依法規規定不受處分，所受處分之種類以法規所明定者為限。又依人事法律第五十四條規定，文官有權將冤屈事項及人事的決定或考績等，向部內行政會議提出申訴。依憲法規定，文官可加入政黨，

但法律對某種職務人員之為黨員者則有限制，如司法官、武裝部隊人員、警察及情報人員，駐在國外的外交及領事人員。因法律並無禁止某種公務員組織工會的規定，故在公務人員法規中允許公務員有組織工會的權利，公務員得在辦公場所從事工會活動、收繳工會費用、享用會議場所等；工會領袖可利用辦公時間在辦公處所外參加會議或參加協商。憲法第四十條規定工作人員有罷工權，對公務員言，將罷工區分為經濟的罷工及政治的罷工，如屬政治性的罷工則絕對禁止，而經濟性的罷工對某種公務員則屬允許；經濟性罷工之所以認為合法，係因最高行政法院對禁止認為合法的判決中，僅說明在罷工期間不給予報酬；但經濟性罷工，對公共衛生官員（因罷工而終止為憲法所保障的公共衛生服務）仍認為不合法。

二、**義務與懲處**：意國憲法中所規定之義務，包括對國家忠誠，執行職務時要有適當的行為及公正無私；如違反或破壞法律所定的行為，或違反或具有所列舉之事項時，依文官規章規定，均定有應予的懲處；懲處包括自減俸一個月俸額之 10 ％至 20 ％起，至六個月；如不能成功的處理業務，不遵守所定任務，或對長官有不適當行為時，應均予懲處，如有破壞忠誠、濫用公帑、或為職務份內事務為期約或收受賄賂，則可予免職；事實上免職案件為數極少，且常涉及刑責需依刑事法處理。

## 第七項　公務員與政治

意國公務員與政治之間的關係，可從下列各種角度來看：

一、**從公務員之態度看**：意國公務員常被認為與政治疏遠，但對政治並不敵視；由於公務員對政治的不關心，缺乏成就取向及對政治效率的懷疑，此種態度很難促使公務員主動的去影響政治；公營事業人員的態度，卻常表現出對政治的信心與進取，尋求對政治及制作決定的程序中去發生影響力；從近年來的選舉中，可看出公私事業的有為之士，參

加政治的競選者甚爲普遍。

　　**二、從制作決定之過程看**：許多立法案均由各部草擬，各部的局（司）長們在制作法案的過程中，不僅是部長的顧問，且其影響力將與部長個人內閣的影響力相抗衡；局（司）長們尙需與許多的有關集團相抗衡；有關的集團在閒談之間，常會提供爲制作決定所需要的與有價值的資料，因而對政策的決定具有較大的影響力；其實，如無搜集資料與研究的獨立方法，制訂政策的公務員將被迫依賴於提供資料的團體，而此種團體不但是各種利益的仲裁人，或甚至成爲這些團體的發言人。公營事業用來影響制訂政策的另一工具，是向政黨及競選活動捐獻費用。

　　**三、從所發生之效果看**：傳統的公務員，不論是建立自己的目標或彌補因政府制度缺陷所產生的空隙，在程序上受到較多的困擾；而特種機關或事業，因少受規則與規章的約束，在實施經濟方面的目標上，具有較大的自主性，故亦易收到預期的效果。

# 第二節　瑞士人事制度

　　瑞士文官制度於一九二四年始由聯邦委員會以公告形式對公務員建立一些初步規定，嗣於一九二七年六月始正式制定聯邦公務員法，並設立聯邦人事局主管人事工作，該法於一九七九年修正後，作爲聯邦議會的法規公布實施，各部門可依此規定訂定本部門的施行細則。

## 第一項　人事主管機關

　　人事主管機關包括聯邦人事局，及具有諮詢性質之對等委員會與人事委員會，其職掌如下：

　　**一、聯邦人事局**：直接隸屬於財政海關部，管理聯邦各部門及其所

屬機關人員之人事行政，其職掌爲(一)研擬爲實施聯邦公務員法之命令
與規則；(二)草擬合理使用人員的規定；(三)研究人事行政方面之一般
問題與原則問題；(四)對公務員聘用、晉升、定級、薪資、住所、補
貼、獎金、津貼等提出意見；(五)對聯邦公務員的訴訟問題提出意見；
(六)公務員之人事統計。

　　**二、對等委員會**：爲人事關係的諮詢機構，由全國五個選區每一選
區按每一萬人選派一名委員及一名候補委員，另由聯邦委員會任命同等
數目的委員，共同組成之。主席由聯邦委員會任命，任期四年。委員會
應財政海關部要求，對下列事項可提出意見，卽(一)關於聯邦委員會執
行聯邦公務員法之具體方案、條例與建議；(二)關於修改、補充聯邦公
務員法的建議；(三)關於人事方面的原則問題與一般工資問題。

　　**三、人事委員會**：爲利於行政機關與公務員的合作，及合理組織人
力，各行政部門、企業機構均可成立人事委員會，對下列問題可向本部
門提出意見，卽(一)機構精簡與改善；(二)人員福利、培訓、考試；
(三)本部門人事方面之一般問題。人事委員會之委員與候補委員，由選
舉產生。

# 第二項　任　　免

　　公務員之任用，分三種，對辭職與解聘亦有規定。

　　**一、任用種類**

　　(一)選舉任命制：國務官員均爲選舉任用，包括聯邦委員、聯邦辦
公所主任、聯邦法官、州長等職務，其任期爲四年、俸薪由憲法或法律
規定。

　　(二)選聘任命制：行政機構及企業機構之高、中級公務員適用之，
包括局長、外交官、秘書、圖書館長等，此類官員可獨立行使職權。其

中有者經由考試與實習後聘用，有者可免試聘用。此類公務員共分二十五級，三級以上公務員由聯邦委員會任命，四級至二十五級公務員由各部任命，但對九級至二十五級公務員亦可授權由所屬機關或單位任命。

（三）招考任用制：一部分公務員與大部分雇員（如私人秘書、書記、打字員等），採公開招考辦法任用，招考公告要敘明條件和待遇，經考試及格方可正式錄用，對專業性職務，在錄用後還需送往專門學校接受專業訓練。

**二、任用條件**：上述不論何種方式任用之公務員，均應具備下列條件，卽（一）具有瑞士國籍；（二）年齡相宜、品行端正、有足夠的知識；（三）享有公民權；（四）出示軍隊的官銜證書（瑞士實施民兵制）。並有下列消極規定，卽（一）有父子、兄弟、叔侄關係之近親，不得擔任有隸屬關係之職務；（二）被停止或被剝奪公權或被宣布為不能勝任公務員的人員，在這些情況未有改變以前，不得擔任公務員。

## 第三項　俸級福利

公務員俸級區分為若干級，敘俸級有其標準，除俸級外尚有福利措施，茲簡說如下：

**一、公務員之俸級**：公務員俸級共分二十五級，每級規定俸之最低與最高額，俸額隨經濟成長而增加。

**二、公務員之敘俸級**：公務員所敘之俸級別，由聯邦委員會決定，其依據為公務員之教育程度、所在職務高低、對工作之要求、所負責任之大小及危險程度等，同等條件的人員應享受同等的待遇。

**三、公務員之加俸**：通常有下列三種

（一）學有專長的高級官員可享受特別加俸：此種公務員，經任命單

位徵得聯邦委員會同意，可獲得超過本級別最高俸額20％的特別加俸；又如郵電局長、鐵路局長、本部司長等職務，其每年俸額可相當於正常級別最高俸額的兩倍。

(二)正常加俸：每年可獲正常加俸，加俸額約等於本級別最高俸額與最低俸額差數八分之一；公務員任職期限不滿一年者，正常加俸按工作時間比例計算，不滿一年之工作期間不予計算；如公務員長期缺勤，下年將減少或取銷其正常加俸。

(三)具有下列情形之公務員可獲特殊加俸：卽 1.原定俸級明顯過低者；2.工作調動而任務較前爲繁重者；3.對公務員工作任務有新要求者；4.爲留住有特殊才能之公務員時。特殊加俸額，不少於正常加俸額之一倍半，但不得超過本級別的最高俸額。

**四、公務員之福利**：主要有下列三類

(一)補貼與補助：如 1.工作地點距離住址較遠者，可按生活費用及納稅情形分別十一個區，發給補貼；2.結婚補助；3.生育子女補助；4.子女敎育補助；5.子女扶養補助等。另外對公務員出差、兼職、搬遷工作地點、星期日與夜間加班等情況，亦有補償與津貼的規定。

(二)優惠待遇：如 1.公務員家屬除領取社會保險金外，尙可領本人當年俸額六分之一；2.公務員致殘或病故，如遺族確需撫養，可領取本人當年年薪；3.在聯邦任職二十年及在五年行政任期繼續工作者，可得到相當於年俸額十二分之一的優待；4.對年老、殘廢而離職的公務員，任職十五年以上，每多任職一年可領取年俸額五分之一的優待。

(三)帶俸休假：公務員每年均可享受帶俸休假，因病、事、服役等請假與其他理由之缺勤，不計入假期計算。以上年休假期限視年齡與任職年資，自三週至五週不等。

# 第四項 義務與懲處

依聯邦公務員法規定，公務員之義務與懲處，其情形如下：

**一、公務員應盡之義務**：包括(一)執行職務，指公務員應盡力執行職務，應相互幫助；(二)維護聯邦利益，指公務員應忠於職守，盡職盡責，所作所爲應符合聯邦利益；(三)公務員不得罷工或煽動其他公務員罷工；(四)公務員在公務內外所持態度，應受人尊重、受人信任，對上級、同仁及下級、對公衆都應講求禮貌；(五)執行公務命令；(六)禁止接受饋贈；(七)不得兼營工商業；(八)保守秘密；(九)涉公務之訴訟，公務員不得在法庭作證或充當法律顧問，涉及本身職務之作證應經有關單位之批准。

**二、公務員之懲處**：公務員應認眞履行義務，如有失職或玩忽職守，則需受紀律處分。

(一)懲處種類：依聯邦公務員法規定，對公務員之懲處有下列各種，即 1.訓誡； 2.一百法郎以內罰款； 3.撤銷交通優惠； 4.減少俸額或取銷俸額之暫時停職； 5.保留原俸或減俸之強制調動工作，減少或取消搬遷補貼； 6.減少預定的俸額； 7.減少或取消正常加俸； 8.停職； 9.撤職。

(二)懲處與民事及刑事責任之關係：對公務員作懲處者，並不影響其民事賠償責任或刑事責任，惟在刑事責任審理期間，暫不執行懲處，於刑事責任宣判無罪或駁回原告時，仍得執行懲處。

(三)懲處之機構：聯邦法院人員之懲處，由法院自行審理；其他公務員之懲處由聯邦委員會或由其指定之下屬機關處理，惟在行政法院開庭期間，聯邦委員會及其下屬機關得向行政法院起訴，在行政法院閉庭期間，聯邦委員會及其下屬機關可逕作懲處之決定，惟在作成決定前，應先聽取紀律委員會之意見。

(四)懲處之程序： 先調查失職或玩忽職守之事實，並應聽取本人的意見以給予申辯機會，在聽證會上本人的申訴與證人及專家的證辭，都應一併紀錄；如本人不服懲處可要求重新調查，但是否重新調查則由有關部門視情況而定。

## 第四項　辭職與解聘

公務員之辭職與解聘，視情況而定。茲簡說如下：

**一、辭職：**公務員可自由提出辭職，辭呈提出三個月後，任命機關認為不會給聯邦機關遭受損失者，需接受其辭職。

**二、定有任期之辭職：**任期屆滿不願續任的公務員，需在任滿三個月前提出辭呈，任命機關亦可主動免去其職務，但如任期未屆滿而任命機關又不能對被免職人員提供適當的新職，被免職者有權要求補償。

**三、解聘：**係不屬紀律處分範圍，任命機關具有下列正當理由者，對公務員予以解聘，但需於三個月前通知本人。所謂正當理由，包括下列各種，即(一)工作無能；(二)管理不善；(三)經營破產；(四)被停止或剝奪公民權或被宣布為不能勝任公務；(五)具有近親或聯姻關係；(六)因某種實際情況實在難以維持公務關係；(七)因結婚使公民不能勝任工作；(八)因家庭成員從事與本人任職不相稱的職業等。當因上述情事而解聘者，理由需調查屬實，書面通知本人，本人有保留要求補償之權利。

## 第五項　退　　休

依聯邦公務員法規定，公務員之退休情形如下：

**一、自願退休**

(一)在行政機構工作滿二十年，或在每個行政任期工作五年者，可

領相當於年俸十二分之一的補貼。

（二）因病殘離職者，任職十五年以上，每多工作一年，可領取年俸五分之一的補貼；任職二十年以上，在領取十二分之一年俸的補貼後，每多工作一年，可領取年俸五分之一的補貼。

（三）國務官員之退休金由法律規定，如因病退休，不論工作年限長短，每年均可領取一半年俸的養老金與一定比例的補貼。

（四）聯邦法官任職十五年以上，每年可領取相當一半年俸的退休金，不足十五年者每年遞減 1％。

**二、命令退休**：男性公務員六十五歲退休，女性公務員六十二歲退休；實際做法為年滿七十歲或任職五十年的公務員，不論健康情形如何，均需退休。

**三、退休經費與年退休金**：一般公務員每年自繳 5％的俸額作為老殘保險基金，3％的俸額作為退休基金，與政府補助同等數額的基金，一併存入銀行。公務員退休後，每年一般可領到40％至60％俸額的退休金。公務員亡故者，其配偶可領一部分退休金；退休金在 900 法郎以下者，可免納稅。

# 第三節　奧地利人事制度

奧地利係最早定有聯邦公務員法及建立起人事制度的國家之一。茲分項敍述之。

## 第一項　人事體制

奧地利聯邦公務員，區分為政務官與國家公務員兩大類。

**一、政務官**：指各州州長、部長以上高級官員（包括議員），其進

用與待遇與國家公務員不同。

二、國家公務員: 指在國家機關工作的司局（包括司局）級以下的公職人員，國立學校教員、國營鐵路及郵電工作人員、警察及軍隊的官員等。對在政府部門供職的司、局級以下國家公務員的錄用、考試、培訓、俸級、考績、權利義務、懲處、公休等，在公務員法中均有規定。

# 第二項 任用與培訓

依奧地利聯邦公務員法規定，任用為公務員需具一定條件與程序。

## 一、一般條件與特殊條件

(一)一般條件: 指具有奧地利國籍，具完全的行為能力，履行職務的專業知能，初任公務員之年齡須在十八歲以上四十歲以下。

(二)特殊條件: 指由政府各部門根據自己需要，對文化水準，專業能力等所作各有不同的詳細具體條件。如擔任較高類的公務員需具有大學畢業文憑、碩士或博士文憑等。

## 二、任用程序: 各部門錄用公務員，應公開舉行，即首先在官方報紙上公告各部門錄用公務員的計畫，敍明需用人員應具條件及其他有關要求; 再派人到大學及有關行政機關人事部門直接物色挑選候選人，及接見自我推薦者的來訪，從開始申請到正式任用，所需經過的程序為:

(一)申請: 應徵者先填寫錄用人員問答表及履歷表，在履歷表中寫明簡歷、學識程度、工作能力及健康狀況等事項，並敍明業務特長。

(二)審核: 為錄用公務員，各部門均設有錄用委員會，先審核應徵者的履歷表，尤其所填內容是否確實，及是否具有特殊業務、技術專長等，再本擇優錄用原則，向主管人員提出是否決定錄用之建議，並於三個月內報請部長核定（部長通常是同意錄用委員會意見）。

(三)臨時職務: 被決定錄用之新進人員，在進入政府部門工作頭幾

年內，與用人單位只是臨時職務關係，期間之長短不定，視用人單位的情況及被錄用者知識水準而定，但通常爲四年。

(四)參加基礎訓練：基礎訓練，爲符合任用要件或職位確認要件之職務訓練。公務員在擔任臨時職務期間，需參加基礎訓練，基礎訓練亦應提供其工作性質所需之奧國聯邦憲法與行政組織之知識，及聯邦公務員法、薪給法、人員代表法與有關手續法之知識。基礎訓練方式爲：

1.課程訓練：公務員對完成基礎訓練係屬職位確認之要件及基礎訓練應包括一定時段之實習課程時，得向服務機關請求給予基礎訓練。

2.實地工作訓練；3.自習訓練；4.上述各種方式之混合訓練。

(五)訓練結業之考試：基礎訓練之結業應經考試及格，考試視爲基礎訓練之一部分。考試應設置考試委員會、考試委員會主席、副主席及委員之人選，其任期均爲五年，主席、副主席須屬於甲類職務之人員，考試委員會之委員，獨立行使職權，不受任何干涉。公務員係屬殘障者，在不牴觸訓練目之之原則下，實施考試應給予方便。考試以筆試及口試方式實施，如因相關職務之需要，得以命令規定採實地操作代替筆試，或在筆試口試之外，再加實地考試。考試經評定不及格者，得於六個月後補考，但以一次爲限。

(六)正式任用：公務員已符合職務之特定條件，且臨時職務關係期間已滿四年者，可申請給予正式任用。

三、遷調：包括兼職、調職、臨時派遣、轉調與調升。

(一)兼職：公務員因服務機關之指定，得兼任財產全部或一部屬於聯邦之私法人機關職務。(二)調職：在聯邦各部內之公務員，得永久性被調任另一單位之職務。(三)臨時派遣職務：應考慮公務員原任職務之性質及服務年資，因派遣而須改變服務地點者，應考慮公務員個人、家庭及社會關係。(四)轉調：指調至他種性質之職位。(五)調升職務。

任用機關應成立選拔委員會，對應徵者應進行了解其能力，學識水準及工作成就等。晉升司、局、處長職務者，需具有大學專科以上畢業文憑；只具初或高中畢業學識水準者，須經過各類業餘學校深造或進行學識補習，取得相應的文憑後方得晉升。選拔委員會對晉升人員之選拔，應依擇優錄取原則並向主管機關提出建議，再由部長決定晉升。

**四、培訓**：除爲確認職務要件之基礎訓練外，爲補充公務員專業知識之專業訓練、爲充實主管人員領導才能之領導能力訓練，視需要舉辦。

## 第三項 俸　　級

奧國聯邦公務員之俸級，按行政公務員、勤務公務員、法官、大學及中小學教師、警察官員、職業軍官等類分別規定，依俸給法所定之俸級，以適用至行政公務員及勤務公務員爲主，其情形如下：

**一、公務員類別及俸級**：行政公務員及勤務公務員之俸分九個等，每等內又分若干俸級。另一方面又依公務員學歷之不同區分爲甲、乙、丙、丁、戊五個類別，即擁有大學本科畢業證書之公務員屬於甲類，擁有高中畢業證書之公務員爲乙類，初中以下學識程度之公務員屬於丙類、丁類或戊類，並將類別與俸等相配合如下：

**二、俸級之敍俸與晉俸**：甲類公務員自第三等最低俸級起敍，以後按每二年加俸一級，最高可晉至第九等第六俸級；乙類公務員自第二等最低俸級起敍，以後按每二年晉一俸級，可晉至第七等最高俸級；丙類公務員自第一等最低俸級起敍，以後按每二年晉俸一級，可晉至第五等最高俸級；丁類公務員自第一等至第四等；戊類公務員自第一等至第三等，不得成爲丁類公務員。當公務員支俸至本類之最高等之最高俸級後，每四年可發給一次金額的年資補貼，另外尚有物價上漲津貼，公務補貼及家庭補貼等。

俸等　　　　公務員類別

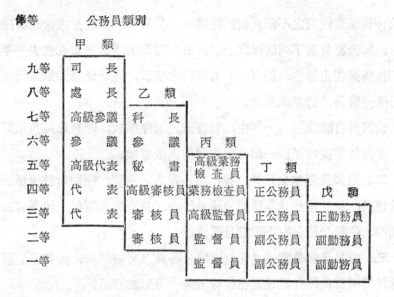

| 俸等 | 甲類 | 乙類 | 丙類 | 丁類 | 戊類 |
|---|---|---|---|---|---|
| 九等 | 司　　長 | | | | |
| 八等 | 處　　長 | | | | |
| 七等 | 高級參議 | 科　　長 | | | |
| 六等 | 參　　議 | 參　　議 | | | |
| 五等 | 高級代表 | 秘　　書 | 高級業務檢查員 | | |
| 四等 | 代　　表 | 高級審核員 | 業務檢查員 | 正公務員 | |
| 三等 | 代　　表 | 審　核　員 | 高級監督員 | 正公務員 | 正勤務員 |
| 二等 | | 審　核　員 | 監督員 | 副公務員 | 副勤務員 |
| 一等 | | | 監督員 | 副公務員 | 副勤務員 |

三、**公務員之升類**：公務員如經由業餘學校、或自修等，獲得較高學歷之證書時，即可獲得升類任職，其俸級亦隨之提高。政府一方面廣設業餘學校、進修訓練等設施，二方面鼓勵公務員業餘進修，致公務員對業餘學習之意願很高。

除經由取得較高學歷而升類時，如某公務員在實際工作成績特別突出，經工作成績評定委員會的審議與確認，其俸薪可一次晉二至三級，甚至晉俸等或升類，故對公務員的鼓勵性很大。

## 第四項　考　　績

依公務員法規定，奧國聯邦公務員之考績為：

一、**主管提考核報告**：各級主管應向服務機關報告其所屬公務員之服務成績報告，服務成績之考核應兼顧其服務之質與量。各部部長得制訂命令，規定主管考核其所屬公務員服務成績之細節標準，並應顧及各

類公務員職責性質之不同。對臨時職務之公務員，應於正式確認前提出報告。又公務員有下列情形之一者，主管應對所屬公務員在過去一年內之工作成果提出報告，卽（一）有特殊之績效，顯著超越預期成果者，(二)雖經警告，仍無成效者。

公務員自認在過去一年中，有特殊之工作績效，顯著超越預期效果者，亦得於年度終了後一個月內申請作成績考核。

**二、通知受考核公務員**: 提出考核報告之主管，應將考核情形通知該公務員，並就所持意見與該公務員討論，並於報告轉呈上級長官前二星期內，使該公務員有表示意見機會。

**三、轉呈上級長官**: 主管對所屬公務員之考核報告，應轉呈上級長官遞轉機關首長，各級長官在核轉過程中得加註意見。

**四、考績委員會審定**: 各機關應組織考績委員會，設主席、副主席及委員若干人，考績委員會成員，自主及獨立行使職權。各機關應將主管之考核報告，各級長官加註意見及其他各項重要資料，交由考績委員會以裁決確認公務員於過去一年中之工作成效，是否有特殊之績效、顯著超越預期成果、或雖經警告仍無成效。考績應於自主管提出考核報告或公務員提出申請辦理考核之日起，三個月內核定。考績委員會對考績之裁決，不得聲明不服。

## 第五項 權利、義務與懲處

奧國聯邦公務員依法享有之權益，任何機關、組織與個人均不得非法侵犯。公務員亦有其應盡之義務，違反義務者應受懲處。

**一、權利**:

（一）俸給或退休給付權: 公務員有依據法規請求俸給或退休給付之權利。

(二)使用官銜權: 公務員有權使用其官銜, 退休公務員有權使用其官銜及職稱, 但應附加「退休」字樣。

(三)休假權: 公務員每一年度均有權請求休假; 休假期間按年度計算, 任職未滿二十五年者, 每年休假三十個工作天; 任職滿二十五年或職位屬於第八第九等者, 每年休假三十六個工作天。休假期間生病者, 不計入休假期間; 在歐洲地區以外工作者, 休假期間可再延長; 殘廢公務員之休假日數可予增加。又公務員因特殊情況, 得請求預先使用次一年度休假期間之全部或一部。公務員因個人或家庭或其他之特殊原因, 得請求特別假, 在特別假期間仍支領俸給, 但期間超過三個月者, 應經聯邦總理及財政部長之同意。

(四)工作權: 公務員除免除勤務或禁止服勤者外, 應保障在服務單位內獲派職位並擔任工作。任職機關依職權調動公務員服務地點者, 應考慮公務員之個人、家庭及社會關係。公務員受臨時派遣職務時, 如在一年內超過九十日應得該公務員之同意。

(五)物品給付權: 服務機關視職務需要, 提供公務員制服、標飾及其他物品。公務員在其勤務範圍內, 得受配公務住宅或普通住宅。

**二、義務:**

(一)一般性義務: 公務員應在現行法規之下, 忠誠、竭盡良知及公正不倚的運用正當方法, 履行其職責; 公務員應注意其一切行為, 俾履行職責能獲取公眾之信任; 在符合公務之利益及公正不倚履行職責之要求下, 公務員於其職務範圍內, 應對各個政黨予以支持或提供資訊。

(二)對長官之義務: 公務員應支持其長官並服從長官之指令, 但憲法另有規定者從其規定; 公務員對非來自有權限者之指令, 或服從指令即構成違反刑法時, 得拒絕服從; 公務員對長官之指令因其他理由認為違法者, 應於服從指令行事之前, 告知該長官, 受告知之長官如未以書

面下達其指令，視爲撤回。

(三)長官之義務：長官對其僚屬執行公務之合法性、合目的性、符合經濟原則及節約方法，負有注意之義務；長官應對僚屬提供必要之指示，對屬僚之錯誤及缺點應予指正，並注意上班時間之遵守；長官應要求僚屬遵循其領導原則以推展公務，並應採符合發揮個人能力之方式執行職務；機關首長於執行職務時發覺有應依職權追訴之犯罪行爲時，應卽向有管轄權之法院檢察官報告。

(四)保守機密：公務員因執行職務而知悉之事實，其保密攸關地方團體或政黨之利益者，除對職務上有告知義務之人外，對其他任何人皆應保守秘密，職務關係終了後，仍有保守職務上秘密之義務。公務員受法院或行政官署之傳喚，並預知其陳述將涉及職務上應保守之機密時，應卽向服務機關報告，由機關決定其保密義務是否解除。

(五)廻避公務：有重大理由足認公務員執行職務有偏頗之虞時，應卽停止行使職權，並由他人代理。

(六)遵守上班時間：公務員除經免除職務或有正當理由不到職者外，均應遵守上班時間表所定之工作時間；公務員每星期工作四十小時爲原則，星期日、法定假日及星期六毋庸上班，但因緊急公務或其他公益之需要者，不在此限。公務員被安排於上班時刻表以外之時間服勤時，爲超時工作，超時工作應以休假或依規定發給報酬補償之。因公務上原因，公務員有義務在上班時間之外，接受指派在工作地點或其他指定之地方，備勤或擔任工作。上班時間得因公務員之申請而減半，但以親近之家屬需要照顧且未違反重大之公務上利益爲限；上班時間之減半以一年爲期，總共不得超過四年。女性公務員由生育子女、收養子女，自子女出生後一年至滿三歲止，其上班時間應予減半。

(七)報告之義務：公務員執行職務時，基於合理之懷疑，主動發現

犯罪行為時，應向機關首長報告。

（八）接受訓練之義務：因公務上利益之需要，公務員應接受教學機構之訓練，俾獲取或擴充執行職務所需之知能及實際操作之經驗。

（九）住所及穿著之義務：公務員選擇住所，應注意避免對公務履行之影響；因職務上需要，公務員應遷入由服務機關指定之住所或不得遷離其職務上之轄區。因執行職務需要，公務員應穿著制服或職位標飾。

（十）其他不得有之行為：公務員不得從事與履行其職務有妨害、或可能造成偏頗或其他危害重大公務上利益之業務及兼差；公務員不得為自己或第三人收受或期約禮物、財產上利益或其他種類利益，但價值輕微之習俗性紀念品，不在此限。

三、懲戒：公務員因可歸責於己之事由違反義務者，應負懲戒責任。

（一）懲戒處分：分1.申誡；2.半個月俸額以下之罰鍰，但應扣除生活費；3.五個月俸額以下之罰鍰，但應扣除生活費；4.撤職。

（二）懲戒機關：分服務機關、懲戒委員會、高級懲戒委員會三種。服務機關管轄所屬公務員之暫時停職及懲戒處分之作成；懲戒委員會由各部分別組織之，管轄其聯邦各部所屬之公務員懲戒事件之裁判及停職之決定；高級懲戒委員會，設置於聯邦總理府，管轄不服懲戒委員會所為裁判或決定事件之申訴。

（三）懲戒程序：

1.向服務機關告發：有監督職責之長官，認所屬有違反職務之義務之行為時，應向服務機關報告，服務機關應就告發作成懲戒處分或將懲戒告發轉送懲戒委員會。公務員在懲戒程序中，繼續擔任職務認有礙觀瞻或職務上利益時，服務機關應予暫停職務之處分。

2.懲戒委員會懲戒：懲戒委員會收到服務機關之懲戒告發後，應即決定是否開始懲戒程序；開始程序者，應即通知受懲戒公務員及服務機關，於事實關係經調查明確後定期舉行言詞辯論，辯論結束即行評議，

評議完畢卽當庭宣示裁判並說明其理由及要點，並囑服務機關執行。

3.上訴：受懲戒人提起上訴時，不得爲更不利之變更。

4.懲戒處分與刑事處分之關係：在懲戒程序進行中，懲戒機關發現有應依職權追訴之刑事罰或行政罰行爲時，應中止懲戒程序之進行，並向該管機關或行政官署告發，於刑事法院或行政官署之裁決確定後，繼續進行懲戒程序。

(四)懲戒處分之斟酌與免罰：

1.懲戒處分輕重之衡量，以違反義務之嚴重性爲準，公務員之個人關係及經濟狀況，亦應併予斟酌。

2.公務員職務上義務之違反，自懲戒機關知悉職務上義務違反時起六個月，未作成懲戒處分或未開始懲戒委員會之程序，或自職務上義務之違反行爲終了後三年內，未作成懲戒處分或未開始懲戒委員會之程序者，不得再予處分。

3.雖經宣示應負違反義務之責任，但基於各種情況及公務員個人之考慮，認爲免予處分不違背職務上之利益，且足使公務員不再有失職行爲者，免予處分。

## 第六項　退　休

### 一、退休種類及條件：

(一)自願退休：公務員年滿六十歲可自願退休，但持續不能勝任職務，或因患病、意外事故或身體殘障未能到職達一年者，可提前退休。

(二)命令退休：公務員年滿六十五歲應命令退休，如確因工作需要，聯邦政府可根據部長建議適當延長工作年延，但不得超過七十歲。

### 二、退休金：任職滿十年以上退休者，可領50％退休金，任職十一年以上者，自第十一年起每一年增加退休金2％。大多數公務員因任職年限長，退休時多可領到 100％退休金。

# 第九章　美洲其他國家人事制度

美洲國家之人事制度，除美國部分經在專章中敍述外，尙有與美國甚爲相似的加拿大，南美洲國家的人事制度，頗受葡萄牙及西班牙的影響，其人事制度不僅與美國不同，與英、法、德亦有差別，茲特選巴西與阿根廷兩國爲例，併予簡要敍述。

## 第一節　加拿大人事制度

### 第一項　一般說明

**一、一般情況:** 加國人事制度，有許多措施與美國相似，尤其是加國的分類制度及測驗應試人某一特定工作知能而非一般能力條件之競爭考試制度爲然；在其他方面，加國卻循着不同的模式，其中最重要者可能是以英國文官爲基礎的常任公務員觀念，包括直屬內閣部長之下的高層公務員，此種人員在舉行選舉後執政黨有變動時，仍可留任職務，以維護行政工作的正常運行，及對無經驗的部長們提供諮商。很明顯的，

加國公務員已發展至高度的公正的傳統，包括與不同政治信念的部長能和諧的工作之能力；再在其他方面，有些特殊的情況亦能用加國的方法予以處理，如加國政府曾處理使講法語的加國人（約佔全部加人的四分之一）在公務員中佔着一適當部分的問題。

**二、公務員人數與組織：**一九七五年四月，加國聯邦公務員人數約為 250,000 人，佔加國全部公務員（包括聯邦政府、州政府及市機關）人數的 12.5%；全部公務員約佔加國總人口 10%；因此公務員只是全部政府工作者 (Government Workers) 的一小部分，政府工作者之大部分屬於第二外界職務 (Second outside Service)，這些人員適用不同標準的人事制度；此第二外界職務人員，係由聯邦皇家公司、州政府及皇家公司、都市、學校委員會及醫院委員會所任用。本節中所討論者，以聯邦公務員為範圍。

# 第二項　人事機關

**一、具有管轄權之三個機關：**在早日，加國聯邦政府對公共行政管轄權的劃分甚為含糊，這從人事制度有不同方向的發展現象正可作一解析；對人事制度管轄權有三個機關在競爭，即各部的首長、財政委員會、及一九〇八年法律所設置的文官委員會。

㈠政府各部：在開始時期，內閣各部部長對自己部內職員可自由進用及管理，執政黨的領袖們並不感到驚奇，各部部長常在自己部內任用他們的政治的支持者，而不考慮及被任用者的資格。

㈡財政委員會：為法定的內閣財政管理委員會，最初設想是作為行政部門的中心點並指揮人事行政；委員會的權力來自該會對各部經費支出的管制；此種經費管制權又起源於一八六七年英國與北美洲法案（此法案為加國聯邦法的一部分），其中有凡涉及公共基金開支的提議需由

皇權建議。財政委員會對人事行政的管轄權，因一八九六年十月五日的命令而正式化，在該命令中授與委員會極爲廣大的權力，卽凡涉及常任人員及臨時人員之任用、任職或繼續任職、晉升、加薪或減薪、給假及延期給假、旅費開支及免職費用等事項，均有相當管轄權。

㈢文官委員會（一九六七年後改稱公務委員會）：文官委員會係依一九〇八年法律而成立，該會的成立係防止加國政府中無約束的恩惠制度之出現；早在一八八二年，國會曾規定在奧托華（Ottawa）的大部分職位人員的任用，應先經過爲此事而設立之委員會的非競爭考試；在一九〇八年制定文官法，成立文官委員會來推行進至奧托華地區各總部的大部分職位之競爭考試（此種職位稱內部職務（Inside Service））；在第一次世界大戰期間，加國公共行政之顯著的無效率，大大地加強了消除恩惠制度運動的力量，在國會及國內均產生了強烈的要求，要求建立完全基於功績制的永業文官制度；接着國會授權文官委員會以強大的權力來管制公共行政中之人事行政；這些權力的範圍，在一九一八年文官法之簡要內容中有下列的說明：

「文官法的第一部分爲規定文官委員會的架構（含委員人數、委員地位及俸給），所給予的任務，及文官委員會須規定在競爭考試中對詐欺、扮演角色等情事之處罰；第二部分爲規定一般事項，如文官之合理的組合、試用、假期、免職與辭職、工作時間及政治黨派等；第三部分爲規定考試的如何舉行，及考試結果之如何加強；第四部分爲規定機關內部的人事管理工作，如職位分類、任用、晉升、調任及俸給等；很明顯的給予文官委員會的最重要任務，爲推行公務員需經由競爭考試而任用，文官法規定所有職位人員均需經過公開競爭，建立起考試及格人員名單，並依其成績地位（卽在名單中的先後順序）任用爲公務員」。

總之，一九一八年文官法授與文官委員會幾乎有關進用人員之所有

重要的決定權。

**二、管轄權之衝突**：對財政委員會及文官委員會賦予同樣的權力，使得發展聯貫的人事政策發生了阻碍；文官委員會有如國會的代理人，並就消除公共行政中的恩惠制度而向國會負責，無形中成為對行政部門的監視者；文官委員會所定的程序，使得人事管理複雜化，對創造性的永業發展方案很少有鼓勵作用；因此經過相當期間後，權力又由文官委員會轉移回財政委員會，並不感到驚奇；且自一九三〇年代，財政委員會的權力在繼續的擴張，至一九四〇年夏，這在公務員社會已成為非常明顯的事實，此時財政委員會已坐在決定聯邦人事行政中所有政策的司機的座位；在一九五〇年代，此種情況仍有存在，這在政府組織皇家委員會之下列敍述可以證明：

「文官委員會管制某些事項，財政委員會管制其他事項，兩者均涉及分類及有關的俸給表，文官委員會先行設計並提出建議，財政委員會則來接受或拒絕，此兩機關與用人的部，對許多有關瑣碎的問題與請求，構成一種複雜的三角權責關係，及有時在制作決定及採取行動之前，尚需經過漫長的迂迴的公文旅行」。

**三、管轄權之重新劃分**：此種混淆的情況，直到一九六七年政府作重大的改組後始有改變，財務行政法、公務員關係法及公務員任用法，均為一九六七年三月十三日的立法，這些法律將財政委員會及文官委員會的職權加以重新劃分，將管理的權力賦予財政委員會，將公務員之任用則賦由文官委員會（現改稱為公務委員會）來絕對的管制；加國在一九七〇年年鑑中對財政委員會的職權曾作下列的敍述：

「依修正的財務行政法及公務員關係法規定，財政委員會負責有關分類與俸給、任用條件、集體交涉與職員關係、官方術語、人力訓練發展與運用、年金、保險與其他職員福利與津貼、及其他影響公務員人事

管理事項之政策指導、規章、標準及方案之規劃；……

　　財政委員會亦規劃政策指導、公務員俸給行政的方案與規章、福利及津貼，這些職掌涉及分類方案與有關俸表結構之發展與維持；經由授權、分類及俸給行政的責任逐漸轉移至各部,但需受財政委員會的監督；福利方案與津貼政策，經財政委員會核准後交由各部執行」。

　　至公務委員會的任務，加國同年的年鑑曾作下列敍述：

　　「公務員任用法,仍使公務委員會保持爲獨立的機關並向國會負責,委員會對公務員的任用有絕對的權力，委員會亦有權執行公務員的發展及訓練方案，協助副首長實施公務員的訓練與發展；自一九七二年起,並負責處理在應用公務員任用法時所發生的歧視案件（基於性別、膚色、種源、種族、或宗教之歧視）之調查」。

　　雖有了上述的各種變更，但此三個機關對行政管制權責仍有重叠,但一般的已有着一種合作的趨勢，並認爲一部之長對其部內的人事管理應擔負較大的責任；因此財政委員會已授權各部的副首長或機關的主任執行官處理人事管理之一般權力；同樣的，公務員任用法亦授權公務委員會給予副首長執行委員會的權力、職掌及任務（但有關申訴與調查者除外）；此種授權已經開始生效，其情況正與加國公共行政學者的看法（即爲了利於處理文官永業方案，最好將責任放至各部的層次）相一致。

# 第三項　職位分類與考試

　　一、職位分類：加國公務委員會的看法，所謂考試是測驗候選人是否符合某一具體工作的條件，此種考試制度之前提，是將公共行政的所有職位予以分類；公務委員會又感到自己難以設計此種分類工作，乃以約瑟楊（Arthur Young）公司爲顧問（此公司在美國甚爲有名，是分類運動的先驅）；第一步先將國家行政作成分類，雖然分類的觀念在美國

早已發展，但那時只在州及市的層次應用，當美國政府決定對國家公務予以分類時，加國的制度卻是僅有的現存的模式。分類制度在於一九一九年向國會提出，並附有一系列的工作說明書，連同任務與資格條件敍述、晉升的途徑及俸表的結構；因爲所有職位均認爲需要特殊的才能，每一職位均需經由測驗這些特殊資格條件的考試後進用，致分類制度趨於複雜性；在一九四〇年代，將職位歸納爲3,700個不同的類，其中2,200個類係屬常任職位者，1,500個類係屬戰時及其他臨時職位者。在第二次世界大戰後，分類予以簡化，依現行規定，公務職位區分爲六個廣泛的職業羣，再區分六十七個工作性質相似的職業羣，對每一職業羣或若干職業羣，均有其羅致、遴選及任用的方案。

　　**二、考試：**公務委員會負責推行競爭考試進用人員是現代加國文官制度的象徵；爲遂行此一任務，加國公務委員會並未採用英國的方法來發展公共行政。英國政府是尋求建立精華的公務員以備將來擔任高級行政職務，如對高級公務員的候選人，採用較爲困難的考試，即衡量智力、想像力、分析力、洞察力、敏銳的頭腦及其他的一般特性，英國此種遴選方法是基於一種信念，即有高智慧的通才是最好的及最多才多藝的公務員，而此種人員可經由訓練與經歷範圍較廣及不斷增進困難的負責任的工作來培養，這種方法是羅致精英及所謂考試需重視高敎育水準之上層社會的候選人。在加國，正如美國，由於大批的移民及拓荒精神的影響，對於如何羅致公務員具有更多的民主精神，正如加國某學者所說：「加國人的氣質與美國人相同，羅致加國公務員的程序正可表現出此種美國的氣質」；加國人信賴全國性的競爭考試，可反映出公開羅致的原則，並以實務的經驗來代替特殊的學位。

# 第四項　任用、晉升與中立性

**一、任用與晉升:** 近年來，財政委員會及公務委員會與用人機關合作，發展綜合性的人力計劃，包括任用訓練與晉升的計劃，並已在某些職業羣中應用。政府的改革是遇有職位出缺應由考試及格人員任用或現職公務員中晉升，除非公務委員會認爲應用其他方式更爲有利。有關人力資料，公務委員會已將之納入電腦，此乃行政的、科學及專業的、技術的及外交的公務員的基本資料。依照公務員任用法，參加公開競爭考試及格的公務員，如認有任用不公，可向公務委員會提出申訴；當未經競爭而予晉升時，對如舉行競爭卽可申請參加的公務員，亦可向公務委員會提出申訴；公務員對副首長基於不合適或無才能所作之解職或降級之建議，亦可提出申訴。雖由於這些政策的宣示，但事實上仍有許多中級及高級職位係由外界人士進用者。有些研究加國政府的學者，已提到中級及高級行政人員通常並非由低級公務員中晉升的事實；有一學者在一九七一年報告中謂：「副部長階層的公務員（文官中最高者），有80％係循着公務及民營的永業型態，初期均在公務以外任職者，在這些人員中僅15％係由外界直接運用爲副首長者，其餘則先於中級職務由外界進用，而後再晉升至副首長職務」；此一學者又謂：「高層文官已由與官僚相似的團體，轉變爲與官僚不同的經理與專家的團體，此乃表示公務員的代表性已在增加，及制作決定的才能亦已有了進步」。依照同一研究，發現公務員的背景亦已有不同；制作決定之中級及高級人員，屬於工人或農民背景者，約佔 50 ％；大學的教育對將來在聯邦中晉升至高級決策階層職務是極爲重要的因素，因此大學教育對加國公務員的往上發展甚爲重要，但很明顯的讀何所大學並無關係。

由上說明，可知加國公務員與一些歐洲的公務員模式（如法國）有若干不同，法國公務員的精華部分，是選年輕的並在政府學校中訓練，及在政府機關中任職一生；高級集團（Esprit De Corps）是很堅強的集

團，晉升大都依賴在機關中的交往及教育的與智慧的工作績效；公務員中明星在早期就被認定，且晉升很快；明星公務員常在各部間調任，高級集團在高級文官中甚爲普遍；此種情況，加國文官是與美國較爲相似而與歐洲有所不同。

**二、公務員之中立性**：加國文官雖然有些方面與美國制度很相似，但在某些方面卻仍循着英國的傳統，其中一例是加國觀念中的行政完全是非政治的，當政治權力由一黨轉移至另一黨時，行政工作依舊，公務員職位亦不受影響。在理論上，所有的加國公務員包括次長在內，當政府變更時仍繼續任職，以保證行政的繼續及向新部長提供建議；禁止公務員參與政治或競選政治職務（除非事先獲得特許）的規定，是要盡可能保持公務員中立以消除恩惠；此種理論的可行性，在一九五七年已執掌政權二十二年的保守黨被自由黨所替代時，得到了考驗；某學者曾謂：「高階公務員在保守黨執政期間的調動率，比自由黨執政期間的調動率爲低；離職者的三分之一多轉任至其他方面任用而非退休，此乃不完整的永業發展，但這似乎與政黨的執政並無關係；公務員的架構，如從任用至高級職務或從高級職務中離去來判斷，在保守黨執政下與自由黨執政下，並無區別」。

## 第五項　公務員之權利

直至一九六七年，聯邦公務員並無一定的程序來取得寃屈的賠償；舉行罷工對政府認爲是叛國。爲了保證公務員是一公正的團體，能對所有的部長及執政黨效忠服務，加國公務員不得參加政治性的協會或運用正常的政治途徑去獲得寃屈的補償。一八四四年的法律規定，「由皇家任命受有報酬擔任公務的任何人，不得爲國會的議員，但國務會議之委員除外」；一九一八年文官法亦與作美國哈契法（Hatch Act）相類似

的規定，即「任何副首長、官員等，不得從事任何與選舉或爲黨的基金而捐款、接受款項或其他金錢之黨的工作」。茲再就政治權利、申訴寃屈程序及工會權等，簡述如下：

一、**政治權利：**一九六七年公務員任用法對公務員情況有所改進，即明文規定政治黨派活動的意義，所謂政治黨派活動，指「從事支持或代表或反對聯邦、省或地區議會選舉之候選人，或從事支持、代表或反對政治黨派及妨碍選舉，政治黨派活動不包括參加政治集會或爲某候選人捐款」；一九六七年法律又授權公務委員會可允許公務員爲候選人，如公務員的現任職位並不會因作爲候選人後有所妨碍，及此種候選人如被當選即離開公務員職務。

二、**申訴寃屈程序：**此種規定給予公務員若干與普通公民一樣的權利，如投票、尋求及擔任政治職務及其他正常的政治權利，但公務員亦需尋求因任用爲公務員所產生的寃屈補償的程序；於一九〇八年成立文官委員會後，「公務員及其協會將文官委員會作爲用來對抗部長濫用管理特權時的保障者；在實務上，文官委員會成爲一申訴法院，用以支持或拒絕高級主管們有關免職、停職、資遣、試用、調任、晉升及重分類等事項的決定」。此種程序於一九六七年有所修正，新的法律規定，公務員對管理者較重要的決定影響及其任職與任用條件時，法律提供一套申訴程序，但仍缺少的是公務員經由工會向管理當局的交涉權。

三、**工會權：**公務員在代表受害職員與管理當局談判之前，必須將公務員組成協會，且範圍需大，以便得到管理當局的重視；由於公務員工作地區的分散，及依工作的性質區分爲許多的類，致組織協會工作進行甚慢；將許多協會的再結合（如最初是俱樂部或交誼會等再結合），直至一九六六年才予實現，即當時成立了加國公務員聯盟，至一九七五年四月有會員十萬五千人，幾乎包括全部公務員的三分之二，另有十三個

交涉的代理人。公務員組成團體的初期，協會的代表（此種協會以後成爲公務員聯盟）將會員的寃屈（特別與晉升有關者）或涉及功績制保護之較大案件，向文官委員會提起申訴，文官委員會擔任政府行政部門與公務員協會間的中間人；到一九三〇及一九四〇年代，文官會的權力被移轉至財政委員會及各部的高級官員；在一九四四年成立國家聯合會議，乃模仿英國的全國惠特利協議會而設立者，凡公務員的要求可與文官委員會、財政委員會及各部高級官員三方面，在聯合會議中協商；此一國家聯合會議的情形，有如下述：

「爲獲得代表用人的國家與代表公務員的協會之間的合作，聯合會議成爲處理寃屈的機構，及滙合行政、技術及操作部門公務員的經驗與不同的觀點；代表官方的管理當局在聯合會議中有九位委員，其職位爲次長或助理次長，由聯合會議主席任命，職員方面則有十個協會代表（每一協會提名一位委員），爲表明管理責任的區分，聯合會議應向國務會議主席(Governor General in Council)、財政委員會及（或）文官委員會提出建議；所提出建議需經雙方簽字，及僅在國家聯合會議名義之下始可發表；聯合會議可以考慮及建議之事項範圍甚廣，由管制任用條件（如遴用、訓練、工作時間、晉升、懲處、保障、正常及超時工作報酬、福利及年資）的一般政策，至職員提供建議的方案、辦公室程序、其他申訴機構、鼓勵深造教育及訓練等」。

這些程序並未符合公務員集體交涉權的需要（如與工會在私營事業所享有的權利相比尙有不足）；直至一九六七年，公務員獲得此種權利，但仍比私營事業所享有者的限制爲多；一九六七年公務員關係法，給予公務員一種新的權利，即公務員代理人在仲裁或協商之間的選擇權及有限度的罷工權；當付仲裁時，對直接有關俸給額、工作時間、給假權利、懲處標準及其他任用條件等可作成判決，但該法亦定有若干限制，即不

能作成需由國會立法或修法的判決，亦不能處理標準、程序、或管制職員任用、考績、晉升、降級、調任、資遣的程序。一九七五年四月，公務員在一○四個交涉單位中由十四個不同的交涉代理人代表，此乃基於一九六七年簡化的分類制度而改進，以期集體交涉較爲順利（在加國俸表，並非全國公務員均屬一致，當交涉增加俸給時可能只涉及某一個交涉單位）；如採用協商方式，亦適用同樣的限制。

再如因集體交涉或協商不成而行使罷工權時，亦有限制；如對擔任與公眾安定有重要關係職務之人員，必須指定其無罷工權；在一九七五年國會委員會舉行聽證時，沒有一個公務員工會的代言人不同意此一觀點；在集體交涉的情況中，卻常發生有誰需被認爲與大眾安全有重要關係及如何被認爲非法罷工的爭議；一九七五年僱主與職員關係的國會聯合委員會的報告中曾提到，「自一九六七年以來，有四四九件集體交涉的協議書，十一次合法的罷工及五十多次非法的罷工」；國會聯合委員會並未建議將罷工權予以取銷或減低，但贊成將被指定爲關及公眾安全不得罷工的公務員類型予以擴大，這類問題尚在研究中；特別自近年加國郵政人員的四十二天罷工之後，加國某些地區人士要求對公務員罷工應予較多限制的情緒又趨高張。

## 第六項　加國兩種語言與任用問題

一、問題之起源：在加國由於英國與法國種源的不同，使人事制度產生新的問題；在英國與北美法中規定英語與法語均爲官方語言，因而在理論上，文官職務中法語的加國人應佔相當的部分；在一九一八年以前的恩惠時期，法語的部長替法語的加國人找尋工作，在一九一八年以後引入功績制，使機關內講法語的職員人數大爲減少，此乃因新的競爭考試、命題及舉行，均多由講英語的官員擔任，並偏向於英國的敎育，

使講法語的應考人感到極大不便；因此在較為負責的職務中講法語人數的比率，由原有的 25 ％降至 8.1 ％，由於部分法語加人的憤怒而想獨立，乃感到此一問題的嚴重。

二、**解決之方法**：自一九六○年代，對此一問題的處理有過若干的變更；為期能考取大部分的法語加人，文官考試制度曾作若干變更，使英語與法語應考人有同等的競爭機會，如使大學畢業者應考行政及外交職務時，需具有第二官方語言；在政府機關中對兩國語言問題的綜合政策，是保證法語加人公務員有用自己語言工作的機會（在任用時及任用後若干年內）；再對應考的大學生，如不熟諳法語或英語者，可有四個月的全部時間給予語言訓練，此乃依照一九六七年官方語言法之規定而施行者；再在某種情況下，聯邦公務員向公眾可用英語及法語兩種語言。近年來法語加人擔任公務員的人數已有增加，如在六五○個高級職務中，最近五年（自一九六二至一九六七年）來法語加人人數已由 12 ％增加至 15 ％，在一九七一年需用英語的職缺數比需用法語者超出十倍，到一九七五年，比率為六比一；故每年均在改進中，但在法語加人眼光中認為仍需繼續爭取，因為法語的人口為全國加人的四分之一。

## 第二節　巴西人事制度

### 第一項　人事法律與人事機關

一、**人事法律**：自一九三七年至一九四六年，巴國政黨的政治生命已大部停止，政府不但毫不猶豫的引進改革，而且亦逐漸生根；一九四五年後再回復到正常的政治情況，而進步亦慢了下來。巴國憲法列有一章規定公務員事項，注重於對公務員的基本保證是什麼，而非注意獲致

保證的機構(如文官委員會之類)；立法機關獲得總統的核可，有權以特別法設置或取銷公務職位及訂定各職位之俸給；總統有依照法律任用人員之權。公務機關對所有巴西人開放，初次擔任永業職務者必須經由競爭；另外尚有試用、終止職務及年金等規定。總之，憲法本身包括一系列有關公務員的規定，憲法中的這些規定，又由文官法（一九五二年）詳加補充，其中包括選用、晉升、調任、懲處與終止職務；文官法律並不處理用以管制執行法律所設立的機關。

　　**二、人事機關:** 聯邦公務會議於一九三六年設置，至一九三八年改稱爲公務行政部 (Departameno Administrativo do Servico Pablico)，簡稱爲 DASP，此乃行政部門的一個部，向總統負責，主管與行政有關之事項，超過通常所稱的人事行政範圍；該機關之任務能否有效推動，依賴於首長的人格與地位及他能從政治上級所獲得的支持。DASP 的首長稱爲總局長，由總統任命；與一般國家同樣的，巴國有一羣高級職位及機要職位，可予直接任用不需經由選選，總局長就是此種職位，但通常由一文官擔任；總局長的地位與國家部長相當，並由相當數目的行政專家向總局長提供特殊的服務。DASP 總局長可直接的接近總統， DASP 的人事職掌，包括管制選用與分類、對待遇提出勸告、訂定規章、晉升與訓練、組織與方法、行政分析、研究視察、調查與考察，尚有預算的職掌，包括預算的準備、分類與管制，預算與行政分析的職掌，最初係分開實施，目前則歸併於預算及組織處。

　　DASP 的人事職掌原由三個處分掌，卽選選與訓練處、常任公務員處、及臨時公務員處；經過若干次變更後，後二個處歸併爲法律程序處，另加一個新的分類處。法律程序處處理一般性的人事立法及部的建議案，分析全國公務員問題，監督人事法律的運用，及研究非爲其他各處所主管的人事事項；分類處執行分類任務，並依循美國職位分類的方式進行；

遴選與訓練處，負責徵募及考試常任及臨時職位人員，準備合格人員名單及分發，主持訓練及晉升與在職訓練的研究，及其他方式的職員發展，包括如各機關間之輪調、研究旅行與獎學金等；總局之下並設有公務員訓練學校。

對 DASP 而言，人事管制只是其職掌之一而已，其他主要職掌為預算，其情形與以前英國的財政部相似；有關員額編制方面的預算，由 DASP 逕行或經由提案處理，而財政部只作很少的管制；因此人事機關權力並不會因財政部而削弱；DASP 如能獲得行政首長的主要支持，可在法律上站在有廣泛管制權力的地位。行政部門對文官管制權的擴張，受着憲法所定：「立法機關於總統核可後，有權創立及廢止常任聯邦公務職位，並訂定其俸給」的限制，立法機關的此一權限，曾將臨時人員轉為常任地位，致職員中只有20％係經由考試而進用者。

至一九六○年之改革，使立法部門的權力又有增加，卽內閣總理及各部部長需向國會負責，因而總統對 DASP 的影響力減弱，而政治的影響力則有增加。DASP 對遴選及職員的永業發展具有監督管制權，但此一權限仍受有下列限制，卽一方面各機關的機要職位可由各首長自由任用（巴國所謂機要職位，範圍特廣，在基層主管以上的管理性職位，幾乎均包括在內）；二方面公營事業及省的事業，以往均不受 DASP 的管制，只於近年來始將其預算與人員遴用由 DASP 協調；三方面臨時人員及非由待遇基金中開支的人員的俸給，幾乎均不受 DASP 的管制。

三、人事機構：巴國地區遼廣，行政權必須授權，各部有其自己的人事機構，於 DASP 的技術指導下，處理各部的人事工作；DASP 雖有相當的法定權限、理想的職員及應有的地位，但各部對編制內職員仍保有權力，DASP 很難限制各部臨時人員的擴張及將此種臨時人員轉任為常任編制內人員。

# 第二項　人事體制

一、**先期之人事體制**: 自一九三六年開始，將公務員在永業與功績的基礎上訂定適應行政需要之簡單的架構; 爲免改革範圍過大與過速，公務員職務在各行政單位內予以區分，並無部際的職務; 在每一單位（通常爲一個部）內，職位依其職務之性質歸納爲若干專業的或行政的永業, 每一永業依俸給高低（而非依其職務與責任的高低）區分爲若干類; 換言之，當時所謂類與職等無關（因同工同酬的原則並不流行），致常發生某些新進人員其類雖爲該永業的最低類，但因個人資格與才能的優異而處理着困難的工作（此種工作通常爲高級官員所處理者）; 所遴用的新進人員，均先列爲該永業的最低類，而後再在該永業內希望獲得升類，此種升類與一般國家所謂升等有些相似。

二、**初次改進情形**: 基於職務的分類，在理論上雖甚爲簡單，但同樣的遇有若干困難，即在人事制度上有一廣泛的感覺，對公務員應給予終身的永業，及對各種永業人員需給予合理的晉升階梯。介紹職務分類制度之後若干年: 對永業與晉升的困難採用下列方法解決，即將各種職務的晉升主要依其所擔任的職務與責任。但由於將各種永業區分爲多種孤立的單位（相似於職級），合計約爲三千種，即使基於同樣資格條件所作之遴用，但在各部可能仍作不同的處理。

三、**近年改進情形**: 至一九六〇年與一九六四年又有若干修正，將各種職務與責任單位的孤立性予以減少,引入各部間共同性公務的觀念，並由 DASP 加以管制; 各種永業的類數亦有減少，俸表適用範圍亦予以擴大，如 DASP 本身的行政專家的分類亦由五個減少爲兩個，亦即在正常的永業晉升階梯中只有一個晉升的難關需予克服。爲求報酬合理及避免職員在固定的俸給上時間過久，晉俸的制度亦予以採用，即在同

類職務上任職五年可獲加俸 5 ％；同時法律亦規定對某種永業的晉升標準（卽 50 ％外選、50 ％內升），因而在各方面均敞開了較長程的晉升途徑，但對需要技術資格的職務並不在內。簡言之，此一制度乃朝向一個能適應終身永業的需求，及基於俸給可隨年資而增加及提供晉升的階梯，並消除任用至固定的職務及支領固定的俸給的觀念。管理性的職務，因被認爲是機要性的職務，需要特別的規定，不在永業架構之內，其任用、保障及報酬均與一般規則有別；無晉升機會的職務及大部分最有引誘力的職務，均將之列爲一般永業與功績制以外的職務。

## 第三項　遴　　用

**一、有關法律之規定：**巴國憲法規定，所有巴西人在法律前一律平等，公務職位對所有人均公開，對任何人不得因政治的信念理由而剝奪其權利；禁止州與聯邦各單位對巴西人有差別待遇，或對任何一州給予優先權或特權，在文官法中亦有反對歧視的規定。由於憲法與法律的保證，巴西人有同等的競爭公務員職務的權利，僅受着國籍、年齡、行爲、健康、教育及行政參政權與民權等條件的限制；憲法又規定首次任用永業職務或其他法律所規定之職務，需經由競爭，並需體格檢查，而競爭依法需公開競爭。當考試進用人員時，所需要的教育資格及辦理程序，由特別規章詳予規定。

遴用並不爲某一職位而舉行，係爲某一類或某一業務而舉行，而考試係設計來測驗較爲廣泛的才能及技術，故甚爲複雜與化錢；由於考試的複雜與化錢，致一般機關寧願用臨時人員以免除此種繁複的程序，及提出減少考試爲基礎的常任任用的建議。考試多由特定的考試委員會舉行，並受 DASP 的管制，各機關任用人員時，需依考試成績高低的順序，並以總統命令任命；除機要職位及法律所明定予以除外之職位外，

均需適用上述規定。

二、實有情況：對人員遴用雖有上述各種規定，但現有的常任職位人員經由考試進用者約僅 20％，其所以如此之原因，爲一方面在考試制度實施前已進用者，於考試制度實施後繼續任用；二方面臨時人員依規定可不需考試進用（即不適用憲法規定），但於任職一年或滿一年以後，可成爲編制內人員。由於立法機關有創立職位之權，應用此種方法可使人員進用訂入法律案而免受總統的否決；再對人員進用如規定過嚴，將無法實施，尤其當立法及高級行政人員有此看法時更值得重視。巴國有許多地區，私人企業尙無法提供有引誘性的永業任職機會，政府機關是對學校及大學畢業生開放的主要用人者。

## 第四項　晉　升

一、有關晉升之規定：晉升可能只是晉俸級而不涉及調任較重要的職務，或晉升同時涉及調任較高的職務及支領較高的俸給。巴國的俸表原非作爲晉俸之用，但晉俸在近年來已有實施（因職等已有減少）；依新規定，職員如在五年內未獲晉升職務，可加俸 5％，此種加俸係自動的，不需依據每年的考績或通知。當晉升涉及職務的變更及擔負較重的責任時，巴國的法典建立有一種制度，卽三分之二職缺應依功績晉升，三分之一職缺應依年資晉升，但對高類職缺的晉升不適用之。當遇有職缺時，晉升每三個月辦理一次，一個公務員對任何的晉升（不論基於功績或年資）均會受到考慮，如他具有較低類所規定之最低年資時，在晉升實務上如所遇職缺需以考績爲主決定時，則較低類人員中前三分之二的職員受到考慮；如有兩位公務員具有同類同樣久的年資，依年資晉升時其優先機會給予具有下列情形者，卽㈠擔任政府職務期間較久者；㈡如此種期間亦相等時，給予子女較多者；㈢如子女人數亦相等時，給予

年齡較大者；有時優先晉升機會給予退伍軍人。

依功績晉升，係根據主管人員在考績表（由中央人事機關規定）上所作之年度考績，考績資料送至部的晉升委員會，由委員會準備晉升候選人名單送由有權決定晉升者核定，DASP 亦可獲得一份考績資料，並可據以行使監督的任務。

**二、不適用晉升規定之人員：** 機要的職位並非永業性質，其遴用並不適用一般晉升的規定，而由部長自己遴選並經總統核可；因此晉升制度並不應至此種大批的所謂機要的職位，其人員之去留完全取決於部長的意願；當部長有更動時此批人員亦多有更動。此種除外，會影響及其他人員的晉升制度，因一般公務員的考績，係由不適用晉升制度的機要人員所考評，如晉升制度之目的在保障公務員使不受政治壓力，則由不適用晉升制度（亦即常受政治影響而去留的人員）來考評受保障的公務員，看來似有矛盾。

## 第五項　俸　給

**一、一般情形：** 將公務員區分爲若干類後，原係對每類訂定一個俸給，晉叙限於理論上由一類轉任至職責較高之另一類時方可。由於後來類的減少，晉叙俸級的觀念因而產生，在同等職務上每任職五年加俸 5 %，此種加俸在數字上並無限制。高級機要職位的俸給係屬固定，如公務員被任爲高級機要職位，他可選擇支領固定的俸給或其他相當俸給另加 20 % 的附加俸；擔任非高級之機要職位者，除支領該職位俸給外，並可支附加的津貼。此種附加俸或附加津貼的方式，則所謂俸給係包括兩部分，一爲官等（Rank）俸，一爲職務（Post）俸；職務俸爲數並不太少，以引誘公務員擔任此職務，但爲數亦不太大，致有時擔任機要職位的主管人員，其年資與俸給比其所監督之屬員還要低。當失去機要職

務時，職務俸亦就失去，如失去部長對他的信任他就會失去機要職務；因此此種職務俸的引誘，可使公務員去做任何可保持部長對其信任的事，惟近來此種引誘力已有降低，因任職十年以上已可獲得永久性的職務俸。

二、津貼：公務員除俸給外尚有各種津貼，如超時津貼與不良氣候津貼甚為普遍；永業的技術人員或專業人員，如選擇每週工作四十小時而非所需要的三十三小時，可獲得相當俸給 40 ％的津貼，對擔任較為特殊的工作者尚有其他津貼，如被派至部長個人內閣工作者，參加委員會擔任委員工作者，及擔任需要特定資格（如大學畢業）之工作者，皆可支領特別津貼；再公務員有年滿 21 歲以上男兒並繼續在學者，尚有未婚之女兒者，有受扶養之近親者，可給予家庭津貼；各種津貼的總和，可構成平常俸給的相當大的部分，尤其低類公務員更是如此。

再在財政部任職之某種官員的俸給，尚有分享財政部收入的某種比率的利益，此種事實與合理的俸給政策並不相符；海關官員亦可領取某一比率的因違反規章而繳納的罰款，此類俸給外的收入為數甚多，致一般人員均希望到這些特殊的機關任職。

三、俸給之調整：巴國與其他國家同樣的，公務員的待遇受着通貨膨脹的影響；如消費指數在一九五三至一九五九年間，由 100 漲至 310，在以後仍繼續的高漲；當通貨膨脹至不可忍受時，常會設立一個委員會，經由 DASP 的同意，向立法機關提出必要的建議；此類建議常會對低俸給者給予較多的加薪，如建議內容為顧及內部的平衡作全面同樣的加薪時，常不為立法及行政部門所支持；因此高級人員的俸給（機要人員除外），以往是低級人員俸給的十倍，近年來已只為低級人員的五倍，使俸給的金字塔型逐漸拉平。

四、其他規定：某些職務，由於工作時間與工作條件的不同，允許在俸給之外另給補助，此種情形甚為普遍；尤其對技術及專業人員更是

如此。憲法禁止一人擔任兩個以上聯邦職務（但亦有例外），文官法禁止聯邦職務與州、市自治團體職務的合併擔任，但兼任私人僱用的職務則不予禁止；因此對高級人員的俸給在調整時的損失，可因兼任私人職務而獲得彌補。

## 第六項　服務條件

一、**結社權**：最初，認為國家具有僱用者之充份權限來規定受僱者之服務條件，後由於公務員協會之獲得有限度的發展，再遇及國家經濟或政治危機時公務員團體獲得了平時所不允許的若干權利，因而公務員協會已普遍獲得承認，但不承認其有罷工權。巴國對國際勞工組織之自由結社及保障結社權之會議已予簽署，故承認職員有組織及參加工會之權。

二、**工作時間、假日與假期**：工作時間等，有者以法律規定，有者以命令規定，有者工作時間甚短以適應雙重任用制度。巴國傳統的每週辦公時間為三十三小時，但從事專業與科學工作者，則辦公時間還要少些，如辦公時間每週為四十小時者則需另給津貼，但遇此情形，則不得再在政府機關或私人機構兼任職務。巴國每年有連續三十日的年假，如業務上有特別需要，可將前後二年的年假予以累積。除年假外尚有病假，巴國公務員請病假者仍支原俸給，但需具有醫師證明，其期間如為公務員自身患病則最高為二十四個月，如為公務員眷屬患病而必需親自照料則最高為十二個月；產假為四個月，仍支原俸給。尚有特別原因之給假，巴國公務員應徵服兵役者服役期間仍支原俸給；如公務員結婚或家屬有人死亡者,給假八天仍支原俸給；公務員為私人理由可不支俸給假二年；每連續服務十年可有六個月假期仍支原俸給。如公務員不能使用此類假期，則可予存記並在年金中予以補償。公務員給假權利，並不因地位或

官階高低或俸給型態而有差異，但給假期間之長短與年資長短有關。

三、協助公務員發展：一般言之，國家均認為有協助公務員往上發展的責任；巴國不但對為增進專業才能而獲得獎金出國進修之公務員，給予假期及支原俸給，並對其家屬給予俸給的加給及旅費。巴國自一九四〇年即創設有訓練學校，其入學之總人數常較巴西大學之學生為多；訓練在巴國之所以受到重視，主要是學校教育尚不能培育出政府機關所需要的人員，尤其是中級管理人員。

四、政治權利與行為限制：公務員與其他公民同樣的均有參加政黨及投票與競選職務的權利；但一般人事法律對公務員亦規定有若干限制，如公務員需經常保持其適合於社會上地位的行為，於執行公務時並需保持政治上的中立；主管人員不得基於政治的原因向屬員施有壓力，禁止公務員從事政治的宣傳或施展政治壓力或組織或支持捐款團體，或為其捐款或為其會員。對公務員從事商業性活動方面，巴國已算是限制較嚴的國家，即禁止公務員參與任何事業或工業機構的管理或從事任何商業活動，但僅擔任股東者不在此限。

## 第七項　懲　　處

巴國公務員對其行為，需依刑法、民法及懲處法規負責，且各種責任認為可以累加，如巴國文官法規定：「民事、刑事及懲戒處分是可各自獨立的，並可同時給予兩種以上的處分」。茲就何種行為需予處分及給予何種處分，由何人來處分，經由何種程序，及如何糾正處分的錯誤等，簡說如下：

一、構成處分之行為．巴國規定公務員需予處分的行為，與阿根廷相似；阿國將構成處分的行為，依其情節輕重分為三類，即第一類，為不遵守辦公時間，一年內曠職十日以上，對公眾態度不良，不尊敬長官，

疏忽執行職務，及連續兩年考績列爲不良等；第二類之不法行爲，包括每年曠職超過十日，連續表現出足以受停職處分之行爲（卽公務員在前十一個月期間內已有停職處分者），未經通知而放棄職守，在執行職務中連續違反規定，不聽指揮或不禮貌而情節重大者，違反民法或商事法規，罪惡昭彰的行爲不檢，於降等或減俸後接着考績列爲不良等；第三類爲發生本質上與違反單純行政規定不同的違法行爲，如涉及詐欺，不誠實，因嚴重違反致發生機關的道德上或物質上損害，故意不服從命令及故意的表現出不可接受的不道德行爲等。

二、處分之種類：卽㈠警告，必須用書面，僅適用於情節輕微的違反行爲或對職務未有適當的執行者；㈡停職，適用於較爲嚴重的違反或連續的違反，期間可至九十天；如因業務需要而不適合停職時，可改爲罰金，最高可至俸給 50 ％；㈢終止職務，適用於在執行職務時連續的疏忽職責或違背倫理者；㈣免職，適用於對機關的犯罪，連續放棄職守三十日或一年內達六十日，酗酒，有可恥的行爲，嗜賭，嚴重的不服從命令，在辦公室對他人施用暴力（但合於正當防衞者不予禁止），不按規定使用公款，破壞機關信譽，誤撥公家基金及收受賄賂等。在巴國尚有防範性的停職（與懲處性停職不同），期間可達九十天，適用於在調查違法案情以認定應否負責之期間，認爲以不繼續執行職務爲宜之場合；巴國法典中尚有「行政監禁」之規定，亦可至九十天，適用於擔任保管金錢及有價證券等的公務員而在規定期間內未能交代清楚之場合。

三、處分權屬：巴國對公務員之終止職務及免職處分，由總統命令行之；對三十日以上的停職由部長命令行之；對警告及三十天以下的停職由單位主管命令行之；預防性的停職在三十天以內者由部長命令行之；行政監禁在九十天以內者由部長命令行之。

四、懲處程序：南美一般國家，對公務員懲處均定有需予遵守之程

序，有者以法律訂定，有者以規章規定，其目的在使懲處公正，程序之主要部分包括指控需以書面提出，並使被控者有充分機會採取防禦。巴國，各單位主管有權給予所屬較輕微的處分，但如需予較嚴重的懲處時，則需遵循一定的程序，即由部長任命人員成立委員會，由委員會調查與案情有關之事實，在委員會內被控者有權提出辯護。

　　**五、對懲處錯誤之糾正**：如懲處命令有誤，法規上均規定有改正的程序，如向命令懲處機關請願請其收回成命或減輕處分，並有權向再上級提出申訴，最後可向行政首長提出申訴。

# 第八項　職務之終止

　　在南美國家，當公務員一經正式任用，即可獲得永業的保障，此為法律所定之主要內容，此種保障或為法律所定或為憲法所定。其情形如下：

　　**一、行政措施之終止職務**：公務員職務除因懲處程序而終止外：如因受行政權之終止職務措施時，在保障上受有相當的限制。巴國憲法對此類事項有明文規定，即公務員經由公開競爭考試而任用服務二年後，或未經考試進用而服務五年後或達特別法所定之年限後，即可獲得編制內的保障。獲得保障的公務員，僅當遇有下列情事時方可失去職務，即經由司法的判決，或懲戒程序或機關或職位的裁撤；如屬機關或職位裁撤，公務員將轉列為不出勤、或儲備人員名冊並仍支原俸給，直至其被任用至另一職位且其工作性質與俸給與原任職位相當之時為止。在憲法條文中並規定此種保障包括因生活費的增加而給予之補助（如其他現職人員有此種補助時）。

　　**二、因退休而終止職務**：巴國憲法又規定，公務員年滿七十歲應強迫退休；但人事法律基於專業性質之不同，可降低其命令退休年齡；公

務員亦可因身體不能勝任職務而退休，但以經請病假二十四個月並經醫師檢查證明不能擔任職務者爲限；公務員亦可自願請求退休，但需具有三十五年任職年資，惟法律亦可視業務性質將任職年資降至三十年或三十年以下。

　　南美國家差不多對退休者均給予年金形式的待遇；年金視服務年資長短按月給予，年金經費多由政府負擔，不需公務員繳款（但亦有極少數需公務員繳款者，如墨西哥）。除公務員年金制度外，通常尙有家屬年金制度，卽强迫公務員繳納一定百分比的俸給，遇及公務員在職亡故時，對其遺族給予年金；如公務員係因執行職務而死亡，其遺族亦可領取最高俸給的年金；當現職人員俸給因生活費用高漲而有調整時，年金亦隨着調整，故年金對通貨膨脹亦有所保障。公務員非因退休而離職者，亦多有給予慰勞金之規定，如因業務緊縮而裁減人員，其標準通常爲每任職一年給予一個月的慰勞金；如遇及公務員死亡，則其家屬可得此種慰勞金。

## 第九項　臨時人員

　　一、產生臨時人員之原因：在人事制度中常有一種矛盾的現象，卽一方面擴大常任公務員範圍並給予保障，另一方面爲適應業務變動公務員人數應保持機動可隨時予以增減；因對給予保障的常任公務員無法予以任意裁減，因而臨時人員乃應時而生；換言之，在公務員中一部分爲常任人員並給予保障，另一部分則爲臨時人員可隨業務變動而增減。但臨時人員產生後易被濫用，恩惠因而產生，因臨時職務的創立與人員的進用，不需與常任公務員同樣處理。有些國家對臨時人員的限制，採用規定任職期限及遴用人員時應有的程序與方法，以免浮濫。

　　二、臨時人員轉變爲常任人員：巴國於初次引入永業人事制度時，

即在行政部門有爲處理臨時增加的工作而進用臨時人員之規定，此種人員之遴用不一定需具某種資格或經由競爭；最初對臨時人員任職至年終即自動解職，以後漸形鬆懈，任職期間一延再延，變成延長是當然的事，最後使大部分臨時人員都獲得了常任人員的地位。再使不合格人員獲得常任地位的另一種方式，是常任職位出缺而無合格人員可資分發任用時，用人機關常派人作暫時任用，由於考試期間甚長，且有時會因經費問題而無法舉行考試，致暫時任用人員亦變成長期的任用，有時並因此而給予常任的地位。以上乃巴國現有常任公務員只有一小部分是經由考試而進用之原因。爲期對臨時人員及暫時任用人員之管制，巴國亦有改採契約方式聘雇並按日給薪方式，並由部長任意處理之規定，但效果並不良好。

# 第三節　阿根廷人事制度

## 第一項　人事機關與人事體制

**一、人事機關**：依一九五八年之法律規定，爲管制設立機關之協調和諧，財政部對政府機關人事制度，受託有介紹、解析與修正之權，並對公務員職務的分類員額有干預之權；爲執行此種職掌，財政部設有單獨的文官處。由上可知，法律有意將中央各部及其他機關與自治機關的職員，均包括在受財政部管轄之內。

**二、公務員範圍**：所稱公務員，指在國家政府所屬部門工作的人員。但不包括(一)各部部長、國務秘書及總統府秘書；(二)在中央機關中擔任最高等之外職務的人員；(三)外交人員；(四)軍職人員、公安人員；(五)教育人員。

**三、公務員的大分類:** 公務員按其任職期間,可區分爲常任人員與非常任人員兩大類。其中

(一)常任人員: 所任工作具有穩定性,定有錄用、培訓與晉升之制度,乃爲阿國文官的主體。

(二)非常任人員: 包括下列三種人員,卽 1.辦公室人員,乃屬部長、國務秘書、副國務秘書辦公室內之成員,主要從事顧問、研究或其他特定工作,此種人員由部長、國務秘書、副國務秘書直接任用與領導。2.約聘僱人員,擔任不能由常任人員擔任之服務性工作,其工作以契約中所定者爲限。3.臨時人員,係擔任不能由常任人員擔任之臨時性及季節性工作。

**四、常任人員之職務分類:** 常任人員依其職務工作性質,可區分爲六類,按其工作職責區分爲二十四級(以一級爲最低)。

(一)行政類: 包括助理人員、辦事人員、主管人員及高級人員四個等,其中 1.助理人員及辦事人員,從事各類行政事務,其級別爲 2—10級; 2.主管人員,從事法律、命令執行情況之監督與檢查,或直接監督助理及辦事人員之工作,其級別爲13—16級; 3.高級人員,從事組織、領導、計劃等工作,擬定或執行政府政策、法律、規章、命令,其級別爲19—24級。

(二)專業類: 包括具有大學文憑,從事本專業工作之人員,其級別爲13—22級。

(三)技術類: 包括技術學校畢業並從事所學專門技術之人員,分技術員及技術主管人員兩個等,其級別分別爲 2—10級,及 13—17級。

(四)修造類: 包括從事建築、木器製作與維修、機器設備維修保養及工具保管、車船駕駛等工作人員,分爲普通技工,專業技工及主管人員三個等,其級別分別爲1—8級、8—10級、及9—15級。

　（五）總務類：包括從事招待、小汽車駕駛、守衞及清潔工作人員，分為助理人員、服務人員與服務主管人員三個等，其級別為1—12級。

　（六）醫療專業類：包括大學畢業開始從事醫療工作的專業人員，其級別為13級開始，以後逐級晉升。以上類、等、級之結構如下：

| 級別 | 類　　　及　　　等 | | | | | |
|------|--------|--------|--------|--------|--------|--------|
| 24 | 高級人員 | | | | | 醫療專業類 |
| 23 | 高級人員 | | | | | 醫療專業類 |
| 22 | 高級人員 | 專業類 | | | | 醫療專業類 |
| 21 | 高級人員（行政類） | 專業類 | | | | 醫療專業類 |
| 20 | 人員 | 專業類 | | | | 醫療專業類 |
| 19 | 人員 | 專業類 | | | | 醫療專業類 |
| 18 | 人員 | 業 | | | | 醫療專業類 |
| 17 | 主管人員 | 業 | 技術主管人員（技） | | | 醫療專業類 |
| 16 | 主管人員 | 業 | 技術主管人員 | | | 醫療專業類 |
| 15 | 主管人員 | 類 | 技術主管人員 | 主管人員 | | 醫療專業類 |
| 14 | 主管人員 | 類 | 技術主管人員 | 主管人員 | | 醫療專業類 |
| 13 | 主管人員 | 類 | 技術主管人員 | 主管人員 | | 醫療專業類 |
| 12 | 主管人員（行政） | | 術 | 主管人員 | 服務主管、服務人員、助理人員 | |
| 11 | 主管人員 | | 術 | 主管人員 | 總務類 | |
| 10 | 助理及辦事人員 | | 技術員 | 普通技工 / 專業技工 | 服務類 | |
| 9 | 助理及辦事人員 | | 技術員 | 普通技工 | 服務類 | |
| 8 | 助理及辦事人員 | | 技術員 | 普通技工 | 服務類 | |
| 7 | 助理及辦事人員 | | 技術員（術） | 普通技工 | 服務類 | |
| 6 | 助理及辦事人員 | | 技術員 | 普通技工 | 服務類 | |
| 5 | 助理及辦事人員（類） | | 技術員 | 普通技工 | 服務類 | |
| 4 | 助理及辦事人員 | | 技術員 | 造 | 服務類 | |
| 3 | 助理及辦事人員 | | 員　類 | 造 | 服務類 | |
| 2 | 助理及辦事人員 | | 員　類 | 造　類 | 服務類 | |
| 1 | 助理及辦事人員 | | 員　類 | 造　類 | 服務類 | |

# 第二項 任用與晉升

**一、考試進用**: 初任人員, 原則上均採考試方式, 擇優錄取進用。錄用標準可分一般標準與特定標準, 但有消極條件者不得錄用。

(一)一般錄用標準: 為各類人員所共同適用者, 包括1.具有勝任工作的才能; 2.良好的德行; 3.具有適應工作的精力。

(二)特定錄用標準: 為各類人員各別需遵守之標準, 如1.行政類人員,助理人員需為中學生, 14歲以上。辦事人員需初中畢業,18歲以上; 主管人員需高中畢業, 21歲以上, 管理課程的成績及格; 高級人員需大學畢業, 曾任同級別職務, 25歲以上。2.專業類人員, 需大學畢業。3. 技術類人員, 技術員需初中技術學校畢業, 18歲以上; 技術主管需高中技術學校畢業, 21歲以上,主管課程成績及格。4.修造類人員,均需小學畢業, 18歲以上, 但普通技工可14歲以上。5.總務類人員,需小學畢業, 18歲以上, 但助理人員可14歲以上。6.醫療專業類人員, 需大學畢業。

(三)消極條件: 即為擔任公務員者所不得有之條件, 包括1.曾犯詐欺罪、反政府罪者; 2.不適於擔任公職者; 3.曾受開除處分者; 4.曾參加暴力組織或拒絕國家憲法所定原則者; 5.不遵守選舉法或兵役法者; 6.已達退休年齡者 (但仍可以非常任任用)。

**二、各類人員之晉升**: 各類人員之晉升原則上仍需經過考試, 如係晉升至各類之初級等別職務者 (如晉升至行政類之助理人員等別, 技術類之技術員等別), 需經公開考試晉升; 如係晉升至初級等別以上之等別者 (如晉升至行政類的主管人員等別,技術類之技術主管人員等別), 則採內部考試晉升。

(一)內部考試晉升: 只限於各部及相關機關內部舉行, 部內具有錄用條件之常任人員與連續擔任公職四年以上之非常任人員, 均可應考。

如晉升之職務係屬主管人員或高級人員等別者，其考試得採資歷審查方式，審查之重點在曾經擔任過職務之工作成績、學校畢業證書、主管課程或綜合性課程所得分數、曾經研究的問題、與他人合作的成果、所獲得的獎勵等。

（二）公開考試晉升：凡具有錄用條件之常任人員與非常任人員均可參加，採錄用考試與資歷考察相結合的方式進行。當應考人之考試相同時，優先錄用級別高的或資歷長的人員。

以上內部及公開考試之舉行，應組織考試委員會，由三名正委員與三名副委員組成，其中二名正委員與二名副委員，需爲與應考職務之類別相同且其等別應高於所考職務之等別者。

## 第三項　俸給與考核晉級

**一、俸給**：公務員俸給，由基本工資、一般附加工資、特殊附加工資與其他各種補貼所構成；基本工資定期按物價上漲指數進行調整。基本工資額按二十四個級別分別規定，每級只設一個工資額。一般附加工資通常高於基本工資；而特殊附加工資，則依公務員任職年資、職務、在同一級別內停留期間、及加班時數等而定。公務員除上述各種工資外，尚有各種津貼，如地區津貼、危險津貼、代理職務津貼等。

**二、考核晉級**：公務員在同一等別內之晉級，主要按能力、技術及資歷而定。各類公務員各有不同的晉級規定。大致而言，當一個等別跨列之級別較多時，其在較低之各級間，大致一年可晉一級；至中間之各級間，則需二年晉一級；至較高之各級間，則需三年方能晉一級；且有者尚有停年的規定。再當晉至同等別之較高各級時，往往要求公務員需參加有關高一等別職務有關課程的進修。如技術類分技術員及技術主管人員兩個等別，技術員之級別爲 2—10 級，當公務員晉至九級或十級時，

則需參加有關技術主管人員課程之進修。

## 第四項　權利、義務與懲處

**一、權利**：包括(一)公務員如改調至無保障之職務時，原有級別與俸給仍予維持；(二)領取俸給；(三)工作機會均等；(四)請假及休假；(五)補償路費、搬遷費、伙食費；(六)公務員及家庭享有社會救濟；(七)當權利受到侵害時可向有關機關提出控訴；(八)於退休金最有利時要求退休；(九)辭職權利。

**二、義務**：包括(一)依規定時間、地點及方式提供服務；(二)注意品行端正、態度莊重，以期與所任職務及級別相配合；(三)服從命令；(四)保守秘密；(五)當了解犯罪情節時，應向司法機關提供協助；(六)申報財產；(七)遇有可能損及國家或犯罪成為，應向上級檢舉；(八)接受司法機關通知到場作證；(九)定期接受體格檢查；(十)不兼任職務等。

公務員除上述義務外，尚有禁止事項之規定，如禁止與本單位人員保持債務關係，禁止接受贈品，禁止離職後一年內為第三者處理行政事務等。

**三、懲處**：公務員之懲處，分為四種，各有其受處分之事由。

(一)警告或暫停工作：公務員如有1.屢不遵守工作時間；2.一年中曠職十日以內；3.不尊重上級、同事與公眾；4.玩忽職守；5.不遵守紀律等情事，即可給予警告或暫停工作之處分。

(二)停職：公務員如有1.一年內曠職滿十天；2.擅離職守；3.工作上常發生差錯；4.對上級、同事、下級或公眾嚴重不尊敬；5.一年內遭暫停工作已達三十天而仍有違規情事；6.不履行公務員義務而情節重大；7.犯詐欺罪並有損公務員信譽；8.發生有損人格之情事；9.連續若干年

工作成績不能令人滿意等情事，即可予以停職處分。

（三）免職：公務員如有1.嚴重失職並在物質及信譽上使政府遭受損害；2.犯反政府之罪；3.故意不服從命令；4.道德敗壞；5.參加暴亂組織或反對憲法規定之原則、權利與保障；6.認定爲不適任公職者等情事，即可予以免職處分。

以上警告或暫停工作之處分，通常可由主管決定；停職及免職處分，則需由機關首長決定，高級公務員之停職及免職處分，則需由總統或由其授權之首長決定。

# 第五項　退　休

一、退休金種類：公務員退休金可分爲三種，各有其請領之條件。

（一）普通退休金：公務員男性年滿六十歲或女性年滿五十五歲，且均任職滿三十年者，可請領普通退休金。退休金額約爲工資70％至82％。

（二）高齡退休金：公務員不論男性或女性，年滿六十五歲且連續任職滿五年者，可請領高齡退休金。退休金額約爲工資70％。

（三）因殘退休金：公務員因公致殘，並經有關機關證明完全喪失工作能力者，不論性別及年齡高低，任職期間長短，可請領因殘退休金。退休金額約爲工資70％—80％。

二、退休金之調整：各種退休金應隨工資之增加而調整，當工資水準普遍提高10％時，各類退休金應於60天內作相應的調整。

# 第十章　非洲國家人事制度

　　非洲以往多爲英國及法國之屬地，自第二次世界大戰之後，各屬地多紛紛獨立，而各獨立國家的人事制度，亦深受英國及法國人事制度影響，茲舉受英國影響之迦納(Ghana) 南非(Republic of South Africa)及深受法國影響之象牙海岸 (Ivory Coast) 三國爲例，分節簡述於後。

## 第一節　迦納人事制度

### 第一項　人事機關

　　一、**公務委員會時期**：迦納於一九五七年獨立時，與其他許多脫離英國而獲得獨立國家一樣，有相當詳盡的憲法，包括處理人事制度的條文。迦國在獨立之初，是多黨的國會民主，有屬於內閣型的政府，創立有公務委員會，委員由首相建議而任命，並依例有任期的保障；委員不需一定的資格，但國會議員不得擔任委員。公務員的任用、晉升、調任及懲處（不含常務次長、外交人員及一兩位專家），均由總督「基於公

務委員會的建議」，代表迦國元首（當時迦國還是君主制）行使。

以上所稱「基於公務委員會的建議」，係指人事行政名義上是由元首所採取，但實際上此種行政除極少數者外，需依憲法所定建議機構之建議意見辦理；憲法所定條款之意義，是有關公務員（除常務次長、外交人員外）之管制，均授由公務委員會，此乃錫蘭（現稱為斯里蘭卡）所運作的類型；公務委員會內部的規章，係依據委員會的建議（而非部的建議）而訂定。除憲法所定條款外，迦國的人事制度大部分係由行政規章、命令及規則所規定，與英國甚為相似。

**二、文官委員會時期：** 在一九六〇年，迦國成為共和國，憲法採用總統制的政府，主要原則由公民投票決定，同時並宣佈對公務員的管制權授由總統行使，此乃憲法第五十一條所定，其條文為：「除法律另有規定外，均受憲法之約束」。公務員的任用、晉升、調任、終止職務及懲處，均授權由總統行使；文官委員會代替以前的公務委員會，但此文官委員會在憲法中並未明文規定，其設置與職掌係另在文官法中規定，該文官法幾乎與憲法同時間公佈。此種文官委員會的型式，與印度及錫蘭的文官委員會型式不同。

此種安排與前期情況不同，新憲法很少提到公務員，但文官法及依文官法所定之規章，卻構成了人事制度的綜合法典，用以代替以往迦國的各種公務員規則。人事制度由總統經與文官委員會協商後所制訂的法律及規章所管制；以往憲法條款對公務委員會的獨立與自治的保障不再出現（如委員需具有一定條件），文官委員會委員由總統任命，並可由總統所認為的理由而隨時解除職務。以往憲法所賦予委員會的職權，已由有限度的諮詢權及行政首長的授權所代替；在以往除非總統認為不宜如此做，則需與委員會及主管部長協商後，始得為初任或晉升該部之中級以上的公務員；而現在憲法規定「除法律另有規定」外，總統於行使

其職權時，可基於自己的意志及不需循着任何人所提的建議。

三、總統府之祕書長：迦國總統的祕書長，具有文官長的頭銜；依迦國文官法規定，高級管理人員的任用仍留由總統行使；中級管理人員之任用授權由人事機關首長 (Head of the Establishment Office) 行使；低職等人員之任用授權由各部部長行使。

四、人事機構：由於人事行政之日趨專門化，需由專家擔任的工作逐漸增加，而解決辦法是在人事機關及各部人事機構設置相當數目的職員處理，並與中央人事機關保持聯繫；迦國並設有人事專家的服務，以協助人事機構處理人事專門問題。

## 第二項　人事體制與編制

迦國與印度及巴基斯坦不同，面積及人口均較小，但甚為富裕，是由英國屬地走向獨立國家集團中，制訂正式的文官法以代替憲法條款之第一個國家，文官法本身所包括的內容並不多，但依文官法所訂的規章，卻包括了人事制度的許多方面。

一、職位之大分類：文官法對公務員的定義，是「擔任被指定為文官職位的人員」，職位應予分類，但可依不同之目的，應用不同的方法予以分類，因而有交錯分類情形產生如：

㈠編制內與非編制內職位：編制內職位係本質上是常設的，其數目不致有多大的增減，因此規定各類的職位數目及所需職等；非編制內職位，其數目經常有變動，其類別及職等亦無法作明確規定。

㈡一般的與各部的職位：一般的職位係指為各機關所共有的職位，如行政職位、書記職位；而各部的職位係指僅為某一部才有的職位，包括農業、森林、教育、工程等方面之技術的及專業的職位。

㈢A、B、C及D類職位：此係在任用職缺及採取懲處程序時所應用

的類別。

㈣有年金的與無年金的職位：有年金的職位，指其工作人員離職時可享受年金之權利者，通常爲編制內或常設職位；無年金的職位，指工作人員離職時，並無年金可領之職位，通常爲非編制內或臨時性職位。

## 二、職位之小分類

㈠一般職位之分類：一般的職位區分爲六類，卽行政、執行、會計、人事、書記及秘書六類，每類均有其架構，如行政、執行及書記各類，各按職責程度區分爲若干等。

㈡各部職位之分類：各部的職位，亦與一般職位同樣的作相似的分類與分等。

**三、各機關編制之配置：** 行政組織分爲各部與獨立機關，各定有職掌；爲遂行職掌，各部門分配有一定數目之部的職位及一般的職位，此種數目由總統秘書處之編制處訂定；此種被分配的職位，均區分爲類（如行政類、執行類、書記類等），每類並再分等。

迦國政府機關的職位，依法由總統在俸表內訂定，編制處對職位設置的影響力甚大，且編制均在規章中規定。編制雖有主管機關予以管制，且管制效果亦甚良好，但各機關職位仍在繼續增加，有者採用公營事業及自治人員編制另計之方式，有者採用增加臨時人員方式，以掩飾編制員額之未有增加。

## 第三項　甄募與考試

**一、徵募：** 凡應徵擔任公務員者，定有其必備的條件。

㈠國籍條件：對擔任技術或專業職位且屬非常任者,並無國籍限制，凡被放逐之他國人而無國籍者亦可擔任，但對擔任主要職務者如行政類人員，需由具有迦國國籍者擔任。在迦國雖無法律規定需將公務員留由迦國人擔任，但在文官法中卻定有限制的條文，任用權者不得任用非迦

國人至有年金的職位，但經總統核准者不在此限；如各部希望任用非迦
國人，需先從編制處獲得無適當迦國人可以任用的證明，具有此種證明
再報請總統核准（總統自可否准）後，各有關部始可核准非迦國人的任
用，但此種非迦國人的任用名單需按月向總統提報；依有關規章規定，
如在海外徵募人員時，則編制處的證明可以免除，可逕行選用非迦國的
非洲人；無迦國籍的非洲人與非非洲人，在任用期間上有區別，即非非
洲的無迦國籍人，其任職期間只限於二十四個月，而非洲的無迦國籍人
則無此期間限制；此種安排在使選用工作可具有彈性。迦國仍接受無迦
國籍人之擔任技術的及學術的職位，但與其他國家同樣的不願非迦國人
擔任非技術的行政類職位；此種措施在法規上雖未規定其限制，但在處
理上甚為成功。

　　㈡體格及不受歧視條件：除以上國籍之限制外，迦國法規明定被任
用者需經體格檢查及格，並繳驗體格適合性之證明；禁止任用上對性別
的歧視，但特殊職務（如需體力的職務），則偶然有禁止女性應徵的限
制；一般而言，除將危害及國家者外，對參加遴選人員不應有政治背景
等限制。

　　迦國憲法雖未包括基本權利的施行，但總統在就職時曾宣佈他個人
支持某種基本權利，此中包括不得歧視在內（按基本權利係指國民均有
依規定就任公職之基本權利，不得因宗教、種族、性別、地區等而受到
限制或歧視）。反對執政黨以公務員職位作為勝利的報償，文官會及編
制處的設置，其主要目的均在防止此種情事的發生。

　　㈢年齡條件：對應徵者有其年齡的限制，此乃配合永業觀念而來，
即進用人員原則上分三種層次，以配合學校教育，使新近畢業者經由考
試擔任公務員，而後在公務員途徑上發展與終身任職；但遇及以其他方
法（如非定期的考試）遴用人員時，年齡多有放寬；對臨時人員的遴用，
則對其年齡的最低限與最高限之間的幅度極大。

二、考試種類: 通常配合公務員架構及敎育水準辦理，卽將公務員分爲若干類，每類分若干等，各類從最低等考試進用外人，而後再在類內各等間晉升; 應考者不需具備某特定職務所需的才能學識，而是需要一般的才能學識。考試之目的，主要在革除不公平; 初任人員的考試方法通常有兩種，卽一爲甄選，另一爲經由競爭; 對高級人員及低級人員進用，多以甄選方法行之; 對行政人員的進用，則多經由競爭，凡應考者應具有一定的學歷，應考課目有英文、論文及一般學識與國家一般情況，除筆試外並加口試。

㈡政府與民間用人同時舉行考試: 迦國有廣泛的敎育學位制度，並配合以結合 (Bonding) 制度，對大多數的畢業生經由有效的考試而任職，在此制度中，將應考的畢業生區分爲兩類，一類爲政府所用，另一類爲民間企業所用，而考試工作則同時舉行，每一畢業生均有機會任職; 此種方式在以後獨立的非洲國家亦予採用。

# 第四項　任用與晉升

## 一、任用

㈠任用通才爲原則: 經由一般學識才能考試以選拔通才，而非專爲某種職務的特殊學識才能考試以選拔專才,乃爲遴用人員的原則,但對專業及技術職位，仍以考試專業知識爲主。在考試後任用前，亦有給予專業訓練者，參加訓練期間並非具有公務員身份，亦不適用文官法規，所支領的待遇係屬津貼而非俸給，如打字及秘書學校則屬此種性質，訓練結業時需再經考試，結業考試之成績與初次考試之成績合計爲總成績。

㈡任用權責: 迦國在文官法中對任用有明文規定，總統有任命公務員之權，但可授權（事實上亦是授權），如將相當部分的公務員任用授權文官委員會或各部首長。任用前先由用人機關列出任用的條件，請由

任用權者發佈正式的任命及註明生效日期；此種程序係由法規所定，如未有遵守則其任命爲無效；任用文書並不包括政府與個人間的契約任用在內，但對無迦國籍人員之短期任用，仍需任用文書。

㈢試用：迦國對初任爲公務員者，應經由試用，在試用期間由主管人員考核，試用期滿經考核認爲滿意者，始予正式任用，故試用係介於初次任用與正式任用之間者；迦國對任用至可領取年金的職位人員，其試用期間，依法律規定爲三年。經由考試而初任之人員，多係經由人事機關考試分發任用，如在試用期間任由用人單位主管考核認爲不適合而卽解除試用，則對文官委員會的權力影響甚大；因此迦國又規定，如初任人員試用期滿，用人機關認爲不合適需延長試用期間或終止試用者，如係高級職務人員（常務次長及與常務次長相當者除外），需與文官委員會協商，如係其他職務人員，則需經文官委員會的同意。

二、晉升

㈠晉升之意義：如只增加俸給而不涉及職等及職責之變動者，稱爲加俸；如同時涉及職等及職責之變動者，則爲晉升。加俸爲一般國家所有的事實，晉升對公務員引誘力甚大，故在文官法規中均有相當詳盡的規定。但最高職務如次長等，則多無加俸的規定，其俸級只有一級。一般國家多認爲加俸是正常服務的應有措施，而非對滿意服務的獎勵或預期其在將來有更好服務的激勵。

㈡晉升權責：迦國文官法對晉升至某職位與在某職位上初任，並無多大區別，晉升亦可作爲任用的一種方法。決定晉升與初任之權屬於同一機關卽總統，總統自可授權其他機關行使，如對書記、秘書及與之相似的各類人員的晉升，卽予授權由各機關決定，總統於晉升其他職位時，需與文官委員會或有時需與部長協商，但如總統認爲不宜如此做時，可不需與文官委員會或部長協商，故高級職務的晉升完全是各部間的晉升，

而低級職務的晉升則是各部內部的晉升，並由各部自己決定。公務員對被授權機關（並非總統）所決定的晉升，如有不服，得向總統或文官委員會或作成晉升決定者之上級提出請願；文官法中並無職員代表與晉升委員會的規定，但定有條款卽公務員應盡可能爲職業工會的會員，而職業工會在行政程序中可主動的及有影響力的代表文官進行干預。

㈢晉升程序：迦國訂有相當完善的晉升計畫，包括一個部內或某種專業的晉升範圍、晉升所需資格、遴選人員的範圍等；對有些職務的晉升，並規定需完成某種訓練或通過考試，作爲列入晉升名冊的條件。晉升與一般任用同樣的分爲兩個階段，迦國法律規定晉升至年金職位者，中間需經一定期間的實習，在實習期間亦受有若干限制，於實習期滿如認爲不合適而需終止實習時，需與文官委員會協商，其情形與試用甚爲相似。

同類人員在各等間之晉升，各依據人事紀錄，並視爲機密文件，尙需舉行面談，偶然亦有用考試者；而各類間的晉升，則通常需經考試，但亦偶有用其他方式者。

## 第五項　俸　給

**一、一般情形：**對俸給問題需考慮者，一爲決定俸給應考慮之因素，二爲設定俸給的機關，三爲俸給的最終產物卽俸表。決定俸給應考慮之因素，包括俸給需能羅致有才能的人擔任職務，及留住擔任職務之現職優秀人員；俸給不能有所浪費，俸給需與民間人員待遇相當，需依人力供需情況調整；但公務員的地位、權力、尊嚴、保障、享受年金等，亦應視爲報酬的一部分，卽使其物質待遇較民間企業人員爲低，但一般人仍願意在政府機關擔任公務員。

俸給應考慮之另一個因素，是如何調整俸給以適應通貨膨脹及生活

費用高漲的事實，此已不再是政策的問題，而是如何保持一致或相當的方法與程序問題。一般公務員不但希望在俸給上能保持原有的水準（卽不因生活費用的上漲而降低生活水準），同時更希望能分享普遍的生活水準的提高（因由於經濟發展一般人民的生活水準在不斷的提高）。

二、**訂定俸給之機關**：俸給的決定，通常需由人事主管機關與財政機關協商，俸給之支出作爲財政控制的一部分；爲期能羅致及留住人才，文官的俸給必須與外界企業人員待遇相當。爲期文官俸給能作適時調整，亦多設有俸給研究的機構或小組，以便隨時提出調整的建議。

三、**俸表**：迦國隨着一九六一年文官法的通過，將俸給的建立訂入文官規章；俸給最高者爲各部部長，在一九六一年當時約爲年俸 7,700 美元，最低者約爲 350 元，相差三十三倍。迦國在獨立前，對文官俸給需作定期檢討，使俸給日趨合理；因此卽使另有津貼的規定，俸給仍維持着金字塔型式。迦國高級職務人員的俸給係個別決定，所有其他的職務，不論爲一般行政人員、技術人員或專業人員，均將之列入有一系列有俸級可晉之俸表內；有些俸表的俸級數甚少，大多數的俸表爲五個俸級，可供五年晉俸之用，有些職務亦可跨若干個俸表，因此在事實上卽使未有晉升或無職缺，亦可在長期內繼續得到晉俸；有少數俸表的俸級數多，如書記所適用的俸表可加俸十六年，如再加上升等，一個書記的俸給，其晉俸期間幾乎又可增加一倍。

# 第六項　考　績

一、**考績程序**：迦國規章規定，所有官員除常務次長或與之同等之職務外（卽 Category A），均需考績；考績表有者用評語，有者用記分或數字，不論何種方式只要能認眞辦理卽可有效，如不能認眞辦理均會浮濫，喪失考績意義。考績除由直接主管考評並加註意見後，通常應由

上一級主管認證，如上級主管不同意直接主管所評意見，得加註自己考評的意見。在迦國如考績列劣等，應將考績意見通知受考人，除非係因受考人沒有經驗，或將類似情況早經通知受考人者，可不再通知。如考績結果需通知受考人，則受考人可提出自己意見，並要求將自己意見與主管所考評之不利意見並列，或允許受考人提出申訴或請願。

二、考績與晉升結合：迦國係將晉升與考績相結合，晉升是地位的升高，可能是由一個等晉升至同類的另一個等，亦可能由一個類晉升至另一個類，前者爲永業文官之正常現象，後者則並不普遍而是頗爲例外；當考慮晉升程序時其重點爲採用何種標準（如憑年資晉升或憑成績晉升），根據何種資料及由何機關決定。迦國依照文官法規定，文官晉升需依據成績決定，最好的證明是在長期任職期間，並未受到不利的譴責。晉升所根據的資料，如係年資則根據資歷證明，如係成績則多根據考績。

## 第七項　服　務

一、一般情況：政府原係慣於單方面規定公務員的服務條件，但由於職員協會的發展，政府的僱用者需與民間企業的僱用者間引起競爭，公務員則一方面保持原有的權益，一方面又爭取民間企業人員所有的特權及利益，再加上國際勞工局的活動，已使得政府無法再單方面規定公務員的服務條件。因而政府或則受着法律的約束，或自己用規章或命令規定，對服務條件需協商職員而訂定。

二、工作時間與工作方法、假日與假期：工作時間的長短與工作處所的氣候有密切關係，大凡言之，位熱帶或亞熱帶者，每週工作時間約爲四十小時左右，在熱帶亦只有三十五小時者。工作方法是第二次世界大戰後受到重視者，認爲工作時間與工作方法需由人事主管機關研究改善以提高效率，在迦國特別規定任何機關均負有改進工作方法的責任。

假日的多少大致與國家資源的豐缺成反比，政府機關公務員的假日與假期，多較私營企業人員爲多，假期有一般的假期如休假，有特定事故的假期，如病假、事假、讀書假等。迦國對公務員休假的累積，在以後的規定有所限制，但對原已累積有休假者得將其休假改變待遇，以免受損。

### 三、職員協會、協商與仲裁

㈠協會的需要：管理當局對公務員組成職員協會或職業工會並集體從事各種爭取福利活動的反應不一，從認爲組織協會或工會係侵害管理權，至對其只作容忍，再至鼓勵公務員組織協會或工會，並與管理當局從事各種人事事務的協商，及利用協會或工會來減少人事程序的滯緩與複雜等之各種不同的態度。一方面公務員需要組織協會以保護自己的利益，另一方面政府亦需要此種常設的協會的組織，以便處理管理當局與公務員間的爭議，故職員協會或工會的產生實係基於雙方的需要。

㈡得協商、仲裁之事項：職員協會與管理當局有關服務條件的協商，包括徵募、工作時間、保障及俸給原則等；如雙方協商未有成功，則職員協會有權向有關機關提付仲裁。一般而言，對俸給、超時工作、工作時間、假期等事項可提付仲裁，而年金、編制等事項則不得提付仲裁。迦國文官法對此問題的處理頗有不同，規章規定除有礙及公共利益者外，所有文官應爲職業工會之會員；規章又規定除特定的高級職員外，如需任用一個適當人員（原非職業工會的會員）至一個職位時，應將人員給予工會會員資格；此種規定比英國鼓勵職員參加協會者尤有過之，並將職業工會的觀念有所改變，此乃建立能直接代表文官的組織之方法。

**四、權利與義務：**在一般人的心目中，公務員的特權包括保障、地位及年金等，但公務員不能充分的參與政治，需受懲處法規的約束，及在多黨政治的國家，公務員並需保持政治上的中立。冉一般國家雖允許公務員組織職員協會或職業工會，但多不承認職員有罷工權，如有罷工

行爲，不但會構成懲處且將受刑法制裁。迦國文官法，對公務員在外界從事官方任務的活動時，如有涉及政治的政爭時，則認爲行爲不檢，行爲不檢的公務員應由各部自行懲處。

**五、協助公務員進修：**迦國文官法明文規定，「各部部長，應就現有設施善加運用，使各部任職的公務員進行爲執行職務所需要的各種訓練，並使他們合於晉升的條件」，故政府對公務員亦負有協助公務員進修的責任。

## 第八項　懲　　處

**一、一般情形：**迦國對應徵爲公務員的候選人，對陳述事項如有虛僞或不實情事，將構成刑事責任；從公務上獲得機密未經核准而洩漏者亦同；對某種專業公務員違反專業法典之規定者，亦將構成懲處。

**二、需受懲處之行爲：**迦國文官法規定，「公務員以無正當理由之任何行爲，不適當的態度，執行加諸其身的任務，或違反涉及公務員的任何法律，或對有效率行爲發生偏私，或使公務員的名譽受損者」，均構成行爲不檢；對無正當理由而缺席、不服從上級、涉及政治上的政爭，更特別規定其爲行爲不檢。迦國對行爲不檢的定義雖極爲廣泛，但對認定證據的標準卻甚嚴格，懲處當局必須具有違反任務，或貪污或失職的事實證據，方可對公務員予以懲處。

**三、懲處種類：**迦國在文官法中列舉有八種懲處，這八種懲處對各類人員均可適用，但停薪停職（停止俸給與津貼）僅適用於D類人員，此類人員比高級執行人員之職等爲低，其期間限於兩星期；其餘各種懲處爲申誡或斥責，停止晉俸，罰金，降低職等，減少俸給，及免職等；迦國對罰金限於罰三天的俸給或一個月俸給的 15 ％，如因無正當理由而缺勤者，其扣薪數額不受此限。懲處種類既已明文列舉，則原則上不

得再使用其他懲處。

以上所述各種懲處中,有者需經一定的程序（大致爲較重的懲處）,有者不需經一定程序,如對無故缺勤人員之扣薪,則不需經一定程序。

四、懲處機關: 懲處權之歸屬,因懲處種類與需經程序之不同而異。迦國,總統是所有文官的懲處權者,除 Category A 類人員外,其懲處權可由總統授權所屬機關首長行使,甚至被授權者可以再授權; 授權時可規定授權的懲處種類,如應予懲處超過所授權之範圍時,仍應依一般的懲處程序處理。

五、懲處程序: 迦國將懲處程序分爲兩類,卽簡易程序與正式程序,輕微的懲處（如申誡等）可用簡易程序,免職或降等或降俸,需經由正式程序; 在文官法中,對簡易程序上規定「控訴可以進行」; 正式程序,在文官法中規定需要以書面提出控訴,被控者可以傳喚證人; 至詳細程序則在規章中訂定。

當懲處的被控者,同一事由在進行刑事程序時,則懲處程序應卽停止。在懲處程序進行中,如屬情節重大者（如可能構成免職）,可對之先行停職,其期間難以預定,停職期間只發津貼,如將來復職者應補發其俸給,並恢復有關的權益如年金等。

凡對懲處的命令不需先與文官委員會協商的國家,多規定對懲處不服時可提出申訴; 迦國規定,對較重的懲處有不服而提出申訴者,需與文官委員會協商。

# 第九項　終止職務

一、一般情形: 任職的安定及對獨斷的終止職務之保障,是人事制度的重要部分,亦是永業制度的主要引誘力。英國公務員在理論上是隨英皇的好惡而去留,此種觀念在迦國多少仍有保留,不主張一般所持的

「公務員非依懲處程序不得免職」的看法；任何機關可在任何時間，按其需要調整機關組織與公務員架構，對編餘者不需事先通知亦不需依特定條件而解職。根據上述情形，各國多規定公務員屆滿某種年齡者需予退休，同時退休年齡亦可根據人口的年齡結構及有效運用人力的需要而調整。

㈠退休：迦國規章規定，擔任有年金的職務之公務員，年滿六十歲需予退休，年滿五十歲在任何時間有權要求退休，或在五十歲前經總統同意者亦可退休。在非洲國家的退休年齡，通常比亞洲國家爲早，而熱帶及亞熱帶地區國家，則多比溫帶地區國家爲早。如退休年齡有所變更，在迦國只需修正規章卽可。

㈡其他終止職務：終止職務，除退休者外，尚有在退休年齡之前，亦非懲處程序之其他理由的終止職務，如因身體殘廢、心神喪失理由，及職位裁減或不效率等之理由；此種理由之終止職務，從效率觀點是有利的，但從文官法規觀點卻會引起困擾。在迦國法律，總統保有在任何時間免除公務員之權，只要總統認爲如此做是合於公共利益卽可；如公務員因身體不合適而終止職務時，需經主任醫官證明其不適於執行職務；如因職位裁減而終止職務，得向有任用權者提出申訴；因不效率而終止職務時，通常亦需經由一定程序。

二、終止職務者之給予：一般國家對任職一定期間而離職的公務員，多給予俸給；其給予方式，或爲一次給予或爲年金，或爲一次及年金並行給予；其經費來源有自行捐獻的與非捐獻的一次金，自行捐獻的與非捐獻的年金之別。

一次金多對在一定職等以下之常任公務員，對各職等之非常任公務員，及任職期間過短的常任公務員給與之；年金多對常任公務員且任職達一定期間者給予之。年金多以最近三年俸給平均數爲基礎，按每任職

一年給予$\frac{1}{80}$之標準，如任職四十年者卽爲俸給 50 ％，有時並另給一年至一年半俸給的一次金，如公務員需自行捐獻時，其年金可能略高。如因身體殘廢等原因退休者，其應具之任職年資等條件，將略爲放寬，以示優待。

迦國公務員，如依文官法規定而免職者，其年金將被充公；如公務員係在同樣情況下而被解職者，其年金將予減少；又領取年金人員，如因犯罪而執行徒刑者，其年金亦予充公。迦國規定，年金中四分之一，申請人可於退休時改變一次金，其數額爲該四分之一之十二點五倍。

對因執行職務死亡者，對其遺族多給予一次金；領取年金人員死亡者，對其遺族給予年金，其方式爲減少原有年金額留由將來遺族領取年金。

## 第十項　臨時人員

**一、臨時人員之產生**：在業務上有進用臨時人員的需要，臨時人員的徵募、晉升、終止職務及年金權利等，與常任公務員有所不同，同時俸給亦較低。一般國家之臨時人員甚爲普遍，其人數有者爲全部文官的 20 ％，有者甚至達 44 ％。

**二、對臨時人員之處理**：臨時人員，因政府受社會各界的壓力，有對其賦予常任身份者，但此多限於任職期間較久且亦具有較好資格者爲限。有者對特種職務人員，於遴用後並不賦予常任地位、或不將其列入永業範圍，有時更將此種人員的任用改以契約方式。迦國對此種人員的任用，成爲與政府間的契約，並經法院公認，對無國籍者亦常以此種方式進用。有時對常任職務因一時無法羅致合格人員擔任者，將其暫時改爲臨時職務任用，遇有合格人員時再恢復爲常任職務，並依規定正式任

用。

# 第二節　象牙海岸人事制度

## 第一項　人事法律與人事機關

一、人事法律: 象國原爲法國屬地，至一九五八年成爲法國團體（French Community) 的一員，至一九六〇年成爲獨立國; 它享有政治經濟的穩定與堅強的領導，在行政型態上除由不獨立進步到獨立所不可避免的改變外，均未有中斷; 爲了行政的改進,經接受了計畫發展的政策。至一九六〇年十一月三日公布憲法，規定爲總統制的政府，總統一人同爲國家的元首及政府的首長，設立權力較小及影響力較小的立法機關。憲法中有數條涉及公務員的法律，明定總統有權任命所有公務員職務，任用高級公務員時，需經部長會議的商討; 所有公民在法律之前一律平等，因而亦有同等機會任公職; 總統得將有關公務員事務授權由一位部長行使。

自獨立之初，人事制度的型態完全循着以往大都市的權力，直至後來鑒於遵循憲法及受一九五八年法國憲法的鼓舞而有改變; 將人事制度管制權劃分爲兩部分，一爲由立法機關制訂立法行使，二爲由行政首長訂定規章行使; 一九五九年九月三日第五九——一三五號公布之有關人事制度法律，包括一〇二條及兩種系列的命令，其第一系列係爲實施法律而規定之事項，適用至所有的常任公務員; 第二系列爲特種規章，處理遴用、晉升及有關事項，以適應各別行政單位之用; 此種法規引進了類似法國的公務員制度架構，對管理公務員的權力，原則上均賦予各該部，但對各部共同所有的部分人員及有關公務員的訓練，則另設機關負

責，而非全由各部負責。

經過若干年的經驗及國家經濟的快速發展，於一九六四年十一月公布新的一般規章，此新的規章較原有者爲簡要，只列舉一般的原則，至詳細事項則另以一系列的命令補充，此新的規章較具彈性及少形式化，以期政府不論在特別的獎勵功績或淘汰庸劣方面，可有較大的自由裁量權來處理人事事務；雖在公務員架構上仍保法國的型態，但在某些事項上，爲應開發中國家的需要，並不循着法國的措施。

二、人事機關：象國的法典與法國相似，賦予文官局兩大責任，卽一爲監督一般規章的運用，二爲研究與計劃全體公務員的制度；文官局又繼承有未獨立前之人事指導處的第三種責任，卽參與眞實的人事管制工作。經若干年後，文官局以有限的資源仍致力於考試與解決個案。因需處理此兩種工作，致使在開發中國家被認爲較緊急的研究與計劃改進機關組織與方法的工作無法進行，復由於職員人力的限制，卽使進行此種工作其成就亦不大。在一九六四年新規章公布後，仍由文官局繼續參與眞實的人事管制工作，爲此可能會增加該局的人力，文官局仍由一位並非傑出的部長負責。

## 第二項　人事體制

一、初期人事體制：依象國一九五九年一般規章所定之公務架構，其情形與法國甚爲相似；將各機關的公務作縱的區分（各機關所共有的公務除外），各機關的公務員依公務的性質及進用水準之高低，區分爲五類予以遴用，卽Ａ類、Ｂ類、Ｃ類、Ｄ類及Ｅ類（Ｅ類爲臨時性的）。各機關所共有行政工作區分爲六羣，其中之一羣屬於Ｄ類，另一羣屬於Ｃ類，另二羣屬於Ｂ類，另二羣屬於Ａ類；公共工程工作區分爲十羣，其中二羣屬於Ｄ類，三羣屬於Ｃ類，二羣屬於Ｂ類，二羣屬於Ａ類（另

一羣應屬於E類）。此種結構情形如下表：

| 類　別 | A　類 | B　類 | C　類 | D　類 | E　類 |
|---|---|---|---|---|---|
| 共有的<br>行政工<br>作　羣 | □<br>□ | □ | □ | □ | |
| 公　共<br>工　程<br>工作羣 | | | □<br>□ | | □ |
| 各　　機<br>關獨所有<br>的作工羣 | □<br>二<br>二<br>一 | □<br>二<br>二<br>一 | □<br>二<br>二<br>一 | □<br>二<br>二<br>一 | □<br>二<br>二<br>一 |

　　此種架構使公務區分過細，在 15,000 多公務員中，約有一六○類羣，在有些類羣中，僅有少數工作人員。

　　二、**人事體制之改進**：依一九六四年新的一般規章，仍維持五個類的架構，但引進一新的因素，即將職位區分為十六個階梯（A類包括一至六個階梯），每一階梯有其指數以便核計俸給。多數專業公務員均列入可支領較高俸給的階梯，而普通公務員（行政人員）則多被列至俸給較低的階梯，此種政策是糾正過去任用的目的在遴用社會精華的趨勢。再需說明者，專業的與行政的階梯，只是俸給上有不同而已，而行政人員在公務架構之類別上仍是最高的類。又象國公務員的人數，因業務增加而繼續增加，如在一九七○年將為 59,322 人，約為一九六三年的兩倍。

## 第三項　遴　用

　　一、**基本條件**：當政府需遴用公務員時，通常均有若干基本條件，

符合所定基本條件者，始能予以任用；此種基本條件的規定，各國雖不盡相同，但如具有本國的國籍、良好的道德、具有民權、已盡兵役的義務、達一定年齡、身體健康等；凡具有此條基本條件者，始可參加競爭考試，經考試及格者予以任用。以前象國還是法國團體之一員時之規章，對行政工作限於具有法國團體國公民權的公務員擔任；而現行規章則限於有象國國籍者擔任；進用年齡限制為 18 歲至 30 歲，如係在服役中時，其進用年齡之最高限為 35 歲。

二、遴用方法：象國正常的遴用方法是經由競爭，合格者依其成績高低排列名次，並按順序任用。但對此種原則尚有若干例外，如需保留部分職位以安置以往在軍隊服役之人員，又如對特種公務定有特別規章時，此種職務之任用可經由甄選，以上兩種情況任用數額合計約為出缺的 10％至 40％。尚有一般慣例的例外，如政府有權任用大使、司長及其他類似的高級公務員，而不需經由考試或即可授予編制內的地位。規章亦規定有經由競爭補缺的程序，此種需經競爭進用的職位約佔全部職位 60％至 80％。競爭考試多分別舉行，一種是對具有特定學位資格者舉行，一種是對現職公務員舉行；職缺的補用，對此兩種考試約為二比一，但在實務上少數經由公開考試及格者，更受用人機關的歡迎。有許多特定規章，均規定有在開始階段應用甄選方式從具有特定教育資格者中遴選，或從具有任職年資或經通過合格考試的人員中遴選，亦認為合於競爭的規定。最近的一般規章規定，在過渡期間（其期限並無一定限期）對經由競爭任用的規定，遇及編制內職務在考試中並無合格人員時，只要他們具有所需要的教育資格，為期遴用順利亦可不經由競爭任用。由於公務員為數之多及公務的結構，對於公開競爭的考試用人如由各部自辦將有不便，將來也許是集中辦理或由各部採用較多的甄選方式進用。

三、應考資格：依規章的規定，凡進入Ａ類職務者其教育資格為高

級教育學位或畢業證書，進入 B 類者爲具有離校證明書，進入 C 類者爲需低級教育資格，如係技術職位則需類似的資格。象國各層次職務所需要之資格條件，與實有的情況或國家資源的估計情況不能相符，致具有初級以上教育資格人員之絕對的缺乏，及具有離校證明書者拒絕參加 B 類考試，以期能繼續利用各種設施去追求高級教育參加 A 類考試。因而有者對進入高等教育予以若干限制，或對 B 類新進者規定需任職若干年，或用曾受訓練之資歷來代替學位資格。

　　四、初任之試用：在象國初次任用時係爲試用，在試用期間需滿意完成某種訓練課程後始獲正式任用；試用期滿能否正式任用，或需延長試用或予免職，需與人事委員會會商後始可決定。

　　五、新進人員訓練：象國設有國家行政學校，每年約施訓二十至五十位 A 類及 B 類職位的新進人員，兩類人員有各別的課程。各層次公務員雖需同樣的集中辦理訓練，但在實務上參加訓練的候選人除通過考試者外，尚有雖未經通過考試但在國外經接受訓練者在內。

# 第四項　晉　升

　　一、在類內升等：從象國法規上看，晉升制度與法國甚爲相似；由原有的等升至同類較高等時，以在晉升名冊中列有名字者爲限，從名冊中選人晉升時不需根據考績；凡列入晉升名冊者，必須在該職等任職最低限所需的期間。晉升名冊由有關行政單位提出初案，再提送人事委員會（此時人事委員會卽擔任着晉升委員會的角色）審查並授權作必要的修正，此種委員會係代表管理當局與職員雙方者。

　　如認爲此種法規完全是與法國相同，則又不然；因象國對公務員的考績並不通知其本人，亦不通知人事委員會，僅當人事委員會在考慮晉升名冊時應予注意而已，故在象國對文官考績的成績，在晉升中並不重

要，致在晉升程序中象國與法國有所不同。

又在最近的一般規章中有一條規定，對晉俸級及由一等晉升至較高的等所需的條件得予放寬，同時根據部長會議的命令，文官可作越級或越等的晉升。

二、升類：由較低類晉升至較高類者，通常需在原類任職至少三年以上，並需經有限制的或內部的考試，合於條件之現職人員均可參加；許多規章均規定應保留空缺職位之一定比例，留由此種人員內升。如法國，先將一定比例的空缺留由退伍軍人進用，及另一較少比例的空缺留由甄選方式進用，其餘空缺則多按四與三的比例，分由公開競爭及內部競爭方式進用人員。

## 第五項　俸　　給

一、一般情況：公務員待遇受預算及私人企業影響甚大，較爲合理的待遇制度，應在不破壞內部的差異原則下，盡量配合生活費用調整並保持高度彈性。當設計俸給時，係對每一職務配以指數或對各俸級配以指數，在職務之職責未有重大變更前，其指數不變；而後規定每點指數乘以一定的金額，所得之數即爲俸給；所謂調整俸給，通常就是調整每點指數所乘的金額。

二、俸給：俸給係以指數規定，如以往 A 類的指數爲 300 至 1000，B 類爲 220 至 520，C 類爲 150 至 300，D 類爲 100 至 210。俸給政策近來爲配合其他情勢的轉變，已有重大的修正，使與剛獨立時政策有顏大區別，即將各類的俸給指數幅度予以拉長，如從最低之 80 至最高之 1760，而 E 類（臨時性）的指數則自 115 至 1760；如按一九六五年指數及滙率折爲美金，則年俸自 760 至 11600。另一種重大的改變，爲將各類再區分階梯，每一階梯定有指數，並將專業的及技術的職務列入

較高的階梯（指數亦高），如行政人員指數爲 405 至 1100，獸醫、醫師及藥劑師則爲 550 至 1450；此種規定會影響及對羅致行政、專業及技術人員的引誘力。

**三、津貼:** 象國法律規定，公務員報酬包括俸給（並作爲年金捐助之根據），宿舍津貼（全國標準一致）爲俸給之 15 %，家庭津貼按眷屬口數計算，並非按俸給比例訂定；對其他特種津貼，則多參照法國方式辦理。

# 第六項 服 務

**一、工作時間與假期:** 每週工作時間爲四十至四十五小時，分配在五天至五天半內，但可能會減少至每週五天四十小時。每年休期多定爲三十日，並不因公務員的年資及層次而有差異，主管人員均有權對所屬公務員休期作有系統的安排，並防止過於零碎的給假；在象國並不認爲休假是一種權利，公務員的休假可以累積至三個月；遇及結婚或配偶或子女或尊親亡故，可給假一星期仍支原俸給；產假可給三個月亦支原俸給；不支俸假期每次可給三個月，及任何五年內可給假六個月；病假可給一個月，經醫師建議可延長給假三個月，最長可一次給假九個月或在五年內可給假十八個月。

**二、工作方法:** 象國文官局的任務之一，是「研究組織及行政的工作方法，以求其合理化」；法律中的此種規定，除非能同時配備有合適的職員與預算，將不會發生效果；但象國對需採取此種行動的認識已在增加，對中央機關的責任已有加強，並在採取更積極的行動，增設視察員從事此方面的工作，以期獲得成效。

**三、職員協會與協商:** 象國對此方面多循着法國的模式，如對職員協會的安排及職員協會與管理當局的協商與人事事項的決定等。高級會

議成了協商委員會，包括六位代表管理當局的委員，及六位由專業職業工會之建議而提名的委員，另由總統所提名者擔任主席；此一委員會對有關文官事項，由總統交該會提供建議時可提出建議。技術委員會已被取銷，但各行政單位的職員可選舉代表，與同等數目的代表，組成人事委員會，具有與法國人事管理協議會類似的職權。又象國承認公務員有罷工權，但法規對執行法律與維持秩序的公務員之罷工，得予以限制。

## 第七項　懲處與終止職務

一、懲處: 由於公務員的地位是一種永業的專業，對懲處的程序非常重視，即程序的嚴格與國家權力的嚴謹；開始時期的方法，是經由人事委員會制度來處理，人事委員會主要雖是建議性的，但對人事委員會的建議不可經常輕視而無反應。

由於懲處程序的複雜，使法律對某些階段的程序規定有限期，但此種限期對良好的管理仍是一種威脅。懲處需以法律所定之種類為限，有許多國家對如何處理無正當理由而缺勤的公務員確為一個問題，無正當理由的曠職毫無疑問的應構成懲處，及對繼續多次的曠職需嚴予管制，但法律所列舉的懲處種類很少有真正適當的；責備或警告並不就是有效的懲處，如需予較重的懲處則因需經一定的程序而致延誤；有許多主管認為不予晉俸或予以降等並不是適當的懲處；在私營企業人員的曠職，可能是扣除曠職期間的俸給，也許並予以一日或數日的停止任用；即使是扣薪亦仍有爭辯，因在法律中多未定有扣薪。象國的新的一般規章，定有扣薪十五日的規定，並認為此係輕微的處分，故不得向懲處委員會提出申訴。

實施懲處而使管理當局與職員雙方均可獲益, 則並不容易；對姑息、不效率、貪污等過多的抱怨，引致政治的不安定及認為對文官的未能有

效管制；另一方面如引進新的改革，需先有審愼的考慮；對不滿意的職員給予過分的保障，代之以對有績效的職員以過少的保障，對任何人均無益處。

**二、申訴:** 行政法與行政法院，是法國制度的特色；當管理當局與職員間爭端案件應用普通法律或契約無法解決時,可經由行政法院解決。機關內部的救濟，是先向作成決定的主管提出，或向其上一級主管提出，此種可提請救濟的事項，包括考績、晉升及懲處等。

申訴案尚可申訴至行政法院，再申訴至國務院，某些案件可直接上訴至國務院；申訴程序對一般文官均可適用，但對警察、監獄職員不能適用。新近象國的最高法院設有行政法庭，以代替行政法院。

**三、終止職務:** 一般言之，公務員因提出辭職獲准而離職，因免職而離職，因退休領取年金而離職，因喪失國籍或民權而離職，因待命（Inactive Status）期滿未再任用而離職，及因職位裁撤而離職等。合於一定年齡及任職年資而退休者，給予年金；在職亡故或領取年金期間死亡者，對其遺族給予寡婦年金及孤兒年金。

# 第八項　臨時人員

**一、一般情況:** 象國的主要法律，僅適用至常任人員，而臨時人員（約爲文官總人數 30 ％）則有其自己的特別規定；此包括一九六〇至一九六一年間的一些命令，適用至非編制內職員，而非適用至從人事俸給及津貼以外之預算並基於按時或按日支付給與之人員。這些命令禁止設立臨時職務，但需執行原有行政單位業務以外之工作，或處理額外而有一定期間之工作者不在此限。非編制的人員，僅當該職務係爲部分時間工作者，或爲適應額外工作而暫時設立者，或編制內職員無法遴用時，始得擔任職務；非編制人員不得享有一般規章的利益，在法律上無法取

得正式任用的地位，但經任職五年者可參加有限制的遴用考試；如經獲
得編制內地位，則其非編制內的任職年資可按三分之二的標準核計晉俸。
臨時人員亦予以分類，並依其所擔任職務分入A、B、C、D四類之一；
這些類再各分等，每類約為二至三個等，每等有十一至十三個俸級。對
臨時人員亦規定有合格的條件及甄選的方法；每年亦有考績，晉俸及假
期；懲處亦受有通常的保障，包括將懲處案提送懲處委員會，委員會中
代表職員的委員係由臨時人員所選出。

　　二、職務之終止：臨時人員職務之終止與常任人員有別，臨時人員
只是一種契約的地位，契約中的條件亦就是命令中所定的條件；臨時人
員中包括有相當部分未具象國國籍的人員，其進用係以契約為基礎。臨
時人員的職務，因任用期間屆滿而終止，或三個月前通知辭職而終止，
或因管理當局主動要求而終止，此種主動要求終止不需事前的通知，亦
不需如同常任人員之經過一定的程序，及在其他情況下因三個月前的通
知而終止。終止職務時，對任職十年以上者給予資遣費，對任職更長者
給予更優厚的費用。故臨時人員的人事制度，幾乎是常任人員人事制度
之外的另一個制度。

　　三、臨時人員之禁止與存在：在基本上，象國對臨時人員是禁止的，
因為臨時人員的擴張有其明顯的流弊，如臨時人員不易受管制（尤其不
易受人事機關及預算機關的管制），遴用措施不夠嚴密，臨時人員素質
較常任人員為差，致降低了用人的標準。

　　臨時人員雖有其流弊，但要完全消除又為不可能，因各機關業務的
工作量常有增減，有時會增加不可預測的任務，同時常任職位亦不是可
任意創立的，機關要終止常任人員的職務亦非易事，凡此均有進用臨時
人員的需要；但後來對擔任臨時職務期間較久者，採用競爭以外方法使
其取得常任地位，則無形中替常任人員開了後門，頗為不智。

# 第三節　南非聯邦共和國人事制度

南非聯邦共和國，爲統合修正有關聯邦公務員組織及行政法律，及有關雇用條件、任期、紀律、退休、退職及其他意外事件之規則，特於1957年公布公務員法施行，該法至 1982 年已經過十九次的修正。茲依該法的主要內容爲主，對該國的人事制度分項簡述如後。

## 第一項　人事機關

主管南非聯邦人事制度的主管機關爲行政委員會 (Commission for Administration)，但財政部也具有很大的影響力，其情形如下：

### 一、行政委員會

㈠組織：行政委員會由總統任命之三位委員組成，任命委員時應特別就具有服務公職之知能與經驗之人選任命之，並任命其中一人爲主席。主席缺席時由總統指定資深委員代行主席職權。委員會委員任期爲五年，期滿後可連任。委員除可支領適當薪津外，另享有與部門首長相同之辦公條件及特權。委員如有不正當行爲、不適任職務或無能力有效善盡其職責，或爲增進經濟或效率所必需，總統可停止其職權並免除其職務。委員會之下設行政局，置局長及其他必要的官員與職員，處理經常業務，使委員會能有效運作其權力，實行其功能，完成其職責。

㈡職權：委員會的主要職權如下：

1.下列事項委員會對各機關有建議權：機構的成立或撤銷及職掌的轉移；機構的管理、組織與重組；各種職位的編制、等級與變更；臨時及約僱人員的審查；可否在編制外進用官員或使公務員擔任較原職位等級爲高或爲低之職務；改進工作之組合程序及方法；改進管理；簡化

並消除沒有必要的工作；工作之協調合作；官員數量的限額；公務員服務效能之發揮與公務員的訓練、員工之薪金、工資及津貼的等級；職位出缺時人員的任用或晉陞；對公務員申訴的進行。

委員會對所提建議事項，在六個月內如建議尚未實施，委員會可以撤回或變更。如已屆滿六個月而建議未經執行或委員會未經撤回，各機關應卽依委員會意見執行。

2.下列事項委員會對各機關有指示權：對法律未有規定之有關公務員任用、遷調或晉陞所應具備之年齡、教育程度、語言及其資格等事項；公務員所必須之經歷與訓練；對任用爲官員之人員應行符合之健康狀況及要求。

3.認有必要時可舉行考試。

4.擬議人事管理規則。

5.保有公務員紀錄。

6.調查、審閱文件及質詢官員權：爲完成法定職權，委員會認有必要時，可調查各部與審查有關文件紀錄、及部門首長與其他公務員所持任何資料；主持調查時可傳喚有關人員接受詢問；接受傳喚人員應宣誓據實答詢並提供所需資料文件，違反時卽視同犯罪。

㈢授權：委員會之較不重要的職權，可自行授權由任一委員或兩名委員或其他適當官員行使。如條件許可，總統得以公報宣示，將法定應由委員會建議或指示之事項，指派由部長、行政首長或負責該部之現職人員行使，在該事項指派處理之存續期間，委員會不得再就該事項對所在部另作建議或指示，此種宣示總統得隨時以公報宣示修正或撤回。

二、財政部：依公務員法的規定，行政委員會向各機關提出有關下列的各種建議，凡涉及自國家歲入基金開支者，均應與財政部協商，除非財政部核准其開支，否則不得執行，但財政部可依其狀況需要，自行

衡酌將其核准開支之事權，授權由任何官員行使。這些建議事項，包括
㈠編制內職位之數量、列等、重新列等及轉換；㈡編制外職位或列等較
原任爲低之職位的公務員之任用；㈢公務員之薪金、工資及津貼之等級；
㈣公務員支領較所任職位最低薪級爲高之薪資；㈤在公務員所在職位之
薪資等級範圍內特別提升薪資；㈥支付公務員逾時工作之加班費；㈦對
公務員支付紅利、獎金、慰勞金及其他額外給與；㈧研習及研究公費及
補助金之給與；㈨公務員之一般僱用條件。

## 第二項　公務員的分類

　　南非聯邦共和國之公務員，爲數約七十五萬，尙不包括地方政府、
南非交通部與郵電部門的公務員在內。上述七十五萬公務員的薪資及其
他工作條件，係行政委員會經過協調而決定者，其中三十萬公務員的工
作條件，行政委員會對之有建議及指示之權。

　　依公務員法的規定，公務員分下列三類：

　　一、編制內職位人員：其中又分㈠編制內文職人員，其職位劃分爲
行政類、書記類、專業類、技術類、一般甲類、一般乙類六類；以上六
類職位之設立與分類，應由委員會指導。㈡軍職人員。㈢國家安全局人
員。

　　二、編制外職位人員：已不在編制內職位工作，但未退休或免職，
而受僱擔任編制外職位工作之人員。

　　三、臨時人員：擔任前述六類職位以外之編制內職位人員，及擔任
編制外職位或編制內職位出缺所僱用之臨時人員。

## 第三項　考試、任用及遷調

　　一、考試：凡進入書記類職位工作者，必須通過兩種官方語言之考

試，在參加考試前已符合此種條件者，可在書記類職位服務，或已表現合於書記類職位之特殊才能並具備必需條件者，可遷調至書記類職位工作。

**二、任用及遷調之基本原則：**包括

㈠公務員之任用、調遷及晉陞，應探之方法及要求（含通曉職務所需知識及他種語言），依法律之規定，法律未規定者由委員會指定。

㈡公務職位應以符合晉陞、調遷或任用條件，具有資格、專長、效率之適當人員來補充，委員會得對補充該等職位或作成該等任用所應具備之條件，予以規定或指示。

㈢任何行政、書記、專業、技術或一般甲類職位之空缺，應由符合條件之現職公務員調任或晉陞，如不能以調任或晉陞補充時，則任命一非公務員擔任。

㈣非具有南非公民、良好品德及身體健康者，不得試用及任用。

㈤任用或升遷，應由部長或行政首長爲之，並得授權其他官員行之。

**三、任用：**行政、書記、專業、技術、一般甲類及一般乙類人員之任用、遷調及晉陞，除一般乙類人員由權責機關直接核准任用或基於委員會之建議外，應先試用。試用期間不得少於十二個月；遷調或晉陞者，試用期間得予併計；試用期間有請假者，應按假期延長試用。試用期間能勤奮努力，行爲符合標準，令人滿意，經直屬長官確認其能適合所任職位之要求者，並經任用權者認定其能完全符合任用、調遷及晉陞條件時，其任用、調遷或晉陞始告確定。經試用認爲不合格時，屬一般甲類以上者，應向委員會敍明理由並建議作適當的處理；屬一般乙類者，可由任用權者延長試用期間或予免職。因遷調或晉陞而試用人員，如原爲正式非試用者，若試用不合格應先回任原職或與之相當等級之職位，並

支原職位薪給,但試用職位係屬一般甲類以上者,應先經委員會之建議。

**四、遷調**

㈠公務員有接受遷調的義務: 基於公共利益要求, 每一公務員均有義務由原任職務調任同部或他部之另一職務, 且不論所調任之職務是否屬於同類或同一等級, 亦不論此職位是在聯邦之內或聯邦之外, 但須注意下列規定, 卽1. 除因無效率或不正當行爲之原因外, 非經公務員本人同意, 不得因調任職務而降低其俸級; 2. 調至較原任等級爲高或低之職位而不改變其俸級時, 應由委員會儘快於合適之職位出缺時, 建議將此人調至合於其俸級之職位; 3. 公務員不得以具有較高職位之俸級爲理由, 要求調至較高職位。

㈡部與部間之遷調: 公務員調任時, 除經兩部同意者外, 不得由一部調至另一部。

㈢經委員會建議之遷調: 除經委員會建議者外, 不應由一職位調至高於或低於原來等級之職位或不同類的職位。

㈣事業與機關間遷調: 在鐵路局、郵政電信擔任可支領退休年金之職位人員, 可依委員會建議遷調擔任行政、書記、專業、技術、一般甲類或一般乙類之職位。

㈤降調: 公務員經本人同意及委員會建議, 得降調至其他政府機關擔任特殊或一段期間工作, 或降調至依法建立之任何委員會、機構或團體服務, 此類降調人員, 仍應繼續受公務員之法律管理。

**五、遷調條件:** 總統可基於委員會的建議, 訂定公務員遷調、晉陞及其他雇用條件。

# 第四項 俸 給

**一、俸給的內涵:** 俸給包括薪資、津貼、獎金、紅利、謝禮等。公務

員之薪資及津貼應與其職位之俸級相符合，公務員除依委員會規定或建議支領津貼、謝禮、獎金或紅利外，不得就其職務另行收受其他津貼、謝禮、獎金、紅利或其他報酬。

　　二、敍俸的原則；根據委員會之建議，㈠因任命、遷調或晉陞之公務員，可敍支較新職位最低級爲高之薪資；㈡公務員可在薪資等級範圍內，給予特別提敍俸級；㈢公務員具有特別才能或特殊資格或有優越之表現或符合於公益之前提下，可在俸級範圍內特別提敍，或給予較高等級之薪資，或給予任何其他合適之報酬。

　　三、薪資的保障：公務員之薪資、津貼，非經其本人同意不得降低。未經所在機關會計官員之書面許可，公務員不得就其可支領薪資、津貼之全部或一部讓與他人。

　　四、兼職兼薪的禁止：除法有規定外，公務員不得從事現任公職以外任何有酬勞的工作。公務員基於職責從事任何職務工作，不得要求額外酬勞。公務員違反本法規定或委員會建議而收受酬勞時，均應解繳國家歲入基金，其不解繳者，財政部可循法律程序追繳，但委員會得建議該公務員可保留所收受酬勞之全部或一部。

　　五、其他事項：總統可基於委員會的建議，訂定公務員逾時加班費及出差、生活、特殊氣候及地域生活費用或其他津貼等之給與標準及給予之條件。

## 第五項　服務與懲處

　　在公務員法中，對公務員之服務與懲處，有如下之規定。另有關公務員懲處、品德行爲、權利及義務、辦公時間及請假等規則，得由總統基於委員會之建議而訂定。

　　一、服務

㈠參與政治：公務員得爲合法政黨之黨員，並在其管理部門服務；得參加公開政治性會議，但不得擔任主席或發表演說。

㈡參與人事管理：依規定建立公務員聯合諮詢會議，其成員包括由委員會提名之官員；能代表公務員之官員（但須符合應積極具備及消極不得具備之資格條件，並由職員社團提名及經委員會之認可）。公務員聯合諮詢會得隨時就下列事項向委員會提供建議，即㈠依法應由諮詢會處理之事務及該事務有關規則之制訂；㈡對於影響或可能影響公務員已通過或將審議通過之立法；㈢其他依規則所定之事務。

㈢義務：每一公務員應將其所有時間，置於政府支配之下，執行職務須講求效率，並不得有不正當行爲。如有違反應予懲處。

## 二、懲處

㈠明定受懲處之原因：公務員無效率或有不正當行爲者，將受懲處。對於不正當行爲更有詳細的列舉，如 1.不履行公務員法所定之職責； 2.處理有關管理、懲處及效率之事務，故意或過失或怠忽以致偏差； 3.不執行合法命令，或執行命令時用言辭或行爲表示不服； 4.怠忽職守； 5.未經首長允許擅自從事與其本身公務有關之私人業務或工作； 6.對政府行政予以公開評論； 7.運用公務關係以增進或侵害任何政黨之利益； 8.企圖引用政治或外來勢力干預其公務機關之職位及雇用條件； 9.表現不雅、不當或粗魯之行爲，或於工作時對他人無禮貌； 10.使用過量毒品或麻醉藥品； 11.宣告破產或受法院民事處罰之判決； 12.涉及金錢糾紛； 13.未經首長同意及執行公務需要，洩漏因公務所得之機密； 14.未經首長允許，以執行或不執行其職務而要求或收受其他報酬； 15.不當使用政府之任何財產； 16.觸犯刑法； 17.擅離辦公場所或職位； 18.意圖取得與職位有關之特權或利益，明知其非事實而爲錯誤或不正確之聲明； 19.違反設立醫療救助基金法規。

㈡懲處案之處理程序：當公務員無效率或有不正當行爲時之懲處程序，規定極爲詳盡。大致而言，包括：1.控告：由主管對該公務員因不適任職位或無法有效執行職務或觸犯不正當行爲，向首長提出控告。2.調查：由首長指定人員調查，並以書面通知被控者（通知中敍明被控事實）；被控者有權親自或指定代表出席調查會。3.判決：主持調查人員於調查終結時，對被控者應作是否不適任或無效率或有不正當行爲之判決。4.上訴：被控者對主持調查人之判決不服時，得向委員會提出上訴；此時調查人應將有關資料及證據陳送委員會，並可陳述自己對本案的看法；委員會受理上訴案後，被控者尚有申辯機會；委員會對於上訴作成最後判決時，應將其判決書通知上訴人及首長。

公務員如因不正當行爲而被控者，必要時首長得將其停止職務，如經調查人判決無罪時，應予復職並補發停職期間之俸給。又被控者不論是否進入法院刑事訴訟程序，均不影響懲處程序的進行。

㈢懲處方式：當懲處程序結束，如確認有不適任或無效率或有不正當行爲時，被控者須接受懲處。懲處的方式，通常由委員會視犯過情節向首長提出建議，包括1.警告或譴責；2.處罰金；3.調職或以編制外職位僱用；4.降級或減俸，或者兼行；5.免職或令其辭職。

## 第六項　福利、退休、撫邺及免職

**一、福利：** 南非聯邦公務員福利計畫，以特殊醫療補助基金會或醫療補助合作社制度爲主，公務員得被要求加入爲會員或維持會員身分。上述基金會或合作社的認可與撤銷，委員會有權決定。委員會對基金會或合作社的設立、規章、控制、管理、權力、職責、會員繳費率、及其他作爲等，得規定其應達到的要求，凡合乎所定要求的基金會或合作社，始給予認可。

南非公務員之其他福利，尚有

㈠公務員視其服務年資長短，每年有三十天或三十六天的休假，其假期在年度內未休者仍可保留累計，但每十八個月最多不得超過一八四天的假期。公務員因病，每三年最多可有一二〇天的全薪病假，又有一二〇天的半薪病假。公務員因特殊事故如準備或參加考試、醫囑須與羣眾隔離處置，應召受軍事訓練或參加國際運動比賽等等，酌給全薪特別假。

㈡公務員或已離職公務員，其配偶及年未滿廿一歲兒女，每年因度假在南非境內得免費搭乘火車往返或環遊，退休亦然。

㈢公務員生日當月，發給一個月薪給的慶生禮金（Service Bonus 其中3％當退休基金）。出生於一、二、三月者，在四月份發給。當年服務期間未滿一年者按比例發給。

㈣其他尚有低利購宅貸款、搬家費、交通及膳宿津貼、研究公費等福利。

**二、退休**

㈠主管機關：為衛生及福利部。

㈡退休條件：公務員服務十年以上屆滿規定年齡者，予以退休並給退休金：1.命令退休年齡為六十五歲。2.自願退休年齡，男為六十歲，女為五十五歲。3.男年滿五十五歲，女年滿五十歲，經行政委員提經其首長核准者，得准予提前退休。4.服務未滿十年者，僅給一次金。

㈢退休金的籌措：南非公務員的退休金設有退休基金，係由政府和公務員個人共同籌措，並由衛生及福利部掌管，善作各種投資和運用，以資生息。退休金的籌措，男性公務員須自繳其薪給的8％，女性公務員則自繳6％（男性之所以多付，是因男性公務員死亡，其寡婦仍可領取相當份量的退休金之故），政府機關則相對補助公務員自繳費用之二至三倍的經費。

㈣退休金:

1.公務員服務十年以上退休者，每服務一年可得$\frac{1}{55}$年薪加增益（由衞生及福利部會同財政部每年算計增益）的年金，6.72%年薪的一次金，及累計可度假日數/365年薪的度假津貼。

例: 某公務員服務 35 年屆 65 歲退休，最後年薪爲30,000元，並有

184 天的累計可度假日數，可得退休金如下:

$1/55 \times 30,000 \times 35 + 360$ 元 $= 19,450.90$ 元（年金）

（最後年薪）（年資）（增益）

及 $\frac{6.72}{100} \times 30,000 \times 35 = 70,560$元（一次金）

及 $\frac{184}{365} \times 30,000 = 15,123$元（度假津貼）

2.公務員服務未滿十年者，僅能領取一次酬金，男性公務員每服務一年按其最後年薪的15.5%給與，女性公務員每服務一年按其最後年薪的11.5%給與。

例: 某公務員服務滿六年屆齡退休，最後年薪爲20,000元，僅可得

一次金如下: 如男性: $\frac{15.5}{100} \times 20,000 \times 6 = 18,600$元（一次酬金）

如女性: $\frac{11.5}{100} \times 20,000 \times 6 = 13,800$元（一次酬金）

因可歸咎於自己之事由（如自行辭職、違法失職被免職、自已弄傷弄病等）辭職或被免職者，仍得領取其歷年所付自繳金總數並加上2.5%年利的一次金。

三、撫邮: 公務員撫邮之主管機關與退休同，撫邮金在退休基金中支付。

㈠撫邮金:

1.公務員服務十年以上，已達退休年齡而死亡者，其寡妻可領年金及一次金。其年金爲公務員（如不死亡）至年滿六十五歲時可領年金之50%，並領取終身；其一次金爲公務員（如不死亡）因病免除職務時可

領之五年的年金及一次金之和。公務員死亡如未留有寡妻但留有其他遺族者，給予遺族一次金。

2.公務員服務未滿十年，已達退休年齡而死亡者，給予寡妻相當於公務員最後一年俸給之一次金。

四、免職：公務員有下列情事之一者，應免除其公職，即㈠因連續健康不良；㈡職位被撤銷或機關被裁併、重組；㈢非因公務員本身之不適任或無能力，但其免職可導致機關經濟與效率之提高；㈣不適任其職務或無能力有效執行職務；㈤品行不端；㈥試用不合格；㈦轉任至不適用公務員法之職位；㈧曠職逾一個月。

公務員之免職權雖賦予首長，但對行政、書記、專業、技術或一般甲類職位人員之免職，應先經委員會的建議。

# 第十一章　澳洲國家人事制度

澳洲主要國家，爲澳大利亞及紐西蘭。此兩個國家與英國關係極深，故人事制度亦受著英國人事制度的影響，但仍有其特點。茲分節敍述之。

## 第一節　澳大利亞人事制度

澳大利亞人事制度，係依1922年公務員法 (Public Service Act, 1922)爲依據而建立，該法自1922年公布施行後，常有修正，至1984年，又作較大幅度的修正，並名爲公務員改革法 (Public Service Reform Act, 1984)。至公務員之離職資遣、退休撫邺金、災害補償等，則另以法律定之。本節之內容，即以1922年公務員法及其修正案，1984年公務員改革法及公務員離職資遣、退休撫邺金、災害補償法爲依據，分項簡述如後。

### 第一項　人事機關及機構

**一、人事機關之組織：** 澳大利亞主管人事制度之機關爲公務員委員會 (Public Service Board)，由總督任命之三位委員所組成，委員之任

期不得超過五年，但得連任。當任何一位委員因病停職或缺席不能視事時，總督得任命代理委員行使職權。委員會須兩位委員出席方得開會，兩位委員意見不一致時，則等候由三位委員開會時決定。總督須任命其中一位委員為主席。委員出缺時，由總督任命繼任人選。委員在任期屆滿前，可由總督根據國會建議而免職，或由總督認為有行為不當或無能而予以免職。

二、公務員委員會之職權: 除對人事行政之個別事項的職權，分別在各該事項中規定外，尚具有下列的廣泛職權:

（一）發展為各部之管理及工作更能經濟有效的方法；檢查各部業務，以認定是否有不經濟不效率的事項；對各部之業務與工作方法作批評性的考核。

（二）向各部的常務次長提出有關上述事項的各種建議，如常務次長不同意或不採納此種建議，則應於合理期間內向公務員委員會說明理由。委員會如認為常務次長的說明無理由，則可再向各部長提出建議，如部長在合理期間內亦不予採納，則委員會可向國會兩院提出特別報告或併在年度報告中提出。

（三）公務員委員會對人事制度事項或總督交辦事項，應向總督提出報告，各部對人事制度事項不得直接向總督提報，除非同時檢附有公務員委員會之建議或報告，如總督不同意公務員委員會之建議，應敘明理由提報於國會。

（四）公務員委員會為執行職權，可隨時進入各部並傳訊有關人員，取得證據及調閱或複印文件，如有關官員無正當理由而拒絕者，則認為違反公務員法而受懲處。

（五）公務員委員會得設置聯合諮詢會 (Joint Council)，研審與公務員有關之一般利益事項；得設置分類委員會 (Classification Committee)，處理有關官員之分類事項。

（六）維持及管理公務員資料。

（七）公務員委員會應向總理提供有關改進人事制度及增進效率之意見，以便總理提報於國會。委員會為便於提供意見，得事先通知各部常務次長提出該部之人事工作報告。

（八）公務員委員會於獲得總督之允准後，得在不牴觸公務員法之原則下，規定為執行公務員法所需要的各種規章命令。有關公務員之規章命令，可為一般機關適用，亦可為部分機關或公務員適用。公務員規章命令公布並經總督核准後十五日內，提報於國會。

三、人事機構：澳大利亞政府各部，並無必須設置人事機構之規定，而部內之人事管理工作，由常務次長負責，但得授權所屬處理，而日常工作則由常務次長指定人員或單位辦理。

## 第二項　人事體制

澳大利亞公務員之人事體制，原則上採職務分類制，亦即將各機關之職務依其性質及職責予以分類，擔任某類職務之公務員，即稱為某類人員。其情形如下：

一、分類的依據：就職務言，凡屬性質相同、責任水準相當、執行同等價值工作，及適用同等或同幅度薪俸之職務，則歸屬於同一類。就公務員言，凡擔任同一類職務之人員，則歸屬為同一類；對無固定職責之公務員（Unattached Officer），則以其調任為無固定職責公務員前之職務的分類為其分類。

二、原有的分類結構：澳大利亞公務人員，原區分為四大類，即：

（一）第一類（First Division）：包括各部常務首長（Permanent Heads）及其他由總督指定之人員。

（二）第二類(Second Division)：包括於第一類人員監督下，在重要機構擔任行政或專業職務之人員，及其他經公務員委員會建議由總督指定之人員。

（三）第三類 (Third Division)：包括所有經公務員委員會建議由總督指定之人員。

（四）第四類(Fourth Division)：包括所有不屬上述第一、第二、第三類之人員。

經改調爲無固定職責之人員，以其原屬之類別爲其類別。

以上之公務人員分類，於公務員法在1984年修正時，予以取銷。

三、現行的分類結構：大致而言，區分爲下列各類：

（一）部秘書 (Secretaries of Departments) 類：所稱部包括與部相當之其他機關，所稱秘書包括與秘書相當之其他職務，其職責爲執行有關法律，依有關法律所訂定之規章所賦予秘書之各種工作。

（二）主任官 (Chief Officers) 類：其職責爲執行有關法律、依有關法律訂定之規章所賦予主任官之各種工作。

（三）高級行政官 (Senior Executive Service) 類：其職責爲提供高水準的政策性建議及擔負一個部門之管理的及專業的責任；或爲提高國家公務員效率，所轉調之其他職務。

（四）部分工作時間人員類：各機關可將某種職務被宣布爲部分工作時間職，擔任該種職務之官員，則稱爲部分工作時間人員。

（五）一般職員類：各部主任官爲處理臨時性工作，可增列臨時職務，進用一般職員。

各機關爲增進效率或遇及職務裁撤，可將原有官員轉調爲無固定職責官員，其類別仍依轉調前之職務所屬類別爲準。遇此情形，公務員所屬類別與實有工作，乃暫時脫節。

**三、分類的調整:** 各部的秘書對部內各種職務之分類，認有不適當時或職責有變動時，可以書面指示調整其分類，並報公務員委員會；公務員委員會亦得以書面指示各部，將某種職務之分類予以調整。

# 第三項 考試與任用

公務員之考試，多以甄選方式行之，任用則包括進用、遷調與晉升，其情形常因公務員類別之不同而異。

**一、考試** 大致而言，各部秘書類及主任官類，多由較低人員中甄選擇優升任；高級行政官類，由公務員委員會訂定資格標準，並由各部自行甄選進用；至一般職員類人員，則由各部或公務員委員會考試進用，但對具有特殊技能者，經公務員委員會同意，亦得逕行進用。

公務員委員會，遇有各機關職務出缺，即可將徵募、任用、遷調或晉升人員之事項，刊登於公報。其內容包括:

（一）職務出缺之類別，何時接受聲請，聲請人應填之書表及應具備之學歷或其他資格條件，並敘明其他與任用遷調或晉升有關之事項。

（二）徵募須公正，不得有偏私或歧視，對聲請之資格條件及才能，應依規定程序作審慎的審評。

（三）公務員委員會為徵募合格人員，可隨時安排時間地點，對新進人員或擬遷調及晉升之人員，舉行測驗或審評。

**二、任用**

（一）任用資格: 任用為公務員者須具有任用資格，而任用資格又有基本資格與特定資格之分，基本資格為各類公務員所同，而特定資格則因公務員之類別及專業而有差異。如須具澳大利亞國籍，乃屬基本資格；須經公務員委員會認為其學識、經驗、體格適合於擔任某類職務，或須經考試及格方得進用，乃屬特定資格。

（二）部秘書的任用：部秘書由總督根據總理建議之人選而任命，總理又需根據公務員委員會主席與該用人部的部長會商同意後所提出建議之人選，再向總督提出建議。如被任爲部秘書者並非現職之公務員，則其任用之期間不得超過五年（並不得超過六十五歲），此種任用稱爲定有期間之任用。當期間屆滿或雖未屆滿而年齡已屆滿六十五歲時，視爲退休而解職；如當期間未屆滿或年齡未屆滿六十五歲，因職務廢止或由總督命令中止任用時，則轉調爲無固定職責之官員。

（三）部秘書以外官員之任用：包括下列各點：

1. 部秘書以外之官員，由公務員委員會任用。公務員委員會亦得任用具有任用資格之人爲無固定職責之官員。

2. 特殊之任用：部秘書對所屬因業務特殊需要並經公務員委員會同意時，得任用未具任用資格之人員。

3. 對高級行政官之定期任用：公務員委員會對高級行政官亦得爲定期任用，其期間不得超過五年，並不得逾六十五歲，當期間屆滿或年齡屆滿六十五歲而解職時，視爲退休。

（四）試用：部秘書以外人員之任用，須先經過試用，試用期間通常爲三個月至六個月，試用人員在未經試用期滿認定合格之前仍爲試用，試用不合格者予以解除職務。

**三、遷調：**

（一）高級行政官之遷調：部內之高級行政官，可由有關的部秘書將其遷調至部內其他高級行政官之職務，亦可由公務員委員會將其遷調至其他部的高級行政官職務，但均需以增進公務效率及培育發展該官員爲目的。在部與部間遷調者，並須由公務員委員會事先協調有關部秘書同意。

（二）高級行政官以下人員之遷調：由有關的部秘書決定之。

## 四、晉升

各部遇有職缺時，可由負責人事工作之部秘書公告職缺，以便遴選人員晉升。在遴選人員時應注意：

（一）以效率爲主要的考慮：卽被晉升之人員須爲能最有效執行出缺職務者，所謂最有效的認定，包括擬升人員是否具備執行出缺職務之才能、原有工作的績效、所具執行擬任工作有關之經驗、所具有訓練與教育資格、所具與執行擬任工作有關之個人特性等之考慮。對情形特殊之職務，亦可在公告中說明對某種因素之特別重視，換言之，只要具有該某一種或二種因素條件者，卽使其他因素未有具備，亦可予以晉升。

（二）就應徵人員予以甄選，擇優晉升。

（三）未被晉升人員之申訴：經申請而未被晉升之人員，如認爲自己的效率比被晉升者之效率爲高時，則可向晉升申訴委員會提出申訴。晉升申訴委員會，由總督基於公務員委員會之建議任命一人爲主席，另置委員二人，其中一人由出缺之部之部秘書推薦一人擔任，另一人由有關團體推薦一人擔任。申訴委員會受理申訴時，可按申訴程序進行，必要時並舉行調查及提出報告，程序結束後，申訴委員會應卽向公務員委員會提出報告。公務員委員會接獲申訴委員會之報告後，立卽考慮並作成申訴成立或不成立之決定，如認爲申訴成立，則原被晉升人員之晉升案予以撤銷，另將提出申訴之人員予以晉升。

（四）對情形較爲特殊職務出缺之晉升可作特別規定：如

1. 依規定須經擬升職務考試及格始得晉升職務者。

2. 依規定須經某種訓練方得晉升職務者。

3. 依規定須具某種學歷方得晉升職務者。

4. 更有依規定須至某　定之年齡方得晉升職務者。

## 第四項　俸給與考績

**一、俸給：**

（一）部秘書類職務人員之俸給，依報酬法庭法（Remuneration Tribunals Act, 1973-1974)之規定，由報酬法庭定之。如報酬法庭尚未規定時，則仍支原有俸給。

（二）其餘各類公務員之俸給：依公務員委員會訂定之公務員俸表支給，其俸給並得依生活費用的變動而調整。俸給內涵，包括薪資及津貼。

（三）俸給之晉俸：各類人員之俸表均有最高與最低俸給之限制，其間並區分為若干俸級。公務員之俸給核定後，原則上非經任職滿十二個月（包括假期），不得晉俸級，但因生活費用之變動而調整俸給或因職務調整分類而調整俸給者，並不受任職十二個月以上的限制。

（四）晉俸之延期：公務員在任職期內，如工作不夠勤奮、效率未達要求，或出勤情形不良者，部秘書認為不應如期予以晉俸時，可延長其晉俸的期間，俟延長期間期滿時始予晉俸。公務員受有此種不利處分者，依規定可向公務員委員會提出申訴。

（五）俸給之停止：公務員不服從或違反上級主管有關執行工作之指示者，公務員委員會可停止該公務員之俸給。如受停止俸給公務員對違反指示之行為已有改正，並能切實依照指示執行工作時，公務員委員會可撤銷原有之停止俸給之命令。

**二、考績：** 考績之重點為公務員之效率及行為。主管人員認為屬員工作有不滿意之情況時，應以書面將不滿意之事實通知屬員，並給予屬員解析之機會。如屬員知悉通知後並未作解析者，此種書面通知即由主管人員列入檔案紀錄，如主管人員發現屬員工作仍繼續有不滿意情事時，則報告部秘書決定需否採取懲處行動，如延期晉俸或停止俸給等。如公

務員之不效率或無能力執行職務係由於身體健康或酗酒或因病所致者，部秘書可通知其接受體格檢查，如體格檢查結果對公務員甚爲不利時，部秘書可改調其擔任較簡易之工作（俸給亦根據調整）或囑其治療，或停薪留職或給予病假。

## 第五項　訓練與進修

澳大利亞對公務員之訓練及進修，甚爲重視。其較重要者有訓練課程之提供，費用的補助，進修的獎勵等。

一、訓練課程之提供：對某種公務員，提供與職務有關之訓練課程，以期參加訓練後對職務更能勝任愉快。如對擔任科學實驗工作者，須參加科學實驗課程的函授訓練；對擔任法制工作者，可參加法律專業課程訓練進修；在法制部門工作者，頭三年可每週四小時公假參加法律課程進修，來回旅費有補助，第四第五年，可請假參加法律課程進修；各類公務員，亦可申請入大學修讀經濟、社會、作業研究、數學、政治科學、公共行政或統計方面之學位。

二、費用之補助：對參加訓練進修之公務員，其所需費用得請求補助。如取得大學獎學金進修之公務員，每年可給予一定數額的津貼，補助學費，津貼旅行之費用；對受命參加訓練者，往返訓練處所之路費由政府負擔；參加考試者，可給公假仍支原俸給等。

三、進修的獎勵：如因業務需要，在國內無適當場所提供研究、訓練、進修之設施者，可獎勵公務員至國外研究、訓練及進修，並由公務員委員會給予特別獎勵。接受特別獎勵在國外接受訓練或研究進修之公務員，應每三個月，向公務員委員會提出報告；訓練研究或進修期間，短期者爲一年以內，中期者爲一年以上。訓練研究或進修之獎勵，包括出國期間仍支原俸給，本人及眷屬出國及回國之機票，學費及必要之旅

行費補助，宿舍津貼，與進修人員同往之兒女津貼，如眷屬未有隨行者給予眷屬分居之津貼，醫藥費補助等。

## 第六項 服務懲處與申訴

**一、服務：** 公務員在職期間，應依辦公時間服勤，並規定有各種假期。

（一）曠職之處理：公務員未經允准而缺勤，如連續達四星期者，部秘書可通知該公務員，於兩週內出勤工作，或解析曠職之原因。如未能於二週內出勤工作或未作解析者，則視同退休。如公務員於限期內提出解析並請求繼續准予假期時，部秘書可衡情准給假期或視同退休。因曠職而被視同退休之公務員，可請求公務員委員會予以再任，公務員委員會在決定可否再任之前，應徵求部秘書之意見。部秘書提供宜否再任之意見時，應視公務員曠職之是否具有正當理由而定，如認為理由正當，可建議公務員委員會予以再任，否則應敍明理由建議拒絕再任，如公務員被拒絕再任者，可提出申訴。如建議再任者，可再任原職或與之相當之其他職務。

（二）公務員之假期：主要者有下列數種：

1. 旅遊假：公務員每年可請四個星期之旅遊假，任職滿一個月者，可給旅遊假之十二分之一。公務員有曠職者，其曠職期間可在旅遊假中扣除之；公務員終止職務時有旅遊假而未用者，可支領相當假期的俸給；公務員死亡而有旅遊假未用者，可將相當假期之俸給交由遺族具領，如遺族為殘廢者，可交由公務員委員會指定之信託機構代管或使用；公務員利用旅遊假而擔任其他有俸給之工作者，其所領之俸給應予扣回。

2. 病假：公務員因病而不能出勤者，可請給病假，由本機關核准者最長為連續三個月，由公務員委員會核准者最長為連續十二個月。如

期滿仍因病而不能工作時，合於退休者予以退休，不合退休者給予無俸給之假六個月。

3. 其他假期：除上述假期外，其他假期之種類、假期期間、請給假期之條件等，另以規章定之。請給其他假期者，公務員委員會認有必要時，可將請假者之原有職務宣布爲出缺，另行遴員補缺，而原有公務員則成無固定職責之官員。

4. 國定假日：每年一月一日、一月二十六日、聖誕節及其次日、復活節前一日爲星期五時該星期五及其次日之星期六與星期一、四月二十五日、及總督所宣布之放假日。此種國定假日均不計入一般假期之內。

二、懲處：公務員服務期間有違法失職情事者，應受懲處。

（一）違法失職之含義：包括1. 故意違抗或重大過失而不遵守長官之指示；2. 因自己可以控制而未控制的原因，致無效率工作或無能力工作；3. 玩忽職責；4. 表現出非官員所應有的行爲；5. 所表現之行爲對職務之執行與政府信譽有不利之影響；6. 違反公務員法及其規章之規定；7. 在任職前或後向有關官員提供與自己任用案有關之不實情報等。

（二）懲處：懲處種類與程序，因公務員類別而異

1. 部秘書的懲處：部長認爲秘書有違法失職情事時，得以書面通知該部秘書及予以停職，並將停職情形報告公務員委員會。被停職之部秘書於接獲通知後，可於限期內向公務員委員會以書面提出申辯。如被停職者未提出書面之申辯時，公務員委員會可將控案交由調查委員會（由主席一人及委員二人組成）調查，並根據當事人之申辯資料或調查委員會之調查報告，予以審愼考慮後，向總督提出懲處之建議。懲處之種類視違法失職情節輕重，可分警告、改調同類其他職務或改調較低類職務、改定其應支俸給、免職、或不予懲處。總督根據公務員委員會之建議而決定懲處。總督所決定之懲處，並不以所建議之懲處爲限，但需向

國會說明理由。

　　部秘書的違法失職案，法院如認爲涉及刑責者，可按刑事訴訟程序
進行。公務員委員會對涉及刑案之部秘書，可向總督建議予以調職或免
職，總督決定應予之懲處時，可不以所建議者爲限，但如不依建議而懲
處時，應向國會說明理由。部長對部秘書涉及刑案時，可令其暫時執行
其他工作或予停職，停職者不支俸，但經公務員委員會核准者得酌支俸
給。部長對停職之部秘書，如認爲停職期間已久、或經調查委員會調
查認無違法失職確證、或在刑案偵查期中尚未發現罪證者，得撤銷其停
職。停職經撤銷者，停職期間以假期論；停職人員被免職懲處者，其停
職期間不得作爲假期；停職期間退休或死亡者，原停職期間可否作爲假
期，則視情況而定。停職情況，因總督決定採取或不採取懲處行動時而
終止。

　　2. 部秘書以外人員的懲處：主管人員對所屬人員認有違法失職之
情事時，應卽決定需否予以懲處，如不需懲處，則可囑該屬員前來會談
並囑其以後注意；如認爲需予懲處，則應以書面通知該屬員並控告其違
法失職，被控告者可要求主管人員將控案通知諮商及仲裁團體或通知由
被控告者指定之官員。控案提出後，應由部秘書指定人員調查（不能
交由提控告之人調查），並告知被控告者可於規定期間內提出書面的申
辯，必要時並得再提出口頭說明。經由調查並參證申辯內容，認爲被控
者確有違法失職情事時，則部秘書可決定應有之懲處，懲處種類視情節
輕重而定，輕微者可給予警告，較重大者可給予減俸（不超過四十元），
或予降俸一級至十二個月後再行恢復原俸給，或改調至同類的其他職務，
或改調至同類的其他職務並予減俸，或改調至同類的其他職務並降俸一
級至十二個月後再恢復原俸給，或改調至較低類之他職，或建議公務員
委員會予以免職。

公務員違法失職案，法院如認有刑責者，可進行刑事訴訟程序。此時主管人員可將被控者予以調職，或建議公務員委員會予以免職，或認爲被控者不宜執行職務時得予以停職或指派擔任其他臨時性工作，或予停俸。被停職及停俸人員，遇有停職期間過久時，或停俸後使當事人的生活發生重大困難時，或經指派擔任其他臨時性工作時，或被控案情經偵察尚未發現罪證時，主管人員可撤銷原有的停職停俸，並予復職復俸。

停職人員在停職期間擔任公務員以外職務並有支薪者，於復職復俸時，其所支薪應予扣回；停職後被免職者，免職前停職期間之年資不予計算；停職期間退休或死亡者，退休或死亡前停職期間之年資准予併計，停職期間未支薪者，採計年資部分之俸給予以補給。

3. 各部以外無固定職責官員之懲處：此類官員雖不在部內任用，但仍在政府機關服務，雖無固定職責但如對交付任務未能完成者，仍需受懲處。如其違法失職行爲係在轉任無固定職責職務之前發生時，其控告程序按一般在職公務員之規定，在擔任無固定職責職務期間有不當行爲者，亦需接受調查與控告，情節嚴重者，可由主管人員建議公務員委員會免除官員的身分。涉及刑責之案件，由法院進行刑事訴訟，其情形與有職之官員同。

三、申訴：一般而言，當公務員受免職之懲處，或當事人感到所受懲處過於嚴厲時，即可向懲處申訴委員會(Disciplinary Appeal Board)提出申訴。

申訴委員會由主席一人與委員二人組成，主席由公務員委員會任命之人員擔任，一位委員由提出控訴之主管人員推薦擔任，另一位由代表被控者之官員擔任。公務員委員會須隨時安排懲處申訴委員會的組成，以便隨時接受申訴案。申訴委員會受理申訴案後，應即予審理，並得舉行調查或舉行聽證會，審理結果應作成建議，如認爲原處分有理由者，

可建議維持原處分；如認為原處分不當者，可建議變更處分；或將原申訴案予以擱置；申訴委員會對所作建議應提出理由。如申訴委員會認為申訴案無理由者，可命申訴人負擔審理費用，從其應得俸給中扣繳。

受懲處人因刑責受懲處，而刑責之事實或證據經法院推翻或認為無效時，如原受免職處分者可申請公務員委員會予以再任，原受調職處分者得請求調回原職或與原職相當之職務。公務員委員會可將此種案件轉送部秘書給予再任或調任，如部秘書予以拒絕，則須向公務員委員會提出理由說明，並通知當事人。如當事人不服可向申訴委員會申訴，申訴委員會對此種申訴案，可同意部秘書之拒絕的決定，亦可再建議公務員委員會予以再任或調任，此時公務員委員會須將當事人予以再任或調任，至自前次免職之日起至再任之日止此段期間，可否作為任職年資或作為假期不支俸，則由公務員委員會視情況決定。

# 第七項　外調及退休

澳大利亞公務員之外調及退休，係分別在1979年聯邦人員外調及退休法 (Common Wealth Employees Reemployment and Retirement Act, 1979)及1984年公務員改革法(Public Service Reform Act, 1984)中規定。至退休人員之退休金的支給，則另在年金法中規定，於第八項中敍述之。

**一、外調及退休法之適用範圍:** 適用本法之人員，包括

（一）公務員法中所稱之公務員；（二）聯邦機構中常任人員。

但下列人員不適用本法之規定，即（一）以費用或津貼名義支給報酬之人員；（二）名譽職人員；（三）在試用期間其任用尚未正式認可之人員；（四）以契約方式聘用其期間不滿一年或定有期間之人員；（五）臨時任用之人員。

**二、外調之一般規定：** 外調及退休法中對外調之一般規定有

（一）目的： 爲期各機關之公務人力能作有效而經濟的運用，及爲期各機關之公務人員人數不超過爲有效及經濟執行業務所需要之人數，或由於公務人員身體上的或能力上的缺陷致不能執行職務，或由於其他原因，將多餘的或能執行職務之公務人員，予以外調至其他需用人員之機關擔任能予勝任的工作。

（二）決定外調之程序： 公務人員之被外調，須經一定之程序，卽由公務員委員會與各部會商後，再向總督提出建議，於總督核定後行之。公務員委員會可經常在公報中公布各機關辦理人員外調時須經之程序，並通知部秘書依照辦理。部秘書對公務人力之有效與經濟的運用，負有責任，並可自行規定如何有效經濟運用人力之辦法。部秘書如認爲某一公務員或某一類公務員之人力，未能作有效而經濟的運用時，部秘書卽可宣布該公務員或該類公務員應予外調，並通知該公務員及公務員委員會。公務員有能力工作而故意不有效經濟工作者，則屬考績上問題，不得作爲外調之理由。

（三）公務員委員會對外調案之處理： 公務員委員會接獲被宣布外調人員通知後，應卽考慮將外調人員予以安置至需用人員之機關，或對外調人員予以訓練或敎育後或依外調人員之興趣等因素後，再予安置及處理。如被宣布外調人員已提出申訴者，則須俟申訴案確定或當事人撤回申訴案後再行處理。如公務員委員會對被宣布爲外調之人員已予安置，則該外調之宣布應予撤銷；又如公務員委員會認爲部秘書的宣布外調爲不適當時，可通知部秘書不應宣布外調。公務員委員會對認可之宣布外調人員，依其權責可作下列各種方式的安置與處理，卽 1. 改調至其他機關同類或較低類之職務； 2. 調爲無固定職責之官員，處理特定工作； 3. 原無固定職責官員被宣布爲外調者，可指定其處理特定工作； 4. 改在

其他機關任用；5.改在其他機關以臨時職務任用；6.通知原宣布機關另指派特定工作或安置某類職務；7.通知原宣布機關對某類職務出缺暫不補人而將該人調任；8.將原宣布機關某一臨時晉升的決定予以取銷而將該員調任；9.被宣布外調人員無法安置者可通知原宣布機關將該人員退休並通知該人員。

公務員委員會應設置外調及退休上訴委員會，設主席一人由總督任命，一人為原宣布機關或公務員委員會代表，另一人為當事人代表。上訴委員會對外調及退休上訴案，應作支持或否決或改變外調員名之決定，並附具理由通知原宣布機關，如外調及退休上訴案經委員會決定為撤銷原案時，對原被宣布外調或退休之人員，應即恢復其原有之任用及權益。

**三、退休之一般規定：** 退休分下列兩種

（一）自願退休：公務員達退休年齡最低限即五十五歲者，可自願退休，但職務情形特殊者，其自願退休年齡得另行規定，如航空管制類人員則定為五十歲。

（二）命令退休：包括 1.因身體上原因或知能不合適，致不能有效執行職務者，可予命令退休或改任其他適當職務；2.對被宣布為外調人員而又無法安置者，可予命令退休；3.公務員達退休年齡最高限即六十五歲者，應命令退休，但職務情形特殊者，其命令退休年齡得另行規定，如航空管制類人員則定為六十歲。

（三）退休金：退休人員之退休金另以規章定之，多以一次退休金為主，或作與退休養老金相似之規定。

**四、對部秘書及高級行政官之外調及退休規定：** 此乃於1984年公務員改革法所定者，亦可謂為外調及退休之特別規定。

（一）部秘書的外調及退休規定：公務員委員會對無固定職責之部秘書，得予改調至其他相當職務，或予改調至高級行政官中之最高職

務，如部秘書不願時則可令其退休。部秘書已達退休年齡之最低限齡（即五十五歲）者，可隨時自願退休；已達退休年齡之最高限齡（即六十五歲）者，可命令其退休；但如總督認為爲聯邦利益有繼續任職之需要者，可預定延長至某年齡或至某年再令退休。又如部秘書因不效率或不適合，或因身體上或智能上原因而不能任職時，總督亦可主動的令部秘書退休。

（二）高級行政官的外調及退休規定: 公務員委員會對高級行政官，於採取必要之程序後，亦可予以外調之宣布，並基於對其學識、經驗、旣往的工作績效等因素之考慮，予以改調至其他機關的同類或較低類職務，如確無其他職務可資安置時，則可予以退休，但如該宣布外調人員已提起申訴者，則應俟申訴案決定後再行處理。高級行政官已達退休之最低限齡（即五十五歲）者，可自願退休；如已達退休之最高限齡（即六十五歲）者，應命令其退休，但如公務員委員會基於聯邦利益考慮，在其未達退休最高限齡前，即決定其於達最高退休限齡後仍宜繼續任職而當事人亦同意時，公務員委員會可以書面同意延長任職，不受六十五歲命令退休之限制。公務員委員會如認爲某部之某高級行政官，基於身體上或知能上的缺陷，而不能有效執行職務時，可以書面將該高級行政官宣布外調，如經當事人同意者，亦可將該被宣布外調之高級行政官予以退休。如基於醫師之建議，認爲某高級行政官因身體上或知能上缺陷而不能有效執行職務時，公務員委員會亦可將其調爲無固定職責官員，若此原職務即認爲出缺可另行用人。

## 第八項　年金制度

澳大利亞公務員年金制度，係1976年年金法(Superannuatiors Act, 1976) 所規定。其要點如下:

一、主管制度之機關與基金之運用：年金制度由總督任命一首長（Commoisioner）主管，並設置年金基金投資信託委員會管理，由主席一人，及兩位委員組成。基金之信託投資範圍，包括投資公債股票、貸款、土地等，但該會不得因投資而影響及年金利益的支付。

二、基金來源：適用年金制度之公務員，每兩週繳納捐助款一次，捐助款額爲該兩週薪資所得之 5 ％，但如願增加捐助款額時，亦得以書面通知制度首長後增加之（於領取利益時當然亦因而增加），但此種增加額，以不超過原定額之五分之一爲限。

三、享有之利益：主要有下列二種

（一）退休年金：又分下列三種

　1. 老年退休金

①公務員年滿65歲而退休且捐助年資達30年者，可領年薪50％之年金；如捐助年資超過30年者，每超過一年加0.25％；如未達30年者，每減少一年減 1 ％至 2 ％。另再給予一次退休金，最高以年薪20％爲限。

②公務員年滿60歲未達65歲而退休者，視其捐助年資、年齡等因素而定其年金之百分比，如年滿64歲捐助年資達40年者爲年薪51.450％，年齡滿60歲捐助年資達30年者爲年薪45％。另再給予一次退休金，最高以年薪20％爲限。

　2. 提前退休之退休金

①自願提前退休之退休金：公務員已達最低退休限齡但未滿60歲者可自願退休，其退休年金爲按60歲退休之標準年金（即年薪50％）每提前一年減 4 ％之標準計算。另給一次年金，最高以年薪20％爲限。

②非自願提前退休之退休金：公務員被裁減、或任期屆滿而未有再任等原因而離職，但其年齡已達最低退休限齡且未滿60歲者，視爲非自願提前退休。非自願提前退休之退休金，與自願提前退休之退休金同。

3. 殘障退休年金：公務員因身體或心理殘障不能勝任工作，且未達最高退休限齡而退休者，如其捐助年資爲30年給予年薪70％之殘障退休年金，如捐助年資在31年以上者，其年金可增加，最高爲72.5％。如其捐助年資少於30年，則按所少之年數扣減其年金之百分比，如年資爲29年者年金減爲68.6％，年資爲20年者年金減爲56％。如公務員有增加捐助款者，另給其增加捐助款累積金額之一次退休金。

（二）配偶及子女年金：又分下列四種

1. 未達最高退休限齡死亡者之配偶年金：公務員未達最高退休限齡而死亡，遺有配偶及子女者，其配偶之年金爲公務員如不死亡而係殘障退休時，應領殘障年金之67％；如尚遺有一個或二個或三個以上子女者，則配偶年金分別爲應領殘障年金之 78％或 89％或100％。如公務員生前有增加捐助款者，則另給增加捐助款累積金額之一次退休金。

2. 已達退休最高限齡後死亡者之配偶年金：公務員已達退休最高限齡後死亡，遺有配偶及子女者，其配偶年金爲公務員如不死亡而係殘障退休時，其應得殘障年金之67％。如尚遺有子女者，視其子女爲一人或二人或三人以上，分別爲應領殘障年金之 78％或 89％或100％。並另給不超過公務員年薪13.4％的一次退休金。

3. 領退休年金期間死亡之配偶年金：公務員退休領取退休年金期間死亡，遺有配偶及子女者，其配偶年金爲原領退休年金之67％。如再遺有子女一人或二人或三人以上者，則配偶年金分別爲原領退休年金之78％或89％或100％。

4. 孤兒年金：公務員在到達最高退休限齡前，或到達最高退休限齡或以後死亡，未留有配偶而留有子女時，其孤兒年金爲：

①在到達最高退休限齡前死亡者，孤兒年金視孤兒人數爲一人或二人或三人或四人以上，分別爲死亡公務員應領殘障年金之45％或80％或

90％或100％。 如公務員生前有增加捐助款者， 則另以增加捐助款之累積金額爲孤兒一次退休金。

②到達最高退休限齡時或以後死亡者， 孤兒年金視孤兒人數爲一人或二人或三人或四人以上， 分別爲死亡公務員應領退休年金之 45％ 或80％或90％或100％。如公務員生前有增加捐助款者， 則另以增加捐助款之累積金額爲孤兒一次退休金。

## 第九項　傷害補償

公務員因執行公務而遭受傷害， 包括身體之傷害及財物之損害， 可依一九七一年補償法 (Compensation Act, 1971) 之規定， 請求補償。其要點如下:

**一、主管制度之機關:** 傷害補償制度， 由總督任命之首長 (Commissioner) 主管。對補償案件之爭議， 由補償法庭裁決， 補償法庭可設一個或數個， 每個補償法庭中需有一人爲總督所任命。

**二、申請補償程序:** 公務員因執行公務遭受傷害者， 可於限期內以書面向制度首長提出補償之聲請， 制度首長可交審議委員會審議， 而後作成決定。如申請人不服， 可請補償法庭裁決。

**三、傷害補償之種類:** 公務員因執行公務所遭受之傷害及損害， 範圍極爲廣泛， 包括個人所受的身體傷害， 及公務人員所用之義肢及其醫療手術器具的損失或損壞。

(一) 身體傷害， 包括公務員之死亡、疾病、身體各部軀之傷殘、及工作能力之喪失等。如因公而生病者， 予以補償治療費用， 醫療後留有殘廢者， 如一眼的失明、全部喪失聽覺、全部喪失語言機能、喪失手臂、喪失姆指、喪失足趾等， 其補償金額則按既定標準支付， 此種既定標準遇有必要時可予調整。如喪失工作能力者， 則按喪失全部或部分工

作能力之程度，分別定期（每週或每月）支付一定金額的津貼，以補償其因喪失工作能力而減少所得之薪資。

（二）財物損害：包括爲公務員所應用義肢、醫療手術用具之損失或損壞，其補償費用則以購置該損失或損壞用具所需之合理價爲準。

（三）費用支付：補償費用以支付受傷害之公務員爲原則，但如傷害人員已死亡者，則其補償費用支付死亡者遺族或其所指定之人。

# 第二節　紐西蘭人事制度

紐西蘭國家人事制度，主要由一九六二年國家公務員法 (State Services Act, 1962)規定，與澳大利亞有頗多相似之處，茲分項敍述如後。

## 第一項　人事機關及機構

**一、人事機關：** 依紐西蘭國家公務員法規定，設置國家公務員委員會(State Services Commission)，主管人事制度。公務員委員會設主席及副主席各一人，委員二人。公務員委員會爲執行公務員法，可訂定國家公務員規章；對執行公務員規章之細節，又可以發布指示性的公務員手册，作爲各機關處理人事業務之依據。本節的敍述，主要卽以該公務員手册爲依據。

紐西蘭國家公務員委員會的職權甚爲廣泛，除執行國家公務員法外，並依公務員法的授權訂定各種規章、指示及手册等，各機關舉辦公務員之考選、任用、俸給、考績等，亦多需由公務員委員會核准，但公務員委員會亦得將法定權限，授權各機關，並得規定授權明細表實施之。

**二、人事機構：** 各機關之人事業務，多由該機關之最高常任公務員

負責，並由其指定單位或人員辦理人事工作。如以各部及與部同等地位之機關言，常務首長 (Permanent Secretary) 卽為該部之人事業務負責人，如公務員委員會有所指示或查詢，亦多向常務次長為之，各該機關人事業務之處理情形或問題，亦由常務次長向公務員委員會提報或請示。

三、人事機關對人事工作之授權：原則上，國家公務員法所定之人事權限，均得授予公務員委員會，僅部分權限授予各部之常務首長 (Permanent Heads)，而常務首長又可將其部分權限，經公務員委員會同意後再授權於其他所屬人員。

當實施人事授權時，通常視人事業務的重要性，區分為三個層級，卽第一級 (Level A)、第二級 (Level B)、第三級 (Level C)。第一級為授予常務首長決定之業務，但經公務員委員會之同意，亦得再授權予其所屬人員；第二級為授權予規模較大單位主管決定之業務；第三級則為授權予基層單位主管決定之業務。各部之授權情形並非相同，可視機關業務特性，作不同的規定。如任用方面之業務授權情形為例，則公務員任用的核准與取銷，授權予常務首長（卽第一級），公務員遷調的核准授權予大單位主管（卽第二級），假期工讀人員進退的核准授權予基層單位主管（卽第三級）。又如以差旅費核准之授權情形為例，則太平洋各島嶼間之差旅費授權第一級人員核准，出差期間額外費用之開支授權第二級人員核准，紐西蘭境內差旅費授權由第三級人員決定。

# 第二項　人事體制

一、建立分類標準：紐西蘭係採職位分類制，卽先根據業務之性質廣泛區分職組，再在同一職組中按業務的性質細分為職系，同一職系內再依執行業務所需技能與責任的程度區分職等（卽職級），每一職級再

規定爲若干薪級。將分類之結果，每一職級以八位數字號碼表示，前三位數字代表職組，如工業視察職組爲590，後一位數字代表職系，第五、六位數字代表職系中之職等，第七、八位數字代表該職級人員可支之薪級。以上分類標準，可視業務變動及實際需要而調整。職組職系名稱及內容，在職組職系手册中規定。

二、辦理職位歸系列等：各機關之職位，應依其職務之性質，歸入適當之職組及職系，再按執行職務所需責任之水準列入適當之職等，作爲遴選最適合人員擔任該職務之依據。職位之歸系與列等，均屬公務員委員會之職權，但委員會得予授權由各部行使。公務員對其職位之歸級並無申訴權，但得請求審查。

三、職位列等之繼續管理：公務員委員會對已經辦理列等之職位，有權作繼續的管理，如發現職位之職責有重大變動，致其責任水準有提高或降低時，則應調整其原有的列等，如提高列等或降低列等。

四、申請審查職位之列等：公務員對自己所任職位之列等，得以書面申請公務員委員會予以審查。如公務員對審查結果不滿意時，可要求將列等案送請分類與列等委員會 (Classification and Grading Committee) 提供建議，該委員會在研究建議時，公務員得要求參加。

五、職位歸系列等在人事管理上之應用：職位經歸系列等，擔任該職位人員之俸給，則依該等俸級之規定；遇職位出缺需羅致人員時，則以擔任該職位所需之條件，作爲遴選人員之依據。

## 第三項　考　　試

公務員委員會，在全國各地設有代表，其主要任務爲就地徵募人員，及與管制官 (Controlling Officers) 會商，作爲公務員委員會與各部間之聯絡人。考選人員之程序如下：

一、**辦理考選之機關**：公務員委員會每年公開舉行書記級人員考選一次，並核准各部舉行專業人員之考選。如各部須舉行書記級人員考選，需事先獲得公務員委員會的允許。管制官有權在地方報紙刊登考選公告，遴選低等職缺之人員，但以需用人員為公務員委員會未列有此類人員時為限。

二、**填送申請書**：應徵者如願擔任常任的或臨時的公務員或願擔任公告中職缺時，需先填具申請書，必要時公務員委員會或用人之部得要求應徵者提出有關品格方面之證明，此種證明需由最近六個月內就學之學校校長、或由最後任職之機關、或由牧師或其他有名望之人員出具。

三、**應徵者需具資格條件**：凡屬行政性各職組職系初等人員，並無應具學歷之限制，但各機關錄用人員時，凡具有學歷者常被優先考慮。屬專業性各職組職系初等人員，則以有與專業性質相當之某種學歷者為限。

四、**考選以面談為主**：對應徵人員之考選，除大批人員之考選有用筆試測驗等方式外，較為零星職缺及升職人員之考選，大都以面談(Interviewing)方式行之。面談由面談小組之委員擔任，至少需有二人為之。為期面談能審慎公正行事，公務員委員會訂有「考選面談指導」(A Guide to Selection Interviewing)需予遵守。

五、**考選及格人員之任用**：由公務員委員會大批考選及格之人員，先列入候用人員名冊，遇及各機關申請時予以分發任用。由各機關遇有職缺而公告考選並經考選及格者，則由各機關補缺任用。

# 第四項　任　用

一、**任用權限**：依國家公務員法規定，所有常任或臨時公務員之任用，均需由公務員委員會核定，但得對各部授權。

**二、任用之基本原則**：各機關任用公務員，需以根據業務需要，遴選最合適人員任用，並能維持及發展有效能的永業服務爲原則。再各機關除非經公務員委員會認爲此種任用確屬必需，且認爲所任用之人亦較其他官員更爲適合時，方得任用人員。

**三、任用之一般原則**

（一）任用機會均等：任用不得因種族、膚色、原先國籍、性別、已否結婚、宗敎信仰而有差別或歧視，但具有特別情況且在職缺之公告中定明者不在此限。

（二）任用方式：除領取工資人員及臨時人員外，公務員均爲常任任用。所謂臨時任用以下列情形爲限，即1.申請人年齡在55歲以上而未滿60歲者；2.出缺職位係屬臨時性者（即在一年以下）；3.申請人期望任職期間在一年以下者；4.申請不在全部正常工作時間工作者；5.申請人非屬紐西蘭國民。

（三）任用年齡：常任人員之任用,其年齡需在15歲以上54歲以下。

（四）試用：常任人員須先經試用，如該人員已具有與擬任職務類似之工作經驗在一年以下者，試用期間通常爲十二個月；如已具有相似經驗一年至二年者,試用期間爲六個月；如已具有相似經驗二年以上者，可免除試用，逕行常任任用。

**五、現職人員之調任**：現職人員在不同機關間調任者，須先徵得雙方機關之同意。現職人員之調任並需具備下列條件，即（一）所調任職位之職等不得高於原任職位之職等；（二）調任人員之俸級及職組職系不得有變更；（三）在新職位上所分配之工作須與其俸給相當；（四）對已結婚者之調任以在同地區內調任爲原則。在紐西蘭國內調任者，公務員無提出申訴之權，但調任至紐西蘭國外者，則有權向公務員申訴委員會提出申訴，在申訴案受理未裁定期間，調任案並不因而無效，公務

員仍不得違反，如有違反可能構成免職或降低職等之懲處。

六、**現職人員之晉升**：公務員之晉升，須以績效爲依據，而所謂績效包括：（一）公務員在原有職位上所表現出工作之經驗與適合性；（二）具有擬任職務所需要之人品、特質及屬性；（三）所具有之教育及其他條件。如應徵人員所具績效條件均屬相當時，則以任職年資較久者優先晉升。決定晉升人員時，通常須經過面談的遴選程序。各機關所舉行之晉升遴選，在未經公務員委員會核定之前，均只屬臨時性者，而公務員委員會亦只有在晉升案決定後在法定期間內未有人提出申訴、或申訴期間已過或申訴案被裁定不成立時，方予以核定。

## 第五項　俸　　給

一、**俸薪的核定**：公務員之俸薪，由公務員委員會依所任職位之職等核定。公務員俸薪經核定後，非經公務員委員會之核准不得增加或減少。

二、**俸薪之設計**：俸薪按職等規定，每等有十級以上之俸薪，上下職等間之俸級有重疊。

三、**俸級之晉敍**：公務員俸薪自核定後，依其工作效能與行爲，決定應否晉敍俸級，並每任職十二個月晉敍一級，至本職等最高俸級爲止。如常務首長認爲某公務員不應晉敍俸級時，則在公務員委員會未有作最後決定前，暫不予晉敍。

如遇有特殊情形（如具有特殊的教育條件），俸級亦可提前晉敍，或加倍晉敍，但均需經公務員委員會或獲得授權者之核准。

四、**晉升人員俸薪之晉敍**：晉升職等人員，如原支俸級低於晉升職等之最低俸級者，改支晉升職等之最低俸級；如原支俸級高於晉升職等之最低俸級者，在晉升職等內改支比原支俸級爲高之次一俸級。

五、津貼: 公務員除俸薪外尚有津貼,其標準由公務員委員會定之,並得授權由有關主管核定支給。較為重要之津貼有下列各種:

(一) 成年津貼: 公務員年滿二十歲者,可支領成年津貼。

(二) 出納津貼: 擔任出納工作之公務員,可支領出納津貼,每年於六月、九月、十二月、三月底支付之。

(三) 較高任務津貼: 公務員所任工作之職責,高於現任職位職等應有職責者,可支領較高任務津貼。

(四) 工具津貼: 如公務員運用自己所有之工具處理職務之工作者,可支領工具津貼。

(五) 住宿津貼: 公務員因職務上關係必須離家住宿、或並無自己住所、或上下班地址距離住家甚遠致在旅途中花費較長之時間者,可支領住宿津貼。

(六) 用膳津貼: 公務員須延長工作時間,致需自行購買膳食者,可支領用膳津貼。

(七) 上午及午後茶津貼: 機關未備有上午及午後茶,致需由公務員自備者,可支領午茶津貼。

(八) 辦公處所津貼: 機關未備有辦公室配備而公務員須在自己住家處理文書工作者,可支領辦公處所津貼。

(九) 僻地津貼: 公務員須在偏僻地區工作者,可支領僻地津貼。

(十) 特殊任務津貼: 從事特殊任務之公務員可支領之。

(十一) 結婚津貼: 公務員結婚者,可支領結婚津貼。

(十二) 特殊津貼: 公務員委員會對特殊情況之公務員,可給予特殊津貼。

# 第六項　考　　績

一、**主管之考績責任**：主管人員對所屬人員之工作及行為，須隨時予以考核，如發現屬員在執行職務時有不滿意之情事時，則應以書面通知該屬員有關不滿意情事之事實。如屬員接獲通知後拒絕在通知書上簽名，則主管人員可在通知書上簽字並註明通知日期及已將不滿意之事實通知屬員知悉。如主管人員繼續發現該屬員表現出不滿意之情事，則可向常務首長提出報告，由常務首長決定應否懲處及給予何種懲處。公務員委員會亦可對之主動予以懲處。

二、**因健康原因而表現出不滿意時**：公務員因經常生病、酗酒或智力及身體衰退致表現出不滿意者，常務首長可要求其作體格檢查或改調至較低職等及俸給之職務，或准其不支薪長假。

三、**考績之獎懲**：公務員工作滿十二個月，在職務之執行及行為上均感到滿意者，則予晉敍俸級。如職務之執行及行為並不認為滿意者，可停止其晉敍俸級。如有不法行為且情節重大者，可以免職。

## 第七項　服務懲處與申訴

一、**服務**：主要包括下列各種規定

（一）**出勤**：公務員上下班時，均應簽到，但第七職等以上人員有特殊情形並經常務首長核准者，可免簽到。每週工作五天，每天為七小時又三十分鐘。採彈性辦公時間，其核心時間為上午九時半至下午三時半，其中有二小時午餐及休息時間，彈性時間為上午七時半至九時半，下午三時半至六時。公務員除因病及緊急事故而不能到公者，可事後補假，其餘均需事先獲准方得離開辦公處所。如公務員無故曠職達四週以上者，則將被免職。

（二）**假期**：公務員假期有：1.年度休假，任職未滿八年者，每年有三星期之休假，任職滿八年者，自第九年起每年有四星期之休假，未

用之休假可累積延至下一年度用，但累積日數最多以二年的休假日數為限。2. 久任假期，連續任職滿二十年者，可給四星期之久任假期，但以一次為限。3. 病假，因病或因意外事故不能工作者，可給病假，病假期間可支俸之期間視任職期間長短而定，如任職在三個月以下者可支俸七天，任職五年至十年者可支俸92天，任職二十年至三十年者可支俸 275天，任職三十年以上者可支俸一年，逾支俸日期而仍續請病假者，則改為不支俸病假。4. 退休假，退休人員達退休年齡退休時給予之假期（即退休後仍可按假期日數支俸，或將應支俸一次給予退休人員），其日期多寡視任職年資長短而定，如任職十年者給22天，任職20年者給65天，任職四十年者給131天，任職超過40年者不再增給。5. 辭職假，於未達退休年齡而辭職者給予之假期，其天數視任職年資長短而定，如任職二十年者給32天，任職30年者給46天，任職40年者給60天，並以60天為最高限。6. 其他假期，有分娩假，任職一年者最多可給十二個月，任職未滿一年者可給六個月。7. 領養子女假，如領養子女在一歲以下者，可給與分娩假同樣的假期。8. 父親假，妻子分娩時為父者可給14天之不支俸假。9. 喪假，公務員之親屬死亡者，在治喪假期間可給支俸假。10. 再如家庭搬遷、到法院作證、參加會議、參加考試、接受訓練、參加娛樂活動（每年最多為二天半）等，均可給予支俸假。

　　（三）假日：國定假日包括聖誕節及拳擊日、元旦、耶穌受難節前星期五及東方教之星期一、國王生日、勞動節等，如國定假日為星期六或星期天者，於下星期一補假。又各省除上述國定假日外，並得自定假日。

　　二、公務員行為規定：公務員在處理公務時須保有高水準的倫理行為，公務員委員會不能容忍即使合法但背離高水準之倫理行為。法律及規章對公務員行為之要求，包括：（一）遵照法律規章之規定辦事；

(二)服從上級的指示；（三）能滿意的執行職務；（四）在工作場所保持高水準的行爲； （五）在公務上所獲得之機密不得洩漏或與他人談論； （六）不得在私人機構擔任職務； （七）利用辦公時間寫作或演講等費用不得自行收入，但經上級核准者可收入半數； （七）兼任與公務有關之課程如不影響公務，且期間在四週以內每週不得超過10小時，如超過四週每週不得超過四小時者，得予准許，其鐘點費得自行收入； （八）公務員間不得有金錢借貸收息情事； （九）不得爲賭賽馬之經紀人； （十）不得有酗酒或嗜吃麻醉藥品行爲； （十一）不得有曠職或經常遲到早退情事； （十二）服裝要整潔並適合處理公務需要等。

　三、懲處：公務員違反行爲規範致影響及職務之執行或公務員之信譽者，應受懲處。懲處公務員時應注意其程序，即主管人員發現其屬員有違法失職之行爲時，應即向常務首長或由其指定之人報告，並按受懲處者爲常任官員、試用人員或臨時人員之不同，分別採取行動。

　（一）情節輕微之懲處：公務員違法失職，經主管人員向常務首長報告後，常務首長如認爲情節輕微者，可逕行決定其懲處，其處分種類分警告、申誡、或減薪20元以下。如受懲處者爲常任官員，則需將懲處情形報告公務員委員會。

　（二）情節重大之懲處：公務員違法失職，經主管人員向常務首長報告後，常務首長如認爲情節重大或涉及刑事者，則須製作書面報告，經公務員委員會核准後懲處。再如在處理期中，如認爲違法失職之公務員不宜繼續執行職務或其懲處須予免職者，可先將其停職並予停薪，如將來結案時未受免職之懲處者則予復職補薪，如予免職者則停職期間俸薪不再補發。又如違法失職涉及刑事責任者，常務首長應即將案情移送警察機關，並尋求公務員委員會之核可將其停職或暫行改調至其他職務。如違法失職經認定有罪時，則公務員委員會視情節可予免職，或予以減

薪 400 元以下處分，或給予較免職爲輕之懲處，或再責其作二年以內之試用。

### 四、申訴

（一）公務員受輕微之懲處者，如有不服，可於接獲常務首長之懲處令後十四日內以書面向公務員委員會提出申訴，並以副本送常務首長。公務員委員會如向常務首長索取案卷時，常務首長亦應於十四日內將有關案卷及自己意見轉送公務員委員會。公務員委員會對申訴案之決定是最後性的。

（二）公務員因違法失職情節重大受公務員委員會之懲處者，如有不服可於接獲懲處令之日起十四日內，向申訴委員會提出申訴，申訴委員會受理申訴案後，可蒐集有關資料或派委員調查或舉行聽證會，而後再作成決議，申訴委員會之決議可爲維持原處分，亦可將原處分予以變更。

（三）其他申訴：紐西蘭公務員，除受懲處可提出申訴外，對其他與自己有關之人事措施如認有不公者亦得提出申訴，如對未經公告徵募而逕行任用人員致自己無機會應徵時，對晉升人員案而未將自己晉升時，對自己工作績效優異而未被調升時，均得提出申訴。

## 第八項　教育與訓練

**一、教育訓練之目的：** 政府協助公務員參加教育與訓練之目的，在使公務員處理公務更爲有效，及使具有發展潛能之公務員獲得更多的發展機會。

**二、研究假：** 公務員參加進修學位、各種訓練及研究，而其進修訓練及研究與所任職務或所在機關業務之發展有關時，公務員委員會可給予研究假期，以利進修、訓練及研究。一般而言，核給公務員之研究假

時，須考慮以下各點，卽（一）所在機關業務上的需要；（二）公務員本身的需要；（三）所需費用；（四）可獲得之利益；（五）公務員以往在校的紀錄。給研究假之時數，視學分多寡而定，學科上每一學分最多可給每星期四小時假，但以二至三個學分爲限。

三、進修課程：國內大學提供公務員進修之課程甚多，如經濟、英語、歷史、社會學、作業研究、數學、政治科學、公共行政、統計、管理、資料處理等；進修學位者，如文學士、理學士、法學士、社會科學士、管理學士、管理碩士、公共政策碩士等。工程方面亦規定有多種進修課程。公務員調任至其他職務，而擔任該職務如需具特定學識或技能之證明文件者，可給予研究假參加進修，以便進修期滿獲得證明文件，使任用成爲合法。

四、考試假：公務員參加下列各種考試者，可請假並支薪，如紐西蘭大學考試、教育部舉辦之考試、大學入學委員會所舉辦之考試、職業執照委員會所舉辦之考試、管理學院所舉辦之考試、高級職業獎學金之考試，及其他經公務員委員會認可之機關所舉辦之考試。

五、研究費用的補償：公務員參加研究、進修、訓練者，所需費用，如入學研究者之學費、實習所需之材料費用、參加考試應繳費用、甚至包括來回旅費，均可要求任職機關償還。

六、獎學金：獎學金分爲 A、B、C 三類，申請對象與獎勵各有不同，就學地點包括國內及國外。

（一）A類獎學金：申請對象爲 1.離開學校者或在校大學生，志於至政府機關擔任公務員者；2.其正式任用尚未核准（卽在試用期間）之現職人員；3.其正式任用經核准之現職人員。

獲得A類獎學金人員之獎勵，爲前四年的研究期間給予一定標準的津貼，自第五年及以後，是否繼續給予津貼或給予部分或全部的薪俸，

則須視在學成績的優異及研究內容與任職機關是否有極大價值等因素而定。

（二）Ｂ類獎學金：申請對象與Ａ類獎學金同，但以爲國家所需要且不易羅致到之稀少技術人員爲主。

獲得Ｂ類獎學金人員之獎勵，視其所獲得資格之稀少性而定，通常爲前三年給予一定標準之津貼，第四年以後則給予全俸薪。

獲得以上Ａ、Ｂ兩類獎學金人員，視其受獎學金期間規定須在政府機關服務之期間，其情形大致爲受獎勵期間爲六個月以內者，須服務一年至二年；受獎勵期間在六個月至一年者，須服務二年至三年；受獎勵期間爲一年以上至五年者須服務三年至五年；技術人員之服務期間通常比非技術人員少一年。

（三）Ｃ類獎學金：僅給予研究少數特定課程者，且以公務員爲限，如給予攻讀學位者最後一年攻讀期間的獎勵，對攻讀某種課程碩士學位者給予獎勵。其獎勵方式包括給予不支薪假、或准予支原俸薪、或另補助學費，均視情形而定。受獎勵人員，須在原機關繼續服務，其期間爲三至五年，在服務期間不得調任至與其研究課程無關之職務。

（四）受獎學金人員之其他獎勵：受獎學金人員，往返研究處所之旅費可獲補償；受獎人如已結婚者，對其配偶及子女之往返費用亦可請求補償；受獎人亦可享有年度休假之權利等。

# 第九項 年金制度

**一、法令依據：**紐西蘭中央機關公務員之退休、撫卹制度，係適用政府年金基金法 (Government Superannuation Fund Act)，該法係紐國國會於 1956 年12月25日立法通過，自 1957 年 4 月 1 日起實施，至 1985年並有若干修正。

二、主管機關: 依政府年金基金法規定, **設有基金理事會**, 由財政部長、統計局長、公務員委員會主席、鐵路局長、郵政局長、警察總監及六名由皇家總督推薦之公務員代表所組成, **掌管該基金會事務**, 由財政部長擔任該基金會主席, **由財政部及該基金會監察人監督考核**, 年終仍須報國會審核。

三、**計畫體系**: 公務員年金基金制中, 又依公務員之性質區分爲七個計畫 (Scheme), 卽 (一) 一般計畫: 凡中央機關之常任公務員均可參加, 中央機關之臨時人員及支領工資之工人經用人機關同意者, 亦得參加, 至在教育部、郵政、鐵路及公務員委員會服務人員, 除年在十七歲至二十五歲者應強迫參加外, 餘爲自願參加。 (二) 軍人計畫: 適用於軍人。 (三) 飛航人員計畫: 適用於交通部飛航服務人員。 (四) 司法及檢察人員計畫: 適用於法官及檢察官。 (五) 國會人員計畫: 適用於國會議員。 (六) 警察人員計畫: 適用於警察人員。 (七) 監獄人員計畫: 適用於監獄人員。

以上七種計畫, 原則均屬相同, 惟對退休年齡、繳費率則依各別人員之特性, 而有若干不同之規定, 惟自1985年 5 月 1 日起, 已合倂爲一個計畫。

四、**會員及繳費率**: 參加年金基金制之公務員, 原定繳費率爲參加時月薪之 6 %至 11%, 自 1985年 5 月 1 日起, 凡原繳費率在 7 %以下者, 改按 6.5%繳納; 原繳費率在 8 %以上者, 改按 7 %繳納, 一方面使費率簡化, 同時減輕參加人員之負擔。

五、**離職人員基金之處理**

(一) 歸還其所繳費用與每月0.25之附加利息。

(二) 入會年資在十年以上者, 依上項規定辦理, 並得將部分之政府補助費轉入經年金基金委員會認可之其他年金制度。

（三）離職人員可將繳費續存基金會，直到再任公職年滿五十歲時取回。如於再任公職前死亡，由其配偶受領年金或返還金。

（四）地方機關人員、消防人員、護理人員之年金基金制度，可與本公務員年金基金制度相互移轉（互通）。

### 六、在職亡故人員基金之處理

（一）由參加人員之配偶受領相當一年月俸之一次金或附加利息之返還金，或按亡故人員之月俸額與入會年資發給配偶鰥、寡年金（包括特別年金）。配偶尚可領生活補助費，其核發並無年齡限制。

（二）遺有子女者，每年發給 1,133元以上之孤兒年金，其數額並應配合物價波動情形，每年予以調整。

（三）無遺族時，則將其未領之繳費與附加利息列為遺產。

（四）只遺子女而無配偶時，發給孤兒年金與附加利息之返還金。

### 七、有關退休年金規定

（一）離職人員合於下列情形之一者，可領取退休年金：1.年滿六十歲者。2.五十歲以上，任職滿十年，經任用機關同意提前退休者。3.基於健康原因，經醫師與任用機關同意提前退休者。4.未滿五十歲，任職滿十年離職者，於年滿五十歲時可領退休年金。5.五十歲以上，任職滿十年未獲任用機關同意而提前辭職者，可領退休年金。

（二）退休年金之計算：任職年資乘最後平均月俸額再乘年金率（Pension Factor）所得之數即為退休年金。

1.任職年資：兼任年資與專任年資皆可採計，但含兼任年資者，其退休年金應按比例予以減支。

2.最後平均月俸額：按退休前五年之平均月俸額計算。前四年之月俸額配合第五年之消費者物價指數（Consumers' Price Index）調整計算，但最後平均月俸額不得高於第五年之月俸額。

3.年金率 (Pension Factor)：年金率之計算依退休年齡之不同而異①年滿六十歲退休者，或未滿六十歲任職滿四十年者，或未滿六十歲因健康原因提前退休者，其年金率爲 1.5%。②六十歲以上，未滿六十五歲者，其年金率由六十歲之 1.5%起算，每增一個月加計 0.002%，最高年金率爲1.62%（六十五歲者）。③未滿六十歲者（不合前述①之人員），其年金率以1.5%爲計算基準，五十五歲以上，六十歲以下者，每不足一個月減少0.004%；低於五十五歲者，每不足一個月減少0.002%，最低年金率爲1.14%（五十歲者）。④任職年資之採計，若含非專任年資者，其退休年金應按比例予以減支。

（三）退休金之選擇：公務員應就下列三種方式，擇一支領其退休金：

1.兼領部分一次金與部分年金：公務員可選領四分之一年金十倍之一次金，其餘部分改領減額年金（即原有年金額之四分之三）。舉例言之，如原有年金額爲 6,400元，選擇此種方式支領退休津貼者，第一次可領16,000元（即6,400元之四分之一再乘十倍），以後每年可領4,800元（即6,400元之四分之三）。

2.選領彈性退休津貼 (Variable Retiring Allowance)：選領此種方式者，在六十歲以前退休，可領較多之年金，因除了領一般退休年金 (Normal Retiring Allowance) 外，又加發彈性退休津貼，但領到六十歲時，以後每年所領之年金，將較原有之年金少 1,000元，此種減少之差額可從社會福利處獲得補助（即可另領社會福利金）。

3.選擇兼領部分退休金與部分遺族年金：此種方式係領退休金人員將其自領部分減少，而讓遺族（包括配偶與眷屬）相對地受領較多之津貼（即增加遺族年金部分）。

**八、支領退休津貼人員死亡時之遺族年金：**可分下列幾種情形：

（一）無遺族時之處理：將其應領之年金總額扣除已領部分，所剩未領之餘額，列爲遺產。

（二）遺有配偶時之處理：配偶可就下列方式，擇一支領：

1.支領亡故人員所領之「一般退休津貼」二分之一之遺族年金。

2.支領亡故人員應領之年金總額扣除已領部分，所剩之未領餘額。

（三）遺有子女時之處理：每年發給 1,133元以上之孤兒年金，並發至十六歲。本項年金數額將配合物價波動情形每年予以調整。如其子女年滿十八歲尙在學者，可延長發至當年年底；身心殘障之子女經政府年金基金委員會同意後，其孤兒年金之給付年限可再予延長。

九、**各項津貼之調整**：各項津貼得於給付後十八個月內予以調整，調整時並應配合消費者物價指數充分反應物價波動情形。

十、**基金不敷時之處理**：在政府年金基金法中，祇規定公務員應繳納之費率，而未規定政府之相對繳費率，因此，如所存儲之基金不敷各種津貼之支付時，其虧損數額，全部由政府補貼，就1984、1985年兩年而言，政府補助數額，均超過公務員所繳納之總額。

# 第十項　一九八八年國家公務員制度之改革

紐西蘭國會，於一九八八年制定國家部門法 (State Sector Act, 1988)，以代替原有之國家公務員法(State Services Act, 1962)及國家公務員任用條件法 (State Services Conditions of Employment Act, 1977)，設立國家公務員委員會 (State Services Commission) 一方面擴大對組織管理之職權，一方面又將管理公務員之權，改以高級公務員爲限，其餘公務員之管轄，則改由各部會自行負責，至原由公務員委員會所統一訂定之各種公務員規章，原則上予以廢止，改由各部會自行按照需要訂定，致各部會間對人員羅致與待遇等競爭甚爲激烈。茲就一·九八

八年國家部門法之要點，摘述如後。

**一、制定國家部門法之目的：** 爲㈠使國家公務員激發出爲社會服務的精神；㈡提高國家公務之效率；㈢使對國家公務員能更負責的管理；㈣使國家公務員之誠篤與所爲保持至適當的標準；㈤使國家機關中每一個僱主（卽用人之機關）都是良好的僱主；㈥提高國家公務員之平等任用機會；㈦規定國家公務員任用條件之協商；㈧取代原有之國家公務員法、國家公務員任用條件法、及衞生機關人事法 (Health Service Personnel Act, 1983)。

**二、國家公務員委員會**

㈠名稱及職掌：仍設國家公務員委員會（以下簡稱委員會），並設國務部 (Department of State) 以爲委員會之辦公處。委員會之任務爲推行國家部門法，並對部長負責，但對公務員個案之決定，則由委員會獨立行使，不需對部長負責。委員會之職掌，主要爲 1.審核政府的組織，包括政府各部會職掌之分配、新部會的設置及原有部會合併之建議、各部會間業務之聯繫協調；2.審核各部會之效率、效能及經濟性，包括行政官長所執行之職務；3.協商公務員之任用條件；4.增進、發展及監督各部會之人事政策及人事行政標準；5.增進、發展及監督各部會平等任用機會之政策及方案；6.向各部會公務員永業發展訓練提供建議及協助；7.向各部會之管理制度、結構及組織提供建議；8.代表總理執行有關推行及管理公務之其他任務。除此之外，委員會認有必要時或部長指示時，可至各部會視察或調查，及以書面通知徵集有關部會業務活動之資料，必要時並得進入各部門搜集資料。委員會亦具有爲執行法定職掌所必須之權力。

㈡委員會組織及委員之任免：委員會之委員不得超過四人，由總督依總理之建議而任命，其中一人任命爲委員長，同時並爲委員會辦公處

的行政官長，另一人任命爲副委員長，如委員長因故或因病不能執行職務時，由副委員長執行其職務。委員任期不得超過五年，但任期屆滿後得予再任。遇任一委員因病或因故不能執行職務時，總督得依總理建議任命一副委員在委員不能執行職務期間代爲執行職務。委員之報酬由高級薪酬委員會決定，至各種津貼則由財政部長決定。委員經任命後在任期中，非依下列規定不得免職或停職，即 1.總督得因委員之不端行爲或不稱職而將其停職，並於停職之日起七日內向國會說明理由； 2.如國會自接獲總督提出說明之日起二十一日未作成該委員應予免職之決議，即視爲自停職日起予以復職；如國會於上述期間內作應予免職之決議，則總督應將該委員自停職之日起予以免職； 3.對經免職之委員，除總督另有指示外，不得再任爲國家公務員，不得支領政府年金基金法之退休津貼。任一委員如有下列情事之一時視爲出缺，即 1.未經總督允准在任期內擔任任何有報酬之其他職務或業務； 2.破產； 3.未經總督或委員會核准而擅離職守； 4.向總督提出書面辭呈。

㈢委員會議及授權： 委員會開會時，委員長有投票權，如委員會正反票數相等時，委員長亦有投票權。委員會之決議應以多數決行之。委員會如有二位以上委員時，有二位委員出席方得開會，會議規則由委員會自行訂定。委員會於會計年度結束時應向部長提出年度報告，部長應將該報告提報國會。委員會之職掌或權力，得以書面授權由委員或其他人員行使，但下列權力不得授權，即 1.對各部會行政官長之任用與再任權力； 2.對各部會行政官長之免職權力； 3.對高級行政官之終止職務權力； 4.對高級行政官之免職權力。接受委員會授權之人員，經委員會之書面許可，可將其權力再授與其他人員。授權並不影響或阻止委員會對職掌或權力的行使，亦不影響委員會對該被授權者對授權事項所做作爲之責任。委員會對授權可隨時以書面撤銷，在未撤銷前授權繼續有效，

且不因委員會人選的更動而影響。

三、公務機關: 本法所稱公務機關, 指附表㈠所指農業漁業部、審計部、國防部、教育部、內政部、司法部、總理辦公處、國家公務員委員會辦公處等三十七個部會及與之相當之機關, 總督並得隨時以命令將其他機關列入。

㈠部長對職掌或權力之授權: 各部會首長對本法所賦予之職掌或權力, 隨時可以其全部或部分作一般性的或具體性的以書面授權各該部會之行政官長行使, 但其他法律有禁止授權之規定者仍從其規定。行政官長執行授權事項之效果, 與執行本法直接賦予行政官長職掌或權力之效果相同。此種授權並不影響或禁止部會首長對其任何職掌或權力之行使, 亦不影響其對被授權人行動之責任。

㈡部長對授權之撤銷: 各部會首長對行政官長之授權, 可隨時以書面撤銷之。部會首長對行政官長之授權, 並不因部會首長之更動而當然停止, 但行政官長應徵詢新任部會首長之意見。部會首長對行政官長之授權, 於行政官長終止職務時, 對其授權事項同樣適用於新任的行政官長。

㈢年度報告: 於會計年度終了時, 行政官長應向部會首長提出該部會一年來的工作報告, 部會首長於接到報告後, 應將報告提出於國會。

四、行政官長 (Chief Executives): 各部會應置一行政官長, 作為行政首長, 其選任由國會法律規定, 國會法律未規定者由總理選任。

㈠行政官長之任免: 其程序為 1.當各部會之行政官長職務出缺時, 委員會應即報告國務部長, 並依國務部長指示通告出缺情形以便合格人員提出申請; 2.委員會對申請人之條件得加以審查, 必要時並請有關人員主持申請人之考試, 並將擬錄用人員連同其資格資料呈送國務部長; 3.國務部長會商總督決定是否任用, 並將決定情形告知委員會, 如委員

會建議被接受，則由委員會予以任用，並宣布其任命已經完成；4.如委員會建議未被接受，則總督可指示委員會任命由其所指定之人員，並將情形公告週知。因行政官長地位極為重要，職掌繁重，故委員會建議人選或總督決定人選時，應以儘量符合下列各種條件者為準，即 1.能承擔行政官長之責任者；2.能激發部內公務員為社會服務之精神者；3.能增進部內效率者；4.能為部負起管理者之責任者；5.使部的公務員之誠篤與行為能維持適當的標準者；6.確使部成為良好的僱主者；7.可增進平等任用機會者。

行政官長之任期以不超過五年為限，但任期屆滿時得予再任。當行政官長因病或因故不能執行職務或出缺時，委員會得任用一位高級行政官代理行政官長之職務。委員會經總督之同意，基於正當理由可將行政官長免職。

㈡行政官長之授權：行政官長亦可將其職掌與權力授予高級行政官執行，高級行政官亦可將所獲得之授權再轉授至其他人員，但需經行政官長之書面同意。行政官長可隨時以書面撤銷其授權，在未撤銷前原有授權繼續有效，如原任行政官長已經離職，則視為新任行政官長之授權。

㈢行政官長之考核：委員會向部會首長負責對其行政官長職務執行情形之考核，並向部會首長提出考核報告，以認定該部會之行政官長是否已執行國家部門法所加諸其身之各種規定與要求。

㈣行政官長與勞工關係法之關係：各部會之行政官長不適用勞工關係法 (Labour Relations Act, 1987) 有關裁定或合約之規定，但不禁止其得為工會會員。

**五、高級行政官 (Senior Executive Service)**：在各部會置高級行政官之目的，在對委員會及行政官長提供及維持一羣具有管理部內公務能力及使政府機關高階層公務員結合成統一力量之高級行政官。

㈠高級行政官之任免: 各部會列為高級行政官之職位總數，暫定為不超過五百個，其名額得由委員會與中央機關公務員工會協商調整之。委員會可隨時指定各部會之某種高級職位列為高級行政官職位。高級行政官任用程序為 1.各部會有高級行政官職位出缺時，行政官長應即予以通告，期使合格人員可提出申請; 2.行政官長在作任用之最後決定前應諮詢委員會，對委員會所建議之人選應作充分的考慮; 3.行政官長對高級行政官應優先任用最適合該職位之人員。對高級行政官最適合人選之考慮，應以具有協助行政官長完成行政官長任務之條件者為準。任用為高級行政官者，其任期不得超過五年，但任期屆滿時得予再任。高級行政官之任用條件，由行政官長與被任命者個案協商，並會商委員會後始能作最後決定。委員會對高級行政官之終止職務，得作一般的或特定的規定，對此種規定應列入該高級行政官之服務契約中。行政官長對高級行政官之職務，除依服務契約規定外，得基於正當理由並與委員會會商後，予以免職。

當高級行政官於任期屆滿後，行政官長未予再任，或任期屆滿前行政官長基於正當理由（如因轉任其他職務或辭職不在此限）提前解除職務時，行政官長需將其理由及決定通知委員會，委員會接獲通知後，應即決定將該高級行政官由委員會予以安置、或依該高級行政官之契約規定予以終止任用。

㈡高級行政官之訓練: 委員會應與行政官長會商後，負責高級行政官及有擔任高級行政官職務潛能者之訓練，以期高級行政官具有才能與誠篤，激發為社會服務之精神，及使機關維持有高標準的效率與管理。各部會之行政官長對委員會之高級行政官訓練，應予配合，使訓練計畫能順利施行。

**六、人事條款:** 主要包括下列各點:

㈠一般原則：各部會之行政官長需執行符合於良好的僱主之人事政策。所謂良好的僱主係指其人事政策對公務員任用之各方面均能公正與適當的處理，包括具有下列各種規定：卽 1.良好及安全的工作環境； 2.備有平等任用機會方案； 3.公正的遴選最適合的人員予以任用； 4.認可毛里族人（Maori People）的宗旨與希望、任用毛里族人的要求，使毛里族人有較大參與公務的需要； 5.提供增強個別公務員才能之機會； 6.認可種族或弱勢團體之宗旨及希望與文化的差異； 7.認可任用女性的要求； 8.認可任用殘障人士的要求。除上述外，行政官長應保證使所有公務員之誠篤、行爲維持至適當的標準及關心公共利益。以上所稱公務員亦包括高級行政官在內。

㈡行爲規範：公務員委員會可隨時發布全體公務員應行遵守之行爲規範，包括誠篤與行爲之最低限度應達到之標準。

㈢平等任用機會：各部會行政官長應 1.規劃及印發該部會之年度平等任用機會方案，保證該年度方案適用於整個部會； 2.在所提年度報告中， 包括該年度之平等任用機會方案之大概 、 及實施該年度方案之成果； 3.平等任用機會方案，指認定及清除可能引致對部分人員或部分團體任用產生不平等之政策、程序及其他障礙。

㈣各部會一般公務員之任免：各部會之行政官長爲有效執行職掌、任務及權力之需要，可隨時任用、派代理、臨時任用、偶然任用一般公務員，除明顯違反本法或合約中所定任用條件者外，行政官長可隨時免除一般公務員之職務。行政官長任用一般公務員時，應對最能適合職位之人員優先任用。當各部會遇有職缺需任用人員時，應先通告職缺，使合於該職缺任用條件之人員有機會提出申請。職位不論是短期或較長期出缺，行政官長亦可指定其他公務員代理該務之執行。行政官長任用人員時，應以書面出具證明。行政官長應將任用人員情形（代理或臨時任

用或偶爾任用除外），通知部會內的公務員知悉。行政官長對人員之任用，如有公務員提出抱怨時，應規定對任用案之審核程序，此種審核程序應經委員會之核准，並需與委員會所定有關此方面之指導相符，但此種程序對派代理或對高級行政官之任用案不適用之。

㈤冗員之調職或終止職務：如各部會之行政官長認為該部會所任用之人員已超過有效執行任務所需要之人數時，此種冗員可由委員會將其調任至需要人力之其他部會。當委員會處理冗員之調任時，應先與調出及調入部會之行政官長會商，會商後之決定對公務員當事人及調出與調入部會均有約束力。如委員會無法將冗員他調時，則可通知產生冗員部會之行政官長，將該冗員終止其任用。

六、勞工關係法之應用：委員會應向有關部會行政官長諮詢後，主持與工會協商公務員之任用條件 (Conditions of Employment)。委員會可將協商公務員任用條件之權，授權部會之行政官長行使，遇此情形則行政官長可諮詢委員會後，主持與工會協商公務員之任用條件。委員會及工會在協商時可要求將不停工及不罷工列入協定或合約之內，並接受強制仲裁，如僱主（卽機關）停工或職員（卽工會）罷工致違反原有之協定或合約時，則委員會及工會可分別先請求勞工法庭宣布該停工及罷工為非法，而後再要求仲裁委員會 (Asbitration Committee) 將該不停工及不罷工之條款，從協定或合約中刪除。

七、教育機關：對教育機關公務員之任用條件之協商、不罷工不停工之合約及其強迫仲裁、良好僱主的人事政策之一般原則、及平等任用機會等，亦有與公務機關公務員相類似的規定。

八、附則：包括各部會行政官長可要求對出缺職位之申請人或現職公務員作身體檢查，費用由機關負擔。在不違反本法之範圍內，行政官長可發布為該部會公務員所遵守之各種指示。如有人去影響委員會、委

員、行政官長或其被授權人，獨立行使人事個案之決定權者，均屬違反本法，應處罰二千元以下之罰鍰。以一九八八年國家部門法代替一九六二年之公務員法及一九七七年任用條件法，以委員會之委員長代替原定之委員會主席，以行政官長代替原定之常務首長。

九、過渡條款: 將公務員原依國家公務員法所取得之權益，於國家部門法施行後，如何使其銜接必須加以交代。過渡條款之較爲重要者，有㈠原依國家公務員法任用爲常務首長者，本法施行後改以行政官長任用，且期間不得少於二年; ㈡原依國家公務員法任用爲高級行政官者，本法施行後仍以高級行政官任用，且期間不得少於二年; ㈢本法施行前經依原規定任用之公務員，本法施行後認爲已依法予以任用，其任期與任用條件與原規定同; ㈣本法施行前各法所提及之公務員委員會委員、公務員委員會或其辦公處，本法施行後應指國家公務員委員會委員、國家公務員委員會或其辦公處; ㈤本法施行前擔任委員會之委員者，本法施行後視爲已依本法任命爲委員; 擔任委員會之主席者，視爲已依本法任命爲委員長; ㈥本法施行前在手冊或文件中所提及之委員會，於本法施行後，除本法另有規定外，應指有關部會之行政官長。

# 第十二章　中共人事制度

## 第一節　人事制度的演變

中共人事制度，從其演變過程看，大致可區分爲三個時期，每個時期人事制度的特質，是根據中共政治上的需要而調整的。茲分項簡述如下：

### 第一項　一九四九年至一九八一年時期

一九四九年十月，中共正式建國，在此時期，所謂人事制度就是幹部政策，因其爲幹部政策，故不可能制定較爲固定的、有系統的人事法規，當時的人事管理工作，主要是根據革命發展的需要，由中共中央與各級黨委作出有關政策而推行。其要點如下：

**一、中共幹部的特性**：約有下列五點，卽（一）認爲幹部可以決定一切；（二）認爲幹部政策需隨政治需要轉換；（三）認爲新幹部需不斷培養，舊幹部需不斷整肅；（四）認爲幹部必需要有羣衆基礎；（五）認爲幹部必需死心塌地的忠於共黨。

**二、中共管理幹部的機構**：在黨方面爲中央組織部；在軍方面爲總政治部所屬之幹部局；在政方面，其主管機構之名稱甚多變，如在一九四九年後不久，成立人事部及各級人事機構；於一九五四年改爲內務部政府機關人事局，至各機關編制及科技幹部則另設機關主管；在文革期

間人事機關及機構被撤銷；至一九七二年後，又逐漸恢復。

### 三、中共幹部的選擇

(一)紅專是選擇幹部的一般原則：所謂既紅又專，紅是政治、專是業務，二者是對立的統一。選擇幹部極力採取通過黨團組織，在各種競賽運動中吸收積極份子、先進生產者及勞動模範，充任幹部，矯正過去由於幹部包辦所發生的弊端。

(二)選擇基層幹部的具體標準：包括1.成份好，即家庭份子正、老實忠厚、社會關係清楚、立場堅定，在對敵鬥爭中能撕破臉皮；2.品德好，即聽黨的話、服從領導，幹工作不講價錢、不怕辛苦；3.個人利益服從黨的利益；4.作風正派；5.生產一貫積極；6.學習好。

### 四、中共幹部的任免：其任免權責及程序，因幹部所屬系統及職務高低而異。

(一)黨務機構幹部之任免：多採選舉罷免及行政命令方式處理，如領導幹部由黨各級委員會各級代表大會選舉，職員則由幹部管理部門任免。

(二)政務機關幹部的任免：如主席、國務總理、各部部長、最高法院院長等，由全國人民代表大會選舉及罷免；各部副部長、司處長等，由國務院任免；地方政府幹部亦分別由地方人民代表大會選舉罷免及人民委員會任免。

(三)檢察及法院幹部的任免：分別視職務高低，由全國人民代表大會常務委員會批准任免，或由同級人民代表大會選舉罷免或由其上級機關任免。

### 五、中共幹部的考核：一般而言，對考核不外進行系統的考察了解、定期的進行鑑定，使幹部們經常展開批評和自我批評，並特別注意其是否執行黨的路線、方針、政策，是否參加勞動，以及在國際及國內

鬥爭中有無表現。同時對幹部的控制，乃採取自下而上所謂羣衆性的監督及自上而下的監督相結合。其重要措施有：

(一)建立人事檔案掌握幹部全面資料：由黨組織所掌握資料，包括自傳、功績、懲戒及思想變遷等爲主；由政治保衞部門所掌握資料，包括家庭情形、社會關係、情緒變化、不良傾向與思想習尙爲主；人事部門所掌握資料，側重在生活與工作方面爲主。

(二)幹部考核之鑑定：其鑑定方法有三，卽1.考查平時工作，由人事部門辦理；2.檢查幹部思想傾向和工作路線，由黨組織及政治保衞部門辦理；3.政績以確示工作成績之優劣，其內容包括學習程度、工作優劣、積極態度、考勤紀錄，凡考績總分在九十分以上者稱爲積極分了，可以升級或升職，在七十五分至未滿九十分者爲合格，可以計算勞績酌予獎勵，七十四分以下者爲落後分子，應受降級或降職處分。

(三)實行幹部審查澈底控制幹部：其做法爲1.召開幹部大會誘騙幹部澈底向黨交代其歷史上存在之問題；2.要幹部寫作自傳，對其歷史上存在問題迫作交代；3.將各幹部情況分類硏究及過濾；4.透過組織力量對有疑惑之處展開調查；5.把握調查及旁證，對幹部作結論性評語，以認定幹部在政治上之可靠性。

**六、中共幹部的薪給**：中共自一九四九年十月至一九五五年六月間，對幹部薪給之支付極爲混亂，不僅各地區高低不一，卽在同一地區同一機關內，亦有所謂供給制和工資制之不同，而工資制中又有包乾制與工資之分，形成幹部待遇不公，普遍影響工作情緒。直至一九五五年七月一日起，始統一實行工資制，並以貨幣爲支付標準，稱爲貨幣工資制，依機關及工作性質之不同，區分爲四類，每類有其薪表與薪級之規定。

(一)行政及司法機關人員薪級：從國家主席、最高法院院長到縣級

之雜勤人員適用之，薪級共分三十級，每月薪資以人民幣元爲單位，第一級爲最高，每月五六〇元；第三十級爲最低，每月十八元。各薪級間薪資之差距，自六十元至二元不等。每一職務可跨列數級，如國務院正、副部長爲自九級至五級。

(二)工業部門技術人員薪級：各種工程技術及技藝人員適用之，薪級分爲十九級，各薪級之薪資又因技術種類之不同而有若干差異。

(三)教育人員薪級：自教員至雜勤人員適用之，薪級分爲二十五級，第一級月支三二〇元，第廿五級月支二〇元；各薪級之薪資因十一個地區而酌有增減。

(四)各部門翻譯人員薪級：各種翻譯人員適用之，薪級區分爲十五級，第一級月支二〇〇元，第十五級月支四〇元。

**七、中共幹部的退休撫邮**

(一)退休：中共幹部的退休，除軍隊另有規定外，對企業單位的職工，適用勞動保險規定；行政機關工作人員及事業單位職工，適用「國家機關工作人員退休處理辦法」規定。後又公布「關於工人職員退休處理的暫行規定」，凡以前規定與本暫行規定相抵觸者，均依暫行規定執行。

1.退休條件：凡合於下列條件之一者准退休：卽（1）男職員年滿六十歲，連續工齡滿五年，一般工齡（包括連續工齡，以下同）滿二十年；女職員年滿五十五歲，連續工齡滿五年，一般工齡滿十五年者；（2）在井下、高空、高溫或其他有損身體健康工作的職員，男性年滿五十歲、女性年滿四十五歲，而連續工齡及一般工齡，符合上述規定者；（3）男年滿五十歲，女年滿四十五歲，連續工齡滿五年，一般工齡滿十年，身體衰弱喪失勞動力，經醫生證明不能繼續工作者；（4）各機關工作人員因年老、體弱、喪失勞力不能繼續擔任工作，但又不具備休退條

件者，准以退休處理。

2.退休後待遇：符合前述(1)(2)兩款規定者，連續工齡在五年以上不滿十年者按月發給原有工資50％，十年以上不滿十五年者，按月發給原有工資60％；十五年以上者，按月發給原有工資70％；符合前述（3）款規定經醫生證明退休者，按上述工齡所定工資百分比，減10％發給，亦即分別為40％、50％、60％；對有特殊貢獻之退休人員，可酌情提高退休費，但以不超過其原有工資15％為限。

(二)撫卹：中共幹部的撫卹，其情形為退休幹部去世時，一次發給相當於本人二至三個月退休費總額之喪葬補助費，並得根據其供養親屬人數多寡，一次發給相當於本人六至九個月退休費總額之撫卹費。另對中共幹部之傷殘等亦有傷殘補助之規定，惟多係表面文章，無實益可言。

八、下放運動 —— 係對中共幹部之整肅措施

(一)實施下放運動之背景：如機構臃腫、組織過於龐大、人浮於事，幹部腐化變質、工作不力、革命意志衰退、好逸惡勞、濫用職權，農村勞工不足、農耕歉收等，引致幹部下放運動的措施。

(二)下放種類、方式與程序：主要分長期下放（安家落戶）與輪流下放（勞動鍛鍊）兩種。下放之方式有逐級下放，如由中央下放省級，由省級下放到縣級；有者為直放到底，如由中央直接放到縣市或鄉鎮。至下放程序，通常為先決定機關、決定編制、再決定下放幹部名單，經組織批准後，再召開家屬會議，動員家屬協助說服工作，而後再成立檢查小組或領導小組，作事後檢查。

# 第二項　一九八二年至一九九二年時期

此一時期之特徵，為健全人事機關及人事機構，與對原有幹部人事

制度之檢討與改革，以適應改革開放需要，進而建立國家公務員制度。

一、健全人事機關及人事機構：　對人事制度之改革，　欲求其有效果，需先健全負責推行人事制度的主管機關與各機關推行人事制度的人事機構。自一九八二年以來，對健全人事機關與人事機構情形爲：

(一)成立勞動人事部：一九八二年，在國家機構改革中，決定將國家勞動總局、國家編制委員會、國務院國家科技幹部局，連同民政部政府機關人事局，合併成了勞動人事部。部分省及自治區，也將勞動、人事等部門合併，成立勞動人事廳(局)。

(二)改組爲人事部：一九八八年三月，中共七屆人大作出決定，撤銷勞動人事部，改組爲人事部，並在國務院各部門及地方政府中設立相應的人事機構，依法實施對國家公務員的管理。

(三)人事機關及機構之職責

1. 人事部：係統一管理全國公務員之綜合部門，其主要職責爲:

(1) 負責擬定與解析 國家公務員法 規及配合的 單項規定 與實施細則。

(2) 負責國家公務員的職位調查與職位分類。

(3) 規劃國家公務員的錄用考試。

(4) 制定國家公務員培訓計劃並實施。

(5) 代國務院直接管理一定層次的公務員。

(6) 指導與監督國務院各部門及地方國家行政機關公務員之管理工作。

2. 國務院各部門人事機構及其職掌：各部門人事廳 (局) 係國家各部、委、辦暨所屬公務員人事工作的管理與協調部門，其主要職責爲:

(1) 貫徹執行中央、國務院、人事部有關公務員人事工作的方針、

政策，並配合本部門實際情況，制定具體政策、辦法及其細則。

（2）負責本部門公務員的調配工作。

（3）負責本部門公務員的錄用考試。

（4）負責管理及承辦本部門公務員的考核及獎懲工作。

（5）負責本部門公務員的調查統計工作。

（6）綜合管理本部門公務員的培訓教育工作。

（7）綜合管理本部門的公務員人才交流工作。

（8）綜合管理本部門公務員的工資福利、退職退休、保險工作。

（9）督促檢查本部門下級人事機構對中央、國務院、人事部有關公務員人事管理工作的方針、政策的貫徹執行情況，總結交流經驗。

　　3．縣以上國家行政機關人事機構及職責：地方縣級以上國家行政機關人事廳（局），是縣以上政府綜合管理本地區國家公務員人事工作的部門，內部機構設置不盡相同，其主要職責為：

（1）綜合管理縣以上行政機關公務員的吸收、錄用工作。

（2）按照公務員管理權限，承辦公務員的調配、任免、退休、離休工作。

（3）綜合管理縣以上行政機關公務員的培訓教育工作。

（4）管理及承辦本地區公務員的考核與獎懲工作。

（5）綜合管理本地區公務員人才交流工作。

（6）綜合管理本地區公務員的工資福利工作。

（7）承辦縣以上行政機關有關機關編制工作。

（8）督促檢查下級人事部門對上級有關人事工作方針、政策及規定的貫徹執行情形。

（9）代同級政府直接管理一定層次的公務員，承辦同級政府授權的其他人事管理事宜。

二、檢討及改革原有幹部人事制度: 中共人事主管機關會同部分學術機構，對原有幹部人事制度之檢討，確能破除情面認眞進行，對爲適應改革開放所需要的人事制度之研究，亦確能極盡心力審愼從事。此中情形，可從人事部行政管理科學研究所蘇所長，於中共國務院頒布國家公務員暫行條例之時，所作之「中國改革開放一個重大課題: 幹部人事制度改革」一文中，表達無遺。茲摘錄其中四段以概其餘。

(一)改革的性質與特點: 就其性質言，這場改革是新中國幹部人事制度的一個自我完善與發展，……一方面要繼續發揚幹部人事制度中的優良傳統和行之有效的制度和方法；一方面要改革那些已經同形勢任務發展變化不相適應的制度和方法。……就其特點來說，這場改革是一場全方位的綜合性的改革，改革之內容涉及幹部人事管理的各個領域。

(二)改革的動因: 中共十一屆三中全會以來，中國進入了一個新的歷史發展時期。這一歷史轉折的重要標誌，是把黨和全國的工作重點，轉移到社會主義現代化建設上來。……在這種社會變革的大環境中……幹部人事制度中存在的一些缺陷和弊端，日益明顯地暴露出來，不論是在幹部人事管理的思想、觀念方面，還是在管理的組織形式、管理體制、管理制度和管理方式、方法方面，都存在一些同建立社會主義市場經濟體制，同增強民主和法制，同發展社會生產力的要求不相適應的地方。……1.如「國家幹部」這個概念過於籠統，對幹部人事管理缺乏科學的分類；2.幹部人事管理權限過分集中，使一些機關、國營事業和事業單位，特別是基層部門缺少用人的自主權，使用人與治事相脫節；3.幹部人事管理的方式單一，長期以來祇用管理黨政機關幹部的這套管理模式，去管理工作性質、職業特點、人員成長規律各不相同的所有工作人員，影響了幹部人事管理的生機與活力，影響了人才的成長和合理使用；4.幹部人事管理制度不健全，用人缺乏法制，直接影響了幹部人事

管理的效果，以致使許多問題，如分配方面的平均主義，端「鐵飯碗」，吃「大鍋飯」，以及用人方面的一些不正之風等等，得不到很好的解決，影響了廣大幹部的積極性、主動性和創造性。因之，各方改革迫切要求改革幹部人事制度；各方面人士發表文章呼籲盡快改革不合時宜的幹部人事制度。

(三)改革的目標與內容：改革目標，就是要通過改革建立一套符合國情的、具有系統管理法規的、科學的、民主的、現代化的分類管理制度。

改革內容包括1.轉變幹部人事工作的指導思想和觀念；2.確立幹部隊伍，逐步實現革命化、年輕化、知識化、專業化的四化方針；3.改革幹部管理體制，下放人事管理權限；4.廢除領導職務終身制，實行任期制和離休、退休制度；5.改革單一的委任制，實行聘任制、考任制、選任制等多種形式的任用制；6.實行計劃調派與市場調節相結合的人才流動機制；7.多數地區及部門建立崗位責任制和目標管理責任制，逐步地建立正規的幹部培訓制度；8.一些地區及部門實行幹部交流制度、任職廻避制度；9.改革幹部的職務等級工資制度，實行以職務工資為主，包括基本工資、工齡津貼、獎勵工資在內的結構工資制；10.建立和完善老幹部離休、退休制度。

(四)起草法規為全面推行國家公務員制度作準備；人事部成立後，除起草國家公務員暫行條例外，並起草與之相配套的一系列單項人事法規，如考試錄用、考核獎懲、職務升降、行政組織設置、職數限額、廻避、交流、培訓等法規，還有改革工資制度、保險福利制度方案等。

其他方面，也在積極起草各具特色的人事管理法規，如企業人事管理條例、法官法、警官法、檢察官法、教師法等。

**三、國家公務員暫行條例之研究：**中共對國家公務員暫行條例的研

討，極爲愼重。從設計，一再修正，試辦，到正式由國務院頒布，經過甚爲曲折，茲參考中國人民大學勞動人事學院仝教授志敏於 1993 年八月所提之「中國公務員制度從設想、試辦到入軌運行」論文之內容，簡說如下：

（一）設計草擬經過：早在1983年，在北京舉辦「比較文官制度研究班」，邀請美國卡特總統任內的人事管理局局長艾倫坎培爾教授來華講學，介紹西方文官制度。1984年底，由原勞動人事部和中央組織部，組織有關實際部門領導和工作人員及專家、學者、教授，研究幹部人事體制改革，並著手設計改革方案和起草條例工作。草稿先後徵求過幾百位專家、學者、實際工作者的意見，歷經二年努力，反復修改，到1986年底十易其稿，第十稿定名爲「國家行政機關工作人員條例」（此卽爲現今國家公務員暫行條例之前身）。1987年於中共十二屆六中全會後，根據人事制度改革的指示，結合中國幹部人事制度改革經驗，研究中國古代文官制度，參照現代公務員制度普遍規律，對第十稿作了重大修改，並改名爲國家公務員暫行條例（此爲第十一稿）。及後再經數次修正的第十六稿，下發各個省市徵求意見。於 1990 年再根據各方意見修正爲第十七稿。

（二）試辦經過：國家公務員暫行條例，不但在設計草擬過程中經過十七次的易稿，而且在此期間亦經過試辦，希望能在試辦中獲取利弊得失經驗，作爲修正草案的依據。試辦情形是先於1989年在中央選定六個單位（卽國家統計局、國家建材局、國家環保局、國家總稅務局、國家海關總署、國家審計署）及地方哈爾濱市、青島市，進行綜合試辦，包括實行國家公務員的職位分類制度、考試錄用制度、考核制度、職務升降制度、廻避制度、培育制度等。及後試辦單位由少到多，逐步擴大。

（三）入軌運行尙待解決的問題：國家公務員暫行條例頒布施行後，

國家公務員制度將以新穎的姿態呈現出來，但一種新制度的入軌運行需要具備良好的外部環境和內部條件，如此種環境與條件未能配合，則對全面的施行，將有困難，如下列問題則有待於克服：

1.減少行政開支與確保改革公務員工資制度間的矛盾問題：為適當提高公務員的工資與報酬，與保障公務員權益，要花一定的錢，亦即新公務員制度要有一定的財力作支柱。這與目前中國經濟新舊體制並存、經濟發展存在許多困難、國家財力不足發生了矛盾。

2.公務員系統與黨務系統，企業、事業系統，社會團體系統間的矛盾問題：國家行政機關實行公務員制度，形成新的系統、新的分類、新的工資體系等，其他系統怎麼辦，它們之間的關係如何協調，系統間的人員如何交流，工資系列不同如何解決。

3.公務員的公開、平等、競爭等原則與既得利益間的矛盾問題：推行公務員制度，不可能使現有人員均過渡為公務員，有的被淘汰，有的工資及升遷受影響。故推行公務員制度，必然會觸及一些人的權位與利益，會涉及與其相連的親屬、子女、好友、部下等人的利益，甚至本鄉本土的利益。這些無法廻避的問題亦需急待解決。

4.推行公務員制度可能遇到傳統觀念與舊勢力的抵制與阻礙問題：如官本位、世襲制與血緣制的傳統觀念，官利一體化以及由此而引發的貪污腐化、官倒現象等舊勢力，都將影響及公務員制度的正常建立、發育與成長。

5.公務員隊伍的總體素質與全民族科學文化水平不相適應的問題：建立公務員制度，要求高水準、高質量、高素質的公務員。而高智能素質的人員，取決於社會教育，取決於全民族科學文化水準的提高。中國目前教育水準還較落後，文盲人數眾多，對能否選拔及培養出合格的公務員，公務員制度能否獲得極大的發揮，仍不無疑問。

## 第四項　國家公務員暫行條例的頒布與施行

歷經千辛萬苦所擬定之國家公務員暫行條例，終於在 1993 年四月二十四日，由國務院第二次常務會議通過發布（依中共法制，法需由全國人大或人大常務委員會通過，而條例只需國務院通過卽可），並定自同年十月一日起施行，對各級國家行政機關公務員，將依此條例及有關考試錄用、考核、獎懲、職務升遷等配套法規或規定管理。至其他如企業人事管理條例、法官法、警官法、檢察官法、教師法等，尚未制定。中共人事制度之第二節至第十節之內容，主要則以國家公務員暫行條例及其有關規定爲依據敍述。

中共認爲，「國家公務員暫行條例」並非建立國家公務員制度的最後目標，而是先制定國家公務員暫行條例試行，將來經修改、再修改，待時機成熟時，再制定國家公務員法，以爲管理國家公務員之基本法律。

## 第二節　總　　則

國家公務員暫行條例（以下簡稱暫行條例）之第一章總則，共計五個條文。茲就其重要內容分項析述如後。

## 第一項　制定條例目的與適用人員範圍

依暫行條例第一條，「爲了實現對國家公務員的科學管理，保障國家公務員的優化、廉潔，提高行政效率，根據憲法，制定本條例」。

第三條，「本條例適用於各級國家行政機關中除工勤人員以外的工作人員」。其目的及適用範圍如下：

**一、制定暫行條例之目的:** 主要有下列三個

(一)對國家公務員實施科學管理: 如依公務員所任職務的性質與職責,實施職位分類,以為科學管理奠定基礎。不再如以往的採用單一的人事管理方式,來管理所有工作性質、職業特點、人員成長規律各不相同的工作人員。

(二)保障國家公務員的優化、廉潔: 如採用公開考試擇優錄取方式,來遴選需用之公務員;並透過有計畫的培訓,不斷增進公務員所需知能,以保障公務員的優化。再如透過嚴格的考核,獎優汰劣;透過合理的工資制度及保險與福利制度,以安定工作人員生活,以杜絕貪瀆;進而保障公務員之廉潔。

(三)提高行政效率: 如將人事管理權限下放,把過去下管兩級的作法,改為原則上只下管一級主要領導幹部的作法,從中央到地方逐級下放等,對提高行政效率大有幫助。

**二、暫行條例適用之人員範圍:** 本暫行條例只適用於各級國家行政機關中除工勤人員以外的工作人員,至如企業人員、法官、警官、檢察官、教師等人員,其人事管理均將另以法律或條例定之。再就各級國家行政機關言,包括中央行政機關外,亦包括地方如各省、區、市、縣等。再一般國家在行政部門之公務員,多有政務官與事務官(或常任公務員)之分,事務官適用公務員法之規定,而政務官通常排除在外。但在中共國務院系統之行政機關中,並無政務官與事務官之區別,只是按公務員的職務層次分為高級公務員、中級公務員、初級公務員,其間沒有絕對的區別,相互間是能上能下的。在國家公務員中,除小部分人員之產生與任免另依國家憲法及各級政府組織法規定進行產生與任免外,其餘均按暫行條例及有關配套單項法規與規定辦理。

## 第二項　公務員制度之路線、標準與原則

依暫行條例第二條，「國家公務員制度貫徹以經濟建設爲中心，堅持四項基本原則，堅持改革開放的基本路線；堅持爲人民服務的宗旨和德才兼備的用人標準；貫徹公開、平等、競爭、擇優的原則」。由此可知：

**一、公務員制度之作用**：建立國家公務員制度，其主要作用在貫徹以經濟建設爲中心，堅持四項基本原則及堅持改革開放的基本路線。所謂四項基本原則，指在他們憲法中所強調的堅持馬列主義、毛澤東思想、人民民主專政，及社會主義道路；所謂改革開放基本路線，是指公務員制度需從傳統的保守的走向改革與開放的路上。亦只有經由四項基本原則與改革開放路線的堅持，經濟建設方能貫徹。

**二、用人的宗旨、標準與原則**：依公務員制度所用之公務員，須以爲人民服務的宗旨，德才兼備的標準，公開平等競爭的遴選。

(一)爲人民服務的宗旨：指國家公務員不是資本主義國家政黨政治的產物，不搞政治中立主義。公務員必須堅決執行黨的路線、方針和政策，當好人民的公僕。因此國家公務員要全心全意爲人民服務，接受羣衆監督，當好人民公僕的義務，要維護國家和羣衆利益，同一切違法亂紀行爲作鬥爭；公務員必須具備之基本條件中，包含有公務員必須遵法守紀、品行端正，具有爲人民服務的精神。

(二)德才兼備的標準：所謂德，指政治態度、思想品德、遵守紀律、廉潔奉公、遵守職業道德與社會公德之情況而言。所謂才，指處理工作的才幹、專業知識與能力。當各機關任用公務員時，須重視其德才兩者的兼備，且須具備至與職務相當的水準，兩者缺一均屬不可。

(三)公開、平等、競爭、擇優的遴選：所任用之公務員，需經由遴選而來，且遴選公務員時應秉著公開、平等、競爭、擇優的要求。所謂

1．公開: 指(1)公務員考試應公開進行，由主管考試機關定期發布考試公告，公告中並應包括所招考的職務、責任、錄取人數、待遇，及應考資格、考試科目、時間、地點等，透過報刊、電視、電臺、廣告等公布於大眾; (2)考試合格名單、名次、錄用等情況，張榜公布，並通知本人; (3)應考人對考試成績如有疑義，可請有關方面複查。

2．平等: 指(1)公務員平等享受公務員法規所定的公務員權利。(2)公務員平等履行公務員法規所定的公務員義務。(3)任一公務員之合法權益遭受侵犯時，公務員可請求國家有關機關予以保護。(4)公民都有平等權利參加公務員的考試，在平等的條件下擇優錄取。(5)公務員的考核、職務升降、獎懲、培訓、待遇等方面，都應一律平等，都應貫徹平等原則。

3．競爭: 指國家公務員的考試與錄用，均應本著相互比較相互競爭的原則進行; 如考試時，應各應考人相互競爭，晉升職務時，應就具有晉升職務資格之各候選人相互競爭; 經由相互競爭與比較，才能區分出優劣。

4．擇優: 對公務員的遴選，經由公開、平等、競爭之運用，必可從大多數的應考人或候選人中，根據分數的多寡或考評的結論，區分出優劣，再從中遴選優秀者予以任用。

## 第三項　公務員受保護與任免之特別規定

依暫行條例第四條，「國家公務員依法執行職務，受法律保護」。

第五條，「國家公務員中的各級人民政府組織人員的產生和任免，依照國家有關法律規定辦理」。其中

一、公務員受保護: 因公務員依法執行職務時，由於公權力的行使，難免對人民的原有權益會發生若干影響，因而人民可能會阻止公務

員職務之執行，甚或聚眾抗拒或採取對公務員不利的行動。遇此情形，如國家不對公務員妥加保護，不但影響公務之執行，更會使公務員卻步，不敢推行政令，故在法律上對依法執行職務之公務員予以特別的保護。如一般國家之刑事法律中多有妨礙公務罪的規定；又有部分國家如法國，在公務員法中定有「公務機關應保護公務員，使其執行公務時免受恐嚇、暴力、暴行、傷害、誹謗或侮辱，如有此等情事，應補償其所受損害。

**二、人民政府組成人員的產生與任免另以法律規定**：各級人民政府的組成人員，如中央國務院的總理、副總理、各部部長、省（市）政府的省（市）長，及各廳（局）長，均為行政機關的公務員，均適用國家公務員暫行條例的規定，但此部分人依各該人民政府組織法的規定，其產生與任免係由人民代表大會選舉或經由人民大會同意後任用，其免職亦經由人民代表大會同意，故不適用國家公務員暫行條例中有關考試、錄用、職務升降及任免之規定，至暫行條例中其他各章規定，仍予適用。

# 第三節　人事體制──職位分類

暫行條例第三章為職位分類，共計五個條文，規定健全組織、職位設置、職位分類、職務區分與定級、職位變動時之重新定級。茲分項敍述之。

## 第一項　健全組織

暫行條例第八條共分三項，

第一項為「國家行政機關實施職位分類制度」。

　　第二項爲「各級國家行政機關依照國家有關規定，在確定職能、機構、編制的基礎上，進行職位設置，制定職位說明書，確定每個職位的職責和任職資格條件，作爲國家公務員的錄用、考核、培訓、晉升等之依據」。

　　第三項爲「國家行政機關根據職位分類，設置國家公務員的職務和等級序列」。

　　茲就上述第二項中「各級國家行政機關依照國家有關規定，在確定職能、機構、編制」部分，中共稱爲「三定」，簡說如下：

　　一、定職能：職能是一個機關所能行使的職權，亦即一個機關在行政體系上所需完成的任務。機關的組織型態與組織架構，及其規模的大小，均需視所能行使的職權或所需完成的任務而定。所謂定職能，指各級國家行政機關，應先確定其行政職能，在確定職能時，各平行機關間的職能，在範圍上應避免重疊及空隙，各上下級機關間的職能，在權責上應避免重疊及空隙。再各機關的行政職能並非一成不變，常會隨著社會政治、經濟、文化的發展與科技的進步，或行政事務管轄權的移轉，或新社會問題的出現等原因而變動。爲健全組織，對各級國家行政機關的職能需予確定，並根據需要作適應的調整。在定職能時，除需注意上述之避免重疊與空隙外，尚需注意完整與統一的原則。

　　二、定機構：當一個機關的職能確定後，即可進一步根據職能來設計機關的組織架構。所謂組織架構，包括機關內部平行單位的區分，及上下層級的區分，並規定各單位的職掌，及上下層次間的權責。遇及一個機關的職能有變動時，則機關內部的組織架構自亦需作適度的調整。在定機構時，除需注意上述平行單位與上下層次之區分與職掌及權責之規定外，亦需注意職掌與權責之避免重疊或脫節，更需注意精簡的要求。

三、**定編制**: 當一個機關的內部架構確定後, 即可依各單位職掌、權責與預計工作量, 來確定各單位的編制。編制包括需用的工作人員數及其職務的分配。爲期避免人浮於事、人員無所事事等**流弊**, 對編制的確定, 亦需本著精簡的原則進行, 決不可浮濫。

## 第二項 職位設置

暫行條例第八條第二項中「進行職位設置、制定職位說明書、確定每個職位的職責和任職資格條件」部分, 簡說如下:

一、**職位之意義**: 指政府機關中以一定的職務與責任爲要素, 而要一定規格的公職人員來實施的工作崗位。在國家行政組織中的職位, 有四項特徵即(一)職位是以事爲中心設置的; (二)職位的數量是有限的; (三)職位可以按照不同的標準進行分類; (四)職位不隨人走, 同一職位在不同時候可以由不同的人擔任。

二、**在「三定」基礎上進行設置職位**: 當一個機關組織健全後, 即可根據所定的編制來設定職位, 亦即將每個單位所需處理的工作與權責, 設置爲一個一個的職位, 以便每一個職位指定由一個工作人員來擔任。當然在設置職位時, 應確定每個職位的職責, 亦即使每個職位有其一定範圍的工作項目、適當的工作量與明確的工作權責。

三、**設置職位與崗位責任制**: 中共在「三定」工作期間, 曾推行一種崗位責任制, 此與職位分類制的推行, 有相輔相成的效果。崗位責任制情形爲:

(一)崗位責任制之意義: 公務員的崗位責任制, 是把握每個公務員所處工作崗位的工作性質與業務特點, 明確規定其職責、權限, 並按照規定的工作標準進行考核與獎勵的一種制度, 以期建立起合理的、有效率的工作秩序, 能嚴格遵守紀律, 消滅無人負責的現象。有了崗位責任

制後，將有利於克服機關工作中的官僚主義傾向，有利於使機關工作走上科學化、法制化、正軌化的道路，有利於公務員制度之全面確立，及有利於造成人才輩出你追我趕的良好的外部環境。

（二）建立崗位責任制之原則

1. 能、位相統一原則：能指公務員的才能或工作能力，位則是工作崗位，能、位相統一就是要把握每一個公務員的實際工作能力，分配到相應的工作崗位上去。

2. 職、責、權、利相統一原則：職是指職務，責是指責任，權是指權限，利是指利益，職、責、權、利相統一，就是對公務員的各種職務，明確規定所應承擔的責任和享有的權力，及因工作完成好壞而應受到的獎懲。

3. 責任制、考核制及獎懲制三位一體化原則：崗位責任制是考核公務員的依據，考核的結果又是獎懲的依據，故責任、考核、獎懲三者是一體化的。

（三）崗位責任制之內容：包括1.明定職務名稱及工作任務，職務與工作不能名不符實。2.明定責任權限，即依據所任工作的性質及業務特點，規定完成工作任務的責任和享有完成工作任務所需的權限。3.對履行崗位職責的情況和實績，應嚴加考核。4.依據履行崗位責任情況之考核結果，給予獎懲。

**四、確定職位職責與任職條件**：在「三定」與崗位責任制之基礎上來設置職位，使每一個職位有其一定的職責與任職資格條件，將較爲有效與易行。所稱職應指職位所需處理的工作，亦即一個職位所主辦或主管的工作項目；所稱責應指職位所需具有的權責，亦即一個職位對主辦或主管的工作項目在處理時所具有的權限與所應負的責任。所稱任職資格條件，應指擔任該職位之職責的人員所需具備的資格條件，其中資格

條件之內涵，應包括學識、經驗、能力等條件。資格條件需根據職責內容的分析結果而訂定，如職責內容為處理簡單的土木工程工作，則所需之資格條件應為土木工程的初步學識、一些土木工程工作的經驗；如職責內容為負責土木工程單位的全盤工作，則所需之資格條件應為高深的土木工程學識、豐富的土木工程工作的經驗、領導所屬的能力等。

　　五、制定職位說明書：照通說，職位說明書係說明一個職位之職務與責任及其有關事項之文書。制定職位說明書之目的，為使組合合理之職位能予適當的保持，便於職位之分類，及作為了解職位內容與辦理職位工作人員之考選、任用、考核等人事業務之依據。一份職位說明書究應包括那些項目的說明，則視職位說明書在人事管理上作何應用而定。如應用之範圍小則說明書之項目可簡；如應用之範圍較廣（如需在考試、錄用、考核方面應用），則說明書之項目應較多。

　　如以暫行條例第八條第二項之規定言，則其內容至少需包括下列各項目：

　　(一)職位之職責：說明該職位所擔任之工作項目及工作本身之難易程度，及處理工作之權力與責任之大小。

　　(二)資格條件：說明擔任該職位人員所需具備之最低資格條件，包括應具有之學歷、經歷、訓練，以為舉行錄用考試時訂定應考資格之依據；並包括處理職位工作所需與應考資格相配的學識、技能及能力，以為舉行錄用考試時訂定應試科目之依據。

　　(三)工作標準：說明擔任職位人員在職位工作上應行達到的要求或表現，以為辦理考核之依據。再根據考核結果，如認為工作人員在學識、技能及能力方面有所欠缺時；或認為工作人員有特殊之表現足堪擔任更重要之職務時；可作為辦理補充知能訓練或儲備人才訓練及晉升職務之依據。

## 第三項　職位分類

暫行條例第八條第一項，「國家行政機關實行職位分類制」。當各機關的職位設置完成並制定職位說明書後，即可進行各職位之分類工作。中共對職位分類的做法，大致而言基本上是採納美國的方法，並參考日本及我國的做法作相當的修正而成。茲就中共學者與有關機關對實施職位分類之看法與規定簡說如下：

**一、實施職位分類之原因**：主要為傳統的人事管理，係將所有幹部均採行同樣的幹部政策，除了工人、農民、士兵及個體工商戶外，其餘所有職業的人員都算幹部，而不將黨、政、事業、企業、羣眾團體、科技、教育、文化、行政等加以區分。如此幹部不僅包括教師、作家、醫生、科技人員等，並包括專業演員、運動員等，並用同樣的幹部政策，致在管理機構、管理權限、錄用、晉升、考核、獎懲、待遇、培訓、調配等許多方面造成了矛盾與混亂。

**二、職位分類重要術語之解析**：包括

(一)職位：為職務與責任的集合體，由主管機關根據工作需要而設置，需要一個公務員用全部或部分時間去從事。

(二)職系：為工作繁簡難易、責任輕重及所需資格條件並不相同，但工作性質充分相似的所有職位的集合。

(三)職組：為若干工作性質相近的職系的集合。

(四)職門：為若干工作性質大致相近的職組的集合。

(五)職級：為若干工作性質、繁簡難易、責任輕重及所需資格條件充分相似的職位的集合。

(六)職等：為工作性質不同，而工作繁簡難易與責任輕重的程度相等的職位的集合。

三、**職位分類之程序**: 包括:

(一)職位調查: 利用多種調查手段如訪問法、觀察法、塡表法、會議法與綜合法, 廣泛收集有關職位分類之各種資料, 包括職位的業務性質、數量、工作時間及工作方法等。

(二)區分性質: 按照職位工作性質將職位區分爲若干職系, 再將性質相近的職系歸爲一個職組, 若干工作性質大致相近的職組集合爲一個職門。

(三)區分程度: 按照職位工作程度, 亦卽工作之繁簡難易、責任輕重程度, 劃分爲若干職等。

(四)設定職級與制訂職級規範: 將工作性質及工作程度均屬充分相似的職位, 設定爲一個職級。並就該職級之工作性質、工作內容、工作繁簡難易、責任輕重及所需資格條件、工作要求、培訓方式、升遷途徑等, 以書面敍述之, 另加職級名稱及編號, 以便查閱。

(五)辦理職位歸級: 卽將各職位, 依其工作性質歸入職系; 再依其工作繁簡難易、責任輕重及所需資格, 歸入該職系之職級。此種工作亦稱職位之歸系列等。

(六)職位之繼續管理: 職位歸系列等後, 職位之原有職責有變動時, 應卽調整原有的歸系列等。

四、**職位分類之功用**: 有

(一)職位分類對國家公務員的考試與任用提供了科學的依據, 有利於選賢任能, 才盡其用。

(二)職位分類對國家公務員的考核獎懲有了客觀標準, 有利於獎勤罰懶、升優汰劣。

(三)職位分類對國家公務員實行合理的工資制度奠定基礎, 有利於按勞分配與同工同酬原則的執行。

(四)職位分類對國家公務員的培訓提供了科學依據，有利於國家公務員的職業培訓。

(五)職位分類使國家公務員的升遷轉調有合理的路線可循，有利於人才的合理使用與有效運用。

# 第四項　設置職務與等級序列

暫行條例第八條第三項，「國家行政機關根據職位分類，設置國家公務員的職務和等級序列」。

第九條，「國家公務員的職務分為領導職務和非領導職務；非領導職務是指辦事員、科員、副主任科員、主任科員、助理調研員、調研員、助理巡視員、巡視員」。

第十條，「將國家公務員的級別分為十五級，並規定各種領導職務及非領導職務與級別的對立關係」。茲列表於次頁，並解析之。

**一、設置職務序列**：依第八條第三項，國家行政機關應根據職位分類設置職務序列。

一種職務的名稱，應盡可能從職務之名稱中，了解該職務之工作性質與工作程度之高低，如從職務名稱中之「理」或「長」字，即可知其為領導職務；從「員」字，即可知其為非領導職務；從「科長」二字，可知其為一科之領導；從「辦事員」三字，可知其辦理一般性事務的非領導職務。故一個職位究應給予何種職務名稱，需依職位分類結果而定。當各職位職務名稱設定後，則可按某種標準排定其序列，如由低到高為標準，則可排出辦事員、科員、副主任科員、主任科員等的序列。

**二、設置等級序列**：依第八條第三項，國家行政機關應根據職位分類設置等級序列。

| 級　別 | 領導職務及非領導職務 | | | | | |
|---|---|---|---|---|---|---|
| 一　級 | 國務院總理 | | | | | |
| 二　級 | 國務院副總理 | | | | | |
| 三　級 | 國務委員 | 部級正職 省級正職 | | | | |
| 四　級 | | 部級副職 省級副職 | | | | |
| 五　級 | | | 司級正職 | | | |
| 六　級 | | | 廳級正職 巡視員 | | | |
| 七　級 | | | | 司級副職 廳級副職 助理巡視員 | | 處級正職 |
| 八　級 | 處級副職 縣級副職 助理調研員 | | | | | |
| 九　級 | | | | | | 縣級正職 |
| 十　級 | | 科級正職 鄉級正職 主任科員 | 科級副職 鄉級副職 副主任科員 | 科員 | 辦事員 | 調研員 |
| 十一級 | | | | | | |
| 十二級 | | | | | | |
| 十三級 | | | | | | |
| 十四級 | | | | | | |
| 十五級 | | | | | | |

　　各職務的職責程度高低不等，國家行政機關中衆多的職務，其職責程度從最高到最低，有著極大的差距，爲適應人事管理的需要，須將其劃分爲若干等級，　將各職務按其職責程度之不同，　分別列入適當之等級，以便人員的管理。所劃分之等級可按程度之高低順序予以排列，如以一等級爲最高程度時，則可按一等級、二等級、三等級級等順序排列之。

　　三、職務之區分：第九條已將職務區分爲領導職務與非領導職務兩大類，前者爲一機關或機關內單位的主管，再按機關層次或單位層次的不同，賦予不同的職務名稱，如國務院總理爲國家最高行政機關的首長，

鄉長爲最基層行政機關的首長，科長爲機關內部基層單位的主管等。非領導職務，則指領導職務以外辦理上級所指定工作之職務，自最低之辦事員，至最高之巡視員等。

第九條所定之非領導職務，應屬最具代表性之職務而已，其他工作性質較爲特殊之職務，其名稱應可另定。

四、**職務與級別之對應**：各職務所包括之職位，爲數衆多，各職位職責程度之高低，仍可能有著差距，尤以非領導性職務爲然。因此每種職務所對應的級別，原則上應保持相當的幅度，亦卽跨級的設計，領導職務由於其職責較爲穩定，跨級可較少；而非領導職務由於其職責變動性較大，則跨級可較多。

## 第五項　職位級別之確定

暫行條例第十一條，「國家公務員的級別，按照所任職務及所在職位的責任大小、工作難易程度以及國家公務員的德才表現、工作實績和工作經歷確定」。茲析述如下：

一、**先按所任職務認定級別之幅度**：如在某機關擔任科長職務的某甲，因其職務爲科長，依職務與級別相對應關係之規定，其級別應在九至十二級的幅度之內，亦卽不得高於九級，亦不得低於十二級。

二、**再依所在職位確定應屬之級別**：擔任科長職務的公務員雖爲數衆多，且均以科長爲其職務名稱，但各人所擔任的職位內容，仍有差別，有者爲大機關科長，有者爲小機關科長，有者爲高層機關的科長，有者爲基層機關的科長。因此當眞正確定級別時，則應以所在職位之因素來認定。如上列擔任科長的某甲，應根據某甲所在職位之下列五個因素來確定其級別：

(一)所在職位的責任大小：責任的大小，其意義與責任輕重相同。

一般國家於衡量一個職位之責任輕重時，通常再從所受監督、所予監督、與人接觸、職權範圍與影響四個觀點來考慮。

(二)所在職位的工作難易：工作難易亦即工作之繁簡難易。一般國家於衡量一個職位之工作難易時，通常再從工作複雜性、所循例規、所需創造力三個觀點來考慮。

(三)公務員在職位上的德才表現：所謂德，包括政治立場、思想品質、倫理道德及職業道德。所謂才，包括所處工作的才幹、才識及才能。

(四)公務員在職位上工作實績：實績指公務員在職位所表現的工作成績，即按時、按質、按量完成工作的成果。

(五)公務員所具有的工作經歷：包括公務員曾任職務之名稱及其各別期間，與現任職務的期間。

上述五個因素，第(一)(二)兩個是所在職位所有的，第(三)(四)兩個是公務員在職務上所表現出並經考核來認定的，第(五)個是公務員本身從事公職以來所累積起來的。因此雖同為科長職務，但所在職位之第(一)(二)個因素可能不同；即使相同，但由於不同的人所表現出的第(三)(四)因素仍可能不同；即使亦屬相同，但不同的人所累積的第(五)因素還是有不同的可能。

因此，如甲乙丙丁四人均為科長，但當確定職位之級別時，可能分屬於九級、十級、十一級、十二級。非領導性職務之職位確定級別，其差異性可能更大。

## 第六項　職位級別之重新確定

暫行條例第十二條，「各級人民政府工作部門因工作需要，增設、減少或者變更職位時，應當按照規定程序重新確定」。茲析述如下：

　　**一、增設職位時確定級別**：各工作部門當業務增加時，通常需增設職位，進用新人來處理。此種新職位自應經由依其職責設置爲職位，制定職位說明書，賦予職務名稱，再在職務與級別相對應之範圍內，依職位的責任大小、工作難易程度、公務員的德才表現、工作績效和工作經歷諸因素，確定新設職位的級別。

　　**二、減少職位之註銷級別**：各工作部門當業務緊縮需減少職位時，則所減少職位的職位說明書可予廢止，原所確定的級別，應予註銷。

　　**三、職位變更時重新確定級別**：各工作部門如因業務之變動，需將原有的某種職位的職責作重新的組合時，或基於行政革新的要求需將部分職位的職責予以重組時，則職位數未有增減，但部分職位的職責內容已有改變。遇此情形，對職責已有變動的職位，應依其變動後的職責爲準，重新制定職位說明書，重新賦予職務名稱，重新確定其級別。

　　以上第一至第六項，係就暫行條例第三章職位分類之五個條文的釋析。就目前情形而論，中共各級國家行政機關之確定職能、確定機構、確定編制（卽所謂三定）工作，大致已完成，正進行職位設置等工作，至職位說明書的制定、職位分類中之職系、職等、職級規範及職位歸級等，則尚在規劃中，到眞正的實施職位分類，尚有一大段距離。惟由於第九條對職務區分的規定、及第十條對職務與級別相對立關係的規定，則人事體制的架構大致已告建立，對人事行政的運行已無大礙。欲進一步達到人事體制的確實化、科學化，則有待將來職位分類之眞正的實施了。

## 第四節　義務與權利

　　暫行條例第二章爲義務與權利，共兩個條文；第七章爲紀律，其中

有一個條文爲不得有之行爲的規定； 第十六章爲申訴控告， 共四個條文。其紀律中不得有之行爲，在一般國家多列爲義務之範圍； 申訴控告，在一般國家則多列爲權利之範圍，故合併於本節中分項敍述之。

## 第一項 有所爲之義務

公務員之義務中，依其性質可區分爲有所爲的義務與有所不爲的義務，前者在要求公務員要盡力去做者，後者爲要求不可去做者。除有所不爲的義務在第二項敍述外，本項專述有所爲的義務。

暫行條例第六條，國家公務員必須履行下列義務。

**一、遵守憲法、法律和法規。**

**二、依照國家法律、法規和政策執行公務。**

**三、密切聯繫羣衆，傾聽羣衆意見，接受羣衆監督，努力爲人民服務**：意指人民羣衆是國家的主人，國家的行政管理應以人民的利益爲最高準則。在決定政策時，要傾聽羣衆的意見和呼聲，要定期向羣衆或人民代表報告工作。羣衆監督是人民羣衆參與國家管理的重要形式，羣衆通過各種方式對公務員進行監督，對公務員的言行及工作提出批評與建議，對公務員的違法、失職行爲提出申訴與控告等。公務員是人民的公僕，要爲人民服務。

**四、維護國家的安全、榮譽和利益。**

**五、忠於職守、勤奮工作、盡職盡責、服從命令。**

**六、保守國家秘密和工作機密。**

**七、公正廉潔、克己奉公。**

**八、憲法和法律規定之其他義務**： 意指除上列義務外， 尚須履行憲法和法律規定公民的各種義務，如維護國家的統一和全國各民族的團結，愛護公共財產，遵守勞動紀律，維護公共秩序，遵守社會公德，依

法服兵役和參加國民兵組織，依法納稅，撫養子女、贍養父母等義務。

# 第二項　有所不爲之義務

暫行條例第三十一條，國家公務員必須嚴守紀律，不得有下列行爲。

一、散布有損政府聲譽的言論，組織或者參加非法組織，組織或者參加旨在反對政府的集會、遊行、示威等活動，組織或者參加罷工。

二、玩忽職守，貽誤工作。

三、對抗上級決議和命令。

四、壓制批評，打擊報復：意指不得壓制他人對公務員言行及工作提出批評，亦不可以任何藉口和形式進行打擊報復。

五、弄虛作假，欺騙領導和羣衆。

六、貪污、盜竊、行賄、受賄或者利用職權爲自己和他人謀取利益。

七、揮霍公款，浪費國家資財。

八、濫用職權，侵犯羣衆利益，損害政府和人民羣衆的關係。

九、洩露國家秘密和工作秘密。

十、在外事活動中有損國家榮譽和利益。

十一、參與或者支持色情、吸毒、迷信、賭博等活動。

十二、違反社會公德，造成不良影響。

十三、經商、辦企業以及參與其他營利性的經營活動。

十四、其他違反紀律的行爲。

在一般國家，尤其是多黨制的民主國家，對公務員多有行政中立及不參加政治活動的義務，但在中共的國家公務員制度中，並不實行行政中立的原則。其說辭爲中共實行的是共產黨領導下的多黨合作制，不存

在多黨競爭的問題; 所以國家公務員不僅接受中共的領導, 執行中共和國家制定的路線、方針、政策, 而且可以參加中國共產黨和其他民主黨派, 可以參加這些政黨的活動。

# 第三項　權　　利

國家公務員既需負義務及遵守紀律, 則相對的自應賦予權利。依暫行條例第七條, 國家公務員享有下列權利。

一、非因法定事由和非經法定程序, 不被免職、降職、辭退、或者行政處分: 所謂法定事由, 指由法律所規定的事實、原因, 對非法定事由的免職、降職、辭退或行政處分, 公務員有權提出申訴與控告; 法定程序指享有任免權的國家機關,按法律規定的程序實施對公務員的懲處, 若此可保持國家公務員隊伍的長期穩定與工作的連續性, 保持公務員個人地位和職業上的常任及人格上的獨立性, 可有效防止官僚主義作風和幹部選拔問題上任人唯親的錯誤作法。

二、獲得履行職責所應有的權力: 意指公務員履行職責, 為期獲有成效, 則一方面須賦與一種由法律所規定的權力, 一方面享有一定的有保障的工作條件, 如良好的社會政治環境與政府內部環境, 有充足的辦公經費與物質, 有現代化的管理手段與設備。

三、獲得勞動報酬和享受保險、福利待遇: 所謂勞動報酬, 指國家所給與的工資; 保險及福利待遇, 指國為改善公務員物質與健康生活的措施。

四、參加政治理論和業務知識的培訓: 所謂政治理論, 主要包括馬列主義的基礎理論, 並包括國際政治理論; 業務知識指國家公務員所應具有的專業知識, 包括計劃、組織、指導及控制方面的管理知識及各種與所在業務部門有關的社會知識。

五、**對國家行政機關及其領導人員的工作提出批評和建議**：所謂批評指國家公務員對所在機關或其他機關及這些機關中的上至國家領導人下至一般幹部的缺點和錯誤提出批評，認爲批評可以有效地抵制官僚主義，可以培養造就一批敢於堅持眞理、修正錯誤、遵紀守法、廉潔奉公的公務員隊伍，可加強內部團結、統一教育思想有效的教育方式；建議指公務員就有關國家建設和管理方面問題，提出合理化建議，認爲可以集思廣益、調動公務員的積極性與創造精神，可以優化重大決策與方案。

六、**提出申訴和控告**。（見第四項說明）

七、**依照本條例規定辭職**。（見第九節第一項說明）

八、**憲法和法律規定的其他權利**：意指除上述權利外，還有憲法和法律規定的其他權利，如選舉權和被選舉權，言論、出版、集會、結社、遊行示威的自由，宗教信仰自由，人身自由，社會經濟權和文化教育權，退職，兼職，免受侮辱誹謗，免受打擊報復，要求補償，要求定期取消處分等權利。

## 第四項　申訴控告

暫行條例第十六章，對公務員遇有特定情況時得提出申訴控告之規定，共計有四個條文。其內容爲：

一、**對人事處理不服者可申請復核或提出申訴**：暫行條例第八十一條第一項，「國家公務員對涉及本人的人事處理決定不服的，可以在接到處理決定之日起三十日內向原處理機關申請復核，或者向同級人民政府人事部門申訴，其中對行政處分決定不服的，可以向行政監察機關申訴」。

依中共法制，申訴有訴訟法上申訴與非訴訟法上申訴，前者指訴訟當事人對自己發生法律效力的判決或裁定不服，依法向人民法院或人民

檢察院提出重新處理的要求; 後者指國家機關人員、政黨、社團成員對所受的紀律處分或有關裁定不服, 向所在機關或監察機關提出重新處理的要求。因此申訴具有監督國家及其領導人與工作人員自覺遵守法律和紀律, 保護公務員正當權利不受侵犯, 避免製造寃假錯案等意義。

二、對侵犯合法權益者可提出控告: 暫行條例第八十二條第一項,「國家公務員對於行政機關及其領導人員侵犯其合法權益的行為, 可向上級行政機關或者行政監察機關提出控告」。

依中共法制, 所謂控告, 指公務員依照有關法律或條例, 對那些侵犯自己正當權利及損害國家利益之違法失職的國家行政機關或領導人, 提出指控或告訴; 使公務員享有控告權, 可抵制官僚主義作風、促使國家機關及領導人、工作人員為政清廉、奉公守法, 此乃公務員同一切違法犯紀行為作鬥爭的有利手段和武器。

三、申訴及控告應忠於事實: 暫行條例第八十三條,「國家公務員提出申訴和控告, 必須忠於事實」。

四、申訴控告成立時之救濟: 暫行條例第八十四條,「國家行政機關對國家公務員處理錯誤的,應當及時予以糾正; 造成名譽損害的,應當負責恢復名譽、消除影響、賠禮道歉; 造成經濟損失的, 應當負責賠償」。

五、對申訴控告必須作出處理: 依暫行條例第八十一條第二、第三項及第八十二條第二項, 受理申訴控告的機關, 必須按照有關規定作出處理。惟對復核申訴案, 在復核和申訴期間, 不停止對國家公務員處理決定之執行。

# 第五節　錄　用

暫行條例第四章為錄用, 共計七個條文, 主要規定錄用考試的政策

與原則。茲按錄用考試範圍與原則，錄用考試程序，辦理錄用考試機關，分項敍述之。

## 第一項　錄用考試範圍與原則

國家公務員的錄用考試，限於較低級人員；錄用考試之原則，則包括按所需職位要求錄用，須具備應考資格，對少數民族之優待，錄用省級以上公務員需具基層經歷，及新錄用公務員須經試用與培訓等，茲按有關法條所定，簡說之。

**一、錄用考試限於較低級非領導職務人員**：暫行條例第十三條第一項，「國家行政機關錄用擔任主任科員以下非領導職務的國家公務員，採用公開考試、嚴格考核的辦法，按照德才兼備的標準擇優錄用」。由此可知：

(一)採公開錄用考試進用的人員範圍，只限於較低級的非領導職務人員，亦即只限於主任科員、副主任科員、科員、辦事員；與主任科員相當的科級正職、鄉級正職，及比之為低的科級副職、鄉級副職等領導職務，均不包括在內。

(二)考試程序包括考核在內，亦即除公開考試外，尚須經過嚴格的考核，而考核的重點則為應考人的道德品質等不易用筆試所能測量的內容。

(三)考試與考核之目的在認定應考人的德與才，希望經由考試與考核，選出德才兼備者，並擇優予以錄用。

**二、須具備應考資格**：暫行條例第十五條，「報考國家公務員，應當具備國家規定的資格條件」。

**三、對特殊職位人員的考試可採用其他測評辦法**：暫行條例第十六條第二項，「錄用特殊職位的國家公務員，經國務院人事部門或者省級

人民政府人事部門批准，可以簡化程序或者採用其他測評辦法」。由此可知，由於特殊職位人才的稀少，其錄用考試程序可簡化，考試可採筆試以外之其他測評辦法進行，如口試、實地考試、學經歷文件審查等。

四、**對少數民族報考有優待**：暫行條例第十三條第二項，「民族自治地方人民政府和各級人民政府民族事務部門錄用公務員時，對少數民族報考者應當予以照顧」。

五、**按需要職缺錄用**：暫行條例第十四條，「錄用國家公務員，必須在編制限額內按照所需職位的要求進行」。由此可知。

(一)錄用公務員需在編制限額內：中共實施「三定」後，各機關對各種職務均定有編制，當錄用公務員時，均需在編制限額之內。

(二)錄用公務員應依照所需職位的要求：各種職務不但有其限額，且每種職務可能包括有若干職位，且各職位的職責亦可能有差異，因此錄用公務員時，其所需德才等條件當需依照錄用人員要擔任的職位所需要的條件來錄用，以求人與職位的配合。

六、**錄用省級以上公務員須具基層經歷**：暫行條例第十八條，「省級以上人民政府工作部門錄用的國家公務員，應當具有兩年以上基層工作經歷。按照規定錄用的沒有基層工作經歷的國家公務員，應當安排到基層工作一至二年」。

由此規定可知對基層工作經歷的重視，主要目的在使省級以上行政機關的公務員，均能了解基層情況，以期在施政上不致與基層脫節。至所謂基層工作，應指縣級以下機關的工作。

七、**新錄用公務員須經試用與培訓**：暫行條例第十九條，「新錄用的國家公務員，試用期為一年。試用期滿合格的，正式任職；不合格的，取消錄用資格。新錄用的國家公務員在試用期內，應當接受培訓」。

本項中一至四部分，係專為考試錄用之規定，而五至七部分，則可

適用於考試錄用，及晉升、降職、調任及輪換任職的錄用。蓋各機關之任用人員，除考試錄用外，尚有其他途徑之任用也。（見第五、七節之職務升降、交流之敍述）

## 第二項　錄用考試程序

暫行條例第十六條，「錄用國家公務員按照下列程序進行」。法定的五個程序如下：

一、**發布招考公告**。意指在實施考試前，考試機關要通過公開管道，利用各種傳播工具公告週知，使人人皆知，向社會和羣衆敞開大門，以廣泛收羅人才，以符合公開競爭原則，同時又能最大限度的使有應考資格者均能報考，以便能選到最優秀的人才。考試公告應包括應考資格、應試科目及類科、報考職位的職責與待遇、錄用名額、報名及考試時間與地點，及其他應注意事項。

二、**對報考人員進行資格審查**。大致而言，此一程序的工作為：

(一)報名：考試機關應向應考者發放報名登記表格，應考人應向考試機關提供有關證明文件，如身分證、工作證、畢業證書等。

(二)資格審查：報考國家公務員者應具下列基本資格，即1.具有中華人民共和國國籍；2.享有國家人民的政治權利；3.有良好的道德，即擁護中國共產黨的領導，熱愛社會主義，遵紀守法，品行端正，具有為人民服務的精神；4.具有考試機關所定的文化程度；5.具有健康的體魄並符合年齡條件；6.其他特定的條件。

三、**對審查合格的進行公開考試**。

大致而言，考試方式以筆試為主，口試為副，但亦有試行模擬測驗、角色扮演等方式者。考試內容仍以學識、技能等為主，亦有試行智力測驗、性向測驗者。

**四、對考試合格的進行政治思想、道德品質、工作能力等方面的考核。**

此乃中共對公務員考試的特色。係對考試合格之錄用候選人員進行的實際考核，主要由錄用機關對候選人的政治表現、思想品德以及擬任職務的條件進行考核，也即考核候選人的政治素質，要求能堅持四項基本原則，堅決執行黨和國家的方針政策、法律法規，思想端正、作風正派。所任職務層次越高，政治素質應越好。

**五、根據考試考核結果提出擬錄用人員名單，報設區的市以上人民政府人事部門審批。**

在此程序中，經考試考核後，評定報考者考試成績，考核結果可採優秀、良好、及格、不及格等第評定，對考試考核及格者，按成績高低排列出錄用候選人名單，以備錄用時依序選用。

## 第三項　辦理錄用考試機關

國家公務員之辦理錄用考試機關，視中央或地方行政機關錄用公務員而不同。

**一、中央公務員考試錄用由人事部負責組織：** 暫行條例第十七條第一項，「中央國家行政機關國家公務員的錄用考試，由國務院人事部門負責組織」。

**二、地方公務員錄用考試由人事廳（局）負責組織：** 暫行條例第十七條第二項，「地方各級國家行政機關國家公務員的錄用考試，由省級人民政府人事部門負責組織」。

# 第六節　職務任免、升降與迴避

　　暫行條例第九章爲職務任免，共有五個條文；第八章爲職務升降，共有七個條文；第十二章爲廻避，共有三個條文。因其關係密切，合併在本節中分項敍述之。

## 第一項　職務任免

　　暫行條例對職務任免之規定，就法條所定，說明如下：

　　**一、以委任制爲主聘任制爲副**：暫行條例第四十五條，「國家公務員職務實行委任制，部分職務實行聘任制」。

　　所謂委任制，意指由任免機關直接決定人選後，實行委派任命，適用於一般公務員；所謂聘任制，意指經各部門行政首長提名，經任免機關決定後實行聘任，對擔任業務性質較爲特別之公務員適用之。

　　**二、任免權限與程序**：暫行條例第四十六條，「國務院和縣級以上地方各級人民政府及其工作部門，按照規定的任免權限和程序任免國家公務員」。

　　由此可知，縣級以上人民政府，均有或多或少的公務員任免權。任用程序，通常包括提名、考察、呈送、審批、任命等；免職程序則較爲簡單，由機關自行核准或報上級核准後免職。但需說明者，依暫行條例第五條，各級人民政府組成人員的產生與任免，仍依國家有關法律規定，此類人員的任免機關是各級人民代表大會及其常務委員會，此種任用亦稱爲選任制，與委任制及聘任制有別。

　　**三、構成任職之事由**：暫行條例第四十七條，「國家公務員有下列情形之一的，應當予以任職：(一)新錄用人員試用期滿合格的；(二)從其他機關及企業、事業單位調入國家行政機關任職的；(三)轉換職位任職的；(四)晉升或降低職務的；(五)因其他原因職務發生變化的」。

　　**四、構成免職之事由**：暫行條例第四十八條，「國家公務員有下列

情形之一的，應當予以免職；（一）轉換職位任職的；（二）晉升或降低職務的；（三）離開學習期限超過一年的；（四）因健康原因不能堅持正常工作一年以上的；（五）退休的；（六）因其他原因職務發生變化的」。

**五、一人一職及兼職之限制：** 暫行條例第四十九條，「國家公務員原則上一人一職，確因工作需要，經任免機關批准，可以在國家行政機關內兼任一個實職。國家公務員不得在企業和營利性事業單位兼任職務」。

在中共制度中，企業與一般國家之公營事業相當；而事業單位則指教育、文化、研究等機構而言；營利性事業單位則指可自己營業增加收入之事業而言。

**六、對領導職務規定任職最高年齡：** 暫行條例第五十條，「國家公務員擔任不同層次領導職務的最高任職年齡，由國家另行規定」。

由此可知，擔任非領導職務人員，其最高任職年齡係依退休制度之規定，至擔任領導職務人員，為應某種需要，可另行規定其任職最高年齡，如其任職最高年齡高於退休制度中年齡之規定時，仍應以國家規定之任期最高年齡為準，同時高層次的領導職務之任職最高年齡，將比中低層次領導職務的為高。

# 第二項　職務升降

暫行條例對職務升降之規定，主要包括職務晉升原則、晉升程序、職務降職、及級別與工資的調整等。茲就有關法條所定簡說之。

**一、職務晉升之原則：** 有下列四個

（一）重視持德才賢及工作實績：暫行條例第三十八條，「國家公務員的職務晉升，必須堅持德才兼備、任人唯賢的原則，注重工作實績」。

在錄用公務員時，已注意德才兼備的標準，現要晉升職務，則需進一步堅持德才兼備的原則；任人唯賢中之賢，其程度應比德才為高；工

作實績應由考核認定，因晉升職務者在原任職務已任職有年，已經辦過考核。如基本上根據此三種標準來選優晉升職務，則已夠爲愼重。

（二）晉升的職務需在限額之內：暫行條例第三十九條，「晉升國家公務員的職務，必須在國家核定的職數限額內進行」。

各級行政機關各種職務的編制，均經有權機關核定，當將公務員晉升時，其晉升的職務亦必須在限額之內，否則高級職務將會因晉升而不斷增加，中級職務則因晉升而減少，使組織的結構出現頭重腳輕的病象。

二、依職務序列逐級晉升：暫行條例第四十二條，「晉升國家公務員的職務，應當按照規定的職務序列逐級晉升。個別德才表現和工作實績特別突出的，可以越一級晉升，但必須按照規定報有關部門同意」。

依暫行條例第十條規定，國家公務員職務的序列自最低至最高，可分爲十二個，卽（十二）辦事員；（十一）科員；（十）科級副職、鄉級副職、副主任科員；（九）科級正職、鄉級正職、主任科員；（八）處級副職、縣級副職、助理調研員；（七）處級正職、縣級正職、調研員；（六）司級副職、廳級副職、助理巡視員；（五）司級正職、廳級正職、巡視員；（四）部級副職、省級副職；（三）部級正職、省級正職；（二）國務院副總理、國務委員；（一）國務院總理。

依第四十二條規定晉升職務時，應按此序列辦理，如（十二）辦事員晉升爲（十一）科員；（九）科級正職、鄉級正職、主任科員晉升爲（八）處級副職、縣級副職、助理調研究員等。但某公務員的德才表現和工作實績有特別突出時，則可越一級晉升，如由（七）處級正職、縣級正職、調研員晉升爲（五）司級正職、廳級正職、巡視員，惟在程序上須報有關部門同意。

三、晉升職務需具擬任職務資格條件：暫行條例第四十條前段,「國

家公務員晉升職務，應當具備擬任職務所要求的資格條件」。

有關資格條件的規定，一般言之當職務層次越高時，所要求的資格條件亦越高，為期人與事的配合，當公務員晉升至高一序列的職務時，自應具備高一序列職務的資格條件。因高一序列的職務甚多，各職務的職責亦可能有差異，因此應具備所擬任職務（職位）所要求的資格條件。再資格條件內涵，通常以學歷及經歷為主。

**四、晉升領導職務應有特定經歷：** 暫行條例第四十條後段，「擬晉升上一級領導職務的，一般應當具有在下一級兩個以上職位任職的經歷」。

如由(九)主任科員晉升至(八)處級副職，除應具備處級副職所要求的資格條件外，原則上尚需具有科級正職或鄉級正職或主任科員兩個以上職位的任職經歷。

一般言之，如晉升科級正職的資格條件，應具有高中、中專以上的文化程度與五年以上的工齡。晉升處級正職的資格條件，應具有大專以上文化程度與十年以上工齡，並有在處以下主要崗位二年以上的工作經歷。晉升司級正職的資格條件，應具有大專以上文化程度與十五年以上工齡。晉升部級正職的資格條件，應具有大學本科以上文化程度及二十年以上工齡。再晉升司級部級正職者，還需有該職務下一級二個以上處室領導職位的工作經歷。又晉升領導職務時，以逐級晉升（即由科級晉升處級再晉升司局級而後晉升部級）為原則，但對領導才能與工作實績有特別突出的表現者，亦得越一級晉升，從而造成平等競爭、公開競爭、爭創實績、你追我趕、萬馬奔騰的新局面。

## 第三項　職務晉升之程序

規定晉升程序之作用，在排除干擾，使晉升更能公正，避免拉幫結派，用人唯親。

暫行條例第四十一條第一項，「國家公務員的職務晉升，應按照下列程序進行」：

**一、採領導與羣衆相結合的辦法產生預選對象。**

在此程序中，通常包括領導的提名及羣衆的推展，而後再產生領導與羣衆均認爲適當的預選對象若干人。

**二、按照擬任職務所要求的條件進行資格審查。**

對預選對象進行資格審查，以認定其是否具備擬任職務所要求的資格條件，如所需學歷水準、任職年資、德才表現、工作實績等。

**三、在年度考核的基礎上進行晉升考核。**

對經審查資格條件相合的預選對象，再參照年度考核的方式或配合年度考核進行晉升考核，並訂出考核等次。

**四、由任免機關領導集體討論決定人選。**

暫行條例第四十一條第二項又規定，「對晉升領導職務的國家公務員，應當進行任職培訓」。

此種培訓之主要作用，在增進擬任人員對領導理論方法的了解與運用。

## 第四項　降　　職

暫行條例第四十三條，「國家公務員在年度考核中被確定爲不稱職的，或者不勝任現職又不宜轉任同級其他職務的，應當按照規定程序予以降職」。茲析述如下：

**一、降職之意義**：降職與晉升職務剛好相反，晉升職務是晉升至高一序列的職務，降職是降至低一序列的職務。如主任科員改任爲助理調研員，爲晉升職務；科員改任爲辦事員爲降職。

**二、降職的原因**：包括經年終考核被核定爲不稱職；或在平時由於

學識能力的不足、德才不夠標準．工作實績差等情況，被認爲不能勝任現職，同時又不宜轉任同一序列之其他職務時，始可考慮降職。如某主任科員，年度考核被考列不稱職，或被認爲不勝任現職又不宜轉任同一序列之科級正職或鄉級正職時，考慮降爲副主任科員。

**三、降職按規定程序辦理：** 降職對當事人而言，是一種不利處分，因此在決定時應予愼重，如經過考核小組的審議，通知當事人，並給予申請複核機會。如對複核結果仍有不服，宜准由當事人依申訴程序向同級人民政府人事部門申訴。

# 第五項　調整級別及工資檔次

暫行條例第四十四條，「任免機關根據國家公務員職務的升降和年度考核結果，按照規定調整其級別和工資檔次」。茲析述如下：

**一、因職務晉升調整級別：** 當國家公務員由原職晉升至高一序列之職務時，如由辦事員職務晉升至科員職務，則通常會引致級別的調整。如原爲辦事員最低級別十五級，晉升至科員後至少應調整爲科員之最低級別十四級；如原爲辦事員之十三級，則應調整爲科員之十二級。

**二、因降職調整級別：** 當國公務員由原職務降至低一序列之職務時，如由處級副職降爲科級正職，與職務晉升同樣的亦需調整級別。如原爲處級副職之最高級別八級，降至科級正職後應調整爲九級；如原爲處級副職之最低級別十一級，於降職後應調整爲最低級別十二級。

**三、因考核結果調整級別：** 依暫行條例第十一條，國家公務員的級別，依所任職務及所任職位的責任大小、工作難易、德才表現、工作實績和工作經歷五個因素確定，如職務及所在職位雖未變更，而德才表現、工作實績特殊優異，且任職期間較久時，仍有提升級別的可能；如職務

及所在職位雖未變更，而德才表現、工作實績有重大缺失時，亦有降低級別的可能。故除職務升降需調整級別外，根據考核結果亦可能要調整級別，惟其機會甚少而已。

**四、因職務升降及級別調整而調整工資檔次**：每一職務均規定職務工資，每一級別通常亦均規定有級別工資，如職務與級別有調整，則應將原有職務及級別的工資檔次調整至新職務和級別的工資檔次。

**五、因年度考核結果調整工資檔次**：國家公務員參加年度考核結果，其核考列優秀或稱職者，得予晉升工資及發給獎金，如晉升工資，則需調整原有的工資檔次（見第六節第一項）。

**六、由任免機關調整級別和工資檔次**：級別與工資，與任免關係極為密切，為職權統一，故將調整級別和工資檔次的權限，亦由具有任免權的機關行使。

## 第六項　廻　　避

廻避有任用廻避與公務廻避之分。任用廻避，指如在同一機關內，如存在親屬、姻親關係，在執行公務過程中就會因這種關係而產生某種傾向性的一致意見，只有一種聲音，不利於開展批評、自我批評與實行民主領導，甚至對雙方的錯誤與缺點互相袒護，將機關變成家族統治；在有直接上下級領導關係的行政機關，存有親屬、姻親關係，也會給制定執行政策、公正處理上下級間的各種關係以及進行人事調動、配備、評比、考核等，帶來不利影響，故應廻避。

公務廻避，指國家公務員，在執行公務過程中，凡遇及或涉及處理與自己有夫妻關係、夫妻雙方的近親關係及兒女姻親關係的人員之問題時，應行廻避，不得直接經手、挿手處理，也不得以任何方式進行干預或施加影響；如有隱瞞處理涉及親屬關係之問題時，對該問題之處理應

視爲無效，必須重新處理。

暫行條例對任用廻避及公務廻避 均有明定， 茲就法條 所定簡說如下：

**一、任用親屬廻避**：暫行條例第六十一條，「國家公務員之間有夫妻關係、直系血親關係、三代以內旁系血親以及近姻親關係的，不得在同一機關擔任雙方直接隸屬於同一行政首長的職務或者有直接上下級領導關係的職務， 也不得在其中一方擔任領導職務的機關從事監察、審計、人事、財務工作」。

由此可知， 不但需廻避任用親屬，且需廻避擔任特定性質的工作。

**二、廻避原籍任職**：暫行條例第六十三條， 「國家公務員擔任縣級以下地方人民政府領導職務的， 一般不得在原籍任職。但是民族區域自治地方人民政府的國家公務員除外」。

由此可知， 原籍任職廻避只限一般縣級以下的領導，至民族自治區的地方政府的領導職務， 由於人才羅致不易， 外籍人士亦難以勝任， 故不受原籍任職廻避的限制。

**三、處理公務廻避**：暫行條例第六十二條， 「國家公務員執行職務時， 涉及本人或者涉及與本人有本條例第六十一條所列親屬關係人員的利害關係的，必須廻避」。

由此可知， 處理公務的廻避不但涉及本人利害關係的公務應予廻避處理， 涉及親屬利害關係的公務亦須廻避處理。

# 第七節　考核、獎勵與違紀懲處

暫行條例第五章爲考核， 共七個條文； 第六章爲獎勵， 共四個條文；第七章爲紀律， 共七個條文， 其中六個條文屬有關懲處的規定。此

三者因關係密切，合併在本節內按考核、獎勵、懲處分項敍述之。

# 第一項　考　核

　　暫行條例對國家公務員考核的規定，包括考核原則、考核內容、考核種類、考核程序、考核結果之運用等。茲就該條之所定簡說如下：

　　**一、客觀公正原則**：暫行條例第二十一條，「對國家公務員的考核，應當堅持客觀公正的原則，實行領導與羣衆相結合，平時與定期相結合」。

　　此條規定之重點有三：

　　(一)客觀公正：此乃辦理考核時所需堅持的原則。

　　(二)領導與羣衆相結合：在客觀公正的原則下，爲充分體現社會主義國家的性質與特點，及避免由領導寫鑒定式的評語可能產生的片面性與主觀性，就需貫徹領導與羣衆相結合的方法，充分發揚民主，擴大更多羣衆在考核中的參與量，在自我考核基礎上通過多種方式由行政部門領導廣泛聽取羣衆意見，從多種角度立體地考核幹部，經過分析研究，對公務員作出全面客觀的評價。

　　(三)平時與定期相結合：在客觀公正的原則下，公務員考核除一年一度之考核外，還須進行平時的考核，記錄日常工作表現、工作態度、工作效率、出勤情況等；平時考核一貫優異者定期考核結果不可能差劣，平時考核結果一貫不佳者定期考核結果不可能優異，故二者之間存著密切的相互關係，因此二者應相結合起來。

　　**二、考核分平時考核與年度考核**：暫行條例第二十二條，「國家公務員的考核分爲平時考核和年度考核。平時考核作爲年度考核的基礎」。

　　由於平時考核係隨時辦理，根據考核情形並可隨時紀錄，其正確性較高。年度考核係一年一次，在某特定時間內欲將整年的情況作考核，

非借助於平時考核的資料不可，故年度考核應以平時考核爲基礎，以期完整正確。

三、考核以德能勤績爲主：暫行條例第二十條，「國家行政機關按照管理權限，對國家公務員的德、能、勤、績進行全面考核，重點考核工作實績」。

本條規定之重點有三：

(一)考核國家行政機關按照管理權限來辦理，故考核權亦屬管理權限的一部分，亦含有分層負責考核之意。

(二)對國家公務員的德、能、勤、績作全面的考核。

1. 考德：德包括政治立場、思想品質、倫理道德及職業道德，此乃對國家公務員進行考核之首要的政治標準，其重點爲考核其忠於國家、遵守法紀、堅持原則、實事求是、廉潔奉公、不謀私利、認眞負責的精神，及主動性與團結協作精神等。

2. 考能：係考核公務員是否具備勝任現職的能力，著重其分析與解決問題的能力以及獨立工作的能力；包括工作能力，身體能力，學識水準含文化水平、專業知識水平、學歷與工作經驗；其中工作能力含領導能力、預見能力、對工作適應能力、反應能力、判斷能力等；身體能力主要指年齡及健康狀況。

3. 考勤：係考核公務員的工作態度與工作效率，主要包括積極性、紀律性、責任感、出勤率四方面。

4. 考績：係考核公務員的工作成績，即按時、按質、按量完成工作的情況；通常情形下，工作實績是國家公務員的各種素質的優劣比較集中的表現，爲考核的主要內容。如此可有助於激發廣大公務員的積極性，使大批出類拔萃的人物不斷湧現，一種公正、平等的人才競爭制度就會逐漸形成。

(三)重點考核工作實績: 工作實績範圍甚廣, 如公務員所在職位的工作實績作全面考核, 不無過於瑣碎, 因而只須對重要的工作、工作的績效、發揮出的效果等作重點考核卽可。

四、考核程序: 暫行條例第二十三條, 「國家行政機關在年度考核時設立非常設性的考核委員會或者考核小組, 在部門負責人的領導下負責國家公務員年度考核」。

第二十四條, 「年度考核先由個人總結, 再由主管領導人員在聽取羣衆意見的基礎上寫出評語、提出考核等次的意見, 經考核委員會或者考核小組審核後, 由部門負責人確定考核等次。對擔任國務院工作部門司局級以上領導職務和縣級以上地方各級人民政府工作部門領導職務的國家公務員的考核, 必要時可以進行民意測驗或者民主評議」。

第二十五條, 「年度考核結果分爲優秀、稱職、不稱職三個等次。對國家公務員的考核結果應當以書面形式通知本人。本人如果對考核結果有異議, 可以按照有關規定申請復核」。

由以上三個條文的規定, 可知其程序爲:

(一)組織考核委員會或考核小組。

(二)進行考核: 其順序爲1.先由公務員對自己一年來工作情況向領導作自我陳述與評議; 2.再由領導主持聽證會, 聽取與會者(包括羣衆)意見, 而後提出包括三百字的評鑑及考核等次意見, 並記入年度考核紀錄表; 3.考核委員會或小組審核, 並提出評鑑及有關考核等次意見; 4.報告由部門負責人確定考核爲優秀、稱職或不稱職的等次。

(三)通知或復核: 年度考核結果確定後, 應通知其本人, 本人如有異議, 可申請復核。

五、考核結果之運用: 暫行條例第二十六條,「年度考核結果作爲對國家公務員的獎懲、培訓、辭退以及調整職務、級別和工資的依據」。

　　由此可知，年度考核結果可在下列六方面加以運用：

　　(一)依考核結果獎懲：如考核結果列優秀或不稱職者，則可予以獎勵（如發獎金）或懲處（如降職）。

　　(二)依考核結果培訓：如考核結果列爲優秀或稱職者，可作晉升職務準備的培訓；考核結果列爲不稱職而需調職者，可作擬調任工作需要之專門業務培訓。

　　(三)依考核結果辭退：如考核結果列爲不稱職者，亦可予以辭退。

　　(四)依考核結果調整職務：如考核結果列爲不稱職者，除得降職外，亦可調整職務以求人與事的配合。

　　(五)依考核結果調整級別：如因考核結果列爲優秀而晉升職務或列爲不稱職而須降職時，則級別亦將跟著調整。

　　(六)依考核結果調整工資檔次：如考核結果列爲優秀或不稱職，可提高或降低工資檔次；或因考核結果而晉升職務或降職時，除調整級別外，亦會跟著調整工資檔次。

## 第二項　獎　　勵

　　暫行條例，對國家公務員獎勵原則、獎勵事由、獎勵種類及獎勵的權限與程序等，均有所規定。茲就法條之所定簡說如下：

　　一、精神與物質鼓勵相結合原則：暫行條例第二十七條，「國家行政機關對在工作中表現突出，有顯著成績和貢獻的以及有其他突出事蹟的國家公務員給予獎勵。對國家公務員的獎勵，堅持精神鼓勵與物質鼓勵相結合的原則」。

　　由此可知，獎勵須堅持精神鼓勵與物質鼓勵相結合的原則，而構成獎勵的條件，主要有三方面，一爲在工作中表現突出的，二爲有顯著成績和貢獻的，三爲有其他突出事蹟的。在精神鼓勵與物質鼓勵相結合的

原則中，所謂精神鼓勵，指對工作成績優異、表現突出的公務員，給予榮譽方面的表彰；物質獎勵，指給受獎者一定的物質享受的獎勵方式。不能單純地強調物質鼓勵而忽視或根本不要精神鼓勵，否則就易使人們迷失社會主義方向，背離共產主義道德，一切向錢看的不良傾向。

　　**二、構成獎勵之事由**：暫行條例第二十八條，「國家公務員有下列表現之一的，應當予以獎勵」：㈠忠於職守，積極工作，成績顯著的；㈡遵守紀律，廉潔奉公，作風正派，辦事公道，起模範作用的；㈢在工作中有發明、創造或者提出合理化建設，為國家取得顯著經濟效益和社會效益的；㈣愛護公共財產，節約國家資財有突出成績的；㈤防止或者挽救事故有功，使國家和人民羣眾利益免受或者減少損失的；㈥在搶險、救災等特定環境中奮不顧身，做出貢獻的；㈦同違法違紀行為做鬥爭，有功績的；㈧在對外交往中，為國家爭得榮譽和利益的；㈨有其他功績的。

　　本條上述九種事由，乃為第二十七條所指三方面條件的具體化之規定。

　　**三、獎勵之種類**：暫行條例第二十九條，「對國家公務員的獎勵分為嘉獎，記三等功、二等功、一等功，授予榮譽稱號。國家行政機關對受前款所列獎勵的國家公務員，按照規定給予一定的物質獎勵」。

　　本條所列之獎勵，在層次上言以嘉獎為最低，授予榮譽稱號為最高。其中榮譽稱號有先進公務員、優秀公務員、模範公務員之分。物質獎勵則有頒發證書或證章、發給獎品或獎金等。

　　**四、獎勵權限之行使**：暫行條例第三十條，「國家公務員獎勵的權限和程序，按照國家有關規定辦理」。

　　獎勵是一項極為嚴肅的工作，需採取審慎態度，故需明定權限及程序。大致而言，嘉獎及授予先進公務員稱號，由縣級人民政府或司局級

機關（單位）授予；授予優秀公務員稱號，由省、部級機關授予；授予
模範公務員稱號，由國務院授予；記功，按功等分由縣級以上人民政府
和國務院部委決定。

## 第三項　違紀處分

　　暫行條例第三十一條，對違紀行為定有十四種（見第四節第二項有
所不為的義務），此亦即所謂法定事由，至其他有關懲處情形則在第三
十二至三十七條中規定。主要內容包括懲處原則、懲處種類、懲處解
除、懲處權限與程序等。茲就法條所定簡說之。

　　**一、就行政責任處分與情節輕微之免予處分**：暫行條例第三十二條，
「國家公務員有本條例第三十一條所列違紀行為，尚未構成犯罪的，或
者雖然構成犯罪但是依法不追究刑事責任的，應當給予行政處分；違紀
行為情節輕微，經過批評教育後改正的，也可以免予行政處分」。

　　條文中所謂經批評教育改正免予處分，亦屬教育與懲戒相結合原則
之應用。對違紀公務員，自應根據不同情節進行懲處，但懲處須與教育
相結合，而對輕微違紀而仍擔任公職的公務員，進行說服教育和批評與
自我批評，以提高其思想覺悟，增強自覺遵紀守法的觀念。

　　**二、處分種類、有效期間與懲處之解除**：暫行條例第三十三條，「行
政處分分為警告、記過、記大過、降級、撤職、開除。受撤職處分的，
同時降低級別和職務工資。受行政處分期間，不得晉升職務和級別；其
中除受警告以外的行政處分的，並不得晉升工資檔次」。

　　第三十六條，「國家公務員受本條例第三十三條所列除開除以外的
行政處分，分別在半年至兩年內由原處分機關解除行政處分。但是，解
除降級、撤職處分不視為恢復原級別、原職務。國家公務員在受行政處
分期間，有特殊貢獻的，可以提前解除行政處分。解除行政處分後，晉

升職務、級別和工資檔次不再受原行政處分的影響」。

上述兩個條文之規定簡析如下：

(一)處分種類：自最輕微之警告起，再依次爲記過、記大過、降級、撤職、開除六種。

(二)處分之效果：除警告、記過、記大過均以書面形式通知本人外，降級者應降其級別，在暫行條例第十條所定職務與級別對應關係的級別幅度內降級，如主任科員職務之級別爲九至十二級，降級時如自原有的十級降至十一級；撤職者除撤去原有職務外，同時降低級別和工資檔次，但應不排除改調其他較低之職務；開除者，免除其職務並喪失公務員身分。

(三)處分之有效期間：通常爲半年至兩年，在處分之有效期間不得晉升職務和級別；除警告處分外，並不得晉升工資檔次。

(四)處分之解除：除開除者外，其餘五種處分，在半年至兩年內由原處分機關解除其處分；但在處分有效期間公務員有特殊貢獻者，可提前解除處分。

(五)解除處分之效果：經解除處分者，視爲未受處分，晉升職務，級別和工資檔次，不再受原處分的影響。但對降級及撤職處分之解除，仍不得認爲卽應恢復原級別、原職務。

三、處分權限與程序：暫行條例第三十五條，「給予國家公務員行政處分，依法分別由任免機關或者行政監察機關決定，其中給予開除處分的，應當報上級機關備案。縣級以下國家行政機關開除國家公務員，必須報縣級人民政府批准」。

第三十四條，「處分國家公務員，必須依照法定程序，在規定的時限內做出處理決定」。

第三十七條，「行政處分決定和解除行政處分的決定，應當以書面

形式通知本人」。

此三個條文，對行使行政處分權的機關規定甚為嚴密，同時又強調需依法定程序進行，暫行條例第二條中「非因法定事由和非經法定程序不被免職、降職、辭退或者行政處分」的規定，乃視為公務員的重要權利之一。

# 第八節　交流與培訓

暫行條例第十一章為交流（即一般國家所稱之遷調），共計六個條文；第十章為培訓，共計四個條文。因交流及培訓的主要目的，為培育人才與有效運用人才，故合併在本節中敍述之。暫行條例對交流與培訓之規定中，主要包括交流及培訓的原則、交流的種類、培訓的種類、培訓的機構與效果等。茲分項敍述之。

## 第一項　交流與培訓的原則

暫行條例第五十五條，「國家公務員實行交流制度。國家公務員可以在國家行政機關內部交流，也可以與其他機關以及企業、事業單位的工作人員進行交流。交流包括調任、轉任、輪換和掛職鍛鍊。國家行政機關每年應當有一定比例的國家公務員進行交流」。

第五十六條，「各級國家行政機關接受調任、轉任和輪換的國家公務員，應當有相應的職位空缺」。

第五十一條，「國家行政機關根據經濟、社會發展的需要，按照職位的要求，有計畫地對國家公務員進行培訓。國家公務員的培訓，貫徹理論聯繫實際、學用一致、按需施教、講求實效的原則」。

以上三個條文規定之原則，分析簡說如下：

　　**一、透過交流培訓來培育人才及擴大人力運用**：人才的培育必須經由交流與培訓的交互運用來達成，從交流可增加工作經驗，開潤視野、實現全面鍛鍊；從培訓可增加新知能新技術；透過兩者交替的運用，可進而培養出學識與經驗均屬一流的人才。再如公務員所具專長與現任職位不相配合、或對現任工作興趣情緒低落、或因人地不宜等因素，無法發揮其才能，致人力無法獲得充分的運用，如建立交流與培訓制度，卽可透過交流改變工作環境，透過培訓增加新知能，自可使人力獲得更有效的運用。故國家公務員應實行交流制度，對公務員要進行培訓。

　　**二、交流範圍彈性大**：國家公務員不但在行政機關內部交流，也可與其他行政機關交流，甚至可與企業、事業單位的工作人員交流。惟企業及事業單位工作人員，並不適用國家公務員暫行條例，故在交流時尙需另訂交流的辦法，以便運行。

　　**三、規定多種交流方式**：將交流分爲調任、轉任、輪換和掛職鍛鍊四種，在運用上應更爲靈活。

　　**四、規定交流人數比例及準備職位空缺**：國家行政機關每年應有一定比例的公務員進行交流，同時爲便於調任、轉任和輪換的交流，應事先準備職位空缺供作交流之用。

　　**五、根據發展需要及職位要求培訓**：國家的經濟、社會在不斷的發展，行政機關推行的公務亦需跟著不斷的更新與調整，因而爲公務員所擔任職位的職責及履行職責所需的學識、經驗、技能等，亦需不斷的調整與更新。故公務員的培訓，應根據發展需要及職位要求，有計畫的進行。

　　**六、培訓需理論聯繫實際、學用一致**：理論多屬高層次的認知，它具有指導政策與原則的功能；實際多屬處理工作的程序、方法與技術，經由實際的操作才能完成工作。故理論與實際不能偏廢，只有理論而無

實際，將流於空談於事無補；只有實際而無理論的指導，工作將難獲得進步與改革。故培訓公務員時，需理論聯繫實際。

再學用一致亦不得忽視，如學與用脫節，則所謂培訓亦是浪費時間、經費與人力而已。

七、**培訓需按需施教、講求實效**：按需施教，乃受訓者需要什麼就教育什麼，受訓者所不需要的決不在施訓時浪費時間，若此才會使受訓者重視培訓，努力學習。再培訓的效果，不在培訓時學習成績的高低，而在培訓後能否在工作上發揮實效，如培訓後的公務員，在職位上表現出比培訓前更好的績效，則表示培訓已能真正發揮效果。

## 第二項　交流方式

暫行條例對國家公務員的交流方式，分為調任、轉任、輪換和掛職鍛鍊四種。茲就法條所定簡說之。

一、**調任**：暫行條例第五十七條，「調任，是指國家行政機關以外的工作人員調入國家行政機關擔任領導職務或者助理調研員以上非領導職務，以及國家公務員調出國家行政機關任職。調入國家行政機關任職的，必須經過嚴格考核，具備擬任職務所要求的政治思想水平、工作能力以及相應的資格條件。考核合格的，應當到行政學院或者其他指定的培訓機構接受培訓，然後正式任職。國家公務員調出國家行政機關後，不得再保留國家公務員的身份」。

此一條文，有下列要點：

（一）調任是指國家行政機關公務員與企業或事業單位工作人員間的調任（與一般國家所謂調任不同）。

（二）調任國家行政機關之職務有限制且需經嚴格考核資格審查與接受培訓：一般言之，由企業調任至行政機關任職者，應以德才標準較高

之人才爲限，以期眞正爲行政機關效力；再行政機關人事制度建立較早，對任職者均需具備一定資格條件，且依法行使國家行政權；而企業或事業單位之人事制度建立較晚，且不若行政機關之嚴密，工作人員的政治思想水平亦不若公務員。因此，由企業或事業單位調至行政機關任職時，需以擔任領導職務或助理調研員（與處級副職及縣級副職相當）以上非領導職務爲限；同時在調任之過程中，必須經過嚴格考核，以認定其是否具備擬任職務所要求的政治思想水平、工作能力及相應的資格條件，經考核認爲合格後，再到行政學院或其他培訓機構接受培訓，以期增加對行政機關各種情況之了解，及增進處理行政工作所需之知能，而後再行任職。

（三）調任企業或事業單位者，既無職務範圍限制，亦無需經嚴格考核、審查資格、接受培訓等規定，同時亦不再保有國家公務員身份。此種措施，似有便於行政機關內不適任者或將近退休者之向外安置之意。

二、轉任：暫行條例第五十八條，「轉任，是指國家公務員因工作需要或者其他正當理由在國家行政機關內部的平級調動（包括跨地區、跨部門調動）。國家公務員轉任，必須符合擬任職務規定的條件要求，經考核合格後，按照規定程序辦理」。

此條規定之要點爲：

（一）轉任是指國家行政機關間的調動（與一般國家所謂轉任不同），亦是公務員與公務員間的調動，只要因工作需要，其職務範圍並無限制。

（二）轉任時需具擬任職務的資格條件，並經考核合格。

（三）轉任需按任免的程序辦理，卽一面免去轉出公務員的原有職務，一面辦理轉入公務員的任用。

三、輪換：暫行條例第五十九條，「輪換，是指國家行政機關對擔任領導職務和某些工作性質特殊的非領導職務的國家公務員，有計畫的

實行職位輪換。國家公務員的職位輪換，按照國家公務員管理權限，由任免機關負責組織」。

此條規定之要點為：

(一)輪換是指擔任領導職務與若干擔任非領導職務的公務員間的職位輪換，其意義與調任、轉任不同。

(二)輪換須有計畫的實行。一般言之，輪換計畫應包括：1.各單位、各部門普遍制訂輪換培養計畫，每個幹部從列入輪換名單到培養成熟，大體需要輪換那幾個職位，每輪換一個職位，空出的位置由誰接替，原來的領導怎樣安排，都要統籌考慮。2.建立輪換考核制度，所有單位及人事部門都要認真進行考核，並寫確切考核意見，凡在輪換鍛鍊中沒有做出顯著成績，沒有達到預期目的時，則停止輪換；在輪換過程中，均能表現出績效的，應考慮予以晉升。3.做好輪換過程中的思想政治工作，注意經常了解輪換職位後的思想、工作和私生活情況，幫他們解決實際問題，使公務員在鍛鍊過程中嚴格要求自己，提高政治與業務素質。

(三)輪換由任免機關按照管理權限，負責指定專人或單位辦理。

(四)輪換工作如能有效執行，確為培養人才，尤其是培養高級領導人才的最有效方法。

四、掛職鍛鍊：暫行條例第六十條，「掛職鍛鍊，是指國家行政機關有計畫地選派在職國家公務員在一定時間內到基層機關或者企業、事業單位擔任一定職務。國家公務員在掛職鍛鍊期間，不改變與機關的人事行政關係」。

此條文規定之要點為：

(一)掛職鍛鍊是公務員在基層機關或企業、事業單位掛一個職務，並擔任該職務的工作，目的在增加歷練。

(二)掛職鍛鍊的公務員，仍屬原任職機關的公務員，保有原來的職

銜，支領原有的工資等。

## 第三項　培訓種類

暫行條例第五十二條，「國家公務員的培訓分爲：對新錄用人員的培訓；晉升領導職務的任職培訓；根據本項工作需要進行的專門業務培訓和在職國家公務員更新知識的培訓」。

由此可知，國家公務員的培訓有四種，茲簡說之。

一、新錄用人員的培訓：指新進入公務員系統而尚未正式任職人員所進行的培訓，通常在試用期間進行（與暫行條例 第十九條規定相配合）。目的在使新人了解自身的職責、具有執行職務應有的工作態度，及學習擬任職位需具備的業務知能和技能，熟悉任職的環境及處理工作的一般程序與方法。

二、晉升領導職務的任職培訓：領導職務與非領導職務性質不同，在職責上亦有頗大差異。最重要者爲領導者需領導他人，而領導本身又有一套理論、原則與方法，擔任領導者必須對之熟悉並能靈活運用。因此，當非領導者轉任領導職務時，更需參加此種培訓，此亦暫行條例第四十一條規定晉升領導職務應進行任職培訓之理由。

三、專門事務的培訓：由於經濟、社會的繼續發展，行政機關所處理的業務愈來愈專門化，處理專門業務需具有專業知識。又如行政機關某種新的法規或新的政策，參與推行此種新法規、政策的公務員，均需了解新法規、政策的內容。因此專門業務的培訓，完全根據專項工作的需要而舉行，在次數上時間上並無限制。如此次國家公務員暫行條例頒布施行後，各人事機構的公務員則需舉辦此一法規專業知識的培訓。

四、更新知識的培訓：行政機關不但業務經常在變動、新業務不斷的增加，而處理業務的知識更是在不斷的推陳出新。公務員爲期知能不

與業務脫節，則需經常參加更新知識的培訓，尤其年長的公務員或在若干年內未有參與培訓的公務員，為保持知識的常新，更有參加更新知識培訓的需要。企業及事業單位工作人員調任行政機關職務者所參加之培訓，在不同情況下，均須經以上四種培訓中之一種或若干種培訓。

## 第四項　培訓機構及培訓成績運用

暫行條例第五十三條，「國家行政學院，地方行政學院以及其他培訓機構按照有關規定承擔國家公務員的培訓任務」。第五十四條，「國家公務員在培訓期間的學習成績和鑒定作為其任職和晉升職務的依據之一」。

以上兩個條文的規定要點，簡說如下。

一、**國家行政學院為最高與最重要的培訓機構**：培訓機構為數及種類甚多，如高級公務員培訓中心、地方行政學院、各級各類幹部管理學院、高等學校等，但以國家行政學院為最高與最重要。國家行政學院，係由國務院委託中國人民大學與人事部於1988年開始籌建，1992年已正式完成，它是國務院的直屬事業機構，業務上接受國家教委和人事部的指導。分設行政管理、經濟管理、政法管理及機關管理四個專業。凡擬晉升高、中級公務員（在習慣上將公務員分為高級、中級、初級三個層次，大致而言，級別屬一至五級者為高級公務員、級別屬六至十級者為中等公務員、級別屬十一至十五級者為初級公務員）職務的人，除要嚴格考核其政績和德才等條件外，須經過國家行政學院一定時期的培訓，以學習所需要的知識，提高擔任較高領導職務應具有的素質，並經過結業考試合格者，方能晉升。

二、**學習成績為任職與晉升職務依據之一**：如試用人員在試用期間參加培訓者，其學習成績和鑒定作為試用期滿正式任職依據之一；如擬晉升職務人員參加培訓者，其學習成績和鑒定作為決定晉升職務依據之

一；再如企業及事業單位工作人員調任行政機關職務而參加培訓者，其學習成績及鑒定作爲決定調任可否核准依據之一。

## 第九節　工資保險福利

暫行條例第十三章爲工資保險福利，共計七個條文，所規定之內容，主要有工資的政策與原則、工資的內涵、工資的確定與晉升、保險和福利待遇等。茲分項敍述之。

### 第一項　工資的政策與原則

暫行條例第十三章中，涉及工資政策與原則者，共有五個條文，茲就法條所定簡說之。

一、**實行職級工資制**：暫行條例第六十四條第二項，「國家公務員實行職級工資制」。

本項所稱職級指職務級別，亦卽職務有職務工資，級別有級別工資；當職務及級別愈高則其工資亦愈多，職務及級別愈低則其工資愈少。依暫行條例第十條，級別分爲十五級，以一級爲最高，各種職務與級別應保持對應的關係。

二、**貫徹按勞分配**：暫行條例第六十四條第一項，「國家公務員的工資制度貫徹按勞分配原則」。

本項所採按勞分配，指國家按照公務員所從事的工作的性質、複雜的程度與貢獻的大小，以及職務的高低和責任的輕重，給與他們與其所付出勞動相等的貨幣報酬。

三、**實行定期增資**：暫行條例第六十五條第一項，「國家公務員實行定期增資制度」。

本項所稱定期增資，有兩種意義，一指正常的晉升工資，二指定期調整工資標準。前者如依年度考核結果晉升工資，在期間上大致為一年一次；後者如根據物價指數變動，調整公務員工資標準等。

四、公務員工資應與企業人員工資大體持平：暫行條例第六十六條，「國家公務員工資水平與國有企業相當人員的平均工資水平大體持平」。

本條意指國家行政機關公務員的工資水平，要與國有企業職務性質及職責情況相當的工作人員的工資水平大體持平，如遇及企業工作人員工資普遍提高時，則公務員的工資亦應作相應的調整，以保持動態的平衡。若此才可使行政機關與企業間的人事保持安定。

五、配合經濟發展與生活指數變動提高工資標準：暫行條例第六十七條，「國家根據國民經濟的發展和生活費用價格指數的變動，有計畫地提高國家公務員的工資標準，使國家公務員的實際工資水平不斷提高」。

本條意指一個國家的經濟在不斷的發展，國民所得在持續的提高，生活費用的價格指數亦在往增高的方向變動，如公務員的工資仍維持原來的標準，則相對的表示出公務員工資購買力的降低、生活水準的降低。因此提高公務員的工資標準乃屬必要，工資標準提高後不但要能維持原有的購買力與生活水準，更需使購買力及生活水準比原有的更高，若此公務員的實際工資水平才算是真正的提高了。但茲事體大，必需有計畫的進行。

六、不得非法增加或扣減工資：暫行條例第七十條前段，「除國家法律、法規和政策規定外，國家行政機關不得以任何形式增加或者扣減國家公務員的工資」。

此段意指國家公務員的工資必須依法支給，各行政機關不得在法（含法律、法規、政策）外自定名目增加工資，亦不得以任何理由扣減工資，否則有辦法的機關即可設法增加工資，形成公務員工資的不平。

## 第二項　工資的內涵

暫行條例第六十四條第三第四項，「國家公務員的工資主要由職務工資、級別工資、基礎工資和工齡工資構成。國家公務員按照國家規定享受地區津貼和其他津貼」。

由本兩項規定，所稱工資包括：

**一、職務工資**：係按公務員所擔任的職務之層次分別規定，職務按其所任職責高低之不同，可區分為若干層次，如暫行條例第十條則將之序列為十二個層次，自最高之國務院總（第一層次）至辦事員（第十二層次）。此種各層次的職務工資，並可按中央機關、省（區、市）、縣（市）及鄉等機關層級分別訂定，再為便於考核晉升工資，每層次職務的工資，應區分為若干檔次。

**二、級別工資**：指按暫行條例第十條所定之十五個級別（以一級為最高），按級別分別規定的工資。因一個職務可跨列若干級別（如主任科員為九至十二級、處級正職為七至十級），而級別又係依所任職位的責任大小、工作難易程度以及國家公務員的德才表現、工作實績和工作經歷確定。公務員雖擔任相同的職務，但其級別仍可能不同（但仍需在所跨的範圍內），故同樣擔任科長職務，職務工資雖相同，但級別工資可能不同。

**三、基礎工資**：係保障公務員最低生活水平所定的工資，不論職務高低、級別高低，為領導或非領導職務，均屬相同。

**四、工齡工資**：係根據公務員的工作年限，定期給予的一種工資，工齡年限自參加革命工作與社會主義建設工作時間開始。

**五、津貼**：除按任職地區之不同，分別規定地區津貼外，其他尚有性質特殊職位之職位津貼、加班津貼等。

## 第三項　工資的確定與晉升

暫行條例第六十八條，「新錄用人員在試用期間，發給試用期工資；試用期滿正式任職後，根據確定的職務和級別確定其工資」。

第六十五條第二項，「凡在年度考核中被確定為優秀、稱職的，可以按照規定晉升工資和發給獎金」。

此兩條規定初任人員工資的確定與年度考核之工資晉升與發給獎金。茲簡說之。

一、**工資的確定**：新錄用人經試用期滿正式任職後，即一方面依其所任職務確定其支給之職務工資，一方面又依其級別確定其支給之級別工資。至基礎工資則依規定標準支給，工齡工資依其工作年限按規定標準支給。

二、**工資的晉升和發給獎金**：依暫行條例第二十五條，年度考核結果區分為優秀、稱職及不稱職三個等次，考列優秀和稱職的，均可晉升工資和發給獎金，至晉升工資情形及獎金多寡，則考列優秀與稱職者不盡相同。再所謂晉升工資，可在職務工資檔次中晉升檔次，如因考核而調整原有級別時，則需同時晉升級別的工資。

## 第四項　保險福利待遇

暫行條例第六十九條，「國家公務員按照國家規定享受保險和福利待遇」。

第七十條後段，「除國家法律、法規和政策規定外，不得提高或者降低國家公務員的保險和福利待遇」。

茲就兩條規定要點簡說如下：

一、**享受保險待遇**：目前已初步形成一個比較全面的社會保險體

系。公務員社會保險主要包括以下內容，即公務員因公負傷、致殘、死亡的保險待遇，公務員非因公負傷、致殘、死亡的保險待遇，公務員疾病的公費醫療和保險待遇，公務員生育的保險待遇，公務員供養直系親屬的保險待遇等。

二、享受福利待遇：公務員的福利待遇，大致包括四方面，(一)為集體生活福利設施，如食堂、宿舍、浴室、理髮室等；(二)為職工文化設施，如圖書館、文化宮、活動室等；(三)為對經濟困難的職工酌予補助；(四)為必要補貼，如交通補貼、副食品價格補助等。

三、不得非法提高或降低保險和福利待遇：各級行政機關對所屬人員的保險及福利待遇，需依法（含法律、法規和政策）執行，既不可任意提高，亦不得予以降低。

## 第十節　辭職辭退與退休

暫行條例第十四章為辭職辭退，共計七個條文；第十五章為退休，共計三個條文。茲按辭職、辭退、退休，分項敍述之。

### 第一項　辭　　職

暫行條例第七十一條，「國家公務員辭職，應當向任免機關提出書面申請；任免機關應當在三個月內予以審批。審批期間，申請人不得擅自離職。國家行政機關可以根據實際情況，規定國家公務員三至五年的最低服務年限；未滿最低服務年限的，不得辭職。在涉及國家安全、重要機密等特殊職位上任職的國家公務員，不得辭職」。

第七十二條，「國家行政機關對違反本條例第七十一條規定擅自離職的國家公務員，給予開除處分」。

第七十三條，「國家公務員辭職後，二年內與原機關有隸屬關係的企業或者營利性的事業單位任職，須經原任免機關批准」。

第七十七條，「國家公務員辭職或者被辭退，離職前應辦理公務交接手續，必要時接受財務審計。辭職離開國家行政機關和被辭退的國家公務員，不再保留國家公務員的身分」。

茲就此四條之規定，分析說明如下：

**一、辭職**：指國家公務員根據本人意願，請求脫離原工作單位或部門所任職務。

**二、辭職之限制**：為防止國家公務員輕率辭職以維持公務員隊伍的相對穩定，及防止辭職人員外洩機關機密與利用影響力營利，故作下列的規定：

(一)提出辭職申請於任免機關審批期間，申請人不得擅自離職；必要時對公務員得規定三至五年的最低服務年限，未滿年限者不得辭職；辭職未經奉准而擅自離職者，予以開除處分。

(二)涉及國家安全、重要機密等特殊職位上任職之公務員，不得辭職；公務員辭職後二年內到與原機關有隸屬關係的企業或營利性事業單位任職者，須經原任免機關核准。

**三、辦公務交接及接受財務審計**：奉准辭職人員，離職前應辦理公務交接手續以免公務脫節，必要時接受財務審計以免引起財務交代不清。

**四、辭職人員喪失國家公務員身分。**

## 第二項　辭　　退

暫行條例第七十四條，「國家公務員有下列情形之一的，予以辭退，(一)在年度考核中，連續兩年被確定為不稱職的；(二)不勝任現職工作，又不接受其他安排的；(三)因單位調整、撤銷、合併或者縮減編制

員額需要調整工作，本人拒絕合理安排的；（四）曠工或者無正當理由逾期不歸連續超過十五天，或者一年內累計超過三十天的；（五）不履行國家公務員義務，不遵守國家公務員紀律，經多次教育仍無轉變，又不宜給予開除處分的」。

第七十五條，「辭退國家公務員，由所在機關提出建議，按管理權限報任免機關審批，並以書面形式通知本人」。

第七十六條，「被辭退的國家公務員，可以根據國家有關規定享受待業保險」。

茲就以上三條規定，分析簡說如下：

一、辭退：指單位或部門的行政機構非懲處性的要求國家公務員離開所屬單位或部門，不再擔任單位或部門的職務（此種情形與一般國家的資遣相似）。辭退對公務員而言是被動的，使公務員失去職務，從保護公務員權益立場，須以有法定事由之依據者爲限，不得任憑各單位或部門依據命令或指示即予辭退。故辭退公務員時須以具有第七十四條所列五種情形之一者爲限。

二、享受待業保險：公務員既係被動的辭退，在待業上仍應給予便利，故可享受待業保險的待遇。

三、辦理公務交接及接受財務審計：依暫行條例第七十七條規定，與辭職人員同樣的，於辭退離職時，應辦理公務交接手續以免公務中斷，必要時接受財務審計以免財務交代不清。

四、辭退人員喪失國家公務員身分：依暫行條例第七十七條規定，與辭職人員同樣的，辭退後不再保留國家公務員身分。

## 第三項　退　休

依暫行條例規定，國家公務員退休分應當退休與要求提前退休兩

種，條件各有不同。公務員退休後可享受養老保險金及其他各項待遇。
茲就法條所定簡說如下：

**一、應當退休之條件**：暫行條例第七十八條，「除國家另有規定外，
國家公務員符合下列條件之一的，應當退休：

(一)男年滿六十周歲、女年滿五十五周歲；

(二)喪失工作能力的」。

**二、提前退休之條件**：暫行條例第七十九條，「國家公務員符合下
列條件之一的，本人提出要求，經任免機關批准，可以提前退休：

(一)男年滿五十五周歲，女年滿五十周歲，且工作年限滿二十年
的；

(二)工作年限滿三十年的。」

**三、享受養老保險金和其他待遇**：暫行條例第八十條，「國家公務
員退休後，享受國家規定的養老保險金和其他各項待遇」。

一般言之，養老保險金（以往稱退休費）之標準大致與工齡年資之
多寡有關，且工齡在抗日戰爭期間、解放戰爭期間，及建國後，與退休
費的多寡亦有關係。如在幾年前的規定為：

(一)抗日戰爭時期參加革命工作的，退休費為本人標準工資的百分
之九十。

(二)解放戰爭時期參加革命工作的，退休費為本人標準工資的百分
之八十。

(三)建國後參加革命工作的，依年齡年資多寡分別規定退休費，即
1.工齡滿二十年的退休費為本人標準工資百分之七十五；工齡十五年以
上不滿二十的，為本人標準工資百分之七十；工齡十年以上不滿十五年
的，為本人標準工資百分之六十；退休費低於二十五元的按二十五元發
給；因公殘廢退休人員、飲食起居需要人扶助的人員退休費，按本人標

準工資百分之九十發給，並發給不超過一個普通工人工資的護理費；飲食起居不需要人扶助的，按本人標準工資百分之八十發給，退休費低於三十五元的按三十五元發給；對社會有特殊貢獻人員可在此基礎上再提高百分之五到百分之十五的退休費，但其中不包括專職從事革命工作二十年以上的退休人員。

**五、退休人員其他待遇，**主要有

(一)政治待遇：對退休的幹部可按照個人的具體情況及條件，閱讀他們所必要的報告，閱讀一定的文件。

(二)公費醫療：退休人員可享受公費醫療待遇。

(三)車旅費：退休人員本人和供養直系親屬前往居住地點途中所需車旅費，按有關經費開支規定報銷。

(四)住房補助：退休人員住屋，就地安置的，由原單位負責；到中小城鎮安置的，由接受安置地區盡量從公房中調整解決；回農村安置的，如住房確有困難，可由原單位給予適當補助。

(五)生活補助費；自一九八五年五月一日起，每月發給十七元生活補助費。

(六)其他：如退休人員去世後，可酌發撫卹費、喪葬費等。

# 第十節　管理監督與附則

國家公務員暫行條例，為中共人事制度的基本法，內涵包括人事制度之各主要方面，其實施之成敗亦將影響及整個人事制度的成敗。因此在暫行條例施行後，必須指定適當機關對國家公務員妥為管理，各級行政機關對暫行條例的執行，亦需加以監督，此乃制定第十七章管理與監督的由來。再暫行條例所規定者，部分規定在施行時仍可能發生疑義，

尚有待於補充性的解析；其中部分只是政策性的宣示，如何落實施行尚有待於將來的規畫。因此由何機關負責解析，由何機關來詳為規畫，亦需在法中加以明定，此乃制定第十八章附則之原因。

以上第十七章與第十八章，共計四個條文，茲分項敍述之。

## 第一項　管理與監督

暫行條例第八十五條，「國務院人事部門負責國家公務員的綜合管理工作。縣級以上地方人民政府人事部門，負責本行政轄區內國家公務員的綜合管理工作」。

第八十六條，「對有下列違反本條例規定情形的，根據不同情況，由縣級以上人民政府或者人事部門按照下列規定處理，（一）對不按編制限額、所需職位要求及規定資格條件進行國家公務員錄用、晉升、調入和轉任的，宣布無效；（二）對違反國家規定，變更國家公務員的工資、養老保險金及其他保險、福利待遇標準的，撤銷其決定；（三）對不按規定程序錄用、任免、考核、獎懲及辭退國家公務員的，責令其按照規定程序重新辦理或者補辦有關手續。

國家行政機關按照國家公務員的管理權限，對前款所列違反本條例規定的情形負有主要或者直接責任的國家公務員，根據情節輕重，給予批評教育或者行政處分」。

茲就上述兩條的規定，分析簡說如下：

**一、按人民政府層次分別指定綜合管理轄區內國家公務員之機關：**綜合管理國家公務員之機關，在中央為國務院人事部，在省（市）為人事廳（局），在縣（市）為人事局。

**二、用人在實質上不按規定者宣布無效：**如不按編制限額、所需職位要求及規定資格條件進行國家公務員錄用、晉升、調入及轉任時，均

屬實質上不按規定用人，應宣布無效。

三、**違規變更工資待遇者撤銷其決定**：如變更國家公務員的工資、保險福利待遇標準、退休者的養老保險金，均將影響及公務員權益，應撤銷其決定。

四、**用人在程序上不按規定者重辦或補正**：程序上的違反規定雖不若實質上違反規定之嚴重，但錄用、任免、考核、獎懲及辭退公務員，在暫行條例中均有程序的規定，如有違反，應責令重新辦理或補辦有關手續。

五、**對違規負有責任者應予批評或處分**：各級行政機關基於管理權限管理所屬公務員，如有違反上述二、三、四項情事，對負有主要或直接責任者（如主辦單位及人員），情節輕者可予批評教育，情節重者可予行政處分。

## 第二項　暫行條例之解析與施行

暫行條例第八十七條，「本條例由國務院人事部門負責解析」。

第八十八條，「本條例自1993年十月一日起施行，施行具體部署和步驟由國務院規定」。

一、**條例之解析**：我國之立法體例，對法律之實施通常有施行細則之訂定，有關法律條文內容需加以具體之解析者，其解析均納入施行細則之中。中共對本條例之解析，則賦予國務院人事部門人事部負責，在運用上似較為靈活，對條例之內容，在不牴觸法條之精神與原則下，人事部可隨時隨地作必要之解析。

二、**條例之規劃施行**：暫行條例之制定，對中共原有國家幹部制度之變革幅度甚大，因此在實施時需作愼密的部署，如各人事機構人員之

專業訓練、國家公務員制度之宣導等，均屬不可缺少者。再關於實施之步驟亦需妥為規劃，因各級國家行政機關組織龐大，為數眾多；而暫行條例之內容亦極為複雜，涵蓋範圍甚廣；如所有行政機關均全面實施國家公務員制度，恐非人事部及各機關人事機構所能負擔；因此，是否將行政機關分批施行，及施行之內涵是否亦採逐步擴大方式進行，實需深入考慮。再國家公務員制度之施行，除暫行條例外，尚有若干配套法規需予訂定或修訂，如有關配套法規未有制定或修訂前遽予施行，則將只有國家公務員制度之名而無其實。

　　總之，國家公務員暫行條例之施行，為期真正獲致成效，必須事先妥為部署與規劃，訂出施行步驟，按部就班進行方能有成。這種部署與步驟，與各級行政機關均有密切關聯，為期推行順利，自需由人事部會商各機關並擬定具體部署與步驟後，呈由國務院核定施行。

# 第十三章　比較與結語

　　以上各章，係以個別國家爲對象，就該國人事制度之各主題予以分別敍述，以瞭解該國人事制度之全貌。在本章則以人事制度之各主題爲對象，對各國人事制度作一簡單比較與歸納，並略誌結語，以瞭解各國對該主題所採取之措施。

## 第一節　人事機關與人事機構

　　各國主管人事制度之機關與在機關內所設置之人事機構，其組織型態與權責頗多不同；雖非主管人事制度，但對人事制度有重大影響力的機關，各國情況亦不一致，茲分項比較簡述如後。

### 第一項　人事主管機關組織型態

　　**一、設委員會者：** 通常設主席及委員，亦有設副主席者（如新加坡、菲列賓）；委員人數少則三人，多則十餘人，多有任期；委員有者爲專任，有者爲有關機關人員兼任（如德國）；其名稱有稱爲文官委員會者

（如德國、菲律賓、泰國、迦納），有稱爲公務委員會者（如新加坡、加拿大），有稱爲行政委員會者（如南非聯邦）。委員會隸屬於總統或總理，有者更由總理兼主席（如泰國），有者由審計部長兼主席（如德國）。

二、設首長制之機關者：機關之名義，有稱公職及科技局者（如英國），有稱爲人事管理局者（如美國），有稱文官局者（如瑞士），有稱爲公職部者（如法國、意大利），有稱爲公務行政部者（如巴西），有稱總務處者（如韓國），有於財政部內設文官處者（如阿根廷）。

機關首長除部稱部長外，其設局或處者，局長或處長官多具有閣員身分，或指定由部長銜之人員兼任；首長有者規定有任期（如美國），有者未明定任期。

三、設兼有委員會與首長制之機關者：如日本之人事院，其本身與委員制相似，由人事官三人組成，並以其中一人爲總裁，均有任期；其下設事務總局，負責人事制度之推行。

## 第二項　人事主管機關之職權

一、職權超出人事制度之範圍者：各國人事主管機關中職權最爲龐大者，應推韓國之總務處，及巴西的公務行政部，韓國總務處除主管一般人事制度外，尚兼管行政管理及內閣的總務管理；在人事制度方面不但包括各種人事政策的擬訂與執行，且處理公務員的懲戒。

二、職權包括人事制度之範圍者：如英國的公職及科技局、美國的人事管理局、日本的人事院、泰國的文官委員會，其職權大致與人事制度範圍相當，但對公務員之懲戒或對公務員申訴案之受理部分，多仍由其他機關處理或受理。

三、職權不夠完整者：如德國之人事政策多由內政部主管；新加坡之人事行政事實上由財政部常務秘書負主要責任；菲律賓公務員之職位

分類與俸給另由俸給及分類局主管；加拿大對涉及經費之人事方案與政策，財政委員會有否決權；其他如法國、德國、阿根廷、迦納及象牙海岸等，亦多類此。

## 第三項　各機關之人事機構

**一、各機關多設有人事機構**：各機關為推行人事業務，多設有人事機構，惟其名稱極不一致，且均為各機關之內部單位，受所在機關首長之指揮監督；人事機構之人員，其任免考核之權責，均歸屬所在機關首長。

**二、人事主管機關與人事機構之關係**：各機關人事機構在推行人事業務時，需受人事主管機關所定人事政策方案及有關規定之約束，人事主管機關常透過各機關人事主管會報方式，以加強與各機關人事機構間之聯繫；有時人事主管機關亦可將部分權限授予各機關之人事機構行使，遇此情形，人事機構應定期向人事主管機關提出報告。

## 第四項　與人事制度有關之其他機關

除人事主管機關外，對人事制度具有部分管轄權之機關，其情況不一，大致可歸納為：

**一、因涉及用人經費預算而賦予其他機關部分管轄權者**：如英國的財政部，美國的政府審計局、管理及預算局，德國的財政部，法國的預算局，新加坡的財政部，菲律賓的預算部，加拿大的財政委員會等，所賦予之管轄權，多限於員額編制、俸給、退休撫卹方面，管轄方式或為取得其同意，或需由其決定。

**二、因涉及勞資關係而賦予其他機關部分管轄權者**：如英國的惠德利協議會，美國的聯邦勞工關係局，法國的協議會，德國的職員協議會

等，均屬其例；此種機關對人事制度之研擬具有部分協商權。

三、因涉及公務員保障而賦予其他機關部分管轄權者：如英國的惠德利協議會、實業法庭及文官仲裁法院，美國的功績制保護委員會、平等任用機會委員會，法國的評政院、協議會，德國的職員協議會、聯邦裁判所，菲律賓的文官申訴委員會等，處理公務員受不利處分之申訴，及勞資爭議之最後仲裁。

四、因其他原因而賦予部分管轄權者：如日本總理府之人事局，德國之內政部。依德國公務員法之規定，內政部具有甚為廣泛之人事制度權限，賦予內政部此種廣泛權限之原因，或係基於德國的傳統。

除上述者外，各國政府之一級機關（如部會），對所屬公務員之管理具有甚大的權限，如考試、任用、遷調、晉俸、考績、懲處，均具有部分決定權。

## 第五項　結　語

一、均有人事主管機關之設置：本書所述之廿一個國家人事制度，不論為單一國或聯邦國，均有設置人事主管機關；至人事主管機關之組織型態，則應國情及當時需要而定，惟最近二十年來似有將委員會之組織型態改為首長制組織型態的趨向，亦即由部外制改為部內制的趨向（如英國於一九六八年由文官委員會改為文官部，並擴大其職權，美國於一九七九年由文官委員會改為人事管理局）。

二、人事主管機關之職權大小不一：如以一般人事制度所應包括之範圍而言，各國人事主管機關之職權，有者超過應有範圍，有者大致與應有範圍相當，有者不及應有的範圍；此種情況多係基於傳統、國情及當時的法制而定。大凡當政者重視人事行政，及國家正在努力開發建設者，多能賦予人事主管機關以較大範圍的職權。

# 第二節　人事法制

各國人事制度之體系，多有不同，茲就法制層次、立法體例、中央及地方法制之關係等，分項簡說如後。

## 第一項　法制層次

**一、憲法**：憲法爲最高的法制層次，凡憲法定有人事制度之基本原則者，必須爲該國人事制度之所本，其他人事法律及規章等，均不得與之抵觸。如巴西、迦納、象牙海岸等國之憲法中，均規定有若干人事制度之條文。

**二、人事法律**：人事法律屬於第二層次的法制，一方面需遵從憲法之所定（如憲法定有人事制度之條文時），一方面需爲行政首長或人事主管機關發佈命令及人事規章之所本。人事法律種類之多寡及其規定之詳簡，則各國之間差異甚大。

**三、人事命令（或稱規則）**：此應屬於法制的第三層次，多爲國家元首（如總統）或內閣會議通過後所發佈者，此種命令或規則雖不得與人事法律相抵觸，但可約束人事主管機關之人事規章或指示。如美國總統、菲列賓總統所發佈之人事規則，其效力均在人事主管機關人事規章之上。

**四、人事規章及指示**：此係人事主管機關所發佈者，屬於第四層次，但亦有稱爲規則（如日本人事院規則）者，其內容自不得與上述各層次的法制相抵觸；如人事法律對人事主管機關之授權極爲廣泛，則人事規章及指示之範圍大；否則範圍就小。

## 第二項 立法體例

有關人事制度之立法體例，約有下列三種:

**一、以文官法爲主之立法體例:** 將人事制度之立法內容，盡量容納於文官法之內，使文官法成爲人事制度之根本。採用此種立法體例者，有日本、德國、法國、菲律賓、巴西、泰國、韓國、澳大利亞、紐西蘭等; 其特色爲文官法條文多，內容包括人事制度之大部分項目，至少數之其他項目，始以單行法另定之，如退休年金法、保險法、職位分類法、俸給法等。

**二、以文官法與其他人事法律並重之立法體例:** 雖有文官法之訂定,但除文官法外尚有許多其他人事法律; 文官法只是其中之一種而已。採此種立法體例者，有美國、意大利等; 其特色爲文官法條文不多，內容簡單，主要人事制度仍留由其他法律訂定，如美國除文官法外，尚有職位分類法、公務員俸給法、退休法、訓練法、考績法（最近自文官改革法公布後已予廢止）、退伍軍人優待法等; 如意大利除綜合性之文官法外，尚有其他人事法律多種。

**三、只有其他人事法律而無文官法之立法體例:** 如英國之人事制度，除公務員關係法、退休年金法外，並無文官法之訂定，一般人事事項均由公職及科技局以規章定之; 再如新加坡之人事制度，除年金法、中央儲蓄基金條例及貪污防治法之外，一般人事事項亦均以人事規章定之，並無文官法之公布。

## 第三項 中央與地方人事法制之關係

中央與地方公務員之人事法制，自完全一致至完全不同情形以觀，可分下列四種不同情況:

**一、中央與地方公務員之人事制度係屬一致者**：如意國，中央政府機關與地方政府機關公務員之人事制度，大多適用同一法律之規定。

**二、地方公務員雖有其人事制度但仍遵循中央公務員之規定者**：如韓國，原有地方公務員法之規定，但由於國家情勢原因，地方公務員人事制度事實上已遵循中央公務員之規定。

**三、地方公務員雖有其人事制度但其內容與中央公務員人事制度甚為相似者**：如日本，中央公務員有國家公務員法，地方公務員有地方公務員法，又如法國，中央公務員有中央公務員法，地方公務員有地方公務員法，但此兩種公務員法之內容甚為相似，故為兩種人事制度，事實上相近於一種人事制度。

**四、中央與地方各有其不同之人事制度者**：如美國、德國等聯邦國家，不但中央與地方有其不同的人事制度，且各地方之間又有其不同的人事制度，形成一個國家內人事制度之多元化。

# 第四項　結　　語

**一、人事制度之立法體例並無定制**：一個國家的人事制度，其立法體例並無定制，而係由其傳統國情及逐漸發展而來，因各國之國情不同，故立法體例自亦有別。

**二、文官法之有無並不影響人事制度的建立**：有人謂無文官法即無人事制度，此乃不正確者，如人事法律對重要人事項目之政策、原則已各有訂定法律，自無需再加上一個文官法以免疊床架屋。

**三、人事制度有悠久歷史者常無完整的文官法**：人事制度常是逐漸生長而成，並非一日移植而成，由於生長故進度慢，缺少整體的規劃，故多無完整的文官法；反之，如人事制度歷史甚短者，或因國體有重大改變而重新建立人事制度者，於建立人事制度時常會仿傚他國而作較為

週全的設計，整體的規劃，因而將有關主要人事項目之政策、原則等，納入一個法律，卽以文官法名之，如德國、法國、日本於第二次世界大戰後制定公務員法，菲律賓於獨立後制定公務員法，均屬其例。

# 第三節　人事體制

人事體制是一種縱的性質區分與橫的程度區分之架構，它亦是運行人事行政的軌道，爲人事制度中所不可缺少者。但各國人事制度的體制卻有不同，大致可歸納爲四種，茲簡述如後。

## 第一項　一般職位分類體制

此種體制，大致可以美國、加拿大、菲律賓、泰國爲代表，其一般情形如下：

**一、建立體制架構**：人事體制係以工作性質的區分爲經（通常稱爲職組或職羣，在職組或職羣之內再區分爲職系），工作職責程度的區分爲緯（通常稱爲職等）。此兩種區分縱橫交錯之結果，就構成一種架構。

**二、將職位歸入架構中之適當職級**：職位旣非指人員亦非指職務，而是指一個工作人員所擔任的那一份工作與責任；將各機關的職位歸入架構中之適當職級後，卽成了人事體制。

**三、歸入架構中同一職級之職位，其工作人員之人事業務適用同一標準處理**：此爲建立人事體制之目的，凡歸入架構中同一職級之職位，不論機關的隸屬，對其工作人員之人事業務，均適用同一的標準處理，如舉行考試用人時適用同一考試類科、同樣應考資格、相同考試科目與試題；任用人員時，適用同樣的資格條件，各工作人員間可以互調；核給俸給時，適用同等幅度的俸額；辦理考績時，應用同樣的考績項目與

標準；編列用人預算或統計時，適用同樣的稱謂等。

　　以上三種情況爲一般職位分類體制所共同者，但採用此種體制之國家，對職組、職系區分的精粗，對設定職等之多寡，對應考資格之高低，對設定俸額幅度之大小等，則因各國經濟發展及國情等的不同而有差別。就職組、職系及職等而言，如美國分二十二個職組、四百三十七個職系、十八個共同職等；菲列賓分二百七十四個職系、二十八個共同職等；泰國分八個職組、二百四十六個職系、十一個共同職等。

## 第二項　無共同職等之職位分類體制

　　**一、特點：**此種體制與一般職位分類體制之不同點，在於一般職位分類體制設有共同職等，而此種體制則按職組或職系分別設定職等，且職等數亦不相同。其餘如依職位工作之性質區分職組或職系，依職位職責之程度區分職等之情形，則與一般職位分類體制並無不同。

　　**二、實例：**如日本，依國家公務法及職階法之規定言，將各機關職位，依其工作性質區分爲九個職組、一二六個職系；再依各職組織位之職責程度，區分爲職等，如行政職組區分十一個職等，醫療職組區分爲四個職等，研究職組區分爲五個職等，甚至在同一職組內又區分有兩種以上不同之職等者。巴西亦有類似情形。

## 第三項　一般職務分類體制

　　採用此種體制之國家甚多，如韓國、法國、德國、意大利、新加坡、阿根廷、象牙海岸、迦納等。其一般情況如下：

　　**一、以職務爲區分之對象：**職務與職位意義不同，職位係指一個工作人員所擔任的一份工作與責任，而職務係指工作人員所任用的職稱，如科長、科員、工程司是職務，擔任同一職務的人可能很多，且每人的

工作與責任可能不同；職務的工作與責任內容較爲廣泛，不若職位的工作與責任內容之明確單純；一個機關雖有數百個職位，但可能只有十餘種職務。

二、建立體制架構：先根據職務之性質作極爲粗廣的分類（但技術職務仍作較精細的區分），再根據職務之地位、職責及所需資格作廣泛的分級（或分等），故職務分類體制的架構均較職位分類體制的架構爲簡單。

三、將職務列入架構中之適當位置：職務通常由各機關自行列入架構中之位置，或將各職務在架構中之位置在組織法規或預算中予以明定。

四、凡列在架構中同一位置的職務，其人事業務均用同一標準處理：如列在同一位置的各職務，以同樣標準考試，同樣資格任用，並核給同等幅度之俸給等。

以上四點雖爲一般職務分類體制之所同，但採用此種體制之國家對其職務之分類及分級（或等）情況，爲適應各國國情亦常有不同。就以分級（等）情形而論，如韓國對一般職務分爲九個共同職等；法國對一般職務分爲四個共同大職等（稱爲類）；德國對一般職務分爲四個共同大職等（稱爲級職），在四個大職等內又區分有十六個共同小職等（稱職等）；意大利對一般職務分爲八個共同職等；新加坡對一般職務及其他職務爲四個共同大職等（稱爲類）；阿根廷、迦納、象牙海岸等，對一般職務分爲四至六個共同大職等。

## 第四項　無共同職等之職務分類體制

一、特點：此種體制與一般職務分類體制之不同點，在於一般職務分類體制，設有各類職務所共同適用的職等，而此種體制則按職務類別

分別設定職等，且職等數亦不相同。其餘如以職務為區分之對象，依職務之性質區分類別，依職務之地位、職責及所需資格區分級別（即職等別），將職務列入適當的類別與等別等情形，則與一般職務分類制無異。

　　二、**實例**：如英國，將職務依其性質區分為七個職羣，而各職羣之職等多有不同，如行政職羣區分為五個職等，專業及技術職羣區分為三個職等，科學職羣區分為四個職等，社會安全職羣區分為二個職等。又如日本，就目前實際所運用者言（與國家公務員法及職階法所定者有出入），將各機關之職務，依其性質區分為九大類（即職組），每類之職等數不盡相同，如行政類分十一個職等，教育類分五個職等，有時在同一類職務中，又分設兩種以上不同的職等，如海事職中，對部分職務分為七個職等，對另部分職務分為六個職等。

## 第五項　結　　語

　　一、**需有體制**：一種人事制度必須建立有體制，有了體制對人事制度的運行才有軌道可循。

　　二、**體制之分類**：目前各種人事制度的體制，概括言之，可區分為兩大種，即職位分類體制與職務分類體制（職務分類體制亦有學者稱為品位分類體制者），如略作細分，則職位分類體制中，又可分一般職位分類體制及無共同職等之職位分類體制；職務分類體制中，又可分一般職務分類體制及無共同職等之職務分類體制。

　　三、**體制架構之精粗需適應國情而設計**：人事體制雖可作兩大種或四小種之分，但即使採用同一體制的國家，其體制架構的精粗，則需適應國情而設計。大致而言，凡經濟高度發展、分工精細、政府與民間對人員的羅致競爭甚為激烈，同工同酬觀念愈為濃厚的國家，其體制架構的設計較為精細，否則較為粗廣。

**四、同一國家可採兩種以上體制:** 同一國家,對各種公務員之人事制度,必要時可同時採用兩種以上的體制;如對行政人員採職務分類體制,對技術人員採職位分類體制;對行政人員之體制架構採較粗廣的設計,對技術人員之體制架構採較為精細的設計。

**五、各種體制各有利弊:** 上述四種體制,從某一觀點看均有其利,但從另一觀點看又有其弊。如從為事擇人、專才專業、同工同酬觀點看,自以一般職位分類體制為優,但從因材器使、經歷調任、鼓勵久任觀點看,職務分類體制又較職位分類體制為優;再以有無共同職等言,為適應各類人員之特殊需要而訂定俸給看,各類人員之職等宜分別規定,但為求廣泛的實現同工同酬及利於人員相互交流及俸給比較看,則又以設定共同適用之職等為妥。

# 第四節　考　　試

各國人事制度中,均有考試用人之規定,但對考試之性質、考試之種類、應考資格及考試內容與方式等,則呈現出差異,茲分項簡說如後。

## 第一項　考試性質之區分

各國對考試之性質,均區分為兩種。

**一、公開競爭性質之考試:** 即凡符合一定條件之人員,均可參加考試,參加考試之人員大家相互競爭,依考試成績之高低決定錄取或淘汰,不得因種族、宗教、信仰、地區、性別等而受歧視。各國對公務員的遴用,原則上均以公開競爭性質的考試行之。

**二、非公開競爭性質之考試:** 通常稱為甄選,當舉行甄選時,既不需要公開,亦不需相互的競爭,由用人機關就某種範圍內的人員(如現

職人員）中，具有某種基本條件（如某種學歷及服務年資）者，自行甄別選擇認爲適合之人員任用之。此種考試之舉行是爲例外，於特定之情形下始得爲之。至例外之範圍大小則各國情況不一。

## 第二項　考試種類之區分

各國考試之種類，大別可區分初任考試與升任考試兩種。

**一、初任考試：** 係指初次進入公務員之考試，原則上係屬公開競爭考試性質，但亦有採非公開競爭進用者（如法國對D類人員可甄選進用，美國及日本對技術人員可甄選進用）；其考試之類科區分，多係配合人事體制中性質的區分，其考試之等級區分，多係配合人事體制中之職等的區分；如法國、德國之人事體制，先區分有大職等，在各大職等中又區分有小職等時，則考試之等級區分係按各大職等之最低小職等而定。

**二、升任考試：** 係指原有公務員升任至較高職等之考試，原則上係屬非公開競爭考試性質，但亦有需經公開競爭考試而升任者（如法國B類人員升任A類者需經競爭考試）；至考試之等級區分，則按職等區分之規定。

## 第三項　應考資格之規定

對各種考試之應考資格規定，各國差異甚大，其情形爲：

**一、按考試等次分別規定應具學歷與年齡者：** 如英國，對助理書記、書記官、執行官及行政見習官之初任考試，不但分別定有應具的學歷，其年齡更需在一定限度之內；又如德國，對高級職、上級職、中級職及簡易職之應考資格，亦係分別定有應具學歷與年齡者，泰國及象國亦有類似規定。如係升任考試，亦同樣定有學歷與年齡的限制，惟其限制比初任考試略爲放寬而已。

**二、按考試等次分別規定應具學歷或年齡者**：此種情況係只規定應具的學歷而不論年齡，或只規定應具年齡而不論學歷；如日本對 I 種考試、II 種考試及 III 種考試，分別規定有應考者年齡的限制，但不一定需具某種學歷；韓國對各等次考試的應考者，亦分別訂有限齡；如係升任考試，則年齡限制可予放寬。有者雖定有年齡限制，但其限齡係屬一致並不按考試等次分別規定者，如意大利只規定應考人需為18歲以上；菲律賓規定應考人年齡需為18歲至50歲間。又如法國對A、B、C、D四類人員之應考學歷均有分別規定，但對年齡除A類外則無限制；新加坡對應考人亦定有學歷的條件；意大利亦有類似的規定；如係升任考試，則學歷亦多予放寬，但需增加服務年資。

**三、不嚴定學歷及年齡者**：如美國及加拿大，對一般考試的應考人之年齡及學歷，並無嚴格的限制。

## 第四項　考試內容與方式

考試內容視考試目的而有不同，考試方式又需依考試內容而定。各國舉行公務員考試之情形為：

**一、有以判定執行職務之能力為考試內容者**：如日本國家公務員法明定考試以判定執行職務之能力為目的，因而考試科目以與擬任職務有密切關係者為限，凡考試及格者即能勝任職務工作；又如菲列賓以測驗執行工作所需之才能與適合性為主，其情形亦與日本相類似。

**二、有以將來發展之能力為考試內容者**：如德國之考試，則以測驗將來發展之能力為主；英國公務員之考試，亦以一般能力及學識為主，法國亦與之相若；認為執行職務所需之學識技能及經驗，可於日後在工作上或訓練中學習，不需事先即需具備；美國近來對公務員之考試，亦漸注重於一般能力、性向、人格與情緒，換言之除考試職務所需之學識

外，尚注意人事心理方面的測驗，以預測將來發展的潛能，以期所遴用之人員，不但可勝任現職工作，在將來更可獲得晉升與發展。

三、考試方式之選用與並用：凡初任考試，多以筆試方式行之，但對部分人員之初任考試，爲求慎重亦有於筆試之前先作審查資格，於筆試之後再作口試或調查訪問，對技術操作等學識技能並採實地考試方式，以期運用多種考試方式，以增加考試之確實與可靠性，如美國、英國，則採若干種考試方式並用者。對升任考試之方式，除審查資格外，通常再加口試，至筆試則多被免除。

## 第五項　結　　語

一、初任考試以公開競爭爲原則、甄選爲例外：初任考試係從社會各階層羅致優秀者任職之考試，爲期能眞正遴選到優秀人才，需從多數人中遴選成績最高者，故所舉行之考試需爲公開（以期有眾多人可參加考試）、需爲競爭（從應考人中選出成績最高的人）。但各國對此一原則的應用均有例外，至可予例外的情況則各國不同，有對臨時人員予以例外者，有對技術人員予以例外者，有於應考人數不足時予以例外者，有對低級職務及高級職務予以例外者（如迦納），有於邊遠地區予以例外者，有經人事主管機關認爲不宜舉行公開競爭而予例外者，有對需特殊能力條件之職務予以例外者。舉行考試時，各國均強調對應考人不得因宗敎、信仰、種族、性別等之不同而有所歧視。

二、升任考試以甄選爲原則、公開競爭爲例外：現職人員升任至高等職務者，雖多用舉行考試，但其考試係以甄選爲原則，亦卽以審查資格爲主，必要時再舉行口試，至筆試等則多予免除；又現有人員轉任至性質不盡相同之職務者，或離職人員再予任用者，亦多用甄選行之。甄選考試多由各機關自行辦理，或組織晉升委員會辦理之。但對情形較爲

特殊之升任，亦有舉行公開競爭考試者，亦卽凡合於應升條件之現職人員均得報考，並採用各種考試方式遴選成績最高者予以晉升；如原有人員進用時並未經公開競爭考試，又所升職務所需之學歷較原職務之學歷為高時，多以公開競爭考試行之。

三、應考人不嚴定學歷係表示高度的公開：對應考人如嚴定學歷條件，則未具學歷者不能應考，所限定的學歷越高，則得以應考之人數越少，任公務員之機會越為上層社會人士所獨佔，與公開之精神不符。但所謂不嚴定學歷只是不將學歷作為應考資格而已，而考試內容之學識水準自不能因此而降低。

四、應考人嚴定限齡係在鼓勵永業發展：如應考人之年齡，視考試等次嚴加限制，則所進用之人員均為年輕之人，在工作上不斷加以培育，可在職務上獲得持續的晉升，如此可使公務員視公務為終身事業，不論對公務員及用人機關而言，均屬有益。

五、愈是高級人員之初任，考試愈需審慎嚴密與受到重視：如英國之行政見習官考試、法國之A類人員考試，其考試內容廣泛，考試程序嚴密，需經第一試、第二試、第三試，各試為時亦久，以期所羅致者確為人才，任用後期其對國家有所真正貢獻，所謂為國掄才，正是此意。

# 第五節　任　　用

各國公務員之任用，雖不盡相同，但大致可歸納為六個重點，卽任用條件、任用類別、調任、晉升、任用權及對高級行政人員之特殊規定等，茲分項簡說如後。

## 第一項　任用條件

凡任用爲公務員，必須有若干條件，並可歸納下列三種：

一、積極條件：此乃擔任公務員所必須具備者，如國籍、年齡在18歲以上等，係爲一般國家所規定。但對特殊技術性職務，亦有允許外國人士擔任者。

二、消極條件：此乃擔任公務員所不可具有之條件，如德國規定「不能保證恪遵自由民主基本原則之精神者」、「被宣告爲禁治產者」等，不得任用爲公務員；如英國規定「爲共產黨或法西斯黨之黨員者」，不得任用爲與國家安全保障具有密切關係之職務；如美國規定，對曾有犯罪、不顧廉恥、非道德或極不名譽行爲者、過度飲用酒精飲料者，不得任用爲公務員。

三、資格條件：如擔任某種職務者需經某種職務之考試及格，或具有該種職務之學能條件者始能擔任該種職務。此種有關知能條件即爲資格條件。前述之積極條件與消極條件，不論職務類別及職務高低，大致均屬相同；而資格條件則常因職務之性質及職務之高低而有區別。

## 第二項　任用類別

各國對公務員之任用，大致有下列四種：

一、一般任用：此乃屬正常的任用而言，但名稱各國不甚相同，如在英國稱爲常任任用，在德國稱爲終身任用，在法國稱爲常任任用。凡屬此種任用之公務員，對其職務有相當保障，公務員可在職務上獲得永業發展的機會。此種任用需經一定程序，最常見者爲經由考試及格分發各機關先行初任，經過一定期間的試用，經試用期滿認爲滿意者，始予以正式任用。

二、臨時任用：各機關遇有職缺無考試及格人員可資分發時，可准由各機關自行遴用適當人員作臨時性任用。臨時任用期間並無一定，當

至有考試及格人員可資分發時，應卽解除臨時任用，如菲律賓、美國及日本，均有類此之規定。

三、暫時任用：此乃爲應緊急業務需要作任職期間不滿六個月之職務的任用，各機關如需作暫時任用時，如有考試及格人員則應給考試及格人員以優先暫時任用。如菲律賓、美國，均有暫時任用之規定。

四、定期任用：在德國公務員之任用中，有定期職之規定，卽其任職定有一定期間，其期間並在任用書狀上訂明，任期一屆滿卽行解除職務。美國亦有類似規定。

## 第三項　調任方式

各國人事制度中，對公務員之調任方式有下列四種：

一、一般調任：卽將公務員由某一職務調至同等級之其他職務，如係在不同機關間調任者，需得雙方機關之同意；一般國家對調任並無任職年資之限制，但韓國對一般調任卻有任職年資之限制，換言之必須在原職上任職一定期間且工作上有表現者，始得調任同等之其他職務，此種規定之目的在經由調任而培植經歷。

一般調任原則上不需經由甄選或考試，但如調任至不同職組之職務者，通常需經過甄選或考試；又如原任職務係不需經由競爭考試進用，當調任至需經由競爭考試進用之職務時，仍需經由競爭考試；韓國及日本均有類似之規定。

二、派遣或調用：如德國規定，公務員因業務需要可被派遣至另一服務處所從事與其職務相當之工作，但如期間在一年以上者，需獲公務員本人的同意。派遣人員之俸給，由受派遣機關支付。又如新加坡規定，公務員可被調用至其他機關服務；公務員之調用，需經被調用機關之許可，同時調用機關需負責被調用人員之俸給。

三、借用: 如新加坡規定，當業務需要時，可向其他機關借用公務員服務，但應獲得公務委員會之同意；被借用人員之俸給，仍由出借機關支給。

## 第四項　晉升與降調

有關晉升與降調之規定，因人事體制之不同而異，其情形爲:

一、升類: 如德國、法國、象牙海岸等國，先將公務員分爲四個級職或四個大類（事實上即爲四大職等），每類中又區分若干職等（事實上爲小職等），凡升類者，通常先需有在原類職務上之一定的任職年資，工作具有績效，而後經過升類考試及格，始得升類，但亦偶有可甄選升類者；凡升類者其職務亦必有晉升，俸給自亦有增加。

二、升等: 如前述德國、法國、象牙海岸等國，在大類中升等者，通常不需經由考試，但需經由甄選或由晉升委員會根據其任職年資及服務成績而遴選，或從事先所編列之晉升人員名册中遴選。至如韓國、泰國等人事體制，當公務員升等時，對某種職等之晉升需經競爭考試，對某種職等之晉升則可經由甄選。

三、降調: 如韓國規定，遇及緊縮用人、機構改組或本人同意者，對公務員可予降調。

## 第五項　任用原則與例外

各國對公務員之任用，均有其原則，但亦有例外。

一、功績制原則: 任用公務員需以功績制爲原則，如進用人員需選其考試成績最高者，或其適合性最高者，留用人員需以知能條件優異及工作有表現者爲優先，主要目的在保持公務員之優良素質，以提高工作效率。美國、菲列賓等國均強調此一原則。

二、**機會均等而不受歧視之原則**：卽任用公務員之機會，除知能條件外應予平等，不得因信仰、宗敎、種源、種族、性別等而受歧視，此亦爲一般國家所強調者。

三、**對退伍軍人優待之例外**：如美國對退伍軍人參加考試者，對其考試成績有加分之規定；當提名分發任用時，給予退伍軍人有優先被考慮機會；於業務緊縮裁減人員時，退伍軍人有優先被留用的機會。

四、**限用職位之例外**：如法國規定，政府機關中保留某部分職位，限於情形特殊之人員任用，如在國家戰爭中有特殊貢獻之在鄉軍人，殘障人員之遺孀及孤兒，可在限用職位上任用，其他人員不得與之競爭。

## 第六項　任用權屬

各國對公務員之任用、調任及晉升之權屬，大致爲：

一、**規定由國家元首任用者**：如法國、迦納等國家，均規定公務員之任用權屬於總統，但得授權所屬主管行使；事實上亦是授權行使，如高級公務員由總統任用，中級公務員授權由各部會首長任用，而初級公務員則再授權由各部會所屬之各機關首長任用。

二、**按層次高低分別規定任用權者**：如泰國規定，十至十一職等公務員由國皇任用，九職等公務員由各部會首長任用，八職等以下公務員由所屬各機關首長任用。

三、**規定由各部會首長任用者**：如日本規定，公務員之任用權屬於各部會首長，但對中級及初級公務員之任用，可由各部會首長授權由所屬各機關首長行使。

## 第七項　對高級行政人員之特別規定

近年來各國對高級行政人員之任用，常有採取特別措施以利人員羅

致、調度、培植及快速晉升者，其情形有：

　　一、美國高級行政主管羣制度之建立：美國對第十六至第十八職等之管理職位，成立爲高級行政主管羣（簡稱 SES），規定各部會之分配名額，此種職位既可由常任公務員擔任，亦可由非常任公務員擔任，其人員進用、調派、考績及免職等均有特別規定，其人員之俸給不因工作之變更而受影響，以增加人員之機動調度與運用。

　　二、英國開放架構之組成：卽將各部會之自科長、司長、至次長職務，組成爲開放結構，凡開放結構中各種職務之人員來源予以盡量開放，除由行政職系人員晉升外，其餘科學、技術及其他專家工作者，亦可予以晉升；擔任開放結構各種職務者，不論職務如何調動，其原有俸級均予維持，以期調度靈活。

　　三、英國之行政見習官計劃：訂定行政見習官（簡稱爲 AT）之主要目的，在遴選一適當數目之高素質的大學畢業生，作爲將來高級公務員的主要來源；對其人員之遴選極爲愼重，對遴選合格者再加以適切的訓練與工作上的歷練，對成績優異者，可縮短其平常晉升所需的年資，以期獲得快速的升遷。

　　四、法國對高級行政人才之培養：國家行政學院畢業的高材生，可入選至行政大職羣（簡稱爲 GC），而後再有計劃的調職歷練，最後多可晉升至司處局長職務。

# 第八項　結　語

　　一、任用需有原則但應有例外：如任用爲公務員者需具有任用資格，其任用資格之取得需經由競爭考試，並依成績高低順序依次任用；但此只係原則，遇及特殊情況時應有例外，至例外之範圍大小及所謂特殊情況係何所指，則各國頗有差異。

二、調派應靈活但亦需顧及知能與工作之配合：爲期現有人力能獲得充分運用，調任需求靈活，除調任外尙可採取派遣、調用或借用等方式，以應業務之特殊需要。但調任亦需顧及知能與工作之配合，故如調至性質不同之職務者或原由甄選進用而調任需競爭考試進用之職務時，仍需經過甄選或競爭考試，以維持知能水準而免影響工作效率及發生濫用人員之流弊。

三、晉升需循一定程序但對成績優異者可縮短其年資：各國對公務員之晉升，均規定有一定的程序，以協助公務員之永業發展，同時規定晉升時除需經由甄選或競爭考試外，尙需具有一定的任職年資；任職年資如規定甚長，對績效優異人員之晉升卻有妨碍，因此對任職年資之限制必要時可予縮短，以加速升遷。

## 第六節　俸　　　給

各國公務員俸給之設計，設計時應考慮之因素，俸表之種類與結構，支俸之規定，加給與津貼之種類等，頗多不同，茲分項簡說如後。

### 第一項　俸給之設計與考慮之因素

一、俸給之設計：設置俸給，有以吸引人才及留住人才爲目的者（如英國），有以所任職責爲基礎者（如美國、阿根廷、韓國），有以職責高低及社會生活水準爲依據者（如法國、德國）。由於設立俸給之依據不同，則所設計出之俸給結構亦有不同。

二、訂定俸額時應考慮之因素：訂定各種職務人員之俸額時，除所依據之基礎外，尙需考慮某些因素，其中較爲重要者爲：

㈠生活費用：卽保持適度生活水準所需之生活費用，遇及生活費用

有重大變動時，應即調整俸額。

㈡民間薪資所得：為能留住及吸引人才，公務員之俸給自不能比民間為低，最少應保持與民間企業相當人員之薪資相等，因此遇及民間薪資有重大變動時，公務員俸額應即調整。

㈢經濟發展與國民所得：一般國家經濟多在不斷發展，國民平均所得亦在提高，但在各期間之發展速度與所得提高比率不盡相同，故俸額之訂定需隨時注意及當時的經濟發展與國民所得的變動情形。

三、**俸額之調整**：各國公務員俸給之俸額，均在視需要而調整，其方法為每隔一定期（如菲列賓規定每二年）應作俸給調查一次，發現公務員俸額與生活費用或民間薪資相距至某一比例時，應即調整公務員俸額，如阿根廷曾規定遇生活費增加20％時則需調整公務員的俸額。

## 第二項　俸表種類與結構

一個國家公務員的俸表，往往不止一種，俸表之結構亦各有不同。其情形為：

一、**俸表之種類**：大致而言，政務官均有其特定的俸表，至一般公務員則又視其性質之不同而分定有不同的俸表；如美國除政務官俸表及分類職位公務員之俸表外，尚有郵政人員俸表，外交人員俸表等；日本可能是俸表最多的國家，除特別俸表（適用於內閣閣員、大使公使、國會職員、檢察官等）有十一種外，一般俸表（適用於各職組人員）有十七種。

二、**俸表之結構**：一般國家，除政務官俸表依職務分別規定，且每種職務只有一個俸級（俸額）外，其餘公務員之俸表均為先區分職等，每一職等內再區分俸級，每一俸級再定一俸額；至職等數、職等內之俸級數、及每一俸級之俸額數，自各有不同，惟大致而言有下列趨向：

㈠俸表種類愈多者，每一俸表所適用之公務員範圍有限，職責程度

差距小，故所設職等數較少（多在八個以內）；俸表種類愈少者，每一俸表所適用之公務員範圍大，職責程度差距大，故所設職等數較多（均在九個以上）。前者如日本，各俸表之職等多在八個以下；後者如菲列賓職等爲二十八個，美國職等爲十八個，泰國職等爲十一個，韓國爲九個職等。

　　㈡職等愈多者職等內之俸級數較少，職等愈少者職等內之俸級數較多；　如日本之行政職俸表㈠，　每職等之俸級爲自十五級至二十九級不等；泰國普通公務員俸表，各職等之俸級爲自九級至二十級不等；菲律賓一般俸表各職等之俸級爲八級；美國分類職位公務員俸表，各職等之俸級多爲十級。

　　三、俸表之特別設計：通常設計俸表情形已如前述，但在法國、象牙海岸、韓國、巴西、英國、新加坡公務員俸表之設計中，各顯有其特點：

　　㈠以指數代替各俸級之俸額：公務員實得俸額係根據指數乘以基數而得，而此基數卽爲每點指數折合當時國幣之數，並經常調整；如法國、象牙海岸之俸額卽屬此種設計。

　　㈡將俸給由兩部分俸額相加而成：如韓國公務員之俸給，則分職務俸與年資俸，職務俸每一職等只有一個俸額，而年資俸卻分爲三十個俸級，並按年資晉級；又如巴西公務員俸給，曾分爲官等俸與職務俸。

　　㈢只規定各職務俸額之幅度而不明定俸級：如新加坡對第一、第二、第三、第四類公務員之俸額，均只訂定其俸額自最低至最高的幅度，其中未再區分爲俸級。瑞士公務員的俸表，亦屬此種設計。

　　四、以年俸或月俸額規定：俸表中之俸額，有以年俸額規定者，如英國、美國、菲律賓等國；有以月俸額規定者，如日本、韓國、泰國等。

## 第三項　敍俸與晉俸

**一、敍俸**: 指公務員初任或升等或升類時應支之俸給，凡實施職位分類之國家，其敍俸原則大致相同，即初任人員自職位所屬職等之最低俸級起敍，升等或升類人員，自所升職等或職類之最低俸級起叙，但原敍俸級之俸額已高於所升職等或職類之最低俸級者，換敍相當俸額之俸級；至降職人員，則在所降職等換敍相當俸額之俸級，或敍所降職等之最高俸級，但亦有規定仍准支原俸給（如美國）或補差額者（如法國）者。

凡不實施職位分類之國家，其敍俸除根據職務之職等外，尚需考慮及公務員本身的資格，如資格較優者，可在職等內酌予提敍俸級。

**二、晉俸**: 指在職等內之晉俸級；晉俸有下列兩種:

㈠一般晉俸: 有依考績結果而晉俸一級者（如美國）；有依年資晉俸一級者（如日本一年晉俸一級，德國每二年晉俸一級，英國每年晉俸一次）。

㈡特別晉俸: 如美國對成績優異者可縮短晉俸期間；如日本對工作成績特優、研究有成就、曾獲得表揚、因公受危或殘廢退職者可獲晉俸；如泰國對因公死亡者可晉俸。

## 第四項　加給與津貼

一般國家對公務員之給與，除俸給外尚有加給或津貼。比較共同性的加給或津貼有:

**一、地域加給**: 因生活費用特高或地區偏僻或氣候不良或在國外地區工作者，多有地域加給或津貼的規定。其規定有以一定金額為準者，有以俸給之百分比規定者。

二、**職務加給**：或稱責任津貼（英國），或稱職位及職務加給（德國），其金額多按職務高低分別規定其給予數額或給予俸給之百分比。

三、**危險津貼**：對擔任具有危險性之工作者給予之。

四、**專業津貼**：在英國稱為技能津貼，在巴西稱技術津貼；對從事性質較為特殊之專業或技術工作者給予之。

五、**超時及假日勤務津貼**：對超時工作者或需在假日繼續服勤者，給予較應得俸給為高之津貼。

六、**扶養津貼**：在法國稱眷屬津貼，在德國稱子女津貼，在阿根廷及象牙海岸稱家庭津貼，對眷屬較多尤其受有扶養之子女較多者，給予扶養津貼。

七、**期末津貼**：如日本、韓國，每季均對公務員給予季節津貼，原則上均為一個月俸給之數。

由於加給及津貼種類甚多，為免過於寬濫，亦有規定每月各種津貼及加給之所得不得超過俸給額或俸給額之某一百分比者。

## 第五項 結 語

一、**重視俸給**：俸給為吸引及留住人才之重要措施，不僅管理當局重視俸給，公務員亦重視俸給，故不論俸表的設計與俸額的訂定及調整，均為各方所注意。

二、**俸表之多元化**：人事制度主管機關，雖希望以一個俸表適用至所有公務員，但事實上均無此可能，故除一般俸表外又有特種俸表。俸表與人事體制有密切關係，凡採職位分類體制之國家其俸表種類較少，反之則較多。俸表之多元性固可各別適應公務員之特性，對同一特性之公務員相互間固可獲得較為妥善的安排，但不同特性公務員相互間，則會發生難以比較的困難，尤其遇及人員交流時更會引起困擾；如能盡量

減少俸表之數量，則困擾亦可減少。

三、俸額不易訂定：俸額雖需考慮職責、生活費用、民間薪資等因素之考慮而訂定，但因牽涉甚廣且受其他主客觀條件（如政府財力、公務員之期望）之影響，很難訂出合理的俸額；故化費在研究、調查及設計俸表、俸級與俸額上之人力與時間，通常亦最多。

四、加給或津貼易於破壞俸給制度：爲應事實需要，公務員除俸給外又有加給及津貼，但加給及津貼如不嚴加管制，任其巧立名目，則將破壞俸給制度，使俸給形同虛設，不受重視；故加給及津貼雖有需要，但應嚴加審核，對普遍性的加給或津貼，應予取銷並將之併入俸給之內，使俸給成爲公務員所得中之主要部分。

五、鼓勵久任與同工同酬之難於兼顧：鼓勵久任之方法，不外使公務員獲得不斷的晉升或使其可按年加俸而無止境，但晉升常受到客觀與主觀條件的限制，如編制及職缺爲客觀的條件，無編制及職缺則無從晉升；如資格與知能爲主觀條件，未具一定資格及知能條件者自不應普升；因而多以按年晉俸方法來鼓勵久任，故在俸表中各職等之俸級數盡量增加，但俸級數增加後則同一職等之最低俸級與最高俸級之俸額差距亦大，致使同工同酬原則難以實現。

# 第七節　考　　　績

各國公務員之考績情形，區別甚大，茲分考績之作用、考績項目、等次及獎懲、考績程序等簡說如後。

## 第一項　考績之作用

一、**以考績作爲採取人事措施之依據者**：一般國家，對考績多能發揮多方面的作用。如美國於裁減公務員時，其裁減順序依考績之優劣決定；應否晉俸及晉俸期間可否准予縮短，應視考績成績而定；公務員需否調整工作，或需否降等任用或予以免職，亦多根據考績認定，如韓國根據考績決定公務員之應否升職或升等及應否晉俸。如法國以考績作爲需否縮短晉俸期間及免職之依據等。

二、**以考績作爲決定是否適職或晉升之依據者**：如英國公務員之考績，主要作用在認定受考人是否適任現職，有否晉升潛能及宜否晉升，不在決定是否晉俸。如德國公務員之考績，不作晉俸依據，而作決定升遷或調任之依據。

三、**以考績作爲增進效率之依據者**：如日本公務員之考績，主要作用在發揮與增進公務員之效率，故日本稱考績爲效率評定；經考績評定效率高者予以獎勵，效率低者予以懲處。

## 第二項　考績項目、等次與獎懲

一、**考績項目之設計**：有以所執行之工作爲設計對象者，如美國公務員之考績，需根據工作訂定標準，以公務員之工作能否達到既定標準爲認定考績成績高低之依據。有以分析公務員之能力及是否適任現職與有無晉升潛能爲設計對象者，如英國公務員之考績項目，則偏向於人的條件的評鑑，有以兼顧工作及人的條件而設計考績項目者，如法國及日本公務員之考績項目，則屬此種類型。

二、**考績等次之區分**：關於考績等次之區分，有區分爲五個等次者，如美國、菲律賓；有區分爲四個等次者，如韓國、日本；有並不嚴限等次的區分者，如新加坡。再區分等次時，有更規定考列各等次之人數比例者，如韓國、日本即屬如此。

三、考績之獎懲：一般言之，凡考績列為優異者，週有較高職務職缺時多考慮予以優先晉升，或予以升等；考績列為優良或認合於要求者，則予按年晉俸，考績列為不良者，除不予晉俸外，應即考慮需否參加訓練或調整工作或改調職務；考績列為低劣者，通常即予以免職。

## 第三項　考績程序

各國公務員之考績程序，大別可分為訂定標準、考評、審議、核定及申訴。

一、訂定考績標準：於考績年度開始時，各級主管應即對所屬公務員之考績訂定工作標準，在訂定之過程中並需與公務員會商及徵求其意見，以期一方面使公務員真正了解工作標準之內容，另一方面使公務員有參與意見機會，取得其對工作標準的支持，以利將來的執行；如美國即有類似之規定。

二、考評：主管除平時對所屬公務員之工作情況隨時注意並考核外，於考績年度終了時，應即在既定之表格上作考績的考評；當主管考評完成後，需再送請上級主管複評；必要時並需與受考人商談。如考績列為不合格者，需以書面通知受考人。

如英國、新加坡、迦納等國，對考績列為不良或劣等者，應先通知受考人改正；泰國對經考績不予晉俸者，應以書面通知其理由；美國對考績不滿意可能構成免職者，更需在一定期間前通知受考人期其改進。

三、審議：公務員考績經主管考評完畢後，即送請考績委員會（其名稱頗不一致）審議，但亦有不需經過委員會之審議者；委員會之審議，其主要作用一為調整各單位在考績上所產生的差誤，二為委員會中很可能有職員代表參加，使職員代表有表示意見機會。

四、核定：考績案均由各機關首長核定，經核定之考績，除考列不

合格或不良需予懲處者，必須以書面通知受考人外，考列其餘等次者一俟核定即予執行，不一定另需通知受考人。

**五、申訴：** 受考人於接獲考績通知後，如有不服可於規定期間內向原機關或向人事主管機關提出申訴。

**六、高級人員多不辦考績：** 高級人員由於工作範圍廣泛，績效優劣不易評定，故索性不辦考績，如日本及韓國，對高級人員均不辦理考績。

## 第四項　結　語

**一、考績受批評最多：** 公務員考績雖極重要，但卻不易辦好；考績的方法雖有多種，但沒有一種被認為真正有效；同時主管對所屬之考評，如從寬考評則趨於浮濫，如從嚴考評又可能影響人際關係和諧；故有些國家除將考績結果作為將來升遷轉調之參考外，不再憑作是否晉俸之依據，而俸級之晉敍則根據服務年資而定，如德國公務員每服務二年晉俸一級。

**二、考績多以命令規定：** 人事制度中之重要項目，多以人事法律定之，考績雖亦為重要項目，但用人事法律制定者並不多見，故考績制度多以命令或行政規章定之。

**三、考績方案之差異性甚大：** 因考績多係以命令規定，故考績方案多由各機關自行訂定，為適應各機關之個別需要，致其間之差異性亦較大。

## 第八節　訓　練

各國對公務員訓練業務，均在不斷擴展，茲就其需要性、辦理機構、訓練種類等，分項簡述如後。

## 第一項　訓練之需要

對公務員訓練之需要性，各國看法不盡一致。

一、英國：認為訓練是配合考試而舉辦的，因公務員的考試，只注重一般學識與能力，而此種一般學識及能力與擔任工作所需要的工作知識技能有別；此種工作知識與技能在學校中亦少有傳授，故必需以訓練來補足，因而對公務員尤其是新進公務員訓練係有其必要。

二、美國：認為公務員訓練的舉辦，係基於下列的各種需要，即一為增加管理知識，二為培植人才，三為學習新技術。因管理發展為各方所重視，機關任務的成敗亦繫於管理之是否得法，故為公務員者必需增加管理的新知識；對公務員必需作有計劃的予以培植，以期將來能擔任更重要職務，對機關作更多的貢獻；技術在不斷更新，身為公務員自應繼續學習，使能作充分的運用。故公務員訓練為國家所急需。

三、日本：認為訓練在增進公務員的知識與能力，以增加公務員對新業務之適應性，及透過訓練來培養行政官。由於業務之不斷發展與更新，公務員亦需增進新知識與能力，來適應新的業務與環境；再行政官必需靠有計劃的培養，透過訓練，來擴大其視野，培養其領導、計劃與協調的能力，進而在適當時機可擔負重要部門的主管。

## 第二項　訓練機構

各國舉辦公務員訓練之機構，大別可分下列三種。

一、人事主管機關所設置之機構：如法國在公職部下設有國家行政學院；美國在人事局下設有聯邦主管研究院、主管人員研究中心，及若干地區訓練中心；英國在公職及科技局下設有公務員學院，在倫敦地區並設有訓練中心；韓國設有中央公務員教育院並與總務處保持密切聯

繫；日本在人事院設有公務員研究所，均屬其例。

二、**各部會及機關自行設置之訓練機構：** 凡規模較爲龐大且屬專業性或技術性之部會及機構，多自行設有訓練機構，以訓練所屬公務員；如一般國家主管財政、交通、經濟、外交、司法等業務之主管機關，多設有專業訓練機構。

三、**代辦訓練之政府或民間之學術機構：** 政府或民間的學術機構，以與政府建教合作方式或接受政府委託方式，辦理公務員之訓練；此種情形，多以政府訓練機構不能自辦或所訓練之內容偏重學術理論之探討時方得爲之。菲列賓借重此種學術機構辦理公務員訓練者甚爲普遍，且效果亦甚良好。

## 第三項 訓練種類

公務員訓練之種類，有依其受訓之人員對象區分者，有依其訓練之課程性質區分者，有依其訓練課程之程度區分者，有設定獎學金者；大致而言，各國公務員之訓練種類區分情形如下：

一、新進人員訓練與現職人員訓練

㈠新進人員訓練：係以考試及格或甄選合格之擬任人員爲訓練對象，其主要目的在使以前沒有擔任公務員者，於進入機關擔任公務員前，使其瞭解擔任公務員所需具備之知識與技能，其訓練課程多爲政府組織情況、各重要機關之職掌、擬任機關之業務情況、處理公務之程序、及擔任公務員應行遵守之各種事項等，爲期甚短。但亦有作長期的訓練者，如法國之國家行政學院，對初試及格人員需作一年多的實習及一年多的訓練，其課程亦包括學術、理論、國家情勢、經濟發展等課程在內；再如意大利亦設有國家行政學院，對初任公務員的訓練爲期一年，其情形與法國之國家行政學院相似。

㈡現職人員訓練：係以現任公務員爲對象，其班別及課程則因各別需要而不同；如爲推行新業務所舉辦之訓練，爲熟練操作技術所舉辦之訓練，爲增進效率或改善服務態度所舉辦之訓練等；訓練期間亦各有不同，短者可爲數日，長者可爲數月。

二、行政管理訓練與專業及技術訓練

㈠行政管理訓練：此係一般性的訓練，主要在介紹行政管理之理論與實務，以期一般公務員有所瞭解，主要課程包括人的管理、財的管理、事務的管理、工作的計劃執行與考核、意見溝通與協調、及一般人羣關係的理論等；訓練期間多爲一個月左右。

㈡專業及技術訓練：此乃因機關之業務需要而經常規劃辦理者，尤以專業及技術機關爲然，參加訓練者多爲從事於該種專業或技術工作之人員；如電子計算機操作訓練、醫護人員訓練、社會工作人員訓練、經濟分析人員訓練等，均屬專業或技術訓練，訓練期間視需要而定。

三、各層次訓練：如菲列賓對公務員訓練，則區分爲三個層次：

㈠第一層次訓練：屬低層次的訓練，參加者亦以低級人員爲多，訓練班別有文書處理訓練、機器操作訓練等。

㈡第二層次訓練：屬中層次的訓練，參加者亦以中級人員爲多，訓練班別多爲專業性及技術性者，訓練課程亦以各種專業及技術課程爲範圍。

㈢第三層次訓練：屬高層次的訓練，參加者多以主管人員及高級人員爲主，課程內容以管理及理論性學科爲主；如以主管人員之訓練而言，又可區分爲初級主管、中級主管、高級主管訓練；如日本有股長級訓練、副科長級訓練、及科長級訓練等。

以上第一層次的訓練，或由人事主管機關辦理，或由各機關自行舉辦；第二層次訓練多爲各機關自行舉辦者，第三層次訓練則由人事主管

機關自行辦理或委託政府或民間之學術機關辦理。

四、獎學金之給予: 給予公務員以進入國內外高級學府深造，亦為公務員訓練方式之一種; 如泰國、菲律賓、紐西蘭等國，給予公務員獎學金之方式甚為普遍，名額亦多。採用此種方式者，通常先決定獎學金之類科及名額，再規定申請者應具條件，而後以競爭考試方法選定適當公務員並給予獎學金; 獲得獎學金之公務員，在入學深造期間原有俸給照支，學校所需費用由獎學金負擔，來回路費亦由政府供應; 將來學成後通常需在原機關繼續任職，未能繼續任職或其任職期間未屆滿者，應追回其費用。

## 第四項 結 語

一、公務員訓練已受到各國重視: 由於業務之不斷改進與革新，新知識與技術之不斷發明，為保持公務員之知識與技術水準，及增進公務員才能以應永業發展需要，一般國家無不重視公務員訓練，不但增設各種班次，且緊密訓練頻次，致如日本已達到每年平均五個公務員就有一人參加訓練，美國更達到每年平均三個公務員就有一人參加訓練。

二、借重政府及民間學術機構舉辦公務員訓練者有增多趨勢: 公務員訓練原以由政府自設之訓練機構辦理為原則，但由於訓練頻次之增加，已使訓練機構難以負擔; 再由於師資之不足及期間之限制，對學術性及理論性的學科之進修訓練工作，訓練機構亦不易勝任，因而乃轉向與學術機構採建教合作方式或委託方式，改由政府或民間學術機構代辦公務員訓練，此種情況在菲列賓甚為普遍，其他國家亦多有採用。

三、主管人員訓練受到注意: 以往主管人員只是訓練他人而不受他人訓練，但近年來此一觀念已有大的改變，各國設班辦理主管人員訓練者，已極為普遍，如美國、日本、菲列賓，均設有不同層級主管人員的

訓練；訓練課程則以管理之理論、國家情勢、政府施政、及政治經濟方面各種問題之研究與討論為主，使參加者對這些問題有更深一層瞭解，以利對所屬人員的領導及各種業務與施政計劃之擬訂。

# 第九節　服務、懲處與申訴

公務員到職後，自應為政府服務，因而各國對公務員服務之工作時間與假期、在職期間應盡義務、違反義務時應有之懲處、及寃屈之申訴等，均有所規定，但規定之內容則不盡相同，茲分項簡說如後。

## 第一項　工作時間與假期

一、工作時間：一般而言，公務員每日工作時間約為八小時，每週工作時間約為四十四小時，亦即每週辦公五天半，星期六下午與星期日不上班。但熱帶或亞熱帶地區國家，為配合氣候常有將辦公時間酌予縮短者（如泰國為每週三十五小時、巴西為每週三十三小時）；再如經濟發展快速國家，為期公務員能有較多時間之休息與自由支配，亦有將辦公時間予以縮短者（如美國為每週四十小時，每週工作五天，將來還可能減為四天；英為每週四十一至四十二小時；法國為每週三十九小時）。除每日或每週之固定工作時間外，尚有採彈性辦公時間者，如德國、美國均有採行，但不若固定辦公時間之普遍。

二、假期：一般國家對公務員之假期，約可分為三類；㈠休假：亦稱年度休假，休假有者按公務員年齡及職等分別規定不同之休假日數（如德國），有者按職務及年資分別規定休假日數（如英國），有者不論年資及職務休假日數一致（如法國）；再休假期間之長短亦不一致，一般而言以一年休假三十日左右者為多；如一年內休假日數未休滿時，有

者規定可延至下年度使用，有者不准延用。

(二)病假：公務員因病不能執行職務者，可請給病假，但病假之期限各國差距極大；如法國對病假規定有一般病假、長期病假、特別病假，期間甚長，對公務員甚為有利；再期間較短之病假，均支全俸，超過一定期間後之病假則多改支半俸；如長期間病假期滿身體仍未復原而不能工作時，則多規定改予退職或休職。

(三)特別假：除休假及病假以外之假，多稱為特別假，即以個人特定事故不能到公而請假者；各國對特別假之規定多不一致，名目亦多有不同，且有者名目甚多，但在各國之特別假名目中，如婚、喪、分娩、家屬重病需親自照顧等，多列為特別假；如法國即為特別假名目較多之國家，如女性公務員懷孕三個月後每日辦公可縮短一小時、生產後一年內每日可哺乳一小時，亦屬特別假範圍；至如參加訓練、服兵役等事故之給假，亦多列為特別假。

## 第二項　應盡義務

一般國家對公務員在職期間應盡之義務，可區分為兩類。

**一、一般性之義務**：公務員在職期間應行遵守之一般性義務，多數國家甚為類似，如應盡力執行職務、服從上級命令、保守公務機密、不得貪圖個人利益、不得經營商業、保持公務員應有的言行水準等；但有的國家，對公務員應行遵守的事項（包括積極的有所為與消極的有所不為），規定得極為詳細而具體者，如新加坡、菲律賓、泰國即屬其例。

**二、政治活動之限制**：有不少國家，規定公務員應為全民服務而非為政黨服務；亦有不少國家規定公務員對政治應保守中立；故公務員的政治活動受有限制，乃為一般民主國家尤其多黨制的民主國家所遵守，但亦有較為例外者（如法國）。

　　所謂公務員政治活動受限制，並非所有公務員均受著同樣的限制，而係按公務員性質或職務高低規定受程度不等的政治活動限制；如政務官，各國對其政治活動並無限制；至一般公務員而言，在英國卽規定三種不同程度的限制，卽實業公務員與擔任操作技藝工作之公務員，得自由參加政治活動；中間職等公務員，除不得爲國會議員候選人外，可參加政治活動；高職等公務員，除可參加地方性之選舉外，在國家選舉中不得參加政治活動。

## 第三項　懲　　處

　　公務員之懲處需有其事由(卽原因)，所受懲處種類需以人事法制有明定者爲限，懲處權需由法定機關行使，決定懲處需有其程序。其情形如下：

　　一、懲處事由：構成懲處之事由，有的國家規定甚爲簡單，有者規定甚爲詳細而具體，不論其爲詳爲簡，總不外違法方面之事由、行爲不檢方面之事由，及工作缺失方面之事由。凡公務員具有懲處事由所列之情事者，則需予懲處。

　　二、懲處種類：懲處種類各國不一，有者僅列五種（如韓國），有者更列有十種（如法國），但一般國家多在六至七種之間；再懲處之內容，除較爲普遍之申誡、減俸、降級、免職等外，更有將強迫退休、短期間停職、從晉升名册中除名等亦列爲懲處之一種者。

　　三、懲處機關：行使懲處權之機關，多數國家規定各主管部會首長，對所屬公務員有懲處決定權，但亦有規定人事主管機關爲懲處權之機關者（如韓國之中央懲戒委員會主席由總務處長官擔任、新加坡之公務委員會、菲律賓之文官委員會），有另行組織懲戒機關者（如德國之聯邦裁判所），更有懲處權名義上屬於總統但由總統授權各機關行使者（如

迦納、巴西、阿根廷）。懲處權如規定由人事主管機關、懲戒機關或總統行使者，事實上亦只是較重的懲處部分，至一般輕微的懲處，仍多由各機關首長或其所屬主管人員決定。

四、懲處程序：為期懲處能公平與慎重處理，在決定懲處時通常需經由一定程序，尤以較重的懲處為然。所謂懲處程序，各國規定雖不盡相同，但大致均包括：

㈠提出指控：卽主管人員發現所屬公務員有違反規定而需予懲處時，應向上級長官或機關首長提出指控。

㈡通知：由有懲處權者將指控事項，以書面通知被控公務員，並規定限期提出申辯。

㈢申辯：被控者對指控事項，可提出申辯，並得提出有關人證物證。

㈣調查：懲處權者對指控及申辯情事，如認為尚不夠作為懲處之依據時，得舉行調查，在調查期間並得舉行言辭辯論，被控者得請律師或工會團體代表代為辯護。

㈤懲處：根據所搜集之事實，再行決定應給予之懲處。

五、刑事與懲處程序之關係：對在懲處程序進行中，如同一案件涉及刑事或已在刑事程序中者，一般國家均規定有刑先懲後之原則，卽懲處案件應俟刑事案件確定後再行處理，但亦有國家採用懲處程序可與刑事程序並行者（如日本），卽同一案件同時涉及刑事與懲處責任者，可各別依其程序並處分。

## 第四項　申　訴

建立申訴制度之目的，在使公務員不受寃屈，免受不公的處分。

一、得提出申訴之事項：公務員得提出申訴之事項，一般國家以公務員受較重之懲處者為限，卽公務員受有較重之懲處，如有不服可提出

申訴；但亦有些國家予以擴大得提出申訴之事項範圍者，如日本公務員對不正當行政措施可提出要求，對不利處分可要求審查，如要求未能如願時卽可提出申訴；菲列賓亦有類似規定。

二、**得向之提出申訴之機關：** 公務員可向之提出申訴的機關，除一般要求事項只能向機關首長提出外，一般國家對懲處事項原則上以給予懲處之機關爲限，如懲處由機關首長決定者可向機關首長提出申訴，懲處由人事主管機關或懲戒機關決定者可向人事主管機關或懲戒機關提出；但申訴通常不以一次爲限，如機關首長仍決定維持其原有處分時，受懲處人可再向人事主管機關提出上訴；如人事主管機關或懲戒機關仍決定維持其原有處分時，受懲處人可向法院或行政法院提出上訴。

三、**申訴之限期：** 爲期申訴事項能早日定案，不僅對提出申訴之人，應於接獲通知之日起一定期間內提出申訴，如逾期未有提出卽不得再行提出外，對受理申訴案之機關亦多規定其處理申訴案之限期，以期早日結案。

## 第五項　結　　語

一、**工作時間有減少趨勢：** 近代國家，公務員由物質生活之已獲得適度的滿足，因而逐漸轉向精神生活的追求，使有更多的時間來從事自已所喜愛的活動，因而減少工作時間成爲一般公務員願望之一；管理當局亦深切瞭解，長期間的工作不一定卽會提高效率，公務員樂意工作時始能提高效率，因而管理者亦多願意減少工作時間；故減少工作時間已成爲將來的趨勢。

二、**義務與懲處規定應能適應需要：** 公務員在職期間應盡有義務，違反義務時應受懲處，及政治活動應受有限制，雖爲各國之所同，但規定義務及懲處之重心所在及政治活動限制之寬嚴，卻各國有所不同。如英

國及美國，一般認爲是公務員受政治活動限制較嚴的國家，而法國卻是受政治活動限制較寬者，再如共產國家，因黨與政不分，根本無限制之必要。再就一般性的義務與懲處言，如新加坡、韓國，對公務員貪污爲之痛絕，因而對公務員經濟利益之限制特別嚴格（如新加坡規定公務員不可出借金錢生息，只可存入銀行生息）；如英國公務員一向受社會重視，故對公務員言行水準之要求亦高；再如美國認酗酒及駕車肇事者爲害甚大，故公務員有酗酒或駕車肇事者，即可能予以免職。凡此均表明公務員之義務與懲處規定，應能適應各別國家的需要。

　　三、懲處需兼顧保障與維護風紀：懲處措施原爲維護公務員風紀而設，但懲處（尤其是較重的懲處）需經一定程序，對認爲不公的懲處並得提出申訴，則又爲保障而規定；保障與維護風紀原爲相互矛盾者，但懲處措施必須在此兩者兼顧下採取，如有所偏均將發生流弊，如偏向保障則公務員風紀難以維護，如偏向風紀維護則公務員無法得到合理保障。

# 第十節　結社與參與管理

　　公務員可自由結社並參與服務機關之管理性工作，亦爲部分國家人事制度所重視。茲按結社與參與方式、得交涉與協商之事項、罷工、申訴與仲裁等項，簡述如後。

## 第一項　結社與參與方式

　　一、結社權甚爲普遍：大部分的國家（諸如英國、美國、法國、德國、日本等國），對公務員之結社權甚爲重視，有者明定於憲法，有者以法律規定，有者以行政命令認可；其規定之方式多爲公務員有參加結社或不參加結社之自由，結社之名稱，有者稱爲協會，有者稱爲工會或

職業工會，有者稱爲職員團體；參加結社之公務員，在法定範圍內之從事社團活動均予以保障。

　　**二、參與管理之方式**：公務員經由結社而參與管理，乃正常發展程序，惟參與管理之方式，各國不盡相同，大致可歸納下列兩種：

　　(一)由社團推選代表與官方代表組織委員會，由委員會來參與管理：如英國係由官方代表與職員工會代表雙方組織惠德利協議會參與管理，全國有全國惠德利協議會，各部有部惠德利協議會，地方政府亦可酌設；又如法國係由官方代表與公務員社團代表雙方組織最高人事制度協議會參與管理，在各部並設有人事管理協議會與行政管理協議會，均由官方與職員社團雙方代表所組成，參與有關人事管理與行政管理之審議等工作。

　　(二)由公務員社團與管理當局直接交涉協商來參與管理：如德國政府二級以上機關，均得設置協議會，委員由職員選舉，對人事管理有適度之交涉、協商及決定權，除中央設中央職員協議會外，中央各機關及地方政府亦得設置各該機關或地方之職員協議會；又如美國由工會出面與管理當局交涉及協商；再如日本則以職員團體出面與管理當局進行管理工作之交涉與協商。

# 第二項　交涉與協商

　　**一、得以交涉與協商事項**：各國規定不盡一致，一般而言，凡與社團成員切身利益有關之事項，如服務條件、晉升、懲處等，如有不公或有損及社團成員之權利者，多可進行交涉與協商；至純屬管理當局職權之事項，則不列爲交涉與協商，如組織、員額編制、人員進用等均屬其例。至無勞工部設置之國家，則一般國家政府中勞工部之任務，亦有部分移轉由工會處理，故工會得以交涉與協商事項可能略較一般國家之工

會爲廣泛。

二、對不公與不當行爲之禁止：爲求交涉與協商之獲有效果，及對協議事項之遵守，通常對管理當局及工會雙方，均規定若干應行禁止之不公及不當行爲；如禁止管理當局干預法定所賦予公務員的權利、對提出申訴之公務員予以處分、拒絕承認合格的工會、及拒絕由工會善意所提出的協商等；又如禁止工會強制公務員加入工會、對會員依協議書行使權利時工會拒絕代表出席、拒絕參與管理當局所作善意的協商、進行爲法律所禁止的罷工或停工或怠工、違反經由協商而獲得的協議等。

## 第三項　罷工、申訴與仲裁

一、爭議無法獲致協議時之罷工：依工會之一般想法，當工會與管理當局雙方之爭議無法獲致協議時，即將訴諸罷工以求取勝利；但各國對公務員究竟有無罷工權之規定頗不一致，有未作明確之規定者，有在符合法定條件下可作適度之罷工者（如加拿大、法國），有係禁止罷工者（如美國）

二、爭議無法獲致協議時之申訴與仲裁：當雙方爭議事項，無法直接獲致協議，或在最高人事制度協議會（法國）或全國惠德利協議會（英國）中無法獲致協議，通常並不訴諸罷工而係向仲裁機關提付仲裁或向法院提出控訴。如英國經惠德利協議會協商不成時，向實業法庭提起上訴，或可提向文官仲裁法院仲裁；如德國經無法獲致協議時，可向最高主管機關所設置之仲裁機關提付仲裁；上述英國之文官仲裁法院及德國最高主管機關所設置之仲裁機關，其組成人員中均有公務員之代表在內。

## 第四項　結　語

一、參與管理應屬一種進步作法：公務員透過結社推選代表參與與自己團體有切身利害關係事項之管理，係屬一種進步的作法。從心態觀點看，參與管理不僅可消除員工不滿的心理，經由參與所作之管理工作，事實上亦確較爲理想，更可獲到員工的支持，應屬管理工作的進步。

二、得予交涉與協商之事項範圍應視需要而定：所謂參與管理，主要是交涉與協商，但職員團體得以向管理當局提出交涉與協商的事項，其範圍需要適度，如範圍過小等於沒有參與管理，如範圍過大則又將影響及管理當局對管理權的行使，然則何種事項應予列入交涉與協商的範圍，自無法作一致規定，而需視國情、傳統、公務員守法觀念等因素而定。

三、應以仲裁制度解決爭議：公務員團體既可向管理當局交涉與協商，則總有無法獲致協議的時候，當無法獲致協議時，工會主義者認爲則應訴諸罷工，但罷工究屬危險之事，各國均極力設法避免，故解決爭議之辦法應爲仲裁制度，而主持仲裁之機關最好應有公務員代表在內，最低限度亦應由第三者之公正人士擔任，以建立仲裁之客觀性；對仲裁決定之事項，管理當局及公務員團體均應遵守，以樹立仲裁之權威。

# 第十一節　退休與撫卹

各國對公務員均有類似退休與撫卹制度，惟其名稱不一，茲分退休之目的、退休撫卹制度名稱、退休撫卹制度概要各項，簡說如後。

## 第一項　退休制度之目的

建立退休制度之目的是多方面的，如：

一、保持效率與提高士氣：退休可促進新陳代謝，保持人力青壯，

不僅可保持既有的工作效率，更可增加原有人員之晉升機會，提高其士氣，發揮其潛能。

　　二、使年邁公務員有舒適安閒的老年生活：退休人員多可依規定領取退休金，並可獲得原服務機關的適當照顧，使其老年生活能在舒適安閒中渡過。

　　三、引進新技術新觀念：退休人員之職缺，可逕行進用新人，或由其他現職人員晉補後其遞遺之缺再行進用新人；進用新人之同時，常會引進新的技術與新的觀念，此種新技術與新觀念實為保持公務發展所不可缺少者。

　　四、減輕用人經費負擔：退休人員由於任職年資久，俸級較高，其俸給經費亦較多；當退休職缺補進新用人時，其年齡較低，年資較淺，俸級不高，故用人經費負擔亦可因而減輕。

## 第二項　退休撫卹制度名稱

　　各國對退休撫卹制度名稱，頗多差別，其情形為:

　　一、以年金制度名之者：多數國家均採此一名稱，如英國、法國、德國、泰國、新加坡等國，均有年金法（或稱退休年金法）之訂定，對經費來源、退休條件、退休金撫卹金種類及其計算標準等，均有明確規定。

　　二、以儲蓄基金名之者：新加坡除年金法之外，尚有儲蓄基金條例之訂定，公務員在職期間採用儲蓄方式（政府亦補助儲蓄金額），於退休或不能繼續工作或死亡時，將儲蓄金額本利一次付清。

　　三、以互助制度名之者：日本除退職制度外，原有之公務員恩給制度，現已為互助制度所代替；互助制度中規定有經費負擔、互助項目及發生互助項目事故時之互助給付，其情況與一般國家之退休撫卹制度極

為相似。

　　**四、以保險制度名之者**：菲律賓公務員均參加保險，保險制度中規定保險基金來源、保險項目及各種保險給付之標準；除保險制度外，並無公務員退休撫卹制度。

　　**五、以災害補償名之者**：部分國家對公務員因公傷病或死亡者，對其退休撫卹金之給付另有加給之規定，以示體卹；但部分國家（如德國、英國、日本等），對此種因公傷病或死亡之加給，不在年金制度中規定，而另以災害補償制度定之，其補償之項目以因公傷病、殘廢或死亡者為限，其給付標準與年金制度中之規定亦有不同；此兩種制度係可同時並用。

　　**六、以社會安全福利制度名之者**：如美國公務員之退休撫卹，近來改以社會安全福利、基本福利計畫及儲蓄計畫所代替。

## 第三項　退休撫卹制度概要

　　**一、經費來源**：退休撫卹經費之來源，有下列三種情況，即(一)全部由政府負擔者，如德國、巴西、阿根廷；(二)全部由公務員與政府分擔者，如法國、美國、韓國、菲律賓等國，至分擔之比例則各國又有不同；(三)一部分項目由政府負擔，一部分項目由公務員與政府分擔者，如英國、日本。

　　**二、退休年齡**：各國對公務員退休年齡多有最低限與最高限之規定，最高限即為命令或強制退休之年齡；一般而言，多規定在五十五至六十五之間；但亦有作較低之規定者，如韓國、新加坡；亦有作較高之規定者，如法國；亦有不再嚴加規定者，如美國。

　　**三、退休撫卹金種類**：各國對退休撫卹金之種類，多分為五種至七種之間；但亦有只分三種或四種者，如新加坡、法國；亦有將之區分為

二十種者，如日本。

四、退休撫邱金計算方式：退休撫邱金，多以俸給及任職年資爲計算依據，但計算方法則各有不同。如所謂俸給，有以退休前三年之平均俸額爲準者（如英國），有以退休時俸給爲準者（如韓國）。再按年資計算時，有以按年乘一定之俸給百分比者，有以前數年與後數年資乘不同之俸給百分比者，有以俸給之百分比乘任職之月數者（如新加坡）。

五、月退休金最高限額：各國對月退休金最高額之規定差距甚大，如迦納爲俸給 40%，英國爲俸給 45/80，新加坡爲俸給之三分之二，日本及韓國爲俸給70%，德國及法國爲俸給75%，菲律賓爲俸給90%；至其餘各種退休金及撫邱金之給付額亦各不同。其原因爲退休撫邱金種類多寡不一，退休年齡及年資條件不同，公務員對退休撫邱經費分擔亦有差別，故無法一致。

## 第四項　結　語

一、退休撫邱制度具有相當差異：各國退休撫邱制度，不論在名稱、經費來源、退休撫邱金種類、退休年齡、退休撫邱金計算方式、月退休金最高限額等，均有差別；有者更爲若干種制度同時並用（如某些國家之年金制度與災害補償制度並用、新加坡之年金制度與儲蓄基金制度並用、英國之年金制度與社會保險制度並用）；其中主要原因爲基於各國傳統與適應當時國情的需要。

二、退休年齡有延長趨勢：由於公務員平均壽命之增長、經驗對工作之重要、部分工作人員之不易羅致，對命令退休年齡在若干國家有延長的趨勢，如韓國對退休年齡原甚嚴格，近年來略有放寬；美國對命令退休年齡已予取銷。

　　三、退休金之領取有彈性規定之趨勢：一般言之，退休金只有月退休金或一次退休金兩種，由退休人員選領一種，但為適應退休人員之個別需要，對退休金之領取方式漸趨於彈性之規定，如可兼領一部分月退休金及一部分一次退休金；對未達退休年齡而退休者，其退休金可於到達退休年齡時領取；退休金可按生活費用之變動而調整；適用不同退休制度人員轉任時，原有退休制度之任職年資可在新任職務之退休制度中予以承認；因業務緊縮或機構裁撤而編餘之人員，可提前辦理退休，領取減額退休金等。

# 主要參考書目

| | | |
|---|---|---|
| 各國人事制度概要 | 張 金 鑑 著 | 三民書局（65年1月） |
| 各國人事制度 | 李 華 民 著 | 五南圖書出版公司（82年4月版） |
| 各國人事制度 | 許 南 雄 著 | 商鼎文化出版社（81年9月版） |
| 各國人事制度 | 李 廣 訓 著 | 五南圖書出版公司（70年7月版） |
| 各國人事制度叢書 | 銓敍部編譯 | |
| 外國人事制度法制叢書 | 行政院人事行政局譯印 | |
| 日本公務員制度 | 歐 育 誠 著 | |
| 英國政府及文官制度 | 楊 百 島 著 | |
| 英法德公務人力培訓考察報告 | 鐘 昱 男 著 | |
| 國家公務員法律知識手冊 | 宋 仁主編 | 學苑出版社（1989年2月） |
| 國家公務員概論 | 仝志敏主編 | 中國人民大學出版社（1992年4月） |
| 諸外國公務員制度概要 | 日本人事院管理局法制課（1979年） | |
| 新加坡人事行政 | 許 毓 圃 著 | |

Louis Fougere, Civil Service, Systems. International Institute of Administrative Sciences, 1967.

History of Civil Service Merit Systems of the United States And Selected Foreign Countries. U. S. Government Printing Office, 1976.

Handbook of Civil Service Laws And Practices. United Nations, 1966.

Kelsall, Higher Civil Servants in Britain. Routledge & Kegan Paul Limited, 1955.

Scheme of Conditions of Service. National Joint Council for Local Authorities' Administrative, Proffessional, Technical and Clerical Services, 1975.

The Structure of the Administration Group. 1978.

The Administration Trainee Scheme. 1968.

O. Glenn Stahl, Public Personnel Administration. 1976.

Manager's Handbook. United States Office of Personnel Management, 1980.

Organization of The U. S. Office of Personnel Management. 1981.

Civil Service Reform Act of 1978.

Performance Appraisal Handbook for Supervisors. U. S. Office of Presonnel Management, 1981.

U. S. Federal Personnel Guide. 1980.

Civil Service System And Civil Service Commission. Govenment of Thailand, 1972.

Civil Service Act of 1975, Thailand.

The Civil Service Laws and Rules. Personnel Officers Association of the Philippnies, Inc. 1962.

# 三民大專用書書目

**國父遺教**

| | | | |
|---|---|---|---|
| 國父思想 | 涂子麟 | 著 | 中山大學 |
| 國父思想 | 周世輔 | 著 | 前政治大學 |
| 國父思想新論 | 周世輔 | 著 | 前政治大學 |
| 國父思想要義 | 周世輔 | 著 | 前政治大學 |

**法　　律**

| | | | |
|---|---|---|---|
| 中國憲法新論 | 薩孟武 | 著 | 前臺灣大學 |
| 中國憲法論 | 傅肅良 | 著 | 中興大學 |
| 中華民國憲法論 | 管歐 | 著 | 東吳大學 |
| 中華民國憲法逐條釋義(一)～(四) | 林紀東 | 著 | 臺灣大學 |
| 比較憲法 | 鄒文海 | 著 | 前政治大學 |
| 比較憲法 | 曾繁康 | 著 | 臺灣大學 |
| 美國憲法與憲政 | 荆知仁 | 著 | 政治大學 |
| 國家賠償法 | 劉春堂 | 著 | 輔仁大學 |
| 民法概要 | 鄭玉波 | 著 | 臺灣大學 |
| 民法概要 | 董世芳 | 著 | 實踐學院 |
| 民法總則 | 鄭玉波 | 著 | 臺灣大學 |
| 判解民法總則 | 劉春堂 | 著 | 輔仁大學 |
| 民法債編總論 | 鄭玉波 | 著 | 臺灣大學 |
| 判解民法債篇通則 | 劉春堂 | 著 | 輔仁大學 |
| 民法物權 | 鄭玉波 | 著 | 臺灣大學 |
| 判解民法物權 | 劉春堂 | 著 | 輔仁大學 |
| 民法親屬新論 | 黃宗樂 等 | 著 | 臺灣大學 |
| 民法繼承新論 | 黃宗樂 等 | 著 | 臺灣大學 |
| 商事法論 | 張國鍵 | 著 | 臺灣大學 |
| 商事法要論 | 梁宇賢 | 著 | 中興大學 |
| 公司法 | 鄭玉波 | 著 | 臺灣大學 |
| 公司法論 | 柯芳枝 | 著 | 臺灣 |

— 1 —

| 書名 | 著者 | | 學校／機關 |
|---|---|---|---|
| 公司法論 | 梁宇賢 | 著 | 中興大學 |
| 票據法 | 鄭玉波 | 著 | 臺灣大學 |
| 海商法 | 鄭玉波 | 著 | 臺灣大學 |
| 海商法論 | 梁宇賢 | 著 | 中興大學 |
| 保險法論 | 鄭玉波 | 著 | 臺灣大學 |
| 民事訴訟法釋義 | 石志泉 原著　楊建華 修訂 | | 輔仁大學 |
| 破產法 | 陳榮宗 | 著 | 臺灣大學 |
| 破產法論 | 陳計男 | 著 | 行政法院 |
| 刑法總整理 | 曾振銘 | 著 | 臺灣大學 |
| 刑法總論 | 蔡墩銘 | 著 | 臺灣大學 |
| 刑法各論 | 蔡墩銘 | 著 | 臺灣大學 |
| 刑法特論（上）（下） | 林山田 | 著 | 政治大學 |
| 刑事政策（修訂版） | 張甘妹 | 著 | 臺灣大學 |
| 刑事訴訟法論 | 黃東熊 | 著 | 中興大學 |
| 刑事訴訟法論 | 胡開誠 | 著 | 臺灣大學 |
| 行政法（改訂版） | 林紀東 | 著 | 臺灣大學 |
| 行政法 | 張家洋 | 著 | 政治大學 |
| 行政法之基礎理論 | 城仲模 | 等著 | 臺灣大學等 |
| 犯罪學 | 林山田 | 著 | 政治大學 |
| 監獄學 | 林紀東 | 著 | 臺灣大學 |
| 土地法釋論 | 焦祖涵 | 著 | 東吳大學 |
| 土地登記之理論與實務 | 焦祖涵 | 著 | 東吳大學 |
| 引渡之理論與實踐 | 陳榮傑 | 著 | 外交部 |
| 國際私法 | 劉甲一 | 著 | 臺灣大學 |
| 國際私法新論 | 梅仲協 | 著 | 臺灣大學前 |
| 國際私法論叢 | 劉鐵錚 | 著 | 政治大學 |
| 現代國際法 | 丘宏達 | 等著 | 馬利蘭大學等 |
| 現代國際法基本文件 | 丘宏達 | 編著 | 馬利蘭大學 |
| 平時國際法 | 蘇義雄 | 著 | 中興大學 |
| 中國法制史 | 戴炎輝 | 著 | 臺灣大學 |
| 法學緒論 | 鄭玉波 | 著 | 臺灣大學 |
| 法學緒論 | 孫致中 | 著 | 各大專院校 |

| | | | |
|---|---|---|---|
| 強制執行法 | 陳榮宗 | 著 | 臺灣大學 |
| 法院組織法論 | 管歐 | 著 | 東吳大學 |

## 政治・外交

| | | | |
|---|---|---|---|
| 政治學 | 薩孟武 | 著 | 前臺灣大學 |
| 政治學 | 鄒文海 | 著 | 前政治大學 |
| 政治學 | 曹伯森 | 著 | 陸軍官校 |
| 政治學 | 呂亞力 | 著 | 臺灣大學 |
| 政治學概要 | 張金鑑 | 著 | 政治大學 |
| 政治學方法論 | 呂亞力 | 著 | 臺灣大學 |
| 政治理論與研究方法 | 易君博 | 著 | 政治大學 |
| 公共政策概論 | 朱志宏 | 著 | 臺灣大學 |
| 公共政策 | 曹俊漢 | 著 | 臺灣大學 |
| 公共政策 | 朱志宏 | 著 | 臺灣大學 |
| 公共關係 | 王德馨 | 等著 | 交通大學 |
| 中國社會政治史㈠~㈣ | 薩孟武 | 著 | 前臺灣大學 |
| 中國政治思想史 | 薩孟武 | 著 | 前臺灣大學 |
| 中國政治思想史（上）（中）（下） | 張金鑑 | 著 | 政治大學 |
| 西洋政治思想史 | 張金鑑 | 著 | 政治大學 |
| 西洋政治思想史 | 薩孟武 | 著 | 前臺灣大學 |
| 中國政治制度史 | 張金鑑 | 著 | 政治大學 |
| 比較主義 | 張亞澐 | 著 | 政治大學 |
| 比較監察制度 | 陶百川 | 著 | 國策顧問 |
| 歐洲各國政府 | 張金鑑 | 著 | 政治大學 |
| 美國政府 | 張金鑑 | 著 | 政治大學 |
| 地方自治概要 | 管歐 | 著 | 東吳大學 |
| 國際關係——理論與實踐 | 朱張碧珠 | 著 | 臺灣大學 |
| 中美早期外交史 | 李定一 | 著 | 政治大學 |
| 現代西洋外交史 | 楊逢泰 | 著 | 政治大學 |

## 行政・管理

| | | | |
|---|---|---|---|
| 行政學（增訂版） | 張潤書 | 著 | 政治大學 |
| 行政學 | 左潞生 | 著 | 中興大學 |
| 行政學新論 | 張金鑑 | 著 | 政治大學 |

| 書名 | 著者 | 學校 |
| --- | --- | --- |
| 行政管理學 | 傅肅良 著 | 中興大學 |
| 行政生態學 | 彭文賢 著 | 中興大學 |
| 各國人事制度 | 傅肅良 著 | 中興大學 |
| 考銓制度 | 傅肅良 著 | 中興大學 |
| 交通行政 | 劉承漢 著 | 成功大學 |
| 組織行為管理 | 龔平邦 著 | 逢甲大學 |
| 行為科學概論 | 龔平邦 著 | 逢甲大學 |
| 行為科學與管理 | 徐木蘭 著 | 臺灣大學 |
| 組織行為學 | 高尚仁 等著 | 香港大學 |
| 組織原理 | 彭文賢 著 | 中興大學 |
| 實用企業管理學 | 解宏賓 著 | 逢甲大學 |
| 企業管理 | 蔣靜一 著 | 臺灣大學 |
| 企業管理 | 陳定國 著 | 臺灣大學 |
| 國際企業論 | 李蘭甫 著 | 香港中文大學 |
| 企業政策 | 陳定國 著 | 臺灣大學 |
| 企業概論 | 陳定國 著 | 臺灣大學 |
| 管理新論 | 謝長宏 著 | 交通大學 |
| 管理概論 | 郭崑謨 著 | 中興大學 |
| 管理個案分析 | 郭崑謨 著 | 中興大學 |
| 企業組織與管理 | 郭崑謨 著 | 中興大學 |
| 企業組織與管理（工商管理） | 盧宗漢 著 | 中興大學 |
| 現代企業管理 | 龔平邦 著 | 逢甲大學 |
| 現代管理學 | 龔平邦 著 | 逢甲大學 |
| 事務管理手冊 | 新陸 編 | |
| 生產管理 | 劉漢容 著 | 成功大學 |
| 管理心理學 | 湯淑貞 著 | 成功大學 |
| 管理數學 | 謝志雄 著 | 東吳大學 |
| 品質管理 | 戴久永 著 | 交通大學 |
| 可靠度導論 | 戴久永 著 | 交通大學 |
| 人事管理（修訂版） | 傅肅良 著 | 中興大學 |
| 作業研究 | 林照雄 著 | 輔仁大學 |
| 作業研究 | 楊超然 著 | 臺灣大學 |
| 作業研究 | 劉一忠 著 | 舊金山州立大學 |

## 教育

| 書名 | 著者 | | 學校 |
|---|---|---|---|
| 勞工問題 | 陳國鈞 | 著 | 中興大學 |
| 少年犯罪心理學 | 張華葆 | 著 | 東海大學 |
| 少年犯罪預防及矯治 | 張華葆 | 著 | 東海大學 |
| 教育哲學 | 賈馥茗 | 著 | 臺灣師大 |
| 教育哲學 | 葉學志 | 著 | 彰化教院 |
| 普通教學法 | 方炳林 | 著 | 臺灣師大 |
| 各國教育制度 | 雷國鼎 | 著 | 臺灣師大 |
| 教育心理學 | 溫世頌 | 著 | 美國傑克州立大學 |
| 教育心理學 | 胡秉正 | 著 | 政治大學 |
| 教育社會學 | 陳奎憙 | 著 | 臺灣師大 |
| 教育行政學 | 林文達 | 著 | 政治大學 |
| 教育行政原理 | 黃昆輝 | 主譯 | 臺灣師大 |
| 教育經濟學 | 蓋浙生 | 著 | 臺灣師大 |
| 教育經濟學 | 林文達 | 著 | 政治大學 |
| 工業教育學 | 袁立錕 | 著 | 彰化教院 |
| 技術職業教育行政與視導 | 張天津 | 著 | 臺灣師大 |
| 技職教育測量與評鑑 | 李大偉 | 著 | 臺灣師大 |
| 高科技與技職教育 | 楊啟棟 | 著 | 臺灣師大 |
| 工業職業技術教育 | 陳昭雄 | 著 | 臺灣師大 |
| 技術職業教育教學法 | 陳昭雄 | 著 | 臺灣師大 |
| 技術職業教育辭典 | 楊朝祥 | 編著 | 臺灣師大 |
| 技術職業教育理論與實務 | 楊朝祥 | 著 | 臺灣師大 |
| 工業安全衛生 | 羅文基 | 著 | 高雄師院 |
| 人力發展理論與實施 | 彭台臨 | 著 | 臺灣師大 |
| 職業教育師資培育 | 周談輝 | 著 | 臺灣師大 |
| 家庭教育 | 張振宇 | 著 | 淡江大學 |
| 教育與人生 | 李建興 | 著 | 臺灣師大 |
| 當代教育思潮 | 徐南號 | 著 | 臺灣師大 |
| 比較國民教育 | 雷國鼎 | 著 | 臺灣師大 |
| 中等教育 | 司琦 | 著 | 政治大學 |
| 中國教育史 | 胡美琦 | 著 | 文化大學 |

| 書名 | 著者 | | 學校 |
|---|---|---|---|
| 中國現代教育史 | 鄭世興 | 著 | 臺灣師大 |
| 中國大學教育發展史 | 伍振鷟 | 著 | 臺灣師大 |
| 中國職業教育發展史 | 周談輝 | 著 | 臺灣師大 |
| 社會教育新論 | 李建興 | 著 | 臺灣師大 |
| 中國社會教育發展史 | 李建興 | 著 | 臺灣師大 |
| 中國國民教育發展史 | 司琦 | 著 | 政治大學 |
| 中國體育發展史 | 吳文忠 | 著 | 臺灣師大 |
| 如何寫學術論文 | 宋楚瑜 | 著 | 臺灣大學 |
| 論文寫作研究 | 段家鋒 | 等著 | 政戰學校等 |

## 心理學

| 書名 | 著者 | | 學校 |
|---|---|---|---|
| 心理學 | 劉安彥 | 著 | 傑克遜州立大學等 |
| 心理學 | 張春興 | 等著 | 臺灣師大 |
| 人事心理學 | 黃天中 | 著 | 淡江大學 |
| 人事心理學 | 傅肅良 | 著 | 中興大學 |

## 經濟‧財政

| 書名 | 著者 | | 學校 |
|---|---|---|---|
| 西洋經濟思想史 | 林鐘雄 | 著 | 臺灣大學 |
| 歐洲經濟發展史 | 林鐘雄 | 著 | 臺灣大學 |
| 比較經濟制度 | 孫殿柏 | 著 | 政治大學 |
| 經濟學原理（增訂新版） | 歐陽勛 | 著 | 政治大學 |
| 經濟學導論 | 徐育珠 | 著 | 南康涅狄克州立大學 |
| 經濟學概要 | 歐陽勛 | 等著 | 政治大學 |
| 通俗經濟講話 | 邢慕寰 | 著 | 前香港大學 |
| 經濟學（增訂版） | 陸民仁 | 著 | 政治大學 |
| 經濟學概論 | 陸民仁 | 著 | 政治大學 |
| 國際經濟學 | 白俊男 | 著 | 東吳大學 |
| 國際經濟學 | 黃智輝 | 著 | 東吳大學 |
| 個體經濟學 | 劉盛男 | 著 | 臺北商專 |
| 總體經濟分析 | 趙鳳培 | 著 | 政治大學 |
| 總體經濟學 | 鐘甦生 | 著 | 西雅圖銀行 |
| 總體經濟學 | 張慶輝 | 著 | 政治大學 |
| 總體經濟理論 | 孫震 | 著 | 臺灣大學 |

| 書名 | 著者 | | 服務機關 |
|---|---|---|---|
| 數理經濟分析 | 林大侯 | 著 | 臺灣大學 |
| 計量經濟學導論 | 林華德 | 著 | 臺灣大學 |
| 計量經濟學 | 陳正澄 | 著 | 臺灣大學 |
| 經濟政策 | 湯俊湘 | 著 | 中興大學 |
| 合作經濟概論 | 尹樹生 | 著 | 中興大學 |
| 農業經濟學 | 尹樹生 | 著 | 中興大學 |
| 工程經濟 | 陳寬仁 | 著 | 中正理工學院 |
| 銀行法 | 金桐林 | 著 | 銀行 |
| 銀行法釋義 | 楊承厚 | 著 | 銀行 |
| 商業銀行實務 | 解宏賓 | 編著 | 中興大學 |
| 貨幣銀行學 | 何偉成 | 著 | 中興大學 |
| 貨幣銀行學 | 白俊男 | 著 | 東吳大學 |
| 貨幣銀行學 | 楊樹森 | 著 | 文化大學 |
| 貨幣銀行學 | 趙鳳培 | 著 | 政治大學 |
| 現代貨幣銀行學 | 柳復起 | 著 | 新南威爾斯大學 |
| 現代國際金融 | 柳復起 | 著 | 新南威爾斯大學 |
| 國際金融理論與制度（修訂版） | 歐陽勛 | 等編著 | 政治大學 |
| 金融交換實務 | 李麗 | 著 | 中央銀行 |
| 財政學 | 李厚高 | 著 | 逢甲大學 |
| 財政學（修訂版） | 林華德 | 著 | 臺灣大學 |
| 財政學原理 | 魏萼 | 著 | 臺灣大學 |
| 商用英文 | 張錦源 | 著 | 政治大學 |
| 商用英文 | 程振粵 | 著 | 臺灣大學 |
| 貿易契約理論與實務 | 張錦源 | 著 | 政治大學 |
| 貿易英文實務 | 張錦源 | 著 | 政治大學 |
| 信用狀理論與實務 | 蕭啟賢 | 著 | 輔仁大學 |
| 信用狀理論與實務 | 張錦源 | 著 | 政治大學 |
| 國際貿易 | 李穎吾 | 著 | 臺灣大學 |
| 國際貿易實務詳論 | 張錦源 | 著 | 政治大學 |
| 國際貿易實務 | 羅慶龍 | 著 | 逢甲大學 |

| 書名 | 作者 | 服務機構 |
|---|---|---|
| 國際貿易理論與政策（修訂版） | 歐陽勛等編著 | 政治大學 |
| 國際貿易政策概論 | 余　德　培　著 | 東吳大學 |
| 國際貿易論 | 李　厚　高　著 | 逢甲大學 |
| 國際商品買賣契約法 | 鄧　越　今　編著 | 外貿協會 |
| 國際貿易法概要 | 于　政　長　著 | 東吳大學 |
| 國際貿易法 | 張　錦　源　著 | 政治大學 |
| 外匯投資理財與風險 | 李　　　麗　著 | 中央銀行 |
| 外匯、貿易辭典 | 于政長　編著 張錦源　校訂 | 東吳大學 政治大學 |
| 貿易實務辭典 | 張　錦　源　編著 | 政治大學 |
| 貿易貨物保險（修訂版） | 周　詠　棠　著 | 中央信託局 |
| 貿易慣例 | 張　錦　源　著 | 政治大學 |
| 國際匯兌 | 林　邦　充　著 | 政治大學 |
| 國際行銷管理 | 許　士　軍　著 | 新加坡大學 |
| 國際行銷 | 郭　崑　謨　著 | 中興大學 |
| 行銷管理 | 郭　崑　謨　著 | 中興大學 |
| 海關實務（修訂版） | 張　俊　雄　著 | 淡江大學 |
| 美國之外匯市場 | 于　政　長　譯 | 東吳大學 |
| 保險學（增訂版） | 湯　俊　湘　著 | 中興大學 |
| 人壽保險學（增訂版） | 宋　明　哲　著 | 德明商專 |
| 人壽保險的理論與實務 | 陳　雲　中　編著 | 臺灣大學 |
| 火災保險及海上保險 | 吳　榮　清　著 | 文化大學 |
| 市場學 | 王　德　馨　等著 | 中興大學 |
| 行銷學 | 江　顯　新　著 | 中興大學 |
| 投資學 | 龔　平　邦　著 | 前逢甲大學 |
| 投資學 | 白　俊　男　等著 | 東吳大學 |
| 海外投資的知識 | 葉　雲　鎮　等譯 | |
| 國際投資之技術移轉 | 鍾　瑞　江　著 | 東吳大學 |

## 會計・統計・審計

| 銀行會計（上）（下） | 李　兆　萱　等著 | 臺灣大學等 |
| 初級會計學（上）（下） | 洪　國　賜　著 | 淡水工商 |
| 中級會計學（上）（下） | 洪　國　賜　著 | 淡水工商 |
| 中等會計（上）（下） | 薛　光　圻　等著 | 西東大學等 |

| 書名 | 著者 | 服務機構 |
|---|---|---|
| 機率導論 | 戴久永　著 | 交通大學 |

## 新　聞

| 書名 | 著者 | 服務機構 |
|---|---|---|
| 傳播研究方法總論 | 楊孝濚　著 | 東吳大學 |
| 傳播研究調查法 | 蘇蘅　著 | 政治大學 |
| 傳播原理 | 方蘭生　著 | 文化大學 |
| 行銷傳播學 | 羅文坤　著 | 政治大學 |
| 國際傳播 | 李瞻　著 | 政治大學 |
| 國際傳播與科技 | 彭芸　著 | 政治大學 |
| 廣播與電視 | 何貽謀　著 | 輔仁大學 |
| 廣播原理與製作 | 于洪海　著 | 中廣 |
| 電影原理與製作 | 梅長齡　著 | 前文化大學 |
| 新聞學與大眾傳播學 | 鄭貞銘　著 | 文化大學 |
| 新聞採訪與編輯 | 鄭貞銘　著 | 文化大學 |
| 新聞編輯學 | 徐旭　著 | 新生報 |
| 採訪寫作 | 歐陽醇　著 | 臺灣師大 |
| 評論寫作 | 程之行　著 | 紐約 |
| 新聞英文寫作 | 朱耀龍　著 | 前文化大學 |
| 小型報刊實務 | 彭家發　著 | 政治大學 |
| 廣告學 | 顏伯勤　著 | 輔仁大學 |
| 媒介實務 | 趙俊邁　著 | 東吳大學 |
| 中國新聞傳播史 | 賴光臨　著 | 政治大學 |
| 中國新聞史 | 曾虛白　主編 | 政治大學 |
| 世界新聞史 | 李瞻　著 | 政治大學 |
| 新聞學 | 李瞻　著 | 政治大學 |
| 新聞採訪學 | 李瞻　著 | 政治大學 |
| 新聞道德 | 李瞻　著 | 政治大學 |
| 電視制度 | 李瞻　著 | 政治大學 |
| 電視新聞 | 張勤　著 | 中視 |
| 電視與觀眾 | 曠湘霞　著 | 政治大學 |
| 大眾傳播理論 | 李金銓　著 | 明尼蘇達大學 |
| 大眾傳播新論 | 李茂政　著 | 政治大學 |

| 書名 | 著者 | | 出版（學校） |
|---|---|---|---|
| 大眾傳播與社會變遷 | 陳世敏 | 著 | 政治大學 |
| 組織傳播 | 鄭瑞城 | 著 | 政治大學 |
| 政治傳播學 | 祝基瀅 | 著 | 政治大學 |
| 文化與傳播 | 汪琪 | 著 | 政治大學 |

## 歷史·地理

| 書名 | 著者 | | 出版（學校） |
|---|---|---|---|
| 中國通史（上）（下） | 林瑞翰 | 著 | 臺灣大學 |
| 中國現代史 | 李守孔 | 著 | 臺灣大學 |
| 中國近代史 | 李守孔 | 著 | 臺灣大學 |
| 中國近代史 | 李雲漢 | 著 | 政治大學 |
| 中國近代史（簡史） | 李雲漢 | 著 | 政治大學 |
| 中國近代史 | 古鴻廷 | 著 | 東海大學 |
| 隋唐史 | 王壽南 | 著 | 政治大學 |
| 明清史 | 陳捷先 | 著 | 臺灣大學 |
| 黃河文明之光 | 姚大中 | 著 | 東吳大學 |
| 古代北西中國 | 姚大中 | 著 | 東吳大學 |
| 南方的奮起 | 姚大中 | 著 | 東吳大學 |
| 中國世界的全盛 | 姚大中 | 著 | 東吳大學 |
| 近代中國的成立 | 姚大中 | 著 | 東吳大學 |
| 西洋現代史 | 李邁先 | 著 | 臺灣大學 |
| 東歐諸國史 | 李邁先 | 著 | 臺灣大學 |
| 英國史綱 | 許介鱗 | 著 | 臺灣大學 |
| 印度史 | 吳俊才 | 著 | 政治大學 |
| 日本史 | 林明德 | 著 | 臺灣師大 |
| 日本現代史 | 許介鱗 | 著 | 臺灣大學 |
| 近代中日關係史 | 林明德 | 著 | 臺灣師大 |
| 美洲地理 | 林鈞祥 | 著 | 臺灣師大 |
| 非洲地理 | 劉鴻喜 | 著 | 臺灣師大 |
| 自然地理學 | 劉鴻喜 | 著 | 臺灣師大 |
| 地形學綱要 | 劉鴻喜 | 著 | 臺灣師大 |
| 聚落地理學 | 胡振洲 | 著 | 中興大學 |
| 海事地理學 | 胡振洲 | 著 | 中興大學 |
| 經濟地理 | 陳伯中 | 著 | 臺灣大學前 |
| 都市地理學 | 陳伯中 | 著 | 臺灣大學前 |